汉译世界学术名著丛书

遏 制 战 略

冷战时期美国国家安全政策评析

（增订本）

〔美〕约翰·刘易斯·加迪斯 著

时殷弘 译

商务印书馆
创于1897
The Commercial Press

汉译世界学术名著丛书
出 版 说 明

　　我馆历来重视移译世界各国学术名著。从 20 世纪 50 年代起，更致力于翻译出版马克思主义诞生以前的古典学术著作，同时适当介绍当代具有定评的各派代表作品。我们确信只有用人类创造的全部知识财富来丰富自己的头脑，才能够建成现代化的社会主义社会。这些书籍所蕴藏的思想财富和学术价值，为学人所熟悉，毋需赘述。这些译本过去以单行本印行，难见系统，汇编为丛书，才能相得益彰，蔚为大观，既便于研读查考，又利于文化积累。为此，我们从 1981 年着手分辑刊行，至 2020 年已先后分十八辑印行名著 800 种。现继续编印第十九辑，到 2021 年出版至 850 种。今后在积累单本著作的基础上仍将陆续以名著版印行。希望海内外读书界、著译界给我们批评、建议，帮助我们把这套丛书出得更好。

商务印书馆编辑部

2020 年 7 月

导　读

时殷弘

可以认为,美国在整个美苏冷战时代的国家大战略始终以遏制观念为主要基础,以包含种种具体历史形态的遏制战略为其国家安全政策的根本内涵。然而在很长一段时期里,就此重大论题领域而言,一直缺乏一部在历史学和战略研究双重意义上(或曰在战略史意义上)堪称卓越的专著,直到时任俄亥俄大学教授的外交史家和战略思想家约翰·刘易斯·加迪斯在1982年出版《遏制战略:战后美国国家安全政策评析》为止。该书连贯、统一和深入地考察了从富兰克林·罗斯福执政末期到吉米·卡特为止各届美国政府的对苏战略和国家安全政策,问世后很快被广泛认为是一部具有经典水平的战略史杰作,而且做出了重要的大战略理论思想建树。2005年,在冷战已经结束、苏联已经解体的情势下,已改任耶鲁大学历史系罗伯特·洛维特讲座教授的加迪斯出版了该书的增订版,不仅大量使用了该书初版问世后逐渐可资利用的新史料,而且将考察范围扩展至里根政府的政策和冷战终结,由此该书的副题也顺理成章地改为"冷战时期美国国家安全政策评析"。

就其论题而言,被《纽约时报书评》杂志赞誉为"里程碑式的史书"的这部著作具有特殊甚或独特的视角,此乃它的考察和论述方式的根本特色。加迪斯就此在序言里开宗明义地宣告:"(本书)不是从较传统的外交、经济、意识形态或军事视野出发对待其课题,而是从我认为囊括了所有这些的一个视角出发,那就是战略视角。我用'战略'一词,是颇为简单地指目的与手段、意图与能力、目标与资源彼此联系起来的过程……政策的学术研究者们在着迷于区域性、专题性或官僚机构研究方法的同时,对它的注意少得出奇。我愿将这'战略的'视野应用于遏制观念——那在我看来一直是战后国家安全政策的中心关注——为的是解释这种观念在多年里经历过的前后相继的种种变异、表现和转换。"[*]

　　加迪斯的战略史方法或路径首先是经典的历史学路径,而非被许多人迷信和在考察人类事务时滥用的"科学"方法或路径。后者可称为实证审视和分析,其最显著或最表面的特征在于尽可能精确和众多的统计数字,还有设计得颇具匠心和理解起来较费心神的主题模式。然而,它的最内在和最根本的特质,在于它的"简化主义"目的:依据众多带有数学精确性的实证事实或曰数据,经过看似难以质疑的逻辑过程,将复杂的事物系统的待发现"秘密"简化为一个体系——内部简明扼要和井然有序的论点体系。固然,这样的实证审视和分析有其长处,即能够揭示某些较简单、较狭小的现象系统内的一些较深层的要素和机

---

　　[*] 〔美〕约翰·刘易斯·加迪斯:《遏制战略:冷战时期美国国家安全政策评析》(增订本),时殷弘译,商务印书馆 2023 年版,第 2—3 页。(以下简称本书)

理,更能使一个准"科学主义"时代的诸多听众或读者信服该论点体系,否则他们就倾向于不相信或不很相信。可是,至少还有其他诸多听众或读者更多地从一种正确的经验性判断(common sense)出发,那就是人类世界兼具高度的复杂性质和固有的伦理性质,从不那么清晰可辨和易于理解。因而他们虽不否认实证方法的解释成果,但天然地怀疑它们只是边际性而非本质性的待发现的"秘密"。*

　　加迪斯本人严厉批评许多政治学研究者过度痴迷于"科学"路径。首先,他将科学研究的领域分为两大类:可复制或重现(replicable)的研究客体与不可复制或重现(nonreplicable)的研究客体。其中,传统自然科学的"硬科学"标准方法论通过实验室的科学试验建立起来,而"软科学"研究方法既包括历史事实的连接,又包括思维在大脑中的重现、构建与想象。他指出,许多政治学研究者倾向于混淆这两大类研究领域,将大量的不可复制的现象当作实验室科学对象去研究,错误地期望只要同样反复操作就能反复重现结论。加迪斯从简化需求、自变量与因变量、变迁解释、标准的通约性以及客观性评价五个方面,提出了对"科学的"政治学研究范式的全面批评。他特别强调采用实证主义的"科学"路径的社会科学学者大多没有认识到社会科学研究对象——社会现象与人类行为——极端复杂和能动,以致一种变量的增减或其运行环境的微小变化,往往引起这些研究者极难把握的复杂的变动。*

　　加迪斯在本书增订版的最后一章即"后记"内强调,在塑造遏制战略(甚至任何大战略)方面,历史是比理论更好的指南。他指出,乔治·凯南——遏制观念和对苏遏制战略的初始缔造者——在冷战早期的洞察远超过当时的俗见:"斯大林不是又一个希特勒;威权国家不一定不受外部影响渗透;一种基于对往昔的命定论观点的意识形态能误算未来;国际共产主义不会保持为铁板一块;战争和绥靖并非美国及其盟友在对付眼前危险时仅有的选择。""完全不清楚什么理论可以产生这样的论断。相反,它们出自凯南对吉本的罗马帝国史著的阅读,出自他的关于俄国历史和文化的知识,出自在国家战争学院期间他自己的论述伟大的大战略家们的速成课程——甚至出自虚构性作品,如同凯南借托马斯·曼的小说《布登勃洛克一家》描述苏联,'人类体制往往在内部衰朽……到最透彻的时刻呈现出最大的外在辉煌。'"之所以如此,很大部分原因就在于"正规的理论在追求普遍有效时,太经常地脱离时间的推移。它过少注意事物怎么变成当下的形态,那通常提供了它们将会变得如何的最佳线索。相反,历史——文学亦如此——以这么一种方式提炼往昔的经验,那使人准备好迎接未来的不确定性"**。

　　加迪斯的战略史方法或路径同时又是经典的战略思维路径。

---

　　*　　John Lewis Gaddis, "History, Theory, and Common Ground", *International Security*, Vol.22, No.1(Summer,1997), pp. 76—82; John Lewis Gaddis, *The Landscape of History: How Historians Map the Past* (New York: Oxford University Press), 2002, pp. 53—72.

　　**　　本书,第 497 页。

战略广而言之,就是行事方略或成事之道,不过这里的"事"指的是相对复杂和困难的任务或目的(特别是政治任务或目的),连同旨在实现它们的、内在连贯和系统的实践。然而,在西方观念史上,"战略"一词缘自战争指挥,或许还缘自备战操作,而且大致直到第二次世界大战为止只是被用于谈论战争及备战。尽管如此,有一点仍属不说自明:战争及备战一般不过是强度最高的政治活动,因此具有高强度政治活动共有的某些根本性质和机理,同时特别强烈地体现这些共性。如果谈论的是依据具体的战争形势或和平环境,追求所欲实现的基本目的的全局性努力,那就是在谈论广义的战略,而在行为主体是处于和平之中的国家的场合,它大致就是人们一般说的治国方略。原本狭义的"战略"在现当代逐渐升华为更高层次上的"大战略"观念或理论,主要涉及把握手段和大目标之间经过深思熟虑的关系,据此综合性地认识、动员、协调和使用政治、经济、军事、外交、精神文化等各类手段及其资源基础。*

　　这样的思考和实践事实上构成了人类政治思考和实践中最悠久的传统之一。就其现代的理论形态而言,克劳塞维茨的《战争论》大概无愧为单独一部最具影响的大战略著作,它将战争应当从属于政治和政策这个根本观念,连同偶然性和不确定性的巨大作用以及战略规划的功能,明确地引入了大战略思想。然而,作为一个单独和自觉的领域,对大战略的真正的学问性探究

---

　　* 本段和下一段基于时殷弘编:《战略二十讲》,天津人民出版社 2008 年版,编者序。

迟至20世纪50—60年代才明确地出现。在本书问世以前，堪称这方面的现当代经典名著的有：军事思想家和战略史家利德尔·哈特在1954年首版的《战略论》；1969年开始由当代最重要的伯罗奔尼撒战争研究者唐纳德·卡根陆续推出的、富含自觉和系统的大战略理论的四卷本《伯罗奔尼撒战争史》；1976年著名的战略理论家和战略史家爱德华·勒特韦克出版的《罗马帝国的大战略》。

此后在1982年，加迪斯出版本书。与此前及此后的所有大战略经典名著相比，本书最突出甚或独特的长处也许在于，它特别好地例解了至关重要的一点：在一定意义上"超越时间和环境"的战略逻辑和战略理论，只要是略微复杂的，一般而言只能依靠对具体的"时间和环境"中的战略行为的具体考察得到，也就是只能依靠具体的历史考察得到，而抽象的理论思维和推理在这方面所能成就的颇为有限。所谓特别好，是指本书大概比任何大战略史书都更能证明，越是精微复杂的大战略理论，就越有赖于真正的历史学术研究来揭示。或者说，大凡足够精微复杂的大战略理论道理，一般倘若不诉诸真正的历史学术研究便无法予以揭示，因而大战略理论本身应有的精致性也无法达到。一言以蔽之，大战略理论构建依赖战略史考察，在前者的精致有赖于后者的精致这一点上表现得最强烈。[*]

本书的一个范式性概念，是加迪斯在序言内展示和说明的"战略编码"，或曰"地缘政治编码"。按照他本人的界定，它是美

---

[*] 时殷弘："战略史考察与大战略理论"，载于《史学月刊》2005年第6期。

国决策者"关于美国在世界上的利益、对它们的潜在威胁和可行的反应的前提假设，它们在一个行政当局上台前或上台后不久趋于形成，而且除非出现很不同寻常的境况，此后就趋于少有改变"。[*]他指出冷战时代美国政府先后有过六种各自显著不同的"编码"：乔治·凯南的最初的遏制战略，那在1947—1949年间得到表达，而且由杜鲁门行政当局在那个时期里予以大致的贯彻；围绕国家安全委员会第68号文件的各项前提假设，在1950—1953年间作为朝鲜战争的一个结果被付诸实施；艾森豪威尔-杜勒斯的"新面貌"战略，从1953年延续到1961年；肯尼迪-约翰逊的"灵活反应战略"，直到约翰逊总统1969年去职为止规定了美国对世界的方针；与"缓和"一词联系起来的、由尼克松总统和基辛格在20世纪70年代初提出和实施的那套观念体系，它实际上由福特和卡特两位总统继续下去，直到1979年末苏联入侵阿富汗为止；里根总统的新的遏制战略，它据加迪斯论说解决了"我已在它的诸多前驱那里辨识出的自相矛盾"，完成了乔治·凯南起初首度提出的遏制任务，并且"他还以凯南本人预见到的方式行事：召唤一位苏联领导人参与从事改变其本身政权的任务"。[**]

　　一项较为深切和基本可行的导读到此就可以结束。所谓较为深切，是指上面展示和详细谈论了本书的特殊甚或独特的视角，亦即它的考察和论述方式的根本特色。所谓基本可行，则是

---

[*]　本书，第3页。

[**]　本书，第8页。

指前文已经介绍了统帅本书的范式性概念,以及它的最概略的、按照历届行政当局的遏制战略形态之先后顺序的应用性延展。而这结合浏览本书的目录,大致足以得知本书的概貌。何况,前面关于经典的战略思维路径所说的一切,加上就本书与此前此后所有大战略经典性名著相比最突出甚或独特的长处所说的一切,已经透露出本书的基本战略思想。下面,要依据加迪斯在本书和别处的论说,再就几个重大问题作一些谈论。它们对理解本书和理解冷战的终结,对理解优秀的国务家和大战略领导素质饶有价值。

本书增订版之"增补"几乎全在于里根及戈尔巴乔夫与冷战的终结,而"里根非同小可"!*此乃加迪斯2004年4月在乔治·华盛顿大学做的一次讲座的标题。在这次演讲中,他从战略角度出发,盛赞里根——而非里根的任何幕僚——可以与凯南、艾森豪威尔、杜勒斯、尼克松和基辛格等人并列为一位真正的遏制战略家。"里根在他们统统失败了的方面获得了成功,即成就对称的遏制与非对称的遏制的一种可行的综合,扬其中每一种路径之长,同时避其之短,正是这一成就,加上戈尔巴乔夫上台掌权,结束了冷战。"因而,里根非同小可:他带着一套清晰的思想入主白宫,这套思想大多由他本人依据直觉和经验形成,旨在设法"拯救遏制战略",依靠使遏制战略返回它原本的初始目标,即令苏联领导人改变基本的治国观念和对外政策观念。不仅如此,

---

*　　John Lewis Gaddis, "Reagan Was No Lightweight", http://hnn.us/roundup/entries/5612.htm.

他这么做"不是靠承认当前苏联政权的合法性,而是靠挑战它;不是靠谋求在军备竞赛中势均力敌,而是靠重获优势;不是靠在人权问题上妥协,而是靠利用该问题,将它当作一种比双方军事武库内任何装备都更有力的武器"。*

　　毫无疑问,里根的战略成就在很大程度上依靠了戈尔巴乔夫的战略拙劣和战略失败。在本书临近结尾的地方,加迪斯既尖锐又含蓄地指出:"戈尔巴乔夫只知道他的国家无法沿着在其前任治下一直遵循的道路继续前进。接下来的六年时间将见证他挽回马克思列宁主义同时维持一个超级大国的最初努力,化解为一系列愈益孤注一掷的临时举措,它最终导致苏联权威彻底崩溃,起初国外,继而国内……谁有战略而谁没有?这问题至少易于回答。"**

　　在世界观和国际政治观皈依西方自由主义意识形态的同时,愈益孤注一掷的临时凑合难免招致苏联的毁灭:"一旦戈尔巴乔夫让人明白苏联不会武力反对自决要求,那它就不会面临任何阻碍。他别无他法,只能听任斯大林很久以前在东欧构设的势力范围在几乎一夜之间土崩瓦解。他全无手段去抵抗压力——来自德国内部的和来自布什政府的、要求该国重新统一的压力。他全无办法去防止新近统一了的德意志国家被纳入北约:传统观点一向坚持认为苏联永不会接受这种地缘政治结果。而且当然,最终他也无法阻止苏联的非俄罗斯加盟共和国获得自决,或

---

　　*　本书,第454页。
　　**　同上,第482页。

就此而言俄罗斯加盟共和国亦然,后者现在由他的经自由选举产生的对手鲍里斯·叶利钦领导。"[*]

2005 年 4 月,加迪斯在米德尔布里学院发表演讲,不乏杰出创见地指出,大战略领导素质至少包括五项:(1)全方位的广阔视野和实际上基于丰富经验的优秀直觉;(2)树立大战略目标并予以坚持不懈的追求所需的精神勇气和巨大毅力;(3)对未经预料的戏剧性事变做出迅速反应的能力;(4)为做出大战略所需的道德判断和道德号召而有的基于信仰的举旗创议;(5)打动公众和感染人心的雄辩才能("大战略需要大语言")。[**]与此同时,就第一项,他还卓越地,甚至在战略和政治学者中间近乎独一无二地指出,大战略思维素质要求与现当代绝大多数学院教育大相径庭的大战略式的教育。也就是说(用笔者的话说),战略思想家是创造性、批判性和思路宽广的宏观思考者,有相应的特殊的智识素质,即长于剖析现状全局,把握总体图景,辨识事态之间的大联系,产生有想象力的行动选择和构筑战略性观念。这样的素质要求有基础宽广的教育,它的功能主要在于拓展受教育者的眼界和智识广度,帮助形成大战略思维方式,并且为之注入真正的探索精神,以发动和武装他此后经年累月几无休止的"学习"。

在加迪斯的知名著作中,有一部被《纽约时报书评》杂志誉

---

[*] 本书,第 486 页。

[**] John Lewis Gaddis, "The Past and Future of American Grand Strategy", Charles S. Grant Lecture, Middlebury College, April 21, 2005. http://www.freerepublic.com/focus/f-news/1405703/posts.

为"必将有巨大影响"的《冷战新史》。*在该书最后一章里,他视野宽广和大有见识地盛赞邓小平——中国的一位历经了几十年革命的共产党人,然而是最能创新性地适应改变着的中国和世界的思考者和实践家,同时也是拥有最佳的政治领导素质和大战略才能的领袖人物之一。加迪斯写道,苏联"已经变得不能履行任何有效战略的最根本任务:有效使用可得的手段去实现经选择的目的"。其历史性结果是将塑造世界趋势的舞台向在世界其他地方能够这么做的领导人敞开。"他们来了,来自意外的源头:或许这就是原因,导致他们从未经预料的观点出发,质疑20世纪70年代——实际上是整个冷战期间——的流行俗见。"除其他手段外,他们依凭杰出的个性、面对逆境的坚韧、无畏和直率,然而首先是他们突出的动员技能,即不仅能将他们的认知传达给千百万其他人,也能说服这千百万人接受这一认知和跟随其引导。由此,"他们开始了结束冷战的进程"。这一卓越见识无疑超出了他自己的《遏制战略》的里根/戈尔巴乔夫篇章。

加迪斯由衷地赞誉邓小平是他们之中的第一人。而且时至今日可以肯定,他是其中最伟大即造成世界最积极变迁的一位。很难预料他会为"他的国家带来一种市场经济。邓小平喜欢说:'不管黑猫白猫,捉到老鼠就是好猫。'……他为探索一条不同的道路赢得了余地"。

通过自下而上的市场经济实验,邓小平向世界表明一个共产

---

* John Lewis Gaddis, *The Cold War: A New History* (New York: Penguin Books, 2007). 以下引语俱见于该书第214—216页。

党能够长足地,甚而急剧地改善它治下的人民的生活。中国经济和对外贸易开始腾飞,到邓小平1997年逝世时,中国已成为世界最大经济体之一。回到与苏联的对比,现当代史上最糟糕的战略家之一戈尔巴乔夫在1993年懊恼地承认"毕竟中国当今能让它的十多亿人民吃饱肚子"。

让我们以加迪斯和其他许多人的战略思想宗师克劳塞维茨的一席至理名言结束本文:

> 历史和后世将"天才"之称保留给这些人:他们在最高职位上——作为总司令——卓越非凡,因为在此对智力和精神力的要求……高得无比。
>
> 战争中,情势那么变化万千,而且那么难以界定,以致不得不评估数量巨大的种种因素——大多只依照或然性。负责评估整体的那个人必须以一个素质去应对自己的任务,那就是在每一点上都感悟到真理的直觉。否则,就会出现意见莫衷一是,思虑一团混乱,并且致命地牵累判断力。
>
> 这任务就更高的智力才能而言,要求的是一种整体意识,连同一种判断力,它们被提升到一种绝佳绝妙的想象力,轻而易举地抓住和撇弃千百个遥远的或然性……然而,若无如前所述的性格和性情素质(即勇气、沉着、果断、坚强、坚韧、情感平衡和性格力),那么即使是悟性——天才本身的绝佳慧眼——的这一超级发挥,也仍将够不上历史重要性。
>
> 真理本身难得足以令人行动。因而,从认识到决断、从

知识到能力总是路长步远。人的行动的最有力源泉是他的情感……那是我们已学会在种种素质即果断、坚强、坚韧和性格力之中认出的……

最后……让我们断言……如果我们问哪种心灵最可能表现出军事天才素质，那么经验和观察都会告诉我们，在战争中我们要挑选的是探索性的而非创造性的心灵，综合的而非专科的方法，冷静镇定的而非容易激动的头脑，给它们付托我们的兄弟和孩子们的命运，还有我们祖国的安全和荣誉。*

---

*　卡尔·冯·克劳塞维茨：《战争论》，时殷弘译，商务印书馆2016年版，第156—158页。

目　录

序

有人提出,历史学家可被分为两类:一类是"聚合者",另一
类是"分割者"。[1] "聚合者"追求将秩序加诸往昔,他们表达那种
试图揭示出整个时代含义的广泛概论。他们追求将复杂的事态
系统化,将历史的混乱、无序和彻底的杂乱无章简化为干净利落
的图景,恰好适合书里各章的对称框架,通常意在将这些内容塞
给不持怀疑的大学本科生。相反,"分割者"大多是为他们彼此
写作——也为他们的无助的研究生。他们喜欢指出例外、保留、
不调和处和悖论。简而言之,他们将模棱两可升华为一种高深
的历史编纂艺术。这两类方式对撰写历史都需要,甚而都必不
可少,但就同一个论题而言,它们并非总是同时以同等的分量出
现。在"聚合者"和"分割者"之间确立平衡绝非易事。

就某些人还不准备将其认作历史的一个领域来说,情况尤其
如此,这领域就是美国置身于冷战的经历。起初的说明在20世纪
50和60年代初写成,倾向于细节,即关于发生了什么的篇幅漫长
但少有分析的叙述,通常依据回忆性史料和已发表的资料来源,
有时也依据内部信息。浏览它们的人一开始着迷其中,但接着很
快就烦腻于这些细节了,因为"这一切意味着什么"的问题始终没
有得到解答。伴随作为修正派学说而为人所知的"聚合"的勃发,

viii　有一类解答在20世纪60年代末和70年代初来临：它宏观笼统，有分析性，其发现不时令人吃惊，但有时也让人想起一个表演空中飞人的杂技演员，从一个结论跳到另一个结论，却无可见的证据支持。不可避免，逆反到来："分割者"出现，一点点啃噬修正派学说的基础，直至它的许多（虽然不是所有）极动人的上层建筑开始倒塌。没有出现宽广程度可与之相比的综合性学说取而代之。近年的冷战研究见到了依据大量新史料的细致得多的专著，然而并无任何总的图景从中浮现出来。此乃不幸，因为与专注于细节一样重要，不时回过来试图观看更大的图景确有价值，即使它的某些局部颇为难看地突出于整体画面之外。

本书是一项重新调整两种视角间的平衡以有利于"聚合"的努力。它试图根据新的证据和晚近的研究，重新解释第二次世界大战以来的整个美国国家安全政策。它不是从较传统的外交、经济、意识形态或军事视野出发对待其课题，而是从我认为囊括了所有这些的一个视角出发，那就是战略视角。我用"战略"一词，是颇为简单地指目的与手段、意图与能力、目标与资源彼此联系起来的过程。每个决策者都自觉或不自觉地经历了这样一个过程，但政策的学术研究者们在着迷于区域性、专题性或官僚机构研究方法的同时，对它的注意少得出奇。我愿将这"战略的"视野应用于遏制*观念——那在我看来一直是战后国家安全政策

---

　　*　"遏制"（containment）这个术语会引起某些问题，因为它确实蕴含着一个意思，即美国的政策方向始终是防御性的。人们可以详细争辩1945年以来华盛顿对世界的方针是否一直主要是防御性的（我倾向于认为一直是），但就本书的目的而言，与这争辩不相干。在此重要的是，美国领导人始终认为自己是在对现存国际秩序做出反应，而非对其发动挑战。由于这个原因，将遏制观念当作战后国家安全政策的中心主题在我看来实属正当。

的中心关注——为的是解释这种观念在多年里经历过的前后相继的种种变异、表现和转换。

我对待这个论题的方式受到亚历山大·乔治（Alexander George）的著作的影响，他做了许多工作去破除将当代史与政治科学这两个领域分隔开的、人为的方法论障碍。乔治提出，就政治领导人而言，存在某种他称作"操作编码"（operational code）的事物，亦即关于世界的一套前提假设，它是在一个人的事业生涯的早期形成的，倾向于支配一个人后来对危机的反应方式而无多大变动。[2] 在这论辩的基础上再作引申，我将提出总统的行政当局存在一定的"战略"或"地缘政治"编码，亦即关于美国在世界上的利益、对它的潜在威胁和可行的反应的前提假设，它们在一个行政当局上台前或上台后不久趋于形成，而且除非出现很不同寻常的境况，此后就趋于少有改变。亨利·基辛格写道："认为领导人在取得经验的同时会变得更深刻实乃幻想……领导人在达到高层官位以前就已形成的信念是其智识资本，只要他们还继续坐在官位上，他们就会消费之。"[3]

我将论证战后时代有过五种显著不同的地缘政治编码：乔治·凯南的最初的遏制战略，该战略在1947—1949年间得到清晰阐发，而且我认为由杜鲁门行政当局在那个时期里予以大致贯彻；围绕国家安全委员会第68号文件的各项前提假设，在1950—1953年间作为朝鲜战争的一个结果被付诸实施；艾森豪威尔-杜勒斯"新面貌"战略，从1953年延续到1961年；肯尼迪-约翰逊"灵活反应战略"，直到约翰逊1969年去职为止规定了美国对世界的方针；我们现在念念不忘地与"缓和"一词联系起来的那套观念体系,由尼克松和基辛格在20世纪70年代初提出,而且实际上由福特和卡特两人继续下去,直到1979年末苏联入侵阿富汗为止。再次从亚历山大·乔治那里借用概念,我打算在此着手对这些地缘政治编码、这些前后相继的遏制方式做一番适度的"结构性的集中比较",[4]看看什么样的图景可能从中浮现出来。我做这一切的目的,在于抛出一个大的,但我希望不过分难消化的"聚合",它至少应当给近来膳食不足的"分割者"某些东西去咀嚼。

在这里需要对本书结构进行简要介绍。第一和第十一章以笼统的方式,分别谈论遏制在第二次世界大战中的前身和它的当今地位。第二到第十章更严密地讨论上面勾勒的种种遏制方式。我的程序大致是在一章里论述一种战略,*在接下来的一章里评价其实施。然而,对这一模式有两项例外。因为国家安全委员会第68号文件构成国家战略基础的时期相对短暂,论述它的第四章既涵盖内容,也涵盖实施。关于实施"灵活反应"的第八章,则采取一种对越南战争做详细的实例研究的形态。

本书直接出自我在美国海军战争学院的两年授课经历,那是个我认为在关注历史与政策的关系方面独一无二的机构。我感谢斯坦斯菲尔德·特纳和朱利恩·J.勒布尔热瓦两位海军上将以及菲利普·A.克劳尔,他们使这段经历成为可能。我也感谢先前的同事,特别是詹姆斯·E.金、托马斯·H.埃泽尔、戴维·舍恩

---

　　* 依据乔治对进行系统性比较的要求,我(希望不致使其过分突兀)就每一种战略都举出以下几个问题:(1)有关的行政当局就美国在世界上的利益持怎样的观念?(2)它如何感知对这些利益的威胁?(3)鉴于这些利益和威胁,它选择做什么反应?(4)它如何力求证明这些反应是正当的?

鲍姆和内德·莱博,本书包含的思想经历了与他们的诸多讨论。感谢众多学生,他们那彬彬有礼但有益的怀疑是一种宝贵的矫正;我还要感谢两位令人愉快的教师同伴和办公室同仁,对他们的耐心和宽容已在献辞页上表示了敬意。

俄亥俄大学的学生和同事也已对本书所闻甚多,多于他们本来宁愿有的。我感谢他们的评论,特别是查尔斯·C.亚历山大、阿隆佐·L.汉比和戴维·L.威廉斯。卡伦·威廉斯在本职工作要求以外,去追查一项难以捉摸的脚注参考,多里斯·多尔则以在阿森斯*的历史学教授们已开始赞赏的效率打出手稿。

乔治·F.凯南和W.W.罗斯托抽出时间,仔细阅读了手稿中论说他们在华盛顿岁月的部分,并且回答了有关问题。我感谢他们在考虑我的论点(对这些论点我怀疑他们并非总是同意)时的耐心。罗伯特·A.迪万搁下他自己关于艾森豪威尔的研究,就第五和第六章给了我恰到好处的建议。还有,在准备出版本书时,我与谢尔顿·迈耶、维多利亚·比姬尔和牛津大学出版社有着令人愉快的合作。

我有幸在格外多样的不同场所被给予讲坛,借以形成和发展某些在此面世的思想。我愿感谢麻田贞雄和松山信直两位教授,因为他们安排我参加1978年京都美国研究夏季讲习班,在那里本书的轮廓被最初勾勒出来。感谢小塞缪尔·F.韦尔斯,因为他组织了在威尔逊国际学者中心举行的几次富有成果的讨论会,主题是历史与政策的关系和国安会68号文件;感谢杰拉尔德·J.伯

---

* 俄亥俄州阿森斯市(Athens),俄亥俄大学所在地。——译者

xi 纳特博士与其夫人，他们使我可以对美国对外关系史学家协会做1980年度的斯图尔特·L.伯纳特纪念演讲。感谢阿瑟·丰克教授，他组织了1980年在伦敦举行的英国和美国第二次世界大战史研究委员会联席会议。最后，还要感谢我在赫尔辛基大学历史和文献研究所的"大"、"小"两个"俱乐部"中的同僚。

本书在很大程度上立基于档案史料，其中许多是近来公开的。我感谢几个总统图书馆（哈里·S.杜鲁门、德怀特·D.艾森豪威尔、约翰·F.肯尼迪和林登·B.约翰逊图书馆）与国家档案馆外交和现代军事两个分馆的工作人员必不可少的帮助。也感谢乔治·F.凯南，因为他允许我使用他的私人文件并援引其中相关内容，而且感谢这些文件的收藏处——普林斯顿大学西利·马德图书馆的工作人员。

来自海军战争学院高级研究中心和全国人文学科基金会的资助支持了本书的写作，我对此谨表谢意。本书的一些短篇部分已以略为不同的形式见于《外交》季刊、《国际安全》季刊和美国对外关系史学家协会《通讯》，它们经允许在此呈现。

对家人的感激之情最后表述，但绝不是最次要的。迈克尔和戴维表现了不同寻常的克制，不去（至少不经常去）搞乱他们的爸爸的大堆纸张、笔记卡片、文件夹和录音磁带。我妻子芭芭拉（她不喜欢很动情的谢意）以同情的倾听和批评性的思考帮助我克服一些难点，但她通常宁愿研究冰河和泥炭沼泽，或者聆听威莉·纳尔逊。

　　　　　　　　　　　　　　　　　　J. L. 加迪斯
　　　　　　　　　　　　　　1981年1月于芬兰赫尔辛基

增订版序

  《遏制战略》的初版于1982年面世时,罗纳德·里根入主白 宫不久,列昂尼德·勃列日涅夫仍健在,居于克里姆林宫内,虽然病魔缠身,而且完全不清楚冷战将怎样和在何时结束,甚或它是否会结束。出于这个原因,本书自身未果而终:就遏制多么有效,或其前景可能如何,它未得出任何坚定的结论。不管它在解释该战略的历史方面怎样有用,我就遏制的对称与非对称形态之间做的区分几乎全未提供对未来的指南。我的唯一提示多少有如富兰克林·D.罗斯福曾就高关税和低关税说过的话:应当有一种方式"将它们交织在一起"——用两者之长,避两者之短。[1] 在缺乏关于如何能做到这一点的任何进一步具体看法时,这并非一个特别有益的提议。全无证据表明,里根行政当局内的任何人曾有丝毫注意到它。

  他们无需如此,因为总统及其幕僚到那时已在打造一种新的遏制战略,那将解决我已在它的诸多前驱那里辨识出的自相矛盾。里根战略——这么说是因为它主要出自他本人的创造——在米哈伊尔·戈尔巴乔夫1985年在莫斯科上台掌权时已经就位。这一战略是否为他的上任铺平了道路,在历史学家们中间仍有争论。然而,有一点长久以来一向清楚,那就是凭借改变苏联长久以来的鲜明性质，该战略造就了一个与美国合作的基础。
由此，轮到里根去完成乔治·F.凯南在第二次世界大战过后不久
首度提出的遏制任务。不仅如此，他还以凯南本人预见到的方
式行事：召唤一位苏联领导人参与从事改变其本身政权的任务。

　　第十一章——现在从初版大加扩充——述说了这段历史。我
还用此机会修订和更新前面所有各章，包括它们的参考书目，并
且添加了一则新的后记。我的目的是画出一个圆环：追踪整个遏
制史，从头到尾，其轨迹显著近似于凯南在最初时所预见的。

　　这新版还画出了第二个圆环，即使不是那么有预兆的。如其
最初的前言说明的，《遏制战略》出自我享有的一个机会，即20
世纪70年代中叶在海军战争学院教授现已享有盛名的"战略和
政策"系列课程。自此往后，我一直有幸与我的同僚保罗·肯尼
迪和查尔斯·希尔共事，将此系列课程带到耶鲁大学。在这里，
它成功发展为大受欢迎的"大战略研究"讲习班。"海军战争学院
从哪里得到开这一课程的想法？"我近来问其发起者斯坦斯菲尔
德·特纳海军上将。"喔，从耶鲁那里"，他答道，"当时你曾教这
类课程。"我对我们再度在耶鲁开设这类课程感到欣喜。

　　接下来只是要感谢以下几位：牛津大学出版社的苏珊·菲
尔伯，提议出这个新版，并且帮助进行准备；凯瑟琳·汉弗莱，做
编辑工作；帕特森·兰姆，从事校对；还有托妮·多尔夫曼，从事
编辑和校对，给予爱情和生活。

J. L. 加迪斯

2005年2月于康涅狄格州纽黑文

第一章 序篇：乔治·凯南 以前的"遏制"

"我的孩子，严重危难时候你与魔鬼携手同行是可以的，直 ³到你过了难关为止。"这是一句巴尔干古老谚语（至少得到了东正教会的认可）的罗斯福版本，而且他在第二次世界大战期间喜欢屡屡援引，以便解释为何利用可疑的盟友来达到无疑的目标。[1]他相信，在全面战争中，最终目的——胜利——使得对手段的一定宽纵成为正当，而这莫过于依靠斯大林的苏联来帮助打败德国和日本。1941年夏天，任何种类的盟友在伦敦和华盛顿都足够受欢迎。然而，苏联突然以这种角色出现，仍无法避免在这两个首都引起浮士德式的沉思。众所周知，如果希特勒入侵地狱，丘吉尔愿意在英国国会为魔鬼说些有分寸的赞语。*人们不那么熟悉的，是罗斯福就他的谚语对一位老朋友约瑟夫·戴维斯的解说："我不能采纳共产主义，你也不能，但为过这个难关，我将与魔鬼携手。"[2]

按照随后的事态发展来看，这个形象化描述是恰当的。与

---

* "倘若希特勒入侵地狱，我将在下院至少用句好话来提到魔鬼。"(Winston S. Churchill, *The Grand Alliance* [Boston: 1950], pp.370—371.)

苏联的合作帮助美国和英国取得对其敌人的胜利，而且鉴于涉及的作战范围，在一段显然不长的时间里以少得令人惊异的伤亡做到了这一点。虽然，代价是兴起了一个甚至更强大且更难看透的极权主义国家，同时开始了一场作为其后果的冷战，其延续时间比那赢得了世界大战的短暂和不自在的同盟长出十倍。

　　"遏制"（Containment）这一术语一般用来表示战后时代美国对苏政策的特征，它是一系列对付战时浮士德式交易的后果的努力。这个观念意味着阻止苏联运用它在那场冲突中赢得的权势和地位来重塑战后国际秩序，那是个在西方看来如此危险的前景，不亚于德国或日本倘若有机会便会加以实现的景象。乔治·F. 凯南在 1947 年 7 月打造了这个术语，当时他公开呼吁一种"对俄国扩张倾向的长期、耐心但坚定、警觉的遏制"。[3]*然而，如果暗示战时决策者们忘了这个问题（这种说法已经被提过太多次），那就会对他们不公正。事实上，1941 年之后，华盛顿的官员们心中多有"遏制"念头。困难在于将此长期关切与打败轴心国这更为紧迫的必行之事啮合起来。罗斯福、杜鲁门及其幕僚寻求的是一种赢得战争而又不损害为之而战的目标的路径。正是在他们要如此化圆为方的前后相继的失败中，凯南的"遏制"观念才最终脱颖而出。

---

　　*　在此以前，凯南至少有一次使用"遏制"这个术语，即在 1946 年 9 月向国务院的人保证：他的建议"将使我们——如果我们的政策明智和不具挑衅性——能在未来一个长时期里，在军事和政治两方面遏制他们（苏联人）"。（引自 George F. Kennan, *Memoirs:1925—1950*〔Boston, 1967〕, p.304.）

一

解决这两难的一个路径，在于设计如此的军事行动，它们既能遏制苏联人，同时又能在征服德国人方面获得前者的帮助。希特勒1941年6月进攻苏联后，杜鲁门本人就提出过成就这一点的一种粗暴办法："如果我们眼见德国正在赢得战争，我们就应帮助俄国；而如果俄国正在赢得战争，我们就应帮助德国，以此让它们尽可能多地彼此杀戮。"[4]* 然而，杜鲁门当时是一位鲜为人知的密苏里州国会参议员；他那一闪而过的、对于地缘政治的玩世不恭没有引发什么关注，直到他四年后出人意料地入主白宫为止。到那时，而且接下来的几个月里愈益频繁，关于下面一点的种种问题已经被提出来：美国是否并未过分依赖苏联人去过分彻底地打败德国人。威廉·C.布利特（Witliam C. Bullitt）——前驻苏大使、现在对该国的最猛烈的批评者之一——在1948年一篇《生活》杂志的文章里最好地表达了这点，该文题为"我们如何赢得战争却丧失和平"。[5]

五年前，在给罗斯福的一系列绝密备忘录中，布利特本人提倡过一种替代性战略。他坚持认为，斯大林的战争目的并非西方的战争目的，那些论辩说参加反法西斯联盟已将这位苏联领导人的独断专行和扩张主义倾向涤荡净尽的人，是在毫无证据地假定一种转化，它"像扫罗在去大马士革途中的转化一样惊

---

*　虽然杜鲁门补充说，在任何情况下他都不希望希特勒获胜。

人"。一个被莫斯科控制的欧洲像被柏林统治的一样危险,但是
"如果要使英美不付出如此大的生命代价击败德国,以致很可能
被证明是虽胜犹败(像法国人在1914年战争中的胜利那样),那
么红军继续参加对德战争就必不可少"。因此,难就难在防止"欧
洲被"莫斯科的制度"统治,同时使红军参与打击纳粹独裁制度
的战争"。布利特的解决办法(比温斯顿·丘吉尔提倡的一种类
似但更为人所知的解决办法早得多*)在于派英美军队进入东欧
和巴尔干,目的首先是打败德国人,但其次是将红军挡在欧洲其
余部分之外。"战争是一种靠作战来实现政治目标的努力,"他
在1943年8月提醒罗斯福,"规划作战行动时政治目标须被牢记
在心。"[6]

　　有些迹象透露,罗斯福考虑过使用军事力量来实现某种局
面,它有如布利特所想的政治结果。总统对丘吉尔关于英美用
兵巴尔干的方案显示了不只是礼貌性的兴趣,尽管有陆军部长
亨利·史汀生(Henry Stimson)和联合参谋部的惊骇反应。[7]他
1943年至少两次强调,在德国突然崩溃的情况下,需要像苏联人
一样迅速抵达柏林。[8]此外,1945年4月,在他去世前不足一个星
期,他反诘丘吉尔关于苏联行为的抱怨,指出"迄今为止,我们的
态度是有利于战争进行的,但我们的军队几天后所处的位置,将
使我们能够'更强硬'"。[9]

　　不过,罗斯福总的来说抵触为双重目的——打败德国人和遏

---

*　按照福雷斯特·C.伯格的论述,直到1945年雅尔塔会议之后为止,丘吉尔一
直未明确地向美国人提出以遏阻苏联人的方式去部署英美兵力的想法。(Forrest C. Pogue,
George C. Marshall: Organizer of Victory [New York: 1973], p.517.)

制苏联人——部署兵力。然而,他不是在地缘政治的真空中行事。在他心目中,除全神贯注于赢得胜利外,还有其他一些有力的理由要求与"魔鬼"携手共渡难关。

必须考察罗斯福的均势观念。他认为,美国的安全要求防止各潜在敌国纠集在一起。他之所以在1933年给予苏联外交承认,部分是为了制衡不断增长的德日军事权势,并且试图使之持久分隔。[10]当斯大林授权订立1939年的苏德条约,从而拒绝发挥罗斯福所设想的作用时,后者谨慎地为最终与莫斯科和解留下了余地,尽管他个人强烈厌恶苏联的行为。[11]相较于遭受围困的英国,在表面上仍保持中立的美国推销对苏合作更为困难,但当德国1941年6月的入侵使得重构罗斯福的战略成为可能时,他迅速行动。[12]珍珠港事件后,他最一贯的关切之一在于防止希特勒和斯大林之间的新"交易",同时获取后者在对日作战方面的合作。[13]因此,令对手间保持分裂的地缘政治需要构成一大有力论据,用以辩驳既针对德国、又针对苏联作军事部署。

与此相伴的是对美国力量性质的一种评价。罗斯福是"民主国家兵工厂"概念的先驱和坚定信奉者。这个概念认为:美国可以通过输出技术而非人力来最有效地为维持国际秩序做贡献。珍珠港事件以前许久,他就试图将美国的工业生产能力纳入反法西斯事业:他认为美国应充当一个享有特权的避难所,利用自己的地理孤处状况和不易受损害的物质设备来生产战争物资,同时让别国提供部队去打仗。[14]甚至在积极交战变得必不可免之后,罗斯福及其首要军事战略家乔治·C. 马歇尔（George C. Marshall）将军仍保留了这一方针的某些要素,将美国陆军限制为90个师而非215个师，后者一直被认为是打败德日两国所必需的数字。然而，有如马歇尔承认的，没有苏联的人力就不可能击败轴心国。[15]在这个意义上，美国依赖红军恰如，或许甚于，苏联人依赖美国的租借援助。这一事实同样排除了要求在击败德国人的同时又遏制苏联人的那种军事行动。

还有第三个考虑，它最经常地被归之于丘吉尔，但也是罗斯福心中所富有的考量：须将伤亡限于最小程度。*艾弗里尔·哈里曼（Averell Harriman）最好地概述了总统在这方面的关切：

> 罗斯福受到第一次世界大战的很大影响，那当然是他就近目睹的。他非常害怕美国部队再次登上欧洲大陆，陷入他先前看过的那类战法，即堑壕战，以及这种战争形式带来的可怕的伤亡。我相信，他心想如果俄国大军能挡住德国人，就很可能使我们的参与大致限于海空力量。[16]

罗斯福必定认为，在作为世界强国方面，美国是个生疏的新手。如果涉及的牺牲变得太大，特别在一场其自身领土看似未遭直接威胁的战争中，那么美国人的精神状态即使并非退回彻底的孤立主义，也很可能重返"美国要塞"观念。让盟国承担大部分伤亡是保证能在将来实行国际主义的途径。

----

* "我非常仔细，每隔几天就向罗斯福先生呈送一份我们的伤亡汇报"，马歇尔将军后来回忆道，"我试图保持无论何时都有伤亡结果摆在他眼前，因为当你对这些事情变得麻木起来，你就须非常小心，使你总是想着这些事情。"（ Pogue, *Marshall: Organizer of Victory*, p. 316. ）

　　最后，还有一个事实：在太平洋，美国有另一场战争要打，在其中它肩负着比在欧洲重得多的负担。诚然，尽管在珍珠港事件以前，美国的战略一直是首先打败德国。然而罗斯福认识到，要取得对打击希特勒的军事行动的支持，也需要对日战争的进展：美国人民不会容忍在武装起来横跨一个大洋的同时，在另一个大洋遭受无休止的失败。因此，罗斯福的战略微妙地逐步演变为一种同时打击德日两国的战略，此时太平洋的战争变得不只是起初规划的阻滞性行动。[17] 在一种意义上，效果是有益的：几乎无人会预料到，对德和对日战争竟能以如此少的伤亡差不多同时结束。[18] 然而，代价同样是依靠苏联的人力肩负在欧斗争的主要负担。假如原子弹不成功，德国投降后苏联人就可能被请求在太平洋发挥类似的作用。

　　因此，将罗斯福的战略看作与政治考虑完全绝缘是行不通的。一种旨在仔细使用美国资源以维持全球均势，同时又不破坏美国社会构造的战争规划很难契合这种形容。诚然，罗斯福没有针对后来的冷战去规定战时的战略方向——他预见到冷战的可能，但希望并确实相信它不会发生。相反，他集中于速度尽可能快、代价尽可能低地赢得美国当时置身于其中的战争。考虑到这些目标，很难有比罗斯福遵循的更好的战略了。

　　作为对批评罗斯福忽视政治考虑的那些人的匡正，有趣的是看一下苏联人——特别是斯大林——如何看待罗斯福在战争中的行为。他们强调美国战略的全盘政治性质：一项历史论述甚至声称罗斯福分明采纳了杜鲁门1941年的提议，即让苏联人和德国人互相杀伐。[19] 确实，依据统计指标，实际效果看起来就是如此：在战争中每死去1个美国人，就有15个德国人和53个苏联人丧命。*值得发问：这种结果是否是罗斯福一向打算的？他的战略事实上有无可能一直是一种歧俩，确保苏联人充分参战，又保证战后对苏遏制，不是防止该国取得领土和资源，而是靠使之精疲力竭？

　　人们永远没有把握看透难以捉摸的罗斯福。极少有国务家能比容易让人误判的健谈的罗斯福更仔细地掩饰自己的真实用心。如果这就是他的战略，那么他就不大可能将它告诉任何人。不过，有一种比较言之有理和不那么险恶的解释。做苏联人希望的事——早日开辟第二战场，或做他的国内批评者希望的事——既针对德国人也针对苏联人部署兵力，碰触了罗斯福的一种根本反感：用美国人力去塑造世界事务。总统完全有意施展影响，但他谋求以一种既不使这个国家士气沉沦、也不使之衰弱无力的方式去实现这一点。简而言之，他希望防止手段败坏目的。容易像某些诋毁罗斯福的美国人所做的，将这方针当作幼稚表现而一笔勾销，或像苏联人所做的，将其说成谋私而全盘否定。然而，看来更可能的是，罗斯福的战略反映了目标与资源的合理平衡，对任何明智的国务家而言，**如果他能够**这样做，都会去尽力实现这一点。斯大林的不幸在于，多半作为他1939—

---

　　* 格尔哈德·温伯格引用的第二次世界大战中的美国伤亡人数为30万，德国伤亡超过400万，苏联伤亡近2500万。较晚近的研究断定苏联伤亡数为2700万。（Gerhard L. Weinberg, *A World at Arms: A Global History of World War II* [New York:1994], p. 894; Vladimir O. Pechatnov and C. Carl Edmondson, "The Russian Perspective", in Ralph B. Levering, Vladimir O Pechatnov, Verena Botzenhart-Viehe, and C. Carl Edmondson, *Debating the Origins of the Cold War: American and Russian Perspectives* [New York: 2002], p. 86.）

1941年间的战略错误的一个结果，他自绝于这个机会。*

二

　　怀疑罗斯福蓄意以耗竭苏联人的实力去遏制他们的另一个理由，在于他的战后计划看来倾向于一个完全不同的方向，即靠包容进行遏制。罗斯福追求在其中给莫斯科一个显赫地位，或者可以说使它成为俱乐部的一员，以此确保一个稳定的战后秩序。这里的前提假设——对理解罗斯福的政策来说是关键性的前提假设——是苏联的敌意出自不安全感，但这不安全感是外源性的。总统认为，这不安全感在于德国和日本造成的威胁，在于西方对布尔什维主义经久不消的厌憎，并且因而在于其余大部分世界拒不将国际事务中的正当地位授予苏联人。"他们不了解我们，这就是真正根本的差异"，他在1944年评论道，"他们是友好的人。他们没有染上任何疯狂的征服观念等等。现在他们不得不了解我们，情愿更多地接受我们。"[20]罗斯福期望，随着轴心国的战败，**随着西方愿在塑造未来和平方面使苏联成为一名充分的伙伴，斯大林猜疑的理由将逐渐消退。

　　总统从不认为，苏联的意识形态取向构成美国不在国际上与之合作的一个理由。作为一位自由派人物，他没有美国保守　10

---

　　* 值得猜测的是，倘若英国或美国遭到猛烈进攻，斯大林是否会下令实行自杀性的使命去拯救它们。1939—1941年的先例未提示他会如此。

　　** 罗斯福所以坚持战后严厉处置德国，一个原因就在于他渴望使苏联放心。(关于这一点，见 Robert Murphy, *Diplomat Among Warriors* [Garden City, N.Y.: 1964], p. 227.)

派那种对用国家权威造就社会变动的深切恐惧。作为一位自信的名门望族的成员,他很看轻共产主义在美国内部可能有的吸引力。[21] 作为一位国际均势的捍卫者,他将下述两者区别开来:法西斯主义依靠武力达到其目的,共产主义则运用在他看来不那么危险的政权变更和宣传。[22] 然而最重要的是,作为一位富有才智的国际舞台观察家,他感知到一种许多苏联问题专家才刚刚开始领会的、苏联国家演化中的趋向,那就是至少现时,在决定斯大林的行为方面,民族国家利益考虑已开始遮蔽意识形态考虑。

　　正是在这种情势内,罗斯福形成了将苏联包容进一种战后安全结构的想法。他许久以来就提倡某种形式的大国共管,以维持世界秩序。有人争辩说,罗斯福是个"变节的威尔逊主义者",用非威尔逊式的手段追求威尔逊式的目的。[23] 在这些观念中间,首要的是他的如下信念:爱好和平的国家应当联合起来阻遏侵略,先是靠孤立作恶者,然后必要时使用武力打击之。早在1935年,罗斯福就开始谈论按照这些原则形成一种方案以封锁纳粹德国。两年后,他仍在主张尽管含糊但相似的计划以集体抵抗日本。[24] 这两项提议都未产生任何成果,但值得注意的是,罗斯福在其中都指望苏联的合作。因此不足为怪,在1941年6月莫斯科再度处于与西方合作的境地后,罗斯福旧议重提,而这次是以"四警察"——美国、英国、苏联和中国——的形式,它们如总统形容的,会将秩序加诸其余战后世界,哪国不顺从就诉诸武力。[25]

　　乍看来,"四警察"概念反映了罗斯福的一种非现实的假定,即列强总是会取得一致,而这期望看来有违国际体系显然的敌对性质。不过，表象再次是欺骗性的。罗斯福1942年末告诉亨利·华莱士："当有四个人坐着打牌，而其中三人都针对第四个人时，这第四个人不太好过。"华莱士认为这意味着美国人、苏联人和中国人可能对英国人施加压力，而且总统以后确曾力求使斯大林和蒋介石两人对他自己的反帝国主义抱负留有深刻印象。[26] 然而大致同时，罗斯福在告诉别人，他需要中国作为"四警察"之一来制衡苏联。[27] 毫无疑问，如果需要，他也会依靠丘吉尔做类似的事情。因此，这里的图景很难说是预期的和谐；相反，它像任何别的事一样，使人回想起俾斯麦的冷漠无情的策略，那就是阻止各个潜在对手互相联手，以此使它们总是措手不及。[28]

罗斯福还用以后一代人将称作"联系"（linkage）的手法去确保他国服从美国的战后目标。他运用经济和政治压力加速英帝国的解体，这已得到彻底的文件印证。[29] 他对苏联没有施加过可与此相比的公然要求，大概因为罗斯福担心对苏关系有别于同伦敦的关系，前者太脆弱，无法承受这一政策带来的紧张。[30] 可是，他仍然藏有几张牌，以便在战后应对莫斯科，特别是通过租借物资或战后贷款提供重建援助的前景，连同从德国西占区慷慨输送赔偿，所有这些华盛顿都将能依据苏联的行为加以控制。[31] 还有，诡谲的是，罗斯福拒不将原子弹的事告诉苏联人，甚至在得悉他们已经知道后依然如此，或许是为了在战后讨价还价。[32] 人们无法期望从一位设想战后环境幸福安宁的国务家身上得到制衡与联系的这种结合。虽然罗斯福肯定希望这么一种结局，但他是个太出色的玩牌者，不会指望它。

然而，罗斯福的主要侧重，是试图令大同盟在希特勒战败后依然存续下去,办法是创建其领导人中间的互信关系。他关注的焦点——而且确实是唯一一位并非已处于某种对美依赖地位的盟国领导人——是斯大林。罗斯福遭到批评,因为他试图运用个人魅力去"沟通"这位苏联领导人,此人对于此类哄诱的抗拒是传奇性的。[33]然而,有如罗斯福外交的许多方面,乍看似乎浅薄的东西经过思考就变得不那么浅薄了。总统认识到,斯大林是苏联唯一有权修改过去的敌对态度的领导人。无论"沟通"的前景如何令人沮丧,与他下面的任何人打交道都几乎全无意义。[34]而且值得注意的是,在过去35年里,美苏关系的改善一般都发生在最高层之间产生了某种互相敬重(如果不是互相信任)的基础时:例子包括1955年日内瓦最高级会议之后的艾森豪威尔与赫鲁晓夫;古巴导弹危机之后的肯尼迪与赫鲁晓夫;20世纪70年代初期的尼克松与勃列日涅夫;20世纪80年代后期的里根与戈尔巴乔夫。赢得斯大林的信赖也许根本不可能:除了希特勒在1939—1941年间是个古怪的例外,没有任何人看来设法做到了这一点。然而,考虑到战后政治和外交的种种不确定,做此尝试既非不合理,也非单纯天真。

　　有如任何国务家,罗斯福在追求多项目标。构建一种友好的和平时期对苏关系只是其中一项,而且像往往发生的,其他优先事务穿插其中。例如,罗斯福的第二战场战略旨在避免削弱美国,甚于旨在削弱苏联,但它不可能不在莫斯科造成猜疑,即华盛顿事实上在谋求通过耗竭来实施遏制。[35]这些疑虑甚至在诺曼底登陆以后仍然存在。迟至1945年4月,斯大林仍在告诫他的僚属:美国人和英国人还有可能同德国人合作。同一个月里,红军开始在中欧构筑**防御性**设施。[36]

罗斯福的另一项优先事务，是为其战后计划赢得国内支持，从而避免重蹈威尔逊1919—1920年遭到他本国人否定的覆辙。为做到这一点，罗斯福软化了他自己对待维持和平这项任务的严厉方略：众议院议长萨姆·雷博恩（Sam Rayburn）在1942年末告诉他，国家对于一种通过封锁和轰炸去强行贯彻的解决办法尚未做好准备。[37]据此，罗斯福谋求将大国共管和理想整合起来：他的战略本能告诉他，要维持世界秩序就必须有前者，同时他的政治本能告诉他，为在国内克服对一种"不正义的"和平的反对就需要后者。[38]在罗斯福的心目中，理想主义能够服务于高度现实主义的目的。

因此，如果将罗斯福对在东欧实行自决的关切当作纯属装扮门面而一笔勾销，那就错了。虽然准备看到世界的这一地区落入莫斯科的势力范围，但他也期望伴随对德恐惧的消退，苏联人会减轻为维持他们在那里的地位所需的种种措施的严厉程度。否则，他确信，就不可能将由此而来的解决方案"推销"给美国人民。*但是，犹如30年后在多少有些不同的环境中的亨利·基辛格（Henry Kissinger），罗斯福由此发觉自己处于这么一种形势当中：对于他谈判结果的国内支持取决于克里姆林宫内的判断 13

---

　　* 拉尔夫·莱弗林指出，总统颇有能力塑造公众舆论。其言下之意是罗斯福能"教育"公众接受一种基于经典的势力范围概念的解决办法。（见 Ralph B. Levering, *American Opinion and the Russian Alliance, 1939—1945*［Chapel Hill: 1976］, pp. 204—207.）然而，在此重要的不是总统在理论上操纵公众舆论的权能，而是他对这权能的实际**理解**。而且，有强有力的证据证明，在关系到对外事务时，罗斯福惯常低估自己在这方面的影响力。

力行使和自我约束。那时,这些倾向并不比后来更占上风;结果,在罗斯福认为公众将会容忍的与苏联人将会接受的之间形成了一个鸿沟,在雅尔塔由脆弱的妥协遮盖起来的鸿沟。

因而,不同事项之间在优先性上的竞争腰斩了罗斯福争取斯大林信任的努力:在这个意义上他的战略失败了。而且,鉴于苏联领导人的多疑性格,即使未曾发生这种情况,也有理由怀疑罗斯福的方针是否会成功。然而,有时有理由针对透露着不祥征兆的目标实行有缺陷的战略,而第二次世界大战可能就是如此。实际被遵循的政策的种种替代办法肯定也包含困难。不仅如此,有根据认为,一旦战争结束,罗斯福就可能不会继续其慷慨大度的方针:他悄悄地将制衡和"联系"整合进他的战略,这一做法提示了这种可能性。因此,我们转回到开始:留下的表面印象是随意甚至轻率的浅薄,但越发认识到那下面不远处潜藏的更阴沉、更持怀疑态度,却也更具洞察力的本能。

三

不管罗斯福的战后意图如何,到1944年底,对他在战争期间遵循着的那种战略的不满已在政府内部变得广泛起来。美国军方领导人和租借援助经管者们怨恨苏联人,后者对他们手里有限的资源越来越纠缠不休地提出索取要求,极少理解供应困难或后勤问题,并且难得表示感激。[39]职业外交官们一向对苏联保持某种冷淡。现在,随着国务院被罗斯福排除在与该国的任何顶层交流之外,他们便身处相对孤立之中,冥想他们见到的浮

现着的鸿沟，斯大林的战后目的与《大西洋宪章》原则之间的鸿 14
沟。[40] 然而，是那些有在苏联任职的直接经验的官员，形成了对
罗斯福的慷慨大度最强烈、最具影响力的反对意见。他们争辩
说，通过慷慨和善意赢得斯大林信赖的企图将徒劳无功，苏联领
导人太容易将这些行为特征混同于软弱。相反，需要的是认识
到一个事实：苏联既不会退出也不会输掉战争，如果它的西方盟
国不赶快开始应用手里可用的杠杆，克里姆林宫就将不顾西方
的热望和利益去造就它自己的战后和平安排。

这论辩极有力地出自两个人：1943往后的美国驻苏大使W.艾
弗里尔·哈里曼和美国驻苏军事代表团团长约翰·R.迪恩（John
R. Deane）将军。他们前往苏联时都确信，罗斯福的无条件援助战
略是明智的，他们决心使之奏效。可是，不出一年，他们就对这战
略形成了保留看法，理由是对苏联人的信赖即使产生了任何对应的
裨益，也不过微乎其微。迪恩发觉自己协调军事活动的努力失败
了，因为苏联人不愿分享情报和设施，哈里曼则越来越恼火，因为
随着苏军开进东欧，苏联人倾向于在该地区强加单边政治安排。到
1944年底，他俩都已用激烈的言辞表达自己的沮丧。"我们必须表
明我们从他们那里期望些什么，作为我们善意的价码"，是年9月哈
里曼写道，"除非我们质疑目前的政策，每个迹象都显示苏联将在
其利益所涉的任何地方变成世界强权。"迪恩则在3个月后做了补
充，那差不多成了谋求改正罗斯福政策的那些人的一个口号："在苏
联，不可能积蓄感激。""每次交易斩前绝后，不念旧恩。对方要么
是个会被赞赏的精明生意人，要么是个会被鄙视的傻瓜。"[41]

哈里曼和迪恩并非提倡放弃争取苏联战后合作的努力。在

这方面,他们的立场有别于在莫斯科的第三号有影响的美国人,即当时任使馆公使衔参赞的乔治·凯南。凯南是国务院最早的训练有素的俄罗斯问题专家之一,他认为几乎全无可能在任何别的基础上解决与苏联的分歧,除非直率地承认各自的势力范围。他争辩说,苏联人打算彻底支配他们的周边地区,美国或其民主盟国没有理由应当核准,甚或看似核准为实现这一目的势必需要的令人厌恶的程序。[42]哈里曼和迪恩,还有当时在华盛顿任职的国务院另一位苏联问题专家查尔斯·E.波伦,不准备走得那么远。他们坚持认为,美国公众永不会接受一种基于势力范围的解决办法。做过争取斯大林合作的努力至关重要,无论前景怎样令人沮丧。然而,这一目标并不排斥一种比过去直率和强硬的路线。哈里曼强调,思路应当是"加强斯大林周围这些人的力量:他们想按照我们的规则玩游戏,想向斯大林表明强硬的献计者们的建议正在使他陷入困难"。需要的是"一种坚定但友好的有予有取姿态(*quid pro quo* attitude)"。[43]

罗斯福不反对这个想法,而且他在对租借援助、赔偿、战后贷款和原子弹等问题的处理上,小心地拿出了"大棒"和"胡萝卜"两者,它们都是为使一种"有予有取"战略奏效所需的。然而,他不愿在战争尚在进行时诉诸它们,这是他与哈里曼、迪恩和他的其他幕僚中间越来越多的人的主要分歧。他们之所以认为在仗还在打的时候就绝对必须行动起来,是因为(1)主要借助租借援助这种形式发挥作用的美国影响力,其时将比战后更有力;(2)如果等到战争结束才如此行事,美国就可能发觉自己关切的问题已经按莫斯科的意愿加以解决。总而言之,罗斯福的最优先事务是赢得战争。有予有取式的讨价还价可能随其实现而来，但不会在这之前。

罗斯福的逝世为修改战略扫清了道路，这修改他自己很可能本来会做，但不会如它事实上所发生的那么生硬和混乱。哈里·S. 杜鲁门完全未被告知罗斯福一向努力在做的事情，因而求教于已故总统的幕僚。可是，那些最直接地与苏联事务相联的幕僚，特别是哈里曼，已经在试图使罗斯福的立场强硬起来。现在，有一位新的、未被教导过的总统坐镇白宫，他们便加倍其"教育"努力。杜鲁门急于使自己表现得决绝果断并发号施令，以一种甚至令那些教诲者都感到不安的迅捷爽快接受了指教。他当面教训苏联外长瓦切斯拉夫·莫洛托夫（Vyacheslav Molotov），而且通过电报教训他在万里之外的领袖，其方式与罗斯福的优雅的含糊大相径庭。[44]结果是讽刺性的：杜鲁门以这样一种信念拥抱"有予有取"方针，他相信自己正在贯彻罗斯福的政策，但在这么做时使得苏联人确信他改变了前任的政策。罗斯福的难以捉摸仍在折磨美苏关系，甚至越出黄泉。

事实上（而且尽管他在1941年说过让德国人和苏联人彼此残杀），杜鲁门不比哈里曼和迪恩更打算放弃与莫斯科协调的可能。他坚决拒绝丘吉尔的提议，即以一种将苏联人挡在尽可能多的德国土地之外的方式部署英美兵力。他派遣哈里·霍普金斯（Harry Hopkins）于1945年5月前往莫斯科，部分是为了修补他自己的粗暴唐突造成的损害。在与斯大林的关系变糟之后许久，他仍旧寻求同情苏联者的意见，特别是亨利·华莱士和约瑟夫·戴维斯。新总统对所有极权主义国家抱着一种有益的怀疑态度：他认为，无论共产主义的抑或法西斯主义的，意识形态只是相同统治形式的一种借口。然而有如罗斯福,他不认为这排除了建立正常关系的可能性。考虑到他本人的背景,毫不奇怪一个类比极易浮上心头,那就是美国大城市的政界大佬:他们的方法可能不精致或不严谨,但只要他们说话算数,就能与之共事。[45]

在他担任总统后不久被任命为国务卿的詹姆斯·贝尔纳斯(James F. Byrnes)身上,杜鲁门发现了一种类似的精神。贝尔纳斯在国内事务方面极有经验,但在外交上几乎是一位纯粹的新人,他信赖在国内对他而言一直很有效的策略。他认为,国家与个人或利益集团一样,如果双方都有足够的谈判和妥协意愿,就总是能就困难和问题达成一致。因此,一种"有予有取"的战略对贝尔纳斯就像对杜鲁门一样自然。新任国务卿认为,与苏联人打交道恰如操控美国参议院:"你在他们州里建个邮局,他们就会在我们州里建个邮局。"[46]

新行政当局自认在几个方面可以左右苏联人。哈里曼本人强调战后重建援助的重要性,那是美国将能够控制的,不管是通过租借,还是通过一笔复兴贷款,或是通过从它在德国的占领区运送的赔偿。罗斯福在去世时已倾向于使用这一杠杆,杜鲁门很快便确认无条件援助不会延至战事结束以后。租借援助将逐渐停止,战后贷款和赔偿运送将(至少隐隐地)取决于苏联未来的政治合作。[47]* 将发生的事情公开是另一种形式的杠杆:行政

---

* 在美国坚持下,波茨坦会议议定书具体规定,苏联将得到为战后德国经济运行所"不必要的"工业设备的 10%,但西方国家将决定什么是必要的和不必要的。(*Foreign Relations of the United States* [此后简称为 *FRUS*]: The Conference of Berlin [The Potsdam Conference], 1945, [Washington: 1960], Ⅱ, pp. 1485—1486.)

当局设想克里姆林宫仍然对"世界舆论"敏感，通过公开呼吁世人注意苏联的单边主义事例，它就能使苏联人退缩。[48]然后，还有最终的制裁手段——原子弹：贝尔纳斯（虽然不是行政当局内他的所有同僚）相信，仅仅亮出美国武库中这可怕的武器，就会使苏联人变得比过去容易操控。至少，他希望避免做出谋求原子能国际管制的承诺，将其当作未来谈判中可用的一项讨价还价筹码。[49]

然而，所有这些应用杠杆的企图都没有像规划的那般奏效。苏联人从没有那么依赖美国的经济援助，以致要做出非同小可的让步去获取这援助：情报报告早就表明，如果给予这样的援助，只会将重建加快几个月。另一项困难是，他们的支持对通过任何贷款来说都必不可少的关键国会议员们很快表明，他们要求的回报起码是苏联在国内实行自由选举和言论自由，加上放弃它在东欧的势力范围。[50]将苏联在世界这一地区违背雅尔塔会议协议的情况公之于众，也未产生较大的成功：当贝尔纳斯警告说，他可能不得不将美国出版人马克·埃思里奇（Mark Ethridge）准备的一份关于罗马尼亚和保加利亚状况的报告公开时，斯大林怀着可以理解的自信，威胁要让他自己的"公正不偏的"观察家——苏联记者伊利亚·爱伦堡（Ilya Ehrenburg）准备和公布他关于这些国家的报告。[51]苏联人有效地对付了原子弹，办法是索性显得不屑一顾，唯有醉醺醺的莫洛托夫在鸡尾酒会上说的几句笨拙的笑话除外。与此同时，国内压力迫使杜鲁门在贝尔纳斯甚至试图从莫斯科榨取到补偿之前，就使美国承诺奉行国际管制原则。[52]

到1945年12月莫斯科外长会议时,贝尔纳斯已得出与罗斯福一年前得出的大致相同的结论,即要调和美国在民族自决方面的利益与苏联的安全利益,唯一的办法是谈判出略加掩饰的协议,以便用民主程序表象遮掩莫斯科控制之实。*然而,这一以苏联人在保加利亚和罗马尼亚做出象征性让步为表现形式的方针,在美国国内却显得是绥靖。结果,贝尔纳斯本人发觉自己回国时遭到总统和国会两面夹击,指责他放弃得太多。[53]到1946年初,"有予有取"方针已不仅未能产生结果,还成了一个国内政治负担。

"有予有取"方针所以证明不成功是出于几个原因。一是难以使"大棒"和"胡萝卜"与要求对方做出的让步相称。美国拥有的"大棒"要么不很具有恫吓作用,例如将事态公之于众,要么不可用,例如原子弹。主要的"胡萝卜"即经济援助对苏联人重要,但没有重要到如此地步,以致证明为取得它所需做出的让步合理正当。另一个困难是在协调方面的。讨价还价意味着有能力精确地控制要应用的压力与引诱的结合,但这转过来需要中央指挥,在一个民主国家中即使在最好情况下亦属不易,而在一个经验缺乏和组织糟糕的行政当局执政的头一年里肯定无法实现。外来影响——国会、报界、公众舆论、官僚机构乃至个人——倾向于侵入讨价还价过程,使有待满足的条件与有待提供的激励这两者的组合变得至少难以运用。

---

* 苏联人反过来从美国榨得了一个象征性的让步,它显得像是扩大了前者在对日占领中的作用,但实际上没有。

　　然而,首要的困难很简单:苏联难受外来影响。"有予有取"战略像罗斯福的战略那样,假定能从外部去影响苏联的行为方式,它们的差别仅在方法和时机。然而事实上,西方短期内为塑造斯大林的决定而能做的并不多:这位苏联领导人在一个极为自给自足的国家里维持严密的控制,很少了解或理解更大世界里的事态,而受其影响的可能更小得多。正是对这种不可渗透性——对无论是信任还是压力都不起作用的事实——的认识,为乔治·凯南1946年2月的"长电报"所启动的战略修改铺平了道路。

四

　　外交史上,难得有单独一人在单独一项文件内,设法表述如此强有力和如此能说服人的思想,以致立即改变一国的对外政策。然而,这就是凯南1946年2月22日从莫斯科发出的八千字电报的效应。此事缘于迷惑不解的国务院以及财政部的推动,前者要他解释为何在苏联领导人的演讲中有愈益频繁的反西方言论,后者则想知道苏联为何拒绝加入国际货币基金组织和世界银行。凯南怀着既因喜遇垂询而欢欣,又因此前一直遭忽视而气恼的复杂心情,基于直接经验和热忱信念,倚马千言,一挥而就,撰写了一篇苏联对外政策入门。有如谈及另一个时期在另一个国家的另一位职业外交官——其思想有类似的影响——时曾说的那样,"他的精神之中有如此的热力,使得关于历史和当代政治的知识、敏锐的判断和强健的表述与一种炽热的激

19

情一起发挥作用,这激情照亮了他的智识、感觉和词语指向的一切。"*

　　凯南"长电报"的主题在于:第二次世界大战期间和其后的美国对苏政策的整个基础存在错误。这项政策无论是以罗斯福强调整合的形态,还是以哈里曼着重讨价还价的形态,都假定苏联内部不存在建立正常关系的结构性障碍。相反,斯大林对西方显示的敌意出自外部威胁滋生的种种不安全感。据认为,这些不安全感能被克服,办法是通过豪爽大方赢得斯大林的信赖,或是通过一种"有予有取"方针赢得他的尊重。在这两种情况下,关于合作会不会继续下去的选择据信取决于美国:如果华盛顿挑选了正确的方针,苏联人就会跟着走。**

　　凯南坚持认为,苏联的对外政策与西方做什么或不做什么几乎没有关系:"党的路线并非基于对俄国边界以外的形势的任何客观分析……它主要出自基本的俄国内部必需,这必需在最近的大战前便已存在,并存续至今。"克里姆林宫领导人太愚莽,以致不懂如何依靠除压制以外的任何其他手段去治理。因此,"为了舍此他们就不知道如何进行统治的专政制度,为了他们不敢

------

*　欧文·奥马利爵士就英国外交部高级职员艾尔·克劳所写,后者 1907 年 1 月的《论英法和英德关系当前状况备忘录》具有类似的、虽然较少戏剧性的反响。(引自 Zara S. Steiner, *The Foreign Office and Foreign Policy, 1898—1914*〔London: 1969〕, p. 117.)

**　战略情报处在战时从事的美苏关系分析有单独一个最始终一贯的主题,那就是苏联的行为方式在多大程度上将由西方的态度决定。见其下列《研究和分析报告》:第 523 号、第 959 号、第 1109 号、第 2073 号、第 2284 号以及第 2669 号,所有这些文件都存在于此处:Office of Intelligence Research Files, Department of State Records, Record Group 59, Diplomatic Branch, National Archives。

不施加的残暴，为了他们感到必须索取的牺牲，"他们需要借口。将外部世界描绘成"邪恶、敌对和威胁性的"提供了这样一个借口。"对在该国普遍实行的内部制度来说，一个敌对的国际环境是其命脉"，凯南在下个月给国务院的另一份电文中如此论辩。"我们在此面对一个巨大的既得利益集团，它信奉一个命题，即俄国是个在种种不共戴天的敌人中间走一条险路的国家。德国和日本（它们是仅有的真正危险）从苏联的视野中消退，使得这既得利益集团别无选择，唯有将美国和英国树立起来填补这个空白。"[54]

因此，与这样一个政府不可能持久解决分歧，因为它依靠虚构外部威胁去维持它的国内合法性。"我们中间有些人已尝试设想我国不得不采取的措施，如果它真的希望不惜一切代价地追求解除苏联猜疑这一目的"，凯南在3月里写道：

> 我们已断定，只有不折不扣地彻底解除武装，将我们的海空力量交给俄国，并且把政府的种种权力奉送给美国共产党人，才会使这个问题仅仅有所消减。而且我们相信——这并非开玩笑——即使那时，莫斯科仍将疑神疑鬼，继续怀抱最恶意的疑惧。

"我们从而面对一个事实，"凯南接着说，"即这种或那种程度的猜疑是苏联制度的一个有机组成部分，不会因为任何形式的理性说服或保证而被完全消除……我们必须将我们的外交调整到适合这一气候，而不是适合任何一厢情愿的先入之见。"[55]

在收到电文后不多天内，"长电报"和凯南的其他电文被传播、阅读和评论，而且大多数场合在华盛顿被当作关于苏联过去和未来行为的最为言之有理的解释而得到接受。凯南回忆道："如果说我先前的文字努力看来统统杳无回音，皆属徒劳，那么这一次令我惊奇的是它恰中目标，造成了许多个月里经久不息的反响。"然而，为何杜鲁门行政当局如此重视一位仍比较低级的外交职员的观点？什么原因导致了凯南后来说的一个事实，即"华盛顿官场乐意接受所给的教诲，这些人是否听得进劝诫取决于复杂地嵌在潜意识中的主观的情绪波动，有如弗洛伊德以往的病人中那些最古怪的患者的那样"。[56]

原因是在华盛顿的一种愈益增进的认识，即"有予有取"战略没有奏效，但尚未出现任何取代它的东西。凯南的分析本身并未提供这么一种战略：这些分析主要是阐明苏联威胁。它们包含的那些积极的建议限于在同苏联人打交道时需要坦率、有勇气和自信。[57]然而，似乎有更具体的结论从凯南的论辩中浮现出来，而杜鲁门行政当局迅速抓住这些，将其当作基础来构设在战后世界里对付苏联权势问题的又一种方针，一种由国务卿贝尔纳斯（以一个新近皈依者的全部热烈）最好地刻画的战略，即"耐心和坚定"（patience and firmness）战略。[58]

新战略包含对过去做法的若干重大背离：（1）不会再做努力去隐瞒与苏联人的分歧。相反，这些分歧将被显示出来，公开地和坦率地，但以一种非挑衅性的方式。（2）不会对苏联做新的让步。美国将实际上"划出界线"，捍卫苏联扩张的所有未来对象，但不做任何尝试去"解放"已经处于莫斯科控制之下的地区。

21

（3）为促进这一目的，美国将重构军事实力，盟友们的经济和军事援助请求将得到积极考虑。（4）与苏联的谈判将继续下去，但只是为了显示莫斯科接受了美国的立场，或将苏联的顽固公之于世，以便在国外赢取盟友和在国内赢取支持。[59]所有这些的个中之意，在于面对西方的坚定，斯大林将认识到西方的耐心是较值得想望的替代，将开始表现出为获得这耐心而必需的克制。或者，像9月间克拉克·克利福德（Clark Clifford）就美苏关系提交总统的绝密报告所说："我们的希望是他们会改变自己的想法，在他们认识到我们强大得无法被击败、坚决得无法被吓倒的时候，与我们一起达成一种公平和公正的解决。"[60]

"耐心和坚定"成了以后一年里与苏联打交道的格言。如果说有什么区别，那就是着重点像联合参谋部建议的那样，主要放在"坚定"上面。[61]新方针在东地中海和近东亮相，在那里行政当局不仅促使苏联人从伊朗撤军，使他们不再要求土耳其割让边境土地并给予基地权利，而且还承诺美国会支持希腊政府打击一场得到外界支援的共产党起义运动，并将第六舰队无限期驻扎在后两个国家的周围海域。[62]它在东亚亮相，在那里华盛顿照旧拒不让苏联人在对日占领方面有任何实质性影响，同时表明自己决心阻止苏联接管整个朝鲜半岛。[63]它在德国亮相，在那里美国切断了美占区往外的赔偿物品运送，而且开始迈向美占区与英占区和法占区的合并，同时向苏联人提议缔结一项为期25年的保障德国解除武装的四大国条约。[64]它在外长会议上亮相，在那里贝尔纳斯坚决拒绝苏联接管南地中海沿岸前意大利属地的企图，同时耐心地从事与德国此前的卫星国缔结和约的谈判。[65]最后，也最引人注目的是，"杜鲁门主义"体现了新战略，在其中行政当局将它对希腊和土耳其的义务泛化为一种看似适用于世界范围的承诺，即在苏联"扩张主义"显露的任何地方一概予以抗击。

杜鲁门1947年3月12日宣告："美国的政策，必须是支持正在抵抗武装起来的少数派或外来压力之征服企图的自由人民。"这宣告传统上一向被当作标志了美国冷战对外政策的根本起点。然而，事实上它可以更准确地被视为"耐心和坚定"战略的最终表述，那是在过去一年里一直实行的。援助希腊和土耳其以及受苏联威胁的其他国家的决定在几个月以前就已作出。[66] 1947年初，新的事态是英国突然通知它意欲结束自己对这两个国家的军事和财政支持，还有美政府需要国会迅速批准替代性援助。正是这需要转过来迫使杜鲁门行政当局以全球主义方式辩护其请求。即使如此，这浮言虚辞也符合此前近一年里"耐心和坚定"战略的根本前提，即美国不能允许苏联在任何地方取得更多的领土和势力。[67]

23　　然而，如果未能使手段与目的相称，那么任何战略都不可能有效。关于"耐心和坚定"方针，事后来看令人惊奇的是，它竟在那么大的程度上不顾手段而确定目的。没有鉴于苏联威胁而做出任何认真的努力去扭转军队急剧复员的势头：美国军队在对德战争结束时为1200万人，到1946年7月减至300万，一年以后更减至160万。[68] 防务开支在1945财政年度（战争的最后一个整年）为816亿美元，1946财政年度减至447亿美元，1947财年更减至131亿美元。[69] 而且，随着1946年11月选出一个由一心节省的共和党占多数的国会，这趋势看来没有多大的扭转可能。[70]

因此，杜鲁门主义隐含一种抵抗苏联"扩张主义"的无限义务，却诞生在一个这么做所需的手段已近乎全然消失的时候。

　　这一显著的欠缺表明，美国需要某种"耐心和坚定"以外的战略：要么手段须予扩充以适合利益——一种鉴于当时的政治经济境况不大可能的前景，*要么利益须予收缩以适合手段，这可能性较大。后者便是事实上在1947年春季期间发生的事情。这个时期意义重大，不是因为美国在其间承担了新的义务，而是因为它从此开始对它已经承担的义务进行区分。就像在第二次世界大战期间那样，手段有限这直率的现实再度迫使人区分至关紧要的利益与边缘性的利益。然而，这个任务要求的不止只是一套态度，即"耐心和坚定"已大致归结成的东西；它需要的是一个战略，像所有成功的战略必须的那样，基于资源与目标之间的经过深思熟虑的关系。正是在这环境内，"遏制"概念开始发展而成，还有与之相伴，它的首要构筑师乔治·F.凯南的任职生涯也开始扶摇直上。

---

*　这一选择将在1950年得到采纳。见第四章。

第二章　乔治·凯南与遏制战略

　　凯南从职业外交官到冷战战略家的突然转变不止仅仅出自一个"电报处理过程的惊人赘负"。[1]到"长电报"为他赢得了政府内头号苏联问题专家的声誉时，他的写作和思想中已经有一种战略洞察，一种认识到目标与能力、雄心与利益、长期优先事项与短期优先事项之间关系的技能，这在烦扰多多的官僚机构中十分罕见。正是这种素质使海军部长詹姆斯·V. 福莱斯特（James V. Forrestal）——有类似关切的一个人——赏识他，将他视作在华盛顿新建立的国家战争学院的理想的"对外事务副院长"，该学院是美国第一个致力于在最高层次研习政治-军事事务的机构。凯南在那里的成功又吸引了乔治·C. 马歇尔的注意，后者在 1947 年初成为国务卿之际，决心赋予美国外交更大的内在连贯性，办法是组织一个"政策设计办公室"，负责"制订和发展……旨在实现美国对外政策目标的长期规划"。是年 5 月，凯南离开战争学院，成为该办公室的首任主任。[2]他当时在华盛顿的地位独一无二，因为高层官员中间只有他才兼备下述三者：在苏联事务方面的知识和经验，与后来所称的"国家安全"研究的直接接触，占有负责制定行动建议的职位。

　　1947 年夏天，凯南在《外交》季刊发表《苏联行为的根源》

一文,将"遏制"一语引入世界,[3]从而不经意地使自己在上述三者 25
以外更有声望,或更臭名昭著,究竟如何取决于一个人的看法。
该文虽然为隐匿凯南的身份而仅署名为"X先生",但很快就沦为
阿瑟·克罗克的报道业务的受害者,因为克罗克透露出它的作
者是谁,从而赋予它某种官方政策宣告性质。这种对官方立场
的透露转而引发了沃尔特·李普曼的批判激情,后者在一系列
文章里详细剖析该文,其总篇幅远远超过原文。[4]结果是自此往
后始终持续的混淆。由于凯南一开始就根本没有打算将"X先生"
的文章当作国家战略的一项全面表述,因而它仅很不完全地反
映了他关于这一主题的思考。不仅如此,粗枝大叶的起草导致
一些段落看来违背凯南在政府内一直提倡的立场,以致他发觉
自己在一些地方更同意李普曼的批评而非他本人的文章。而且,
凯南的官方地位使他不可能公开澄清自己的观点,这澄清须等
到20年后他的回忆录发表。[5]

　　结果,在研究冷战的学者中间形成了一种小型产业,热衷于
说明"凯南实际上想讲什么"。[6]这一切关注提示了凯南的重要性
以及他的难以捉摸,因为尽管在塑造杜鲁门政府对世界的方针
上面,他的作用根本谈不上是决定性的,但他的思想甚于任何其
他人的,确实提供了这方针依据的智识理由。正如亨利·基辛
格多年后说的,"乔治·凯南近乎缔造了他那个时期的外交信条,
不亚于我们历史上的任何外交家。"[7]下面做的是试图重构这一
信条,不仅依据"X"的文章或凯南在20世纪40年代后期很少见
的其他公开发表的言辞,也依据在他指导下产生的政策设计办
公室的各项研究,连同他在任职于国务院后继续在国家战争学

院和政府内别处所作的、不供引用和往往保密的讲座,还有他自己留存下来的笔记、备忘录和经记录的即席评论。随后的部分将审视杜鲁门行政当局在多大程度上实际施行了这一战略,先后继任的各行政当局又在未来岁月里多大程度上修改了它。

一

国际事务中国家利益的种种定义趋于了无新意且无懈可击:它们全都看来以这一或那一形式,归结为对于造就一种对一国国内体制的生存和兴旺有利的国际环境的需要。的确,凯南在1948年夏天写下的定义也不背离这个模式。"我们的对外政策的基本目标,"他断言,"必须始终是":

> 1.捍卫国家安全,这意味着我国始终有能力在不受外国严重干涉或干涉威胁的情况下追求自身内部生活的发展;以及
>
> 2.推进我国人民的福利,办法是促进这样一种世界秩序:在其中,我国能对其他国家的和平和有序的发展做出最大程度的贡献,并且从它们的经验和能力中获得最大程度的裨益。

凯南告诫说,"彻底安全和国际环境的完美永不会实现。"任何这样的目标表述充其量也只能"指示方向而非终点"。[8]不过,这仍是凯南对美国在世界事务中不可减约的利益所曾作过的最直接

的辨识,大概极少有人会对他的说法提出质疑。比较困难的任务,在于准确地具体确定为加强国家安全、增进国际环境的适意性(congeniality)需要什么。

凯南论辩说,美国人传统上以两种方式来回答这个问题。一种是他所称的"普遍主义"(universalism)方式,设定"如果能促使所有国家都同意某些标准的行为规则,丑恶的现实——权势渴望、民族偏见、非理性的仇恨和嫉妒——就将被迫退缩到一种保护性屏障之后,即被接受的法律制约。而且……我们的对外政策问题就能由此简化为熟悉的议会程序和多数决定方式"。普遍主义以国际事务中和谐的可能性为前提,力图通过创设国际联盟或联合国之类人为的构造来实现这一和谐,并且将其成功寄托在各国的一种意愿上,那就是使它们自身的安全需要从属于国际社会的安全需要。

凯南将另一种称作"特殊主义"(particularism)方式。它"怀疑任何将国际事务压缩到法理概念中去的方案。它主张内容比形式更重要,内容将强行穿透加诸它的任何外表构造。它认为权势渴望仍然在如此众多的国家中间起主导作用,以致不可能被反制力量以外的任何东西减缓或控制"。特殊主义不会拒绝与别国政府合作以维持世界秩序的观念,但要有效的话,这样的联盟就须"基于只在有限的政府群体之间才会见到的利益和观念的真正共同体,而非基于普遍国际法或普遍国际组织的抽象的形式主义"。[9]

凯南认为,对美国的利益来说,普遍主义是个不适当的框架,因为它假定"每个地方的人们都基本上如同我们自己,他们由实质上相同的希望和灵感激励,他们在既定的环境中以实质上相同的方式做出反应"。对他来说,国际环境的最显著特征是其多样性,而非其一致性。将国家安全寄托于在全世界范围内扩散美国体制将超出美国的能力,从而危及这些体制。"我们是伟大和强大的。但我们没有伟大和强大到如此地步,以致仅凭我们自己就足以征服、改变或经久地使所有……敌对的或不负责任的势力服从。试图这么做将意味着要求我们自己的人民做出如此的牺牲,其本身就将彻底改变我们的生活方式和我们的政治体制,而且会在试图捍卫它们的时候失掉我们政策的真正目的。"[10]

普遍主义还涉及使美国立意追求一种在凯南看来既不可能、也不可取的目的,那就是从国际生活中消除武装冲突。他认为,只有靠冻结现状才能做到这一点——"在维持现状符合其利益的时候,人们不会和平地离弃现状",而这转过来意味着使国家陷入"如此令人迷惑和受限的义务承诺,以致我们无法在世界事务中以有利于世界安全和世界稳定的方式运用我们的影响。"事实是,战争可以并非总是恶,和平也可以并非总是善:"如果你喜欢的话,监狱高墙后面就有'和平'。在今天的捷克斯洛伐克就有'和平'。"

虽然可能令人不快,我们或许仍不得不直面这样的事实:可能在某些场合,世界某些地方的规模有限的暴力可能比相反的情况更可取,因为这些相反的情况将是我们会被卷入的全球性战争,在其中没有任何人会赢,整个文明都会被拖进去。我认为,我们不得不面对一个事实,即对我国的安全来说,会有一种与暴力的单独复发相比不那么可接受的和平安排。

"或许世界和平这整个观念一向是个不成熟、不可行的堂皇的白日梦",凯南在1947年6月争辩道,"我们本应提出如下说法作为我们的目标:'和平——如果可能,且在它实现我们的利益的限度内。'"[11]

最后,普遍主义有可能使美国陷入"毫无结果和麻烦不堪的国际议会制度的混乱之中",这种制度可能阻绝捍卫国家利益所必需的行动。凯南非常轻视联合国。他坚持认为,设想在那里采取的各种立场对世界事务有大的实际影响乃是幻想。相反,它们犹如"戏剧场面的竞演:有一段比较暗淡的、冗长的准备时间,然后大幕升起,灯火通明一时。为了子孙后代,代表团的姿态被关于表决的一组照片记录下来。谁看来处于最优美最动人的位置,谁就赢了"。如果出于什么原因,这种"议会表演"能被予以实际的承认,"这就将确实是解决国际歧异的一种精致、优越的方式。"然而,因为这不可能,所以唯一的效果是使美国人民偏离真正的问题,并且使国际组织本身从长期来说变得滑稽可笑。[12]

因此,促进国家利益的最好办法不是试图重建国际秩序——"普遍主义"的解决办法,而是通过"特殊主义"方式,即试图维持国际秩序内部的平衡,这样就没有任何一个国家或国家集团能够主宰它。"我们的安全依靠,"凯南在1948年12月告诉国家战

争学院的听众,

> 我们有能力在世界的敌对或不可依靠的势力中间确立
> 一种均势:在任何必要的地方使它们彼此争斗,确保它们在
> 彼此冲突中消耗——如果它们必须消耗的话——在相反情
> 况下可能指向我们的褊狭、暴力和狂热,确保它们由此被迫
> 互相抵消,在两败俱伤的冲突中耗尽自身,以便促进世界稳
> 定的建设性力量可以继续享有生活的可能性。[13]

和谐或许是不大可能的(鉴于凯南对人性的悲观看法,这很难说
是个令人惊奇的结论),然而可以通过仔细地平衡权势、利益和
敌意来获得安全。

从这论辩中,合乎逻辑地得出了若干推论。一个推论是,对
美国的安全,并非世界的所有各个部分都同等的至关紧要。"我
们应当首先挑选世界上的那些地区",凯南在1948年8月写道,
"它们……是我们不能容许……落入与我们敌对的势力之手的,而
且……我们(应当)主张维持在那些地区的至少有利于我国继续
强大和独立的政权,将此作为我们政策的首要具体目标和国家安
全的一个不可减约的要求。"在凯南的单子上,这样的地区包括:

> 1.大西洋共同体内的国家和领土,包括加拿大、格陵兰和
> 冰岛、斯堪的纳维亚、英伦三岛、西欧、伊比利亚半岛、摩洛哥
> 和直到突出点的西非海岸,还有突出点以北的南美诸国;
> 2.向东直至伊朗,并且包括它在内的地中海和中东诸国;

以及

3.日本和菲律宾。

在这些地区造就"有利于我们的国际生活概念的政治态度……将在未来的一个时期里占用我们外交的全部力量和才智。在整个世界上造就这种状况和态度显然超出我们目前的和今后好几十年的能力所及"。[14]

下个月,凯南进一步完善了这个概念。在他承认是个过于简单化的说明里面("我正试图达到的是这里的问题的核心,而且我要向你们承认你们可以就其细节进行争辩"),他告诉国家战争学院的学生:存在"仅仅五个世界工业和军事力量中心,它们从国家安全观点来看对我们至关重要"。这些中心是美国、英国、德国和中欧、苏联、日本。只有在这些地方,"(你)才会得到所需的气候条件、工业实力条件、人口和传统条件,它们将使那里的人民能够发展和投射一种两栖力量,那是倘若我们的国家安全受到严重影响就必定要投射的一种力量。"当时,只有其中的一个力量中心在敌对者手里。因此,美国在世界事务中的主要利益,在于保障任何其他力量中心不沦于此类控制之下。[15]

五大至关紧要的力量中心这概念并非意在表述美国在世界上仅有的利益。如他早先的列表表明的,凯南认识到需要在西半球有个牢靠的势力范围,还需要前往世界其他地方的工业力量中心、原料来源和防务要点的通道。他论述的是,在国际舞台上存在的各类权能中,工业-军事权能是最危险的,因而首要着重点应当放在对它保持控制上面。30

凯南还指出,因为能力有限,所以必须确定利益的轻重缓急次序。他在1949年末的一次不寻常的公开演讲中详细阐述了这一点:

> 这个世界的麻烦比我们许多人认识到的更深刻、更棘手、更顽固。我国或任何其他一国,以其能量和物质产出当中经得起投入外部事务的富余部分,所能成就的(事情)是有限的,比我们往往倾向于记住的更有限。因此,我们绝对必须节省我们有限的资源,绝对必须将它们用在我们觉得它们会起到最佳作用的地方。

需要的是辨识出,"与其他需求范畴相比,对某些需求范畴,我们可以不那么迅速、不那么充分地做出反应。"这样的一种步骤不应被认为提示了不连贯或政策缺乏;相反,它只是承认一个事实,即"任何在言行两方面都契合现实的全球性政策均根本上是一种讲究轻重缓急次序的政策——一种明智地节省使用我们自身力量的政策"。[16]

凯南的论辩的第二个推论,在于各国国内组织方式本身不是美国对外政策的合适的关注对象。"我国政府的一项传统原则,"他在1948年末写道,"是避不干预其他国家的内部事务……不管是谁,只要建议或敦促这样的干涉,都应负责证明(1)有着足够有力的国家利益理由,表明我们背离……一项已由几个世纪的经验证明合理健全的国际行为规则……是正当的;(2)我们拥有成功地进行这种干涉的手段,并且承受得起国家为此要付出的代价。"[17]美国能够与多样性共处,甚至从中获益。危险的是兼具敌意和为敌的能力。

类似不干涉这类的原则当然不是在所有形势下都颠扑不破的指南,然而它们确实反映了作为美国政府制度特色的某些国内优先性,这种优先性在被弃之不顾时,一定会以某种方式对其造成损害。"我认为对外政策与对内政策紧密相连",凯南说,"一个变化不可能在另一个没有变化的情况下发生。我有个感觉是倘若我们在什么时候走到一个地步……即不再就对外政策领域怀抱理想,那么我们的国内政治生活就会失去某种非常可贵的东西。"在不确定的时节里,美国能做的最好的事情是"确保其起初的政策路线尽可能贴近由其传统和本性指定的诸项原则,确保在必须偏离这些路线的场合,人民明白这是偏离,并且理解为何它是必需的"。[18]

31

第三项,也是与此相关的一个推论,是在安全的要求与原则的要求之间不一定有冲突,只要前者被理解为必须优先于后者。凯南1947年5月告诉海军学院的学生:"我国做出了现代史上的最大努力……来从原则而非权势出发对待国际生活的种种问题,然而即使是我们,最终也不得不考虑我国人民的安全……因为……除非他们能享有这安全,他们就永不能为一个较好、较和平的世界做出任何有益的贡献。"[19]在无政府甚或经久延续的不安全感之中,任何一套理想都不可能生存下去。在原则可被付诸实施之前,必须确立某些最起码的稳定标准。*这一推理导致

---

　　*　凯南在这一点上的看法与莱因霍尔德·尼布尔的看法相同。例如见 Rex Harry Davis and Robert Crocker Good, eds., *Reinhold Niebuhr on Politics* (New York: 1960), 特别见 pp. 65, 107, 182, 245, 280—281。

凯南回到均势概念,将其作为调和国家抱负与国家利益的最适当途径。

因此,凯南的利益概念基于对国际秩序的一种悲观主义观点,但也在一定程度上基于对制约其中争斗的可能性所持有的谨慎乐观。这能做到,但不是靠人为的制裁和限制,而是靠利用由国际体系固有的内在紧张本身维持的平衡。这是一种明了下述事实的观点:由于能力有限,利益也就必须有限,必须将至关紧要的与并非至关紧要的利益区分开来。这种观点还对下述需要和危险保持敏感:需要将手段从属于目的,危险在于对所用的各种手段缺乏区分将败坏所追求的目的。最后,它坚持将这种利益观念用作评估威胁的标准,而不是相反:凯南坚持认为除非参照并依据一个人的利益观念,否则威胁就全无意义。

二

32　　唯一符合凯南的检测标准,即兼具敌意和能力的国家当然是苏联。他尽管对战后与苏联人合作的可能性大有保留,但对依靠苏联人去帮助打败纳粹德国的战时战略不持异议,因为不存在与希特勒共处的基础。*"我们不得不利用(苏联),虽然我们

---

　　* 凯南承认,"希特勒的所谓新秩序当中本来会有许多内容是可以理解的,假如在它后面起指导作用的灵魂不是希特勒。然而我们必须认识到,它虽然兴起于西欧内部,却是一股正在力图夺取西欧的势力。这是一股我们永不可能与之和平共处的势力,一股如果成功还能够统治东部权势中心的势力。以此方式将这两股势力一起动员起来,对于我们而言仿佛与相反的情况,即由苏联人占有西方一样危险(或许程度会稍轻)。"(在国家军事学院的讲座,1948 年 9 月 17 日,凯南文件,第 17 盒。)

本应懂得它一心要毁灭我们，并将这奉为圭臬。"可是，胜利的效应是将红军置于一种在整个东欧及东亚部分地区的统治地位，而且将它带到对德国和日本这两个虽被毁坏、但仍可复苏的工业中心的打击距离之内。这一情势，加上其余世界很大部分到处有听命于莫斯科意愿的共产主义政党，似乎使苏联人处于这样一种地位，其将依靠与美国及其民主盟友敌对的势力去控制两个或更多的世界力量中心，而这种局面本应是刚刚进行的这场战争所要加以阻止的。[20]

凯南争辩说，莫斯科对西方的憎恶既出自历史环境，也出自意识形态。俄国的历史提供了大量证据，去维持存在一个敌对的外部世界的印象。它也提供了一种国家概念的先例，那就是将国家"当作一个意识形态实体，它注定最终要扩展到世界的尽头"。马克思列宁主义强化了这些倾向，而苏联领导人在从事地下活动的岁月里所形成的习惯，连同他们1917年后的政策在西方激起的可预料的不同情反应，也起了同样的作用。这样，便有了"传统的俄国思想习惯与现已成为苏联政权官方信条的意识形态之间的一种非常密切和微妙的联系"。[21]

凯南认为，意识形态履行了若干功能。它帮助一个欠缺合法性的政府合法化：如果无法像俄国沙皇那样凭上帝的意志去统治，那么凭一种适当裁剪的历史观念去统治便是次好的办法。它 33 为压制——缺乏想象力的领导人舍此便不知如何行事——提供了口实：只要世界的其余部分还是资本主义的，各种严苛的措施就能得到辩护，以保护最重要的共产主义国家。它将苏联与其他国度里的不满人士的渴望和挫折感联系在一起，从而将国际共产主义运动造就为一种工具,以此将势力投射到苏联以外。[22]

　　然而,凯南不认为马克思和列宁的意识形态著述是预测苏联行为的可靠指南。"意识形态",他在 1947 年 1 月写道,"是个产物,而非社会政治现实的一个决定要素……它的影响是在背景的渲染、表达的方式和贯彻的方法上,而非基本目的上。"而且,马克思列宁主义是一种那么少有定形的意识形态,以至于像许多其他意识形态那样,要应用到现实世界就需要媒介——在这里是苏联政府。这一情况使斯大林可以在任何既定时刻谈论共产主义究竟是什么。凯南在"X"文章的一个很少受到注意的部分里写道:"领导地位就是可随意为策略目的而提出它发觉有用的任何论点……并且要求整个运动的成员们忠心耿耿和毫无疑问地接受这论点。这意味着真理并非恒常不变,而实际上,无论从哪点看,它都是被苏联领导人自己创造出来的……它完全谈不上绝对和永恒。"[23]

　　因此,意识形态更多的是对业已决定的行动的一种辩护,而非行动的指南。斯大林在统治全世界以前不可能感到安全,但事情会如此是因为他自己深不可测的不安全感,而不是因为对实现国际无阶级社会这一目标的任何原则性义务。因此,遏制的目标应当是限制苏联扩张,而意识形态只是在作为这扩张的工具的限度内才造成威胁。

　　凯南预计苏联不会为了达到它想望的目的而冒战争风险。苏联经济和苏联人民完全无法在上一场战争结束后这么短的时间内再承受另一场。克里姆林宫领导人也无法对他们在其国境外维持进攻性军事行动的能力感到自信:在这方面,1939—1940 年与芬兰和 1904—1905 年与日本作战的经历无法鼓舞人心。斯大林不是希特勒，他没有固定的进犯时间表，宁愿在可能的情况下依靠政治而非军事手段获取利得。当然，误判仍然是个危险："战争因而必须被认为至少有可能发生，如果不是很可能，而且是一种足够严重，以致我们的军事和政治规划要充分加以考虑的可能性。"然而，"我们不认为俄国人自战争结束以来有任何认真地诉诸武力的意图。"[24]

比较严重的是通过心理手段实现征服的可能性，亦即这么一种危险：五大至关紧要的工业力量中心当中的两个——西欧和日本的人民可能由于战争和重建带来的双重变乱而如此士气颓丧，以致使自己因为纯粹缺乏自信而易受共产主义者领导的政治运动的影响，甚至让共产党赢得自由选举。由于欧洲和日本共产党人当时是克里姆林宫的可靠工具，这样的事态发展实际上意味着，莫斯科的控制将扩展至笼罩欧洲和很大一部分东亚地区。遏制战略针对的主要就是这种可能的事态——不是苏联的军事进攻，不是国际共产主义，而是与苏联势力范围相邻的各国内部的心理虚弱，它使它们，并且因此使总的力量对比易受苏联扩张趋向的影响。正如凯南在1947年6月提醒国家战争学院学生的："打动国务家心灵并影响其行为的是事物的影像（shadows）而非实质。"[25]

最后，凯南相信，这些影像如果不被驱除，也将使美国社会士气颓丧。国内的民主也许不要求存在一个完全民主的世界，但它也无法在一个完全极权主义的世界上生存下去：美国的确有一种至关紧要的利益，即至少某些与它相像的国家继续保持独立。"这个问题的实际在于"，凯南争辩说，"我们每个人心灵深处的某个地方都埋藏着一点儿极权主义。"苏联的威胁不在军事潜能领域,而在"俄国人发现的这么一个可怕的事实当中,即自由民主制社会易受一类组织和宣传伎俩伤害,这些伎俩在概念上全然无所顾忌,并且基于利用人性中的邪恶而非美善"。如果不加抵抗,那么处在美国与世界共产主义中心之间的各国的愈益臣服的局面,可能使美国人"在人类民族之林中"沦于"一种无助、孤立和不光彩的境地"。[26]

35   然而,这挑战并非没有它的补偿,而且凯南有时甚至显得欢迎这挑战。"为避免毁灭",他在"**X**"文章中写道,"美国只需符合它自己的最佳传统,证明自己值得作为一个伟大的国家存续下去。确实,从来没有比这更公平的国家素质考验。"两年半以后,他告诉国家战争学院的学生:西方民主制的真正问题,在于"一种越来越大的不相称所产生的危机,人的道德性质与处于人主宰下的种种力量之间的不相称"。

> 对生活在我国的我们来说,问题归结为:取得对脱缰之马似的技术的社会控制;限制这些力量,使之服从我们的意愿……;在这国内,创造出消费与资源、人与自然之间的一种稳定的平衡;在这里产生种种体制,它们将显示一个自由社会不用暴政也能治理,人可以占有地球上相当一部分土地而不对其加以毁灭……;然后,以这知识武装起来……进一步看看为将这稳定带给整个非共世界,我们能够做些什么……"

共产主义不是问题所在,它只是一种伴生物。"我们只治并发症就治不好疾病。"而且,凯南补充说,"(我们)也不应当变得对有这么一种伴生物存在的事实过于暴怒。就像我的一位同事近来所说:'假如它从未存在,我们也须将它发明出来,以便创造出我们需要的紧迫感,使我们达到采取决定性行动的地步。'"[27]

三

因为凯南将苏联的挑战视为大致心理性的,所以他为对付这一挑战提出的建议也倾向于带有心理特征,目的是在潜在敌手以及潜在盟友和美国人心中产生如此的态度,这一态度将促进兴起一种更有利于美国利益的国际秩序。到1948年底,凯南已认定为实现这目的所必需的三大步骤:(1)通过鼓动受苏联扩张主义威胁的国家的内部自信来恢复均势;(2)利用莫斯科与国际共产主义运动之间的紧张,以减小苏联将势力投射到国境以外的能力;(3)假以时日,逐渐修正苏联的国际关系思想,同时怀有以协商解决突出问题的想法。[28*]

"总而言之",凯南在1947年末写道,"我们的政策必须指向在欧亚两大洲恢复均势。"实现这一点的最佳办法"看来将……是加强在共产主义者正攻击的各国内部的自然的抵抗力量,而这在根本上已经是我们政策的基础"。在易受苏联扩大势力影响

36

---

*　凯南并非总是以同样的顺序列举这些步骤,而且在有一个场合,他列举第三个步骤是"保证随欧洲的复兴,欧洲的力量不再次落到德国纳粹之类的人手里,这类人不懂如何使用它,会使它来干蠢事,会使它转向反对我们自己,而且最终很可能会毁了它"。(在海军战争学院的讲座,1948年10月11日,凯南文件,第17盒。)

的地区,削弱了抵抗的更多的是上次战争的持续影响——"物质资材和精神活力的耗竭",而非一场新战争的威胁。需要的是这样的行动:其足够引人注目,以造成立竿见影的心理印象,但同时又足够实质性,以开始处理所涉的根本问题。凯南主要指望经济援助来产生这效果。[29]

凯南相信,公开宣布一项美国长期经济援助计划这一举动本身,就将大大有助于恢复西欧的自信,只要它将该区域当作一个整体对待,并且让受援者负相当大的规划和执行责任。在对欧洲主动性的这一强调背后有若干动机。它符合尽少干预别国内政的原则。它还考虑到美国的能力:由于华盛顿当时对管理大规模的外援计划少有经验,美国除了将执行之事大致留给欧洲人以外还能做什么是成问题的。[30]然而最重要的是,它将提供检验,看在多大程度上"自然的抵抗力量"仍然存在于欧洲。"美国人民怀抱最好的意愿,但无法真正帮助那些不愿自助的人们。如果欧洲国家政府没有提供所要求的承担公开责任的主动和意愿,那么这将意味着我们所知的欧洲公共机体已经病入膏肓,我们决定性地改变事态进程已经为时太晚。"[31]*

37   凯南坚持主张将西欧当作一个整体对待,**这反映了一个明

---

* 凯南后来指出,欧洲的主动并不意味着美国放弃总的控制:"如果你只是将东西发送出去,放手不管,那无法奏效。它在送出去时必须予以政治操纵。它必须被拿在手上招摇,有时收回来,有时放出去。这必须是一种灵巧的操作。"(在国家战争学院的讲座,1947 年 12 月 18 日,凯南文件,第 17 盒。)

** 凯南起初的建议主张也向东欧和苏联提供援助,但这是个使莫斯科与其卫星国之间的关系紧张化的策略,而不是着手重建这些地区的认真规划。见下文第 65 页。(原书页码,后同。 ——译者)

显的道理,即那个区域的各国合起来,比它们分别独自行事更能抵抗苏联的压力,然而这也是一个将德国重新整合到欧洲社会中去的间接手段。凯南推断,如果援助能提供给作为一个整体的西欧,在德国的英占区、法占区和美占区就也能被包括进去。关键是坚持不让主要位于这些占领区的德国工业落到苏联人手里。完全的占领不可能无限期继续下去,这既是因为耗费太大,也是因为外国军队长期存在将产生敌意。重新武装德国人自己只会使他们先前的受害者大为惊恐,无论是西方的还是东方的。然而,倘若能将德国经济与西欧经济交织起来,便可以导致德国人"摆脱他们集体的自我中心主义,(鼓励他们)以较宽广的眼光看待世事,在欧洲的其他地方和世界的其他地方有其关切,学会将他们自己想作世界公民,而非只是德国人"。这么一种政策将要求取消占领政策的较为惩罚性的方面。它还将使得与德国的西欧邻邦的仔细协调成为必要。"然而,没有德国人,就无法想象任何真正的欧洲联邦,而没有欧洲联邦,欧洲的其他国家便无法获得保护来免遭新的外国统治图谋。"[32]

在日本,美国占领当局起初也强调惩罚先前的敌人。相反,凯南赞成像在德国那样,组建针对潜在新敌手的抵抗中心。因此,他建议将对日占领政策的目的从管制转为复兴,并且延迟签署一项将结束占领的和约,直到一个稳定、自信的社会的基础被确立起来为止。这一将过去的敌人转变为盟友的意愿,反映了凯南对全球性平衡的关切:"任何世界均势首先意味着欧亚大陆上的均势。只要德国和日本依旧是权势真空,这均势便无法想象。"必须做的是"将这些民族的实力和意志恢复到如此程度,使它们能在欧亚均势中起自己的作用,但同时不使它们能再次威胁西方海权世界的利益"。[33]

凯南充分承认军事力量在维持这一均势方面的重要性。他在1946年告诉国家战争学院的学生们:"你们无法想象,当你们有那默不作声的武装力量作为后盾时,它对外交的总的礼貌和愉悦状态做出了多大贡献。"这种力量的存在本身,他在两年后写道,"大概是美国对外政策操作的单独一个最重要的手段。"政策设计办公室1948年夏天在凯南指导下做的一项研究断定,军事实力必不可少,因为它是使政治立场具备可信性的一个手段,是对侵袭的一种威慑,是鼓励盟友的一个源泉,而且作为最后依靠,是倘若战争来临就成功地进行战争的一个手段。[34]而且,凯南本人提倡维持小规模的、经过精良训练的机动部队,它们能在种种当地形势下迅速行动以恢复均势,而且他在若干场合还考虑过使用它们的可能性。*

然而,军事力量也有分明的局限性,对一个民主国家来说尤其如此:"它不能将它们用作一种进攻性的威胁。它不能在任何广泛的规模上,为实现战争以外的措施而策略性地操纵它们。

----

　　*　根据记录,凯南至少考虑过在以下时间和地点用美军进行干涉的可能性:1947年在希腊,1948年在意大利,1949年在中国台湾地区(为了逐出国民党人)。(见 *FRUS: 1947*, V, pp.468—469;*FRUS: 1948*, Ⅲ, pp.848—849;*FRUS: 1949*, Ⅸ, pp.356—359。)然而,这些情况都不反映一贯倡导的立场,而且它们的重要性有时被夸大了。(例如见 C.Ben Wright, "Mr. 'X' and Containment", *Slavic Review*, XXXV [March 1976] p. 29; Edward Mark, "The Question of Containment: A Reply to John Lewis Gaddis", *Foreign Affairs*, LVI [January 1978], p. 435。)还应当注意到,凯南与华盛顿的大多数官员一样,支持在1950年使用美国部队保护李承晚政权。

因此,它们大都构成对外政策操作方面一种固定的而非灵活机动的因素。"不仅如此,晚近的历史已表明,军事胜利带来的问题和解决的问题一样多:

> 我们可以打败一个敌人,但生活仍然继续下去。人们的要求和渴望,在他们失败之前作用于他们的冲动,在失败之后开始再次起作用,除非你能做什么事情去消除它们。没有任何胜利是真正彻底的,除非你消灭你与之打仗的人民,或根本改变他们在其下生活的整个冲动。由于这原因,对于将军事力量作为抵抗我们今天面对的俄国人的政治攻势的一个手段,我持怀疑态度。

"记住",凯南1947年10月就他在以后几年里将反复强调的一点告诉国家战争学院的听众,"……有如今天的情况,威胁着我们的不是俄国的军事权势,而是它的政治权势……如果它不完全是一种军事威胁,那么我怀疑能否完全靠军事手段去有效地对付它。"[35]

在对过度依赖军事的这一告诫中蕴含一个前提,那就是武器和部队水平不是国际权势的唯一决定因素——政治、心理和经济同样起作用。正是在这最后一个领域,美国拥有特殊的优势:通过贷款和无偿赠予援助,只有美国才处于这样一种地位,它将影响其他国家重建经济或使之现代化的速度。因此凯南抓住这工具,将它当作恢复世界均势的主要(而非唯一)手段不足为奇。饶有意义的是,他的援欧计划没有预期对该区域的防务承担正式军事义务。[36]相反,他的思想类似在欧洲均势遭到威胁的较早时期的一个观念——1939—1941 年的"民主国家兵工厂"概念,其前提也具有相似性,即美国能对稳定国际秩序做出的最有效贡献在技术领域,而非军事人力。[37]

　　试图加强"自然的抵抗力量"的这个计划并不准备不加区别地予以应用。到 1947 年底,凯南已拟出了支配分发美国援助的三项具体标准:(1)"是否存在任何值得加强的当地抵抗力量"。存在有力的代议制政府传统的地方没有问题,但在要么是共产主义政权、要么是某种压制性的极权主义政权,除此之外别无选择的地方,"我们就需小心,不要由于提供美国援助而将道义威望赋予了不足取的势力。"(2)"遭到挑战的地区对我们自身安全的重要性。"共产主义接管某一国家将对美国的安全意味着什么? 该国的资源能否被拿去与苏联的资源结合起来,产生非同小可的军事力量? (3)"我们的行动可能付出的代价,以及这一代价与可取得的结果的关系。"必须有一种"政治上的会计程序",去审视很可能造成的支出是否超过预期的收益。凯南强调,"我们对共产主义扩张的反对不是一个绝对因素"。"它……必须视美国的安全和美国的目标而进行。我们并非必定一概反对共产主义扩张,而且肯定不总是在每一个地区以同等的程度去反对它。一切都取决于情势。"[38]*

----

　　*　1947 年 3 月 28 日,在国家战争学院的一群听众面前谈论对希腊的援助时,凯南提出了一套类似但不那么精细的标准:"(1)眼前的问题是我们在经济、技术和财政能力中所存在的问题;(2)如果我们不采取这样的行动,所导致的形势就可能非常明确地有利于我们的政治敌手;(3)另一方面,如果我们的确采取了有关的行动,那就很有理由希望有益的结果将远超出希腊本身的范围。"(引自 *Memoirs: 1925—1950*, p. 320。)

　　当然，作为至关紧要但易受伤害的工业中心，西欧和日本处于最优先位置：道理就在于，凯南在1949年写道，"我们仍然能使……进攻对俄国人来说过于冒险，只要他们只拥有自己的力量基地。"然而要保卫这些地区，就需要也保卫它们周边经选择的非工业区域。因此，凯南强烈支持杜鲁门行政当局1947年初提出的援助希腊和土耳其的要求。他也是人们所称的东亚"防御环带"（defensive perimeter）概念的早先提倡者，这个概念指出保障美国西太平洋利益的最佳办法是捍卫冲绳和菲律宾之类的海岛据点，同时避免承担大陆义务。但是，凯南有力地反对一个观念：美国必须在共产主义出现的任何地方与之对抗。这么一种方针会导致"世界上每个家伙都（开始）跑到你面前，摊开手掌说'我们那里有些共产主义者——现在过来帮我吧。'……这显然不行"。中国尤其是美国应当规避的一个地区："如果我一度认为，希腊和土耳其的先例使我们必须在中国也尝试做同样的事情，那么我会举手认输，并且会说我们最好用一种全新的方针去对待世界事务。"[39]

　　最终目的不是将世界分割为苏联和美国各自的势力范围，而是从长远而言在欧亚两洲出现各个独立的权势中心。"我们的目标"，凯南告诉国家战争学院的学生，"在于……使所有欧洲国家都可能重新引领一种独立的民族存在，无虞被其东邻压垮。"他强调，对日占领政策的重点"应当是日本社会最大程度的稳定，以求日本在保护之手撤回时能够最大程度地自立"。这些论点有个共同的前提，即苏联人和美国人不能在第二次世界大战停火线的两边永无止境地彼此对抗下去。在某个时候，必须从这些 [41]

人为的阵地彼此后撤。为了两大国,凯南希望有一个并非基于超级大国霸权,而是基于自然均衡的世界秩序,而只有各自独立运行的各个分散的权力中心才能提供这均衡。[40]

一旦均势得以恢复,凯南战略的第二阶段便是力图减小苏联未来将势力投射到境外的能力。这势力以两个途径扩展:(1)通过主要在东欧确立听命于莫斯科的共产主义国家;(2)通过在世界其他地方利用在当时仍是苏联对外政策可靠工具的各国共产主义政党。凯南争辩说,美国应当努力抗击这些主动行为,办法是鼓励、并在所有可能的地方利用克里姆林宫的领导地位与国际共产主义运动之间的紧张。[41]

他认为,这个战略将会奏效,因为苏联人一向不能容忍多样性。正如政策设计办公室1948年夏天做的一项研究所言:"共产国际的历史充满……俄国以外的个人和集团在试图充当莫斯科信条的追随者方面遭遇困难的事例。克里姆林宫领导人在对他们的追随者施加纪律时,如此强人所难,如此冷酷无情,如此傲慢专横,如此玩世不恭,以致很少有人能很长时间地忍受他们的权威。"克里姆林宫"在其队伍中遗留下由失望了的前追随者所造成的持续不良影响",正是这一趋势,为美国及其盟友创造了机会。[42]

政策设计办公室提示,随着苏联以外的共产党承担起政府责任,不满的诱惑会加剧:"掌权者的行为往往更多地是由他们必须在其中行使权力的环境所支配,而不是由他们处于反对派位置时激励他们的观念和原则左右。"在他们只是追求政权的革命者时,苏联以外的共产党人除了指望莫斯科的领导和支持外,几乎别无选择,不管其中包含怎样的沮丧。"然而,现在他们有了表面上的权力和相当大的实权,微妙的新力量就开始起作用。权力,即使是品尝其滋味,也很可能像腐化资产阶级领导人一样腐化共产主义者。对国家利益和个人利益的考虑具体化了,并且开始与苏联领导人追求的殖民利益相冲突。"[43*]

42

最有可能发生这种情况的地方自然是东欧,那是苏联(和蒙古)以外唯一由共产主义者实际控制政府的地区,即使是依靠苏联军事力量。凯南认为,对莫斯科来说,在那里维持权威也将成为一个越来越困难的问题:"近一亿俄罗斯人不大可能在他们自己的少数族裔之外,还能再成功地长久压制住大约九千万有更高文化水平和长期抵抗外国统治经历的欧洲人。"凯南在1947年末准确地预见到,苏联人不会长时间容忍存在一个自主的捷克斯洛伐克。当苏联和南斯拉夫的分裂于1948年夏天出现时,他欢迎这个事态,把它当作对自己分析的肯定,当作其他地方可能发生的事情的预兆。[44]

"今天我无法对你们说铁托主义是否将在欧洲传播,"1948年10月凯南告诉海军战争学院的一群听众,"(但)我几乎肯定它行将在亚洲蔓延。"过去一年半里,凯南一直在预言苏联将无法控制中国的共产主义运动,如果后者取得胜利:"克里姆林宫里的人们,"凯南在1947年2月说,"将突然发现,他们认为握在自己掌中

---

　　*　凯南在1945年5月撰写的一项文件中说:"认为救国只能通过依附一个较强国家才可实现的人,在某些场合可能是个有远见的人。他要成为一个得民望的人则很难。"(《对德战争结束时俄国的国际地位》,1945年5月,刊于Kennan, *Memoirs: 1925—1950*, p.536。)

的这个易变和微妙的东方运动已经悄悄地从他们的指缝中溜走，除了一个讲究礼仪的鞠躬，加上一声文雅和难以理解的中国式大笑，什么都没有留下。"凯南有一次甚至提出，一个共产主义的中国对苏联安全和莫斯科对国际共产主义运动的控制可能造成的威胁，会超过它对美国将造成的，因为这样一个中国将在许多年里缺乏能够生产出两栖战和空战所需装备的工业基础。[45]

43　　在西欧和地中海国家，凯南还期望当地共产党人与克里姆林宫之间的分裂也发展起来。他在1947年5月说："克里姆林宫铠甲的最虚弱、最易受伤害之处就在于此。""这些共产党背后还未顶着苏联秘密警察权力的刺刀……它们的命运仍然可受这些国家的选民影响，受那里当权的政府或我们这样的其他自由国家政府行为的影响。"如果能用其他手段成功地应对那些使共产党的呼吁在欧洲民主国家颇得民心的状况，那么这些党将永不会上台掌权。而且，即使它们上台掌权，只要相关政府继续独立于苏联的警察或军事权力，那对美国不会是灾难：

> 在某个这样的国家里掌权的共产党政权，如果未能履行自己的责任，在民众的眼里声名扫地，或者转过来反对它的掌控者，批判莫斯科的权威，攻击先前培植它的恩人，那么它就可能比一个肆无忌惮的反对党更有利于我国的长远利益和世界和平的长远利益，而后面的那种政党不负责任，可以安然无虞地大肆诽谤，损害我国在世界上的威望。[46]

凯南认为，美国有能力加速国际共产主义运动内部的分裂趋势,但只能通过间接的方法。对每个地方的共产主义一概予以不加区别的谴责不会奏效,因为这只是治标而不治本。也无法指望向莫斯科发出最后通牒会有多大效果,因为苏联人并不控制所有共产主义者,而且可能也无法在世界的某些部分要他们停手,即使苏联人想这么做。旨在阻止共产主义者上台的直接军事干涉只会将美国推入一系列内战,从中它会难以脱身。而且,如果干涉是针对一个通过民主程序上台的共产党政府(凯南相信,1947和1948年间,这在西欧具有非常真实的可能性),那么它"将构成一个先例,那在我看来可能对我们的整个对外政策有一种破坏士气的影响,并且败坏我们的目的的基本体面,这体面仍然使我们在世界各国中间伟大崇高,尽管我们犯过种种错误且目光短浅"。[47]

不过,有一件事美国能够做,那就是使西欧经济复兴获得成功。这不但会有恢复均势的好处,还会带来另一项裨益——消除或至少缓解使当地共产主义在那里一出现就颇得民心的种种状况。不仅如此,这个榜样还将严重损伤莫斯科对东欧的控制,因为苏联仿效它的条件比美国差得多。"我们一直确信,"凯南在1948年末评论道,"如果在西欧能实现经济复兴和恢复公众信心,或者换句话说,如果西欧可以被造就为一个精力充沛、繁荣昌盛和目光前瞻的文明的寓身之所,那么东欧的共产主义政权……就会永远经不起这一比较,而且就在围墙对面的一幅较快乐、较成功的生活景象……必定最终对共产主义世界将产生瓦解性和销蚀性的影响。"[48]

在关键地区保留美国军事力量同样能被用来加剧欧洲共产党人与克里姆林宫之间的紧张。凯南相信,莫斯科已容许其追随着在他们各自国内争取夺权,但只限于其结果不会将美国军事存在引至红军身旁。倘若共产党在意大利或希腊胜利的代价是美国在地中海的海空力量增长,苏联人就不会准备付这个代价。因此,美国部队能得到最佳部署的方式,不是试图在本地共产党人的本国国内反对他们——凯南认为这是一种"冒险和吃力不讨好的事业,很容易弊大于利",而是显示"持续的共产党活动倾向于将美国武装力量吸引到受影响地区附近,而如果这些地区是克里姆林宫肯定希望美国权势处于其外的,那么莫斯科将不得不"对当地共产党力量行使一种制约性影响"。其效果将是造就冲突——"在第三国际的利益与苏联的纯军事安全利益之间。在这种冲突中,狭隘的苏联民族主义利益通常占上风。"[49]

美国还能设法鼓励共产党集团内部的铁托主义。不过,重要的是要小心从事,因为凯南认为在苏联人可能为之冒险开战的少数几件事当中,有一件就是维持他们在东欧的势力范围。"他们不是那么愚钝",他在1948年9月评论道:"他们认识到一旦这个过程启动,他们就将遭遇什么。"因此,美国不应公开号召推翻受苏联领导的东欧各国政府。正如政策设计办公室在1949年的一项研究指出的:"所提议的针对卫星国的行动必须……对照报复的类型和程度来衡量,那是这些行动很可能激使克里姆林宫采取的。它们的刺激性影响决不可超过在一种给定形势中据估算的适当程度。"当然,美国不应忘记自己在东欧的最终目标是建立免于极权主义——不管其形式如何——的政府。然而,由于在世界该部分缺乏民主传统,这样的政权在最好情况下也是个遥远的前景,因而"强有力的策略考虑……不赞成将此目的确立为眼前目标"。相反,目标应当是"促进卫星国方面的一种离经叛道式的疏离过程",同时不为此承担责任。在目前,这意味着愿意容忍独立于苏联的东欧共产主义政府,甚至与之合作,以便遏制苏联。[50]

有趣的是,凯南不认为如果中国共产党人夺取政权,有与这一政府共事的相类似的可能性:"我们没有……理由相信中国共产党领导人会倾向于认真听取美国人民的观点,他们多年来一直在非议后者的动机和渴望。"对于美国,最佳的在华政策将是"脱手"政策,而非"我们一直沉湎于其中的那种干涉政策"。不过幸运的是,苏联人在试图确立他们自己在北京的权威时,预计将面对诸多困难,甚至比想象的更多,即使华盛顿无所作为。凯南在1950年初写道:"事态证明了一个观点,即莫斯科政治权势对亚洲更多部分的投射将遭遇这个地区的性质中固有的障碍,这些障碍将不仅不是我们造成的,而且实际上会容易被我们一方的任何直接干涉的企图所削弱。"因此,亚洲总的形势"虽然严重,但既非出乎意料,也非必定灾难深重"。[51] *

---

　　*　凯南对于与中国共产党人打交道所持的保留并不意味着他同情蒋介石。1947年7月,他提出(但随即又撤回)一项建议——使用美国部队将国民党人逐出中国台湾地区,他宁愿该岛当时留在日本(因而也就是美国)的控制之下的。(政策设计办公室第53号文件,《美国对台湾和佩斯卡多尔列岛的政策》,1949年7月6日,*FRUS: 1949*, IX, pp.356—360.)他在1951年6月的一项备忘录中详细阐述了自己的观点,其中谈到,"至于中国,两方我都不喜欢:其中一个在这个国家以一种对我们来说可耻,对它来说也几乎一样可耻的方式施展鬼蜮伎俩,另一个则决意奉行一种与我们敌对的纲领,其强硬和傲慢不亚于任何我们曾面对的对手。我认为与蒋当局的联系既致命,又丢脸,而且感到它应当立即被割断,如果必要的话不惜承担在国内进行真正的政治摊牌的代价。此后,我们美国人与中国打交道越少越好。在该国,我们既不需要讨好谁,也不需要害怕它的敌意。中国**不是**东方强国;而且我们美国人有着某些主观弱点,它们使我们很不适合与中国人打交道。"(《乔治·F.凯南对他与国务院观点之间的各项分歧的概述》,1951年9月,凯南文件,第24盒。)

46 　　"人们往往声称，"凯南1948年11月告诉五角大楼的一群听众，"我们那通常被称作……'遏制'的政策是一种纯粹消极的政策，排除任何向前看的行动……那完全不真实。"为谨慎起见，美国不能公开承认自己正在试图分裂国际共产主义运动。"我们不需要替它自招的、只能怪罪它自己的一种瓦解过程承担责任，以此为苏联的宣传努力做免费贡献。"[52]然而，这样的公开承认几乎完全不必要，因为在这种情况下，为达到目标无需有什么积极的行动。在凯南看来，国际共产主义的崩解，不管美国做什么都是大势所趋，华盛顿只需要将自己的政策与之配合起来。

　　凯南的这个结论基于一种或许可称作"帝国类比"的观念：他认为无论外表现象如何，两者没有多少区别，而且在许多方面受制于同一些自我毁灭趋势。他喜欢援引爱德华·吉本（Edward Gibbon）的论点，即"没有什么比试图使遥远的行省保持屈从更违背自然"。试图维持一个帝国的过程本身，迟早会产生足以破坏帝国的抵抗。凯南在1949年9月评论道："有这么一种可能性：俄国共产主义有朝一日可以被它自己的产儿毁灭，那就是其他国家里反抗的共产主义者。我想象不出还有什么事态发展会比这更符合逻辑，并且更正当。"即使这种情况未能发生，也至少可能在共产主义世界内部发展出反对集团。"这样的一种形势"，政策设计办公室的一项研究说，"可能最终给我们提供机会，使我们可以在共产主义世界内部均势的基础上进行运作，以及促进在这么一种形势中蕴含的走向与西方和解的趋势。"因此，民族主义将证明是最经久的意识形态；通过鼓励民族主义（无论它是在共产主义可能获取的地区，还是在共产主义集团本身内部），遏制的目标将得到大致的实现。[53]

可是，由于凯南相信莫斯科对西方的敌意植根于苏联社会内部的深层力量，因而他不期望在苏联的国际关系理念发生基本变化以前会出现"走向和解的趋势"。他的战略的第三步就是招致这么一种变化：实现克里姆林宫领导人思维当中的一个转变——从他们自己那种方式的普遍主义，即确信要实现安全就需要按照苏联路线重构外部世界，转变为特殊主义，即容忍甚至鼓励多样性。[54]

当然，达到这目标的一种可以设想的途径将是开战，但凯南反复告诫这样的手段不符合希望的目的。他指出，对苏战争不会与第二次世界大战相似，美国及其盟国几乎完全无法期望征服和占领苏联的全部领土，或者将无条件投降强加于苏联政府。而且，即使那有可能，也没有哪个人能保障任何可能兴起的后继政权不会那么难对付。原子弹和其他大规模毁灭性武器只是对摧毁敌手有用，无助于改变其态度。最后，这么一场全面战争能够危害它被设想来保卫的那个社会本身：

> 在我看来，如果我们能认识到以下问题，那将是有益的：民主社会的真正目的无法靠大规模的暴力和毁伤达到。从自由民主制传统的观点看，即使在最有利的环境中，大国间战争也招致世界形势的一种可悲的恶化。它对我们来说能够实现的唯一积极功能——一种在必要性和正当性方面我没有异议的功能——是在我们的存在和独立否则可能被损毁之时，保证我们在物质上作为一个独立的国家生存下

去，并在大灾难不可避免的情况下，保证我们和我们的朋友
遭受的灾难至少小于我们的敌人所遭受的。*

48　　因此不足惊奇，凯南断定"我宁愿等上三十年，以便让转弯抹角
和慢得令人恼火的外交办法去引发克里姆林宫的失败，而不愿
看到我们不得不用武力较量去解决一种分歧，它极难通过这些
手段得到任何清晰和愉悦的解决。" 55

　　天平的相反一端，是通过谈判改变苏联的国际关系概念的
可能性。凯南告诫说，使苏联只是直接接触美国观点未必有多
大效果："他们（不）会回心转意，说'哦，乔治，我以前从未想到
这个。我们会转回来，改变我们的政策。' ……他们不是那种
人。"然而，如果西欧的自信能被恢复，德国崩溃留下的真空能
被填补，那么苏联人可能确实会愿意"谈正经的"，至少是关于缓
解欧洲的紧张。的确，美国应当对这可能的情况做好准备。这

---

　　* 1947 年 4 月 10 日，凯南在空战学院作了一次演讲，其实录（凯南文件第 17
盒）记载着他在回答一个问题时说，美国可能有理由考虑对苏联发动一场预防性战争。这
个记录已经得到诸多谈论（例如见 Wright, "Mr. 'X' and Containment"，p. 19）。然而，凯
南被记录的话的整个上下文表明，他只是将预防性战争当作一种最后手段去讨论，仅在苏
联的战争潜力超过美国，同时和平解决问题的机会已耗竭的情况下加以考虑，而这情况是
他相信当时不存在的。不仅如此，到 1949 年 1 月，凯南已表现得完全排除了预防性战争：
"（一个）民主社会不能规划一场预防性战争。民主国家在重大国事上没有搞阴谋的余地。
然而，即使民主国家有可能蓄意地划定走向战争的路线，我也会质疑那是不是正确的答
案……我认为，我们注定要依据靠战争以外的措施能实现什么去规定我们在这里的目标。
而且，虽然这是一项个人哲学而非客观观察问题，但就我本人来说，我深深感激上帝对我
们施加了这特殊的限制。"（对外交人员学院的演讲，1949 年 1 月 19 日，凯南文件，第
17 盒。）

么一天将会到来："其时,他们终于断定,不与我们谈判他们就无法拥有他们希望的事物。我们的努力一向是帮助他们做出这个结论。"[56]

然而,修正苏联行为方式的最有效手段在于威慑与诱导的结合,凯南称之为"反压"(counter-pressure)。他在1947年2月解释道："苏联权势犹如一棵树,它在幼时被弯曲,曲折地长成了一定的形状。可以使得它长回另一种形状,然而不是靠任何突然或猛烈的强力,只能靠沿正确的方向,在一个历经多年的时期里持续地施加压力。"这年晚些时候,凯南转用下棋的类比去澄清究竟要如何实现"反压"："这要通过集合起你在世界棋盘上能够配置的一切力量的方式加以实现。我不仅指你拥有的军事力量,虽然那非常重要,而且还指所有政治力量。你只需以这么一种方式部署你的兵卒、王后和国王,这使俄国人认识到做你想要它去做的事情将符合它的利益,然后他就会去做这件事。"[*]国家安全委员会第20/1号文件,即凯南1948年夏天指导撰写的美国对苏政策全面概览,用更笼统的术语表述了同一观念："苏联领导人准备承认形势,虽然并不是承认异议。因此,如果能造就一种形势,在其中强调他们与外部世界关系中的冲突因素显然不利于他们的权力,那么他们的行为、甚至他们对本国人民宣传的要旨就能得到修改。"[57]

凯南认为,仅靠保持自我,美国人就能加速这个过程："美国……必须依靠它自己的自信和耐心,特别是依靠它示范出的

49

---

[*]　凯南在"X"文章里使用的是"反击"(counterforce)一语,而非"反压",但未能澄清其含义。这个事实他承认引起了许多混淆。(Kennan, *Memoirs: 1925-1950*, pp.359—360.)

正直和庄重，来表明俄罗斯民族事业的真正荣光只能在与其他民族和平友好的联系中，而无法在征服和统治这些民族的企图中得到表现。"对示范力量的这种强调，反映了凯南与18世纪末和19世纪初美国对外政策构建者们的一致，后者以同样的方式思考；而且这也表明，他确信无论在私事还是在公事中举止"端庄"（good form）所具有的重要性：

> 如果我们希望与俄国人的关系正常和平静，我们能做的最好事情便是保证至少在我们这一边，他们见到的是正常和平静的表现。在国际生活中，形式意义重大……换句话说，做了什么不如怎么做来得重要。在这个意义上，外在风度的端庄不只是达到目的的一个手段，不只是一种辅助的特性：它成了一种独立的价值，有其自身的道理和自身的效力，而且或许——人性如此——是所有价值中的头号价值。

因此，凯南1947年5月告诉海军学院的学生，美苏关系可归结为"一种长期的剑术比赛，在其中用的武器不仅是军事力量的发展，而且是亿万人民的忠诚和信念，以及对他们的政治组织形式的控制或影响……我们各自制度的力量和健康可以是决定性的，将决定问题。这可以而且很可能会在不发生战争的情况下做到"。[58]

四

　　相对而言，凯南极少考虑向国会、官僚机构或广大公众解释遏制的问题,而其支持对贯彻遏制来说必不可少。这部分上因为作为一名政策规划者,他不认为花费许多时间为其辩护是自己的职责,部分因为在他自己的头脑中,他从未成功地将对外交　50精确性和灵活性的需要与一个宪政框架调和起来,后者似乎在最好情况下也与这些性质格格不入。

> 依靠外交手段追求权势,犹如依靠军事手段追求权势,要求纪律、安全和迅速可靠地运动你的兵力的能力,充分利用隐瞒你自己的想法和使你出其不意的好处……然而,在这么一种情况下,即你的一大部分行为可以日复一日地……由那些服从安全和其他问题上的专业规矩的人决定,而你的另一大部分行为不得不在那些仅仅周期性地开会,并且在公开辩论和妥协的压力下做出决策的机构中被决定——你如何能实行一种现代的对外政策? [59]

凯南的抱怨囊括了官僚机构和民主制两者的问题。关于前者,他将专业才能和纪律视为解决办法:"新手不可能轻易理解外交事物领域里的政府政策",他在1948年说,"甚至在他们由世界上最好的意愿激励的时候也是如此……这是个教育和训练的问题,为此需要多年时间。"而且,一旦政策得以确立,官僚机构就有责任忠实地予以贯彻。"我认为,我们决不能害怕这样一种原则,那就是应在政府部门内部进行政策灌输,"他在两年后写道。"国务卿由总统亲自责成操作对外事务,他没有理由不坚持主张他的观点和解释是整个官方的。" [60]

然而,将专业才能与纪律相结合的任务殊非易事。将专业知识转化为政策纲要,这行动本身就歪曲了专业知识。凯南相信,假定有可能"在几页纸里描述一项旨在实现美国对苏目标的纲领",那就是误导性的。这类文件造成过度简单和僵硬刻板,与此同时需要的却是对变化中的形势的精细评估,连同在此基础上行动的灵活性。而且,即使有用的指南能被设计出来,也无法保障官僚机构定会遵循它们:

> 操作单位——主管各地区和各功能领域的单位——不愿接受在指挥链条以外的任何单位的干预。它们坚持在决策方面发表有效的意见。如果其中一个单位无法使自己的主张独自有效,它就坚持有权利稀释提交给国务卿的任何建议,直至这建议可能毫无意义但至少同它自己的观点不抵触。如果一项不受欢迎的建议的确得到了国务卿的批准,那么它们或许会马马虎虎地承认之,但无论如何将基本上实行它们自己的政策而无所忌惮,因为它们知道没有哪个人能够真正地概览它们全部的大量工作,知道当前热闹的问题很快就会失去热度,还知道正在试图迫使它们就范的人不久就会离去。

简单的事实在于,"没有任何政策、任何观念……会……在我们的政府中坚持下去,除非它能被灌输到许许多多人心里,包括不少心智还不大发育的人心里,其发育程度不比为好莱坞电影拍摄而设定的年纪标准高多少。"[61]

如何为政策赢得支持,同时又不扭曲政策,这一问题也出现在与国会和广大公众打交道方面。凯南承认,政府有引导的责任:"我认为如果我们要消极无为,将自己知道的埋在心里,说'我们自己的看法不掺和进来,我们恰恰只是做人民告诉我们去做的事情',那么我们确实将是我们国家的非常糟糕的代表。"然而,领导太经常地采取了说大话、唱高调的形式,而不是教育人民。当然,头号例子是1947年3月杜鲁门总统就援助希腊和土耳其对国会的演说,它为了特殊主义的目的而使用普遍主义的浮言,深深触犯了凯南关于目的与手段之间的恰当关系的意识。对行政当局愿意为安抚国会内的批评者而修改精心制定的政策,他也大感失望。他在1948年1月气愤地说:"我的专长是捍卫美国利益不受其他国家侵害,而非捍卫它不受我们自己的代表侵害。"[62]

这里的问题不在于凯南对民主制的忠诚。相反,正如已经看到的,他在很大程度上寄希望于以民主榜样的力量吸引意向未定者,安定同盟者,扰乱敌对者。而且,鉴于他断言战略的目的在于保护国家的内部体制,为促进战略之利而放弃这些体制也不合逻辑。凯南怀疑的是,民主的需要——如同官僚机构的需要——在多大程度上要求将特殊性普遍化:

关于国家行为,在一切时候、一切场合都颠扑不破的普遍观点寥寥无几。可能颠扑不破的极少几条差不多都属陈词滥调。如果这绝对的正确性是缺失的,有问题的表达方式将很可能在某一天冒出来,在一个它不再充分适用的环境里困扰我们。另一方面,如果这一说法仍属陈词滥调,那么就有更多的理由说明为什么我们不应将自己与它捆在一起。

"懂得事实的全部绝非人力所及",他断定。"同样,我国人民与其世界环境的关系的发展是如此根本,其全部含义又是如此无穷无尽,以致没有任何人能明了这类事情的所有方方面面。"然而,缺乏某种信心,不相信为在这环境中生存而选择的战略将会奏效,就不会有什么对这些战略的支持。这就是中心的两难问题,凯南对此从未形成一个令人满意的答案,这将解释他在力图贯彻自己的遏制战略时所遭遇的诸多困难。[63]

第三章　实施遏制

即使在最好的情况下,也没有把握在人、思想和事件之间建 立起联系,而在以下情况下就更是如此:当事人虽然雄辩但多有省略地表述自己的观点,不肯系统地阐明自己的思想,而且就这些思想如何影响与之相关的事件有着激烈的辩论。在试图评估凯南对杜鲁门政府的外交和军事政策的影响时,这些问题全都存在。凯南本人大概低估了自己的作用:他以回忆录作者少有的那种程度的谦虚,坚持认为他在20世纪40年代后期提出的观点"对华盛顿官方只造成了微弱乏力和大为不足的影响"。[1]*其他人过高估计了他的影响却误解了他的观点,过分倚赖那篇引人注目但具有误导性的"X"文章。[2]还有一些人指出,凯南只是杜鲁门政府时期若干关键的国际事务幕僚之一,人们容易受他的散文的优雅风格误导,从而对它的实际影响持有被夸大的印象。[3]

无论是强调凯南的思想塑造了政府的观点,还是强调它反映

---

* "在这段时期里我与(杜鲁门)见过一两次面……我怀疑他不太清楚国务院里有个年轻家伙写了一篇关于俄国人的好文章——我怀疑杜鲁门是否真正读过我写的任何东西。我肯定不认为他领悟了我的立场。"(对乔治·凯南的采访,华盛顿特区,1974年10月31日。)

了政府的观点,都过分简单化,因为事实上它兼有这两种性质。凯南本人承认他在某些方面起了决定性作用:强调要欧洲人采取主动,注重将德国的重建置于马歇尔计划之内,向苏联及其东欧卫星国提议根据该计划向它们提供援助,转变对日占领政策的方向。[4]在这些以外,或许还可以加上凯南对苏联行为根源的解释,他对莫斯科敢冒战争风险的意愿的怀疑,以及他对国际共产主义运动内多中心趋势的预见。但是,正如前一章里展示的,凯南总的战略观念在1947年浮现时并未完全形成。它既是行政当局在随后三年里的所作所为的一个推动力,也在同样大的程度上是给这些行为提供的一种理由(而且有时是对它们的一种批评)。[*]可以肯定的是,凯南比政府内任何其他人都更多地将遏制当作一个战略去明确表达,亦即当作一个过程,可资利用的手段据此能被用来服务想要达到的目的。这不足为怪,因为这正是凯南作为政策设计办公室主任所要做的。

自1947年开始,直至1949年内相当长一段时间为止,凯南的思想与他为之服务的政府的思想并行不悖。[5]诚然,有意见分

---

[*] 国务院德奥经济事务处处长查尔斯·金德尔伯格(Charles P.Kindleberger)在1948年7月的一份备忘录中多少描述了这个过程,虽然他的说明没有充分地如实肯定凯南的贡献之大:"按照我对这一谋划的原貌重现,(詹姆斯·)赖斯顿要与(副国务卿迪安·)艾奇逊共进午餐。艾奇逊先生像他许多最热忱的赞美者愿意承认的那样,谈话时倾向于大发宏论。赖斯顿将使他从欧洲复兴讲起,艾奇逊先生则将提到正在考虑中的计划。次日,赖斯将照例在《纽约时报》头版发表新闻,介绍国务院内正在进行的大规划。这将使刚于2月(原文如此)被任命到新设立的政策设计办公室的凯南先生吃惊不小。如果人们公开谈论国务院内的整个这一规划工作,政策设计办公室又如此大出风头,那么这或许正是努力的方向所在。"(金德尔伯格备忘录,《马歇尔计划的起源》,1948年7月22日,*FRUS: 1947*, Ⅲ, p.242。)

歧,而且随时间的推移,这些分歧变得更加明显。但是,凯南的呼声不像他的《回忆录》有时暗示的那样全无回应。相反,将他的建议与行政当局在这一时期里的行为比较一下,便可发现他的思想能被拿来当作一个指南,据此不仅追溯遏制战略的思想起源,而且考察它很大一部分的早期实施情况。

一

本部分将要回顾的凯南战略的第一阶段是要恢复均势,这一均势由于德日两国的战败和苏联势力与此同时在欧亚两洲的扩展而变得很不稳定。凯南开出这处方的依据在于对美国安全利益的一种特殊主义而非普遍主义的界定:所需的并非按照美国的面貌改造世界,而只是维护其多样性,挫败别国按照自身想象改造世界的企图。他还强调由于手段有限,必须确立利益的轻重等级,区分紧要利益与边缘利益。而且,他坚持主张如果竞争不可避免,那就要以美国之长克苏联之短,在经过最佳选择的场所,运用经过最佳谋划的工具从事竞争,从而在使代价最小化的同时保持主动权。最终目标在于建立一个由各个独立的权势中心组成的国际秩序,在其中受到苏联压力的各国将既有手段又有意志来自行抵抗这压力。

放弃普遍主义并非没有困难。第二次世界大战中期之后,美国政府的正式立场一直是战后安全只能通过根本改造国际秩序来实现,包括解除往昔对手和潜在敌人的武装,最大限度地贯彻自决原则,降低贸易壁垒和投资壁垒,而且(这最重要)创立一

个新的国际组织来维护和平。那将如温德尔·威尔基（Wendell
Willkie）所说，是"一个世界"（one world）。并不奇怪，它的组
织方式将与美国的政体非常相似。华盛顿的官员们为贯彻这一
纲领投入了大量精力，这证明他们对美国在战前扮演的袖手旁
观（有人说是不负责任）角色感到内疚，也证明随着战争临近结
束许多美国人感到美国无所不能。政府内从未一致持有这种威
尔逊式的想象——富兰克林·D. 罗斯福本人就是个虽然谨慎，
但引人注目的怀疑者，然而，当这种想象得到了公开表述时，政
府内的这种思想情况并不会减小背离它的困难。[6]在整个杜鲁门
政府时期，普遍主义思维的残余在长期意愿的层次上始终存在，
包括留存于行政首脑本人的脑海中。*

　　然而到1947年，甚至普遍主义的一心提倡者也已经不得不
承认他们的目标在可预见的未来无法实现，主要是因为苏联似
乎持有它自己的关于安全需要的普遍主义观念，这种观念与美
国的不相容。参谋长联席会议在这年4月直言不讳地表示："如
果信赖目前形态的联合国现在或今后有能力保护美国安全，那
只会意味着信赖者忽视了美国至关紧要的安全利益，而且很可
能导致对这战略致命的结果。"或者，像凯南的朋友、他的苏联问
题同行专家查尔斯·E.波伦说的，"简言之，有两个而不是一个
世界。"不管这结论的得出是多么地不情愿，它使行政当局接受

---

　　*　杜鲁门多年将坦尼逊（Tonnyson）的诗《洛克斯利大楼》的一部分夹在钱包
里随身携带，其中预言了一个"人类议会、世界联邦"。"我们总有一天会有这些，"他坚
持说，"我想自从我第一次将那首诗放进口袋以来，我一直在真正为之努力工作的就是这
些。"(John Hersey, "Mr. President", *New Yorker*, XXVII [April 7, 1951], pp. 49—50.)

了凯南的呼吁，即采取一种在现存国际秩序内制衡权势的战略，而非执着于致力实现"一个世界"的肯定徒劳无功的努力。"从现在起，我们的政策目标将是在欧亚两洲恢复均势"，国务卿马歇尔在读了1947年11月凯南就此问题给总统及其内阁的一份备忘录后宣布，"……一切行动都应根据这一目标来审视。"[7]

一种与哈福德·麦金德爵士（Sir Harford Mackinder）的地缘政治理论相似的论说逻辑很快便形成了，其基本前提在于，如果欧亚大陆"心脏地带"处于单独一个敌对强国的控制之下，那么世界任何"边缘地带"都不可能安全。[8] 1948年3月，新近成立的国家安全委员会的工作班子起草了它的最初文件之一，其中警告"在美国和苏联之间，有着位于欧亚两洲的一些潜在强国，它们一旦被添入现存的苏联势力范围，将使后者在人力、资源和疆域方面占有如此巨大的优势，以致美国作为一个自由国家生存下去的前景将渺茫暗淡"。8个月后，在就对苏政策作了该机构的首次全面审视后，总统签署了国家安全委员会第20/4号文件，它断定"苏联对欧亚大陆潜在力量的控制，无论是靠武装入侵还是靠政治途径和颠覆手段取得，都是美国在战略上和政治上不能接受的"。[9]

但是，至少有两种捍卫"边缘地带"，从而维持全球平衡的方式。一种方式或许可称为"周线防御"（perimeter defence）概念，它假定所有"边缘地带"都同等重要，要求不管在沿"心脏地带"外缘的哪个地方发生侵略，都须予以抵抗。这一方针已蕴含在"耐心和坚定"战略以及杜鲁门主义之中。它在凯南的"X"文章里甚至有更明确的表现，该文谈论有必要"在俄国人显示出侵犯世界和平和稳定的迹象的每一个地方，都以不可动摇的反制力量与之对抗"。[10]然而,到该文1947年7月发表时,凯南已开始转向另一种选择——"要点防御"(stronghold defence),即集中力量守卫特定地区,连同前往这些地区的通道,而非专注于守卫一条条固定的防线。政策设计办公室对杜鲁门主义的批评就反映了这一观点。凯南对西欧和日本复兴的强调,最后还有他关于五大工业和战争力量中心的概念,加上必须防止当时未被苏联控制的另外四个中心落入苏联之手的看法,也都是如此。

　　凯南从"周线"防御到"要点"防御的转变既反映也优化了官方思维。一方面,他的言论只是阐述和论证了行政当局已在朝此方向采取的行动,而且即使没有凯南也会继续采取。但是,阐述和论证本身可以激发进一步的行动:它们给别种情况下目光短浅的官僚机构提供了视野、可见的目的和(最为重要的)据以辨识矛盾和反常情势的对照标准。正是在这后一种意义上,凯南的思想强化并有时校正了现行趋向。由于这个原因,理解他提倡的"要点"防御对行政当局的吸引力至关重要,因为那是重新构筑均势的最恰当办法。

　　它的吸引力之一在于符合人们对可用手段的流行看法。在冷战最初几年,行政当局和国会的态度有个引人注目的特征,即确信不管外部威胁有多危险,美国只有用来与之斗争的有限的资源。人们担心,不受约束的军费开支要么会造成持续不断的平时预算赤字,从而引发难以承受的通货膨胀,要么会造成没收性的税收和经济控制。有一项信念加剧了这担心:苏联人已图谋将美国推入破产境地,办法是迫使它承担越来越多、越来越广的义务,从而耗散资源。鉴于这情况,要点而非周线防御似乎是实现节省的最佳谋算。国务卿马歇尔指出,目标应当是避免"在集中我们的力量看来是最好的选择时,却分散力量,特别是鉴于我们目前的局限性"。[11]

诚然,在他1947年3月就援助希腊和土耳其问题对国会发表的演说中,总统提出了某种接近于承担普遍义务的立场,即援助一切地方的侵略受害者。然而,在随后的国会听证会上,行政当局发言人转而强调说,"杜鲁门主义"没有为在其他地方采取具体行动确立任何先例,对未来的各项援助请求将予以个案评估,依据的是具体需要、美国的自身利益和援助(倘若予以提供)奏效的可能性。[12] "我们的资源并非无穷无尽,"杜鲁门那年9月指出,"我们必须将它们用在能够最有效地恢复世界上的生产、自由和信心的地方。"1948年夏天,副国务卿罗伯特·洛维特(Robert Lovett)更明确有力地指出:

> 必须在某个地方划定界线,否则美国将发觉自己承包了维护整个世界安全的任务……我们必须小心,不让自己过度伸展。我们没有同时足以几管齐下的财政和经济资源:既为欧洲经济复兴提供资金,又向所有提出请求的国家或国家集团发放武器装备,还要扩充我们自己的军事力量。[13]

因此,凯南发觉自己坚持区分紧要利益与边缘利益的主张没有遇到什么抵制:对一个面临愈益扩展的义务,资源看来却固定不变甚或有所减少的国家,这么一种方针看来是审慎的,甚至不可避免。

要点防御概念的第二个优点在于,它使美国能挑选对自己最有利的与苏联对抗的地带。相反,周线防御将要求做好沿整个外围随时行动的准备,无论当地条件是否适于抵抗,也无论有关地区对美国安全是否有用。要点防御概念允许专注于既可以守住,又至关紧要的地区,而不必过度担忧其余地区。它的前提假设在于,并非所有利益都同等重要,美国可以容忍丢失外围地区,只要这不伤害它守卫那些至关紧要的地区的能力。

凯南区分紧要利益与边缘利益的主要标准当然是工业–军事能力,以及必需的原料资源和安全的交通线。杜鲁门行政当局从未明确赞同这一判断方式,但它在1947—1949年间的行为提示,它以很大程度上相同的观点看待世界。这一时期里主要的对外政策方面的倡议,即欧洲复兴计划,便是旨在重建被战争破坏的工业经济,将其作为遏制苏联的堡垒。同样的考虑导致在德日两国的占领当局的使命从压制转变为重建。这一时期的战争计划规定优先保卫西欧、地中海、中东和日本,它们既被当作要防止落入苏联之手的工业力量中心(中东则是原材料中心),也被当作基地(日本除外),一旦起初的攻击被打退便从那里发动反攻。[14]

行政当局同样持有凯南关于这么一些地区的看法:不管它们落入苏联控制多么令人遗憾,但不会直接危及美国安全。这主要包括从阿富汗附近到朝鲜的亚洲大陆。*该地区缺乏很快可供苏联使用的战争能力。不仅如此,鉴于所涉的路程和后勤问题,保卫该地区免遭苏联人控制的任务将极为艰巨。即使苏联

---

* 其他地区,特别是拉丁美洲和非洲,显然被认为对美国安全而言是重要的,但未处于近期将遭进攻的威胁之下。

得到了它，他们也不会发觉容易在那里保持自己的控制，这既是同样的距离和后勤困难使然，也是因为这些地区的人民中间愈益高涨的民族主义浪潮。[15] 在远东维持一个"防御环带"的想法（1948 和 1949 年间在华盛顿广为流行[16]）事实上是误导性的：该战略蕴含的根本不是防守一条"周线"环带，而是保卫被挑选出来的岛屿"要点"——日本、冲绳和菲律宾，同时避免承担潜在地削弱自身力量的大陆义务。

正是在这意义上，可以说行政当局同样持有凯南的前提假设：若威胁要具有严重性，就必须既有敌意，又有能力。敌意本身不构成危险，只是在它与工业化战争能力结为一体或大大加强这能力时，才有为之担心的正当理由。共产主义政党在非工业化的亚洲大陆上台执政可能不是一件令人欣慰的事，但考虑到所涉的代价，它也不是一种严重得需要采取阻止性行动的前景。相反，美国必须在选取抵抗场所时有选择性，既依据那里涉及的利益的重要性，又鉴于现有的工具状况而考虑它们能被守住的容易（和节省）程度。

"要点"防御与"周线"防御相比的第三个优点在于，它让美国能选择这些工具。20 世纪里，美国人的国际事务思维中最经久的观念之一，始终是使用经济和技术而非人力去维持海外均势。这种观念早在世纪之交就出现在门户开放政策之中。它在1914—1917 年期间肯定存在于伍德罗·威尔逊及其幕僚的心里。它也存在于 20 世纪 40 年代初的"民主国家兵工厂"概念背后。而且，虽然这一原则未能使美国置身于第一次和第二次世界大战之外，但它确实影响了美国进行这些战争的方式，那就是更慷慨地花费美元和装备而非人力。[17]这一方法的根本在于不对称反应概念,即以己之长克敌之短,而不是试图全方位地与敌人的所有能力较量。当然,经济和技术优势是这整个时期里美国的特别长处,它在二战结束时更是达到空前地步。因此,凯南强调主要通过西欧和日本的经济复兴实现遏制,这非常符合当时的官方主流思想。

正是遵循这不对称反应的传统,杜鲁门政府在1947年决定集中力量于海外经济复兴,即使这意味着延缓军事准备。防长福莱斯特在12月解释说,目标"按照其大致的轻重缓急次序……分别是经济稳定、政治稳定、军事稳定"。

> 目前,我们正将自己的军费开支控制在低水平,我们的军方领导人肯定诚实地估计这一开支处于将保证国家安全的最起码限度以下。据此,我们就能增加援助欧洲复兴的开支。换言之,我们正在有计划冒险,以便走一条可望最终实现国家安全、同时也实现世界长期稳定的路线。

"我们正以许多方式争取实现世界和平,"杜鲁门在1948年初告诉国会,"但是,我们目前在做的最重要努力是支持世界经济重建。"[18]

这一将遏制的经济工具置于优先地位的"有计划冒险"基于几项前提。其一是凯南坚执的一个信念:苏联人没有发动战争的近期意图。1947—1949年间的情报总的来说证实了这项评估,原因既在于苏联人缺乏制衡美国原子武器的手段,也在于他们似乎不用诉诸武力就能实现他们在欧洲想实现的目标——对莫斯科的恭顺。这些估计确实承认总是存在的误算可能,并且警告倘若目前的策略不再提供好处,克里姆林宫可能会更愿冒战争风险。然而,正如福莱斯特所说,"只要我们能在世界上保持生产优势,能控制海洋,能用原子弹打击内陆地区,我们就可以冒某些否则难以承受的风险……在任何可能的强国可以有能力用大规模杀伤性武器有效打击我们以前,所经过的岁月便是我们的机遇期。"[19]

另一项前提在于,经济援助与军力扩充相比,花费的每一美元会产出更大的效益。"对美国哪个办法更好?"杜鲁门问道,"是(未来4年里)花费200或300亿美元维持和平,还是像我们在20年代那么做,然后不得不在4年里花费1000亿美元打一场战争?"[20]不仅如此,和平时期军事力量所能成就的决然有限。这在1948年春变得特别明显,当时在国务院有人提出建议,是否有可能派美国地面部队去意大利和希腊。参谋长联席会议有效地克制了派遣此类部队的任何现存倾向,办法是坚持"不应做出军事介入的决定,除非先行动员"———一项不发生战争就不大可能满足的条件。[21]意味深远的是,甚至在做出与西欧国家结成一个军事同盟,并且授予它们军事援助的决定(有如后述凯南对此决定持保留态度)以后,经济重建的优先地位依然如故。"复兴是首要目标,"国务卿迪安·艾奇逊1949年4月告诉参议院外交委员会,"因而新的军事生产,我们在此谈论着的军事上的付出,受欧洲复兴的优先必需性的限制和支配。"[22]

这不是说,与凯南相比,行政当局较多地从政策谋划中排除使用遏制的非经济工具。华盛顿的官员们十分依赖于以原子弹作为遏阻侵略的最后手段,虽然他们在倘若对苏战争来临应怎样使用它,或它是否会有效的问题上意见不一。[23] 自 1946 年起,海军兵力就被部署在地中海,维持美国在那里的"存在",以压制苏联在世界该部分的行动。行政当局不成功地力图设立普遍军训制,其意多半是向苏联显示"决心"。[24]秘密行动也是遏制的一个工具。确实,凯南特意对此给予认同,只要维持严格的控制。[25]随时间的推移,宣传和心理战技术吸引了越来越多的关注和资金。然而尽管如此,杜鲁门行政当局在 1947—1949 年间的首要侧重依然像凯南主张的那样是经济手段,将它当作实现遏制的最便宜最有效的途径。

最后,有一种前提假定,即美国利益(以及总的全球力量平衡)能最好地靠出现独立和自信的,而非从属于华盛顿势力范围的海外力量中心加以促进,而且经济复兴将最有效地有促进实现这目标。正如一位国务院官员所说,关于欧洲的想法是创建"第三种势力……强大得足以既向苏联也向美国说'不',如果我们的行为看来需要如此的话"。[26]诚然,对多样性的这种容忍从未足够宽宏,以致能接受在西欧或日本出现共产党政府,但依据的前提在于此类政府无论是靠合法途径还是靠非法手段上台掌权,都只能是克里姆林宫的工具,因而并非真正独立。[27] *在此限

---

* "我记得下面的话在美国曾是公认的信条:'我们不在乎另外一国想成为共产主义国家,那没有关系,那只是内政问题,是由它们自己决定的问题',"迪安·艾奇逊 1947 年 12 月告诉国家战争学院的学员们,"只是随着我们与共产主义打交道的经验越来越多,我们才认识到那不是一个人们拾起来看看,然后要么接受要么拒绝的信条……随着我们懂得了这一点,我们开始明白希腊人、意大利人或其他人是不是共产主义者与我们无关这说法不对,因为这些人民就此没有选择的权利。他们要么迫于一个由外国资助的国内组织的强制,要么受到外来压力,采取一种后果必定是被纳入苏联权势体系的政府制度。"(艾奇逊国家战争学院演讲,"美国对外政策的制定",1947 年 12 月 16 日,副本藏于国家军事学院档案馆 15 文件集群。)

度内，华盛顿并未坚持将意识形态上的一致当作提供援助的先决条件。"我们应该支持给欧洲人提供了一个适合欧洲政治需要和发展的积极计划的政党，"助理国务卿威拉德·索普（Willard Thorp）争辩说，"而不是寻找看来不折不扣地代表已在美国成功的那种政治经济意识形态的政党和个人。"国务院关于对日占领政策的一项分析断定，"对于任何外国人民，包括日本人，美国既不能强加，也不能强迫其采取亲西方倾向。"相反，美国应致力于"在该国国内形成对共产主义的本土抵制和亲近西方的自发倾向，同时确保我们的关于日本的根本军事需要得到满足"。[28]

　　因此，"要点"防御的目标更多地是阻绝而非控制：美国的利益不在于主宰其他力量中心本身，而在于确保没有任何其他国家这么做。这项目标既符合一个原则——不干涉别国内政，又符合一个事实——美国只具备有限的能力用于它们的防务。它并不意味着非要有某些特定的政府形式不可，只要有关政府不被蛮横地以一种将倾覆世界均势的方式更换就行。而且，乍一看那么不符合"要点"防御原则的杜鲁门主义的操作性语言正是在这背景下被加以审视的。有如负责起草杜鲁门演说稿的一个委员会所说：

　　　　目前大国间的权势关系排除了其中任何一国主宰世界的可能。任何一个大国要以单边行动实质性地改变这些权势关系，就必定深刻地危及联合国的整个结构。尽管现状并非神圣不可改变，然而我们不能忽视对现状的单边蚕食。[29]

63

从正面或更加宽泛地改写这番话,它就成了"美国的政策必须是
支持那些正在抵抗由武装起来的少数派或者由外来压力所施加
的征服企图的自由人民"。杜鲁门政府在随后三年里实际施行的
政策表明,浮言虚辞远超过真实意图,恰如凯南的"X"文章那样。

　　总之,可以说杜鲁门政府少有折扣地实施了凯南战略的第
一阶段。普遍主义被放弃,"周线"防御被推迟,经济和技术手
段得到了有选择的、非对称的使用,以在那些未被苏联人控制的
工业–军事力量中心确立至少某种程度的自信,如果不是自给自
足。这绝非无足轻重的成就,因为凯南和行政当局还在一点上
意见一致,即均势最终是个心理现象:相对小的努力代价,如果
以合适的方式用在合适的地方,将足以改变战后弥漫西欧的精
疲力竭、心理幻灭状况,反过来置莫斯科于被动应付境地。只需
将今天欧洲和东北亚的力量格局与40年前所确立的作一比较,
就可以认识到这一特定的遏制战略取得的显赫成功。

64

二

　　凯南战略的第二阶段,是争取在国际共产主义运动内部造
就分裂。乍看来,这建议——基于一个前提假设即共产主义并
非或不必是铁板一块——似乎会遭遇杜鲁门行政当局的不利反
应。广泛的印象是华盛顿的官员们将一切共产主义统统视为威
胁,不仅是苏联牌号的。当总统在他关于希腊和土耳其的咨文
中说到存在"两种生活方式"时,他心里想的是共产主义与资本
主义两大意识形态之间的区别。[30]然而,较仔细的考察揭示了更

复杂的图景。

在杜鲁门主义咨文里，唯一具体提及共产主义的地方是讲到对希腊起义的领导：显然，从语境看，"两种生活方式"指极权主义与民主，而非共产主义与资本主义。是"强加给自由人民的极权主义政权"损害"国际和平的基础，因而损害美国的安全"——德日两国在第二次世界大战期间造成的问题与此相同。"极权主义国家毫无二致，"杜鲁门喜欢争辩说，"我不在乎你怎么称呼它们，是叫它们纳粹、共产主义者或法西斯主义者，还是叫它们佛朗哥或任何别的——它们都一样。"这里的前提假设在于，促成世界不稳定的是统治形式本身，而非意识形态。有如杜鲁门在1947年夏天所说，"人民在国家政策制定方面声音越大，侵略的危险就越小。"[31]*

因而，行政当局其时不认为自己发起了一场反共意识形态征讨。"那不是总统在谈论的，"艾奇逊3月晚些时候告诉参议院外交委员会。"他在谈论的是这样一个事实：只要在什么地方一国的自由人民正被强迫放弃其自由制度，我们就感到关切。"那年春天，行政当局专门做出了努力，使官员公开讲话时不提"共产主义"，而是鼓励使用"极权主义"一词。正如白宫办公厅的一名

---

　　*　在关于希腊和土耳其的咨文发表一天后，杜鲁门给他女儿写了一封信，表露了他对极权主义和国内批评者的看法："列宁、托洛茨基、斯大林等人企图愚弄世界和美国荒诞者联合会（American Crackpots Association，以乔·戴维斯、亨利·华莱士、克劳德·佩珀以及不道德的格林威治村的演员和艺术家们为代表），这与希特勒和墨索里尼的所谓的'社会主义国家'如出一辙。你的父亲不得不用礼貌的语言将此真相告诉世界。"（杜鲁门至玛格丽特·杜鲁门，1947年3月13日，引自 Margaret Truman, *Harry S. Truman*［New York: 1973］, p. 343，又见 pp. 359—360。）

成员所说,"这让苏联无法抱怨,因为如果他们指责这针对他们,那么答复就可以是他们承认自己是极权主义的。"另外一名幕僚说,重要的是让世界确信,"我们有一些积极和有吸引力的东西可以提供,而不仅仅是反共。" [32]

这观点导致行政当局愿意接受凯南的一项主张:既向欧洲非共国家,也向苏联及其东欧卫星国提议给予马歇尔计划中的援助。这里的目的在于二者取一:如果像预料的那样苏联人拒绝这提议,就将分裂欧洲的责任完全推在他们身上;或者反过来,如果出现不大可能的情况即他们不拒绝这提议,那就将援助用作一种手段,迫使东欧人"放弃其经济的近乎完全的苏联取向"。[33] 这后一选择蕴含一种可能性:为遏制某些共产主义国家而去援助另一些共产主义国家——翌年在美国对南斯拉夫事件做出反应时得到更充分发展的一种谋略。白宫和国务院都未明确认可凯南以此计策使莫斯科与其卫星国之间关系紧张的想法,但显而易见,无论苏联人怎样回应援助提议,效果都会如此。

凯南还建议将美国在东地中海的军事活动程度与共产主义者在意大利和希腊的活动程度挂钩,用意同样是促进苏联与它在这些国家里的意识形态追随者之间的对立。显然,1947年末和1948年初,行政当局心目中至少有这方略的前一部分:那段时间里,国家安全委员会的研究报告确实呼吁为应对共产主义者活动升级而增加在那里的美国军力,直至并包括可能在必要时动用地面部队进行干涉。[34] 但是,没有具体的证据表明这些计划(它们从未必须予以实施)是以促进国际共产主义运动内部的紧张为目的。相反,占上风的前提假设似乎是,无论发生什么

事,希腊和意大利的共产党人都将继续效忠莫斯科,从而必须据 66
此加以对待。*

但是,1948年6月令人惊讶的事件使这种观点不得不被修
改。到那时为止,铁托的南斯拉夫一直被视为莫斯科最可靠(并
且最应予以谴责)的卫星国。"我被告知,铁托在将自己牢固确
立为南斯拉夫的独裁者之前,杀害了40万反对派成员",杜鲁门
那年4月评论说。然而,一旦贝尔格莱德与莫斯科的决裂得到确
认,行政当局就很快认可了政策设计办公室的建议,即美国不会
让铁托政权的内部性质妨碍正常的外交和经济关系。[35]艾奇逊
在1949年初说道:"'铁托主义'作为苏联势力范围内一股腐蚀性
和分裂性力量的继续存在"符合美国的"明显利益"。当年晚些时
候,在向南斯拉夫出口一部钢铁初轧机的问题上,国务院与国防
部之间爆发了重大争论。然而最后的决断是,支持铁托政府抵
抗苏联可能的进攻,这种需要压过所涉的任何安全风险。而且
到年底,杜鲁门已公开表明美国将视这进攻为侵略行动,因而暗
示将不止作消极被动的反应。[36]

不仅如此,行政当局还赞同凯南的一个看法,即铁托主义不
应被视为一个孤立现象,而应被视为要在其他地方予以鼓励的
一个先例。"美国必须利用目前的形势,"1949年4月驻莫斯科
使馆的一份情报报告论辩道,"以便不仅'遏制'苏联势力范围,

---

* 苏联拒绝了美国对东欧的援助,国务院确实利用了这一点,试图说服意大利选
民相信,如果选出了共产党政府,美国对它们国家的援助就不会继续下去。见马歇尔在加
利福尼亚州伯克利的演说,1948年3月19日,*Department of State Bulletin*(此后简称为
DSB),XVIII(1948年3月28日)p.424。

而且减小之，在所有各个领域抓住并保持主动权。"当然，一个诱人的靶子是东欧其余部分，在那里铁托的离经叛道已有明显的扰乱作用。尽管有迹象显示苏联人加紧着在那里的掌控，行政当局在1949年仍将许多时间和心力用于鼓励东欧国家内进一步的分离倾向，手段从"美国之音"广播、联合国里的人权攻势到经济施压和隐蔽行动。1949年12月，杜鲁门批准了国安会58/2号文件，它基于政策设计办公室早先的一项研究，要求做出种种努力，"以实现从卫星国铲除苏联权势"，即使这意味着暂时与"有分裂倾向的共产党政权"合作。[37]

　　鼓励铁托主义的甚至更有希望的机会看来出现在中国。到1949年，毛泽东领导的共产党人实际上已经击溃蒋介石和国民党人。在国务院，特别在美国驻莫斯科使馆，中国步铁托后尘的可能性得到了广泛的讨论。驻莫斯科使馆在10月间甚至提议承认新的中华人民共和国政府，作为促进实现这目标的一个手段。[38]这一推理与国务院中国问题专家们的一项由来已久的信念吻合，即中国的共产主义运动是独立于苏联人发展起来的，莫斯科并未控制它，而且因此可能对它上台掌权持保留态度。[39]艾奇逊发觉这些论辩令人信服。因此，为避免做出任何可能迫使中国共产党人永久与苏联人站在一起的事情，他赞成允许继续与中国进行非战略物资贸易，反对援助在中国台湾地区的蒋介石，尽管这样的援助本来会与保卫岛屿要点的战略一致。[40]

　　1949年11月，艾奇逊指定来审议远东政策的一群顾问表示赞同这立场，并且建议准备最终承认中华人民共和国政府。国务卿11月17日向总统提交了这些结论，并且在他关于此次讨论的备忘录中如此概说了正在浮现的战略：

> 总体而言，有两种政策目标：一种是反对共产主义政权，骚扰它，刺痛它，如果出现机会就试图推翻它，另一种政策目标则是努力使之不再臣属莫斯科，并在一个时期里鼓励那些可能会改变它的强劲的势力。我指出，这第二种选择不比在铁托问题上所做的更意味着任何绥靖政策……我表示，顾问们一致断定第二种方针较为可取。
>
> 总统认为，在我正论说的广泛意义上，这一分析是正确的。

1949年12月30日，经过国家安全委员会广泛讨论，杜鲁门批准了国安会48/2号文件，其结论为"美国应通过适当的政治、心理和经济手段，充分利用中国共产党人与苏联之间以及在中国的斯大林主义者与其他力量之间的任何裂隙，同时小心避免干涉的表现。应在一切合适的场合既利用公开的、也利用秘密的手段去达到这些目的"。[41]*

当然，所有这些都包含反常和矛盾之处。正如艾奇逊的备忘录和国安会48/2号文件显示的，行政当局官员不总是清楚中

---

* 1949 年 11 月 20 日，杜鲁门如此答复默里·马弗里克（Maury Maverick）主张承认中华人民共和国的一封信："你 19 日的来信是我就中国局势所曾见到的最有见识的信函……有那么多自称全然知晓要做什么，但实际上对此一无所知的愚蠢之人，因而听到在此问题上懂一点常理的人发议论真是乐事。"（杜鲁门文件，总统秘书档，第 173 盒，"对外事务：中国，1949 年"卷宗。）

国共产党人自己是否会拒绝莫斯科的领导，或者一旦他们与苏
联人的关联变得一目了然时，他们的国内局势是否会保持稳固。
艾奇逊对铁托主义在亚洲其他地方，特别是在印度支那的前景
不乐观。[42] 凯南虽然相信中苏之间存在敌意，但对艾奇逊放弃中
国台湾地区，以此促进中苏对立的战略极少同情，认为最好是令
国民党人和共产党人**两者都**得不到该岛。[43] 1949年期间，在谴
责"共产主义"而非仅仅苏联方面，行政当局发言人的公开腔调
变得更激烈，而且愈发强调意识形态作为预测共产主义国家行
为方式的一种手段的重要性。[44]

　　然而，在1949年12月，总统在相隔不到三周的时间里，先后
批准了国安会58/2号和48/2号文件。这并非反常：它反映了一
种深思熟虑的战略，那就是利用铁托主义去驱退苏联在共产主
义世界的势力。它的依据有如前驻苏大使沃尔特·比德尔·史
密斯（Walter Bedell Smith）同年3月所言，在于"美国不怕共产
主义，倘若它不被莫斯科控制，不立意从事侵略"。与这战略相
伴的是一种期望，表述在下个月里发自驻贝尔格莱德使馆的一
份得到广泛传阅的电函中：

69

　　　　无论在哪里，只要见到下面一组情况，或见到其中某些
　　方面的某种结合，就至少可以假定有铁托主义存在的可能
　　性：一个共产党大致依靠自己的努力取得了胜利，并且巩固
　　了政权；其领导集团多少具有连续性，同时在某种程度上与
　　直接的苏联经验相隔绝；其大量党员入党不久，未受过教
　　育，由情感和民族主义纽带与领导集团相捆绑；莫斯科试图

改变从根本而言属于组织方面的政策。

正如美国驻东欧各国使馆负责人在10月间一致认为的,上述战略假定"在世界共产主义内部,任何和所有趋于削弱或破坏克里姆林宫在共产主义世界内的掌控的运动,全都代表在以符合西方利益的方式进行运作的力量,因而全都应当得到鼓励和支持"。[45]

不能由此得出结论说,行政当局准备欢迎共产党政府在那些并非已有共产党政府存在的地方上台执政,或断定它在原则上放弃了对极权主义的敌视。然而,总统在1949年12月的决定确实是对凯南的"帝国类比"的接受,亦即(像驻贝尔格莱德使馆所说)俄国人"不适于管理帝国",[46]美国可以利用这弱点去削弱莫斯科在世界上的势力。在此背景下,这一战略可被看作是对行政当局(和凯南)另一项战略的合乎逻辑的补充,那就是谋求沿苏联势力范围的边缘建立自信的权势中心。这两种情况下,目的都在于将美国的利益与民族主义力量联结起来,后者被当作遏制苏联"帝国主义"的工具。

三

凯南战略的第三阶段,是随着时间的推移试图致使苏联的国际关系理念发生变化,亦即令苏联领导人确信,学会在一个多样化的世界上生活,要比力图按照他们的概念改造世界更能促进他们的利益。凯南拒绝将战争和绥靖两者当作实现这一目标的手段。他认为,这只有通过一个或许可被称作"行为修正"
(behavior modification)的长期过程才能实现,即积极回应出
自克里姆林宫的任何和解性倡议,同时坚决回击那些并非如此
的行为。的确,杜鲁门总统1948年11月批准的国家安全委员会
第20/4号文件确实宣布美国的政策是"造就种种形势,它们将迫
使苏联政府认识到依据它目前的理念行事实际上大不可取,必
须遵从国际行为规范行事,正如《联合国宪章》的目标和原则规
定的"。[47]

70　　　　然而,凯南与行政当局之间观点的吻合到此为止。凯南主
张,要修正苏联的行为,就需要正反**两方面**的促进:奖赏克里姆
林宫的和解态势与抵抗其侵犯性态势一样重要。这意味着准
备从事那种看来可能产生双方俱可接受的结果的谈判。行政
当局表现得愿与莫斯科讨论诸项突出问题,[48]但凯南认为它在
1948—1950年的若干重大行动(组建北大西洋公约组织,创设
独立的联邦德国,坚持美军在占领时期结束后留驻日本,决定制
造氢弹)肯定会增强苏联的猜疑和不安全感,因而减少了谈判的
机会。凯南在其中每个问题上的立场不是没有得到政府内其他
方面的支持,但这支持未强劲到足以阻止就这些问题做出与他
的建议相反的决定。

　　关于《北大西洋公约》的倡议来自西欧国家本身,这反映了
它们对欧洲大陆上军事力量对比失衡的担忧:当时,苏联人仅在
东欧和中欧就有30个师的兵力,相比之下美国、英国、法国的兵
力加在一起还不到10个师。情报估计认为,如果战争爆发,那么
苏联人有能力在短短几周内横扫中西欧,直至英吉利海峡和比

利牛斯半岛。[49]对这形势的担忧导致英国、法国和比利时、荷兰、卢森堡三国于1948年3月组成它们自己的军事同盟——西欧联盟（Western Union），并且力求美国与之结合。国务院对此采取同情立场：到6月，它已取得参议院的授权从事此项谈判，而且到9月，西欧联盟国家已与美国和加拿大一起，就一项条约的轮廓达成一致，该条约规定对它们当中任何一国的攻击，或对可能被包括在条约条款中的任何别国的攻击，都将被视为对它们全体的进攻。[50]

　　由于一次远东之行以及随后一段时间的住院治疗，凯南没有参与1948年初关于欧洲安全的初期讨论。然而，一迄返回，他就迅速表明自己对行政当局选择遵循的方针持保留态度。这些可归结为三点：（1）欧洲人将一种本质上是政治性的威胁误认为军事威胁，结果他们有可能"总的来说专注于军事事务，以至有害经济复兴"；（2）北大西洋地区"囊括了一个牢固地扎根于地理和传统之中的真正的防务利益共同体"，但在该地区以外，任何只延及某些国家的同盟将使其余国家变得更易受伤害，而一个包括所有友好国家在内的同盟将使自身毫无意义；"在扩展反俄同盟体系方面全无逻辑终点"，凯南告诫说，"直到该体系覆盖全球，将欧洲、亚洲和非洲的所有非共产主义国家统统囊括进去为止"；（3）一个由接受马歇尔计划援助的各国组成的同盟等于将"目前纵贯欧洲的分界线最终军事化"，"对那条线的任何变更或废除若无突出的军事意义就不可能发生。"这样一种事态发展或许无可避免，"然而我们目前的政策仍然指向……争取美苏两国最终和平地退出欧洲的心脏地区，因而指向鼓励一种能吸收和接管两国之间中间地带的第三力量的成长。"[51]

　　这些并非孤立的担忧。在华盛顿,有着对强调重整军备会延宕经济恢复的担心。事实上,行政当局对西欧的军援计划被附加了种种条件,其中之一是经济复兴要继续占有最优先地位。[52]如何将一些国家包括进去而不显得勾销了另一些国家,也是个大伤脑筋的问题:到头来,行政当局将"北大西洋"概念拉大,使之包括意大利,但拒绝将它延伸至希腊、土耳其、伊朗,或与西太平洋的非共产主义国家一起组建一个类似的同盟。[53] *行政当局对凯南的第三点理由——军事同盟将使欧洲的现行分野固定化——较少担心,原因很简单:大多数观察家到1948年年中已经将这分野视为既成事实。不过,仍应注意到,在其最初构架中,北约和军援计划并非不符合将欧洲当作"第三力量"去建设的想法:它们都集中于加强欧洲而非美国的防务,而且它们当时都未设想美国地面部队长驻欧洲。[54]

　　尽管有所保留,但行政当局仍然坚持行动,着手缔结《北大西洋公约》和启动对北约成员的军援计划。凯南遗憾地发现几乎全无选择余地。"西欧人的不安全感的基本原因,"他断定,"在于……实际上对他们自己缺乏信心……他们现在是被吓坏了的疲惫不堪的人,实际上不想面对现实。"美国要求其欧洲盟国愿意冒险:

　　　　通过要求欧洲人在取得军事安全之前坚持从事经济复

---

　　* 希腊和土耳其最后于1952年加入北约。

兴,我们实际上是在要求他们走钢丝,并在告诉他们:如果他们只专心致志于自己的步伐,而不总是往下看深渊,亦即他们自己在军事上的虚弱无助,那么我们认为他们会有很好的机会安全地走到另一头。而且,正是在这基础上,我们向他们提供经济援助。

现在,我们已陷入的第一个困境便是这样一个事实:许多人禁不住要往下看。

结果是导致太多的欧洲人和美国人"花费时间去担心苏联对西方的军事进攻,并且怕得发抖,而迄今为止在莫斯科大概没有任何人认真打算过要发动这种进攻"。这完全"可以理解,同时确实是个错误"。不过,问题在于就此要怎么做:

> 我们究竟是单独去做我们认为正确的事,还是同别人一起去做我们认为错误,而且或许违背我们自己的所有本能和意愿的事?究竟怎么才较好?我们已不止一次地面对这个问题,我们已断定无论发生什么,我们都必须与法国人和英国人抱成一团,即使他们错了也如此,而不是在我们正确的情况下与他们分手,因为如果我们让分歧发展下去,也许我们无论如何都会全盘皆输。

凯南的结论是:"对付敌人很简单,比对付朋友简单。"[55]

在德国问题上,同样存在理想与现实之间的鸿沟。由于苏联人拒绝按照对西方来说可接受的条件同意德国统一,英、法、美三国深感沮丧,其代表1948年春天在伦敦达成协议,允许在它们的占领区组成一个德国政府,同时维持占领控制。据公开宣称,这"伦敦会议"(London Conference)计划"完全不会排除,反而应促进关于德国问题的四大国最终协定"。然而,在华盛顿的轻重缓急次序中,德国统一许久以来就已处于次要地位,更优先的是将德国西部整合进西欧经济的需要:"本政府决心,"马歇尔在2月里说,"不允许在很可能导致苏联人实际控制整个德国的情况下重建德国的经济和政治统一。"因此,关于"伦敦会议"协议可能对重新统一前景产生的实际影响,几乎毫无悬念:有如那年夏天的一份国务院内部备忘录所称,"德国大概将保持分裂。"[56]

凯南一度赞成分裂德国,[57]但到1948年他已开始怀疑这办法是否可取。他认为,问题之一是德国人自己永远不会接受它。结果,将无法找到负责任的领导人来向其转交政府,而这转过来将意味着继续占领控制,因而也会疏远德国人民。一个独立的西德国家在经济上无法自给自足。在缺乏欧洲联邦(那至多是个远景)的情况下,要么经济崩溃,要么源源不断地从美国获取援助。最后也最重要的是,这一国家的创立有如北约的组建,将倾向于冻结欧洲现行的分裂界线,从而阻止苏美两国军队撤离欧洲大陆中心,并且阻绝侵蚀莫斯科对东欧的控制的努力。"如果我们维持目前的分界线,"凯南在1948年8月写道,"德国就必须分裂成东西两个政府,西欧就必须走向与美国结成紧密的军事同盟,那只能使各卫星国最终被整合进一个欧洲共同体的进程复杂化。从这一发展趋势看,要找到一条'重归'统一和自由的欧洲的道路将是困难的,比现在还难。"[58]

怀着这些考虑,政策设计办公室于1948年11月提出"A计划"(Program A),那是在德国达成一项四大国解决方案的新办法,要求举行国际监督下的全德选举,建立德国临时政府,废除占领区分界,各占领军同时撤至特别规定的驻扎区(对英、苏、美三国占领军而言将是海港,以免对陆上补给线的需求)。将继续解除德国的武装,使之非军事化,但要鼓励德国经济复兴,允许它与东欧和西欧进行贸易。凯南承认,苏联人不大可能立即接受"A计划"。然而,该计划将赋予美国在未来谈判中的主动权;它会像马歇尔计划那样,将拒绝的责任推到莫斯科头上;而且他还认为,如果苏联人什么时候决定接受一项最终解决方案,它可能会为该方案提供一个基础。死抱住伦敦会议计划不放将无法实现其中任何目标。[59]

"A计划"在政府内引起的反应很冷淡。美国驻德政治顾问罗伯特·D.墨菲(Robert D.Murphy)虽然认为它是个"有价值的文件",但同时大作譬喻"我们绘制的美妙蓝图的麻烦似乎在于,它们往往在苏联人、法国人,并且有时在英国人那里碰壁,落得头破血流的下场"。墨菲后来用凯南自己的一条论据来反对这项建议,一个独立的西德国家的创建本身就会"对德国东部有必不可免的吸引力,使苏联更难控制该地区"。美国驻莫斯科代办福伊·科勒(Foy Kohler)警告说,苏联接受"A计划"会在西方引起自满情绪,从而削弱公众为支持军事准备而交纳赋税的意愿。参谋长联席会议争辩说,认为苏联部队撤退将带来好处实属幻想,因为战争准备可以在波兰或苏联境内进行,不像在德国

74

东部那么容易被察觉。*而且，作为最沉重的一击，在讨论德国问题的外长会议于1949年5月召开前不久，有人将"A计划"的大意泄露给《纽约时报》，迫使国务院否认该计划曾被认真考虑过。[60]

艾奇逊本人可能对伦敦会议计划有所怀疑：他在1949年3月告诉墨菲，"他不理解……我们怎么达成了建立西德政府的决定。"他最亲近的幕僚之一菲利普·C. 杰塞普（Philip C. Jessup）强烈赞同凯南的"A计划"。然而最终，无论是在与英国人和法国人（他们担心德国权势东山再起）的关系方面，还是在防止苏联支配整个德国方面，这位国务卿断定伦敦会议上提出的办法风险较小。"我们关注于使德国融入一个自由民主的欧洲，"他在5月间写道，"我们已在我们控制的那部分德国朝此目的取得和仍在取得进展，我们不会因为将德国统一本身当作合乎道德的目的去追求而破坏这进展。"苏联部队撤出德国东部可能是个值得想望的目标，但"以美英部队撤离德国为代价则过于昂贵"。凯南从中得出了恰当的结论："我们的思维动向……意味着……我们不希望此时见到德国重新统一，不存在**任何**条件使我们据此会真正觉得这样一种解决令人满意。"[61]

在日本问题上也发生了类似的情况。尽管有来自五角大楼和麦克阿瑟将军总部的抵抗，然而行政当局仍在1948年接受了凯南的建议，即在占领政策的目标从惩罚转变为重建以前不签

---

* "（我们）当时并不认为，在我们的部队撤出德国腹地后，俄国部队会留在波兰。它们在那里的公开宣称的目的，是确保他们在德国腹地的兵力的补给线。一旦这些兵力撤出，我们就可以预期在波兰的驻军会撤离；没有什么可以阻止我们将此作为同苏联进行交易的一部分而提出这些要求。"（凯南致本作者，1980年9月4日。）

订和约。像在德国问题上那样,凯南担心继续着重于压制先前的敌人只会造成权势真空,苏联人可以通过内部颠覆或外部压力填补这个真空。[62]不过,到1949年末,一系列因素——持续不止的占领成本,显示占领愈发不受日本人欢迎的证据,来自盟国的压力以及对苏联人自己可能提议一项和约的担心——已导致艾奇逊断定应当着手为这么一种解决做准备。1950年5月,为了就远东问题听取专家意见,也为了恢复在对外政策上的两党一致,总统提名共和党在国际事务方面的首要发言人约翰·福斯特·杜勒斯负责进行这些准备工作。[63]

规划工作依据一项前提假设,对此凯南没有异议,那就是在任何情况下都不允许苏联取得对日本的控制。有如艾奇逊用大可出自凯南之口的措辞所说,"如果日本被添入共产主义阵营,苏联人就将取得能大大改变世界力量对比的熟练人力和工业潜力。"[64]然而像在德国问题上那样,有两种方式可以阻止苏联人获得那些曾与之敌对的工业力量中心:谈判实现它们的非军事化和中立化,或者采取单方面行动,将它们绑在美国及其盟国的车上。鉴于凯南在北约和创建西德国家问题上的立场,不奇怪他倾向于第一种选择,他甚至在1950年8月建议美国同意将日本非军事化和中立化,以交换苏联人在朝鲜半岛安排停火和使朝鲜撤军。不过,他未强有力地主张自己关于日本未来的观点,也没有证据表明艾奇逊在达成对日和约的方式问题上与他进行了任何重要的磋商。[65]*

---

　*　艾奇逊要求不得在国务院内分发传阅凯南1950年8月21日所作的关于日本的备忘录。(*FRUS: 1950*, Ⅶ, p.623n.)

　　尽管如此,非军事化和中立化选择确实得到了聆听,这是一位不大可能的提倡者——道格拉斯·麦克阿瑟将军努力影响的结果。凯南和麦克阿瑟持有若干共同的前提设想,导致他们就日本得出类似的结论:他俩都担心长久的军事占领会疏远被占领国人民。他们都认为只要美国保持在冲绳和菲律宾的军事设施,在日本本土的基地并无必要。而且他们都不相信苏联人愿意冒战争风险,认为可以信赖他们遵守那些符合他们最佳利益的承诺。麦克阿瑟指出,美国和苏联有着实际上同样的对日战略目标:"美国不希望日本进入苏联轨道或者成为苏联的一个军事盟友。另一方面,苏联不希望日本被美国用做反苏基地。"因此,"使日本成为一个被解除了武装的、经共同同意中立化并得到所有相关大国保障的国家"符合美苏两国的共同利益。"[66] *

　　然而,如同在德国问题上的情况,国务院认为同苏联人就日本问题谈判的风险大于其好处。"我们赞成不久就制成一项条约,"艾奇逊于1949年9月告诉英法两国外长,但是"我们在日本的利益如此之大,以至我们不能使自己陷入一种不得不同意一项我们不喜欢的条约的境地"。几个月以后,国务卿抱怨说"在东西方关系紧张的情况下,中立只是幻想。因此,在西方大国信守它们尊重日本中立的义务的同时,苏联人会继续实行渗透策略,使自己最终能够将日本变成一种侵略性的军事威胁"。由于新宪法禁止日本重新武装,也由于不存在保护该国的联合国部队,因

77

　　　　* 凯南曾在1948年不同意麦克阿瑟关于非军事化条约可取的主张,但此后转而支持这一观点。(凯南所作与麦克阿瑟谈话记录,1948年3月25日,附于政策计划办公室第28号文件,1948年3月25日,*FRUS: 1948*, Ⅵ, p.713。)

而唯一的替代办法便是做出安排,使得美国部队即使在和约生效后仍然留驻日本。这将"在我们看来排除苏联或共产主义中国成为该条约缔约国的任何真正前景"。[67]

　　一些年过后,凯南将承认关于德日两国的安排不像他曾经预料的那般糟糕。对这两国的居民来说,占领显然不像它在凯南看来的那么可憎,而且无论如何,它不久便结束了。两国在占领结束时都赞成美国军事基地在它们的领土上继续存在。德国人并未激烈地反对分裂,西德和日本都证明自己在经济上有存活力,尽管战争造成了它们的领土损失。然而,凯南对在这些情况下的政策制定方式感到震惊:像在北约发生的那样,遏制的工具被允许遮蔽了它的最终目的,即改变苏联的国际关系观念,从而使谈判解决诸项突出的歧异成为可能。以军事同盟包围苏联的战略极少能鼓励这进程。如同凯南就西德所说,"被设想为工具的东西一点点地逐渐成了目的本身。所设想的为政策服务的事物成了政策的主宰。"[68]

　　在凯南看来,随着苏联于1949年8月出人意外地提早试爆原子弹,这个"过程对目的"(process versus objective)问题在军事战略领域变得比在任何其他领域更尖锐。此事在华盛顿引发了一场辩论:是否要靠制造威力大得多的氢弹或"超级"炸弹来回应。正是在这一辩论过程中,凯南首次提出了自己关于在战争中使用核武器的立场。他就此起草了一份长达79页的文件,认为这"就其含义而言,是我在政府内曾写过的所有文件中最重要的之一,如果不是其中最最重要的"。[69]这不奇怪,因为在其就"原子能国际管制"写的长篇备忘录中,凯南呼吁的至少是不再依靠核武器作为进攻性战争手段。

　　凯南采取这立场的原因涉及政策、战略和战争手段三者之间关系的核心：他争辩说，大规模毁伤性武器不可能服务于理性目的，除了遏阻战事的爆发。战争毕竟被设想为实现某种目的一个手段，其本身不是目的。它可能蕴含着一种目的，其"特征在于屈从于一个新的政治意志，或许是一种新的生活体制，然而这目的至少不否定生活本身"。大规模毁伤性武器缺乏这些特性。"它们越出西方文明的界限，碰触到了亚洲游牧族群曾经熟悉的战争概念。它们不可能与一种旨在塑造而非毁灭敌手的生活的政治目的真正兼容。它们未能考虑人类彼此间的终极责任……"。至关重要的是，"我们切勿犯首先使用，或计划首先使用这些武器和概念的错误，从而使我们自己以为它们可以最终服务于某种积极的国家目的。" [70]

　　凯南在此完全不是呼吁单方面放弃核武器。他认为，在缺乏一种万无一失的国际管制体制的情况下，某些这样的武器将不得不被保留下来，"以达到威慑和报复目的。"他提倡的是：（1）和平时期的一种后来被称为"最低限度威慑"（minimum deterence）的态势，也就是将美国核武库中武器的数目和当量严格限于如下程度，即"据我们估计需要多少就可以使任何敌人用大规模毁伤性武器对我国或盟国进行攻击成为一桩冒险的、很可能无利可图因而非理性的举措"；（2）战争爆发情况下的一种"不首先使用"（no first use）战略。凯南承认，这样一种立场将要求与盟国仔细磋商，并且大大提高常规军力水平。然而，这可能会排除制造氢弹的需要，而且会使美国处于一种较好的地

78

位,由此出发就国际管制所有核武器与苏联人认真谈判。"是我们自己开始了(关于氢弹的)讨论,"凯南指出,"没有理由断定苏联人——他们不需要为确立适当的军事态势而取得大规模毁伤性武器——表示愿意见到这类武器被有效禁用于战争必定是不真诚的。"[71]

在国务院和原子能委员会内部,凯南的观点得到了相当大同情。原子能委员会的总顾问团警告说,"一种超级炸弹可能变成大屠杀武器"。它认为,以大量原子弹施加报复的能力甚至足以遏阻苏联人用氢弹发动攻击。原子能委员会主席戴维·E. 利连撒尔(David E. Lilienthal)与委员会另外四位成员中的两位一起,建议不要发展这种新武器,理由是它不"符合我国的世界和平纲领或我们自己的长期安全"。艾奇逊本人在1949年11月政策设计办公室的一次会议上争辩说:

也许最好就超级炸弹规定一个18—24个月的延缓期(如果可能的话这规定应是双边性的,但如有必要,则单边性的也可以),在此期间你尽最大努力缓和国际局势,与俄国人达成协议,建设好你自己的经济秩序,使你的人民决心去做一切必须做的事情,而且如果在这段时间结束时还见不到达成协议的前景,那么不要像有一派人主张的那样向俄国人扔炸弹,而是在你尽了最大努力做相反的事情之后,放手大力生产两者(氢弹和原子弹),其后盾是你的经济和你的人民。

不仅如此,一个月后他还承认"如果与此同时我们在军事上对它们的依赖与日俱增,我们无法……自信地……提倡和主导国际管制和废除原子武器的努力"。[72]

但是,也存在强有力的反对力量,特别是来自国会和军方。在给杜鲁门的信中,参众两院原子能委员会主席、参议员布里恩·麦克马洪(Brien Mac Mahon)暗示了国会山上的情绪:"任何以为美国放弃超级武器将给世界带来希望的观点,任何相信'榜样裁军'会为我们赢得尊敬的想法,都那么强烈地提示了一种绥靖心理,那么违背在两次世界大战以前、期间及其后学到的惨痛教训,以致我不想作进一步的评论。"参谋长联席会议列举这种武器的好处,不仅作为威慑,而且作为"已知的最具威力的进攻性武器"。他们断定,这些考量"决定性地超过了可能的社会、心理和道德阻力"。原子能委员会的一名持不同意见的成员刘易斯·L. 施特劳斯(Lewis L. Strauss)认为,"单方面放弃可合理地预期敌人将拥有的任何武器是不明智的。"而且,像艾奇逊自己不得不承认的那样,也没有什么可以保证苏联人不会发展他们自己的"超级武器",不管美国做什么*——"苏联对这种武器的独占",如国务卿、国防部长和原子能委员会主席向总统呈交的最后报告承认,"将不仅对我们的军事态势而且对我们的对外政策地位造成严重损害。"[73]

这些考虑导致总统于1950年1月31日授权确定"热核武器

---

* 现在已经明确的是,苏联科学家自 1946 年就已经开始研制苏联自己的氢弹了。(见 David Holloway, *Stalin and the Bomb: The Soviet Union and Atomic Energy, 1939—1956* [New Heaven: 1994],pp.294—299。)

的技术可行性"，这事实上等于授权制造热核武器，因为不实际展现就不可能确定可行性。[74]"就氢弹而言实际上无决定可做，"杜鲁门几天后告诉他的助手，"我们不得不干，即制造这种炸弹，虽然没人想使用它。然而……我们必须拥有它，即使只是为了与俄国人讨价还价。"[75]当然，凯南的观点在于，制造氢弹的决定本身将阻绝就国际管制与苏联人讨价还价，因为克里姆林宫未必愿意从弱势地位出发谈判。然而，这不是杜鲁门心目中的那种"讨价还价"：他的看法，以及他的多数幕僚的看法，反而是技术雄厚但人力薄弱的美国在从弱势地位出发行事，因为它必然比苏联更多地依赖大规模毁伤性武器去维持力量平衡。苏联的原子弹试验倾覆了这一平衡，据认为只有通过制造"超级武器"才能恢复之。[76]

　　凯南事后回顾说，人们对他关于核武器的观点是"困惑与怜悯"交加——"怜悯我的天真"，还表示直到肯尼迪政府时期才开始形成一种意识，即"主要基于一概毁灭和具有自杀意味的武器的防御态势在根本上是不健全的"。[77]这一抱怨对杜鲁门政府不完全公正，因为国家安全委员会第68号文件——总统作为其关于氢弹决定的一部分而下令进行的对国家安全政策的彻底重新审视——有一个关键的前提假设，那就是需要改变对大规模毁伤性武器的近乎完全依赖，需要避开该文件所说的如下风险："要么屈膝投降，要么引发全球战争，除此之外就没有较好的选择了"。[78]不过，具有讽刺意味的是，实施这战略转变的代价远超过凯南就美国利益和能力的容许程度所设想的，以至国安会68号文件演化为一种新的遏制战略，与凯南起初提倡的根本不同。

在北约、西德、日本及氢弹问题上的决定有个共同点，即杜
81　鲁门行政当局决心加强美国及其盟国相对于苏联的地位，建设
迪安·艾奇逊喜欢说的"实力状态"（situation of strength）。这
一办法不是意在排除最终与苏联人的谈判，但它确实力图推迟
这谈判，直至达到必需的"实力"水平为止。[79]这几乎完全没有为
通过软硬两手一同改变苏联的国际关系理念留下余地。相反，
"实力"已差不多被看成是目的本身，而不是实现一个更大目的
的手段。遏制的过程变得比这过程设想要达到的目的更重要。
"失败的不是'遏制'，"几年后凯南评论说，"而是从未进行过的
打算中的下一步。"[80] *

四

到1949年底凯南离开政策设计办公室时，显然他的建议已
不再具有它们曾经有过的分量。提供证据的责任（在官僚机构
内总是一个颇大的负赘[81]）缓慢但持续不断地从凯南的批评者
转到凯南本人："关于我们的外交努力应有的操作方式，我的观
念形单影只，不被国务院内任何其他高级官员持有"，他在同年
11月的日记中写道。"即使（国务卿）同意我的看法，他也不得

---

　　* "正是在这一时刻，当西方政府，特别是我们自己的政府变得显然既不能发展军
事和经济实力，以此作为任何成功的谈判的必要后盾，同时又不能向苏联人展现任何过得
去的谈判前景时，我自己的努力无可挽回地失败了。我们在关键时刻能够向他们提出的最
佳建议，竟是要他们以某种形式无条件地牺牲自己的政治利益。他们并非如此赢弱，以至
不得不接受任何这类条件。"（凯南致本作者，1980年9月4日。）

不通过外交哲学必然与之不同的那些人行事。"[82]值得一问这是怎么发生的：一个曾发觉凯南关于遏制的头两个阶段的主张很有说服力的行政当局,怎么会拒绝——不管对此多么遗憾——他关于第三个阶段的劝告? 答案看来在于杜鲁门和他的其他幕僚越来越难接受凯南的四项前提假设:(1)战争危险遥远;(2)不对称可被无限期容忍下去;(3)谈判如果符合双方利益,就能产生成果;(4)外交应该灵活。

情报估计照旧确认苏联人不会故意冒全面战争的风险,然而行政当局变得越来越不安于凯南的一个推论,那就是它可以安然集中精力于遏制的经济手段而非军事工具。问题是凯南的判断看来依凭直觉,无法加以证实。他的批评者争辩说,苏联的意图不可能像苏联的能力那样精确地得到度量,而且即使能够如此,意图——不同于能力——也是一夜之间就可改变的,因而无从度量。有如继凯南担任政策设计办公室主任的保罗·尼采(Paul Nitze)所说,"我们处于一种既无法证明苏联人会使用武力,也无法证明他们不会使用武力的境地。"[83]在那些谋求将风险降至最低程度的人(在官僚机构中总是占多数)看来,依据可衡量的数据而非凯南自己也承认的"无法估量之事的不定内容"[84]来做决定似乎更明智。意味深长的是,在1950年春起草国安会68号文件期间,虽然凯南及其苏联问题同行专家查尔斯·波伦试图排列克里姆林宫对外政策的轻重缓急次序,艾奇逊却将这当作不相干的努力撇在一边:他认为,重要的是莫斯科进行侵略的能力,无论它当前的意图如何。[85]

事后来看,不难发现如此推理的弊端。在行政当局漠视意

82

图、注重能力的做法当中有一种倾向：将信息的重要性等同于衡量信息的便利*——一种较适合于物理学而非国际关系的方法。还有一个错误，那就是未能把握能力与意图彼此关联这一事实：除非作为反映意图的决定（无论多么不完全）的结果，否则能力就不存在；如果意图忽视了能力——实有的和潜在的能力，它们就几乎毫无价值。而且，苏联的能力事实上比苏联的意图"更可知"这一点，也不是那么清晰明确。可以有根据地争辩说，在过去30年里，同克里姆林宫行使权势的目标发生的变化相比，它可用的权势工具的变化更经常地令西方吃惊。不过，这些是由时间的推移所证明的论辩，1950年时的战略家们显然得不到这种好处。

第二个问题与之密切相关，即必须容忍不对称。凯南的要点防御概念，连同其以己之长克敌之短的观念，是以认定世界上的利益有轻重缓急之分为前提的：并非所有的利益都同等重要，并非所有的威胁都同等危险。然而，这意味着愿意忍受苏联以其之长克美之短的形势。到1950年，有两项最令人担心的情况，一是在远东，中国革命的成功看来使亚洲其余部分易受影响，二是在西欧，西方在那里不再能依靠美国原子弹的威慑效用来抗衡苏联的常规武力优势。凯南承认这些力量不对称性，但除了保持乐观外几乎全无对策可以建议。正如他后来回忆就欧洲形势所做出的争辩：

---

* 戴维·哈克特·费希尔（David Hackett Fischer）将此描绘为"量化谬误"（quantitative fallacy）——见其 *Historians' Fallacies: Toward a Logic of Historical Thought* (New York: 1970), p. 90。

　　我们就像一个人让自己进了四周有围墙的花园,发现自己独自面对一只巨齿尖牙的大狗。这只狗当时没有显出任何攻击迹象。对于我们,头号良策肯定是尝试在我们双方之间确立一个假设,即这些巨齿尖牙与彼此间的关系不相干,它们就此而言并不存在。如果这只狗没有显出与此相反的意向,那么为什么我们要提起这事,使得力量的差异引起注意? [86]

由于中国不是一个至关紧要的力量中心,因而苏联对它的控制即使能得到维持(对此凯南怀疑),也不会对西方构成重大威胁。非共产主义的欧洲紧要得多,但苏联人知道不经过战争他们就无法获取之,而战争是他们不大可能会冒险从事的,即使他们有自己的原子武器。

　　后来的岁月证明凯南的这两项估算都是正确的,但问题仍在于当时无法令人放心。看来重要的不是苏联力量的性质,或克里姆林宫领导人就此力量怀抱的意图(这两者都无法证实),而是一个不可否认并且分明可证实的事实,即在世界这些部分的力量已经以非常明显的方式向莫斯科一边倾斜。正是对力量对比的**感知**(*perception*)发生的变化导致了西方的虚弱感,以及由此而来的一种情绪:不愿在矫正力量对比以前尝试与苏联人谈判。凯南早先曾承认关于力量的感知变化可有的士气败坏效应:毕竟马歇尔计划就是为抗衡这样的一种变化而发展出来的。然而,他显然觉得没有必要提议程度相似的广泛措施以应对中国事态和苏联原子弹造成的心理"冲击"。

　　凯南战略的另外一个问题在于以下事实:它要求在极少有

迹象显示苏联人对谈判也有兴趣的一个时期愿意与之谈判。斯大林授权捷克政变和柏林封锁，下令在苏联国内进行肃清西方影响的运动和在东欧清除"铁托主义"嫌疑分子，并且通过苏联驻联合国代表发表了众多冗长的带有辱骂性质的激烈演说。不管他的动机是什么，这些行动的效果完全无助于营造一种有利于谈判的气氛。诚然，幕后接触在1949年初帮助缓解了柏林危机，但这些讨论完全未解决起初导致了封锁的那些分歧。[87]凯南的观点是，尽管苏联与西方之间有分歧，但它们仍在一些方面有共同利益，即从中欧共同撤军、德国重新统一、日本中立化和实行原子能国际管制。他认为，如果美国及其盟国在这些问题上做出认真的主动让步，那么苏联除了报以同样的认真让步外别无选择，因为这么做符合他们自己的最佳利益。然而，如果情况确实如此，那么苏联人当时很少做出什么去表明这一点。

而且，即使他们做了，与苏联人谈判仍将给杜鲁门政府带来严重困难，后者正越来越认为这一选择大有风险且徒劳无益。公众和国会舆论会将这谈判要么看作是冷战中的"解冻"迹象，在此情况下对所需的国防和外援计划的支持就会枯竭；要么将其看作是绥靖的证据，而这在"雅尔塔"一词带有此前"慕尼黑"才有的很大部分贬义的时期里，是个不能置之不理的危险。盟国将要求磋商，从而排除秘密性和灵活性；任何未能获得它们信任的行为将引起它们对被"出卖"的担忧。苏联人自己很可能将谈判的意愿视为软弱的表现，并且会相应地抬高解决问题的要价。问题的核心在于可信性：如果美国与最可能的侵犯者进行谈判，美国此时做出的抵制侵犯的承诺怎么能被人相信？因此，较容易的做法索性是不谈判。[88]

最后,凯南的方略需要灵活性:在不忘记长远目标的情况下,能针对事态的发展相应地改变方向,改变侧重点,必要的话还改变开支。他反复指出,美国不只是对外部世界发生的事态做出反应,它自己的行为事实上将在颇大程度上塑造这个世界。因此,有必要仔细监控美国的主动行为的影响,在需要的场合修正它们,以便使之符合最终目标。书面政策声明也许有助于界定这些目标,或有助于决定追求它们的初始办法,然而此类文件极少可能预见到所有意外情况,结果趋于促成僵硬刻板。不能信任官僚机构会自我监控——对于捍卫现存程序有太多的诱惑,不管是否符合国家利益。凯南相信,灵活与远见的最好保障是让合格的专家能够直接与最高层决策者沟通,不受必须经下属官僚机构审议其建议的妨碍,根据需要去自由提议重新思考或调整。[89]

然而,这一安排难与官僚机构对指导的需要相调和,而如果要实施协调一致的操作,就显然有这种需要。有人已指出,凯南的方略与"固定一种奥秘技巧(esoteric skills)并予传布"的企图格格不入。它严重依赖"经验丰富的职业官员的不可言传的智慧",几乎完全不能容忍包含在大机构管理中的"僵硬刻板、简单化和造作"。[90]艾奇逊认为这类建议的价值不大:

> 我承认并高度赞赏我们职业外交官的个人的奥秘技巧,但相信只要他们的智慧"不可言传",它的价值在华盛顿便有限,尽管在境外工作中很大。在华盛顿,重大的对外政策

必须由宪法责成履行这责任的人即总统制定。他难得受过对外事务训练来承担自己的任务，他的个人随从也是如此。他需要的是可以言传的智慧，而不是单纯的结论，无论其如何牢靠地基于经验或直觉，即普通人说的"有依据的预感"。我认为我的责任是在重大竞争中收集所有可得的智慧并传布它。[91]

重新思考需要时间、精力和智识努力——三项总是比较短缺的东西。杜鲁门和艾奇逊忙于同时在官僚机构内部、国会和知情的公众中间以及海外盟友中间维持对遏制的支持，他们最不希望的就是迅速改变方向，或对基本前提作宏大的重新评估。艾奇逊对一群共和党批评者的著名的反驳亦可应用于此：那些每天早上都把庄稼拔出来，看看它们的根在夜里长了多少的农夫不会有高产量。[92]

不过，行政效率的代价可能是战略上的目光短浅：回顾起来，对杜鲁门行政当局的外交和国家安全政策操作能做的最强烈批评之一，在于它未能使手段始终适当地从属于目的。在其恢复西方经济和军事实力的坚决努力中，它忽视了这实力被期望要服务的目标：结束冷战。以在未来岁月里将变得为人所熟悉的一种模式，过程压倒了政策，其结果大不同于凯南甚或行政当局本身会认为可取的。

但是，凯南的战略也包含一个基本缺陷。它试图最终通过心理手段实现自己的目的——不仅在直接受苏联扩张威胁的国家，也在美国自身灌输自信。它还取决于国家领导人在紧要利益与边缘利益、敌手的能力与意图、谈判与绥靖、灵活性与大方向之间做出并维持理性区分的能力。凯南未能考虑到这么一种可能性：坚持理性区别可能引起非理性的恐惧，从而损伤自信。毕竟，心理既包括理性心态，也包括非理性心态。否认非理性恐惧不足以驱散这恐惧。凯南的走钢丝譬喻确实恰当：那是一种在经济上节省但冒险的跨越深谷的方式，但即使脚下的钢丝业已证明比当时任何人设想的更结实更有弹性，不往下看就走过去却依然谈何容易。

第四章 国家安全委员会第 68 号文件

　　乍一看奇怪的是,乔治·凯南——现代在华盛顿官场任职过的最优雅的散文作家——竟从未以官方能力将他关于遏制的整个观念费神地写下来。诚然,他的很大部分思想写入了政策文件,而且杜鲁门行政当局确实也在1947—1949年期间实施了他的许多建议。但是,人们不得不从他以不同形式对不同听众发表的言论当中,搜集他的战略的种种成分。凯南未曾系统地阐述自己的纲领。

　　对书面政策指南的这种反感并非偶然:"我不相信",凯南后来回忆道,"人们有能力以任何有用的方式,通过使用笼统的和法律上的措辞,假设性地界定没有任何人能够真正想象或展望的未来形势。"[1]国际关系问题太微妙,变化太快,以至无法归纳为书面形式而不过分简单化。一旦文件得到一致赞同,就很难使官僚机构根据变化中的环境来重新考虑它们。然而,由于凯南发觉不可能,也没有必要向负责实施其战略的官僚机构传达该战略的各部分与整体相联的方式,因而唯一能保证战略经久长存的方向意识从未在政府的所有各层次上形成。结果,凯南

发现行政当局立意采取的步骤——建立北约、成立联邦德国、在占领结束后的日本保留军事基地、研制氢弹——本身似乎足够

合理,但不符合他的战略的最终目标。待他抽出时间来觉察和指出这差异时,已为时太晚,无法改变。

1949 年发生了一系列冲击:"丢失"中国,苏联爆炸原子弹,军种间就战略辩论不息,官方在如何用看来有限的资源履行愈益扩展的责任方面左右为难。正是紧随这些冲击之后的对政策制定要有较大内在连贯性的需求,导致杜鲁门总统在 1950 年初授权进行那种凯南恰恰一直不肯做的研究:制订单独一份关于利益、威胁和可行的反应的全面阐述,能够传遍整个官僚体系。然而,凯南未指导这研究。他已于 1949 年底辞去政策设计办公室主任一职。于是起草新文件(后来以国家安全委员会第 68 号文件之名为人所知)的任务落在一个由国务院和国防部官员组成的小规模专门委员会身上,主持人是凯南的继任者保罗·H.尼采。[2]

国安会 68 号文件并非意在否定凯南。他在起草过程的几个阶段里受邀提供咨询,使用单倍行距打印的约长 66 页的最终文件有若干处反映了他的观点。文件的目的是将遏制系统化,并且找到使之行之有效的手段。但是,将遏制战略简约为书面文件这做法本身,暴露了凯南与行政当局之间业已开始形成的分歧,而对手段的寻求,加之起草委员会解释自身使命的宽泛方式,使分歧更严重。有如那个源自被宽泛解释的使命的更显赫产物——美国宪法,*与发起者最初所计划的相比,该国家安全文

----

* 国安会 68 号文件的起草与美国宪法的起草还有另一个相似之处:这两份文件的拟订都独立于名义上对此负责的机构——在后者是邦联议会,在前者则是国家安全委员会。

件最终在内容和涵义上都更广泛。

一

在对美国利益的界定上,凯南与国安会68号文件之间的分
歧不很明显。该文件宣布,美国的"根本目的"在于保证"我们基
于个人尊严和价值的自由社会的完整和活力"。它进而宣布了
"我们的决心,即创造在其中我们的自由民主制度能够生存和繁
荣的条件"。它将美国利益与多样性而非单一性相联:"自由社会
的主要依靠是其思想观念的力量和吸引力,它不感到有使所有
社会与它一致的冲动。"而且,它看来依靠均势作为保证这多样
性的手段:文件开篇处的一段叙述以明显的赞同态度,回顾了第
一次世界大战以前的国际体系,在其中,"几个世纪的历史始终
证明,任何一个国家都不可能取得如此的优势力量,以致其他国
家组成的联盟无法及时地以更大的力量抗衡之。"[3]

然而相似之处就此而止。凯南认为,为维持均势从而捍卫
多样性所必须做的,皆在于使工业–军事力量中心免于落入敌
对势力之手。其他地方的不友好政权虽然不可取,但只要它们
缺乏显示其敌意的手段,就不对全球稳定构成什么威胁。国
安会68号文件却采取了一种大不相同的观点:"克里姆林宫
主宰下的地区的任何进一步实质性扩展,都将造成一种可能
性:无法组建任何足以用更大力量对抗克里姆林宫的联盟。"
还有,"现在对自由制度的进攻是世界性的,而在当前权势极化
的情况下,自由制度在任何地方的失败就是它在所有地方的失

败。"⁴ *含义显而易见：凯南设想的保卫被挑选出来的要点的战略不再够用。相反，侧重点将不得不置于周线防御，因为沿外缘周线的所有地点都被认为同等重要。

国安会 68 号文件认可周线防御，从而表明它就根本前提而言，在几个重要方面与凯南分道扬镳。其中之一与国际事务中有效权势的性质息息相关。凯南的观点是，只有工业－军事权势才能招致世界政治的重要变化，只要它得以维持大致的均衡，国际稳定（虽然不一定是所有暴露在外的地方）就能够保住。然而，凯南本人到 1949 年已不得不承认事情并非那么简单。不安全既可表现为物质方式的，也可表现为心理方式的，就像西欧人对美国军事保护的要求表明的那样。心理上的不安全感能由隔壁的霍霍磨刀声引起，也一样容易出自遥远的多米诺骨牌的倒塌声。这是在凯南的思维中没有得到解决的主要难题：他的战略依赖的自信心怎样能经得起区分边缘利益与紧要利益？就国安会 68 号文件的起草者而言，回答是不能。

从他们的视角看，力量对比的变更不仅能作为经济谋略或军事行动的结果而发生，也能出自恐吓和羞辱，甚或出自丧失可信性。尼采提醒他的同事：苏联没有在军事侵略与其他形式的侵略之间做区分，它的指南是"削弱美国的世界权势地位这一简单考虑。"国安会 68 号文件补充说："因为使我们和他人对我们的制度产生崇敬的每件事情都是合适的攻击目标，这也适合克里姆

90

---

　　* 这里的措辞表明，凯南的战略可能被认为适合于不那么困难的时期，然而力量对比已经变得如此有利于苏联阵营，以致无法容忍任何进一步的损失。

林宫的下述图谋：绝不放过能不受惩罚地使我们受辱和丢脸的任何机会。"苏联立意"向自由世界显示，力量和使用力量的意志是在克里姆林宫一边，那些缺乏它们的人衰朽无望，注定败亡。"[5]

这里的含义令人惊愕。世界秩序，连同由此而来的美国安全，已变得既倚赖力量对比的实际情况，也同等程度地倚赖关于这对比的感知。而且，涉及的不仅是习惯上被责成来制定政策的国务家的感知，它们还反映了大众的感知——国内和国外的、知情的和不知情的、理性的和非理性的大众舆论。在此类观众面前，即使是权势关系变化的表象也可以产生令人沮丧的后果。基于诸如地理位置、经济能力或军事潜力之类传统标准的判断，现在不得不对照意象、威望和可信性考虑予以权衡。其结果，是大大增加被认为关乎国家安全的利益的数目和种类，并且模糊它们之间的区别。

但是，撇开捍卫利益的手段，大为增生中的利益便了无意义。就此，国安会68号文件挑战了凯南遏制战略的另一项前提，那就是一开始就使区分紧要利益与边缘利益成为必需的资源有限观念。在这一点上，凯南与行政当局之间没有意见分歧。杜鲁门总统继续坚持压低防务开支，以避免高税收或者预算赤字。1949年夏天起草的1951财政年度预算指南照旧建议增加国内项目开支，并且因此将军费开支限定为不超过130亿美元。"我们认识到……在现行状况下的我国经济只经得起为防务提供有限的资源，"参谋长联席会议主席奥马尔·布雷德利将军当年晚些时候告诉众议院军事委员会，"我们只得预期减少对武装部队的拨款。"然而，布雷德利补充说，他提到现行状况是出于沉着从容，"因为显而易见，如果战争被强加在我们身上，美国人民就会拨出为保证国防并承担其国际义务必需的资金。"[6]

国安会 68 号文件提出了一种办法，以在没有战争、不造成长期预算赤字和避免过重税收负担的情况下增加防务开支。它指出，当时国民生产总值中只有 6%——7%被用于军费开支。[*]加上在与战争有关的工业中的投资，这数字增至 20 %左右。苏联的同类统计数字分别为 13.8%和 40%。但是，为此苏联经济正几乎全力以赴，美国经济却并非如此。总统 1950 年 1 月提交国会的经济报告指出，伴随更高水平的经济活动，五年内国民生产总值可以从 1949 年的 2550 亿美元增至多达 3000 亿美元。这一增长可用来为大幅度加强西方军事和经济实力提供资金，同时不降低国内生活水平。民用消费可能得以实际增加，因为这样的一个计划很可能使国民生产总值超过新的军事和外援计划要求的水平。"我们关于第二次世界大战的经验中最重要的教益之一，"国安会 68 号文件指出，"就在于美国经济以接近全效水平运作时，能为民用消费以外的目的提供巨量资源，同时提供更高的生活水准。"[7]

尽管有其对于军事开支的明显含义，这些想法却并非源于五角大楼。随路易斯·约翰逊（Louis Johnson）被任命为国防部长，五角大楼的正统财政信条已变得比通常更加根深蒂固。它们反而来自一群自由派文职顾问，这些人急于将凯恩斯主义技巧应用于国内经济管理。其中最有影响的是不久将成为经济顾问委员会主

---

[*]　事实上，这数字较接近 5%，见附录。

席的莱昂·凯塞林（Leon Keyserling）。此人开始争辩说,如果政
92　府刺激经济和容忍短期预算赤字,直到出自增长了的经济活动的
赋税收入滚滚而来,那么美国就能维持更强劲的增长率。有如凯
塞林所说,想法应当是将馅饼做大,而不是就如何分割馅饼争辩不
休。凯塞林在提出这论点时,心里想的是总统的国内计划,而且为
此目的已经说服杜鲁门认可使国民生产总值达到 3000 亿美元的
目标最终可行。[8]

　　于是,国安会 68 号文件的起草委员会能凭某种近似的总统
认可,将凯塞林的观点纳入其中,然而将它调整到适合与其最初
目标大不相同的目的。尽管如此,凯塞林在读了国安会 68 号文
件后,表示"完全同意"它的经济结论,只是提醒有必要努力教导
人们改正一种广泛流传的印象,即"国防费用的增加必定意味着
相应的生活水平的下降、税收的提高和管制的扩展"。[9][*]这里的
涵义与利益不可区分观念一样令人惊愕:只要政府自己承担起
"经管"经济的责任,防务手段就能依照保护这些利益所需的规
模得到扩展。正如前副国务卿、华尔街银行家和非凯恩斯自由
派的罗伯特·A.洛维特对起草委员会所说,"实际上没有任何事
情是这个国家做不到的,只要它想做。"[10]对它较前的、指出不**应
当**区分边缘利益与紧要利益的断言,国安会 68 号文件现在已经
以诱人的逻辑显示确实不**需要**如此。

　　然而,如果说可扩展的手段使人可能确立更宏大的目的,

---

　　*　保罗·尼采回顾说:"凯塞林和我经常讨论这些问题;尽管他希望将钱花在其
他项目上,但他确信如果必要,这个国家能够承受为国防花费 400 亿美元。"（Paul Nitze,
"The Development of NSC-68", *International Security*, Ⅳ [Spring, 1980], p. 169.）

那么是否可以说这些目的使人有理由拥有更加**多种多样的**手段,超过先前被认为适当的? 在这点上,国安会 68 文件的起草者采取一种模棱两可的立场。一方面,他们争辩说"世界领导责任……要求我们努力以符合自由民主原则的手段造就秩序和正义,并且接受这么做固有的风险"。他们进一步认为,"克里姆林宫能选择任何一种便利它寻求贯彻其根本图谋的手段,"与此同时民主国家却不享有这样的选择自由:

> 诉诸武力、强迫和强加其意志等手段……对一个自由社会来说是一种困难和危险的行为,它们只有在面临更大危险的情况下才有理由采用。如此行事的必要性必须显而易见,不可抗拒。行动必须能使绝大多数人相信,其对于基本的自由观念而言是个不可避免的例外。否则,自由人在这行动做出之后的复原能力将岌岌可危。

然而,他们接着补充说:

> 我们制度的完整性不会被服务于挫败克里姆林宫图谋的任何措施——无论是隐蔽的还是公开的、暴力的还是非暴力的——所破坏,使我们的言行符合我们价值观的必要也未禁绝这类措施,只要它们被合适地谋划来追求上述目的,而且不那么过分或被误导,以致我们成为人民的敌人,而非奴役人民的邪恶之徒的敌人。[11]

这确实是个包罗万象的授命，难与它前面的那个自我克制的律令调和。

在国安会68号文件的作者心里，大概有一种调和办法（虽然它在文件内完全未予明示），那就是虽然在原则上一个民主国家应该有选择地决定其手段，然而当它的生存面对绝对威胁时，任何手段都正当可行。同样的推理也可应用于区分利益和提供手段问题：关于轻重缓急和节省的考虑在正常时期可能合适，但在面临如苏联造成的那种威胁时，这种关注必须被搁置。世界危机就其潜在危险而言，同在第一次和第二次世界大战中遭遇的任何事情一样严重，使一切利益都成为至关紧要的，一切手段都是负担得起的。对国安会68号文件的作者来说，美国的利益不能脱离苏联对其构成的威胁来界定："挫败克里姆林宫的意图，"有如该文件频繁申述的，成了目的本身，而不是服务于一个更大目的的手段。

二

但是，究竟什么是克里姆林宫的谋划？反映在国安会68号文件中的关于这谋划的看法与凯南的看法有何差别？"那些控制苏联和国际共产主义运动的人的根本谋划，"文件争辩说，"在于维持和巩固他们的绝对权力，首先是在苏联，其次是在目前处于他们控制下的地区。然而，在苏联领导人的心目中，这谋划的实现要求大力扩展他们的权威，并且最终消灭对其权威的任何有效反对。"凯南对此判断不会有多大异议。而且，尼采和他的同事们也不认为苏联扩张主要由意识形态考虑所驱动。和凯南一样,他们将马克思列宁主义更多地视为苏联政策的工具,而非其动因:"克里姆林宫确信自己永无谬误,这导致它对理论的执着如此主观,以致过去或现在关于信条的宣告,没有提供预料未来行为的任何可靠的指南。"毋宁说,该国的敌意不过是出自不能容忍多样性:"自由观念的存在和延续是一种经久不消、持续不断的威胁。因而,它无法容忍自由在世上长久的持续存在。"[12]

国安会68号文件的作者们还与凯南一样认为,如此不能与多样性共处是个弱点,最终必定将给克里姆林宫造成问题,但他们在问题究竟过多久会爆发上与他意见不一。凯南的观点是苏联已经伸展过度,它正在发觉难以控制它已吞并的地区,由此而来的、已在铁托主义的离经叛道中生动地表现出来的紧张关系提供了美国能利用的机会。国安会68号文件则采取了一种较悲观的观点。它争辩说,苏联的扩张至今导致的是力量而非虚弱。不管铁托主义有什么副作用,它们已被下列事态绰绰有余地抵消:共产主义在中国取得胜利,苏联爆炸原子弹成功,莫斯科在美国大力限制军事开支之际继续进行军力扩充。鉴于这样的形势,"将未来押在如下这赌注上,即苏联帝国由于过度伸展或其他原因将从内部自动垮台"看来并不慎重。[13]

无论是凯南,还是国安会68号文件,都不怀疑苏联人的常规武力优势,也不怀疑他们到时候也有能力开发出足够的原子武器,以此抵消美国在该领域的优势。他们对现存力量对比的评估彼此冲突,其症结在于苏联是否会蓄意冒战争风险。凯南从分析苏联的意图出发,论辩军事力量上的不对称可被容忍,因为苏联人几乎无法利用这一点得到什么。苏联领导人是谨慎的，倾向于用最小的代价、冒最小的风险追求自己的目标，没有任何固定的时间表。因此，美国可以满足于一种不对称的反应，即加强它自己的以及盟国的实力，但不做任何努力去模仿苏联的军力构造。国安会68号文件则注重苏联的能力，由此论辩苏联人所以至今尚未挑起战争，只是因为他们缺乏打赢战争的把握。一旦其能力膨胀到可以使他们合理地预计能赢得战争的地步（国安会68号文件估计这将在1954年发生，其时苏联将拥有足够的原子弹摧毁美国），而如果华盛顿与此同时不做什么去扩充它自己的军力，克里姆林宫领导人就很可能立意冒战争风险，而且很可能以发动突然袭击的方式这么做。[14]

95

直到此时为止，最严重的危险是代理人战争。凯南本人已开始承认苏联有可能授权卫星国发动有限的军事行动，然而他认为这样的迂回举措将是为达到苏联的目的而不引发一场全面战争。由于并非所有利益都同等重要，美国仍可选择是否反应和如何反应："世界的现实与我们一般设想的相比，更能经受得起旨在统治世界的野心勃勃的计划。"[15]与此相反，国安会68号文件将"零敲碎打的侵略"视为一种战争工具，其目的在于钻美国的空子——除非直接遭到进攻，否则美国不愿使用核武器。该文件从非常不同的前提即利益不可分割出发，警告不做反应就能导致"一种恶性循环，即总是做得过少过迟，怀疑和责备无休无止，选择余地越来越窄，替代办法愈益令人绝望"。结果将是一连串"在压力下的逐步退却，直到有一天我们发现我们已经牺牲至关紧要的阵地。"[16]

即使没有战争,苏联也可使用其武装力量(其规模被国安会68号文件描述成"远超过为防守国土所必需的")去侵蚀美国及其盟国的地位:这样的力量给苏联提供了"在和平时期可使用的巨大强制力⋯⋯并且作为一种威慑力起作用,以遏阻受害者在反对其策略时会采取任何冒战争风险的行动"。其目标在于"以恐吓支持渗透"。诚然,美国自身拥有先前在和平时期从未有过的庞大军事力量,但在这样的问题上要衡量有效性,就要与当前的敌手而非过去的节约措施比较。在将愈益增长的苏联军事权势与美国承担的遏制义务对照时,"显然我们的军事实力正在变得不足,以致到了危险的地步。"[17]假如凯南也持有这忧虑,那么他就此只字未提;在这一时期里,他就增强和平时期军事力量所提的唯一建议,限于建设高度机动和紧凑的精锐部队,能对有限的侵略做出迅速和有效的反应,但完全不是为了抗击苏联的、他确信不会被使用的能力。[18]

凯南与国安会68号文件作者之间的这些分歧的核心,在于思想程序正好相反:凯南倾向于依据一种关于根本利益的独立确定的观念看待苏联威胁,国安会68号文件则主要从它对苏联威胁的感知中抽引出它对美国利益的认识。凯南坚持必须遏阻敌对的工业–军事力量结合体,这主张既可应用于苏联,也可应用于美国在第一次和第二次世界大战中的敌手。国安会68号文件却没有相似的关于根本利益的总论。该文件对均势、多样性和自由表示尊崇,但它通篇没有一处提出为确保这些利益所必需的最低限度要求。相反,仅凭一项苏联威胁的简单存在本身,它就确认足有理由将受到威胁的利益视为至关紧要。

这一思想方法的后果不只是程序上的：它至少将在任何既定情况下界定何为美国利益的权力交给了苏联人。无论如何，按照威胁界定利益是将利益变成了威胁的一个派生物——利益由此将尾随威胁的变化而消长。如果克里姆林宫领导人足够精明，它们就能通过在特定地区施加压力，迫使美国及其盟国将资源耗费在世界的某些部分，它们远非凯南最初列举的紧要利益所在。国安会68号文件的全部目的是造就用以捍卫现存利益的追加手段。然而，由于忽视了在威胁之外独立地界定这些利益，该文件实际上在扩充手段的同时扩展了利益，从而损害了它自己本来打算成就的事情。

<h2 style="text-align:center">三</h2>

在它为对付苏联挑战而提出的行动建议中，就像在它讨论利益和威胁时那样，国安会68号文件再次从类似于凯南的立场出发，但接着就背离了这一立场。该文件将"遏制"界定为这么一种努力：

用战争以外的一切手段（1）阻止苏联权势的进一步扩张；（2）暴露苏联的主张的虚假和谬误；（3）引发克里姆林宫的控制和影响力的收缩；（4）总的来说，如此培育苏联制度内部的破坏种子，以致克里姆林宫至少被迫修改其行为方式，使之符合普遍接受的国际准则。

它接着说，"这政策的根本点过去是、将来仍然是我们自己拥有总的力量优势，或者我们与其他想法类似的国家结成的可靠联盟拥有这优势，"但与此同时"我们始终敞开可能与苏联谈判的大门"。它指出，"外交冻结倾向于挫败'遏制'的目的本身，因为它加剧紧张，同时导致苏联的收缩和向行为温和方向上的调整变得更困难。"应有的方略是"以尽可能避免直接挑战苏联威望的方式施加压力，为苏联保持以最小的颜面损失在压力面前退却的可能性，并且从克里姆林宫之未能屈服或未能利用我们给它留下的机会当中获取政治好处"。[19]

然而，凯南谋求以各种不同的政治、经济、心理和军事举措阻止苏联扩张，国安会68号文件却差不多只专注于其中最后一招："没有占优势的总体军事实力（现存的和随时可动员的），'遏制'政策……充其量只是虚声恫吓的政策。"凯南强调依靠现有的抵抗力量，特别是民族主义，国安会68文件却强调美国必须能在侵略发生时做出军事回应。这不要求在武器方面与苏联人一概对应，但它绝对要求"美国及其盟国将军事实力扩充到总力量将占优势的地步……超过能供苏联及其卫星国调遣的兵力"。而且，这力量必须足以"充分抵御对美国和加拿大的空中攻击，充分抵御对英国和西欧、阿拉斯加、西太平洋、非洲和中近东以及前往这些地区的漫长交通线的空中和地面攻击"。[20]

国安会68号文件有意未包含关于这些兵力要耗费多少资源和它们将怎样被使用的任何估计。它的起草者相信，不精确是获准采取行动的必要条件：就预算分配和兵力部署进行辩论只能耽误文件的通过，尤其是在五角大楼，那里关于这些问题的军

种间争端已变得既激烈又公开。"国安会68号文件的目的,"艾
98　奇逊后来回忆道,"是如此猛击'高层政府'的集体心灵,以致不
仅总统能做出决定,而且这决定能得到贯彻。"[21]如凯塞林提出
的,事实上将馅饼做大要比争辩如何分割它容易。尽管如此,各
项非正式估计确实在起草委员会内传布:这些估计一致认为,该
文件提议的项目每年将花费大约500亿美元,或者说等于总统为
军事开支规定的现行上限135亿美元的3.5倍。[22]前提假设是国
家很容易付得起这笔费用——一旦关于短期预算赤字的心理障
碍得以克服。

　　应该强调,国安会68号文件的起草者将这军力扩充视为防
御性质的。他们拒绝预防性战争,认为它既不可行(因为它将依
赖原子武器,而原子武器本身或许不能迫使敌人投降或遏阻对
盟国的进攻),又在道德上令人厌恶。只有在如下情况下,对苏
联的"第一次打击"才是正当的:它"分明是反击性的,反击一次
正在到来或即将发动的打击"。[23]而且,如果一场对苏战争爆发,
那么它也不应追求完全消灭敌人:

　　　　用《联邦党人文集》(第28篇)中的话说,"要使用的手
　　　段必须与恶行的程度相称。"恶行可以是一场全球战争,或
　　　可以是苏联为有限目标发动的一场战役。在这两个场合,我
　　　们都不应采取任何可以避免的、将使之变成一场毁灭性战争
　　　的主动行动。而且,如果我们有力量击败一场旨在有限目标
　　　的苏联攻势,那么不让它变成一场全球战争大可以符合我们
　　　的利益。我们应用武力的目的必须是迫使敌人接受与我们

的目标相符的条件,因而我们应用武力的能力应该在我们能持久维持这能力的限界之内,与我们可能遇到的一连串任务相符。[24]

简言之,这里的想法就是校准:所做的不少于、但也不多于保护美国利益所需。

由此,国安会68号文件认可了凯南的一个观点,即美国已变得过分依赖原子武器作为威慑手段:"我们能向克里姆林宫展示的唯一威慑,是提供证据,表明我们可以将我们守不住的任何关键地点变成爆发全球毁灭性战争的场所。"这给华盛顿留下了"几乎是要么投降、要么引发全球战争这样一种选择"。因此,必须"尽可能迅速地增进我们和我们盟国总的陆海空实力,以致我们在军事上不那么严重地依赖原子武器"。但是,这些措施不会涉及美国核武库的任何削减——事实上国安会68号文件特别赞成制造氢弹,因为预期苏联人不久也会有这种武器。而且,该文件也不接受凯南的"不首先使用"概念。它争辩说,这么一项宣言"将被俄国人解读为对美国极大虚弱的认可,并且被我们的盟国理解为我们打算抛弃他们的清晰的迹象"。[25] 相反,需要的是后来将被称为"灵活反应"的能力——能够抗击无论发生在何种暴力层次上的侵略而无不必要的升级。

某种意义上凯南和国安会68号文件的起草者都赞成"灵活反应",但他们以不同的方式设想之。国安会68号文件将战争设定为一种真实的可能性,因而要求有一种"垂直的"灵活性,从上到下囊括整个军事能力系列,从平时威慑直至包括核战争。凯南确信与苏联的战争至少不大可能,因而希望有的是一种"水平的"灵活性,即有能力在适当场合使用有限的军事力量,但又能够同等地(如果不是更大程度地)运用经济、外交和心理性的遏制工具。国安会68号文件设定利益不可分割,因而将灵活反应认作对称性反应——在苏联选择挑战美国利益的无论什么场所都采取行动。对于凯南,灵活反应意指非对称性反应——只有在处于危险中的利益至关紧要、条件有利、手段可得的时候才采取行动。对国安会68号文件来说,灵活反应意味着能造就资源,以敷义务承诺所需。对凯南来说,它却提示了需要限制义务承诺,使之符合资源。这些差别细致微妙,但并非无足轻重。

国安会68号文件就凯南的第二阶段遏制——利用国际共产主义运动的内部紧张——谈得很少,这反映了它对军事力量对比的全神贯注。它确实表达的那些再次显得是从凯南的前提出发,但到头来得出了不同的结论。国安会68号文件注意到苏联易受民族主义伤害,那既是其本国境内的,也是其卫星帝国内部的。它像凯南,由此断定"如果一个卫星国感到能取得对克里姆林宫的独立,如同铁托能做的那样,它就很可能脱离苏联"。结果,"甚至可以说苏联世界的能力,特别是除身上的苏联锁链之外没有什么可以丧失的大众的能力,是一种可以被争取到我们一边的潜在力量。"[26] 在此隐含着凯南战略依据的同一推理:是苏联而不是国际共产主义威胁美国安全。在那些有独立于莫斯科控制的共产党人的地方,美国大可与之一起遏制莫斯科的扩张雄心。

然而,国安会68号文件完全没有这么说,也没有提出可能鼓励国际共产主义运动内部分裂的手段。相反,它设定苏联继续控制东欧,而且尽管预见到苏联人在中国会碰到某些经济麻烦,但却提出该地区的非共国家所面对的困难"不止提供了具有抵消作用的机会"。[27]全不谈及促进分裂的任何战略,这令人吃惊,因为在国安会 68 号文件起草之际,这一目标仍然活跃于行政当局的其他部门。例如 1950 年 1 月,参谋长联席会议提倡继续向南斯拉夫提供军事援助,"以确保继续抵制莫斯科的控制,因为这样一个成功的反对范例可能鼓励在其他卫星国反对莫斯科控制的运动"。国务卿艾奇逊在 3 月间告诉参议院外交委员会:"我们在中国关心的是,无论谁治理中国,哪怕是魔鬼本人管理它,也应是一个独立的魔鬼。这绝对优于他是莫斯科的一名走卒或中国落入苏联控制之下。"国安会 68 号文件在这一点上的缄默足够引人注目,因为艾奇逊的一名下属读了文件初稿后问道:"我们是否事实上已充分探讨了一个问题,即苏联的扩张是否可以有一个临界点,逾此苏联的得益将变成不利?"[28]

国安会 68 号文件在这问题上为何缄默不言?几种可能的解释能说明问题。一种解释与时间密切相关:凯南和艾奇逊将分裂看作是足够近期的前景,有理由马上采取行动,国安会 68 号文件的起草者却倾向于将它看作是一种更遥远的可能性,太令人怀疑而不能影响现存的力量格局。[29]不仅如此,国安会 68 号文件比凯南或艾奇逊更看重表象。从长期看共产主义在某一特定国家的胜利可能并非苏联所得,但从短期看它肯定显得像是美国所失。行政当局几乎没有做任何事情去公开解释并非所有共产主义者都同样危险。到 1950 年,鉴于阿尔杰·希斯案和麦卡

锡主义兴起造成的国内狂热的政治气氛,任何这样的教育努力

101 都会火上浇油。*国安会68号文件争辩道,美国利益取决于对权
势的感知的程度如同取决于权势本身。倘若美国即便只是看上
去正在将阵地输给对手,那么它的效应可以等同于已经实际输
掉阵地。

这些两难困境全都浓缩地表现在台湾问题上,就此行政当局
到1950年春已在重新考虑其如下政策,即不反对中共统一中国,
以免驱使苏联人和中国人彼此靠得更紧。约翰·福斯特·杜勒
斯是导致这重新考虑的有力人物之一,他在4月间成了国务院的
特别顾问。在下一个月里写作的一份备忘录中,杜勒斯争辩道:

> 如果我们的行为显示了一种继续退却的意向,让有争议
> 的地区落入苏联共产党控制之下,那么许多国家将加深它们
> 已从《北大西洋公约》中得出的印象,即我们不指望在北大西
> 洋地区以外坚守阵地……如果我们的行为看似证实了这一
> 结论,我们就可预料我们在地中海、近东、亚洲和太平洋的
> 影响将加速衰减。[30]

杜勒斯没有在国安会68号文件的起草中起作用,但他的想法与
该文件对表象的关切如出一辙。它还足够有力地在国务院内启
动了关于对台政策的重新评估,这在朝鲜战争爆发时虽然尚未

---

* 正如1949年艾奇逊企图使用1054页的"白皮书"就中国问题教育美国人民时
发现的。见其 *Present at the Creation*, pp. 302—303, 又见 David S. McLellan, *Dean Acheson:
The State of Department Years* (New York: 1976), pp. 194—198。

完成,但已有了长足进展,足以提示任何促进共产主义世界内部分化的战略都须依据如下判断加以权衡:即使只是允许感知到的力量平衡发生变化,这种行为将使非共产主义世界承受怎样的代价。[31]

关于凯南的第三阶段遏制——改变苏联的国际关系概念——国安会 68 号文件同样承认目标可取,但不赞成凯南的方法。"我们无法指望危机持久消除,除非并且直到苏联制度的性质发生变化为止",该文件说,然而美国有能力加速这些变化的到来:

> 依靠实际显示我们制度的完整和活力,自由世界拓宽可能达成共识的领域,由此可望逐渐导致苏联承认种种现实,它们总合起来将最终使克里姆林宫的图谋山穷水尽。然而,倘若做不到这一点,那么仍有可能创造出一种局面,那将促使苏联不管是否自觉地放弃自己的图谋,都使自己适应以还算过得去的关系与非苏世界共处。

102

苏联人民是这事业中的潜在盟友:"显然,如果这变化在尽可能最大程度上是作为苏联社会内部力量作用的一个结果而发生,那么它不仅将代价较小,而且将更加有效。"因此国安会 68 号文件强调,至关重要的是在战时或平时不做可能"导致俄国人民坚决团结在驱役他们的政权身后"的任何事情。[32]

然而与凯南不同,国安会 68 号文件排除将外交作为改变苏联看法的手段。它争辩说,在苏联制度本身改变之前,不可能有谈判解决。诚然,西方公众舆论将要求美国及其盟国显得愿意讨论与苏联人达成协议,在这个意义上,合理的谈判立场是"意识形态冲突中的一项必不可少的要素"。然而,"谈判一项总体解决方案的任何提议或企图都只能是一种战术"。谈判将是有益的,但并非其本身有益,而是作为"一种为增强实力的计划获取支持的手段"。当然,最终西方会希望与苏联政府或其后继者就突出的分歧安排永久性解决。但这种解决是遥远的未来的事情。如果它发生,而且在它发生的时候,它就将是一部记录,"记载自由世界将在造就一种政治经济制度方面取得的进展,这制度如此成功,以致克里姆林宫的统领世界的谋划彻底失败"。[33]

这很难被说成是一种行将采取的谈判态势。较准确的描述或许是"狡诈的",因为它表现出来的样子与实际的打算截然相反。但是,对谈判的强烈禁绝并非始于国安会68号文件。如前所述,它在整个1949年的官方思维中始终起显著作用,而且事实上构成凯南与杜鲁门行政当局之间的第一大分歧点。国安会68号文件做的是澄清这不愿谈判的立场一直所依据的前提假设。

103　　其中之一是一种信念:美国相对于苏联的军事实力正在衰减,因此美国应避免与苏联人谈判,直到它能从实力地位出发这么做为止。[34]然而,有如国安会68号文件的一位批评者指出的,

　　　　在例如下列情况下,很难接受苏联正在接近取得对我们的显著军事优势的结论:(1)我们的空军占有巨大的质量优势,并且在轰炸机、训练有素的机组人员和进攻性战争必需的其他设施的数量上远远领先;(2)我们的原子弹储备远超过苏联,我们的热核武器潜力也是如此;(3)我们的

海军如此强于苏联海军,以致它们不应当在同一个档次上被提到;(4)在我们的帮助下,我们盟国的经济健康和军事潜力日益增进;(5)我们与苏联的邻国有同盟条约,并且向它们提供军备,而苏联与距离我们数千英里之内的各国完全没有这样的关系。[35]

国安会68号文件的作者们担心的当然是未来的趋势,而非现存的力量对比:其论点是,苏联的军事投入占国民生产总值的百分比大约等于美国的两倍,因而如果美国不相应地增加自己的军费,它就会落在后面。然而,由于国安会68号文件本身指出美国1949年的国民生产总值已经**四倍**于苏联,[36]因而难以不去断定此处在应用一种双重标准:苏联的潜力被考虑进来,美国的潜力却被撇在脑后。正是在这可疑的基础上,国安会68号文件得出了美国虚弱的判断,因而反对谈判。

阻绝谈判的第二个因素,在于相信苏联进行谈判时将享有某些固有的优势。它将享有保密带来的好处,因而可以想见,它就对手所知的多于对手就它所知的。它不必敬畏公众舆论,也不必预先与盟国磋商。而且,通过国际共产主义运动,它可以操纵苏联以外的公众舆论,同时不让其本国人民受到外界的影响。"这些都是重要的优势,"国安会68号文件争辩说:"加上我们的权势状况的不良趋势,它们十分不利于……此时就总体解决作成功的谈判。"[37]然而,国安会68号文件未能提及苏联人在与西方的谈判中将碰到的某些不利:一个权力高度集中的体制难以客观地评估外部事态,那些对公众舆论麻木不仁的人容易使公

104　众离心离德,维系基于强制而非共同利益的同盟负担沉重。人
们不禁要问,国安会68号文件开列的苏联"优势"是否更多地代
表对美国外交家面临的挫折的变相牢骚,而不是对苏联谈判能
力的准确评价。

　　可是,阻绝谈判的最重要因素当然在于一个事实:似乎没什
么可付诸谈判。从1945到1949年,有很长一系列与苏联人的外
交接触,但对照花费的努力,可显示的成果少得令人痛心。不仅
如此,假如像国安会68号文件争辩的,所有利益现在都至关紧
要,那么未来的谈判只有在苏联投降的基础上才能举行。若非
如此,莫斯科愿不愿意谈判都变得无关紧要。这方针的巨大弱
点,在于它不容凯南和国安会68号文件的作者们希望最终招致
的那种现象——苏联国际关系概念的根本改变。

　　因此,在下述意义上国安会68号文件错误深重:它提议的
举措破坏了它在试图实现的目的。如果美国的利益保持不变,加
强军备就可能增进美国的安全,但国安会68号文件扩展了利益。
共产主义世界的分裂可能是个值得想望的目标,但认为每个地方
的共产党人同样危险的做法不是达到这目标的途径。苏联对外
部世界的较温和的态度肯定值得欢迎,可是要求苏联投降的谈判
态势几乎全不可能加速之。所有这些矛盾反映了战略观的一种
失败:不能将短期考虑与长期考虑结合起来,不能使行动与利益
相协调。这失败大概源于国安会68号文件的起草方式——它是
一个委员会的产物,而不是像凯南的战略那样出自一人之手。而
且,它既是分析性的,也在同样程度上是鼓吹性的,是一番如艾奇
逊说的"猛击"。无论如何,就目标和能力应被怎样结合起来去产

生内在连贯的战略而言,国安会 68 号文件的行动建议提供了不那么适当的指南。

四

关于国安会 68 号文件,最引人注目的特点之一是它的浮夸高调。它的一些部分听起来像是为在国会或其他某些惹人注意的公共讲坛发表讲话所准备的:"自由理念是历史上最有感染力的理念……在专制暴君掌握绝对权力的时候……所有其他人必须屈从,表现得自愿俯首帖耳,那是个人在一种邪恶信仰的逼迫下自我施加的堕落……制度变成了上帝,遵从上帝的意愿变成了遵从制度的意愿。"[38] 这不是一个人期望在一份注定 25 年不会公之于世的绝密文件里看到的。*然而,敏感的只是国安会 68 号文件的具体细节,它的主要结论当时被广为散布,虽然没有指明其出处。文件的全部要义在于振聋发聩,耸动官僚机构、国会和公众支持更强有力的行动。因此不奇怪,它的起草者们比凯南更多地考虑可以怎样造就这支持。

在官僚机构内部,这问题大致由该文件的不寻常的起草方式加以关照。标准程序本应是让文件由政府的主要部门之一或国家安全委员会工作班子起草,同时与所有有关机构协调并通过它们的评议,然后经国家安全委员会提交总统。但是,起草国安

---

　　*　国安会 68 号文件直至 1975 年才解密。它首次刊印于 *Naval War College Review*, XXVII (May—June, 1975), pp.51—108。

会68号文件的是一个小型专门委员会,由国务院和国防部的代表组成。它几乎被作为一个既成事实,强加给一心关注节省的国防部长路易斯·约翰逊。而且,它未经进一步的部际审议和国安会审核便被直接送达总统。只是在总统读过而且据推测认可其一般结论后,它才被正式提交国家安全委员会,但到那时它已有相当大的分量,即至少得到了总统的赞同,即使还不是总统的明确批准。[39]

取得国会和一般公众的支持是另一回事,对此国安会68号文件的起草者予以了很多考虑。文件的结论应该表述得"简单,明了,并且用……'海明威式的语句'",罗伯特·洛维特告诉起草委员会。"如果我们能够大量卖掉每篇人们所熟知的没有什么用处的文章,我们就应当能够大量兜售我们写得很好的故事。"国务院公共事务助理国务卿爱德华·W. 巴雷特(Edward W. Barrett)认为这场操作要分两阶段进行:首先"努力使公众充分明白问题",然后在第二阶段,政府"一迄气氛恰当,立即出面提出要采取的积极步骤"。然而,重要的是"在心理上的'恐吓运动'开始以前,至少手里要握有广泛的行动建议"。[40]

106　　　就实际打算的事情来说,"恐吓运动"一语可能过分些,但无疑行政当局确实试图以戏剧性的,甚至夸大的方式展示问题。"如果我们将自己的论点说得比真实情况更清晰,"艾奇逊后来承认,"那么我们与大多数别的教育者并无二致,而且我们几乎不可能以别的方式行事。"[41] 1950年春,在一系列公开讲演和对国会委员会的当面证词中,国务卿都传达了国安会68号文件的根本精神,并且广泛呼吁必须捍卫"自由世界":"我们是自由的子女。除非在自由的环境中,我们不可能安全……我们相信,世界上所有人民都有权利享有我们希望自己拥有的同等程度的自由,并以他们自己的方式发展。"[42] 当然,正是艾奇逊在 3 年前起了重要作用,将杜鲁门主义描绘成"民主"与"极权主义"之间斗争的一部分。国安会 68 号文件则谈论"自由"世界与"奴役"世界,从而将这区分更进一步简单化了。[43] 这些用语令起草委员会顾问之一詹姆斯·B. 科南特(James B. Conant)感到担忧:他想知道美国当时的目标是不是"使每个国家民主化"。尼采向他保证说不是,但指出"如果我们的目标只是击退侵略,而不是创建一个更好的世界,那么斗志就会减弱"。[44]

如科南特所提出的,"自由世界"之类用语的问题是混淆根本利益观念:美国安全是否依赖有一个仿效美国自身面貌的同质的世界,或者它只需要均衡的多样性? 如果用这些话表述,国安会 68 号文件的起草者就会毫不犹豫地选择后者。然而,行政当局的浮夸高调——这现在得到国安会 68 号文件的明确认可——只能给人留下大不相同的印象,即它由此显得在滑入它先前拒绝了的普遍主义。眼前的策略目标——为增加军事预算赢得公众和国会支持——压倒了行政当局的长期利益,那就是令公众清楚地理解美国对外政策的终极目的,以及美国力量的限度。

五

正如所发生的,多亏苏联人出乎意料的帮忙,国安会 68 号文

107　件的拥护者们不需要像预期的那般为赢得支持而煞费苦心。现在清楚的是，斯大林允许朝鲜军队跨过三八线；[45]也很清楚，这事件保证了国安会68号文件的贯彻。确实，这后一个结果如此凑巧，以致研究该问题的某些学者暗示在华盛顿或东京的美国官员们与引发战争有牵连。[46]除一种可疑的假定——效果总是出自有意的图谋——之外全无证据支持这论辩，可是确实杜鲁门总统在朝鲜爆发战事时还未正式批准国安会68号文件，*确实他的幕僚预料难以使国会为之提供资金，而且确实跨过三八线的进攻导致这两件事皆告实现。

原因在于，朝鲜战争看来以引人注目的方式，证实了国安会68号文件的若干最重要的结论。其中之一是论辩所有利益已变得同等紧要，力量对比的任何进一步转变无论多么微小，都能倾覆战后国际关系的整个结构。在华盛顿差不多立即有了共识：由于其所遭受的进攻的性质，至此为止被当作边缘利益的半岛南部已变得至关紧要，如果美国在其他地方的可信性要免遭怀疑的话。在半岛南部"遭到未经挑衅的军事进攻时坐视不管，"约翰·福斯特·杜勒斯警告说，"就会引发一连串极可能导致世界大战的灾难性连锁反应。"即使凯南也承认，"如果这些事态发展以一种有利于苏联而不利于我们自己的目的和威望的方式进行，那就将很少有任何不会因此受到恶性影响的东西方冲突场所"。对一个仍然痛惜"失去"中国，仍在反省慕尼黑"教训"的国

---

　　* 杜鲁门的批准在1950年9月30日到来，其时已纯属形式。(*FRUS: 1950*, Ⅰ, p.400.)

家,半岛南部很快变成了决心的象征,无论它的军事/战略重要性如何。正如总统在 9 月告诉全国广播电视听众的,"如果侵犯被允许在半岛获得成功,那就等于公开邀请敌人在其他地方进行新的侵犯……如果其他地方的自由被消灭,那么我们就不能指望维持我们自己的自由。"[47]

该事件还证实了国安会 68 号文件的一个前提假设(就此而言也是凯南持有的):即使面对美国的核优势,苏联也很可能诉诸代理人战争。对苏联在朝鲜的目的的估计各有不同。目标可能只是羞辱美国,在苏联人预料不会遭到反击的一个地区。它也可能是声东击西,旨在将美国的兵力从某个更紧要的地方引走,然后进攻那个地方。或者,它可能意在作为一系列行动当中的一项,要将美国的兵力拖在边缘战区,从而削弱华盛顿在紧要利益攸关之处采取行动的能力。无论是什么情况,有如艾奇逊在 7 月里告诉内阁的,政府内的共识是"目前的世界形势极端危险和紧张,这形势或是借由苏联的渴望或由朝鲜形势所引发的事件发展势头……可为美国带来新的侵略的爆发,可能一直发展至并且包括全面战争"。[48]

最后,在朝鲜的战事强化了国安会 68 号文件的一个论辩:美国的现有兵力不足,仅靠原子武器不能遏阻有限侵略,华盛顿缺乏为对付所有各种紧急情况而必需的常规手段。"全世界正在开始明白,我们不具有面对威胁的能力",艾奇逊告诫其内阁同僚。特别在欧洲,人们正提出质疑,即如果发生苏联进攻,美国是否有能力做出回应。美国毕竟处于一种相对有利的地位来对付半岛危机,因为它在附近驻有陆海空部队。然而这情势独特无二："如果他们入侵希腊，"艾奇逊对参议院外交委员会承认，"那么我们在离希腊一千英里之内没有任何部队。我们无法在伊朗有任何作为；我们就柏林做任何事情都将面临可怕的境地。"他后来说："我们不得不做的，是以不足的手段构筑一条防线，试图猜测每次攻击会从这防线的哪里过来。结果好得令人吃惊，但没有哪个运动队能如此赢得赛季锦标。"[49]

美国在朝鲜的战略与国安会 68 号文件的精神一致，甚至到了复制它的某些内在矛盾的地步。国安会 68 号文件要求无论侵略发生在何处，都须予以抵抗，但不进行不必要的升级。无疑，渴望使战争保持有限是美国在朝鲜所做反应的一个突出特征：它促成了加诸战争范围的地理限制，促成了拒绝使用国民党军队的决定，甚至还促成了行政当局的浮言虚辞，即避免将这场冲突说成是"治安行动"（police action）以外的任何行为，也避免指责苏联人要对此负直接责任。[50]五角大楼的战略家们承认，美苏战争可能发生，但现在不是打这场战争的合适的时机，朝鲜也不是打这场战争的合适地方。正如参谋长联席会议在 7 月里所说，"美国在一个战略上很不重要，且由苏联选中的地区投入大量兵力对苏作战，这在军事上不合理。"[51]

然而，必须对照"可信性"的要求来权衡限制战争的需要，前者是国安会 68 号文件的一项虽然不始终一贯，但仍同样突出的关切要点。这两难在关于三八线的问题上最尖锐，那是半岛双方之间人为的、具有政治敏感性的分界线。将军事行动局限于该线以南不仅在战术上困难，而且还可能在世界面前显得软弱。国务院东北亚事务办公室主任约翰·M. 艾利森（John M.

Allison）警告说：那将是"一种绥靖政策……一种旨在不引发苏联人开战的、胆怯和半心半意的政策……给明确无疑的道德准则打折扣，规避我们一劳永逸地表明侵略得不偿失的责任：我看不出我们能由此得到什么好处"。[52]但是，跨越三八线将有激起苏联或中国卷入的风险，从而扩大战争。凯南便是反复就此可能性发出告诫的人之一，他认为那甚至可能在"联合国军"开进朝鲜以前就发生。[53]*然而，军事必需的支配，可信性带来的压力，甚而在某个场合一闪而过的、对颠覆朝鲜可能使北京与莫斯科之间关系紧张的希望，到头来导致国家安全委员会赞同和总统批准在三八线以北作战，只要看来审慎而不引发苏联或中国反攻便一直向北推进。[54]艾奇逊承认这战略有风险，但"表现得犹豫胆怯将造成更大的危险"。[55]

这场赌博当然没有成功，1950年11月下旬由此而来的中国参战使行政当局的灵活但有限反应的战略遭到严厉考验。官方反应不一，考虑的对策从完全撤出到将战争扩大到中国东北和中国其他地区，甚至可能使用原子弹。（麦克阿瑟将军似乎同时赞成所有这些选择，这令他在华盛顿的上司感到几分困惑。）[56]然而艾奇逊争辩道，放弃半岛南部"将使我们成为有史以来最大的绥靖者"，但对中国实施报复可能导致苏联人参战，而战场在地理上分明是对美国不利的场所：参谋长联席会议仍然坚持"朝鲜不是打一场大战的适当地方"。[57]经过大量讨论，决定力图将

---

* 凯南先前未排除美国在三八线以北采取军事行动的可能性。（见其 *Memoirs: 1925—1950*, pp. 487—488, 又见 *FRUS: 1950*, Ⅰ, p.326。）

战线稳定在三八线或其附近,而不做进一步努力,也不将战争扩
大到朝鲜的边界以外。一旦做到这一点,行政当局将考虑举行停
火谈判。[58]

　　美国官员们以一种与国安会68号文件相称的小心谨慎对
待这些谈判。1951年1月,艾奇逊做出了一项"非常危险的"决
定,即支持一项呼吁停火的"联合国决议",心怀(如他后来所
说)中国人会拒绝该决议的"热切希望"。[59]中国人确实拒绝了,
因而恰好确立美国通情达理、敌人"顽固不化"的表象。几个月
后,朝鲜的军事形势稳定到了行政当局可以认为自己业已取得
均势,即使不是优势的地步,因而当苏联人在6月间(经国务院
将凯南用作牵线人而予以审慎的推动之后)提议尝试安排停火
谈判时,美国再次接受,这次是诚心的。[60]双方一坐到谈判桌
前,便立即采取不妥协立场,并且坚持之,结果当一年半后杜鲁
门行政当局下台时,与朝鲜和中国的磋商仍在板门店的停战谈
判帐篷里拖延不决,战事亦如此。不过,总统及其幕僚已令他们
自己满意地显示了美国既能抵抗代理人攻势,也能抵御进一步
扩大战争的诱惑,而他们的战略在此范围内与国安会68号文件
一致。

　　不过,朝鲜战争的效应远超出朝鲜半岛,而在这更广阔的范
围内,国安会68号文件的影响也非同小可。防务预算最戏剧性
地表现了这一影响。即使在1950年4月读了国安会68号文件
后,杜鲁门仍坚持他为1951财政年度的防务开支规定的135亿
美元上限,该财年将于1950年7月1日开始。"明年的防务预算
将少于今年,"5月初他在一次记者招待会上说,"而且我们正

在通过节省措施继续削减它。"[61] *朝鲜战争改变了这一切,造成了必需的心理震惊,将国安会68号文件的预算论辩从理论领域转到实际必需领域。总统"必须要钱",艾奇逊7月14日告诉内阁,"如果问题在于是要得太少还是要得太多,那么他应当要得太多。"[62]

杜鲁门几乎毫不犹豫地接受这建议。7月19日,他要求国会为防务再拨出100亿美元,随后又依次在8月1日要求增拨40亿美元补充军援,在8月4日要求再为防务拨出16亿美元,在12月1日要求为此再拨168亿美元。国会最终为1951财政年度授权的防务费用高达482亿美元,与白宫起初要求的135亿美元相比增加了257%。[63]经济顾问委员会1950年底做出的预计表明,如果拟议中的军力扩充继续下去,那么一年内防务开支将达每年约700亿美元。如此高的军费开支将要求缩减汽车、住房、收音机和电视机的生产,但即使如此,凯塞林仍强调"拟议中的计划几乎不能说严厉"。他认为,它们只处于"两者中间,即介于'正常情况'与我们巨大的经济资源被真正大规模用于捍卫我们的自由之间"。[64]

在讨论如何部署这新的军事实力时,华盛顿的官员们看来更倾向于凯南的非对称反应概念,以及它对节省有限资源的关切,还有它蕴含的在紧要利益与边缘利益之间作出的区分,而非国安会68号文件的利益不可区分观念。"我们的观点是,我们决不

---

* 迟至1950年6月5日,国防部长路易斯·约翰逊仍告诉艾奇逊:他预期防务费用不会增加。(卢修斯·巴特尔所作艾奇逊与约翰逊电话谈话备忘录,1950年6月5日,艾奇逊文件,第65盒,"谈话备忘录,1950年5—6月"卷宗。)

能试图扩充美国军力去捍卫苏联人可能以这种或那种姿态攻击的所有地区，"陆海空三军部长8月1日告诉国防部长路易斯·约翰逊："如果这么做，我们就会严重分散我们的力量。"一周前，艾奇逊甚至在参议院外交委员会面前承认，美国也许不得不将更多的地区让给苏联人，如果它不想发觉自己——用向他提问的参议员亨利·卡博特·洛奇（Henry Cabot Lodge）的话说——"毫无希望地在全世界承担义务"。而且，国家安全委员会在8月25日认可了一个结论："美国增强军事水平和军事准备的计划应该继续进行，无须考虑国际紧张可能暂时缓解，也无须考虑孤立的侵略事件，除非后者提供了表明战争迫在眉睫的证据。"[65]

有如1941年那时的情况，战事开始以前许久，美国就决定集中力量对付在欧洲的主要敌手，无论在东亚发生什么事情。"目前主要的活动中心必须在欧洲"，艾奇逊5月初告诉参议院外交委员会：

> 我们不能在全世界平均分散我们的力量。我们没有足够的力量去那么做……如果西欧发生了什么，整个事情就一败涂地，因此我们的主要努力必须在于加强防务，加强西欧的经济力量，而就亚洲来说，将在那里的行动当作维持现状的做法……这在许许多多人看来不能令人满意，他们希望我们同时在每个地方采取有力步骤，但是我们没有力量那么做。[66]

朝鲜本来可能成为一个干扰，现在在行政当局看来却成了一个机遇,不是在亚洲加强军力(虽然出于必需,在那里的军力确实有适度的增加),而是促进显然不足的西欧防务。

这努力采取了两种分明不同却彼此相连的形态。一是在 1950 年 9 月决定将 4—6 个师的美国部队派往欧洲,参加将由一名美国人——差不多肯定是德怀特·D.艾森豪威尔将军——指挥的北约防御力量。[67](艾森豪威尔事实上在 12 月被任命担任此职。)艾奇逊告诉英法两国外长:这是"美国对外政策和美国人民态度的彻底革命"。[68]然而,这一决定是违背五角大楼的意愿做出的,后者反对在大幅度增加美国军事力量以前承担新责任。[69]国防部为其不阻碍该计划所提出的要价是美国的第二项主要建议:重新武装德国,将其兵力纳入北约防御组织。[70]接下来五年的外交很大部分将围绕一个微妙的问题进行:如何使西欧人对德国人的传统恐惧服从于他们对苏联的当前恐惧。即使面对中国参加朝鲜战争,根本战略概念仍保持不变。重要的是牢记这一事实,艾奇逊在 12 月末强调,"我们的主要对手……是苏联,不是中国。"据此,必须保卫英国、西欧和地中海,因为"如果我们不……守住世界的这些部分,那么看来我们就很可能不仅在我们不得不对抗苏联的情况下缺乏行动平台,而且会将巨大的潜力拱手让给对方"。[71]

然而,有如艾奇逊的话蕴含的,维持利益优先等级的这一努力取决于对威胁的清晰和很有节制的看法,而行政当局未能保持它,最显著的是在关于中国的问题上。艾奇逊本人对中苏对立的可能性保持敏感:在麦克阿瑟的部队向鸭绿江推进途中,他反复试图向中国人保证美国持有和平意图(乃至提起美国在"兄

113

弟般地开发边界水域"方面的往事,[72]一个就其可信性而言非常
依赖短暂记忆的例子),而且与其他政府官员一起,提醒中国人
注意,苏联帝国主义对中国构成的威胁。"我们的目标当然是,"
他的一位幕僚在中国全面卷入朝鲜战争前夕说,"毁坏苏联和中
国之间持久同盟的基础。"[73]

　　然而与此同时,行政当局一直在支持那些只能疏远业已疑心
重重的中国人的行动。其中之一是 6 月 27 日宣布的派遣第七舰
队到台湾海峡巡航的决定。行政当局将这行动辩解成朝鲜战事
导致的军事必需,没有就这个海岛的最终处置作任何示意,可是
北京显然将这看作是对美国的一项长久政策的确认,即支持蒋
介石。[74]另一项与长期战略不一致的策略举措,是行政当局出于
好意,努力避免指责苏联要为战争的爆发直接负责——听来奇
怪,它选择的方式是将初期的进攻说成是"共产党的"而非"苏联
的",这比它期望的更暗示了北京在其中的牵连。[75]最后当然是
派"联合国军"越过三八线的决定,它更多地出自可信性和威望
考虑,而非打一场更大规模的战争的渴望,但尽管如此,它仍造
成了这样的效果。所有这些行动全都不是特别针对中国的——
即使部署第七舰队,其动因也主要是担心在中国统一后,台湾岛
上可能建立起**苏联的**空军基地。[76]然而事后来看,它们的后果一
目了然:正如凯南早在 1950 年 8 月就预见到的,"我们对敌对的
中国政府的政策是一种差不多肯定会……加强北京–莫斯科团
结而非削弱它的政策"。[77] *

---

　*　不过,应当注意到凯南赞成使中国台湾地区中立化的决定。

11 月,中国加入朝鲜战争,任何试图分离莫斯科和北京的近期希望由此骤然破灭。中国一直置身于朝鲜,艾奇逊 11 月 28 日告诉国家安全委员会,但在中国背后"始终有苏联这个更严峻的因素。我们决不能孤立地考虑朝鲜,必须将它看成与苏联敌手对抗的世界性问题的一部分"。[78]"楔子"战略此刻奄奄一息,但就此进行的一番引人注目的事后分析却见于 12 月初英国首相克莱门特·艾德礼(Clement Attlee)访问华盛顿期间。

艾德礼以一个大胆的提法开启了讨论,那就是尽管中国参战,北京与莫斯科仍有重大分歧,这些分歧届时会在中苏之间造就敌意。"确实,中国人是坚定的马克思主义者,"他指出,"但很可能他们并非苏联帝国主义者。有出现铁托主义的机会。"艾德礼问道:明智的做法难道是"采取一种无法有效对付中国,却让中国只剩苏联人作为唯一朋友的政策?"艾奇逊承认,没有几个美国官员会不同意这分析。他本人由于提出这一政策而比任何其他人更加"血染衣襟"。然而,"问题不在于这是不是个正确的分析,而在于有没有可能据此采取行动"。

艾奇逊解释说,一个困难是中苏分裂依然是个长期前景,东亚的军事问题却迫在眉睫。"也许 10 — 15 年内我们可以看到中国人态度的变化,但是我们没有这么多时间……如果为中国的遥远未来而冒险,使之影响了美国眼前的安全,那是不合算的。"不仅如此,美国人民的态度也须予以考虑。没有任何行政当局能指望公众支持一种在世界的一个地方抵抗侵略、在另一个地方容忍侵略的政策。"公众心理没有精细到足以理解如此相反态度的地步。"最后,不能将东亚的事态与世界其他部分发生的事态割裂开来。欧洲重新武装滞后,法德分歧仍未解决,北约需要一位最高司令和成建制的部队。中国的参战"将提供一个较好的机会,使我们的人民支持这努力,并且从力量的唯一源泉即美国汲取力量。促使美国坚持这努力至关紧要"。杜鲁门支持艾奇逊的论辩,但语言带着特有的简洁。他告诉艾德礼:中国是"俄国的卫星国,而且只要当前的政府依然掌权,就将始终是卫星国……当然,中国人有民族感情。苏联人不可能永远主宰他们,但这只是个长期的观点,现在帮不了我们的忙"。[79]

国安会68号文件的基本实质就在于此:以西方虚弱为前提假设;担心对手协调一致的当前行动过于危险,以致不能等待它们之间发展出必不可免的紧张;确信加强同盟应当优先于尝试解决敌我分歧,而且对手的敌意实际上能够在此过程中起帮助作用;认为美国人民太不谙世事,以至分不清利益的轻重缓急,分不清侵略的不同形态或反应的渐进等级;为可信性本身而追求可信性。尽管事实上行政当局决心不让朝鲜半岛成为陷入与次要敌手打一场边缘战争的场所,但这正是实际发生的。而且,这之所以发生,或许正是因为国安会68号文件的前提假设已开始遮蔽和改变起初的遏制战略。

六

不过,国安会68号文件版本的遏制战略未能免受行政当局内外的挑战。这一战略遭到严重质疑,其中最突出的来自共和党的"单边主义者"（unilateralists）*——道格拉斯·麦克阿瑟将军、参议员罗伯特·塔夫脱和前总统赫伯特·胡佛的追随者，更有效的质疑（如后来所证明）出自约翰·福斯特·杜勒斯周围的共和党"国际主义者"，可是这些质疑在令人吃惊的程度上还出自杜鲁门行政当局本身。尽管在具体细节上有歧异，但这些批评都一致担心行政当局的战略蕴含着主动权的丧失，担心它显然无限期的延续和愈益增加的成本，以及由此对它被设想要保护的那个社会的含义。

麦克阿瑟的批评集中于行政当局未能持有他的观点，即亚洲而非欧洲已成为冷战中的决定性战场。"这帮亲欧分子，"他在1950年12月抱怨说，"根本不会认识到正是亚洲被选中作为共产主义力量的检验场所，如果整个亚洲陷落，欧洲就将毫无希望——无论有没有美国援助。"他由此得出结论：美国应该放弃自我施加的军事行动限制，封锁中国，在朝鲜和其他地方使用国民党军队，轰炸中国境内的工业目标，而且如果必要，甚至可撤出朝鲜，以便准备在更有利的地方发动攻势。他坚持说，中国人已在从事一场全面战争。苏联人只会为捍卫他们自己的利益而战，这些利益不一定与中国人的利益平行。不选择这一方针将意味着美国卷入"一场胜负不决的战争，在其中守住朝鲜阵地的代价从长远来说无限地大于我们按照常规方式反击的代价"。[80]

116

---

* 我宁愿使用这一术语，而非更常见的"孤立主义者"或"新孤立主义者"，因为这种特殊形态的"孤立主义"很可能扩展而非限制美国的海外卷入，尤其在亚洲。总体上关于这一现象，见 Norman A. Graebner, *The New Isolationism: A Study in Politics and Foreign Policy Since 1950* (New York: 1956)。

　　当然，正是不顾明确的官方命令而反复公开表达这些情绪，导致麦克阿瑟在1951年4月被突然解除指挥职务。由此而来的国会听证会（由参议院外交委员会和军事委员会联合举行）既为这位将军，也为行政当局提供了一个引人注目的讲坛。麦克阿瑟在证词中表明，他确信华盛顿在朝鲜的战略破坏了在那里追求的目的："这个国家的利益在于拯救它的儿子们的生命，而不是卷入一场无休无止和胜负不决的战争，那将使成千上万更多的美国人丧命。"这位将军坚持说，战争已变成一种"共同自杀"，选项是"让它无休止地进行下去，毁掉社会组织，或者……结束它"。削弱了麦克阿瑟的论辩的是这么一个事实：他在主张依靠战争升级结束战争，那在许多人看来是一贴比疾病还坏的药方。整个听证会上最令人难忘的一句话出自奥马尔·布雷德利将军之口，他以令人赞叹的准确性一语中的："这一战略将使我们在错误的地点和错误的时间，卷入一场与错误的敌人进行的错误的战争。"艾奇逊说得更简洁："我们政策的全部努力在于防止战争，而不是制造战争。"[81]

　　以这些论辩，行政当局成功地使麦克阿瑟的主张声誉扫地，但是没有克服导致了这些主张的那种惧怕——对一场代价高昂、胜负不决的地面战争的惧怕。相反，这惧怕成了共和党人在1951和1952年对行政当局的对外政策大举抨击的基础。前总统赫伯特·胡佛在1950年12月下旬定下了调子，当时他针对向欧洲派遣更多部队的计划争辩说，任何在大陆战场同共产党军队交战的企图都不仅会使有限的经济资源更加短缺，还"会使数百万美国小伙子丧命，并且以西方文明的这个攻不破的堡垒精疲力竭而告终"。相反的选择是利用美国的优势即海空力量控制西半球、大西洋和太平洋以及英国、日本,中国台湾岛和菲律宾等海岛前哨。剩下的非共产主义大陆地区将不得不主要依靠它们自己保卫自己。其含义在于,整个欧亚大陆可以处于苏联主宰之下,同时不给美国安全利益造成重大伤害:"他们无法兵临华盛顿,如同我们无法兵临莫斯科一样。"[82]

对行政当局政策的一种较温和但更有影响力的批评,来自国会参议员塔夫脱——参议院最有势力的共和党人之一,1952 年共和党总统候选人提名的一位主要角逐者。在 1951 年期间发表的一系列演说和那年底出版的一本书里,塔夫脱同样强烈警告旷日持久的有限战争将带来种种危险,这些战争包含的战略主动权的丧失将招致种种祸患。"军事战略的头号原则,"他指出,"是不在敌人选择的、它在那里有最大实力的战场上作战。"塔夫脱甚至比胡佛还更强调这么一种战略的经济和社会代价:"一个政府在和平时期要不引发通货膨胀,并且在生活水平和教育、福利、住房、健康以及与人民生计相关的其他活动方面取得至少某些进步,它能花费的钱款就有明确的限度。"没有任何国家能"时刻准备随时从事一场全面战争,同时仍希望保持国家为之建立的任何其他目的……和平时期的全面战争计划可能意味着自由权的最终彻底毁坏,尽管保卫自由权是备战的真正目的"。

然而,塔夫脱的纲领有重大的内在矛盾。有如胡佛,他反对卷入欧亚大陆的地面战争,要求更多地依靠海空力量,较少地依赖盟国,同时表现得赞同海岛堡垒概念。不过,他最终变得支持行政当局向北约再派 4 个师的决定,而且 1951 年春夏期间似乎正趋于赞同麦克阿瑟在亚洲扩大战争的主张。这些前后不一很可能与国内政治考虑相关:塔夫脱决心为获得总统候选人提名争取尽可能最大的支持,并非不愿为得到它而有时扭曲原则。但是,在有一点上塔夫脱始终坚定不移,而且在这方面他的观点不仅与麦克阿瑟和胡佛相似,也与凯南相似,那就是有必要对目的与手段的关系保持较大的敏感,超过杜鲁门行政当局至此表现的。"一种不明智和过于野心勃勃的对外政策,"他写道,"特别是做力所不及之事的努力,最终可能毁掉我们的军队,并且证明是对美国人民的自由的真正威胁。"[83]

麦克阿瑟、胡佛和塔夫脱的"单边主义"颇不协调地与"国际主义"观点共存于共和党内,后者系纽约州州长、共和党在1944和1948年不成功的总统候选人托马斯·E.杜威(Thomas E. Dewey)和参议员阿瑟·H.范登堡(Arthur H. Vandenberg)的追随者们所持有。这一派人也担心主动权丧失和代价愈益增大,但无法接受放弃欧亚大陆的各大片地区,也不能同意让东亚优先于欧洲。到1952年,约翰·福斯特·杜勒斯已成为这派的头号喉舌。杜勒斯在一定程度上是两党在对外政策方面进行合作的象征,总统竞选期间为本党效力,过后则在联合国和国务院任职——最近是负责对日和约。然而,1952年初他与行政当局决裂,是年5月在《生活》杂志发表了一篇题为《大胆政策》("A Polily of Boldness")的文章,对杜鲁门-艾奇逊的遏制战略进行重大批判。

杜勒斯以附和"单边主义者"对现行政策代价过高的抱怨作为文章开篇。"巨大的开支"正在使预算失衡,使美元贬值,并且挫伤激励因素。不仅如此,由此而来的对军事问题的专注威胁了国内的公民自由,使海外的重要盟友感到惊恐。如果这努力正在产生成果,那么所有这些或许还能容忍,然而并非如此:"我们当前的消极政策永不会结束苏联正在发动的持续攻势;它们永不会结束危险活动,也不会消除吞噬我们的经济、政治和精神生命力的努力。我们的政策是原地踏步政策,至多也许能让我们维持现状,直至我们筋疲力尽地倒下。"美国及其盟国在物质和精神两方面的终极优势不容置疑。共产党领导人感到必须对其人民施加的压制本身就反映了深刻的不安全感。可是,苏联人及其卫星国(杜勒斯将中国也归入这范畴)确实在人力和内线(interior lines)之利方面拥有短期优势:"我们可无法建筑一条两万英里的马其诺防线,也无法在他们的总参谋部选择的任何特定时间和地点人对人、炮对炮、坦克对坦克地与红军一比高下。企图那么做将意味着到处虚弱,到处破产。"

杜勒斯的解决办法是不对称,然而是一种特殊的不对称:"自由世界(必须)形成意志并组织起手段,去即刻报复红军的公开侵犯,因而如果它发生在任何地方,我们就能够并将以我们自己选择的手段从侵犯为害之处回击。"这可以通过依靠原子武器、依靠为投射它们所必需的战略性海空力量最有效地做到。这些工具造就了"组织共同体力量的新的巨大可能性,据此在公开侵略发生之前予以阻止,并且将全面战争的风险降至微乎其微"。至今战略武器只是为了打一场全面战争而被开发。被忽略的是,相较现行战略,这类武器那种能以合理得多的代价防止这样一场战争的潜力。"如果这灾难发生,那将是因为我们允许这些新的可怕武力成为军人手上普通的杀人工具,然而在国务家手里,它们本来可用作保卫和平的有效政治武器。"[84]

在公开场合,杜鲁门政府面对这些抨击坚持其立场。"对我们安全的真正威胁不是破产的危险",杜鲁门总统1952年3月在全国广播电视讲话中说:

> 那是共产主义侵犯的危险。如果共产主义被允许一个接一个地吞并"自由国家",我们就将被断绝资源供应,而且将与我们的朋友隔绝。那时,我们将不得不采取如此的防御措施:它们可能真正令我们的经济破产,并且改变我们的生活方式,以致我们再也认不出那是美国的生活方式。那就是我们一直在力图不让它发生的事情。

4月间他又说:"认为我们的国家安全计划花费太大,以致会破坏经济,是不正确的。相反,我们经济的民用部分比以往任何时候都强。"总统以他惯有的辛辣断定,共和党要削减预算的论辩是"一派胡言"。[85]

然而在私下,行政当局的官员一段时间以来已同样持有其批评者的许多担忧。早在1950年7月,艾奇逊就向保罗·尼采指出,尽管美国除在朝鲜坚持下去外别无选择,即使面对中国或苏联的参战也是如此,然而这一努力将代价高昂,将拖住其他地方所需要的部队,而且难以在国内为之辩解:"换言之,如弗吉尼亚人所说,我们买了个小马驹。"到11月,尼采本人也已在担心提供国安会68号文件要求的兵力"花费巨大":"有没有什么可行的办法,必要的话依靠极端措施,降低维持战斗部队所花费的极高代价?"艾奇逊痛切地明白陷入一场没完没了的亚洲地面战争的危险——"那将没有尽头,那将使我们血流殆尽",据杜鲁门回忆,在中国赴朝参战那天他在国家安委会会议上这么说。几天后,艾奇逊告诫参谋长联席会议:"大麻烦在于,我们正与错误的国家作战。我们正与次要梯队作战,而真正的敌人是苏联。" [86]

这些担忧导致了 1951 年春对在东亚战略的一次重要的重新审视,它使行政当局恰恰在试图公开驳斥麦克阿瑟的主张的时候,令人惊讶地靠近后者。1951 年 5 月 17 日,在关于麦克阿瑟的听证会仍在进行之际,杜鲁门总统批准了国安会 48/5 号文件,它全面重申那认可对朝鲜战事之现行限制的亚洲政策,但同时规定倘若在其他地方发生与中国的被动战争,美国将考虑:

> 1.以海空军封锁中国海岸。
>
> 2.以军事行动打击在朝鲜以外经选择的由中国控制的目标。
>
> 3.国民党军队以防御性或进攻性姿态参战,并且为使之有效而提供必要的作战援助。

1952 年 1 月初,艾奇逊将这方针更推进了一步,他通知英国首相温斯顿·丘吉尔,美国正在考虑轰炸中国的军事目标,如果朝鲜停战谈判破裂,或停战协定遭到破坏。美国不打算对中国使用原子弹,布雷德利将军补充说,"因为至今不存在任何合适的标靶。如果形势以什么方式发生了改变,以致有了合适的靶子,一

121

种新局面就会出现。"[87] *

　　行政当局与"麦克阿瑟主义"的调情不应被过分夸大。它不意味着同意这位将军的"亚洲第一"战略。相反,其意图是终止将人力和资源分散在与中国的没完没了的斗争中,从而回头去做更重要的事——在欧洲遏制苏联。也没有任何意向去赞成这样的措施,而不去经谈判在朝鲜实现停火,倘若那可以得到安排。它们是应急计划,旨在应付谈判失败,或对付在别处爆发侵略。然而,它们仍反映了一种恼人的疑惑,即怀疑共和党批评者的指责可能是对的,美国由于试图对代理人侵略做出对称性反应,因而可能确实在丧失对它自己的兵力安排的控制,连同为维持这些兵力所必需的开支的控制。

　　1951年期间,还就欧洲形成了对资源有限的担忧,因为显然已可看出北约盟国无法在不危及经济复兴的情况下支撑军费增长,使之与美国的军费增长相称。在这问题上,行政当局决定不采纳共和党右派的主张,即让欧洲独自谋生。相反,它同意降低提议的兵力水平,使之比较符合经济能力。艾奇逊1952年1月告诉丘吉尔:无论如何,苏联进攻欧洲的危险看来正在减小;因而,看来合乎逻辑的是"不要试图创建超出我们自己和我们盟国

---

　　* 奇怪的是,国安会48/5号文件和所附的工作人员研究报告含有到那时为止最精细的、关于如何利用北京与莫斯科之间的紧张关系的讨论。(见 *FRUS: 1951*, Ⅵ, pp.35, 47—52。)但是,如艾奇逊向丘吉尔解释的,"中国在朝鲜的卷入使这希望显得非常遥远,在目前不可能实现。我不认为,在我们目前可以关切的任何时期内有可能在两个共产党集团之间制造分裂。丘吉尔先生和艾登先生同意这一点。"(艾奇逊备忘录,与丘吉尔和安东尼·艾登谈话,华盛顿,1952年1月6日,艾奇逊文件,第66盒,1952年1月谈话备忘录卷宗。)

的维持能力的兵力,而是创建足以使苏联的任何在欧行动都过于危险以致不去尝试的兵力"。[88]

　　然而,关于手段也许事实上不可能被无限扩展的这些暗示未能动摇行政当局的一项信念,即相信国安会 68 文件基本正确。这在 1952 年夏天变得一目了然,当时国家安全委员会对该文件作了一次彻底的重新审视。研究结果——国安会 135/3 号文件——肯定了 68 号文件的结论,即美国及其盟国有能力"在证明必需的无论多长时间内"做抵抗苏联扩张所需的一切。实际上, 甚至"加速和提升我们的整个国家安全计划——如果必需——也完全在我们的能力范围内,能在不对美国经济造成严重负面影响的情况下完成"。因此,"自由世界"维持其地位的能力将取决于:"(1)它抵抗可能由于苏联核武力增长而加强的苏联进行政治战的能力;(2)与已显示的相比,以更大的能力和更大的意愿为有限目标投入适当的兵力和物资;(3)它在边缘或其他不稳定地区形成更大稳定的能力。"[89]

122

　　紧随共和党在 11 月的大选中获胜,行政当局进一步提炼了国安会 135/3 号文件的结论,将它们与具体的行动建议联系起来,而且将其作为国安会 141 号文件提交给即将上台的艾森豪威尔政府。这当然是告别性的,但它是一篇不反悔的告别辞:对可扩展的手段和对称性反应之间的内在逻辑,国安会 141 号文件提供了至此为止最不妥协的表述。它承认,现行计划仍不足以确保美国安全;既需要在欧洲、也需要在中东和东亚努力促进当地的抵抗力量,加强美国的大陆防御以对付空袭,并且启动大规模的民防计划。国安会 141 号文件没有为作为一个整体的这些计划做总的成本估计（仅大陆防御计划一项，就被预计至1955年底需增加85亿美元开支），但显而易见，如果它们得以实施，共和党就不得不放弃削减预算的希望。"多样和灵活地应用我们的打击力量的能力必不可少，"该文件尖锐地指出，"这既是因为我们可能面临多种不同形势，也是因为这样一种能力提供了最佳的可能，使苏联人确信他们不能指望依靠突然袭击摧毁我们的打击力量。"

从一定意义上说，国安会141号文件承认了失败——经过两年半的艰苦努力，美国仍未取得足够程度的安全。然而，它也是一番顽固的重申，再次肯定杜鲁门政府的战略从根本上是正确的：它暗示问题不是出在国安会68号文件，而是出在该文件应用上的不连贯。美国在欧洲、亚洲和美洲大陆本土的利益事实上并无区别；它们现在全都受到同样的威胁，它们全都需要一种坚定但非挑衅性的反应。美国无法承担其代价的是这么一种防御力量：它只能制约局部侵略和打一场核大战。美国在世界上的利益比那广泛得多："因而我们必须在尽可能最大程度上发展灵活和多功能的武力，以对付我们面临的多种多样的威胁。" [90]

七

离开国务院一年后，迪安·艾奇逊对一群聚在一起回忆在华盛顿工作岁月的前同僚们说道："要做的是赶快去做必须做的事情，尽你所能地迅速和有效地去做，如果你停下来去分析你正在做的……那么你无非将削弱你的意志并使其混乱，结果一无所成。"当时讨论的问题是杜鲁门总统应否向国会请求在朝鲜用兵的授权,但上面的话反映了艾奇逊的一种总倾向,即几乎是为行动而行动,也反映了他的一种相应的倾向,即规避反思和重新思考,特别是规避自我怀疑。[91]这大体上就是他与凯南分歧的深层缘由,因为对凯南来说,此类特质乃经久常在的心理苦恼。这也是艾奇逊与哈里·杜鲁门关系极好的原因之一,因为杜鲁门的性格与之非常相似。而且,这还是国安会68号文件和1950年6月以后杜鲁门行政当局的整个国家安全方略的一个显著特征。

行政当局内存在一种强烈的、没有目标的方向感——阔步向前迈进,走入未知领域,而对最终目标是什么、将用多长时间来达到这目标、它的代价有多大全无清楚的意识。正如在决定跨越三八线之际,艾奇逊的一位幕僚所说,"面临黑暗和危险的不定前景的威胁,审慎和明智的做法是自信和安静地继续做一个人自己的事情。"一年后,在对国家战争学院学员的谈话中,艾奇逊本人用了一个虽然不同,但一样可予以广泛解释的类比:

> 集体安全如同银行账户。它依靠投入其中的资源得以保持活跃状态。在朝鲜,俄国人拿出了一张支票,要从集体安全这银行账户中取钱。俄国人以为这张支票将被退回……然而使他们大吃一惊,银行出纳员居然付了钱。重要的是支票兑了现。如果下一张支票兑不了现,如果这个银行账户未被保持坚实充裕,足以兑现所有要从中取钱的支票,那么这重要性便将等于零。[92]

124　如果说，国务卿面前有什么听众确实弄不明白，为什么美国起初应当给它的敌人开空白支票，或者它打算如何在这样的要求面前使自己的账户永久保持平衡，那么他们是太客气了，以致没有发问。

　　"我们正在努力做的，"艾奇逊告诉军事学院的学员们，"是摸索我们作为一个国家的力量怎样能适合我们作为一个国家的责任……今天我们大家面临的工作，在于了解力量和政策的复杂细节，以使我国的意图与实现这些意图的能力可以实现彼此平衡。"然而，这正是杜鲁门政府未能做到的。将威胁设想为不可缓和，将手段设想为可以扩展，由此出发推导出了一套如此庞大的利益，庞大得超出了美国的政治意志（即使不是理论上的能力）的承受范围——有如1952年大选表明的那样。事实上"目的总是倾向于超出手段"，艾奇逊在1952年10月过晚地承认道；"我们总是被迫在下列两者间做出抉择：一方面是许许多多目的……它们全都很好，另一方面是我们能以我们掌握的有限手段来达到的那些目的……然后你就会面对这个极为困难的……抉择问题：什么要先做，什么要推迟到以后再做，什么要全然放弃。"[93]可是，从1950年6月起，一直被规避的恰恰是这些抉择。现在要由艾森豪威尔政府来确定新国务卿约翰·福斯特·杜勒斯的"大胆政策"是否提供了更好的办法。

第五章 艾森豪威尔、杜勒斯和 "新面貌" 战略

德怀特·D. 艾森豪威尔在1952年竞选总统不是出于对杜鲁门政府的遏制战略的任何强烈不满。除了它的对华政策这唯一的、他私下有保留的例外,艾森豪威尔支持行政当局每一项重大的外交和战略主动行动。实际上,自1951年2月起,作为北约最高司令,他本人一直负责实施华盛顿的欧洲战略。这位将军之所以允许自己的名字被列入1952年共和党全国代表大会,更多地是因为以下几点:他决心不让罗伯特·A.塔夫脱获得总统候选人提名,此人被他视为孤立主义者;担心杜鲁门的国内纲领,那被艾森豪威尔认为正在导致社会主义;相信两党制的生存需要结束20年的民主党统治。[1]

然而,总统们很少是靠认同其前任而被造就的,何况艾森豪威尔很快就受到压力,要他与现任行政当局在对外事务领域拉开"距离"。为此,他征求一位共和党人的帮助,那就是"大胆政策"的提倡者约翰·福斯特·杜勒斯,此人对遏制的批评是他觉得最少可反对的。无疑,杜勒斯对以较小代价取得较大效果的许诺吸引了艾森豪威尔,后者许久以来就对美国无限期维持巨

量军事开支的能力怀抱一种模糊的不安。他也一样持有杜勒斯对胡佛和塔夫脱的单边主义的反感："任何'退回到我们自己边界之内'的想法",他写道,"都肯定会将美国引入灾难。"他也不同情那些想对中国采取军事行动的共和党右翼,因为那将"莽莽撞撞地跌入一场毫无意义的战争"。[2]

然而,艾森豪威尔确实一开始就对杜勒斯的不对称战略威慑理论(已经被人混淆不清地称为"报复"论)持有强烈的保留。"我……对你处理如此复杂问题的那种直接和简单留有深刻印象",他在读了杜勒斯《生活》杂志文章的初稿后,以一种狡黠的朴实写道。

> 只有一点使我不安……那就是:如果苏联的政治进犯,例如在捷克斯洛伐克,成功地逐块蚕食自由世界的暴露在外的阵地,那么我们该怎么办? 就由此造成的我们的经济形势而言,这么一种结局对我们将如该地区横遭武力攫取一样糟糕。在我看来,这便是"报复"论失败的场合。

"你指出了我文章的弱点",杜勒斯答道,并且许诺在最后定稿中改正这个缺陷。可是,发表出来的文章没有澄清这问题,艾森豪威尔不得不再次告诫"仅仅依赖单纯的报复力量不是对付苏联广泛威胁的完整办法"。当杜勒斯听任"报复性打击力量"(retaliatory striking force)一语悄悄写入共和党纲领时,艾森豪威尔大发雷霆——"如果我照此竞选,我就该死",他在芝加哥共和党全国代表大会上告诉目瞪口呆的助手。这个令人恼火的用语很快就被删去,但像此后的事态将显露的那样,这个观念依然牢固地植根于杜勒斯心中。[3]

杜勒斯在认可不对称战略之外,还呼吁"解放"苏联卫星国,事实上这更多地是出于将东欧裔选民集团从民主党引诱过来的决心,甚于任何将莫斯科的势力范围"推回去"的现实期望。艾森豪威尔对此也有疑虑。他勉强接受了共和党竞选纲领中的挞伐言辞,但觉得必须提醒杜勒斯"解放"只能靠"和平手段"实现——这一点在杜勒斯的《生活》杂志文章里有清楚的表述,但在他为共和党竞选发表的若干演说中并非如此。在竞选运动的所余时间里,艾森豪威尔与杜勒斯保持了一定距离,而且在他于11月压倒性地大胜阿德莱·史蒂文森以后,犹豫了三个星期才提名国务卿人选。他最终之所以选中杜勒斯,只是因为他的顾问们警告他,党内塔夫脱一翼不会接受任何其他人选。[4]

因此,主要是政治上而非思想上的亲近,导致了奇怪的艾森豪威尔-杜勒斯这一"搭档关系"。* 尽管当初存在矛盾心理,但这关系不久就发展得相当密切,虽然从未摆脱在竞选期间已经浮现的分歧。是杜勒斯主要决定行政当局战略的**性质**,即选择

———

* 　埃米特·约翰·休斯回忆说,在大选和就职典礼之间的时期里,"杜勒斯显然对艾森豪威尔有一种始终如一的影响:使后者厌烦。一次又一次,当杜勒斯讲话时,我观察当选总统的厌烦表情和厌烦姿势,它们由于不大成功的克制努力而变得近乎更加分明。他的反应总是一样的——频繁地点头,像是一种要使缓慢的语调变快些、趋于讲出某种明确的结论的样子⋯⋯急促地用铅笔不断轻击自己的膝盖⋯⋯蓝色的眼睛里目光迟缓,显出完全无所用心⋯⋯最后,双目耐心地盯着天花板上最远的角落,直至杜勒斯演讲结束。"(Emmet John Hughes, *The Ordeal of Power: A Political Memoir of the Eisenhower Years* [New York : 1963], p. 51.)

以什么样的反应去对付威胁。然而在这两个人中间,总统有更敏锐的战略**意识**,即更关心如何将反应与根本利益联系起来,而且他还仔细地保留着最高权威,在他认为合适的时候毫不犹豫地否决他的国务卿的意见。因此,尽管有相反的误导性表象,杜勒斯却从未享有杜鲁门在1949年后授予艾奇逊的那种实际上的对外事务自由处置权。[5]不过,杜勒斯比艾森豪威尔更倔强,有时通过纯粹的顽固和重复,甚至能不顾总统的抵制而自行其是。结果是一种杂烩:两个关系友好但秉性迥异的人造就的战略,既反映了宽容、合作和彼此尊重,也反映了紧张和妥协。

一

"将捍卫自由与自由本身一样设想为一个不可分的整体,我们对所有大陆和民族一视同仁地予以关切和尊重。我们拒绝关于哪个种族或哪个民族低人一等或可予牺牲的任何暗示。"1953年1月20日,艾森豪威尔在其就职演说中如此界定了美国利益的范围。这是个一箭多雕的陈述。首先,它是对近年来共和党内部流传的"美国堡垒"概念的坚决拒绝,这一表述的立场完全适合这样一个人:他竞选总统,是为了使共和党和国家免遭罗伯特·塔夫脱的祸害。不过,这也是重申塔夫脱和其他共和党人对杜鲁门政府的"欧洲第一"政策的抨击,他们指责这政策导致了中国的"丢失"、在朝鲜的"不胜"(no-win)战略和麦克阿瑟将军的解职。最后,艾森豪威尔的宣告表明,他的政府像国安会68号文件的作者一样,确信世界力量对比如此脆弱,以致无法容忍共产主义在任何地方的进一步胜利而不使这力量对比发生倾覆。正如6个月后艾森豪威尔以一种他在白宫的前任和后继者都可以同意的言辞所说的，"没有任何武器渺小得可以略去，没有任何地区遥远得可以忽视，同理没有任何自由国家卑微得可以遗忘。"[6]

　　这不是说美国为了安存于世界就必须主宰世界。艾森豪威尔和杜勒斯都将容忍多样性的能力视为一种力量，那是苏联人没有的。"我们并不以为自己有权力支配世界，"国务卿强调，"确实没有什么会比这更背离我们的传统和理想。"艾森豪威尔对美国在与其他国家打交道时可能变得过分傲慢特别敏感。"我们是如此自豪我们对思想自由、言论自由和宗教自由的保障，"1954年初他在给自己的一则笔记中写道，"以致我们不自觉地犯下无知可以造成的最大错误之一，即我们以为我们的价值标准系世界上人所共有。"同年晚些时候，他又用一个军事上的类比说明这一点："一个排长不会为了让他的队伍服从命令而站起来说，'我更聪明、更高大、更强壮，我是头。'他能使手下人跟着他走是因为他们想那么做，是因为他们信赖他。"艾森豪威尔争辩说，杜鲁门政府太张扬世界领导问题："我们知道一切答案，你们这些孩子随我们走——这种话我们讲得太多了……我可以根据我对人们的了解告诉你，他们就是不打算这么做。"[7]

　　然而，对多样性的容忍不能延伸到那些作为莫斯科傀儡，因而恰恰否定了多样性的政权。"世界的三分之一已被一种帝国主义牌号的共产主义统治，"杜勒斯在1952年说："自由世界已被如此严重压缩，以致没有任何更多的部分可被丧失而不危及其余所有部分。"两年后,艾森豪威尔以更容易让人记住的方式表达了这一观念,那就是他关于印度支那形势所作的著名的多米诺骨牌比喻:一排骨牌如此排列,如果第一块倒下,其他的就都跟着倒下。"你究竟还能让共产主义者在哪里进一步蚕食?"1954年4月他问国会领导人。"我们承受不起。"1955年初,在一封给他的老战友温斯顿·丘吉尔的密信中,他进一步谈论了这个话题:

> 我们已经退到了一个地步,在此每个再行退却的步骤都必然被视为西方世界的失败。事实上,这是一种三重失败。首先,我们失去一个潜在盟友。其次,我们给一个死敌添加了一名新成员。此外,每一项这样的退却都会在中立国心中造成恐惧,害怕当我们保证要支持那些希望保持自由的人民时,我们说的不算数。

20年前,世界怀抱"愚昧的希望",即希特勒、墨索里尼和日本军阀可能让它生活在和平之中。"我们看到了结果如何。"然而,"自第二次世界大战以来,共产主义席卷世界之迅猛远甚于30年代的独裁者"。必须"正视某些这样的不愉快的事实,并做出应对,恰如40年代我们的大同盟直面我们的敌人并消灭它们一样"。[8]*

---

* 1955年1月7日,艾森豪威尔批准了一项国家安全委员会文件,其中申明:"随共产主义集团与西方联盟之间的界线在过去几年里更清楚地划定,已出现了一种局势,在其中共产主义者的任何进一步土地获取都将在自由世界内造成一种可能与所失领土的战略或经济意义完成不成比例的不利影响。"(国安会5501号文件,《国家安全基本政策》,*FRUS:1955—1957*, XIX, p.25)

129

这些宣示背后的前提假定人所熟知：美国有如胡佛和塔夫脱所说，无法在一个大为敌对的世界上生存下去并保全自己的制度。然而为什么？危险究竟何在？对杜勒斯来说，危险在于道德堕落的威胁："一个在野蛮人蹂躏、玷污我们的基督教文明摇篮的时候竟能袖手旁观的美国，不会是一个能够保卫自己的美国。"他认为，"存在某些所有民族和国家都能理解，而且确实理解的基本道德观念，诉诸这些道德观念、将其当作国际行为方式的某种共同标准是正当的。"一项没有参照这些标准来制定的对外政策不能唤起美国人民或其盟友的支持，结果将是思想混乱和最终一败涂地。杜勒斯相信，权势的作用在于使道德原则有时间根植人心。一旦如此，武力便不再必要。"然而，在有许多人不接受道德原则的地方，就产生了用武力保护接受它们的人的必要。"[9]*

艾森豪威尔同意"我们是犹太-基督教文明的产物和代表，它确实教诲要多少关心自己的兄弟。而且我相信这一点"。然

130

---

　*　1952 年竞选期间，杜勒斯强烈批评乔治·凯南的第一本书——《美国外交：1900—1950 年》(*American Diplomacy, 1900—1950* [Chicago：1951])，该书谴责美国对外政策中的"法理主义-道德主义"倾向。不过，凯南的散文再次未能传达他的意思。"我从不认为，而且相信我从未说过道德观念在美国对外政策操作中没有一席之地，"凯南在提交给杜勒斯的一份备忘录中写道。"让我们用一切手段，以我们认为体面的、美国式的方式去操作我们在一切时候的国家事务。那是一种不代表我们自己的传统的蜕化，或滥用糟蹋我们民族理想的方式，一种我们能对自己的所作所为心安理得的方式……（然而）让我们将我们的道德限于我们自己。至于其他国家，让我们不去评判，也不被评判。让我们不要试图使自己成为任何其他人的美德的监护者。我们在监护自己方面已经麻烦够多了。"（1952 年 8 月 18 日备忘录，附于凯南致杜勒斯，1952 年 10 月 22 日，杜勒斯文件，第 61 盒，"凯南"卷宗。）

而，当被要求具体界定美国在世界上的不可减约的利益时，这位行政首脑几乎总是强调经济而非道德考虑。"最低限度的要求，"1952年间他对杜勒斯写道，"是无论俄国人做什么，我们都能与那些可以从中取得对我们经济至关紧要的原材料的地区自由地贸易。"记者招待会上就此提出的问题经常引发总统宣讲国外的锰、钴、锡、钨极端重要，这给以后的美国资本主义的新左派批评者提供了令其满意的弹药。[10]不过，这些不同的强调产生了同样的效果：艾森豪威尔和杜勒斯可以一致同意，美国在世界上的首要利益是与世界的联系，这反过来要求世界具有至少最起码的同质性。

　　至此而言，艾森豪威尔政府的美国利益观与见于国安会68号文件的大致没有区别：尽管否认有做世界领导者的渴望，它却发觉必须充当这角色，以保护被认为对美国的生存至关紧要的多样性。但是，对手段的看法也塑造对利益的看法，在此就与前任政府的做法有了很显著的歧异。国安会68号文件争辩说，手段可以如需要的那样予以扩展以适应利益，美国有能力付出任何代价以实现安全。尽管在政府内外有疑虑，杜鲁门及其主要幕僚却坚持这观点，直至他们离开白宫。可是新的共和党行政当局认为，由于若干原因，这观点是要予以强烈反对的。

　　首先，至少在艾森豪威尔心里始终潜伏着一种担心：如果国际主义的代价是无休无止的牺牲，那么美国人民就可能发觉孤立主义的诱惑不可抵挡。他在1953年6月写道："难以使每个地方的大多数自由人民确信自己应当勒紧裤带，忍受生活水平的明显下降,以便我们可以同时一面开发落后国家和解救饥荒,一面在比较幸运的国家承担军事开支和战争成本。"令局势更糟的是有可能发生旷日持久、胜负不决的有限战争:"人民变得厌倦战争,尤其是在他们看不到决定性的胜利结局的时候。"然而就战火仍在燃烧的朝鲜来说,"要取得胜利,就需要如此扩大目前的冲突,以致在事实上需要进行总动员。这意味着管制——问题是我们能忍受多长时间的管制而不丧失我们自由制度的若干重要组成部分"。事实在于,一年后他评论说,美国"不可能强得足以奔赴世界上我们的敌人可能使用或威胁使用武力的每个地方,并保卫那些国家"。[11]

另一个问题是和平时期军费开支的非生产性质。杜勒斯喜欢争辩说,共产主义的根源不是物质性的:"有着……外国枪炮无法征服的情感。"不仅如此,有如艾森豪威尔1953年4月以非同寻常的雄辩指出的那样,这样的开支使得宝贵的资源从国内优先项目分散开去:

> 造出的每一支枪、下水的每一艘战舰、发射的每一枚火箭说到底都意味着偷窃那些无食果腹、无衣御寒的人们。
> 一架现代重型轰炸机的成本相当于在三十多座城市里各建一座现代化的砖瓦校舍。
> 这等于两座发电厂,每个为六万人口的城镇供电。
> 等于两座漂亮的、设备完全的医院。
> 等于五十英里长的混凝土高速公路。
> 我们用五十万蒲式耳小麦支付仅仅一架战斗机。

　　　　我们用可以容纳八千多人居住的新住宅支付一艘驱逐舰。

同年晚些时候总统告诉预算局长：他希望略微增加为住房建造、公共工程和自然资源保护提供的资金，但同时希望"在国防部大幅度全面节省开支"。他坚持坦克、枪炮、飞机和舰只不会带来持久的安全。"它们能做到的至多只是保护你一时所有。" [12]

　　然而，认为手段有限的最重要原因在于这么一种信念：通过通货膨胀的削弱性影响，或通过以经济控制为形式的管制，不受限制的开支可以改变美国社会的性质本身。这大概是艾森豪威尔在总统任内公开和私下讲话的最一贯的一个主题。它依据的前提是不能将军事实力与经济稳定割裂开来，是如果"这两者被允许各行其是，不顾对方，你就会造成一种要么军事实力不可靠、要么经济实力脆弱以致军事地位持续危险的局面"。没有任何国家能保卫自己，除非它能维持生计。但是，"怎样能维持生计并承担这开支？……如果你从长期看不能维持生计，你的人民就会受到折磨，并且你会有一种新的政府形式"。杜勒斯就此说得更直截了当："如果经济稳定毁了，那么一切都毁了。" [13]

　　凯塞林的回答当然一向是政府支出可以刺激经济，从而产生追加岁入，最终克服开支造成的任何短期预算赤字。然而对财政上持保守立场的艾森豪威尔政府来说，这不是令人信服的论辩。1953年10月国家安全委员会的一项研究断定："不可能事先确认一种经济制度能够承受多少'引起通胀的借贷'或'抑制型税收'。支出水平越高，就越需要合适的政策，而且误判和发生不幸的危险就越大。这些危险现在非同小可。”“我读到……凯塞林先生有一项多支出好几十亿美元的计划，以减少税收，同时却平衡预算，”艾森豪威尔1955年在一次记者招待会上说，“我会怀疑那是否是个好的经济计划。”[14]

对手段毁掉目的的这担心出于各种不同缘由。无疑，共和党在此时期不喜欢凯恩斯主义观念：它面对的形势，众议员杜威·肖特（Dewey Short）在1953年告诉总统，就像“接管了一名轻佻女子，她将丈夫的钱花得精光，在当地百货商店积下了一大把欠账单”。艾森豪威尔的商界朋友——他自战争年代起与他们形成了很好的关系——也不同情这观念。无疑，财政部长乔治·M. 汉弗莱（George M. Humphrey）对平衡预算原则的不懈信奉强化了这些看法：据说汉弗莱害怕赤字差不多甚于害怕共产主义。[15]然而，如果以为艾森豪威尔只是受了他周围的人的影响，那就错了：基于在军界的多年训练和经验，他对目的与手段之间的恰当关系有自己的强烈信念。

这些信念的根本，是艾森豪威尔对克劳塞维茨（Clausewitz）的理解。在20世纪20年代驻巴拿马的那些漫长无聊的岁月里，他在一位非同寻常的高级军官福克斯·康纳尔麾下，研究了克劳塞维茨。[16]艾森豪威尔从阅读这位普鲁士战略家的作品得到的主要启示，是在政治中如同在战争中，手段必须从属于目的。无目的的努力除了它本身的不断延续外一无所成。作为总统，艾森豪威尔经常在记者招待会上宣讲这一点：“我们正在进行一场冷战。这场冷战必须有某种目的，否则它将毫无意义。”而且，这目的必须不只是单纯的“胜利”，因为不计代价和后果的胜利

可以像失败一样是破坏性的,在核时代尤其如此。*"记住:当你
将诉诸武力作为对付人世间困难的手段时,你不知道你在走向
何处……如果你越陷越深,那么除了武力本身的局限施加的限
度外,别无尽头。"[17]

整个思想在于,"我们决不能毁掉我们正在力图捍卫的事
物"。美国正在力图捍卫的是一种以个人选择自由、政府程序民
主和经济事业私有为特征的生活方式。不假思索地追求绝对安
全可以破坏所有这一切:"如果我们不得不诉诸任何类似于兵营
国家的举措,那么我们正在努力捍卫的一切都将被削弱,而如果
长久受这类控制,它们就可能化为乌有。"因此并非偶然,国家安
全委员会经常将"维护美国的安全,**连同**其根本的价值观和制度
的活力"列为"我们国家安全政策的基本目标"。[18]

这两者的结合意义深远。它反映了一种未见于国安会68号
文件的倾向:将安全等同于捍卫经久的利益,而非等同于击退短
暂的威胁。它意味着有在威胁之外独立存在的利益,意味着决
心不将意在抗击威胁的行动过度地施行到危及利益的地步。而
且,一定程度上令人惊异,在一个其首脑被普遍认为"消极"对待

---

* "无论我们的战争准备做得多么好,无论我们多么有把握能在24小时内摧毁古
比雪夫、莫斯科、列宁格勒和巴库以及任何其他能使苏联进行战争的地方,我都希望你们
牢记一个问题:获得这么一种胜利,你的目的何在?一个从易北河到符拉迪沃斯托克,并
且一直南下囊括东南亚的巨大地区将因此残破不堪,毁坏殆尽,没有政府,没有交通,只是
饿殍遍地、满目灾难的万里荒野。我问你,文明世界将拿它怎么办?我重复一遍:在任何
战争中都将没有胜利,除非通过我们的想象力、我们的奉献和我们的工作去避免它。"(艾
森豪威尔对高级军官的保密讲话,弗吉尼亚州昆蒂科,哈格蒂日记,1954年6月19日,
哈格蒂文件,第1盒。)

自身责任的行政当局内,[19]这种利益概念竟是由总统本人阐述和坚持的。

二

然而,如果说艾森豪威尔大体上界定了他的行政当局追求的利益,那么关于威胁的支配性观念却主要源自杜勒斯。鉴于他长期以来将基督教道德应用于处理国际关系之中,因而乍看来奇怪的是这位国务卿居然更多地关注威胁而非利益。可是,作为一名律师,杜勒斯是以对抗性思维方式被训练出来的。在他看来,利益往往显得是为压倒对手所必需的任何事物。[20]况且,他深受阿诺德·汤因比的一个观点的影响:没有某种外来挑战,文明就会衰败灭亡。[21]因此,威胁和利益在杜勒斯心里融为一体不太难,那就是断定如果通过这过程美国人能被激励去做维护他们的生活方式所需的事,那么美国**可能实际上得益于遭到威胁**。

当然,乔治·凯南也持有多少相似的观点,但他坚持只有敌对的工业-军事力量中心才构成威胁。没有如此的精确性去限制杜勒斯的想象。相反,他选择在自己作为国务卿发表首次电视演说的场合展现这样一张地图:上面显示从柏林到堪察加半岛的"广大地区"拥有8亿人(他着重指出由于1945年往后的中国事态而增添了6亿),而且被"我们的公开的敌人"控制。其含义在于,敌人与利益一样不可区分。无论其地理位置或战略潜力如何,任何国家只要变为共产主义的,美国的安全就因此受损。"这是再简单不过的,"杜勒斯几个月后声称,"如果苏联共产主义被允许一个接一个地吞噬世界其他部分,那么终究有一天苏联集团将如此强大,以致世界上没有一个角落会安全。"[22]*

对世界的这种"零和"看法与国安会68号文件的立场一致,但有一点除外:该文件有如凯南,论辩共产主义意识形态是苏联政策的工具,而非其决定因素,杜勒斯却在公开言论中力图传送相反的印象。他争辩说,苏联共产主义的目标在于"将自己的制度扩展到全世界,建立它的国家社会主义(state socialism)的'天下一统'"。这将通过宣传、颠覆和有限战争多管齐下,以此征服弱小国家来做到,直至美国及其盟国被四周包围、消耗殆尽并且最后被迫屈服或被推翻为止。这全都写在斯大林的《论列宁主义问题》中,那是"当今的共产主义圣经⋯⋯令我们看到希特勒在《我的奋斗》中提供的同样的预示"。唯一的不同之处在于,不像希特勒,斯大林没有一个固定的时间表:他的目标不可动摇,但他不急于达到目标。因而,战争并非不可避免,但冲突势所必然,"直至共产主义者改变本性,以致承认那些希望按照道德准则生活的人可以自由选择如此,不受那些笃信应强制他人服从唯物主义标准的人的强迫"。[23]

难以确定杜勒斯是否实际相信《我的奋斗》这一类比。他确实承认俄国早在成为共产主义国家之前就是一个扩张主义国家。将历史再夸张地拉长一点,他甚至能声称美国在1823年就已挫败过俄国人的一项早先的世界霸权图谋,靠的是针对沙皇

---

* 在杜勒斯及其若干幕僚的浮言虚词中,有一种可称为"美食"想象的古怪倾向,大谈共产主义的"鲸吞""吞噬"和"咀嚼消化"。我了解到这一洞见要归功于约翰·F. 佐格纳尔(John F. Zeugner),但不大明白它有什么深意。

亚历山大一世提出门罗主义。[24] *杜勒斯看来还同意凯南的一个观点，即不安全感可能驱使苏联领导人对外部世界采取一种好斗态势："对苏联共产党人来说，自由是可怕的。对他们来说，那与秩序不符。他们之所以觉得自己在铲除自由，使之不再作为世界事务中的一大力量以前不会安全，原因就在于此。"国务卿甚至在1956年曾承认，克里姆林宫可以在它发觉方便有利的任何时候改变自己的意识形态立场："列宁写了那么多东西，以致一个人可以到他的书里选章摘句，以得出自己想要的几乎任何结论。"[25]

可是，在他公开宣称的高调中，杜勒斯继续强调意识形态是苏联政策的主要决定因素。"列宁和斯大林可以死去，"他在1954年说，"他们确实死了。然而他们的理论没有死。它仍在教诲全世界的共产党人，这些人也仍在全世界实践这理论。"随1956年尼基塔·赫鲁晓夫谴责斯大林之后，杜勒斯被问到《论列宁主义问题》是否照旧是苏联行为的可靠指南。他答道："无论在此，还是在我家里，书桌上都仍然放着它，因为就我所知，苏联人虽然已试图否定斯大林的很大部分纲领和他的许多行为，但他们自己还没有提出任何替代。"一位身边的助手回忆国务卿会如何在座椅上转悠，随手拿起斯大林的书，以"惊人的准确性"找到他正想找的文句，然后以此证明他自己的观点。杜勒斯本人将他在这方面的专长视为他作为国务卿的一大贡献："我就共

---

* 杜勒斯当然既夸大了19世纪20年代俄国对北美"威胁"的严重性，也夸大了门罗主义直接回应这威胁的程度。（就此见 John Lewis Gaddis, *Russia, the Soviet Union, and the United States: An Interpretive History*, second edition [New York: 1990], pp. 8—11。）

产主义意识形态有过大量阅读",他不谦虚地说。"这使我懂得了国际共产主义的目的,导致了一种对付这威胁的坚定的美国政策。"[26]

在此问题上,杜勒斯有个好学生——艾森豪威尔。在认识第二次世界大战后苏联威胁的严重性方面,这位将军曾表现出在某些人看来的不幸的迟钝。迟至1951年12月,他还告诉C.L.苏兹贝格:克里姆林宫领导人要么是意识形态狂热分子,要么是"决心保住自己权位的"独裁者——他认为更有可能的是后者。[27]然而到1953年春天,作为总统的他,讲起话来已很像杜勒斯。"为什么我们今天不该知道正在发生什么呢?"他在一次记者招待会上问道,引用国务卿的《我的奋斗》类比。"你们中间有多少人读过斯大林的《论列宁主义问题》? 有多少人真正研究过卡尔·马克思,而且了解马克思主义理论的演变,直至其当今应用?"几个月后,他宣称"任何没有认识到我们时代的伟大斗争是一场意识形态斗争的人……都没有正视这个问题"。还有,他在1954年说:"世界大问题的核心就是国际共产主义的侵犯图谋。"[28]

这种对苏联行为的意识形态根源的专注有其若干效应。一是使行政当局的一种已由经济制约驱动的倾向正当化了,那就是趋于更多地集中关注苏联的意图,而非苏联的能力。国安会68号文件的一个核心假设是敌手的能力既决定意图,又比意图更"可知",因而为安全起见,规划工作应当强调前者。这种论辩产生了"危险峰顶"(peak danger)概念,它将美国的军事准备置于一个假设的基础上:苏联的能力一旦达到这样一种程度,即克里姆林宫领导人可以合理地相信自身能够赢得战争,战争就会自动来临。艾森豪威尔及其幕僚不喜欢这路径,因为它意味着急速规划(达到危险峰顶的时间被设为1954年),其代价过高,引起的混乱过大,[29]然而若无某种依据来将苏联的意图认作可以辨识并且重要,就难以辩解放弃上述路径是正当的。对意识形态的强调正好提供了这种依据。*

杜勒斯相信,马克思、列宁和斯大林的意识形态著述使苏联的意图成为"可知的"。掌握了这一知识,西方就可承受得起忽视苏联的那些不大可能被使用的能力。"我们应该始终牢记,"他在1952年说,"苏联的共产主义信条从未教导应主要依靠对西方的公开战争。"有如艾森豪威尔在接下来一年里所指出,危险较为微妙:"依靠他们的军事威胁,他们希望迫使美国和自由世界肩负一种难以承受的、导致经济灾难的安全负担。他们直截了当地说过,自由人民无法既维持自己的生活方式,同时又供养巨大的军事机器。"[30]含义因而显而易见:试图在所有各方面都与苏联的军事能力并驾齐驱正中莫斯科下怀,因为除了吓得西方耗尽自己的资源外,这些能力不大可能会用于任何别的目的。进一步说,如果像据称的那样,苏联的意图是不战而实现世界革命,那么西方愿以战争**相威胁**可能挫败或至少遏阻这目的。

对意识形态的全神贯注还使行政当局认为,苏联人具备西方民主国家不可能有的犀利清晰的战略眼光,因而具备一种程 138

---

* 对苏联意图的这种注重并未阻止最高层将领们认可那种传统的、集中关注敌人能力的行事方式。 见马修·B. 李奇微将军1953年5月21日的演讲和阿尔弗雷德·M. 格伦瑟将军1955年2月22日的演讲, *DSB*, XXVIII (June 22, 1953), p.871; XXXII (March 28, 1955), p.516。

度非凡的战术精细性和灵活性。杜勒斯坚持认为,莫斯科"有一套精心筹划和卓越实施的计划,它在仅仅一代人时间里就使一个共产党小集团掌握了世界三分之一以上的人口"。旨在未来的设计是直接或间接一个一个地吸收其他国家,直到美国及其盟国被包围、被孤立和被"扼住咽喉以致投降"。目的明确,灵活机动,无所顾忌:这些加在一起赋予了苏联人很大优势。"无论在哪里失利,"助理国务卿沃尔特·罗伯逊(Walter Roberson)抱怨说,"他们就会转移战场。如果他们在欧洲受阻,他们就转移到远东。如果他们在一场战斗中被击退,他们就改用政治迂回,反之亦然。"共产主义"精于选择和使用可想象的每件武器去达到自己的目的",艾森豪威尔在1954年警告说;他当真确信自己的论辩,这表现在前一年他拒绝赦免艾瑟尔·罗森堡(Ethel Rosenberg)的死刑,因为"自此往后苏联将仅在妇女中间招募间谍"。[31]

总统特别倾向于在世界各地发生的不同事件中,发现克里姆林宫孜孜不倦但精细微妙的插手拨弄,这些事件除此之外彼此并无关联。共产主义国家的行动极少不"深思熟虑,蓄意而为",他在1954年说,虽然可能并非完全协调,"但我确实认为其中一个政府允许什么事情发生时……它是蓄意为之,出于预谋的目的。"三年以后,他回顾了一系列事件——"在朝鲜的入侵,在菲律宾的胡克叛乱,旨在征服整个越南的坚决努力,颠覆老挝、柬埔寨和缅甸的图谋,几近成功的接管伊朗的尝试,对的里雅斯特这麻烦问题的大肆利用,在危地马拉的渗透企图":所有这些他强调都是"苏联压力的例证,其目的是在苏联政府能施加有力影响的每个国家里加速共产主义的胜利"。[32]

苏联方面战术高超：这看法使行政当局官员们极端警觉出自克里姆林宫的程度惊人的和解姿态，那是紧随斯大林去世开始浮现的。"我们必须始终保持警惕，以免陷入圈套"，1953年5月杜勒斯警告说。"苏联共产党人一贯教导和运用欺骗战术，只是为了诱使别人陷入虚假的安全感而做出让步，致使他们更容易成为最终侵略的受害者。"1954年他再次告诫："斯大林之死没有带来苏联政策的任何基本变化。"到1955年，国务卿已准备承认莫斯科可能有人倾向于将国家利益置于世界革命利益之上。"我们决不能回绝可能是世界渴望已久的变化。"但是，为谨慎起见，必须记住"苏联共产党的信条一贯将退却和迂回教导为一种征服策略……这可能是致命的危险，我们决不能将自己暴露在其面前"。注意到赫鲁晓夫扬言"直至小虾学会吹口哨为止"，否则苏联不会放弃马克思、恩格斯和列宁的教导（斯大林明显地不在此列），中央情报局局长艾伦·杜勒斯提出了一个仅略多作保留的评估："我懂得这是俄国人说'永远不'的一种方式——虽然我从权威人士那里了解到，正如现代科学探测到的，在海洋深处……小虾确实发出某些咯咯的声响。"[33]

然而，行政当局的意识形态执着最强烈地表现在它对国际共产主义的看法上。这个时期里官方言论的一个重要内容是像杜勒斯在1954年6月那样，谈论"一个坚如磐石的庞大体系，它尽管力量强大，却相信自己除非成功地逐步摧毁人类自由，否则就无法生存下去。"或者，如副国务卿沃尔特·比德尔·史密斯同年晚些时候所说："共产主义是一个要将世界上所有人民置于一

139

个全能的中央权威支配下的运动,而民族主义据我界定,是人民要以自己的方式自主生活的强烈渴望。在我看来,这两者水火不容。"沃尔特·罗伯逊1955年初写道:"那些肆无忌惮的冒名顶替者们不代表他们国家的真正利益和理想,恰如威廉·Z.福斯特及其一伙人在我国……他们都是国际共产主义阴谋机构的组成部分。"艾伦·杜勒斯断言,这机构"总部在莫斯科,附属组织在北平,分支单位在华沙、布拉格和许多其他中心"。[34]

然而有趣的是,与行政当局的公开言论相比,对苏联威胁的内部评估将意识形态偏好置于一个较低的地位。国家安全委员会1955年初的一项研究报告断定,"可以预料苏联领导人将不断谋求以他们发现有用的每一种手段去扩展共产主义权势,削弱那些在他们看来是其制度死敌的力量,特别是美国的权势和影响。"可是,斯大林的继承者们"几乎肯定会避免以损害他们的政权安全,或损害他们对共产主义阵营的控制的方式去追求自己的长期目的"。因而,苏联目标的轻重缓急次序如下:

A．政权安全和苏联国家安全。

B．维持苏联对东欧卫星国的控制,将中国保持在共产主义集团内。

C．驱除美国在欧亚大陆的势力,孤立美国。

D．在整个欧亚大陆扩展苏联的共产主义权势。

E．使美国不再作为一个与之竞争的权势中心存在下去。

F．共产主义遍布全世界。

"这些共产党人并非早期的基督教殉教者,"艾森豪威尔在一年半后私下写道,"我不认为他们发动战争只是为造就机会——这样一场冲突可能为其后继者提供的散布信条的机会。"[35]

私下里,行政当局还承认共产主义与民族主义可以互容。像华盛顿的其他许多人,约翰·福斯特·杜勒斯对铁托的"教训"留有深刻印象。他在1949年写道:"坚决要求绝对服从俄国模式的做法在这样一些地区没有奏效:在那里,经济和社会问题与俄国不同……而且有对本民族、本文化的根深蒂固的忠诚。"不管铁托政权的意识形态倾向如何,杜勒斯赞成继续予以援助,希望独立的共产主义的这一范例或许能在东欧和中国得到仿效。它在中国得到仿效的可能性不被认为是天方夜谭:1953年11月,国家安全委员会的一项研究断定"在中苏伙伴关系中存在紧张与不和的重大可能"。而且,在一份为次月举行的百慕大会谈(艾森豪威尔、丘吉尔和法国外长乔治·皮杜尔将参加)准备的绝密情况介绍中,杜勒斯将这点说得更明白:

> 毛泽东本人是个独立起家的出色的共产党领导人。因而,他自然多少不愿被莫斯科支配,像斯大林曾可能做到的那样,因为后者威望巨大……马林可夫的情况并非如此……这一关系存在的事实至关重要,它最终可以给我们一个机会,来按照我们自己的共同利益促进苏联与共产主义中国分裂。

"我们需要期盼的基本变化不一定是从共产主义变为另一种政府

形式，"几年后杜勒斯告诉一位密友，"问题是要在一国实现共产
141 主义，还是必须在全世界实现共产主义。如果苏联人从事的是
民族共产主义，那么我们可以与他们的政府来往共事。"[36]

　　那么，为什么行政当局在私下里希望促进民族共产主义，同
时却试图将这现象说成是不可能的？杜勒斯在百慕大提供了一
个答案："加剧共产主义中国与俄国之间紧张和困难的最大希
望，在于将中国置于最大压力之下，而不是减轻这样的压力。"诚
然，也有一些人认为"通过友好对待中国共产党人，我们可以使他
们脱弃苏联人"。然而，这只会导致与苏联竞相讨好中国，从而使
北京左右逢源。"铁托不是因为我们对他友好相待才与斯大林
决裂"，杜勒斯指出。"正好相反，我们对铁托非常强硬。"情报估
计总体上加强了杜勒斯的观点，强调西方在试图导致中苏分裂
方面可用的手段有限。一旦确实有了独立的表现，杜勒斯愿意
公开承认之。"我认为，中国共产党人行使了一定程度的独立"，
他在1955年第一次金门–马祖危机之后的一次记者招待会上说。
下一年，在赫鲁晓夫发表了非斯大林化演说之后，他甚至承认
"共产主义可以是一个民族组织，而不一定是一个国际组织"。[37]
不过，在这个方向上的演化只能靠压力而非引诱去加速。[38]

　　将民族共产主义说成是一种可接受的选择还有另一个困难，
即无法确信一个离经叛道的共产主义政权与一个忠于莫斯科的
相比可能更尊重美国的利益。在决定其行为方式上，一个政府
是共产主义政府这事实依然看来更重要，甚于它是否听命于克
里姆林宫。"由于（共产主义国家的）大众被强制遵从的那种统
一的模式，"职业外交家罗伯特·墨菲（Robert Murphy）在1954

年评论说，"我们知道他们会做什么，会说什么——无论其国籍或语言如何。"重要的是，杜勒斯尽管承认中国政府相对自主，却仍有意将它说成比苏联更危险："中国人'沉醉于成功'"，他争辩说，一心"以为自己强大有力"。[39]因此，即使这些国家并非铁板一块，也可以有铁板一块般的行为；意识形态的强大影响将使一个共产党肯定敌视西方，不管它对苏联的态度和关于国际力量对比的逻辑如何。

　　可信性是另外一个问题。如同国安会68号文件的作者们，艾森豪威尔及其幕僚非常看重表象。他们相信，对力量的看法可以和力量本身一样重要。即使是独立牌号的共产主义的胜利，也能造成美国退却的印象。由此而来的士气和抵抗意志的丧失可以是毁灭性的。"我们（会）显得我们自己害怕"共产主义者，艾森豪威尔1955年给丘吉尔写道，"而且造成这样一种印象，我们在阴影中悄悄溜走，希望这头野兽在最终吞噬我们之前会终于心满意足，停止其吞吃战术。"这当然就是艾森豪威尔关于印度支那的"多米诺骨牌论"背后依据的思想。杜勒斯随后又将它扩展，显得将整个西方的安全系于金门–马祖的防卫，认为其陷落将使共产党人能"开始贯彻他们的目标——将我们逐出西太平洋，直至赶回夏威夷，甚至赶回美国！"他认为，共产主义者力图培育一种幻想，即他们的胜利终将实现。"我们必须让我们一边的人相信，我们的生活方式代表未来。他们必须也像共产党人一样顽强。"[40]

　　最后，一个内在连贯和可信的外部威胁有利于促进自己一方的团结。在麦卡锡主义和单边主义仍有影响的时候，征讨"共产

142

主义"有非同小可的国内好处：杜勒斯承认"我们在国会推进我们的计划时，不得不明示国际共产主义的威胁：这虽然不幸，却是个事实。否则这些项目……将会被大批砍削"。对盟友也会出现同样的问题：在没有这种威胁的情况下，"他们可能感到危险已经结束，因而他们不需要为防御花费大笔钱款。"苏联既不依赖盟友，也不依赖国内选民支持，不需担心任何这些问题。杜勒斯喜欢争辩说，西方的最危险之日，将是所感知到的东方威胁开始消退之时——那时盟友将变得争吵不休，集体安全安排将从此看似过时，中立主义将得到人们尊敬。他的结论是"恐惧使外交家的任务变得容易"。[41]

　　奇怪的是，以某种方式，约翰·福斯特·杜勒斯比杜鲁门政府的要人们更明白苏联政权的弱点，更懂得它的运作所受的制约。他在1950年春，朝鲜战争爆发前不久，出版的《战争还是和平》一书中，以乔治·凯南不会觉得陌生的言辞谈论了这个主题：

　　　　独裁制通常显出一种强大可畏的外观。从外面看它们似乎坚固、光彩、不可抗拒。在里面，它们却腐朽透顶。它们"如同刷白了的坟墓，外观确实好看，但里面满是尸骨和肮脏"。[42]

不过，与凯南有别，杜勒斯发现难以将他对威胁的评估与他力求的对威胁的利用区分开来。由于确信倘若苏联的挑战消失甚或看似消失，那么国内外两方面的反苏联盟的统一也会化为乌有，因而杜勒斯作为国务卿故意淡化他所知的苏联内部的脆弱性，以及莫斯科对国际共产主义运动的控制的脆弱性。相反，他描绘出一幅不变的险恶图景，现在将它扩展到包括整个共产主义世界，仅有铁托例外。对杜勒斯打算以此达到的目的而言，这是一种有效的论说，有效得令他自己大概也开始相信其中的某些部分。然而，这是目的与手段之间的一种奇怪的倒置：铲除苏联的挑战或使之变得无害本来是遏制战略的原有目的，现在却成了一个手段，据此遏制论的工具将作为目的本身被永久化。

三

为努力形成一种与其利益观和威胁观一致的战略（也为了信守在竞选期间做出的一个保证），艾森豪威尔行政当局在1953年夏天经历了一场被称为"日光室行动"（Operation Solarium）*的详尽的计划演练，目的是考虑所有可行的选择，并且决定最合适的行动路线。根据总统的要求，在国家战争学院成立了三个独立的研究小组，每个小组受命尽可能有力地辩护它被要求来说明的选择。这些选择包括：（1）继续杜鲁门的"遏制"战略——足够奇怪的是乔治·凯南被请来主持该小组，虽然杜勒斯先前已在3月份将他从国务院除名；（2）"威慑"战略，涉及沿共产主义世界外缘划出明确的界限，其含义在于威胁以核报复打击越界者；（3）"解放"——使用政治的、心理的、经济的和隐蔽的手段， 144

---

* 指白宫的"日光室"，起初授权进行该演练的会议在那里举行。

力图将现有的苏联势力区域"推回去"。第四个选择得到提议但未继续探讨,大概因为艾森豪威尔取消了它,那就是在苏联的核能力增长到能够严重威胁美国以前,发动摧毁该能力的预防性战争。遭到报复的风险看来已经过大。[43]

通常的看法是,最终艾森豪威尔只批准了其中第一种选择,仅朝第二种选择的方向对它略作修改。凯南回忆说,那年夏天晚些时候他被请到白宫,向内阁简要介绍新的战略:"在下面,第一排坐着福斯特·杜勒斯,静默谦恭但外表尊严,并且准许别人如此指教自己。如果说,他在3月份由于使他本人摆脱了我的存在带来的尴尬而赢得了胜利,那么我靠着将我的政策无法躲避地强加给他而实施了报复。"[44]然而,在"日光室"研究中得到讨论的"遏制"选择更接近国安会68号文件,其程度甚于接近凯南原本的战略。不仅如此,在实践中,行政当局的战略概念开始以"新面貌"(New Look)这一名称为人所知,它设法以这一或那一形式将演试中被考虑的所有三种选择糅合进来。

该战略的核心理念,在于重新获得主动权,同时降低成本。"没有任何对外政策真正名副其实,"艾森豪威尔在1953年强调,"如果它只是对别国的主动行动的反射行为。"而且,他在1954年初又一次说:"我们无法承受让共产主义势力的负面举动迫使我们满世界部署力量……我们需要自由决定在哪里我们能最有效地出手打击。"这里的前提假设在于,谋求节省和主动权两者兼得,全无矛盾。正是由于杜鲁门政府听任自己陷入它打不赢也解决不了的战争,防务预算才被抬升到一年大约500亿美元。艾森豪威尔估计,假如国安会141号文件的告别性建议被付诸实施,接下来5年仅赤字就将达到440亿美元。杜勒斯在1954年1月12日向对外关系协会发表的著名演说中做了同样的论辩：杜鲁门的战略，他宣称，将需要随时准备"在北极和热带，在亚洲、近东和欧洲，在陆上、海上和空中，用旧式武器和新式武器"打仗。那不可能坚持很久"而不产生严重的预算、经济和社会后果"。[45]

在这次演说中，杜勒斯重提他最初在1952年提出的战略不对称概念，从而提供了行政当局关于如何能将战略主动权与预算节制结合起来的最明确的公开解释：

> 我们门上总是有锁，但我们并非每家住宅都有武装警卫。我们主要依靠一套社区安保系统，它装备如此良好，能惩罚任何入室偷盗者，以致事实上可能的入侵者一般都被威慑住了。这就是以可承受的代价获得最大程度保护的现代方式。

杜勒斯坚持认为，这可以通过依赖"大规模报复力量的威慑"做到，以此令潜在的侵略者确信他们并非总能规定竞争条件，使之适合他们自己。"遏阻侵略的办法，是自由世界愿意并能在它自己选择的地方、以它自己选择的手段有力地做出反应。"这么一种办法将允许如此塑造"我们的军事机器，使之适合**我们的**政策，而非不得不试图随时准备应付敌人的多种选择"。其结果将是"军事手段的选择，而非手段的增加"，而且作为一种后果是"以较小的代价得到较大的基本安全"。[46]

杜勒斯的演说给人的最深印象是公开使用"大规模报复"

（massive retaliation）一语，然而认为艾森豪威尔政府的"新面貌"战略主要是围绕这个概念，连同其蕴含的这样一种威胁，即哪怕在遇到最小程度的挑衅时也要诉诸核武器，那就错了。毋宁说，它的核心理念是不对称反应——用旨在以己之长克敌之短的方式回应敌手的挑战，即使这意味着改变对抗的性质和地点。其效应，据信将是重获主动权，同时降低成本。诚然，核武器是这战略的一大成分，但同盟、心理战、隐蔽行动和谈判之类其他因素也是如此。要全面了解行政当局对所感知到的"苏联－共产主义"威胁的反应，所有这些就都需要予以考虑。

　　杜鲁门政府从未制订出一种清晰的战略，以便从它对核武器的拥有中提取政治好处。诚然，核武器在战争规划中占有突出地位，而且它们在当时的外交背景中仍隐含地存在着。但是，在杜鲁门政府的大部分时间里，可供使用的核武器的数量始终如此之少，以致它们几乎完全不可能被用于边缘性冲突：迟至1949年，人们甚至仍怀疑美国武库中的全部原子弹是否将足以在一场对苏全面战争中迫使莫斯科投降。[47]还存在对凯南的下述观点的认同：核武器与常规武器在性质和使用后果上截然不同。重要的是，尽管杜鲁门确实授权制造氢弹，但如国安会68号文件所规划的，他的政府还试图改变对这类武器的完全依赖。无疑，行政当局从来不愿蓄意和公开地威胁使用它们。*

146

---

　　* 杜鲁门有一次确实引发了一场严重惊慌，因为他在一次记者招待会上说，在朝鲜使用原子弹一向在考虑之中。然而，白宫很快就发表一项声明澄清此事，意思是只有总统能授权使用原子弹，而总统没有做出这样的授权。（杜鲁门记者招待会和白宫新闻发布，1950 年 11 月 30 日，*TPP*：*1950*，p.727。）

所有这些在艾森豪威尔之下都改变了。到那时,核武器的数量和种类都急剧增加,在战术和战略两个层次上都如此。[48]洲际喷气式轰炸机正在成为可用于实战的武器。新的行政首脑决心削减糜费的地面兵力开支——用他的话说是砍削用在"杂役和餐桌招待员"身上的钱。海外军事基地正开始在东道国激起反美情绪。杜勒斯注意到,有关国家政府开始将这些基地看作"避雷针而非保护伞"。所有这些考虑加起来导致了有力的论辩,要求更侧重于以美国为基地的空中战略核威慑:"我们同意",艾森豪威尔在1953年11月与杜勒斯、汉弗莱、国防部长查尔斯·E.威尔森开会后写道,"我们对新式武器的依赖将使得对常规部队——即地面部队和某些部分的海军——做某种削减完全合理。"[49]

当然,为使这战略奏效,美国必须显得愿意在其利益攸关的任何地方使用核武器。"力量",杜勒斯1952年写道,"永不能达到它遏阻犯罪的最大潜能,除非那些有着犯罪本能的人有理由害怕(这力量)会被实际使用来打击他们。"行政当局官员因此协同努力,在公开场合模糊核武器与非核武器之间的区别,那是前任政府所强调的。"原子武器在我们的军队内几乎取得了常规地位",总统1953年12月告诉联合国。北约最高司令阿尔弗雷德·M.格伦瑟(Alfred M. Gruenther)将军1954年争辩说:"原子弹确实造成伤亡——造成妇女和儿童的非常严重的伤亡,然而仅仅这一点并不使我们有理由要在……必须使用什么武器的问题上感情用事。任务在于使战争本身成为不可能。"杜勒斯争辩道,核武器只是现代战争破坏性的又一步增进,一项大致相当于火药胜过弓箭的进步。"在这些东西能被用于严格的军事目

147

标和服务于严格的军事目的的场合,"艾森豪威尔1955年初评论说,"我看不出有什么理由它们不应被使用,恰如你会使用子弹或任何其他武器那样。" [50]

艾森豪威尔政府早期的内部文件提示,这一公开立场并非虚声恫吓:行政当局显然准备**考虑**在许多不同情况下使用核武器。* 国安会162/2号文件——由艾森豪威尔于1953年10月批准的、对"新面貌"战略的绝密表述——规定:如果与俄国人或中国开战,"美国就将认为核武器和其他军火一样,是可投入使用的武器"。1954年末,总统告诉国会领导人:总的想法是"如果他们挑起事端,就立即将他们打入地狱"。1955年初,艾森豪威尔授权将这方针同样延用于有限战争:"即使在一场局部战争中,美国也经不起排除使用核武器,如果这样的使用将迅速和积极地制止侵略,并且按照政治和军事平衡考虑将最好地促进美国的安全利益。" [51]

然而,考虑使用这些武器不等于例行公事般地批准其使用,而且有许多证据表明艾森豪威尔在这方面处事谨慎。尽管他

---

　　* 预防性战争继续是一个这样的选择,尽管它被排除在"日光室"研究之外。艾森豪威尔1953年9月给杜勒斯写道:"我们将不得不时刻准备刹那间给敌人造成更大的毁伤,大于他能合理地希望给我们造成的。这将是一种威慑——但倘若维持这相对地位的竞争不得不无限期地持续下去,其代价就会驱使我们要么投入战争,要么沦为某种形式的独裁政府。在这样的情况下,我们将被迫考虑我们对后代的责任是否不要求我们在自己能够确定的最有利时刻**发动**战争。"(艾森豪威尔致杜勒斯,1953年9月8日,*FRUS:1952—1954*,Ⅱ,p.461。着重标记系原文所有。)然而一年后,艾森豪威尔在一次记者招待会上说:"我认为当今预防性战争没有可能发生……老实说,我甚至不会聆听任何人进来谈论这种事情。"(艾森豪威尔记者招待会,1954年8月11日,*EPP:1954*,p.698。)

阅读并预先批准了杜勒斯的"大规模报复"演说，但其中蕴含的自动升级为核战争的威胁显然令他不悦。"我不认为用大话恐吓会使别人害怕"，下一个月里他在记者招待会上特意指出："我们在欧洲打过多次战役，我不记得有哪次发表过战前文告，说'我们强大无比，坚定不移，将要把某某人打得脑瓜迸裂。'"同样，他在1954年3月说："如果声称在我们利益的边缘或外围地方……敌人方面的任何一种行动都将使此类事情合理，那么我一刻也不会赞同……福斯特·杜勒斯——无论他想的是什么——在申明我们将做什么的时候总是想说得那么具体和严格……"当年晚些时候，总统提醒国务卿："我们谈论……大规模报复时，我们指的是对一项意味着不可避免的战争的行动实施报复。"[52]

对他的演说被予以的解释，杜勒斯本人感到遗憾，而且赶忙于4月间在《外交》季刊就此发表详细阐释，以澄清自己的立场："大规模的原子武器和热核武器报复不是在一切情况下都能被最有益地动用的力量。"毋宁说，必需的是"使各种不同反应成为可能的灵活性和便利"。对多种共产主义侵犯，唯一可行的报复将是全面战争。然而，西方不能让自己仅依赖这一选项："在做出选择时，自由世界必须拥有手段，以便有选择性地有效做出反应。"重要的是"一个潜在侵略者应该事先知道，他能够并且将会由于自己的侵略大吃苦头，所受的伤害超过他可能依靠侵略获得的"。在同年晚些时候的一次四健会大会上，国务卿向他的年轻的听众们保证：行政当局的战略不涉及将每一场局部战争都转变为全面冲突并"向地图上所有各处投掷原子弹"。[53]

那么,有理由问:在使用核武器问题上行政当局的战略究竟
149 是什么?它与国安会68号文件抛出的建议有何不同?答案多半
围绕采取的是对称反应还是非对称反应这问题展开。杜鲁门政
府当然强调对称反应:依靠使对手确信来自美国的反应必定不
可避免,同时又必定有限(亦即美国将反击但不会超过原本的挑
衅),威慑就会行之有效。艾森豪威尔政府则信奉非对称战略,
试图将做出反应的确定性与究竟做出何种反应的不确定性结合
起来。*它的想法是如此宽广地展现一系列可能的反应,以致对
手将不能指望保持主动。据认为,缺乏主动权,它就会开始认识
到侵略的风险超过裨益。不过,所有这些必须以能够承受的代
价达成。威胁使用核武器的吸引力就在于此。正如1955年初关
于"国家安全基本政策"的一项绝密陈述所说:"只要苏联人对自
己抗衡美国的空中核报复力量的能力没有把握,就几乎全无理
由预料他们会发动全面战争,或采取他们相信会危及苏联政权
或苏联安全的行动。"[54]

诚然,这一做法既对美国的对手有危险,也对美国自己有
危险,因为总是可能发生误判。"但是,为了和平你必须碰运
气,正如你在战争中必须碰运气一样",1956年初杜勒斯在接
受《生活》杂志采访时强调。"能够走到战争边缘而不陷入战

---

* "今天,我们的威慑打击力量根本还不具有它能有的心理保障力量,因为没有人
知道它是否会被使用以及会在何时或在何地被使用",杜勒斯在1952年写道。"企求完全
准确地把握这些事当然既不切合实际也不明智。有理由要具备某种刻意的不确定性和某
种灵活性,然而目前在此问题上的政治混乱程度却毫无道理。"(杜勒斯备忘录,1952年6
月25日,杜勒斯文件,第57盒,"鲍德温"卷宗。)

争是必要的艺术。如果你不能掌握它,你就会必不可免地陷入战争。如果你试图躲开它,如果你害怕走到边缘,那么你就输了。"[55]这次采访反映出,这位国务卿一经表达自己的观点,便总是不能往后退;记者们迅速抓住他的疏忽,大谈"边缘政策"(brinkmanship)艺术,令杜勒斯甚为不快。然而,这个观念作为对艾森豪威尔政府正在试图做的事情的一种描述,并不过分离谱:无疑,在它通过依靠核武器去降低遏制成本的努力中,它愿意比上届政府冒更大的风险。

"边缘政策"和"大规模报复"之类的术语倾向于遮蔽"新面貌"战略的各个非核成分。其中之一是同盟。国安会162/2号文件论辩说,美国无法"在没有盟友支持的情况下满足自己的防御需要,即使是付出过高的代价"。海外基地在今后一些年里将继续是美国空中战略能力的一个重要补充;如果欧亚大陆爆发战争,它们将至关紧要。美国也将需要主要的工业化非共产主义国家的人力储备和经济资源。"如果这些国家逐步丢失给苏联阵营,就会使美国如此孤立,世界力量对比如此变更,以致危及美国在全面战争一旦爆发的情况下打赢的能力,或维持适当防务,同时不损坏其根本制度的能力。"意味深长的是,在他1954年的《外交》季刊文章里,杜勒斯甚至将同盟列在核威慑能力之前,作为"自由国家安全的基石"。[56]

这与杜鲁门政府做的没有显著差别。无疑,艾森豪威尔和杜勒斯至少像他们的前任一样立意支撑北约——考虑到总统先前与该组织的联系,这不令人惊异。通过欧洲防务共同体将德国（如果可能就重新统一,如果必要就继续分裂）纳入西方同盟结构的决心也丝毫未减。如果有什么不同,那就是杜勒斯比艾奇逊更强调这一点。[57]而且,尽管据称国务卿有"条约狂"(pactomania)之嫌,但有趣的是,艾森豪威尔政府将条约性的防御承诺只延展到四个国家和地区,那是杜鲁门政府期间安排的各个同盟尚未覆盖的。[*]

　　然而两者有风格、细节和功能方面的差别。杜勒斯比艾奇逊更倾向不与盟国磋商便采取行动。他频繁的出访更多是为了诱哄盟友或自我辩解,而不是为真正的交换意见。在看来必要时,行政当局也不惮向盟国公开施加压力,例如杜勒斯威胁如果法国人不参加欧洲防务共同体,美国就要"痛苦地重新审视"其安全承诺,又如1956年苏伊士运河登陆行动流产后,艾森豪威尔严厉地警告英法必须撤出埃及。[**]艾森豪威尔政府承担的防御义务在目标方面也与杜鲁门政府有别。前任政府是将其联盟当作战争工具加以组织:它们被局限于这样一些国家:其地理位置使之对美国的防务至关紧要,而且一旦重大战争爆发可被指望提供重要援助。艾森豪威尔和杜勒斯更着重于同盟的威慑力:

151

---

　　[*]　到离任时,杜鲁门政府已通过下列条约同41个国家缔结了正式军事同盟:《里约热内卢公约》(1947年)、《北大西洋公约》(1949年)、《美澳新条约》(1951年)、美日和美菲安全条约(1951年)。艾森豪威尔政府时期通过条约被授予美国安全承诺的仅有:泰国和巴基斯坦(1955年通过《东南亚集体防务条约》)、李承晚和蒋介石当局(分别于1953和1955年通过双边条约)。美国从未成为中央条约组织的正式成员国,但它确实在1959年分别与土耳其、巴基斯坦和伊朗签署了双边执行协议,承诺美国将援助他们的防务。因为土耳其在北约的成员国身份以及巴基斯坦在东南亚条约组织的成员身份,只有对伊朗的承诺是新承担的。

　　[**]　英国人和法国人在发动作战行动之前未与美国磋商。

国务卿渴望以一个多国环带包围苏联和中国,其中的每个环节经条约或单方面声明与美国捆绑在一起,[58]根本不指望所涉各国能直接对美国防务做出贡献,而是希望美国给它们提供的安全"伞"将打消苏联或中国的意图。

这些结盟还能以另一种方式起作用:它们能提供美国自己经不起投入的人力去对付地区性形势。艾森豪威尔在1957年解释说,美国的想法是"在自由世界的各不同地区和区域之内形成当地武力来维持秩序、保卫边界和提供大部分地面能力"。美国将提供技术支援,必要时甚至可能以海空力量进行干预。然而,重要的是牢记"美国不能在世界各地四处驻扎老式的兵力"。当被问到这个想法是否意味着让其他国家在未来任何战斗中首当其冲时,总统答道"这正是整个事情的核心"。[59]

在这些同盟应被延伸到多远的问题上,总统与国务卿之间有重大歧异。杜勒斯长久以来一直认为,在一场像冷战那么尖锐的意识形态斗争中,几乎完全不可能有采取中间立场的余地:"中立",他在1955年宣布,成了"一个过时的概念"。到1956年,它还成了"一个不道德的、目光短浅的概念……除非在非常例外的情况下"。有如杜勒斯经常表现的,他的浮言虚词使他的观点比事实证明的更加轮廓鲜明:他从不愿意将不肯与华盛顿正式结盟的国家当作克里姆林宫的工具而一笔勾销。可是,他显然对"中立"极少同情,认为那不符合美国和其余"自由世界"的最佳利益。[60]

有意思的是,艾森豪威尔持一种比较宽容的观点。他指出,中立只意味着不愿参加军事同盟,而不是对是非问题无动于衷。毕竟,美国在其建立后的最初一个半世纪里也一直保持中立。

152

不仅如此,迫使其他国家与此类条约挂钩可能产生不幸的后果,
如总统1956年初在给他的弟弟埃德加的一份密函中所说:

> 长久以来我一直认为,要求这其中一些国家宣布自己站
> 在我们一边是个严重错误……一个像缅甸那样的弱国甚或
> 印度发表此类声明,将意味着它们立即成了我们的全面盟
> 友,我们就将承担起一项不可能完成的任务:帮助它们为防
> 御而武装起来。

> 不仅如此,如果一个国家宣布自己是我们的军事盟友,
> 那么共产主义阵营对它的任何进攻都会在世界上绝大多数
> 地区被视为一种多少合乎逻辑的后果。由于世界上那么多
> 人将现行的**意识形态**斗争认作**权势**斗争,因而对我谈论的这
> 类事件的反应将是:"喔,他们自找的。"

> 另外一方面,如果苏联进攻一个公开宣布的中立国,世
> 界舆论就会勃然大怒。

艾森豪威尔的结论是,所有这些都表明"对困扰当今世界的种种
问题的过分简单化回答极为危险"。[61]*

---

　　* "我想以一种富有战斗性,但合乎情理的方式进行冷战," 艾森豪威尔1957年
告诉参议员斯泰尔斯·布里奇(Styles Bridges),"据此,我们吸引世界人民,使之觉得我
们比共产主义者好,可以指靠我们。我不关心花钱买朋友,买卫星国,或者买任何别的东
西——那都是虚假的。作为一个自由国家,我们只可拥有自由的盟友,愿意与我们一起的
盟友——这就是我们在试图促成的。"(艾森豪威尔-布里奇电话谈话备忘录,1957年5
月21日,艾森豪威尔文件,惠特曼档,艾森豪威尔日记,第13盒,"1957年5月杂项(2)
卷宗"。)

　　对于"新面貌"战略的第三个要素,行政当局喜欢称之为"心理战"。艾森豪威尔写道,这可以是"从吟唱美妙的赞美诗到暗中进行最罕见的物质性破坏"的一切事情。[62]行政当局没有排除其中任何一项可能性。但是,"心理战"主要只意味着强烈相信公开姿态的效能,亦即相信仅凭发出宣告和做出引人注目的姿态,美国就能加剧对手行动的困难。[*]

　　"心理战"最显著的例子是杜勒斯对东欧的"解放"政策。尽管在总统竞选期间这位未来的国务卿在这方面的观点模糊不清,但艾森豪威尔政府从未认真考虑要积极尝试将苏联在世界那个部分的势力"推回去"。如国安会162/2文件所说:"使任何重要的欧洲卫星国脱离苏联集团现在看来并不可行,除非苏联默认或通过战争。"艾森豪威尔及其幕僚不预期前者将发生,也不打算冒后者的风险。当然,唱高调是另一回事,而在这方面行政当局竭尽所能地要人注意苏联帝国的脆弱。"有一种事情叫消化不良",杜勒斯爱用他喜欢的美食想象。"人们并非总是吃得越多就长得越壮。"苏联已经扩张过度。如果卫星国爆发混乱,那么克里姆林宫可能不得不承认"试图驱役那么多人民徒劳无益。"杜勒斯坚持认为,这不需要试图从外部激励暴力革命,而只需要继续显示一个自由社会的美德,加上对那些不幸无权享受其裨益的人们表示关切。[63]

　　1953年初行政当局那流产的要在国会通过一项"受驱役国

153

　　*　考虑到这概念充斥的麦迪逊街的广告技巧气息,艾森豪威尔任命 C.D. 杰克逊——先前的演说撰稿人和《时代》杂志执行主编——担任他的第一位(也是唯一的一位)"心理战"特别助理是恰当的。

家"决议的建议,是这一战略的组成部分:杜勒斯不公开地为这举措坦言辩护,说它是一件"心理武器",目的是"试图在冷战中取得更大的主动权,促进被奴役世界内部的、我所称的'消化不良',并且消除压制着许多被压迫人民的一种恐惧,即我们最终会出卖他们"。[64]*杜勒斯对苏联国内外困难的许多公开评论也是如此:"我们知道",他在1954年说,"苏联共产党人试图将他们的绝对统治强加于8亿多受驱役的人民,那使它们承担了一项从长期看不可能完成的任务。"他在1956年再次说:"国际共产主义运动处于一种困惑状态……苏联帝国主义的弱点正在变得清晰明确。"1957年他又说:"俄国内部正在起作用的追求变革的力量必定那么有力,统治者对如何对付这些力量,同时又维持绝对权力必定那么困惑不定。"[65]如果这些话里有些东西看来与杜勒斯关于敌人勃然有力、铁板一块和绝对危险的描述不一致,那么这大概应被归因于想成为心理战思想的首创者的欲望——毕竟心理战的本性就是如此。

　　有趣的是将杜勒斯的"解放"政策与乔治·凯南的做比较,后者也看到了削弱苏联在东欧地位的可能性。不过,凯南试图通过利用国际共产主义运动内部潜在但必不可免的分歧实现这一点,杜勒斯则对世界那一地区的共产主义从整体上被推翻更感兴趣。诚然,行政当局的实际立场不那么简单:如业已指出的那样,它悄悄地继续援助铁托领导的南斯拉夫,甚至有时承认与其

---

　　*　在共和党人抨击这项建议未能明确否定雅尔塔协定,民主党人则反对它含沙射影地批评罗斯福和杜鲁门之后,行政当局便任它悄然消亡。

他地方的民族共产主义政权合作的可能性。[66]然而,行政当局对所有地方的共产主义的公开谴责掩盖了这些细微的差别——这是个杜勒斯本人可以辩解的事实,其理由是与引诱相比,压力无论如何更可能导致分裂。

"解放"政策在东亚有其心理战对应物,那可见于行政当局对中国的态度。如在东欧的情况,华盛顿的官员们对谁控制有关领土或推翻他们有多么困难不抱幻想:如1953年末国安会162/2号文件所说,"共产主义政府牢固地统领着中国,只要不发生大的战争,它在可预见的将来不会被国内力量或敌对政权动摇。"然而,能做一些事情以使领导中国的任务变得更困难。一是将第七舰队撤出台湾海峡,从而让蒋介石"出笼"去进攻大陆;二是继续不予北京外交承认,并且反对它在联合国占有席位。"你可能不得不认识到恶的事实,"杜勒斯评论说,"但这不意味着你必须拥抱它。"即使是美国拒绝强行遣返朝鲜战争的战俘也有心理战的考虑:由于知道在未来的战争中变节者可以期望并将得到政治避难,杜勒斯争辩说,"红军会变得不那么可靠,因而共产主义者忍不住要使用这些军队从事进犯活动的危险将小得多。"[67]

心理战还有其他方面。它当然涉及不断使用宣传,无论是以印刷品还是广播形式。它可以包括某种明显的自助姿态,例如给第一位驾驶米格战机叛逃的苏联飞行员10万美元奖金,或者某种看似真诚的主动倡议,例如艾森豪威尔在1955年日内瓦最高级会议上提出的"开放天空"监察方案。它还可以仅涉及在敌人面前保持平静和自信:"我们甚至与某些共产党人握手",副总统理查德·尼克松在1953年的一次关于东南亚之行的电视报道中承认。"他们列队警戒,而我们就在他们中间走,与他们会面,向他们打招呼,与他们谈话,这么做的结果是共产党人的示威游行四散瓦解。"⁶⁸它还可以包括即兴式的小插曲,例如尼克松与赫鲁晓夫的著名的"厨房辩论",那发生在于莫斯科展出的一套美国典型民宅的厨房里,或者采取某些有意的行动,例如派亨利·卡博特·洛奇(Henry Cabot Lodge)作为一个单人"真相小队"(truth squad),在这位苏联部长会议主席1959年访问期间跟随他周游美国⁶⁹。所有这些战术的共同点是渴望"得分"——使美国形象良好,同时令对方难堪或声誉扫地。*

"新面貌"战略的第四个要素与心理战密切相关,即"隐蔽行动",它们在1954年被国家安全委员会定义为"得到如此规划和执行的……所有活动:未经授权的人一概不明白美国政府对它们负有的任何责任,而且倘若被发现,美国政府能貌似可信地否认自己与这些行动有任何关联"。当然,自1948年以来,中央情报局被授权实施这样的行动,部分地是依据乔治·凯南提出的一项建议。它也并非不积极:用于隐蔽行动的预算从1949年的470万美元剧增到1952年的8200万美元,所涉人员从302人剧增到2812人,另外还有3142名海外"合同雇员",设在国外的行动站则从7个增至47个。即使如此,在艾森豪威尔政府之前,隐蔽行动本身未真正成为国家战略工具。变化的一个原因是官僚机构体制上的:1952年8月,中央情报局的秘密搜集职能与行

---

* 还有一个例子是行政当局在1956年夏天决定披露并大肆宣扬一份通过秘密途径获得的赫鲁晓夫报告,该版本的报告记载了之前2月他在苏共二十大上对斯大林的秘密谴责。

动职能合二为一,这导致晋升和预算分配都决定性地向后者倾斜。[70]接着,新政府强调以较小的代价使遏制更有效地起作用,从而倾向于将毕竟相对廉价的隐蔽行动置于优先地位。最后,艾森豪威尔选择国务卿的弟弟艾伦·杜勒斯担任新的中央情报局局长,从而实际上保证了情报活动与国家战略有一种比在此之前更密切的协调。

艾森豪威尔政府期间隐蔽活动的全貌仍未公之于世。不过,关于涉及的活动种类仍有证据可用:国家安全委员会在1954年的一项指令中列举了下面这些:

> 宣传、政治行动,经济战,脱逃、躲避和撤离措施,针对敌对国家或组织的颠覆(包括援助地下抵抗运动、游击队和难民解放团体),支持自由世界的受威胁国家里的当地反共势力,欺骗计划和欺骗行动,还有为完成上述任务必须的、与本指令相符的一切活动。

还已知在这个时期里,中央情报局组织推翻了两个外国政府(1953年在伊朗,1954年在危地马拉),试图推翻另外两个外国政府而未遂(1958年在印度尼西亚,1960—1961年在古巴),向东欧国家渗透难民以试图在那里激发混乱,从缅甸和老挝操纵针对中国和北越的游击战和准军事行动,组织在苏联和中国上空的空中侦察,并且至少考虑过刺杀若干外国领导人的阴谋(周恩来、帕特利斯·卢蒙巴、菲德尔·卡斯特罗和拉法埃尔·特鲁希略)。中央情报局还从事了某些秘密的国内活动,包括暗查信件和窃听电话,对学生团体、学术机构、新闻和文化组织进行渗透,并且给出版商和基金会提供财政资助。[71]

与确认这些和其他活动确实发生过相比,更难的是确定哪些活动由总统特别批准进行,又有哪些"在原则上"得到认可,但未受到仔细的监察,还有哪些代表中央情报局本身自行其是。艾森豪威尔肯定知道中情局的重大政变企图、它的反叛乱行动以及U-2飞机的高空侦察。关于他是否了解国内秘密活动的证据不够确凿,而且尚未找到任何信息表明他或他的后继者与中情局的暗杀阴谋有直接牵连。[72]然而显而易见,行政当局给了中情局空前宽泛的权限,如果为保守秘密它愿意扯谎,[73]而且鉴于形势,它不认为对官方行为常规准则的如此背离有何不当。"我已断定,在我们关于国际正当竞争行为的传统观念中,有些极难应用于世界目前正在其中挣扎的泥沼",总统在1955年私下写道。"真理、荣誉、正义、利他考虑、一切人的自由——困难在于当我们遭到鄙视……这些价值的人们的反对时,怎样维护和培育它们,如果还有可能保持和平的话,怎样保持它。我相信我们可以做到这一切,然而**我们决不能将这些价值标准同单纯的程序混淆起来,即使后者可能曾一度几乎具有道德概念的地位。**"[74]

可是,如果说艾森豪威尔政府准备比其前任更广泛地诉诸隐蔽手段,那么它也比杜鲁门政府更愿意尝试与苏联和中国谈判:这些接触虽然有限和缺乏成效,却构成"新面貌"战略的又一成分。这些对话部分地出自国际紧张随斯大林去世而来的适度缓解,部分地出自盟国的压力。盟国现在担心华盛顿过分僵硬甚于担心将它们"出卖"给莫斯科的任何可能性。还有一部分是由于美国政治在与"敌人"打交道方面倾向允许共和党人有较大的行动自由。但是,这些主动同样在很大程度上是艾森豪威尔的个人信念的产物,他相信迟早将不得不朝着解决冷战分歧取得进展。

艾森豪威尔那么频繁、那么自发地强调这一点,因而没有理由怀疑他的真诚:"每逢什么对手……准备说'让我们重新开始,来关注当今和未来',你就会发现我也准备好随时这么做。"合适的办法是"按其字面意义看待向我们提出的每一项建议,直至证明不值得这样为止"。不信任是相互的:公正的做法是假定苏联人"在某些场合确实在内心怀疑我们的动机"。"共处"这名词不因为莫斯科给它上套形容词"和平的"就成了"绥靖":"共处事实上是我们的一种存在状态,只要我们不试图摧毁对方。"最后,"你不是通过只与你意见相同的人商谈去促进和平事业。那只是好好先生的做法。你必须直面往往意见与你不一的人,看看是否有办法解决分歧,达到较好的理解"。[75]

不令人惊奇,这些看法不总与约翰·福斯特·杜勒斯的观点吻合,后者倾向于强调谈判的风险,甚于强调谈判的好处。"如果杜勒斯先生和他所有久经世故的幕僚们真的认为他们不能认真谈论和平,那么我就找错了人,"在他1953年4月的一篇对苏联新领导显示和解姿态的演说遭到国务院反对后,总统愤怒地扯着嗓门说,"因为如果我们应当谈论的是战争,那么我知道就此给我提供咨询的人,他们不在国务院。"几个月后,艾森豪威尔提醒杜勒斯:"给我们的对手或我们的朋友"造成这么一种印象将于事无补,即"我们只关心显示我们一直是大好人,别人则一直确实非常坏"。总统在1958年承认，国务卿满脑子"律师观念"，因而有成为"一种国际检察官"的倾向。[76] 以其战略家的思维，艾森豪威尔倾向于抵制这一思想方式，这种方式在追求眼前的战术优势时似乎往往忽视总体目标——一个稳定和适宜的国际秩序。

但是，在谈判的实际操作方面，艾森豪威尔尊重，并且往往屈服于国务卿的建议。总是尊重总统的杜勒斯则从不断然反对这样的接触，承认它们至少能澄清对方的立场。[77] 于是，结果是妥协，其特征可以在行政当局前后相继的对"国家安全基本政策"的陈述中追踪到。1953年10月的国安会162/2号文件承认，美国应保持与苏联谈判的可能性，既是为追寻可能出现的任何解决机会，也是为使盟国相信美国在寻求这些机会方面的诚意。"但是，在这样做的时候，我们决不能允许此类解决的可能性延宕或削弱那些为打造和维持自由世界的足够实力而做出的努力，从而让苏联人能增强他们的相对实力。"还必须认识到，"关于可接受的谈判解决的前景不令人鼓舞。"一年后，国安会162/2号文件的后续，即国安会5501号文件，将事情表述得更简单——"在美国安全利益将显然由此受益的无论什么时候，美国应准备随时与苏联谈判"，而且还将这方略延展到中国，尽管未暗示不承认政策将有丝毫改变。到1957年夏天，又已加上了一大保留："然而，在苏联人有类似的行动以前，美国不应怀抱促使苏联人让步的希望而做出让步。"[78] 然而总的来看，这是一种比国安会68号文件提倡的更直率（且更接近实际做出）的谈判姿态。

诚然，在总的"新面貌"战略中有自相矛盾的方面。对核优势的依赖能延宕与对方的谈判,直至对方努力赶上为止。它还能使盟国感到不安,因为它们会由此认为自己可能在任何未来的战争中成为靶子,而且可以预料将在常规战中承担主要的作战重负。心理战和隐蔽行动措施能很容易起反作用,不仅在盟国和对手那里,也在国内引起问题。谈判如果走得太远,就能损害威慑的可信性和同盟的内部团结,而忽视谈判则能招致对不灵活和不妥协的指责。

尽管有这些矛盾,但有一条共同的绳索将核威慑、同盟、心理战、隐蔽行动和谈判捆在一起:它们全都具备一个长处,即比国安会68号文件的对称性反应战略廉价。它们蕴含一种意愿,即改变竞争在最初挑起时的性质和将竞争地点转移出最初挑起时的场所,从而公然冒升级风险,可是它们也展示了保持主动权的希望,而那是将成本最小化的关键。考虑到艾森豪威尔政府据以行事的利益观念和威胁观念,"新面貌"战略是一种内在统一和相当有效的调整:使资源适合于目标,使手段适合于目的。

四

然而,不管这战略内在多么统一,对它的公开解释却肯定不是如此。在艾森豪威尔政府的行为与公众对它们的看法之间始终存在差距:主要原因看来显然不是总统往往含混不清的话语,而是国务卿有害的、难于处理的夸张表述。艾森豪威尔执政年代的史册到处点缀着杜勒斯喜好夸大其词(或记者将他的大话浓缩)的令人难忘的例子——"大规模报复"、"解放"、"痛苦的重新评估"、中立的"不道德"、"边缘政策"等等,它们全都以较之现实允许的更强烈和戏剧性的方式去表达行政当局正在试图做的事情。结果是令公众思想混乱,让盟友惊恐不已,而且无疑使对手完全困惑不解。

160　　　这最后一项效果当然是蓄意的:杜勒斯坚信令对方始终猜测美国会做什么反应(虽然并非令其猜测美国会做出反应的可能性)大有好处。而且,如果至少一位显赫权威所说的话可被相信,那么他在这一点上成功了——"杜勒斯是个劲敌,"尼基塔·赫鲁晓夫后来回忆说,"我们总是要踮着脚尖才能赶上他。"[79]然而,杜勒斯发觉难以将心理战的实施与他使己方保持知情的责任区分开来:出自令敌人不安的收益不足以补偿他那浮夸的高调使同盟关系受到的损伤,以及它给公众对官方寻常意识的推测造成的损害。不得不得出这样的结论:在国务卿喜爱戏剧性宣告这弱点背后,既有战略图谋,也有个人冲动。

　　足够奇怪的是,这些动因中的一项是对"证明"他确实是一名共和党人的明显需求。杜勒斯很明白来自他自己党内的抱怨,说他与前任政府的合作太密切。他似乎觉得有必要在一些政策上面粘贴"共和党"的标签,其新颖性从外面看来并非总是一目了然。用浮言虚词进行"包装"是这样做的一种便捷办法。与之混合的是一种对醒目的抽象概念的喜爱,大概来自杜勒斯的律师经历,这导致他不时使用看来对他必须应付的个人状况或政治现实缺乏敏感性的话语,以此表达自己的观点。接下来还有一个事实,即杜勒斯的本领更多地是战术家而非战略家的:他在从一个危机转向另一个危机方面足智多谋,但他远不如艾森豪威尔那么善于明白各个局部如何与整体相连。[80]

由此产生了一个问题：既然艾森豪威尔对于使战术从属于战略的必要有敏锐的意识，那么他为什么始终与杜勒斯共事？一个原因显然是总统真诚地将二人的协作视为一种伙伴关系，其延续对维持世界和平至关紧要。对最终责权在何处的问题从未有过任何疑义："就杜勒斯而言，他从未在不预先与我全面彻底磋商的情况下作出或达成任何一项严肃的宣告、协议或建议。"不仅如此，"世界上大概没有任何人在外交领域有福斯特·杜勒斯那样的专门技能。他以这一或那一形式将毕生精力投入这工作，而且是位智力高强和富有道德勇气的人……无疑，鉴于我们在世界上的地位，如果……我们的后继者是经验较少、威望较低的人，而且他们缺乏我和福斯特与地球上许多地方的许多世界领导人有的那种熟识关系甚至友谊，那么问题就来了：'会发生什么事情？'"[81]*

事实上，杜勒斯是个比他的公开言辞显示的更敏锐、更娴熟的外交家。而且，实际情况也不像人们经常指责的，认为艾森豪威尔下放给他过大权势。然而，掌握权势不仅是指保留做出最后决定的权利——它还要求有为保证契合初衷而密切监督执行情况的决心，连同给下属灌输何为战略的意识，从而在无法监督的场合不需要监督。艾森豪威尔并不充分拥有这两大素质。在

161

---

* "显然，与陌生人在一起时，他的个性可能不总是讨人喜欢，"1958年初艾森豪威尔就杜勒斯写道，"但是与他的朋友在一起时，他富有魅力，令人愉快。"（艾森豪威尔致哈兹勒，1958年2月26日，艾森豪威尔文件，惠特曼档：艾森豪威尔日记，第18盒，"1958年2月艾森豪威尔口录"卷宗。）

他的任职方略中存在弊端，即始终未能追随他通常颇为健全的初衷来将行动贯彻到底，而且令人好奇地不愿在所有各个层次上抓住权力的缰绳。[82]结果，杜勒斯往往能给战略盖上他自己的"印记"。这一点的最充分表现，莫过于后者对"新面貌"战略的尖刻和误导性的公开表述。

第六章 实施"新面貌"战略

　　判断战略的有效性有种种不同标准,但艾森豪威尔的标准足够清楚:他的目标是以尽可能最小的代价取得对共产主义尽可能最大的威慑。事后来看,"新面貌"战略似乎实现了这些目标。尽管他的行政当局在朝鲜停战以后规避大规模的海外军事行动,但在其执政期间"丢失"给共产主义的国家只有越南北部和古巴,前者在艾森豪威尔入主白宫时已大致处在胡志明的控制之下,后者的新的共产主义倾向直到他行将离开白宫时才变得清楚起来。国防开支一直保持显著平稳,低至1955财政年度的402亿美元,高至1961财政年度的474亿美元。更能说明问题的是军费开支占总预算的百分比:它们实际上降低了,从1954财政年度的65.7%降到1961财政年度的48.5%。国防开支占国民生产总值的比重也下降了,从1954财政年度的12.8%降到1961财政年度的9.1%。[1]而且,尽管从表面看来相反,这些削减却全未造成美国军事实力相对于苏联的净削弱——如果说有什么变化,那就是在艾森豪威尔的任期结束时,美国对其主要竞争者的态势比他上任时更强有力。

　　难以断定这一切是出于运气还是出于技巧。艾森豪威尔-杜勒斯的战略之所以奏效,是因为行政当局幸运地在其对手并未筹划攻势的一个时期掌权,还是因为"新面貌"战略的老练和可信挫

163 败了这类计划？要回答这问题，就需要对苏联和中国共产党人的
意图有比我们现在所知的更多的了解[2]：威慑的成功总是难以衡
量，其失败却足够醒目。不过，有件事很清楚：痛感其后继者未能
同样有效地使能力与目标匹配，研究艾森豪威尔总统施政的历史
学家们多半赞扬他的国家安全事务操作，认为它反映了一定程度
的审慎、自制和直觉决断力，那未见于其他较早的战后行政当局。[3]

在他任职的最后几年里，艾森豪威尔的同时代人中间没有多
少人会持这种看法。到1960年，学界和政界的流行判断是"新面
貌"战略失败了，因为它（1）过分依赖核武器作为主要的威慑工
具，因而缩小了对侵略做出可行反应的选择范围；（2）拙于对付
在第三世界的革命；（3）听任"导弹差距"扩大，从而损害了与苏
联的战略平衡；（4）忽视了与对手谈判以缓和冷战紧张的机会。
这些批评在约翰·F.肯尼迪1960年成功的总统竞选运动中得到
突出展现。它们还提供了一个便利的框架，在其中可重新考虑
"新面貌"战略的缺陷和成就。

一

对艾森豪威尔行政当局的第一大指责，是它为谋求节省而变
得过分依赖使用或威胁使用核武器，从而将它在侵略倘若发生时
所做的回应局限于要么投降，要么冒毁灭的风险。问题仍在于人
所熟悉的关于"零敲碎打"式攻击的问题：在一个愈益临近核僵持
的时代里，有什么把握相信美国实际上将到它的核武库中去寻求
手段，回击它的对手发动的每一项对外试探，无论这试探多么不

重要？有如一位名叫亨利·基辛格的年轻的哈佛大学政治学家在1957年论辩的，不可能将"最大程度的恐惧与最大程度的确定性"结合起来："力量越大，使用它的禁忌（除非在最可怕的紧急情况下）就越大，因而就越可能出现如下情况：没有任何目的将看似足够重要，以致有理由诉诸全面战争。"而且，如果行政当局愿意考虑这么一种选择，难道这不违背它自己坚持的主张——在战略问题上疗法不应比疾病更糟糕？一位批评家指出，这好比地方警察擅自使用"巨型炸弹"去轰击那些未能自扫路边雪的市民。[4]

　　行政当局的公开回答可想而知：核武器只是对侵略的若干可行的回应之一，它无意只专注于其中任何一种。"过度依赖一种武器，或者只准备打一种战争，就只会促使敌人诉诸另一种，"艾森豪威尔在1955年警告说，"因此，我们必须为我们的目的和目标保持足够的武装力量的平衡性和灵活性。"核威慑必不可少，杜勒斯在下一年里争辩说，但那不意味着千篇一律地用它来对付局部侵略或"蚕食"："通过共同努力，我们和我们的盟国应当具备能力去对付这些，同时不使我们的行动造成一场全面核战争。"想法是始终令潜在的对手猜测美国将作什么反应，从而使他们永不能确信侵略将带来好处。[5]

　　不过，艾森豪威尔和杜勒斯确实坚持认为，美国**本身**不需维持在所有各个层次上回应的能力：这就是为何要有盟友的原因。相反，应有一种劳动分工，美国提供海空支持，但依靠海外朋友提供维持地面反应所必需的人力。对节省的考虑部分地决定了这一立场——通过从陆军削减41亿美元经费，艾森豪威尔在1955财政年度防务预算中砍掉了48亿美元：陆上兵力，他不耐烦地写道,总是能"显出多多益善之需"。[6]然而总统也确信,核武器的问世导致无法指望能以二战中的那种规模将美国部队运至海外:假如德国人拥有核武器,他指出,盟军就永不能跨越英吉利海峡。不仅如此,倘若核战争爆发,陆军就会被要求在国内 165 恢复秩序和生产,而不是在海外作战。*美国可能部署"几个海军陆战队营或陆军单位",从事一场或至多两场"前卫战",但"如果它发展到朝鲜战争那样的规模,它就会成为使用核武器的战争。参加小规模战争……主要是海军和空军的事"。[7]

乍看来,这一推理似乎是在绕圈:美国将依赖核武器,以替代海外地面兵力部署,但如此行事将冒一种对抗的风险,那一开始就已使这些部署看似不可行。然而艾森豪威尔估算,如果令人信服地显示愿意使用核武器,那就将使侵略不大可能发生。如果虽如此威慑战略依然失败,那么这些武器的有限部署据总统宣称仍不会千篇一律地导致全面战争:"对军事目标战术性地使用原子武器不会比使用20吨的'巨型炸弹'更有可能触发一场大战",他在1956年评论说。重要的是在下一年里,艾森豪威尔发现在亨利·基辛格的"非常具有启发性的"《核武器与对外政策》一书里有许多内容"很有意思,值得一读",该书争辩说核战争能被保

---

    *　詹姆斯·哈格蒂的日记提供了艾森豪威尔在这一问题上情感之强烈的一些表现:"假设明天将发生对我们15个城市的袭击。真该死! 在我们的15个城市沦为废墟时,谈论将部队运往国外绝对迂腐。城市和它们周围的道路将乱成一片,差不多彻底的混乱。你将不得不恢复秩序,而谁来恢复秩序? 你是否认为这些城市的警察局和消防队能恢复秩序? 一派胡想! 这秩序将不得不由纪律严明的军队和我们的后备役部队来恢复。那就是我们的军队在一场全面核袭击爆发的头几天里将要做的事情。"(哈格蒂日记,1955年2月1日,哈格蒂文件,第1盒。)

持为有限,其破坏性在某些情况下甚至可能小于常规战争。[8]*

核武器能遏阻,必要时还能击退常规侵略,这原理的最重要应用是在西欧,行政当局早在1953年就已开始在那里部署战术核武器以加强北约防务。尽管在扩充同盟的地面兵力方面取得了进展,但在不给西欧经济施加难以承受的负担的情况下,采取进一步行动的空间是有限的。行政当局认为,即使联邦德国的人力资源通过欧洲防务共同体加入进来,也无法使北约抵抗苏联的全面进攻。"对侵犯西欧的主要威慑,"国安会162/2号文件在1953年10月指出,"在于美国的鲜明决心,即倘若该地区遭到进攻,那就使用它的原子武器和大规模报复打击力量。"美国将在西欧保持地面部队,作为对"自由世界联盟的力量和团结"的一种贡献,但是如果苏联发动攻击,那么主要依靠将是使用核武器击退之。当被问到这是否意味着美国将承担起发动一场核战争的责任时,北约最高司令阿尔弗雷德·格伦瑟回答说:"正是如此。西方在承担保卫自己的责任,因为我们不具备依靠纯粹的常规手段保卫我们自己……的能力。"[9]

自此,美国的战略——连同北约的战略——是使如下前景变得可信,即如果苏联发动进攻,冲突将升级为核战争,以此弥补人力不足。这需要一种微妙的平衡操作,因为美国必须遏阻的不仅是苏联的进攻,还有西欧人对美国可能抛弃他们的担心,以及西欧人所受到的如下诱惑,他们可能觉得要靠试图迁就苏联

166

* 艾森豪威尔确实反对基辛格想维持的军队的规模:"这无疑将是一项比我们当前正在进行的更昂贵的行动。"(艾森豪威尔致赫脱,1957年7月31日,艾森豪威尔文件:惠特曼档:艾森豪威尔日记,第14盒,"1957年7月艾森豪威尔口录"卷宗。)

或靠发展他们自己的核武器去消除上述担心。*美国地面部队留驻欧洲适时地开始被视为服务于所有这些功能：它们向苏联人展示一个明显可见的义务承诺象征——用当时的行话说就是"触发线"（trip-wire）；在西欧人看来它们还是"人质"，因为美国永远无法在保卫西欧的同时将它们撤出；而且，它们有战略和战术两个层次上的核武器可以动用，这就能起到替代西欧国家本国核武力的作用，后者的发展是华盛顿希望避免的。然而应当强调，艾森豪威尔政府从未打算使用这些部队在欧洲打一场常规战争。正如艾森豪威尔后来就1958—1959年的柏林危机所说的，"如果诉诸武力成为必要，那么我们在柏林的部队会很快就被打败，冲突将几乎不可避免地成为一场全球战争。对付这类战争，我们的核力量绰绰有余。"[10]

在较边缘的战区，特别是在朝鲜，行政当局还非常依赖核武器达到自己的目的。杜鲁门政府的战略一直是排除在那里使用核武器（虽然不一定在亚洲的其他地方也如此），[11]"除非若不这样做，我们在该地区的军队将面临军事灾难"。[12]没有做过任何使用此类武器的公开威胁。艾森豪威尔政府对核打击是否会在事实上结束冲突并无把握，但是它愿意让人们知道美国在考虑使用它们。"我们准备打一种烈度高得多的战争，"杜勒斯后来承认，"我们已将投掷核武器的工具送到了那个战区。中国共产党人通过他们良好的情报得知了此事，而我们事实上不是不愿让他们得知这点。"[13]这成了一条不疑的信念：核威胁在导致1953

* 英国人已在1952年试爆了一颗原子弹，但法国人直到1960年才这么做。

年7月达成停战协定方面是决定性的。如果该协定被撕毁,艾森豪威尔1954年初告诉国会领导人,他的计划就是"用我们有的一切去打击他们"。[14]*

与此相似,在印度支那,前提假设是倘若美国卷入战事,"如果战术形势需要投入该武器,并得到总统批准,那么核武器将可供使用"。国家安全委员会承认,此类武器的使用可能在印度支那民众中不得人心,他们将担心自己的国家可能变成"朝鲜那样的毁灭性战场"。这还会使盟友们深感沮丧,因为这"将打消这些武器不会在战争中被再次使用的最后希望"。然而,如果与它们磋商,并且说服它们相信这样的行动"对防止东南亚落入共产主义控制和维护集体安全原则"必不可少,那么它们就可能被劝说支持这一做法,或至少不会公开反对。[15]当然,事实上这情况从未发生,一是因为艾森豪威尔坚持要拥有英国和国会两者的支持,那终究没有得到,二是因为陆军能令人信服地表明,在印度支那使用核武器不会排除对美国地面部队的需要,[16]三是因为法国人——美国的卷入起初正是出于他们的邀请——宁愿谋求谈判解决。艾森豪威尔行政当局在此问题上的克制显然是形势使然,而非出自对在有限战争中使用核武器的任何原则性反对。

在有个场合,行政当局显得最接近使用核武器,而那在它的批评者看来最少需要该武器,此即1954—1955年和1958年关于金

---

* 然而,现在已经了解的是,中国人和朝鲜人已精疲力竭,加上斯大林1953年3月去世,这导致了在朝鲜的停战。艾森豪威尔政府的核威胁要么在北京被误解,要么被置之不理。(见 John Lewis Gaddis, *We Now Know: Rethinking Cold War History* [New York:1997], pp.108—109。)

门、马祖的两次危机。艾森豪威尔和杜勒斯之所以担心由国民党控制的这些近岸小岛的安全,不是因为他们将其视为对台湾本岛的防务至关紧要,或因为他们赞同蒋介石在那里扩充兵力的决定,而是因为他们接受了这位国民党领导人的判断,即倘若失去这些小岛,那么本岛的士气便将不保,导致丧失这个更重要的阵地。这一事态发展转过来——杜勒斯在1958年争辩说——将损害整个西太平洋即日本、冲绳和菲律宾的安全,还将使越南南部、老挝、柬埔寨、泰国、缅甸、马来亚和印度尼西亚处于共产主义势力之下。"在远东的后果将是深远和灾难性的,甚至超过美国允许中国大陆由受到苏联援助和支持的中国共产党人接管所产生的那些后果。"[17]

问题是这些岛屿如此临近中国大陆——仅几英里之遥,以致只凭常规海空力量无法保护它们。"如果我们保卫金门、马祖,"杜勒斯1954年3月告诉艾森豪威尔,"我们将不得不使用核武器。"艾森豪威尔同意这评估,而且有意让人知道他正在考虑使用核武器:"我希望这回答将有助于说服中国共产党人相信我们的决心之大。"杜勒斯在1958年写道,尽管常规反应或许可以在初期遏阻解放军的攻势,但如果并非如此,那么"要是只局限于使用常规武器,我们的干涉大概不会有效"。如果使用核武器,"在世界大部分其余地区就会产生对美国的强烈的大众反感",虽然倘若使用的核武器当量小,放射性尘埃和平民伤亡较轻,那么这反感可能不会长久。"但是,行动的规模或其持续时间能否如此有限并不确定,并且我们将不得不接受更广泛地使用核武器的风险,甚至全面战争的风险。"[18]

乍看来,杜勒斯对两次金门-马祖危机的处理令人印象深刻:中国共产党人确实退却了,那是假如没有美国的核威胁他们大概本不会做的。[19]然而,这些事件——尤其是1958年的——远未证实行政当局的战略正确,事实上反而在美国公众和海外盟友看来使之声誉扫地,因为它们表明何等微不足道的事情便会将行政当局推入一场与中国的战争,很可能涉及使用核武器的战争。迪安·艾奇逊警告说,那将是"一场没有朋友或盟友的战争,为行政当局没有向人民交代的问题而战,不值得哪怕仅仅一位美国人为之送命"。因为震惊于公众和国会的反对之强烈,也许由一向谨慎的艾森豪威尔推动,杜勒斯本人迅速退却,指责蒋介石在那些小岛部署部队一开始就"相当愚蠢",并且提出如果能安排一项停火,那么"将它们保持在那里就是不明智或不谨慎的"。[20]这是个强烈的迹象,表明"边缘政策"已达到极限。

事后来看,显然艾森豪威尔政府准备在以下任何紧急情况下"使用核弹":苏联在欧洲发动常规进攻,朝鲜停战协定被撕毁,印度支那战事升级,或金门、马祖遭受攻击。它未用核武器不一定证明它的战略成功:在缺乏对被威慑者的意图的可靠透视时,不可能明确是否原本就有任何要加以威慑的图谋。[21]可以说的无非是,行政当局担心的常规军事攻势未曾发生,无论是因为它做了什么,还是尽管它做了什么。不过,与国安会68号文件的对称性反应战略相比,依据新战略被预期会带来的裨益,仍有可能对"报复"论做出评价。在此,该战略有成功也有失败。

无疑,新战略实现了节省。在卸任前夕提交的1954财政年度预算中,杜鲁门政府要求为国防部新拨款412亿美元。艾森豪威尔很快将这要求削减为358亿美元,而且只为1955财政年度谋求309亿美元。这削减大部分针对陆军,它从1953年12月的150万人缩减为1955年6月的100万人,但其他军种,甚至空军,最终其规模也小于杜鲁门政府时期所规划的。不过,空军经费在实际防务预算中占的份额由1953财政年度(最后一年由杜鲁门主要负责的预算)的34.2%增至1955财政年度的46.2%,而且在艾森豪威尔任期的所余岁月里大致保持这水平。[22]一旦朝鲜战争结束,防务预算无论如何都会有所减少。然而,这些削减的幅度,加上如此有利于空军的新开支"组合",反映了对核威慑的格外侧重,而核威慑是"新面貌"战略的根本。

不过,新战略是否重获了主动权则是另一回事:就行政当局在其中试图应用有限核威慑的情形而言,令人吃惊的是它的选择范围在多大程度上由盟国决定。[23]由于几近完全依赖它们实行常规层次上的威慑,华盛顿实际上放弃了对如何以常规反应回应侵犯的控制:结果,盟友取得了操纵美国的能力,其途径是要么做得过少,像法国人在印度支那,要么做得过多,像蒋介石通过在近海岛屿集结部队所做的。*面对这些既成事实,行政当

---

*　詹姆斯·哈格蒂在日记中描述了很可能的升级过程:"我们都相信中共正在为进攻马祖和金门做准备,而且如果进攻发生,那么我们的部队大概将必不可免地因此卷入:如果共产党人武力进攻这些岛屿,蒋在台湾地区的空军将立即出动作战……反过来共产党人的空军也将出动作战,并且迟早会攻击台湾地区的机场。一旦发生这情况,根据我们的条约义务,美国空军部队就将投入战斗,因为当台湾地区受到进攻时我们有义务这样做。一旦我们投入战斗,我们就不会让自己对共产党飞机的追击止于任何想象的界线,而是将奉命去摧毁它们,无论是在空中还是在它们的基地。那当然会成功。"(哈格蒂日记,1955年3月11日,哈格蒂文件,第1盒。)然而,美国原本的立场是金门和马祖对蒋介石的防务并非至关紧要;只是蒋的坚持才使它们变得如此。

局不得不在使用核武器与完全不做反应之间进行挑选,前者大有升级风险,后者将动摇盟友的"士气"和损害美国义务承诺的可信性。就一种起初被设计来增大美国战略家的选择余地的战略而言,这确实成就微薄。

对于敌手,这一战略也不像曾被期望的那么令人印象深刻。如果被威慑的力量由一个易受核攻击毁伤的中央权威控制,有如在东欧的华沙条约组织部队或金门、马祖对岸的中共军队,那么威慑就能奏效。但是,停战协定很可能会被半岛上的人自己破坏,无论是哪一方:汉城或平壤都不以审慎见长,而且都不敬重同盟大伙伴的愿望。*假如发生对停战协定的这么一种破坏,就难说将怎样实施以及对什么人实施核报复。还有在印度支那,法国人三心二意地对抗一个全心全意的革命运动,后者即使假定受到任何外来控制,其程度也微乎其微:使用核武器的威胁既不能给法国人注入战斗精神,也不能遏阻他们的敌手充分利用法国人战斗精神的缺乏。一句话,问题在于要用单单一个严酷的解决办法去对付各种各样和解决难度各不相同的一堆麻烦。

然而事后来看,艾森豪威尔政府战略的最可疑的方面,是它的显然的自信,相信自己能够使用核武器而不引发一场全面核战争。一场有限核冲突是可能的,亨利·基辛格在其《核武器与对外政策》里争辩说,但只有在参与者事先就其延展限界持有共识

171

---

* 　1953 年 6 月,李承晚当局释放了大约 2.5 万名抗拒被遣返回国的朝鲜战俘,从而几乎彻底破坏了停战谈判。关于朝鲜的不可预料性,见 Balázs Szalontai, "'You Have No Political Line of Your Own': Kim Il Sung and the Soviets, 1953—1964", Cold War International History Project *Bulletin, #14/15* (Winter, 2003—Spring, 2004), pp. 87—137。

的情况下才会如此："战争的界限不仅由我们的意图确定,也由对方解释它们的方式确定。除非关于战争界限的某种概念事先得到确定,误算和误解……就可能导致战争成为全面的,即使双方都想限制它。"[24] 可是,行政当局远未就其反应的限度和性质展示确定性,反而蓄意营造不确定性。"让我们使'共产主义者'猜测不已,"杜勒斯在第一次金门、马祖危机期间评论道,"而且就此不作任何一清二楚的解说。"[25] 不知为何,这里的前提假设是美国能够不受惩罚地升级,甚或变更冲突场所,对方却不会如此。

难以将这些断言,即核战争可被保持有限,与艾森豪威尔对预先规划在战时的功用所持有的深刻怀疑协调起来。"没有任何战争显示出预期的特征",1954年他在记者招待会上说。根本不可能预先就"无限多种挑衅下的无限多种情况"做出一般概括。作为应付种种紧急情况的演练,规划工作是重要的,但当它们实际发生时,计划帮不了多大的忙:"'紧急情况'的定义本身在于它出乎意料,因而它不会以你预计的方式发生。所以,你要做的第一件事是将所有计划从书架顶层上拿下来,把它们扔到窗外,然后重新开始。""战争中唯一不变的要素,"艾森豪威尔补充说,"是战争中最可变、最不确定和最难预见的因素,那就是人性。"[26] 鉴于即使是一场有限核冲突也有全然未知的特性,因而很难理解艾森豪威尔在私下如何能像他的行政当局公开显示的那样,对它能被保持为有限满怀信心。

事实上,他没有。"我要告诉你,如果战争来临,它将很可怕,"1954年他对好斗的李承晚说,"原子战争将毁灭文明……将有成百万人丧命……如果克里姆林宫和华盛顿陷入一场彼此

间的战争,种种结果将可怕得难以考虑。我不敢想象它们。"一 172
年半以后,他就一项绝密的情况介绍做笔记,那显示在一场核交
火中,即使苏联遭到的损伤将是美国的3倍,仍有"大约65%的美
国人口将需要某种医疗救治,而在绝大多数场合这种救治完全
无法提供……这简直就是将我们自己从废墟中挖出来,从头开
始"。即使苏联人试图将他们的攻击限于美国空军基地,"我们
将遭受的损失也不会有太大不同"。[27]*

　　艾森豪威尔的幕僚们,在幕后,对一场核战争能被保持有限
甚至更少信心。就职几个月内,杜勒斯本人就开始担忧"核武器
的增大了的摧毁性和有效核均等的临近正造就一种局势,在其中
全面战争将威胁毁灭西方文明"。关于核报复的谈论,他在1954
年写道,正趋于"造就'不惜任何代价求和平的人们',并且可能导
致各不同国家里绥靖情绪的增长……因为我们的核能力而将我
们描绘成战争贩子的宣传已造成损害,大得不可计量的损害"。
因而,对美国及其盟国来说,明智的是"维持足够的、灵活的军事
能力,还有政策的坚定,以便令共产主义领导者相信美国及其盟国
有手段确保侵犯不会得益,有意志在形势需要时使用军力"。[28]**

---

　　* 艾森豪威尔补充说,减少美国损伤的唯一可能途径是对苏联发动一场预防性进
攻。不过,作为骨子里的宪法从严解释者,他摈斥这一选择,不仅是因为它不符合美国的
传统,而且因为难以召集国会秘密开会,以便为宣战进行必需的投票表决。

　　** 到1954年底,杜勒斯甚至已在思索废除核武器,作为唯一可解决增进着的苏联
核能力的办法。"原子武器是唯一能用来在一场突然袭击中实际上摧毁美国的武器,而如
果通过消灭核武器,这毁伤危险能被消除,那么这将帮助美国,因为这能使我们的工业力
量得到保全,后者一向既是对总体战的威慑,又是赢得战争的一个主要手段。"(杜勒斯与
国务院幕僚谈话记录,1954年12月29日,*FRUS*: 1952—1954, Ⅱ, pp.1585—1586。)

接下来几年里,杜勒斯一直坚持寻求这灵活性,途径是减小艾森豪威尔行政当局对核威慑的依赖——结果只是遭到来自艾森豪威尔本人的抵制。似乎他俩们二人对调了立场,1952年竞选期间怀疑杜勒斯战略的总统现在拥抱它,与此同时杜勒斯自己却已开始认识到艾森豪威尔早先异见的逻辑。[29]艾森豪威尔顽固的部分原因必定在于手段有限观念,那一开始就规定了对核武器的依赖。他从未失去他的一种忧惧,即美国能通过开支过度而轻而易举地击败自己,就像通过未能遏阻苏中一样。[30]对更"灵活的"军事能力的支持——即使来自他自己的国务卿——存在这风险,恰如国安会68号文件。

然而,艾森豪威尔的反对还有另一个更微妙的原因。他相信,避免一场全面核战争的最佳途径是**使之成为可供美国采用的唯一军事选择**。[31]他的推理是克劳塞维茨式的:在其经典著作《战争论》里,这位伟大的普鲁士战略家既想象了彻底的,因而非理性的暴力,又与之配对地显示了试图实现它将多么困难——而且多么愚蠢。克劳塞维茨的"绝对战争"(absolute war)是个抽象,被树立起来作为一个对照,对照军事力量实际上能可行地实现什么。然而,到20世纪50年代,"绝对战争"已成为一种很现实的可能,事实上令他的论辩在艾森豪威尔看来变得更适切。要害不在于设计一种战略,那意味着由此至彼。宁可说,它在于展示一种恐怖,以利**永不**至彼。1957年初,在认识到美国可能在一场核战争中遭受5000万人的伤亡后,艾森豪威尔的反应斩钉截铁:"对我们来说唯一的明智之举,是将我们的所有资源都投入战略空军司令部(SAC)的能力建设,都投入氢弹。"[32]

杜勒斯并非从这思维退缩的唯一幕僚。各军种意识到极少有机会增加拨款或晋升人员,因而明确表示反对。甚至艾森豪威尔自己的国家安全委员会工作班子也反复拿出种种研究去挑战他的立场。[33] 可是,总统照旧不动摇:他从未修改他的内心信念,即**任何**战争都必定升级到使用核武器。准备任何其他方式不仅毫无意义,而且势将**危险**。

现在清楚的是,艾森豪威尔的目的不只是遏阻核战争。[34] 对总统来说,杜勒斯提议的战略,即"灵活的能力",根本不是替代办法,因为他认为它颇可能导致战争,而非防止战争。它的最坏情况方案将是以较少热核炸弹替代许多原子炸弹,但这从生态或人道观点看几乎全然不会令事情变得好些。它将增加常规兵力,增进巨量耗费,并且增大显示此类兵力的价值的强劲诱惑,即使只是为辩解它们的耗费是合理的。如果苏联人或中国人力求经朝鲜战争似的纠葛去使美国的同盟内部紧张或耗损美国资源,它不会提供什么预防保障。"我们现在必须计划在同样的基础上打边缘战争,像我们将打全面战争那样",艾森豪威尔在1956年坚持说。[35] 简言之,"大规模报复"的逻辑是令**一切**对手确信**任何**这样的冲突都**可能**升级到一个层级,在其上**没有哪一方**能希望获胜。总统承认,这个术语一直"遭到奚落"。然而,它"很可能是存活的关键。"[36]

因而,他的批评者是对的:艾森豪威尔确实依赖核武器为主要的威慑工具,从而收窄了对侵略的可行回应的选择范围。不过,他的目的是使威慑对苏联和中国来说更为可信,而非不那么可信。这也是为了遏阻他自己的幕僚,不让他们令美国卷入代

174

价高昂和旷日持久的有限战争,从而危及美国的可信性。这反映了他非凡的自信:他"对军事懂得太多,以致不会被愚弄",他有一次说道。[37]可是,在这方面他独一无二:他的后继者们极少可能拥有这素质。因而,结果是这么一种战略:它意在使美国能"天长日久"地负担得起威慑,却令人惊异地不适于保证产生这结果。

二

对艾森豪威尔政府的第二项重大批评,在于它未能成功地对付正在成为亚洲、中东、非洲和拉丁美洲一项愈益突出的生活特征的革命运动。这些运动随着欧洲殖民主义的衰败(在拉丁美洲还随着对所称的美国新殖民主义的怨愤的加剧)而兴起。尽管它们可以预料,甚至不可避免,华盛顿的官员们却在多数场合令人遗憾地对其缺乏准备。"正是我们,美国人民,应当走在这世界革命的最前列,给它出主意,帮助它产生健康的结果",参议员约翰·F.肯尼迪如是说,这行将成为他1960年竞选运动的一项明确的主题。"然而,我们竟让共产主义者将我们从我们的应有领地上赶走……我们被装扮得像现状守卫者,与此同时共产主义者却将他们自己描绘成先锋力量,指明通往一种更好、更灿烂和更大胆的生活秩序的道路。"驻联合国大使亨利·卡博特·洛奇在行政当局内不事张扬地提出了同一个问题:"美国能赢得战争",他在1959年11月告诉内阁,"但问题是我们能赢得革命么?"[38]

这些失误不是出自对问题缺乏注意。艾森豪威尔及其幕僚从一开始就全神贯注于一种可能性,即莫斯科控制下的共产主义者可能谋求接管"民族解放"运动,从而扩展苏联的权势范围,并且因此削弱西方的地位。*"在策划其征服世界的战略时,苏联领导人抓住民族主义,作为俘获殖民地人民的工具",杜勒斯在1953年争辩道。"斯大林在关于其《论列宁主义基础》的经典论稿中说,'通往西方革命胜利的道路是与殖民地和附属国的解放运动结成革命的同盟。'"[39] 就斯大林而论,杜勒斯的意识形态教条是离谱的:事实上,这位苏联领导人很少做什么去推进第三世界无产阶级革命的利益。不过,他的更积极活跃的后继者没有显示出这样的自制。接下来几年,行政当局将发觉它的担心会在伊朗、危地马拉、印度支那、埃及、伊拉克、黎巴嫩和古巴等大为不同的地区得到证实,不管这些担心是否有道理。它缺乏的是一种合适的战略,用以挫败它设想的苏联在世界这些地区的"图谋"。

行政当局同情民族主义,只要它具备独立形态。自从在索邦大学师从昂里·伯格森(Henri Bergson)以后,杜勒斯就相信国际事务中变更的不可避免性:他认为,国务家的任务是使变

---

* 在就职前夕给自己写的一项笔记中,艾森豪威尔评论到:"民族主义正在高涨,世界共产主义正在利用这民族主义精神煽动自由世界内的不满。莫斯科引导许多被误导的人民相信,他们能指望共产党的帮助去实现和维持民族主义抱负。实际上,在发生的是共产党人希望利用现存关系的毁坏所造成的无序,以及(源于被破坏的贸易、安全和理解的)困难及不确定中所蕴含的混乱,去推进如下目的,即世界革命和克里姆林宫主宰所有人民。"(艾森豪威尔日记笔记,1953年1月6日,艾森豪威尔日记,惠特曼档:艾森豪威尔日记,第5盒,"艾森豪威尔个人文书,1953—1954年〔3〕"卷宗。)

更过程尽可能有秩序。"我们和别国必须尽力保证这冲动造就有存活力的、人民生活不断改善的国家,而不是导致混乱、流血和贫困。"艾森豪威尔争辩道,殖民国家应通过体面地授予独立"将必然转化为美德",*其效果将是既提供在遥远地区实施"新面貌"战略所需的、自己立意奋斗的当地力量,同时又使莫斯科难以自称与世界的那些部分有"特殊关系"。"美国无法承受将亚非殖民地区域的建设性的民族主义和改革运动丢失给共产极端主义",1956年的一项国家安全委员会研究报告断定。"美国应谋求(1)在确信此类力量很可能保持强劲和增进其影响的时候与之协作而非对立;(2)防止共产主义俘获此类力量。"[40]

然而,就艾森豪威尔政府而言,似乎从不具备将民族主义导入可靠的反共方向的手段。隐蔽行动作为短期的权宜之计,在伊朗和危地马拉足够有效,但美国在这类活动中的作用不可能无限期地遮掩下去;随着它逐渐为人所知,怀疑加剧,导致更难在"貌似可信的否认"的掩护下保持后续行动隐蔽莫知。[41]心理战措施要求的秘密性较小,如果有要求的话,但它们见效慢,往往不可预计,而且受制于国会周期性的敦促节省开支的压力。"福斯特和我长时间以来一直与国会斗争,以便确立(在中东的)能抵消反西方情绪的宣传运动,"艾森豪威尔在黎巴嫩危机期间写道,"我们从未能得到资金以将工作做好,尽管目前我们大概

---

* 这体现了艾森豪威尔在这方面的某种斗争性,尽管他认为许诺25年后自治就足够了,而且殖民国家最后将被请求留下来,有如美国在波多黎各。(艾森豪威尔致格伦瑟,1954年11月30日,艾森豪威尔文件,惠特曼档:艾森豪威尔日记,第5盒,"1954年11月〔1〕"卷宗。)

每月在花费更多的钱解决危机,多于为较有效地防止危机我们本来每年会花费的。"[42]

核武器也无法带来很多帮助。杜勒斯一直希望"大规模报复"论会使莫斯科和北京丧气,不去为自己的目的谋求利用"民族解放"运动,然而到1955年,艾森豪威尔已在承认他大概一直知道的事情:这么一种战略"本身没有提供那种防护,无法使我们免受敌人的政治军事蚕食造成的损失。只要他避而不做任何他相信将激使自由世界公开宣告大战的事,他就不用害怕'威慑'"。[43]不仅如此,无论使用核武器的威胁对敌人有何影响,它们都有令朋友惊慌失措的恐惧效应,有如行政当局在1956年初发觉的,当时它安排了一次东南亚条约组织军事演习,涉及模拟原子弹爆炸。有趣的是,当美国部队1958年7月在黎巴嫩登陆时,它们并未携带早先被艾森豪威尔宣告为现代武库不可分离的组成部分的核武器。[44]

可是,常规力量的任何持久的广泛使用(行政当局在黎巴嫩足够幸运地避免如此)会冒重演国安会68号文件的"错误"的风险。1954年初,当行政当局考虑在印度支那援助法国人时,国家安全事务助理罗伯特·卡特勒(Robert Cutler)坚决指出了这一点:即使美国地面部队在那里大获全胜,也无法消除在亚洲其他地方的共产主义。然而,这样的作战行动会导致以美国有限的人力去对付欧亚大陆用之不竭的人力储备,同时让苏联和中国的人力不受损伤,从而令美国资源拮据,难以抵抗任何其他地方的攻势。"如果战争必须局限在印度支那,"卡特勒问道,"那么难道不能有想象力地构思出一种行动,它**不是**为取得决定性的老式胜利而被规划,投入大量美军对付无关紧要的敌人,而是一种被设计以少量兵力不断使共产主义者经受最大程度不安的战争?"艾森豪威尔认为不能:"如果我们要将一名战斗军人遣入印度支那,那么我们的整个威望就会赌进去,不仅在那个地区,而且在全世界。"美国可以训练当地兵力,甚至可以使用自己的海空力量支持他们。但是,"我看不到有任何理由要将美国地面部队投入印度支那。" 45

　　当然,可以使用盟国的援助抗击第三世界的共产主义,但其结果可能会像增大美国应付这些形势的机会那样,也经常限制这些机会。将盟国的合作当作行动的先决条件,有如行政当局1954年在印度支那做的,就是放弃对是否采取行动的控制。"我甚至在花费不少时日,试图在有关国家中间确立一种政治气氛,那将使提供帮助——我们自己和自由世界的利益看来要求的那种帮助——在美国国内政治上是可行的,"艾森豪威尔在1954年6月写道,"但是,因为我们坚持将各国全都当作主权**平等者**对待,所以极难实现目前如此必需的同心同德。"另一个问题在于,即使是亲密的盟友,有时也可能采取令美国非常难堪的单边行动,如英国人和法国人以其1956年10月夺取苏伊士运河的未遂努力表明的。那些为确保石油供应而发动这冒险的人,应被听任"在他们自己的油锅中煎熬",愤怒的总统评论道。最后,与殖民或前殖民国家携手无助于提高美国在仍确信帝国主义比共产主义更危险的各民族中间的声誉。"让我们记住,"杜勒斯说,"虽然**我们**首先想到来自国际共产主义的危险,但**他们**当中有很多人首先想到来自西方的可能的侵害,因为那是他们实际上一开始就已知道的通则。"[46]

行政当局偏好的反对第三世界共产主义的办法是建设当地抵抗力量,它们如果得到美国的适当援助,就能够独自行动。这办法有相对节省之利。它也反映了艾森豪威尔的一个信念,即"没有任何西方国家能够奔赴亚洲用兵,除非作为一个……包括当地亚洲人民在内的国际协调的成员。图谋任何别的事情会使我们自己被谴责为帝国主义或殖民主义,或至少被谴责为可厌的家长式作风"。[47]行政当局谋求加强当地力量,办法是向那些可靠的反共当局提供军事和经济援助,诸如在1954年日内瓦会议之后由美国支持建立的新的南越吴庭艳政府,连同李承晚、蒋介石,还有在菲律宾、巴基斯坦、伊朗和沙特之类地方的较早建立的反共当局。它拿来与这援助相配的是双边和多边的安全条约,*还有旨在显示美国决心和遏阻外部进攻的单方面声明。

但是,这些权宜之计有其自身的困难。对正被招募的国家和地区来说,为东南亚条约组织和中央条约组织招募成员的努力可以显得是侵扰性的,像苏联人或中国人在做的那样,特别是在与杜勒斯关于中立"不道德"的不当宣告相连的时候。单边安全保障可被认为是美国干涉的借口,正如阿拉伯人对1957年艾森豪威尔主义的敌对反应表明的:单单这一项宣告(保证美国保卫"中东",抗击"出自任何由国际共产主义控制的国家的公然武装侵略"[48])就差不多在一夜之间便将华盛顿在阿拉伯世界赢得

179

---

* 沙特阿拉伯未被包括在中央条约组织内,但确实允许在它的土地上设立美国空军基地。

的好感一扫而空,那是它靠反对前一年英、法、以三国入侵埃及而赢得的。而且,这声明中没有哪项确保受美国保护的国家同样持有美国政府的利益观和威胁观,也不保证它们会以华盛顿希望的方式将其民族主义转向反对共产主义。

在对付第三世界的共产主义方面,行政当局的很大部分问题出于总是未能将可威慑的与不可威慑的现象区分开来。威慑理论意味着要被威慑的行为(1)代表某种对手并非决定全力进行的事情;(2)处于可靠的中央控制之下。在东亚、中东或拉美,这两项条件都不能假定具备。对中国人威胁核报复非常适合,因为他们延长朝鲜战事的决心不坚定,但对在那里参战的兵力的控制很有力。在印度支那应用同一个策略则是另一回事,那里的起义者决心倾尽全力,但是不易受外界控制。北大西洋公约组织很可以遏阻苏联在欧洲的进攻,如果这样的一场进攻曾被策划的话。然而全无把握认为,以此为先例构建的同盟将阻绝自发但潜在敌对的革命,它们可能发生在从土耳其直至朝鲜半岛南部的非共国家环带上。在金门、马祖问题上,一项关于中国台湾地区的国会决议可能对北京有分量。然而,在一个像"中东"那么无组织的地区,试图通过艾森豪威尔主义遏阻某种像"共产主义"那么含糊不清的事物却是一项全然不同的命题。隐蔽行动可能以具有迷惑性的一帆风顺,成功地在伊朗和危地马拉发动宫廷政变。可是,将它用作激发广泛的大众反叛,试图以此推翻坚固有力的民族主义政权(诸如印度尼西亚的苏加诺政权和古巴的卡斯特罗政权)完全是另一回事。简而言之,行政当局受害于它自己的成功,受害于它不能将眼光超越这些成功:它对一种可能性不够敏感，那就是在一种环境中奏效的办法可能在另一种全然有别的环境中徒劳无功。[49]

另一个问题是行政当局低估了民族主义的"经久力"（staying power）：它间接地恭维了国际共产主义运动的组织能力，总是焦虑新独立国家如果不牢靠地与华盛顿结盟，就迟早会成为莫斯科和北京的精妙但无孔不入的策略的牺牲品。"我个人确信，"艾森豪威尔在1957年3月写道，"世界上差不多每一个新生国家都会喜欢拥抱共产主义或任何其他形式的独裁制，而不愿接受另一种政府的统治，即使那给每个公民带来高得多的生活水平。"下一个月里，杜勒斯以他富有特征的更激烈的语调说出了同样的观点："国际共产主义正在巡游，要捕获这么一些国家：它们的领导人感到必须靠公然无视其他独立国家去展示新获得的主权。那种主权是自杀性主权。"[50]*

这是一种奇怪的立场，因为行政当局准备承认——即使只是对它自己承认——共产主义可以采取民族形式，因为国务卿相信"苏联帝国"是个"刷白了的坟墓"，因为总统相信"如果任何独裁制在其控制方面走得过远，那么最终不管它是罗马帝国，还是成吉思汗的帝国或拿破仑帝国或任何别人的帝国，其规模本身就开始击败它们"。[51]这立场的一个原因可能是担心民族共产主义对美国或许就像国际共产主义一样危险。另一个原因可能与

180

---

　　*　1956年7月，副总统尼克松就这同一点对一群菲律宾听众演讲："我知道有些人觉得对克里姆林宫和北平持友善中立可以使自己免受其害。然而你们知道这样的谚语：与魔共餐，须有长勺……那些以为自己能在策略上胜他们一筹的人正在冒可怕的风险。"（*DSB*, **XXXV**〔July 16, 1956〕, p.94.）

时间有关——民族倾向要在共产主义国家内发展起来，可能需
要多年，而在此之前可能造成很多损害。国内政治和心理战的
苛刻要求提示了再一个解释：即使美国公众准备接受一个看法，
即存在多种多样的共产主义（而且如果有谁能"兜售"这看法，那
肯定将是艾森豪威尔和杜勒斯），那么在集结公众和盟友支持华
盛顿的战略方面，铁板一块的威胁是否并不比分散不一的威胁
更有效，这仍是一个问题。还有另一个可能性，或许就是纯粹的
不连贯——一种足够平淡无奇的问题，但永不能将它从关于人
类决定的解释中全然排除掉。

　　无论原因何在，这里涉及战略眼光的一种基本缺失。如前
所述，原本的遏制概念要求争取民族主义力量，即使是民族共产
主义力量，以遏制苏联权势扩张。艾森豪威尔政府本应顺当地
怀抱这方针：他的政府确实与铁托领导的南斯拉夫协作；它知
道民族共产主义还在别处存在；它极难被指责为对共产主义"软
弱"；它本应欢迎这么一种自动实现的战略本将允许的节省。然
而，由于杜勒斯将威胁笼统地界定为共产主义，而非只是苏联，
因而行政当局集中于反共，甚至在它采取民族形式的地方也是
如此。行政当局对非共民族主义的自我维持能力如此缺乏信心，
因而诉诸狂热和专横的努力去支撑它，在此过程中显得违背了
它正试图维护的主权和自立原则本身。有讽刺意味的是，这眼
光缺失（大概是行政当局最重要的一项弊病）并非出自它当时
被指责的罪过即消极无为，而是主要出自过分积极：鉴于民族主
义在"第三世界"表现出来的经久性，行政当局本应得到较好的
劝告，在这领域应运用耐心、克制，甚至良性的忽视，这些是其战

略在其他领域的特征。

三

　　就像"第三世界"的共产主义和民族主义问题那样,在当时看来很糟糕,而在现在看却并非如此的另一情形是所谓"导弹差距"。危机源自苏联在1957年10月发射第一颗人造地球卫星。它得以加剧,因为赫鲁晓夫蓄意追求从这和其他发射活动对远程导弹能力的展示中汲取政治优势。[52]到1959年,艾森豪威尔政府已被广泛认为几乎全未努力去纠正这明显的战略失衡:新近退休的陆军参谋长马克斯韦尔·D.泰勒(Maxwell D. Taylor)将军代表国会、学界和军方内的众多批评者发声,在其著作《不定的号角》内谴责说"迟至约1964年,美国很可能在远程导弹的数量和效能方面与俄国人相比处于显著劣势——**除非现在采取重大举措**"。[53]艾森豪威尔拒绝采取这些措施,事后来看正确的是他,而非他的批评者。苏联人事实上没有制造所预期的那么多洲际弹道导弹,而且在他总统任内,未曾有什么时候美国在总的战略能力上亚于苏联。不过,当时看起来并非如此,结果艾森豪威尔在这个问题上碰到了他总统任内最尖锐、最持久的反对。

　　作为意外危险的一次显露,只有珍珠港事件和朝鲜战争才比得上苏联第一颗人造卫星成功发射所造成的冲击。一时之间,整个美国(连同很大部分其余世界)看来都处于苏联核攻击射程之内;预警时间在以轰炸机充当投掷手段的情况下以小时计,现在却最多只有30分钟。最糟糕的是,有如艾森豪威尔公开承认的,对弹道导弹袭击没有已知的防御手段。[54]官方先前估计,在 1960 或 1961 年之前,苏联不会具备可实战的洲际弹道导弹能力,而据认为到那时美国也将拥有这能力。[55]现在似乎美国将不得不挨过危险的易受毁伤的几年。对减轻公众的担忧来说,提醒武器的展示与其实用蔚然有别几乎纯属徒劳,声称华盛顿将它自己的卫星计划看作科学事业而非军事项目、声称美国不在与苏联"竞赛"也几乎没有对公众产生影响。[*]艾森豪威尔评论道:具有讽刺意味的是"我们应真心实意地着手去干某事,却在一场我们从未认为是竞争的竞争中处于困境"。[56]

珍珠港事件和朝鲜战争都激发了美国军事开支的急剧增加;在苏联第一颗人造卫星上天后,美国恰好有着更适度地增加军费的现成理由,这寓于总统责成的一项于 11 月初提交白宫的威慑和防御研究之中,即盖瑟委员会(Gaither Committee)报告。[**]它指出,苏联以仅相当于美国 1/3 的国民生产总值,正在赶超美国在重工业和防务两方面的开支;如果这趋势继续下去,那么到 20 世纪 60 年代末苏联的以上开支很可能将达美国的 2 倍。委员会从中得出结论:美国能变得易受苏联核攻击毁伤,除非它

183

---

[*] 如果行政当局不认为自己在就卫星发展与苏联人竞赛,那么它在洲际弹道导弹方面却显然如此。"洲际弹道导弹能力的尽早开发对美国安全至关紧要,"艾森豪威尔在 1955 年 9 月写道,"我们决心……不让任何可以克服的困难阻挡这计划的最迅速进展……现在没有任何其他开发项目成为如此紧迫、如此强调的一项指令的对象。"(艾森豪威尔致参议员克林顿·P. 安德森,1955 年 9 月 13 日,艾森豪威尔文件,惠特曼档:艾森豪威尔日记,第 6 盒,"1955 年 9 月"卷宗。)

[**] 以委员会主席、福特基金会董事会主席 H. 罗恩·小盖瑟(H. Rowan Gaither, Jr.)命名。

迅速采取措施：（1）加速生产洲际导弹和潜射导弹，以及在欧洲部署中程导弹，从而加强它自身的进攻性导弹能力；（2）分散空军基地、改进预警系统和"加固"导弹发射点，以保护它自己的报复力量；（3）建造能在袭击发生时保护全国整体人口的疏散掩体。该委员会估计，这些项目将在未来5年额外花费440亿美元，并且其中前4年将出现预算赤字。然而，在一番令人想起国安会68号文件的论辩中，它强调"这几项防卫措施完全在我们的经济承受范围之内……美国人民在确信其必要时，总是准备为自己的防务承担沉重的代价。"[57]

鉴于它问世的环境，盖瑟委员会报告本来能差不多像国安会68号文件一样剧烈地影响美国的国防建设。无疑它不乏支持者：在这份绝密文件的某些部分被泄露给报界后，关心该报告国家安全含义和国内政治潜能的国会民主党人迅速认可其传言中的结论，并且徒劳地要求将其正式公布。几个月后，洛克菲勒兄弟基金会责成的一个民间研究小组——以亨利·基辛格为首——肯定了委员会的发现，从而提示即使在总统的本党成员中间，它的结论也有相当大分量。在五角大楼更是如此，那里陆、海、空三军全都一直叫嚷着，要求分担战略威慑使命。盖瑟委员会报告使每个军种都有所获，*而且各军种首脑毫不犹豫地利用国会听证会给他们提供的讲坛，以便使他们对报告建议的支持众所周知。[58]但是，没有白宫的同情，所有这些不会有多大效果，而白宫的反应绝对冷淡。

---

*　该报告甚至要求为进行有限战争而适度增加常规武力。

艾森豪威尔确实同意提高战略轰炸机的警戒等级,分散它们的基地,增加洲际导弹的建造数量和在西欧部署中程导弹。然而,出于若干原因,他坚决拒绝盖瑟委员会的总体建议。他认为该委员会忽视了海外基地给美国带来的好处,它们既有利于分散苏联在任何"第一次打击"中必须打击的力量,又有助于使莫斯科自己的防御问题复杂化。他同意杜勒斯的看法,即为美国人而不是为盟友建筑的辐射避难所会意味着退回到"美国堡垒"概念:杜勒斯争辩说,美国将由此"一笔勾销我们的欧洲朋友"。经济顾问们警告说,委员会关于只会稍有预算赤字的预计过于乐观:它依赖持续高就业率和税收不减,但这两者都无法被假设为理所当然。如果委员会的建议付诸实施,那么更可能的前景将是通货膨胀压力,货币和信贷紧缩,甚至可能还有经济管制。仅是这些可怕的前景,就足以在总统眼里毁坏盖瑟委员会报告,因为他个人对大为可怕的"兵营国家"的界定甚为宽泛,足以将这些前景包括在内。[59]

因此,军费开支远未增长,其在国民生产总值中的比重反而从苏联第一颗人造卫星上天时的9.9%降至1959财政年度的9.6%,然后又降至1960财政年度的9.1%。[60]*事后来看,这些开支水平似乎完全适当:苏联在1961年的洲际导弹力量被证明只是在1959年里预计的一小部分。[61]艾森豪威尔坚定地反对急速扩充战略武力,这令美国避免了一场大为靡费的努力,去使它的

---

* 实际国防开支从1958财政年度的468亿美元略增至1959财政年度的490亿美元,但此后降至1960财政年度的481亿美元。

实际战略能力赶上赫鲁晓夫如此高声（和廉价）地宣称的苏联所拥有的能力。无疑，这是领袖作为。不过，它究竟是出于运气还是出于技艺的领袖作为，却又当别论。艾森豪威尔拒绝盖瑟委员会的建议究竟是盲目但幸运地信奉财政正统准则的结果，还是对一种被准确认识的威胁的精确无误的反应？后者基于理性、冷静和对情报的精细使用。

无疑，艾森豪威尔的财政节制决心未随岁月推移而削弱。他对1958财政年度预算的预计规模大为吃惊，因而采取了非同寻常的步骤，即要求国会寻找砍削之处，那是立法者们以比他料想的更大的热情在1957年夏季着手从事的一项任务。苏联第一颗人造卫星扭转了国会的态度，但未扭转总统的。在苏联取得这项成就后，他承认美国"将不得不少造一点'黄油'，多造一点'大炮'"，但他根本未考虑要做任何盖瑟委员会建议的事情。185 "如果预算太高，"他教导新任国防部长尼尔·麦克罗伊（Neil McElory），"就会发生通货膨胀，那实际上将使美元贬值，因而一无所得，整个过程自招失败。"总是有可能"因为专注于军事因素，就说资金增加将导致军事实力增长"。然而有个临界点，"过了这个点，出自资金增加的军事实力增长很快地越减越小"。苏联的第一颗人造卫星导致美国"军事开支大增，至今我们还没有从此恢复过来"，总统在两年后抱怨说。要是他必须批准又一次赤字预算，他"就会不能不认为行政当局信誉扫地"。[62]*

---

　　* 在艾森豪威尔政府的8次预算中，只有3次——1956、1957和1960财政年度预算——出现赢余。1959财政年度的预算赤字为124亿美元，多半是由于1958年的经济衰退。

　　然而,艾森豪威尔的克制不只是出于财政上的吝啬。基于一项重大但不可公开的情报成功之举,他还掌握相当可靠的信息,表明苏联洲际导弹的建造速度出乎意料地缓慢。中情局1956年开始在苏联上空进行U-2飞机侦察,这提供了足够的证据,显示不存在任何大规模的洲际导弹计划,因而总统能多少有些信心地声称美国也不需要同类计划。有趣的是,艾森豪威尔欢迎苏联人造卫星上天,将它说成苏联人无意之中承认了"国际空间自由"——一个模糊不清的说法,其意义无疑未被他的大多数下属看到。一年半后,他谨慎地向他的科学顾问提出,在生产可以投入实用的洲际导弹方面,苏联人可能遇到了美国人正面临的某些同样的困难。到1960年1月,中情局业已汇集了足够的情报,开始依据"很可能的计划"而非苏联的能力来做评估:没有迹象显出有任何急速的洲际导弹建造计划。苏联在这方面的努力如此"懒散松懈",以致总统科技事务特别助理乔治·基斯提亚科夫斯基(George Kistiakowsky)疑惑U-2侦察机有没有漏掉整个一系列的苏联试验。然而,事实证明并非如此;基斯提亚科夫斯基几年后写道:"如果没有这(U-2飞机的)情报,特别在苏联发射第一颗人造卫星之后,总统很可能无法顶住要求大规模扩展我们业已庞大的战略武器规划的政治压力。"[63]

　　可是,即使没有U-2侦察机提供的情报,只要总的威慑看来可靠,艾森豪威尔也似乎不大可能会追求压倒性的导弹数量优势。总统是一种观念的早期信仰者,这就是后来为人所知的"充足"(sufficiency)信条,其思想在于超过一定数量,建造更多的武器几乎全无好处。*"在这个时代……优势在一国的防务安排中不重要，"1955 年 3 月他在一次记者招待会上说，此时离 U–2 飞机开始高空侦察还有一年多时间，"如果你得到了足够的某一特定种类的武器，那么我怀疑再增添许多这类武器是否特别重要。"威慑是个判断问题，而非数量问题；"如果负责官员判断，美国有遏阻苏联发动进攻的足够力量……那就没有理由增添……更多的武器，以达到仅仅力图在数量上赶上苏联的目的。"在达到一定程度后，最好"将你的一些钱投入……建设：建设那些倾向于使人民尊崇我们正在支持的伟大价值标准的事物"。1958 年艾森豪威尔不耐烦地提问："你究竟能将同一个人杀死"多少次？两年后，当被告知美国不久后就能差不多每年生产 400 枚"民兵"式导弹时，总统以一种独特的震惊加愤怒反应道："为什么我们不彻底发疯，规划一支拥有 1 万枚导弹的武装力量？"[64]

艾森豪威尔对"充足"原则的坚持符合——而且确实直接来自——他的战略非对称信念。重要的是挑选出"那些在其中我们应着手与苏联人竞争并击败他们的活动阶段"，他在 1958 年 2 月对他的幕僚们说。然而，"我们不应当试图在每件事上都优胜一筹。"苏联人自己在"这个问题上比我们干得好得多"：他们一向根据美国缺什么而不是有什么来规划自己的武力。"他们停止了

---

　　*　为公共外交起见，约翰·福斯特·杜勒斯赞同这观念。1958 年 1 月他告诉内阁：应小心避免在国情咨文中强调军事"优势"，因为这个概念只能导致"易招惹怨恨的比较"。他倾向于"坚持如下观念，即拥有充足军力以遏阻侵略"。（1958 年 1 月 3 日内阁会议记录，艾森豪威尔文件，惠特曼档：艾森豪威尔日记，第 18 盒，"工作人员笔记—1958 年 1 月"卷宗。）

'野牛'和'熊'（式轰炸机）的生产，我们却仍在继续建造，依据的是不正确的估计，以巨大的耗费从事一种要确保万无一失、绝对安全的错误努力。"下一年他提出，苏联人正"窃笑我们在无用的武器上花那么多钱"。愚蠢的是"试图防范每一件可以想象的事"，没有理由"花费数十亿美元，只是为了使我们当前的武器系统增强一点点效能"。[65] 更好的方略——艾森豪威尔如此顽强地奋斗，要加诸一个顽固的国会和军方的方略——是要扬己之长，以此制敌之短，从而既得主动之利，又获节省之便。

因此，这战略不仅基于财政保守主义或秘密情报，而且基于归根结底源自克劳塞维茨的主张，这就是必须让一切手段都具备目的。维持与当前威胁无关的武器（艾森豪威尔将多余的导弹能力归入这范畴，还有五角大楼的宠儿，诸如核动力航空母舰、任何新的载人轰炸机以及扩充了的地面部队）等于胡乱花费有限的资源，结果是国家最终将无法承受真正必需负担的开销。或许在苏联发射人造卫星以后，美国甚至在导弹领域也做得"太过了一些"，艾森豪威尔在1960年承认，但那是"因为在我国某些人中间的一种差不多是歇斯底里般的恐惧"。如此重大的决定"永不应当在怀有恐惧的情况下做出……重要的事情是……始终忠于我们自己的信仰和信念"。[66] 艾森豪威尔大致做到了这一点，是在面对很大反对的情况下——而且没有什么证据表明国家安全由此受到了损害。

四

对艾森豪威尔政府的第四项批评，在他卸任以后比在1961

年以前更频繁的批评,是它专注于安全条约、威慑和"边缘政策",从而在对付敌手时忽视了外交工具。诚然,艾森豪威尔和杜勒斯常在口头上谈论需要与"对方"谈判。[67]而且,在这一时期里,谈判者们也并非消极无为:毕竟举办过有苏联人参加的三次最高级会议和五次外长会议,[*]还有一系列较低级别的军控谈判,与苏联的文化、教育和技术合作协定。甚至与中国共产党人也有保持一定距离的接触,先是在1954年关于朝鲜和印度支那问题的日内瓦会议上,然后通过1955年起断断续续进行的大使级非正式会谈。总的来说,这与杜鲁门行政当局在其任内的最后几年里尝试过的任何事相比,是个更广泛的系列外交活动。

　　然而,在艾森豪威尔政府的大部分时期里始终有一种模糊的感觉,即与共产党世界的这些接触多少有些不自然,以下一系列行为代表了其气氛:杜勒斯1954年在日内瓦冷漠地拒绝与周恩来握手,还有他向艾森豪威尔建议在翌年的最高级会议上,与布尔加宁和赫鲁晓夫合影时要保持"表情严肃"。一位观察家后来写道:这就像认为对"敌人"所作所为的认可"附着于一切外交行为和外交姿态,以至只要直接触碰敌人,就可能是赞同"他的国内外政策。[68]结果,人们争辩说,艾森豪威尔政府错过了走向与对手缓和的机会——这机会直至20世纪70年代初另一个共和党政府上台为止不会重新来临。[69]

　　鉴于这时期里赫鲁晓夫和毛泽东的政策的缺乏常理性,现

----

[*]　艾森豪威尔与苏联领导人1955年在日内瓦、1959年在戴维营、1960年在巴黎(未取得任何成果)进行了会晤。还有1954年在柏林、1955年在维也纳和两次在日内瓦、1959年再次在日内瓦举行的外长会议。

在有很多理由——基于苏联和中国的资料——怀疑这论断。[70]
可是,这些信息,在彼时并无法获取,因而值得按照当时显现的
去评估谈判的前景,评价行政当局在多大程度上对这些前景作
了回应,还有相比于遏制的其他工具——核威慑、同盟、心理战
和隐蔽行动——行政当局有多注重外交。很快就变得一目了
然:艾森豪威尔和杜勒斯更经常地将谈判当作便利其他这些遏
制方略的手段去动用,而不是当作试图超越遏制的一个途径。
他们发觉难以将谈判的机会与他们自己参加谈判的意愿搭配
起来。

　　1953年9月,杜勒斯向艾森豪威尔提交了一份备忘录,建议
做"一次令人印象极为深刻的努力,以在全球范围内缓解世界紧
张",办法是谈判美苏军队共同撤出欧洲,连同一项关于限制常
规武器和核武器的协议。"如果什么时候要采取这步骤的话,目
前是一个有利时机,"他论辩说,"因为我们将依据实力而非虚弱
地位发声。"朝鲜停战;伊朗政变成功;法国人显然愿意在印度
支那更有力地行动;康拉德·阿登纳最近在联邦德国竞选获胜;
苏联一段时间里不会在核武器领域有显著进展,所有这一切使
目前成为采取行动的好时机。加上直到年底之前,包括防务开
支急剧削减在内的新的政府预算不必公开。"我非常同意应当重
新做出努力去缓解世界紧张,"艾森豪威尔答道,"红军和美军共
同撤出可被提出来,当作走向缓解紧张的一步……不管在此领
域我们采取什么步骤,都应做得适当早些。"[71]

　　然而事情到此结束。总统、国务卿或行政当局内任何其他
人未做任何努力去推进这引人注目的想法,它大大超过凯南

1948年提出的从**中欧**共同撤军的建议。*当然,困难会相当大:杜勒斯担心,抱负远没有那么大的"新面貌"战略,偕其常规兵力削减和欧陆防御能力提升,将在欧洲显得是一种"美国堡垒"概念[72]——撤军计划将显得更是如此。而且,在遇到对方的虚弱迹象时,国务卿的本能是施加更大压力:"现在到了**逼迫敌人**的时候了——而且或许该**了结**他,一劳永逸",他先前在7月间告诉内阁。到1953年12月,在杜勒斯准备与苏联的首次外长会议时,他的态度已变得狭隘和悲观。谈判不会产生什么结果,他告诉总统,"问题……在于你如何结束它,同时又……尽可能少受损害。"[73]

艾森豪威尔起初倾向对苏联新领导人采取较和解的态度:他不顾杜勒斯的反对,坚持在1953年4月发表一篇演说,将斯大林与其后继者区别开来,提议后者就"普遍裁军"与西方谈判。[74]然而,总统抵制举行最高级会晤的呼吁,那极引人注目地出自他的老朋友温斯顿·丘吉尔。杜勒斯顽固地反对任何这样的会晤,只要联邦德国与西欧的关系仍未解决。艾森豪威尔则担心此类会晤可能加强克里姆林宫新领导集团内某一位或某几位成员的威望。"那将……趋于使俄国内部正在进行的权力斗争减至最小程度。我们当然不愿意那么做。"[75]最终,最高级会晤被推迟了两年。它的举行只是在西欧联盟取代难产的欧洲防务共同体和联邦德国加入北约之后,而且直至苏联人通过签署对奥和约显示了他们的诚意为止。

190

---

* 见本书第 73—74 页。(原书页码。——译者)

不过,相较于1953年夏季,到1955年7月日内瓦最高级会晤时,苏联已处于更强有力的地位。新的克里姆林宫领导人们——赫鲁晓夫在其中居于首位——已经上台。苏联取得了初步的远程轰炸机能力,并且准备开发一种可实战的氢弹。美国的防务预算已被显著削减。显然意识到这新的实力,苏联人现在已撤回斯大林1952年做出的一项提议,后者提出了德国统一但保持中立的可能性。自此往后的替代要么是由苏联控制的统一的德国,要么是永久分裂的德国。从杜鲁门以来,西方的整个立场一直是只应从"实力"地位出发进行谈判。[76]然而在试图加强实力的各特定成分(建设西方同盟,同时对苏联人施加压力)的过程中,谈判被推迟,以致错过了莫斯科可能觉得有必要因为羸弱而做出让步的时机。

在军备控制领域,艾森豪威尔对谈判怀抱的希望最大。"现在世界正奔向灾难,"他在1953年12月给自己的一则笔记中写道,"因而必须做什么事情来刹车。"总统的"刹车"办法是这么一项计划:拥有核武器的国家将向一个由联合国控制的国际原子能"银行"贡献制造该武器所需的原料,然后该"银行"将其用于和平用途。艾森豪威尔认为,这一程序会使苏联人习惯于在原子能领域与美国协作。与此同时它无损于美国的安全,因为"美国无疑经得起以两三倍于俄国人可能贡献给联合国机构的数量来削减自己的核储备,同时依然改善自己在冷战中的地位,甚至在战争爆发情况下的地位"。[77]

尽管有这自我利益考虑,仍无理由怀疑艾森豪威尔谋求核军备控制进展的诚意。虽然此类武器对他的战略而言是基础性的,但关于它们的整个设想触犯了他对节省的必要和战争目的持有的军人意识。"战争意味着一场竞赛,"他在1956年私下写道:[191]"当你进至不再涉及竞赛的地步,当前景近乎是摧毁敌人和我们自杀的时候……那么关于与其他某国相比我们可用的实力究竟有多大的论辩就不再至关紧要。"以后的岁月里,他将一次又一次地敦促他的幕僚,要他们提出在与苏联的裁军会谈中安全但具有建设性的建议:"为使裁军斗争继续下去,我们需要某种具体的建议"(1956年3月);"规划和实施广泛的(核武器)试验……同时又声称随时准备按照一项裁军计划中止试验……这样的做法可能招致谴责,说我们缺乏诚信"(1957年8月);"在这令人恐怖的军备竞赛中,我们必须……怀抱一点儿希望……从长期看,唯一的前景就是战争——倘若我们放弃了和平解决的一切希望"(1959年4月);"我们说他们不灵活,他们说我们不灵活……我们必须寻求另外的或新的主题或可能性来谈判"(1959年6月);"我们的真正努力应被用来向裁军迈出某种有意义的步伐"(1959年10月)。[78]

　　然而,在1955—1959年的实际谈判过程中,可看到一系列令人难堪的、美国变更其立场的情形,它们似乎恰恰令上述诚意变得可疑。1955年5月,苏联人同意对其领土的有限核查,以此作为监督裁军的一个手段,从而接受了美国的一项长期以来的要求。可是,美国没有往下探讨这一主动表示,反而用艾森豪威尔的"开放天空"核查方案取而代之,该方案在宣传上的好处非同小可,但鉴于美国社会在很大程度上的开放性质,它很难被认为是对待这问题的一个公平的办法。尽管如此,苏联人仍在1957年确实接受了对苏联和东欧的部分领土进行对等空中侦察的原则（以换取对西欧和美国东部进行空中侦察的权利），但得到的只是华盛顿召回它过分热忱的谈判者哈罗德·史塔生（Harold Stassen），因为他在未与英国人磋商的情况下与苏联人讨论了反建议。裁军谈判近乎全无成果，讨论在那一年转向了限制核试验的可能性，其核查方式为大气采样和地震学手段。不过，1958年末，由于科学证据表明地震学技术在察觉地下核试验方面的可靠性存有疑问，行政当局又从这提议后退。到头来，这些旷日持久的谈判产生的全部结果，不过是一项缺乏强制约束力的核试验延期协议，它随时都可被终止。[79]

诚然，这些成果之稀少不全是华盛顿的过错。苏联的核查提议，无论是空中核查还是地面核查，其涵盖范围始终只局限于可供发动对西方突然袭击的领土的一小部分。赫鲁晓夫也并非不会从自己先前的立场倒退，有如他在1957年8月苏联洲际导弹试验成功后突然终止谈判所表明的那样，失败的1960年巴黎最高级会晤也是如此。不信任，加上对什么将构成足够的查证确实没有把握，导致双方都不愿冒那种要在当时达成协议就必须承担的风险。然而，这么说也公平：像在德国问题上那样，与其战略的其他一些成分（诸如维持可信的核威慑、维持盟国间的和谐、立意在心理战领域通过损害苏联人"得分"）相比，艾森豪威尔政府赋予军备控制谈判的轻重缓急地位较低。总统个人的决心使军备控制谈判得以进行下去，但它从未有力到足以为后者取得与行政当局的其他关切同等的地位。

行政当局还顽固地拒绝与中华人民共和国开始实质性谈判，

尽管事实上到1950年代中叶,北京"打开"与西方关系之门的愿望在变得明显起来。[80]肯定不乏机会:1955年4月的万隆会议之后,中共开始不懈地暗示不需要靠军事手段解决台湾地区问题,并且示意他们会欢迎交换记者和解除贸易禁运。然而,除了同意是年晚些时候在日内瓦举行大使级会谈外,美国没有做出任何努力去追寻这些主动表示。而且,1957年6月,杜勒斯坚决重申美国支持蒋介石,反对承认中华人民共和国或允其进入联合国,从而实际上结束了大使级会谈。[81]

历史学家们此后一直批评这姿态,理由是它排除了利用中苏关系紧张的任何可能。[82]不过,现在我们知道行政当局充分认识到莫斯科与北京之间不和的潜在前景,它有意谋求加剧这些对立,而且它对蒋介石的不打折扣的支持不管有什么国内政治好处,其另外的目的正是致力于此。国家安全委员会在1953年做的研究显示,华盛顿只靠自己无法指望分裂这两个共产主义巨人,苏联对中国人的行为将更有决定作用。然而,通过支持蒋介石,美国可以间接地加剧莫斯科–北京同盟运转的难度。"有大约40万中共部队驻扎在台湾海峡对岸防范入侵,"杜勒斯1953年12月评论说,"这是我们喜欢实施的另一措施,依据如下理论,即施加最大程度紧张去导致中国共产党人从俄国索取得更多,从而使俄中关系承担额外的压力。"[83]

杜勒斯的话提供了进一步的解释,说明行政当局何以与蒋介石抱成一团。这不仅是个意识形态僵硬或政治权宜问题。它还是一种经过算计的分裂敌对同盟的努力,办法在于令其次要伙伴精疲力竭,迫使它提出地位较高的盟国不能满足的要求。[84]值

193

得注意的是,在第一次金门-马祖危机期间,如果中国与美国发生战争,艾森豪威尔对苏联人是否会信守他们的对华军事义务表示怀疑;他认为,莫斯科将制约中共,而非予以支持。[85]而且,在1958年第二次沿海岛屿危机前夕,国务院提供了关于杜勒斯战略的一项间接的公开暗示,表明如果给予外交承认,就只会使北京的官员"觉得他们政策的正确性和继续与莫斯科密切合作的好处得到了证实"——持续远离加上施压据推测将造就相反的效果。艾森豪威尔显然是这么想的:到那年11月他已在大声问道,是否"苏联人不在真正变得担忧,担忧共产主义中国可能是他们未来的威胁"。[86]

可以狭义地争辩说,杜勒斯的计划在很大程度上像他设想的那样奏效了。研究中苏分裂的历史学家们事实上已引证莫斯科在两次金门-马祖危机中不愿援助北京,将这当作中国共产党人对苏联感到幻灭的原因之一。[87]*假如美国不如此强烈地支持蒋介石,那么这种特定的紧张——当然还有其他紧张——本来不会发展起来。考虑到当时在中国仍持续存在的对美国的愤恨,有理由怀疑与北京和解的尝试是否会比杜勒斯的压力战略更快地造就北京与莫斯科的决裂。

杜勒斯战略的问题在于,它未超越分裂两大共产主义巨人这眼前目标去望得更远:它使美国面对两个彼此分开但大致同样满怀敌意的对手,从而排除了利用其中一个去反对另一个的机会,

---

　　*　虽然更多较晚近的证据提示,毛泽东在利用这些危机巩固他的位置,并且令美国人和苏联人心神不定。(Chen Jian, *Mao's China and the Cold War* [Chapel Hill: 2001], pp. 185—187; William Taubman, *Khrushchev: The Man and His Era* [New York: 2003], p.392)。

那似乎本应是谋求分裂的初始目的。马修·B.李奇微将军早在1954年就提出，如果目标是将北京从莫斯科分裂出来，那么"具有国务家素质的方略看来是使红色中国认识到它的长远利益来自与美国的友好"。然而，那将需要有大量外交接触，而行政当局拒绝如此，因为那将在盟友和美国公众那里引发问题。"在中苏之间造就分裂性而非团结性影响这目的显然正确"，艾森豪威尔在1957年致函亨利·A.华莱士说，"问题在于找到既这么做，又不削弱我们与许多盟友（特别在远东）的纽带的办法。"三年后他坦承道，承认北京"将毁掉我们的老盟友蒋介石"。不仅如此，美国人民对中国"感情用事"——他们倾向于看北京在朝鲜、美国战俘、印度支那和中国台湾地区等问题上的记录。至少就接纳中华人民共和国进入联合国而言，艾森豪威尔本人拒绝说"永不"，但他认为在这可以发生以前，他们必须停止对抗企图，"释放我们的战犯，放弃他们用武力"解决中国台湾问题"的公开意图"。[88] *

在其最后岁月里，与先前显示的相比，艾森豪威尔政府确实在与苏联谈判问题上开始趋于一种较为向前看的立场。对1958年11月赫鲁晓夫关于前往西柏林通道的最后通牒，杜勒斯的处理提供了一项经典范例，表明威胁和引诱的结合如何能化解危机。确信苏联人的行动出自对西德人的错误但真诚的恐惧，国务卿力图通过外交渠道使苏联人放心，甚至向他们做一些小让步，同时采取行动加强西方联盟，而且重申西方在这个分裂的城

---

　　*　艾森豪威尔在此不是指1953年朝鲜战争停战后已被释放的战俘，而是指此后在中国上空执行中央情报局侦察飞行任务时飞机被击落的若干飞行员。

195　市的基本权利。[89] 在杜勒斯1959年春天去世后不久，这些主动
带来又一次美苏最高级会晤，这次是在美国。* 用总统的话说，想
法在于"试图使赫鲁晓夫立意谈判，将之作为处理我们之间关系
的一项原则"。[90]

　　1959年9月的戴维营会谈未能满足总统的希望（虽然赫鲁
晓夫的访问绰绰有余地满足了记者们寻求生动的文章题材的希
望）。会谈产生的仅有的具体成果是一致同意翌年春天在巴黎举
行一次四大国最高级会晤，艾森豪威尔接受访苏邀请，还有赫鲁
晓夫示意在这些会晤举行以前他不会逼迫解决柏林问题。但是，
戴维营会谈，连同在艾森豪威尔政府最后岁月发起的与苏联人
的其他外交接触，确实有一项当时并未立即显现的重要效果：它
们有助于使一个观念合法化，即谈判是与莫斯科打交道的适当
手段，而且可以在不冒瓦解同盟或显示绥靖之险的情况下举行。
这是对艾森豪威尔的继任者来说并非微不足道的遗产，后者与
苏联人谈判的机会更大，但可倚靠的国内外支持基础比普遍受
欢迎的"艾克"脆弱得多。

　　然而，1960年5月的U-2飞机事件，还有随后巴黎最高级会
晤的取消，显示与其任期之初相比，艾森豪威尔在任期之末并未
更倾向于给谈判优先地位——超过其他遏制方略的优先地位。
总统知道，如此临近最高级会晤时的一次高空侦察飞行不无危

---

* 艾森豪威尔本来想为邀请赫鲁晓夫访美设立一项条件，即就柏林问题行将举行的
日内瓦外长会议需取得进展，但因一项误解，这保留未被传达给苏联领导人，后者马上接受
了邀请。（古德帕斯特记录，艾森豪威尔与狄龙和墨菲谈话，1959年7月22日，艾森豪威尔
文件，惠特曼档：艾森豪威尔日记，第27盒，"工作人员笔记—1959年7月（2）"卷宗。）

险——他后来承认他预料到失败的后果,但"未觉得他能反对他的所有助手的共同意见。他补充说,所采取的行动大概正确,而且他本来无论如何都会采取,即使他的幕僚们正确地评估了可能的反应"。飞机刚被击落,赫鲁晓夫给了艾森豪威尔充分的机会去否认自己对U-2侦察机高空飞行负有责任。但是总统拒绝了,无论是出于个人诚实,还是由于切望避免证实民主党的一种指责,即他未管住他自己的行政当局。那年夏天晚些时候他痛苦地评论说,整个U-2飞机事件是一团"愚蠢的……混乱",毁掉了他结束冷战的所有努力。[91]然而,如果结束冷战事实上是他的首要优先目标,那么他随意允许其他考虑令他偏离对谈判的追求却不很符合这目标。

五

因而,与"修正派"史家所声称的相反,艾森豪威尔够不上是个"天才"。他以较小的代价达到了他确立较大威慑的目的,但只是通过以下这些才做到:将遏制手段几乎完全局限于核武器,使他在"第三世界"正试图遏阻的对象变得混乱复杂,未能将他自己的谈判意向贯彻下去,而且——必须补充说——得益于颇多好运气。尽管如此,他的战略是连贯的,在差不多每个层次上都留下他的影响的印记,在大多数场合小心处理目的与手段之间的关系,而且总的来说更多是符合而非损害国家利益。这是个适度的评价,但尽管如此仍是个较好的评价,好过一个人可以合情理地针对与"新面貌"前后相接的两种战略所做的。

第七章　肯尼迪、约翰逊和 "灵活反应"战略

　　相较于通常情况,约翰·F.肯尼迪更注重将自己与前任拉开"距离"。与1952年的艾森豪威尔不同,他竞选期间对前任行政当局的批评不是要急于迎合获取提名的需要。1960年7月民主党洛杉矶大会召开以前许久,这位马萨诸塞州的国会参议员就已阐明自己立场的基本要素。[1]而且,也与艾森豪威尔八年前力图就共和党人所做的不同,他的批评不是为获得民主党内某一翼的支持。大多数民主党人赞同肯尼迪对现任政府对外政策和国家安全事务操作的异议,有如相当多的著名共和党人那样。[2]与对过往政策的不安相混杂的是一种"代际"必需,其鲜明象征是权力从最年迈的当选总统转移到最年轻的:不知何故有一种感觉,即新一代国家领导的承诺——甚而其合法性——将遭怀疑,倘若其施政纲领没有明显和实质性地有别于前任。

　　这样一种对创造独特身份的专注有其多方面表现:肯尼迪就职演说中的大话浮言("火炬已传递到新一代美国人手中,他们生于本世纪,经历过战争磨难,受到一种艰难苦涩的和平的锻炼");在他的许多早期任命中反映出来的对年轻和活力的注

重;对现存官僚机构体系的不耐烦;对超时工作和迅速决断的褒扬;对行动而非无为的偏爱;甚至表现在一些区区小事中,如新总统不愿被拍到打高尔夫球的照片,担心这可能令人认为他有如较悠闲的前任。"美国需要一个大目标,"肯尼迪新任命的一位官员在一份准确地把握了新政府的精神气质的备忘录中写道,"我们表现得好像……我们的真正目标是要坐在游泳池边,凝视我们腰间多余的赘肉……关键的考虑不在于大目标绝对正确,而在于我们有一个大目标,并且开始朝它迈进。"[3]

这新身份的一个要素将是更高效地制定国家战略。肯尼迪认为,艾森豪威尔治下的国家安全委员会已变得臃肿庞大,笨拙不灵:太多时间被花费在就每个能想象到的问题制定政策文件,使之在相应的官僚机构获得通过,然后在有总统出席的冗长的正式会议中予以讨论。结果整个决策机器成了障碍,而不是它被设想充当的协调行动的推动器。肯尼迪正确地指出,关键问题上的实际决定是由艾森豪威尔和很少几名主要幕僚在椭圆形办公室的机密环境中单独做出的。这位新行政首脑决心砍削国家安全委员会工作班子,将这组织从它先前作为国家安全主要决策机构的地位上降下来,更多地依靠与各部的直接接触或专门任务小组来提供建议。新体制可能在某种程度上牺牲程序的按部就班,但肯尼迪认为就回应速度和灵活程度而言它大有好处,因而值得。[4]

新政府中未出现一种类似在艾森豪威尔大部分任期内由杜勒斯所发出的单一主导声音。相反,肯尼迪着意利用各色各样幕僚。他曾打算让国务院负起协调对外政策和国家安全政策的首要责任，但他的国务卿、为人谦卑的迪安·腊斯克（Dean Rusk）证明不愿或不能起这样的作用。结果，影响力聚集到另外几处：肯尼迪自己的白宫工作班子，特别是总统国家安全事务助理麦乔治·邦迪（McGeorge Bundy）；国防部，罗伯特·S.麦克纳马拉（Robert S. McNamara）在那里施加国务院缺乏的那种强有力的领导作用；马克斯韦尔·D.泰勒（Maxwell D.Taylor）将军，起初是肯尼迪个人的军事顾问，然后担任参谋长联席会议主席；肯尼迪发觉其观点很对他胃口的某些国务院官员，特别是苏联问题方面的查尔斯·E.波伦和勒维林·汤普逊（Llewellyn Thompson），北约和西欧事务方面的乔治·鲍尔（George Ball），远东和反叛乱问题方面的罗杰·希尔斯曼（Roger Hilsman），拉丁美洲问题方面的理查德·古德温（Richard Goodwin），还有总揽一切的艾弗里尔·哈里曼。[5]不过，在为行政当局阐述一套总的战略观念方面，最成功的是沃尔特·惠特曼·罗斯托（Walt Whitman Rostow）——1961年在国家安全委员会工作班子里任邦迪的一名助手，同年12月起占据凯南的旧职，担任国务院政策设计委员会主席。[*]

　　罗斯托有作为复杂信息快速综合者的惊人技能（批评者会说他太擅长这个领域，到了过度简单化的地步）。肯尼迪曾开玩笑："沃尔特能写得比我读得还快。"这些素质使他看似是理想的长远规划者。"在白宫这里……我们太过受限于官僚机构制定出

---

　　[*]　这个机构的名称与其领导的头衔历经多年略有变化，不同于起初的"政策设计办公室主任"。

来的东西,"肯尼迪告诉他,"我希望你到那儿(国务院)去,在要害处抓住进程。"[6]

罗斯托到任后不足四个月,就写出了一份284页的《国家安全基本政策》(BSNP)草案,它在目的上类似于艾森豪威尔的国家安全委员会定期编写的研究报告,但在范围上宽广得多。[*]肯尼迪从未正式批准罗斯托的《国安基策》草案,一部分原因是与使用战术核武器相关的问题尚未解决,另一部分原因则是担心正式认可或许会束缚总统的手脚。[7]然而,这份文件在政府内部广泛传阅,而且事后来看,它和肯尼迪的公开声明一起,是关于行政当局认为自己在世界事务中正试图做什么的最全面的指南。

林登·B.约翰逊成为总统后,肯尼迪战略的基本前提依然存在,尽管新行政首脑的个人风格截然不同。他当上总统的方式本身鼓励了延续而非变更。不仅如此,约翰逊本人对肯尼迪试图遵循的方略极少持异议。约翰逊留用了这位遇刺身亡的总统的大多数高级幕僚——特别是腊斯克、麦克纳马拉、泰勒和邦迪,而当邦迪最终在1966年初辞去总统国家安全助理一职后,约翰逊转向肯尼迪战略的最有力阐释者罗斯托,将他用作邦迪的继任者。当然,不可能知道如果肯尼迪活着,他是否会像约翰逊那样处理1963—1969年的事态。然而无疑,二人用以观察世界的思想框架大同小异。

200

---

[*] 　罗斯托的前任乔治·麦吉开始撰写这草案,但罗斯托监督它完成,终稿通篇处处明白显示出他的影响。

一

对美国体制在其中能生存和繁荣的那种世界,肯尼迪的设想与其前任的仅有差异只在于他表达得更清楚、更直率。他在遇刺前两个月宣告:"美利坚合众国的利益的最佳促进途径,是维持和保护一个多样性的世界,在其中没有任何一个国家或国家集团能威胁美国的安全。"正是第二次世界大战结束时德国和日本权势的崩溃,将美国永久性地推入国际舞台。自此往后,认识不变,即倘若"无论俄国或中国都无法掌控欧亚两洲……我们的安全就有了保证"。因此,存在一项"美国对外政策的简单的中心主题……即支持各国的独立,以致一个集团无法取得足够的力量以最终征服我们"。[8]

尽管有些断裂,但这仍是一位美国总统就所有战后行政首脑相信,却很少言明的下述信念作的最精确解说:美国的利益不是重塑世界,而是在其中制衡权势。民族主义只要反映自决原则,就不对美国体制构成威胁。因而,与它的较专制的对手们相比,美国能较容易地与一个多样的世界协调相容。正如乔治·凯南在1948年强调的那样,目的在于特殊主义,而非普遍主义。因而,肯尼迪对伍德罗·威尔逊的名言做的著名修正——"如果我们现在无法消除我们的分歧,那么至少我们能帮助让多样性安存于世界"——没有反映任何新的洞见:它只是以引人注目的方式,公开承认他的政府以及前两任政府一直据以行事的一个前提。[9]

　　然而,像杜勒斯和国安会68号文件的起草者那样,肯尼迪及其幕僚与凯南有一大区别:他们确信均势脆弱。他们认为,权势取决于意象,不亚于它取决于装备、地位或意志:权势分布的些微变更——甚或此类变更的表象——能引起席卷世界的惊恐的连锁反应,加上种种具有潜在毁坏性的后果。"如果你不注意外围,"腊斯克告诫说,"外围会变化。你要知道的第一件事便是,外围即核心……一个地方发生的事不能不影响另一个地方发生的事。"[10]因此,美国有责任采取行动,以阻止世界舞台上那种可能使权势集中在敌对者手里,从而限制多样性的变更。

　　大难题在于如何促成均势。为恢复稳定而采取的行动可能阻碍多样性,使美国显得像个反动的宪兵,支撑不得民心但意识形态上可靠的政权对付当地的(且不可避免的)革命。或者,在此类问题上过分克制可能为对手利用机会大开方便之门,令美国在一旁束手无策。新行政当局认为其前任犯了所有这两个错误:它不是反对艾森豪威尔干涉别国内政,而是反对他不情愿提供既这么做,又不冒冲突升级或无所作为之险的手段,同时反对这么一个事实,即他在采取行动时通常是为维持现状。肯尼迪希望做的是在更大程度上将美国的利益与不可逆转的变革进程联结起来,同时减小蒙羞受辱或打核战争的危险。

　　新战略将国际关系的变化——还有几乎总是与之相伴的民族主义意识的高涨——看作符合美国利益,远超出杜勒斯在这方面零散的努力。肯尼迪的就职前工作小组在关于非洲和拉丁美洲的研究报告中强调,有必要支持世界那些地区的"进步"成分,而不要太介意它们是否一开始就采取同情私有企业、民主制

201

度或美国冷战立场的姿态。这些是熟悉的力量,腊斯克在一次
早期的演讲中争辩道:

　　　简单地讲,它们是对自由——民族自由和个人自由——
　　的追求,对法治的探寻和对经济、社会改良的渴望。如此予
　　以界定,我们与这些成分之间的关系就清楚了。它们是与我
　　们相亲的力量,植根于我们据以构建我们自己国家的那些观
　　念。它们的努力是我们自身奋斗的组成部分,它们的热望乃
　　我们与世界所有地区的人类所共有。

　　罗斯托,行政当局的现代化问题首席理论家,在他1962年3月的
202《国安基策》草案中将问题讲得更坦率:"权衡起来,相较于冒险
紧抱住扎根过往的老朋友不放,冒险接近更为现代的群体更有
助于我们的利益。"华盛顿需要有能力"在与现政府打交道的同
时与下一个政府"发展亲善和谅解。[11]
　　罗斯托全不认为这干涉别国内政的明显要求与行政当局遵
循自治和自决有何矛盾。他争辩说,美国在一个各国有决定自
身命运的最大机会的世界上将最安全。这不意味着美国需要按
照自己的面貌构造别国社会。这也不要求"所有社会在所有时候
都接受民主价值观作为自己的诉求,并且不间断地向其实现迈
进"。但是,

　　　领土或资源的重大丧失将使美国更难缔造它渴望的那
　　种世界环境,可能在非共世界的政府和人民中间产生失败主

义，或在国内引起挫折感。而且，那可能使维持东西方之间的军力平衡变得更困难。

在一个现代科技和通信时代，难以"设想民主的美国社会能作为一座孤岛生存于极权主义的汪洋大海之中"。因此，"美国的利益是欧亚大陆、非洲和拉丁美洲的各个社会沿着与我们自己的个人自由和民治政府观念大致相符的道路发展"。[12] 诚然，干涉可能是必要的，但那将是为多样性而干涉，而非反对多样性。

肯尼迪及其幕僚们认为，如果欢迎并引导变革符合美国的利益，那就有必要扩展可用于遏阻不受欢迎的均势变更的手段。他们相信，艾森豪威尔为达到这目的太倚重威胁使用核武器：他将清偿能力当作与安全同等重要的利益去固守，这不仅反映了过时的经济学，还由于使美国几乎全无在核层次之下的行动选择而承担了不必要的风险。肯尼迪将扩展可用选择的范围视为其政府的一大优先要务："我们打算拥有更多的选择"，他在1961年7月告诉全国，"而不只是蒙羞受辱或全面核战争。"[13]

艾森豪威尔的前提在于，因为手段不可伸缩，所以各项利益必须互相竞争：分配给防务的资源只能靠牺牲其他要务得来，而漠视这些要务可能损害防务的原本目的。可是在肯尼迪政府的"新经济学"中，国内和国外利益被假定互补：经济承受得起、甚至能得益于国防和国内改革两者的开支增长。军事开支不应当"由于一个错误观念即经济承受不起任何额外负担"而被保持在安全需要水平之下，肯尼迪的主要经济顾问之一保罗·A.萨缪尔森（Paul A. Samuelson）在一项就职前工作小组的报告中写道。"增进这些因其本身而被认为值得想望的计划,只可能帮助而非阻碍经济的健康发展。"按照这种扩张主义视野,经济能提供维持更积极的国内外政策的手段,远非制约。有如肯尼迪的另一位高级顾问沃尔特·赫勒(Walter Heller)后来说的,"繁荣和迅速增长……被置于(总统的)掌握之中,能独一无二地提供既实现国内伟大社会,又实现国外宏伟蓝图所需的资源。"[14]

并非偶然,这些论辩中有着国安会68号文件的回声:若干遗传脉络汇合起来,将肯尼迪在这些问题上的观点与杜鲁门政府最后几年里的主导看法联结起来。一是政治传统:与在财政上较审慎的共和党人相比,民主党人一般更容忍扩张性的国内计划和国家安全纲领。[15]此外,肯尼迪的经济顾问如同杜鲁门手下的凯塞林,同属凯恩斯扩张主义学派,一心信奉充分就业和经济增长,不像他们的共和党对应人物那么担心预算赤字和通货膨胀。[16]最后,在国安会68号文件的主要设计者中,有几位——特别是迪安·艾奇逊、迪安·腊斯克和保罗·尼采——在肯尼迪行政当局内颇有影响:艾奇逊作为顾问和1961年柏林危机期间强硬姿态的提倡者,腊斯克作为与使用军事力量完全合拍的国务卿,尼采则是肯尼迪的就职前工作组就国家安全政策所做报告的负责人和负责国际安全事务的助理国防部长。[17]

不久,侧重点就开始改变。更多出于政治而非经济原因,肯尼迪在执政的第一年里小心翼翼地赞美预算平衡的好处,但他表明这样的考虑不会阻止他增加防务开支。"我们的军备必须足以履行我们的义务承诺,足以保证我们的安全,不受专断的预算上限束缚,"他在1961年3月告诉国会,"我们决不能在追加

的开销面前退缩,如果它们是必要的。"[18]当年晚些时候,在他 204
的经济顾问们的敦促下,他拒绝了为给柏林危机期间的防务扩
充提供资金而增加税收的设想。到1962年,他已在公开解释以
经济增长为代价获得的盈余不一定能防止通货膨胀,但在刺激
经济增长过程中引起的赤字却可能如此。[19]不过,要以较全面
的方式展开这推理的内在含义,尚待肯尼迪的那位更为健谈的
继任者来完成。"我们是世界史上最富有的国家,"林登·B.约
翰逊在1964年7月公开宣称,"我们承受得起使我国保持安全、
使我们的自由保持安全所需的一切花费。而且,我们就应该这
么做。"[20]

战后所有各行政当局都假定,美国强大得不成比例的经济和
军事实力赋予它在维持世界力量对比方面的独特责任。"我们是
整个自由世界力量的关键、拱石和基本要素",肯尼迪在1963年
如此宣称,[21]而且大可怀疑他的两位前任会不同意他这么说。然
而,对手段的看法塑造了这一承诺的性质和范围:1950年以前
的杜鲁门和整个总统任内的艾森豪威尔都认定,有限的资源必
然限制美国在捍卫全球平衡方面能采取的行动的范围。肯尼迪
对手段持有更具膨胀性的看法,这给更张扬的对外政策铺平了
道路,就如国安会68号文件在11年前所做的。新总统未拿他自
己在就职演说中的大话完全当真,即"我们将付出任何代价,承
受任何负担,面对任何艰难,支持任何朋友,反对任何敌人,以保
证自由的生存和成功"——他一再告诫美国不可单独行动,不可
捍卫那些不能捍卫他们自己的人,不会不必要地冒核战争的风
险。[22]可是他的行政当局的心态,如同其后继者的心态,在所有

其他条件相同的情况下,偏爱积极有为而非无所作为,注意控制风险甚于控制代价,意欲驾驭在它看来简直无限的能力以履行保卫美国利益的任务。

二

如果说肯尼迪政府对利益知道得相当清楚,那么它对危及它们的潜在威胁却不那么明白。艾森豪威尔-杜勒斯时期的一个重要的模糊之处,是倾向于将国际共产主义描绘成一个坚决和高效的牢固的整体,但同时承认其脆弱和易受损伤性。这模糊之处在肯尼迪之下发展得更显著。苏联人自己的不一贯加剧了困惑:在冷战期间的任何其他时间点上,他们的行为从没有像在肯尼迪执政的岁月里那样在好战与和解两极之间摇摆。还有,行政当局官员们愈益确信,美国能够因为显得软弱和犹豫而危及自身。结果是既感知到危险,又感知到模糊性,导致难以明白如何回应或回应什么。

基于新的分析技术,肯尼迪政府迅速降低它对两个关键领域内的苏联威胁的估计,即战略导弹和驻欧常规兵力。新总统现可得知U-2飞机的侦察情报,这使他和他的幕僚们确信艾森豪威尔否认存在过任何重要的"导弹差距"是对的。这个用语有一种"有用的即时效应,即提醒我们注意……我们的基本军事态势",麦乔治·邦迪在1963年说道,"但从未有人假定单纯的导弹数量本身就是国家安全的充足基础。"到那年秋天,新的卫星侦察能力已证实,即使单就数量而言,美国在可实战的洲际导弹方面也大大超过苏联人。[23]*经过一番考虑,肯尼迪授权国防部副部长罗斯韦尔·吉尔帕特里克(Roswell Gilpatric)在10月末公开了这一事实。下一个月里,总统本人尖锐地指出"就总体军事实力而言,美国不会让位于地球上任何国家"。[24]

关于中欧军事力量对比,一项类似但不那么显眼的对苏联能力的重新评估也在进行中。传统上,这对比按照陆军师数量衡量:据此标准,与北约的25个师相比,华约大致有175个师,因而中欧防务问题看来毫无希望,除非使用核武器。然而应用系统分析技术(麦克纳马拉在五角大楼的创新之一)造就了一幅完全不同的图景。防务规划者们计算出,如果苏联人要大致以美国标准实际装备175个师,那么他们不得不花费的钱款将8倍于华盛顿用于此目的开支。即使鉴于苏联较低的国民生产总值和更低的农业生产能力而对它用较简朴的标准,打造这样一支兵力的费用也将远远超出苏联经济能适度支撑的地步。与此同时,情报估计认为苏联兵员仅是美国的2倍(200万对96万),北约兵员实际上多于华约(600万对450万)。个中原因被证明简单得惊人:苏联师的规模仅有美国和北约师的1/3,因而大概只及

206

---

*　保罗·尼采在1963年指出,"即使在(情报)突破之前,仍有三件事显著减小了我们的报复力量在据估计的苏联战略力量的攻击下预计的易受损伤性——也因此减小了所谓导弹差距的实际意义。第一,我们对苏联洲际弹道导弹计划的情报估计被适度但显著地调低。第二,一系列累积性的防务改善,包括早期预警,开始产生可感觉到的效果,而且首批3艘北极星潜艇在1961年开始驻防。第三,尽管肯尼迪总统自己的防务计划将在接下来几年产生重要影响,但战略空军司令部保持15分钟地面警戒(ground alert)的飞机从其飞机总数的1/3增至1/2,立竿见影地增强了战略空军的生存能力。"(尼采致邦迪,1963年6月17日,肯尼迪文件,国家安全档,第298盒,"导弹差距"卷宗。)

其1/3的战斗力。[25]对苏联导弹和兵员能力重新估算的结果,自1945年以来首次给了西方对苏联的总的军力均等感,甚至可能是优势感。

然而,这种安心感不仅没有消除,反而可能助长了更大的因误判导致战争的危险,因为赫鲁晓夫试图校正在他看来正在恶化的军事形势,办法是威胁西柏林,恢复大气层核试验,并且最终将中程弹道导弹部署在古巴。事后来看,这些策略看上去旨在展示力量,要足以恐吓得美国及其盟友同意缓和紧张,同时打动愈益批评苏联的中国人和保护西半球唯一的共产主义政权。[26]罗斯托在古巴导弹危机前6个月告诫说,风险在于苏联人"可能低估美国赋予某些利益或地区的重要性,怀着美国不会予以回应的信念发起行动"。[27]然而值得称道的是,肯尼迪政府更多地将赫鲁晓夫的挑衅看作是绝望举动,而非即将发动战争。它那坚定但克制的回应反映了一种自信,苏联领导人显然缺乏的、对其自身威慑的充足性的自信,那看来使肯尼迪在古巴导弹危机后确信要以比较直截了当的方式谋求缓和。

不过,如果说核战争的危险到1963年业已消退,那么源自较有限形式的侵略的威胁却并非如此。肯尼迪及其幕僚极认真地看待赫鲁晓夫1961年1月的演说,其中表示要支持"民族解放战争":他们认为这是一场新的共产主义运动的证据,其目的在于控制第三世界内的反殖民主义和其他革命运动。"我们在世界各地遭到一场坚如磐石、冷酷无情的阴谋,它主要依靠秘密手段扩展自己的势力范围",肯尼迪在这年晚些时候告诫说。斗争从欧洲转移到了亚洲、非洲和拉丁美洲,从核武器和常规武器转移到了非正规战、叛乱和颠覆,但未由此变得不那么真实。"人们在家中被刀刺死,而不是在战场上被枪击毙",但这事实没有改变保护他们免遭这类手法危害的必要,因为如果它们在老挝和南越之类的国家里获得成功,"大门就将敞开无阻"。[28]

罗斯托再次提供了这种威胁观背后的关键性前提。作为20世纪50年代以哈佛大学和麻省理工学院为中心的由发展经济学家组成的所谓"查尔斯河学派"(Chales River school)的显赫成员之一,罗斯托变得确信共产主义和资本主义之间的未来斗争将采取一种竞赛的形式:竞相表明各自意识形态对第三世界发展进程的适切性。他认为共产主义者相信:

> 专政控制下的政治集中手段——连同予以宣扬的苏中共产主义的经济进步形象——将说服面临重大转型难题的犹豫不决的人们,使之相信应当采纳共产主义的现代化模式,即使以人类自由为代价。

罗斯托喜欢带有贬义地将共产主义者说成"现代化进程的清道夫":该进程的必不可免的痛苦使发展中国家容易感染这"现代化转型病"。如果第三世界要不选择这条道路,连同将给世界力量对比带来的所有影响,那么美国和其他"发达"国家就须显示经济进步可以在民主框架内实现:"正在出现的欠发达国家必须被说服相信,与置身其外相比,他们的人类理想和民族抱负将在(自由)共同体的范围内得到更好的实现。"[29]

但是,罗斯托的观点蕴含一个意思,即国际共产主义方面即使缺乏共同方向,也有共同行动,而这与他和其他人认为在该运动内起作用的离心倾向难以调和。他断言,民族主义已被证明是战后意识形态中最经久的:随着20世纪40年代末期从两极世界向外的"权势分散"趋势的发展,华盛顿和莫斯科都已遭受,而且预计会更多地遭受它们各自阵营中的背叛。中苏分裂是真实的,很可能变得更加严重:"这能导致各国共产党内加剧了的宗派主义,削弱世界共产主义的总体突进,促进出现较为独立和民族主义的共产主义国家,尤其在东欧。"[30]但尽管如此,罗斯托看似依然预计,在受到诱惑,有机会利用第三世界内的现代化压力时,一切共产党人都会类似地行事。共产党人可能会互相争吵,但就全球稳定而言,他们的集体利益在根本上与西方的利益敌对。

　　这种观点的问题在于,维持均势的整个思想一向是阻止敌对势力的集结。相互间分裂的敌人大概会互相制衡,没有必要在外部施加与之抗衡的压力。毕竟,与多样性共处的一个含义是美国能容忍世界上不同程度的敌意,只要这敌意既未凝成一体,也未互相协调。质疑这个前提就等于迂回地达到普遍主义:美国为了安全,真的需要一个与之相似的世界。罗斯托从未解决这个矛盾,这使美国力图抗衡一个神话般的坚如磐石的实体。他自己在这一点上的混淆不清既影响,也反映了整个行政当局的思想混乱。

　　事实上,与艾森豪威尔政府相比,肯尼迪政府较少倾向于按照意识形态去设想对均势的威胁。新总统在1961年6月告诉全国:太容易"将每一场反政府或反美骚乱、每一次推翻腐败政权,或每一番对贫困和绝望状态的群众性抗议都斥之为共产主义者鼓动的"。赫鲁晓夫声称"整个世界有太多的混乱,他不应被指责为要对所有这些混乱负责",这是正确的。美国的盟友也不都是民主典范。小阿瑟·施莱辛格私下指出,被滥用的"自由世界"一词包括巴拉圭、尼加拉瓜和西班牙——"我们在愚弄谁?"与艾森豪威尔和杜勒斯相比,肯尼迪较同情中立主义,不那么担忧民族主义会在共产主义面前就犯。他甚至准备接受共产主义者可能不时通过民主手段上台掌权的想法。"我们发觉要反对并且威胁和平的",他告诉苏联记者亚历克赛·阿朱别伊(Alexei Adzhubei),"是一个激进的小集团依靠颠覆、渗透和所有其他方式强加一种制度。"[31]

不仅如此,行政当局与罗斯托的看法一样,认为中苏分裂是真实的。尽管有肯尼迪和其他官员的审慎的公开言论,尽管国务院不愿放弃熟悉的"中苏集团"这提法,[32]但莫斯科和北京之间分歧愈益加剧的迹象仍给美国观察家们留下深刻的印象。早在1961年2月,美国驻苏大使勒维林·汤普逊就提出了一种可能性:鉴于与中国人的分歧,苏联人很可能已认识到"甚至一个全部由共产主义者掌权的世界也会使他们受到种种巨大麻烦的困扰"。中央情报局在4月份注意到,意识形态已成为共产主义世界的一种分裂力量,而非团结力量。两年后它又断定,"苏联和中国现在是两个分立的大国,它们的利益差不多在每个问题上都彼此冲突"。1963年出现了一些迹象,最明显的是《部分禁止核试验条约》,表明赫鲁晓夫宁愿招致北京的愤怒,也要走向与西方的缓和。到1964年,对中国即将拥有的核能力大感担忧的约翰逊行政当局甚至已在考虑一种可能,那就是与苏联合作反对中国,直至并包括采取"预防性军事行动"。[33]*

连这么一种方略都能得到讨论(没有采取行动),说明自艾森豪威尔时期以来对威胁的看法发生了多大转变。艾森豪威尔和杜勒斯为遏阻共产主义国家的最小程度攫取,愿意冒至少有限核战争的风险,约翰逊现在却考虑与一个共产主义国家携手合作,去阻止另一个共产主义国家获得核能力。这惊人地证明了一种新获得的区分威胁的意愿:"不同的危险要求有不同的政策和不同的行动",约翰逊在中国首次核试验的前一天评论道。[34]这还提示,核战争本身在华盛顿已开始被视为一种威胁,一种与可想象能使诉诸核战争具有合理性的大多数挑衅行为相比更大的威胁。

然而奇怪的是,这改变了的威胁观没有导致关于不加区分的利益的官方看法有任何变化。肯尼迪和约翰逊都保留了作为艾

---

*　"(1)目前,我们不赞成未经挑衅地发动美国单边军事行动去打击中国核设施。我们将宁愿让中国核试验发生,而不是现在就采取这样的行动。如果由于其他原因,我们发觉自己在任何层次上都与中国共产党人处于军事敌对,那么我们预期将非常密切地考虑对中国核设施采取适当的军事行动的可能。

"(2)我们相信,存在与苏联政府联合行动的许多可能性,如果那个政府有兴趣。这样的可能性包括警告中国不要进行核试验,包括可能承诺放弃地下核试验,并且如果中国人以任何方式进行核试验就要使其负责,甚至还可能包括一项合作进行预防性军事行动的协议。我们因此一致认为,国务卿尽快非常私下地与多勃雷宁大使探讨这问题将极为可取。"(邦迪所作约翰逊与腊斯克、麦克纳马拉和麦康谈话备忘录,1964年9月15日, *FRUS: 1964—1968*, XXX, 49号文件。关于该档案的背景,见 Gordon H.Chang, "JFK, China, and the Bomb", *Journal of American History*, LXXIV〔March,1988〕, pp.1287—1310;另见 Craig deLaurier, "The Ultimate Enemy:Kennedy, Johnson and the Chinese Nuclear Threat, 1961—1964", Senior Essay, Department of History, Yale University, April, 2000。)

森豪威尔政府特征的同一种"零和博弈"世界观，即认为共产主义在任何地方之所得皆为美国之所失。"我完全明白，"肯尼迪在去世前两个月说，"每当一个国家，不管它距离我们的边界有多遥远……落到铁幕之后，美国的安全就因此处于危险之中。"约翰逊翌年补充道："任何地方的投降都预示在每个地方的失败。"[35] 此类言论留下的疑问多于答案：如果共产主义不再铁板一块，那么谁是敌人？ 如果对世界力量对比的威胁不再一致，那么为什么这对比的每项变化都必定危害到美国？ 如果接受一个多样性的世界确实符合华盛顿的利益，那么为什么它对现状的变化做出如此惊恐的反应？

在罗斯托的前提假设中或许可以找到一个答案，那就是不管他们有什么分歧，在与"自由世界"的利益为敌方面，所有共产主义者都有共同利益，而且他们可被预料迟早会据此行动，不管是不是以协同的方式。"在他们未到成功之时，凯撒、庞培、安东尼、屋大维等等就不会闹翻，"肯尼迪1961年在一次记者招待会上提醒说，"我们经不起听任那种成功。"然而，面对下述迹象，这论辩很难站得住脚：在达到它的目标**之前**，共产主义世界正在分裂，而且它的某些部分——特别是古巴导弹危机后的苏联——似乎准备与资本主义世界协作反对它的另一些部分。肯尼迪在去世前不久承认"即使在铁幕后面，地理和民族主义的长远影响也起作用"。中情局在1964年预言"共产主义在将来会变得比它现在更少具有教条一致性。确实，既存的民族敌意和教条对立有时可能导致武装冲突。共产主义世界可能变得像非共世界那样多样和少有管束"。[36]

另一种解释或许是中国现在已取代苏联成为全球平衡的"主要威胁"。诚然,在北京的言辞中全无缓和的暗示,不管它们是针对莫斯科还是针对华盛顿,也全无迹象表明中国也持有对核战争的恐惧,那在前述两个首都已发展得如此强烈。中国拥有世界上最大的、已在与美国的作战中检验过的陆军。它还很接近于发展出核武器。然而,中国缺乏在复杂高级的层次上为坚持战争所必需的那种工业基础。一旦其核武器被发展出来,中国原始的海空军也无法将它们投送出去。而且,它还有一大不利,即与一个愈益敌对的苏联共有5000英里边界。不仅如此,如中情局1963年夏天指出的,与其言辞相反,中国的行为一向谨慎:"我们不相信他们会鲁莽行事或冒很大风险……中国人迄今为止一直表现出对美国力量的明显尊重,我们预料他们不会改变这基本态度。"[37]因而,中国不是个很可信的、值得对其本身做世界范围回应的威胁。

可以推断,肯尼迪和约翰逊政府最担心的不是太分裂的共产主义,也不是太立意缓和的苏联,甚至不是过于羸弱的中国,而是尴尬窘迫、蒙羞受辱和显得软弱的危险。他们都能同意那种认为艾森豪威尔和杜勒斯令美国的承诺伸展过度的论辩。问题在于如果放弃这些承诺,在其他地方所承担的更为紧要的义务也一定会遭受质疑。美国在东南亚承担了过度的义务,肯尼迪在1961年3月告诉沃尔特·李普曼,但必须应对这些既成事实。真正的老挝中立化将是可接受的——艾森豪威尔推荐的单边干涉不会奏效。但是,"在老挝问题上我们不能也不会接受任何可见的差辱"。在翌年5月作为副总统访问东南亚后,约翰逊也表达了同样的观点：援助该地区各国以外的选择将是"认输……并将我们的防线退缩到旧金山……我们将对世界说……我们不信守条约，不支持我们的朋友"。[38]

在古巴导弹危机后不久的一次访谈中，肯尼迪坦率地解释了这个问题。他说，危险不是苏联人真的会从古巴发射导弹。如果他们打算发动一场核战争，那么为此他们自己在国内部署的武器便足够了。可是，被公开披露出来的成功部署"将在政治上改变力量对比。它将造就如此的表象，而表象助成现实"。[39]简言之，这就是威胁：在承诺维持世界当前的权势分布之后，对这分布的挑战即便只是**看似**成功违背了美国的意愿，后者也不能坐视不理，因为关于权势的感知能像真实情况一样重要。如同罗斯托，一个致力于多样化、知道其对手间不和的行政当局依然使它自己承担起维持现状的普遍义务，而这现状即使并非与美国相像，至少也是美国熟悉，因而感到舒服的。

这一切说明，虽然关于威胁的膨胀着的感知能扩展利益和扩充手段，但反过来不一定如此。随赫鲁晓夫的缓和步骤而缩小了的威胁感知，连同对中苏分裂的确认，并未导致利益的相应收缩。相反，肯尼迪政府对利益的认定仍在很大程度上与艾森豪威尔政府一致。这反过来说明，利益可能像取决于威胁一样取决于手段，因为1950年时威胁和手段都有膨胀，而肯尼迪政府时期发生的是威胁的缩减，连同手段的增生，超过前一任当权者所愿提供的。结果是一种与国安会68号文件相似的遏制战略，它立意不管代价如何，都要做出灵活而适度的回应，虽然在它要遏制的对象的模糊不清上不同于那个较早的文件。

三

至此为止,遏制战略交替地基于对称反应和非对称反应概念。凯南和杜勒斯都主张非对称反应,即不一定在它们发生的层次上抗击对均势的挑战,而是在最利于以美国之长克敌之短的场所、用最利于如此的手段去这么做。受青睐的手段对凯南而言是经济援助,对杜勒斯而言则是核威慑。国安会68号文件的作者和后来批评"新面貌"战略的民主党人都质疑非对称反应,理由是它提供的手段不足以回应多种多样的不同威胁。出于这种考虑,肯尼迪政府在制定一种适于其利益观和威胁观的战略时回到对称反应,将其当作理想的办法。和通常一样,最简洁地陈述这个问题的任务留给了罗斯托:

> 应当指出,在危机中我们一般处于不利地位,因为与我们通常掌握的相比,共产主义者支配着一套更灵活的工具对自由世界施加压力,而且他们在使用这些工具方面有更大的自由度。我们常常陷入这样的困境:在其中,我们可资利用的还击手段与眼前的挑衅如此不相称,以致如果要利用它们,就要冒有害的升级风险,或可能给自由世界造成严重的政治代价。这种不对称会诱使共产主义者对我们施加有限的、使人虚弱无能的压力,同时我们却发觉难以令他们为自己的侵犯付出同等的代价。因此,如果我们事实上想要使危机制造——它植根于共产主义者的意识形态和行事习

惯——成为一种无利可图的行当,我们就必须力求扩大我们公开和秘密的反击措施的选择余地。[40]

借用马克斯韦尔·泰勒《不定的号角》一书中的术语,这种对称性方略开始被公开称作"灵活反应"(flexible response)战略。

在 1961 年 3 月就防务问题致国会的首次咨文中,肯尼迪宣布了这种战略的目标:"遏阻一切战争:全面战争或有限战争,核战争或常规战争,大战争或小战争。使所有潜在的侵犯者确信任何进攻都无济于事,为争端的外交解决提供后盾,确保我们拥有足够的讨价还价的能力,以结束军备竞赛。"当然,艾森豪威尔和杜勒斯也追求同样的目标,然而是以最小的代价。作为结果,他们准备冒要么全无作为、要么在超出最初挑衅的层次上进行回应的风险。肯尼迪持有一种不顾代价的经济学理由,将侧重点置于使风险最小化,办法是赋予美国足够的灵活性,以便既不升级、亦不受辱地做出回应。这就要求有能力在所有各个层次上行动,从外交经隐蔽行动和游击作战到常规战争和核战争。不过,同等重要的是它要求有细心的控制:"我们信奉维持有效的威慑力",新总统强调,"然而我们也信奉使之做我们希望的事情,不多也不少。"[41]*

------

* 肯尼迪就职后不久,麦乔治·邦迪告诫他:现有的战争计划"具有争议地侧重于(1)战略力量,而非有限战争力量;(2)'第一次打击'或'打击军事力量'战略规划,而非'威慑'或'第二次打击'态势;(3)预先决策,而非依据所有情况决策。这三项因素结合起来造成了一种当今局势,在其中一名面对俄国人的实质性军事行动的下级指挥官能自行发动热核大屠杀,如果他(由于通信线两端任何一方通信失败)不能与您取得联系的话"。(邦迪致肯尼迪,1961 年 1 月 30 日,*FRUS:1961—1963*, Ⅷ,档 7。)

214　　　　因此,行政当局大为强调"校准"(calibration)或曰"微调"(fine tuning),即确保采取的行动与形势相适应,并且大为强调整合,即以协调和目的明确的方式,将一切可供使用的手段应用于眼前的任务。这些倾向可见于六大领域,它们对肯尼迪的战略全都至关紧要,即(1)支持常规和非常规的军事能力;(2)增强战略导弹能力,这甚至在"导弹差距"神话被曝光后仍在进行;(3)重新努力巩固同盟;(4)开始重视非军事的遏制手段;(5)试图更有效地经管对防务至关紧要的国内资源;(6)扩展艾森豪威尔的较早努力,开拓可能与苏联人谈判的领域。

　　　最优先事项是减小对用核武器遏阻有限侵略的依赖,那是艾森豪威尔政府战略的一项如此突出的特征。"我们极端重视'提高门槛'",国务院1961年2月的一项分析指出,"越过这个门槛,总统可能不得不决定开始使用核武器。"非核冲突已构成"对'自由世界'安全的最活跃和持续不断的威胁",肯尼迪在下个月告诉国会,但"这样的冲突不能证明全面核攻击是正当的,并且决不可导致这样的攻击"。因此,美国必须"增强将我们的反应限制在非核武器层面的能力,并且通过表明我们的反应将导致什么来减小任何有限侵略的动机"。当地的抵抗力量能对付许多这样的情势,但美国也必须准备"以受训从事此类战争的强大和高度机动的部队为形式,做出实质性贡献"。当年晚些时候政策设计委员会的一份研究报告指出,这样的能力会成就两件事。它会消除将核力量混同于可用力量的倾向:"在核僵持情况下,动手求助于核武器是非理性的。这么做的威胁只有在它来自一个被驱至绝望境地的敌手时才是可信的。"然而,这种做法也会提供

一种抗衡非核升级的可信的手段:"对一个能不求助于核武器而   215
在升级方面远胜过我们的敌手,威胁使用非核力量对付它,这不
会引发它的尊重。"[42]

麦克纳马拉起初认为追加的常规力量并非必不可少:他争
辩说,精力应当转而投入发展能抗击"间接侵略"的非常规兵力。
然而,柏林危机使他确信,追加的常规部队事实上必要,既作为
向苏联人显示决心的信号,也作为增加在诉诸核武器以前可采
取的升级步骤的一种办法。肯尼迪以征召预备役来处理眼前问
题。长期的解决办法则在于将随时可从事战斗的陆军师从11个
增至16个,因为这么一支兵力据估计能同时对付分别在欧亚两
洲的重大战争以及其他地方的一场"小型"危机。[43] 1962年10月
在古巴的事件似乎证明了这种方略的明智:肯尼迪将美国在那
里的成功归因于有可用的常规兵力,它使赫鲁晓夫除撤走导弹
或冒核战争风险外别无选择。麦克纳马拉后来承认,假如1961
年出现类似的形势,那么美国不首先将驻扎在海外的部队调回
国内就不可能集结一支可信的入侵力量。肯尼迪得出了恰当的
结论:"对我们真正的安全来说,封锁区的一列驱逐舰队,或在边
界上的装备精良的一个师,可能比超出所有合理需要而增加可
怕的武器有用得多。"[44]

行政当局特别重视加强北约的常规能力。艾森豪威尔和杜
勒斯说服盟国相信核威慑是遏阻苏联常规进攻的最可信也最廉
价的方式。他们将战术核武器和中程弹道导弹运往欧洲,想法
是任何苏联入侵都将遇到核报复回应,无论是即刻的,还是在让
苏联重新进行考虑的一段短暂"停顿"之后。种种不同关切导致

肯尼迪行政当局质疑这个战略,包括它对增大在诉诸核战争之前可供选择的对策范围的渴望,它对即使以战术核武器打一场战争也会造成的损害所作的估计,它近来对苏联在欧洲的常规兵力水平的调低的评价,它关于美国及其盟国承受得起在该地区有更多作为的信念,还有它对继续依赖核武器可能导致后者进一步扩散的担忧。新战略在欧洲人那里不受欢迎,他们认为对常规力量的注重只能意味着对核威慑缺乏信心。然而麦克纳马拉坚持认为,与只有一种选择相比,多种选择的威慑将更可靠地起作用:"我们必须能以恰当的军事反应来对抗(苏联人)在任何层次上的挑衅。"45

可是,在对抗赫鲁晓夫许诺向"民族解放战争"提供的支持方面,仅常规兵力不可能有很大帮助。行政当局依据一个命题——与游击队作战的唯一办法是在它们活动的场所使用它们的战法,强调在此需要的是一种大幅度增长的反叛乱战能力。对称性反应的这项进一步表现采取了种种形式,包括强化训练精通政治、社会、经济"行动"和非正规战的"特种部队",在军事学院和职业外交部门设立反暴动必修课,行政当局最高层圈子热衷讨论毛泽东、武元甲和切·格瓦拉的著述。它将是"一项富有活力的国家战略",五角大楼 1962 年 7 月的一份满腔热情的报告断言:"一项旨在击败共产主义者而不诉诸核战的危险或恐怖的行动纲领,目的是在颠覆已经突发的地方击败颠覆,而且更重要的是阻止它开始生根。换言之,它是一种既预防又治疗的战略。"46

当然,罗斯托的影响明白无误地浸润于整个这套战略:他对经济发展的坚决信仰,不是将它当作一项传统的自由主义目标

216

本身,而是当作稳定世界均势的一个手段(一位同事称他为"拿机关枪的切斯特·鲍尔斯")。他的前提假定,即均势如此脆弱,以致微小的变动都可能使之倾覆。他的确定信念是共产主义在任何地方的胜利(即使共产主义本身正在裂解)都将招致此等变动。诚然,罗斯托不赞成对所有由共产主义者领导的起义都进行干涉。抗击它们的主要责任,他坚持认为,始终要由大致受自身的民族主义意识激励的"当地力量"承担。然而,在缺乏这种意识动因的地方,或在它有被起义压倒的危险的地方,华盛顿就不得不准备在适当层次上采取行动:"美国原则上不能接受一种允许共产主义者试探'自由世界'而不会遭到还击的非对称。"[47]

  然而,行政当局渴望减少对核武器的依赖并不意味着它有任何相应的决心去削减核武器的数量或种类。"核武器与非核武器相互补充,"麦克纳马拉在1962年强调,"恰如它们合起来与政策的非军事手段相互补充。"[48]艾森豪威尔的批评者们既抱怨他依赖核武器,又抱怨他未能提供足够的核武器。尽管他们迅速确认不存在"导弹差距",但肯尼迪及其幕僚们仍然决心将美国的战略能力提升到远超过艾森豪威尔设想的水平。结果是到1964年年中,与前一任行政当局规划的相比,可供使用的核武器的数目增加了150%,可以投放的百万吨级当量增加了200%,而且追加建造了10艘北极星潜艇(总数29艘)和400枚民兵导弹(总数800枚)。[49]

  这一战略扩充背后的动机复杂多样。诚然,行政当局起初不愿承认民主党对"导弹差距"的指责缺乏根据。官僚政治考虑也起了一定作用:较之吝啬节俭,在防务预算方面犯过分慷慨的错误更易避免困扰艾森豪威尔政府的那类军种间争吵。追加的武器数量还有助于增大不易受毁伤性和可靠性。它们还提供了使用此类武器的更多选择，如果必须使用的话。然而，战略扩充背后的主要动机只是保持战略优势地位，这在"导弹差距"神话最终揭穿后那么强烈地显露出来。正如助理国防部长保罗·尼采1961年12月对国际战略研究所（IISS）表达的，"我们相信这支力量，包括英国的核力量和部署在大陆的北约力量在内，赋予了西方明确的核优势……不仅如此，我们相信这优势在威慑和战略制衡中具有战略重要性，从苏联一方看来尤其如此。"[50]

并非行政当局内的每个人都同意大力推进战略优势是明智之举。马克斯韦尔·泰勒担心核力量由此与常规力量争夺资金："我们未足够迅速地努力抬高我们必须启用核武器的门槛。"预算局局长戴维·贝尔（David Bell）告诫说，战略扩充可能激起苏联的同类反应。邦迪工作班子的一名成员卡尔·凯森（Carl Kaysen）表示赞同：

他们完全有能力做出这样的反应。目前，对他们自己的导弹发展最合乎情理的解释是它基于有限威慑概念。它这么做肯定对我们有利。空军过去将国家安全等同于不断增强战略打击力量，而这立场得到了广泛的公众支持。这种观点充满危险，其达到了这样一种程度，最好的证据也显示它缺乏理由，使我们的军事规划尽快摆脱它至关重要。

凯森提醒肯尼迪：在确定美国的战略目的时，没有考虑对苏联实际导弹能力的经过修正的估计，"在慷慨方面犯的任何错误都会导致加剧军备竞赛这令人不快的后果。在一个导弹和热核弹头的世界里，更多的武器并不简单地添加更大的安全"。肯尼迪承认这推理正确，但未认可其结论。"这竞赛是件要命事，"1962年初他在一次记者招待会上说，"而且，我没有说很大部分安全盖出于此。但是，如果我们允许他们在洲际弹道导弹之类的领域实现决定性的突破，那么它肯定会导致安全减小。"[51]

因此，导弹项目未受削减，但麦克纳马拉确实着手进行了一项雄心勃勃的努力，要对未来如何打一场核战争实现某种程度的控制。在这方面，现存安排极少或全未提供回旋余地："本质上"，邦迪在1961年夏告诉肯尼迪，"当前的计划要求我们在一次打击中投射出我们拥有的一切，而且它被构设得很难采取任何较为灵活的方针。"麦克纳马拉希望增大可供总统在一场核战争中选择的范围，同时将核战争发生的可能性和它一旦发生就会造成的毁伤减至尽可能最小程度。考虑到这一点，起初他主张瞄准敌方的军事力量而非城市，以此为手段赋予敌人"避免打击我们自己城市的可想象的最有力动机"。然而后来，麦克纳马拉开始将遏阻进攻看得比在进攻发生后限制损伤更重要：这似乎排除了"打击军事力量"，因为为使奏效，双方就必须确信自己的军事力量有能力在一次突袭中存活下来，而且仍能进行报复。[52]于是，到肯尼迪执政之末，"确保相互摧毁"的奇特逻辑已开始浮现，其想法就是本国人口能通过让其易受毁伤而得到最佳保护，只要对方有类似的易受毁伤性。

行政当局专注于寻找替代使用核武器的办法，这似乎会使它同情凯南在1949年的建议,即美国采纳一种"不首先使用(核武器)"政策。而且,事实上肯尼迪确实在他关于防务战略的最初公开声明中保证"我们的武器绝不会被用来在任何进攻中作第一次打击"。对加强北约常规力量的注重看来与这方针相符,为保证美国战略力量能经得起苏联任何"第一次打击"而作的努力也是如此。不过,行政当局从来不愿完全放弃先发制人这一选择,部分地是因为它与凯南不一样,相信核武器能被当作一种合理的政策工具,部分地是因为这样一种态势有其威慑潜力。"我们应试图向共产主义者传送一个相当微妙的信息,"罗斯托在1962年写道,"我们希望使他们确信,如果他们不侵犯'自由世界'的边界,我们就不打算对他们首先发动打击,但如果他们这么做,我们就很可能在某种情况下首先攻击。"

> 简言之,我们不应如此排除发动第一次核打击的可能,以致我们得不到一种威慑优势,即苏联就此捉摸不定。我们也不应如此立意奉行这理念,以致它在紧张时期的不稳定效应最大化,或造成一种不平衡的资源配置,那会导致美国和盟国部队易受非核攻击伤害,并且在要抗击这种攻击的情况下,要求发动一场有悖于我们盟国利益的核还击。[53]

于是,关于不可预测性作为一种威慑所具有的好处,约翰·福斯特·杜勒斯的看法是对的。肯尼迪及其幕僚与杜勒斯的差别,在于将它与灵活性——在各层次可设想的反应中采取行动的灵活性——结合起来的需要上。

　　肯尼迪政府注重的第三个领域涉及对海外同盟进行合理化改革,从而予以加强。不奇怪,展示出最大困难的是北约。尽管做了种种加强同盟常规力量的努力,但无论是美国还是欧洲人都不愿完全不以核武器作为遏阻苏联侵略的手段。这是肯尼迪不愿排除美国"第一次打击"的另一个原因。他的政府实际上将部署在欧洲的战术核武器增加了大约60%,尽管对如何在人口如此稠密的这个地区使用它们仍存有诸多疑虑。*但是,鉴于近年里华盛顿的战略思维频繁改变,鉴于不可能预先证明美国会实际上为保卫其盟国的城市而冒本国城市遭受毁灭的风险,因而欧洲人越来越觉得依赖美国的威慑令人不安,甚至令人羞耻。肯尼迪政府也不是对此不抱同情,它真心支持关于这样一个欧洲的概念:自力更生,独立自主,最好统一起来,能同时抵抗苏联人、浸没德国民族主义残余和减轻华盛顿的某些全球性责任。[54]问题是如何将蕴含在这些热望中的主权属性与核防务领域内过分明显的主权缺失调和起来。

220

　　当然,一种办法是北约诸国发展出它们自己的核武器,就像到1961年时英国和法国已做的那样。但是出于若干原因,肯尼迪行政当局大力阻碍这选择。麦克纳马拉坚持认为,小规模的独立核武力在数量和准确性上均不足以构成有效的威慑,反而会使它们本国成为苏联袭击的目标。而且,没有统一的指挥结

---

　　*　马克斯韦尔·泰勒1962年5月提醒肯尼迪:战术核武器不仅污染周围战场,而且留下弹坑,使森林燃烧,吹倒树木。然而,苏联人正在大量部署这种武器,这说明有必要增强美国在该领域的能力。(泰勒致肯尼迪,1962年5月25日,肯尼迪文件,国家安委会档,第274盒,"国防部"卷宗。)

构,此类武器就无法以"灵活反应"战略规定的协调一致的方式得到使用,也因此,将发生误判甚而意外事故的可能非常之大。还有一个危险:倘若其他北约国家发展核武器,那么西德人也会想拥有它们,那是一种不仅会刺激苏联,而且可能使德国的邻国大感不安以致令北约联盟瓦解的前景。"我们不相信一系列各自独立的国家威慑,"肯尼迪在1962年5月说,"我们相信北约的威慑——美国已如此大力就此承担了义务——提供了非常充分的保护。"[55]

另一个办法是让美国的核武器和运载工具可供盟国使用,但要有旨在共同控制的安排。艾森豪威尔政府在1957年就是这么做的,当时它将中程弹道导弹置于英国、意大利和土耳其,限制条件是规定美国监管实际弹头,但在其使用方面给予东道国否决权。做出这一举措更多是为弥补当时认为的洲际导弹不足,而非出于在北约内部调和主权与安全的任何尝试。到1961年,华盛顿的洲际导弹优势已牢固确立,在欧洲的中程导弹变得过时,并且由于缺乏坚固的发射井而越来越容易受苏联袭击毁伤。肯尼迪在1963年悄悄地将它们撤出,[*]作为替代,他提议设立一支"多边核力量"(MLF),它由大约25艘水面舰只构成,装备射程为2500英里的北极星导弹,舰员则由多国官兵混成,全都处于北约最高司令管辖之下。这里的想法是一石多鸟:多边核力量

221

---

　　[*] 置于土耳其的朱庇特导弹在1962年10月成了公开的问题,当时赫鲁晓夫将其撤出当作从古巴移走苏联导弹的一个条件。肯尼迪同意了,但唯一的条件是交易需要保密,在其后30年这秘密一直未被公开。(见 Philip Nash, *The Other Missiles of October: Eisenhower, Kennedy and the Jupiters, 1957—1963*[Chapel Hills: 1997], pp.116—175。)

将为欧洲威慑提供一个远离人口稠密地区的安全的移动基地；舰员混成制将防止部队由于外来原因而撤出；而且，通过使发射导弹的决定取决于北约所有成员国的一致同意，多边核力量将给予每个成员国——不管是核国家还是非核国家——参与其本身防御的感觉。[56] 乍看来，这似乎是将联盟的统一指挥需要与其各个组成国的自尊心结合起来的唯一途径。

　　然而，多边核力量从未组建成功。不论是英国人还是法国人，都不愿放弃自己独立的威慑以加入这方案。法国拒绝任何形式的参与。只有联邦德国人支持，他们从中看到了自己染指核武器的唯一机会，而仅仅这一事实就足以使该计划在其他许多欧洲人眼里显得可疑。批评者正确地指出，多边核力量未对美国的威慑施加任何限制，同时却给予华盛顿否决多边核力量运作的自由。而且，谁都没有把握相信，混成舰员操作的舰船和基于13个独立国家全体一致的指挥结构在危机时候能妥善运作。多边核力量一直是国务院和国防部内"大西洋主义者"的奇想。无论肯尼迪还是约翰逊，都从未足够坚决地信奉它，以大力敦促不乐意的欧洲人接受。到1965年已显而易见，实际困难非同小可，欧洲人对该计划的支持非常勉强，约翰逊遂悄悄让它消亡了事。[57] 于是，北约不得不继续与其不正常状况共生共存：各支国家核力量，无法验证却又必不可少的美国安全保障，一种为确保安全而需要依赖的独立所具有的讽刺性。

　　肯尼迪政府对它在北约以外的同盟义务的看法与其前任有所不同。它对不仅旨在威慑也旨在实战的杜勒斯打造同盟的战略表示怀疑，倾向于将罗斯托所称的"坚实核心"——西欧诸国、加拿大、日本、澳大利亚和新西兰等"发达国家"——与其沿韩国到伊朗的亚洲外围的"较软弱"对应者区别开来。这后一些同盟，罗斯托在1962年说，"运行得不太好"：东南亚条约组织和中央条约组织都无法与针对它们部署的力量相匹敌，因而存在要求美国支持的倾向，甚至支持它们对付国内动乱。诚然，华盛顿不能放弃这些同盟，不管最初缔造它们有何明智之处。但是，美国应"谋求促进其他的、基础较宽广和不那么以防务为导向的区域性联系"，同时设法"重新调整亚洲参与国的军事努力，使之朝向对付共产主义者支持的突袭和游击行动"。[58]

在这所提出的重点转移中有一项认识，即遏制的非军事工具已变得至少与军事工具一样重要：利用非军事工具成了肯尼迪战略的第四大成分。其中心是罗斯托的使"第三世界"国家对共产主义具有"免疫力"的想法。这意味着接受变革的不可避免性，甚至可取性，但还有在非共方向上引导它的必要性。据认为这能做到，但不是像杜勒斯的联盟看来打算的那样依靠直接反对共产主义，而是回归到15年前马歇尔计划的那种方略——运用美国资源缓解或消除起初使共产主义具有吸引力的种种状况。[59]罗斯托以富有特色的广度界定了这项任务："在被设计用来保护'自由边疆'、诱发和平变革进程的权势框架内……在整个'自由世界'确保一种朝经济福利、社会正义、个人自由和民意政府的较高水平持续进步的环境。"[60]

军事援助当然能促进实现这个目标，但"……外交、信息传播活动、所有各种交流项目、教育发展和文化进步协助、民间往来活动、经济规划援助、技术援助、资本提供、剩余产品使用、贸易和商品价格稳定化政策以及能影响这些社会内的人和机构对待自身问题的基本态度的多种其他行动"也能如此。*罗斯托指出，可用手段的范围如此宽广，显然有仔细地规划、协调和衡量效果的必要。同样重要的是要认识到这个过程将是脆弱的和不平衡的。有些时候可能符合美国利益的是鼓励剧变——"它本应发生在巴蒂斯塔统治的古巴"。另外一些时候，较好的做法可能是谋求在传统框架内推进现代化过程，就像在伊朗和越南南部。当然，美国不要求"一切社会在一切时候都接受民主价值作为自己的诉求，并且不间断地奔向其实现"。然而，"第三世界"国家"沿大致符合我们自己的个人自由和民意政府概念的路线"发展至关紧要。[61]

肯尼迪政府发展出了用来追求这些目标的种种机制。其中最雄心勃勃之一的是"争取进步联盟"（Alliance for Progress），那是个在10年时间里向拉丁美洲提供大约200亿美元美国援助的计划，条件是该地区各国政府要做出相应的承诺，愿意进行国内改革，特别是有关土地所有权和税收结构的改革。其设想，肯尼迪的拉丁美洲特别行动小组指出，是美国"无法稳定垂死的反动形势。因此，它必须谋求在一个可接受的社会组织水平上带

---

* 罗斯托有预见性地将经济发展视为主要优先事项："如果我们大家都努力工作"，他在1961年3月致函肯尼迪说，"那么阿根廷、巴西、哥伦比亚、委内瑞拉、印度、菲律宾"，中国台湾地区，"土耳其、希腊——或许还有埃及、巴基斯坦、伊朗和伊拉克——应有可能到1970年已实现自我持续的经济成长，不从特别的国际来源汲取资本，或只汲取少得多的资本。在人口方面，这些国家囊括了拉丁美洲人口的80%以上，以及'自由世界'其他欠发达部分的一大半人口。"（罗斯托致肯尼迪，1961年3月2日，肯尼迪文件，国家安委会档，第212盒，"拉丁美洲"卷宗。）

来稳定,同时不让这转变由共产党人去组织"。小阿瑟·施莱辛格更强烈地表述了这一点:如果"中产阶级革命"失败,他警告说,那么"工人和农民革命"将不可避免。[62]意图类同但组织上较简单的有:"和平队"(Peace Corps),它将数以千计的美国志愿人员送往第三世界国家,去组织小规模的健康、教育和农业项目;"粮食换和平"(Food for Peace)计划,设计用来促进在这样的地区处理美国剩余农产品;新的国际开发署,负责将外援计划的重点从军援转为经援。还应当认识到,行政当局的反动乱方略中有强烈的"民族国家构建"("nation-building")成分:"我们在欠发达地区的中心任务",罗斯托1961年6月在陆军特种战争学校说,"是保护目前正在向前进行的革命进程的独立性"。[63]

这些创议的共同之处起码是决心改变国外社会的内部结构,使它们能经受住要求革命性变革的无可避免的压力,同时不诉诸共产主义的解决方式。据信,与社会和政治改革结合起来的经济发展将达到这个目标。美国的金钱、美国的技术和美国的榜样力量将提供推动力。目标是一个由多样的主权国家组成的世界,它们中间没有一个拥有支配性权势。"各国的独立是共产主义者的'宏图大略'的障碍,"肯尼迪在1962年指出,"它是我们自己的'宏图大略'的基础。"[64]

除相信自己有能力"操控"国外社会,行政当局也高度自信能比先前更有效地利用对防务至关紧要的国内资源:它的战略的第五项特别的成分就在于此。这想法最清楚地表现在麦克纳马拉的五角大楼,在那里新任国防部长招摇地设置了新的经管技术,它们基于系统分析,旨在使如下做法成为可能:在总的战略与供实施战略之用的军事工具之间实现更紧密的对应。就全部预算的分配而言，艾森豪威尔当然已严格地限制军方，但在大多数情况下，他让各军种自由决定自己将怎样使用所得的资源。结果是注重那些名声显赫但往往多余或低效的武器系统，削减不那么光彩耀人但必不可少的辅助设备，连同导致白宫从未能真正制止的、军种间关于作用和使命的公开争吵。肯尼迪的办法是废止专横的预算上限，但坚持要求对每个军种如何使用其拨款进行更严格更细致的审查。[65]

麦克纳马拉试图依靠发展出一套"规划–计划–预算系统"（Planning-Programming-Budgeting System，简称PPBS）去做到这一点，那是一系列程序，旨在根据国家战略辨识防务需要，然后确保实际兵力反映这些需要，而不只是军种间和军种内妥协的产物。该系统假定：（1）兵力结构应当由任务而非机构利益决定；（2）成本（用五角大楼的行话说是"投入"）应当依据"效益"（"产出"）衡量；（3）实现目标的替代方式应能得到评估；（4）短期规划应能反映长期目的；（5）国防部长应有能力（并且有工作人员）独立于各军种去做出此等评判。麦克纳马拉将该系统应用于各种各样的问题，从决定导弹和轰炸机的何种"混合"将产生最可信的威慑，到选择发电机是用塑料的还是不锈钢的涡轮机叶轮（有着并非微不足道的差别——每个2美元对每个175美元），从衡量各种不同民防计划将以多大成本拯救多少生命，到将军事人员的皮带扣和内衣裤标准化。[66]

很难确定麦克纳马拉实际上节省了多少钱。防务开支在肯尼迪时期增加了13%，从1961财政年度的474亿美元增至1964

财政年度的536亿美元。可是,这增加的很大部分源于行政当局决心建设对称反应能力:假如没有上述系统,费用本来会更大。当然,"规划-计划-预算系统"不代表给军方的空白支票——例如三军在1964财政年度的最初要求总计达670亿美元。而且,由于国民生产总值在这个时期里每年增长4%,因而其中投入防务的比例实际上略有下降,从1961财政年度的9.1%降至1964财政年度的8.5%。[67]显而易见,该系统方法和相关的技术反映行政当局自信有能力在不依赖专横的预算上限的情况下操控防务系统。不过,它们也反映一种同样强烈的信念:国民经济本身可以被操纵,以便提供在华盛顿认为理想的任何水平上维持这一系统所必需的资源。

肯尼迪政府从一开始就认为,如果美国要维持其国际地位,那么高经济增长率必不可少。这样的增长率能提供手段,将增长着的资源分配给防务,同时不降低使美国成为其余大部分世界的楷模的高生活水平,而且反过来使美国公众可以忍受全球性责任。这还会让美国能从其他友好国家吸收工业品和原料出口,从而维持它们的经济健康而不削弱美元的价值。[68]肯尼迪的幕僚们争辩说,艾森豪威尔未能维持高增长率,从而在他总统任内造成了三次衰退,导致了那些年里施加于军事开支的大多数限制,还有到新政府就职时严重的收支差额问题。他们提出,弊病在于过时的经济学理念:艾森豪威尔拒绝应用凯恩斯主义的技巧操控经济,以造就至关重要的高增长率。[69]

到1962年,经济顾问委员会主席沃尔特·赫勒已设法使肯尼迪确信,艾森豪威尔坚持不懈地平衡预算的努力事实上对经济起了"财政拖累"作用,因为高税收吸走购买力,限制增长,导致一次又一次衰退。赫勒提出,较好的办法是将扩展而非偿付能力当作首要考虑:如果出现了前者,后者便会自动解决。赫勒的处方是以旨在刺激经济的减税为形式故意使预算失衡,从而届时产生在不限制增长的情况下造就适度节余所必需的财政收入。如艾森豪威尔警告的那样,通货膨胀当然是个危险,但在必要时能依靠扭转程序、增加税收和由此抑制过度扩展加以应付。在赫勒看来,肯尼迪对这论辩的接受——蕴含在他1963年的减税呼吁中——代表"凯恩斯革命的完成"。自此往后,将必定有"政治经济学家在总统身边"的一席之地。[70]

无论是五角大楼的"麦克纳马拉革命",还是经济学领域的"凯恩斯革命",都意味着拒绝艾森豪威尔的经管风格,即集中于在最高层规定指导方针,而不详细地介入防务系统或国民经济的日常管理。后一种方式在某种程度上与"新面貌"战略大致相似,后者假定在暴力的最高层次上维持行动能力将排除在任何其他层次上行动的必要。另一方面,"灵活反应"战略认定,有能力在一切层次上采取行动,使用全部各种可用的手段,既必要也可以实现,然而要以一种仔细瞄准总目标的方式这么做。在此意义上可以说,罗伯特·麦克纳马拉和沃尔特·赫勒极度自信的管理技术有了它们的国内类比。

艾森豪威尔有一项遗产肯尼迪没有拒绝,那就是谋求与苏联人谈判缓解紧张局势:新行政当局对这方略的继承和扩展构成其遏制战略的第六个也是最后一个要素。在其就职演说中,肯尼迪以多用排比句的大话宣告:"让我们永不出于害怕而谈判,但是让我们永不害怕谈判。"[71]事实上,反共之坚决无可挑剔的艾森豪威尔已从与"敌人"的这类接触中除去了许多风险,办法是显示后者能被接触而无需绥靖。结果,肯尼迪发现这与相反情况下可能的相比,较为容易将外交家的耐心技巧纳入其"灵活反应"武库。

"从长远看,我们应试图争取与苏联就我们竞争的基本规则达成默契,"罗斯托在他1962年3月的《国安基策》草案中写道,"如果他们确信我们有能力、有意志对付他们将权势扩展进'自由世界'的努力,那就会越来越有可能使他们感到在行使克制方面我们有共同利益。"在可预见的将来,根本没有可能与苏联停止冲突,"但尽管如此,仍可以有(而且按照我们的利益也应当有)就具体问题达成的协议,或许还加上一些相对平静的时期。"苏联是个共产主义国家这事实本身并非战争的原因,美国倒应该承认苏联作为一个大国的地位,向它展示在世界事务中"建设性参与"的前景。"这不会改变目前当权的苏联领导人的基本政策,但它可能会对他们的行为,或对他们的后继者的行为有温和化影响。"[72]

不过,实施这个战略并非易事。赫鲁晓夫仍在以种种挑衅打断他自己的"和平共处"呼吁,诸如"民族解放战争"演讲、柏林问题上新的最后通牒、核试验的恢复和在古巴设置导弹的决定,其中没有一件事看来是为缓和紧张局势谋划的(然而这位苏联领导人以其古怪的逻辑,显然打算用这些计略造就缓和)。尽管如此,肯尼迪在其中每次危机期间都确实仔细地寻求和试图利用谈判的机会。伴随1961年在老挝的战斗达到高潮,对"民族解放"战略的最初考验来临。在此,新总统拒绝了通过轰炸越南北部进行报复,或派出美国地面部队,或动用核武器的种种建议,赞同谋求与苏联人达成一项脆弱的协议,使那个遥远的国家中立化,从而将其移出冷战危机舞台。[73] 与此相似,在柏林问题上,肯尼迪否定了迪安·艾奇逊等人提出的强硬路线建议,改而选择一种灵活的谈判姿态,未放弃西方的任何权利,但同时默认了赫鲁晓夫的利益,让他稳定自己在东德的摇摇欲坠的地位。[74] 在核武器问题上,行政当局在经过长时间拖延后,才在1962年不情愿地恢复了它自己的核试验,同时向莫斯科施压,使其同意在将来禁止这类试验。[75]

肯尼迪致力于谈判在古巴导弹危机之后表现得最为清晰,看似矛盾的是,那是批评者们援引以表明他不愿使用外交手段的一个事件。[76] 诚然,在苏联于古巴部署导弹的问题上,总统拒绝谈判:他担心,这一过程的难以避免的拖延将使苏联人完成在该岛的安装工作,从而达到谈判想要阻止的目的。* 可是,行政当局很快就看到,赫鲁晓夫的投降使他的通过恐吓谋求缓和的整个战略一举声誉扫地。因此,一旦危机获得解决,它便准备有力地在谈判战线上挺进。"在这些情况下,"国务院的分析断定,"美国在提议东西方就重大问题举行谈判方面采取主动至关紧

228

---

*　行政当局内还有某种程度的自信:鉴于美国的实力,要将导弹逐出古巴将不一定需要谈判。"在我们的全面战争能力方面,我们拥有战略优势。在道义正确性、勇敢、实力、主动权和对这局势的控制方面,我们拥有战术优势,"马克斯韦尔·泰勒1962年10月26日致函说,"现在完全不是惊恐万状的时候。"肯尼迪文件,国家安委会档,第36盒,"古巴-概要"卷宗。

要。"[77] 肯尼迪几乎完全不需推动,他震惊于彼此间的误解在多大程度上导致危机,明白类似的形势怎样造就了1914、1939和1950年的战争。"关于在核时代消除战争的必要,您的观点和我的之间显然没有分歧,"他在1963年初致函赫鲁晓夫,"也许只有负有责任控制这些武器的人,才充分认识到它们的使用将带来的可怕毁灭。"[78]

1963年出现了第一批有形的谈判成果:一项除地下核试验之外禁止所有核试验的条约;莫斯科-华盛顿"热线"的建立;对联合国一项反对在外层空间放置核武器的决议的共同支持;对苏出售价值约2.5亿美元的美国剩余小麦。然而重要的是,要注意到这些成就更多地出自苏联政策而非美国政策的变化。肯尼迪的方略一直是辨识出一致的利益,使之与彼此斗争的问题领域隔开,以此试图将竞争变得不那么危险。[*]如他1963年6月在美利坚大学的著名演说中指出的,"即使最敌对的国家也能被指望来接受和信守这样一些条约义务,而且只是这样一些条约义务:它们符合他们自己的利益。"[79]但是,要谈判需有两方,直到赫鲁晓夫自己开始认识到这一过程的好处,迈向缓和的哪怕有限的进展才变得可能。

---

[*] 罗斯托对谋求与苏联人达成一项禁试协议持有疑虑,除非他们同意撤走在古巴的部队,并且遵守1962年关于老挝的《日内瓦协定》。然而,肯尼迪拒绝了这早期的"联系"战略,在未对苏联在其他问题上的行为设置先决条件的情况下进行了禁试谈判。(罗斯托备忘录,1963年7月5日,肯尼迪文件,国家安委会档,第265盒,"军控与裁军署-哈里曼裁军历程2"卷宗。)有关罗斯托将谈判与苏联在武器运送问题上的克制彼此"联系"起来的一次较早的尝试,见罗斯托致邦迪,1961年1月21日,同上,第176盒,"苏联-概要"卷宗。

中国在肯尼迪执政期间没有显示出类似的谈判兴趣,而且也不清楚假如它这么做美国是否会进行回应。肯尼迪本人受够了中国台湾地区当局代表整个中国这假象,但他不愿承担改变外交承认甚或容许北京被接纳进联合国将包含的国内政治负担。行政当局内还有一种观点:通过谋求与苏联人缓和,同时维持对中国的压力,可以最有利于使中苏分裂永久化。罗斯托在其《国安基策》草案中概述了这论辩:

> 虽然美国几乎完全不能做什么去促进这一分裂,但我们至少应避免采取那些可能有使之弥合的效果的措施。因此,我们不应如此公开地赞同赫鲁晓夫的观点,以致他难以在共产主义阵营内部为之辩护。更重要的是,当赫鲁晓夫确实按照偏好谈判与和平解决而非硬斗的方式行事时,我们不应使这偏好看起来似乎徒劳。而且,我们应清楚地表明,相反的中国观点如果付诸实施,就很可能迅速招致灾难。

罗斯托补充说,当中国准备"修改其进攻性态势和行为方式,事实上承认一个独立的台湾的存在时",改善与该国的关系不会有任何根本障碍。确实,肯尼迪在1963年末授权负责远东事务的助理国务卿罗杰·希尔斯曼(Roger Hilsman)准备了一篇关于中国的重要演说,期待有一天"中国的共产主义政权会最终放弃其憎恨……并且……重新接受一个多样的世界"。然而,拟就这篇演说更多地是出于一个想法,即在中国的"顽固"面前显示美国的"通情达理",而不是出于任何要改变政策的当前热望。来自

230

北京的对应的和解姿态既不被期望,也没有出现。[80]

　　在与西半球仅有的一个共产主义国家谈判的问题上,肯尼迪的记录同样复杂。行政当局确实与菲德尔·卡斯特罗安排过释放猪湾登陆的俘虏,交换条件是提供医疗和农业设备。1963年期间,双方都曾暗示愿意讨论其他问题。肯尼迪自称不反对古巴革命本身:他一再强调是苏联控制该国的危险提供了关切的理由。使美国与古巴对立的唯一事情,他在他去世前四天的一次演讲中说,是力图使该岛成为"由外部大国指使的、颠覆其他美洲共和国的行动中的一件武器……只要这是确实的,什么都不可能。没有这一点,什么都可能"。到他去世时,他至少有两项秘密接触在进行,以探寻与卡斯特罗改善关系的机会。然而,中央情报局此时也在秘密组织各种计划,以破坏古巴经济和进行侵扰式的沿岸袭击,并且在反复但不成功地阴谋暗杀卡斯特罗。[81]其中有多少是肯尼迪知道和已专门授权的仍不清楚。不过,清楚的是这些活动破坏了关系正常化的任何既存可能。

　　然而,无论导弹危机后与古巴打交道经历了什么挫折,行政当局将它对这一事件的处理视为表明"灵活反应"战略在起作用的教科书式的呈献,而且因此被视为要在其他地方效法的一个样板。1963年2月的一份国家安全行动备忘录草案强调,将来很可能需要美国有能力对"经过整合的政治、军事和外交力量"进行"有控制和分层次的应用"。那还将涉及一种能力,即能"通过累积增大对敌手的总体压力","控制升级的性质和幅度",而且协调"政治、经济、外交、心理和军事行动……始终关注它们对于朝我们的总体目标迈进的综合效应"。[82]有如导弹危机业已表

明的,所有这些全都不超出"灵活反应"战略的能力,而这战略现
在似乎被实际经历的严峻考验证明是正确的。

231

四

向公众陈述"灵活反应"战略时,肯尼迪及其幕僚不断地在
唤起的需要与教育的需要之间自我撕裂。一方面,他们相信艾
森豪威尔未使美国正视它面前的威胁,认为行政当局因而有责
任将全国从自满自足中唤醒——如果有必要就震醒。另一方
面,他们又有一种类似的责任意识,即说服公众较冷静较理性地
看待冷战,放弃作为这场冲突的早年特征的激情和过度简单化。
这些彼此冲突的驱动影响了肯尼迪在整个执政期间对其战略的
公开解释。

无疑,肯尼迪未作任何努力去尽量轻描淡写国家面临的危
险。"如果你在等着发现'一清二楚的当前危险',"猪湾事件过后
不久他告诉一群报纸发行人,"那么我只能说危险从来没有比现
在更清楚,其存在从来没有比现在更迫近。"他喜欢引用乔治·威
廉·柯蒂斯(George William Curtis)一个世纪以前在《堪萨斯-
内布拉斯加法》问世时所说的一番劝诫:

　　难道你会将这么一个人算作是古希腊的朋友?他在那
个炎热的夏日平静地讨论爱国主义理论,而在那天的无望和
不朽的时时刻刻,莱昂尼达斯和三百壮士为了自由屹立于塞
莫皮莱。当英国人的自由权遭到危害时,难道约翰·弥尔顿

会在他的藏书室里列举希腊语动词的词形变换？

肯尼迪强调，"将其目的意识和自由意识用于在关键时候维护我们的社会"是每个受过教育的人的责任。紧随1961年6月的维也纳最高级会晤之后，肯尼迪未作任何努力去试图掩饰他与赫鲁晓夫的分歧："对是与非，对什么是内政和什么是侵犯，还有最重要的……对世界现状如何和它的变化前景如何，我们有完全不同的看法。"在1962年10月的最危急时刻，肯尼迪也没有试图掩盖根本危险："我们不会过早或不必要地以世界范围的核战争为代价进行冒险，在其中即使胜利的果实也将是我们口中的灰烬。然而，我们也不会在必须予以面对的任何时候从这风险退缩。"[83]

还有对显示决心和果敢的巨大关切——这在一个担心受辱甚于担心其他一切的行政当局里也许是一个可理解的特性。这表现在倾向于首先将危机变成实力的公开检验，只是在那以后才谋求谈判：[84] 在老挝、柏林、核试验和驻古巴的苏联导弹问题上，模式莫不如此。有时，肯尼迪甚至像是在自寻艰难挑战，有如他在令人难堪的猪湾事件后不久，便承诺在20世纪60年代结束以前将一名美国人送到月球上。"然而，有人说，为什么要登月？"翌年他在莱斯大学向学生发问。"为什么要攀登最高的山峰？为什么35年前要飞越大西洋？为什么莱斯大学要与得克萨斯大学比赛？"美国将要登月不是因为容易，而是因为很难，"因为那个目标将起到组织和衡量我们的最佳精力和能力的作用"。[85] 肯尼迪像是接受了杜勒斯的老论点：要唤起美国人民的最佳素质,挑战就是可取的,甚至是必需的。

然而,除了一个例外,极少有证据表明行政当局蓄意向公众传送一种大于它自己实际感觉到的紧迫感。此时毕竟是苏联在冷战中的难以预测性臻于巅峰之际。在此情况下,如果不存在一种赋予地方性事件全球意义的倾向,就是咄咄怪事。与行政当局知道的实际情况相比,被示意有更大危险的一个领域是战略武器:在频度和力度上,对不存在"导弹差距"的公开承认从未抵得过肯尼迪先前关于它存在的断言。除此之外,肯尼迪及其幕僚们刺耳的官方高调可以看作相当可靠地反映了他们的私下忧虑。

可是,与这高调并存,行政当局内对肯尼迪所称的"陈腐乏味的冷战教条"有一种愈益增长的厌倦。典型的冷战心态,邦迪的助手卡尔·凯森在1961年指出,成了目的本身:它未能"对我们对外政策的主要积极目标做出贡献"。不仅如此,它还有复活麦卡锡主义的危险:

> 麦卡锡主义并非与我们在朝鲜实际上与苏联进行战争一事无关。无论是我们的历史,还是我们的社会在政治经济方面的伟大成功,都使得对我们来说,在背离朴素的洛克式财产权和自由权概念上比其他社会慎重保守得多是恰当的……在国外的黩武姿态使我们越来越不容忍这差异,与此相应,那些激进右翼分子的政治分量得到了增长,在他们看来这差异是对美国生活方式的一个威胁。不仅如此,当我们采取黩武姿态时,我们缺乏适当的行动目标。这加剧了此等

姿态的国内政治后果,而当我们不能与国外敌人较量时,我们就寻找国内敌人。

另一个问题是简单化的冷战思维完全不适合国际事务之复杂。在一番可能是对杜勒斯的间接抨击中,肯尼迪告诫说:"有一种危险的幻想,以为被伸展到全球范围、处于各种不同环境中的美国政策能被压缩为一句口号,或被压缩为一个形容词,即强硬的、温和的或其他的。"这样的思维还助长了双方的陈腔滥调,导致难以根据变化做出调整。"国家在变。形势在变。我们必须足够现实,认清真正的威胁何在。"[86]

肯尼迪在他生命的最后一年里,确实做出了努力,试图填补将冷战视作善恶斗争的大众看法与世界实际复杂性之间的鸿沟。"我们不是在从事一场辩论,力求堆积争论点",1963年6月他在美利坚大学提醒听众说。"这里,我们不是在分派责难或做出判决……没有哪个政府或社会如此邪恶,以致其人民必须被认为缺乏美德":

> 世界和平如同社区安宁,不要求每个人都爱他的邻居——它只要求他们相互容忍地生活在一起,使他们的争端服从一个正义与和平的解决办法。而且,历史教导我们,国家间的敌意如同个人间的敌意,并不永久持续下去。

莫斯科和华盛顿有共同利益去避免"令对手要么选择丢脸地后撤,要么选择打一场核战争":那"只会证明我们政策的破产——

或证明这个世界的集体求死意愿"。在这情况下,下列行为并非自相矛盾:签署一项禁止大气层核试验条约,同时继续进行地下核试验;向苏联人出售小麦,同时不让他们得到战略物资;研究空间联合探索的可能性,同时有力地推行单方向的美国空间计划;探求裁军机遇,同时维持武器储备。在每个场合,目的是一样的,即说服克里姆林宫领导人相信"对他们来说,从事直接或间接侵略实属危险,试图将他们的意志和制度强加于不情愿的别国人民实属徒劳,参与造就一种真正的、可贯彻的和平实属有益——有益于他们自己也有益于世界"。[87]

蕴含在这些言论中的是肯尼迪的美国利益观的根本:容忍多样性,依赖制衡而非投射权势去实现它。可是直到他遇刺那一天,这位总统一直将这些对理性和冷静的呼吁与在所有地方捍卫"自由边疆"的热烈训诫混合起来。"你们必定想知道这一切何时终结,我们何时才能回家,"1963年9月他对蒙大拿的一群听众说,"哦,这一切不会完结……因为发生在欧洲或拉丁美洲或非洲的事情直接影响到生活在这座城市里的人们的安全,特别是那些以后出世的人的安全。"两个月后他再次说道:

> 没有美国,南越将在一夜之间崩溃。没有美国,东南亚条约组织将在一夜之间崩溃。没有美国,中央条约组织将在一夜之间崩溃。没有美国,就不会有北约。而且逐渐地,欧洲会滑入中立主义和无动于衷。没有美国在"争取进步联盟"中的努力,共产主义突入南美大陆将早就发生。

234

"我们依然是自由拱门的拱顶石，"肯尼迪在 1963 年 11 月 23 日上午说的这些话里补充道，"而且我认为，我们将继续一如既往地行事，得克萨斯人民将走在前列。"[88]

　　所有这一切提示，肯尼迪的公开大话准确地反映了他自己关于利益和威胁的矛盾心理：原则上，美国能很自在地生活在一个按照均势方式组织的多样世界里，但与此同时，哪怕只是显得从无可否认地伸展过度的位置后撤，它都会引发一场将损害美国在所有地方的利益的信心危机。因此，不可分割的是自信，而不是利益；"灵活反应"的根本战略两难，而且是没有解决的战略两难，就在于抽象观念与现实世界必需之间的这一冲突。

第八章 实施"灵活反应"战略：
在越南的检验

为讨论"灵活反应"的实施，就须做一个选择。即可以概览性
地考察展现了该战略的一系列事件：猪湾入侵、老挝危机、柏林
危机、古巴导弹危机、干涉多米尼加共和国。或者，也可以详细
地集中考察一个事态，它由于持续时间之长、造成的分裂之严重
和付出的代价之巨大，使所有上述事件黯然失色，那就是越南战
争。选择第二种方法有两个很好的理由。第一，美国在东南亚
的政策以微观方式反映了应用于实践的"灵活反应"的几乎一切
要素。第二，肯尼迪、约翰逊及其幕僚将越南视为对该战略的一
个相当好的检验。最先引发"灵活反应"批评的正是艾森豪威尔
无力对付类似的问题。如果该战略不能在越南奏效，那就有严
肃的理由质疑它是否能适用于其他地区。美国领导人着手进行
这场检验时充分地意识到潜在的困难，但与此同时，他们对自己
克服这些困难的能力信心十足。

说他们的信心放错了地方就显得太轻了：成就最终被证明
与预期目标如此全然不一致实属罕见。战争未拯救西贡当局，
未遏阻未来的发展，未加强美国在世界其他地方的义务承诺的

可信性,也未防止国内的激烈指责。要将这些不一致归咎于战后国家安全决策结构的缺陷就太简单了,尽管那些缺陷可能相当大。如前所述,不存在单一的遏制方式,要指控该战略的所有表现只会含混不清。将在越南的失败归咎于1963年11月22日以后白宫领导人的变动也无益于做出解释,不管肯尼迪和约翰逊的个性多么显著地不同。因为事实是约翰逊在越南问题上忠诚地遵循着"灵活反应"战略,或许比肯尼迪自己本会做的更少打折扣。

毋宁说,美国在越南的失败源自从该战略颇有逻辑地引申出来的前提假设:假设捍卫东南亚对维持世界秩序至关紧要;假设武力能精确和有区别地应用于越南;假设存在精确评估表现的手段;假设效果将是增强美国在世界上的权势、威望和可信性。这些前提假设转过来反映了一种目光短浅得出奇的对过程的全神贯注——以目的为代价对手段的过度痴迷,其结果是,一种旨在造就意图与成就之间的精确吻合的战略在事实上却适得其反。

一

肯尼迪和约翰逊政府的官员们喜欢坚持说,他们在越南的政策与1947年以来美国对外政策的总方向一致:他们认为,在那里的军事努力只是为表明侵犯无利可图而采取的一长系列步骤中的又一步。"我们当今在东南亚面对的挑战,"约翰逊争辩道,"等同于我们曾在希腊和土耳其、柏林和朝鲜半岛、黎巴嫩和古巴以实力勇敢地面对的挑战。""这一代人学到的巨大教益"就是"在我们立场坚定的任何地方,侵犯都最终被制止了"。[1]这些言论意味着,质疑对越南南部承担类似义务的必要,就等于怀疑从一开始便维系着遏制战略的前提假设本身。

可是事实上,多年里那些前提假设已逐渐发生变化。如前所述,凯南强调要区分至关紧要的利益与边缘利益,区分对这些利益的各类不同威胁,鉴于可用手段区分不同层次的可行反应,肯尼迪和约翰逊政府却未做这样的区分。凯南试图依靠在精心选择的关键地区综合应用政治、经济、军事和心理杠杆维持全球均势,约翰逊到1965年却已在一个由敌手选择的地区差不多完全依靠使用武力。凯南希望驾驭民族主义力量,甚至在这力量由共产主义者充当的地方,以遏制苏联不断扩张的势力和影响,约翰逊却力图反对共产主义,哪怕在它同时也是民族主义的地方,目的在于维持美国在世界上的可信性。不仅如此,还有颇具讽刺性的最后一项扭曲:约翰逊和后来的尼克松为使美国摆脱它自己的战略使之陷入的困境,变得令人可悲地依赖苏联的持续帮助,而苏联正是本来的遏制目标。

也许可以将这些显著的异变解释成迟钝愚蠢、目光短浅甚或心不在焉的结果,然而没有什么证据表明这些特质在肯尼迪-约翰逊执政岁月里起了比通常更显著的作用。这两个行政当局的与众不同之处在于立意作出对称性反应。必须据此来解释战略思维的演变,而这演变由于一个事实变得更引人注目,那就是贯彻演变的人似乎不明白它已经发生。

当然,是国安会68号文件将认定的威胁从苏联转变为国际

237

共产主义运动。这项文件还为扩展手段因而扩展利益提供了理论依据。艾森豪威尔拒绝国安会68号文件提出的对手段的分析，但没有否定它对威胁或利益的评估。由于这原因，他愿通过《东南亚条约》对南越防务做出一种含糊的承诺，*那与他的行政当局以最小代价实现最大威慑的关切相符。肯尼迪不那么关心代价，他面对越共活动的高涨，回复到国安会68号文件的手段可膨胀的概念，但加上决心信守艾森豪威尔做的承诺，即使它作为手段的一种替代而被大为延伸。与此同时，肯尼迪决心减小先前战略冒的要么升级、要么受辱的风险。这决心最终导致了部署美国地面兵力，起初是作为当地的"顾问"，此后在约翰逊任内则成为全面参战者。

　　然而，美国在越南的利益究竟是什么？为何在那里均势岌岌可危？沃尔特·罗斯托在他1962年的《国安基策》草案中警告说，"领土和资源的重大丢失将使美国更难缔造它想望的那种世界环境……在非共世界的政府和人民中间产生失败主义情绪，或导致国内的挫败感。"然而，在受到压力要解释为什么"丢失"一个那么小而遥远的国家会产生那么严重的后果时，华盛顿的

---

　　* 1954年9月8日签署的《东南亚条约》规定：一旦发生对任何缔约国，或对各缔约国"今后可能经一致同意而指定"的国家或地域的"武装进攻"，它们就将"在此情况下依据（它们的）宪法程序采取行动，以对付这共同危险"。如果出现"武装进攻以外的"威胁，或出现"可能危及地区和平的事实或形势"造成的威胁，那么各缔约国将"立即磋商，以便在为了共同防御而应采取的措施上达成一致"。西贡当局不是条约签署方，但一项附加议定书确实将其条款的适用范围延展至涵盖"柬埔寨和老挝两国以及在'越南国'管辖下的自由领土"。（*American Foreign Policy, 1950—1955: Basic Documents* [Washington：1957], pp.913—914, 916.）

官员们一般都援引东南亚条约组织的条约义务,它如果得不到信守,就会令人怀疑美国在世界其他地方的义务承诺。"美国义务承诺的完整性是全世界和平的主要支柱,"腊斯克在1965年写道,"如果那承诺不再可靠,那么共产主义世界就会得出将导致我们毁灭,而且差不多肯定会导致灾难性战争的结论。"[2]

这推理稀奇古怪。它要求将美国在越南南部的义务承诺辩解为对维持全球稳定必不可少,然后将这稳定描述成正因为华盛顿的义务承诺易受损害而处于危险之中。它既涉及遏阻侵犯,又涉及被侵犯的前景所挟持。看来,这混乱出自肯尼迪和约翰逊政府未能清楚地表达被独立地推断出来的东南亚利益概念。相反,他们倾向于将美国在那里的利益看作完全由威胁和义务决定。他们认为,无论在哪里,只要共产主义对美国的保障提出挑战,美国的安全,实际上还有整个非共世界的安全就处于危险之中。越南本身可能不重要,但作为威胁和承诺的一个交叉点,它就是一切。

这种论辩完全不要求威胁是由中央指挥的,甚或不要求它与其他地方的共产主义活动相协调。诚然,战争初期经常提到中苏"统领世界"的计划,[3]但随着莫斯科–北京分裂的证据变得无可辩驳,这些说法就不那么常见了。接着,理由变为遏制中国,但这只为时短暂。到1965年初,主要关切已像副国防部长约翰·麦克瑙顿(John McNaughton)所言,不过是"避免美国丢脸地失败(丢掉我们作为保障者的声望)"。[4]因此,共产主义不一定对世界均势构成协调一致的威胁,但由于共产主义以美国为代价的胜利(即使并非协调一致)能造成美国颜面受损,因而对

239

全球稳定的挑战仍旧是真实的。唯一的区别在于,现在将这些威胁联为一体的是华盛顿对后撤的恐惧,而不是国际共产主义自身内部的纪律和控制。

　　相关的美国义务承诺也不需审慎。在肯尼迪行政当局内部有个明确的意识,即艾森豪威尔使美国在东南亚过度伸展:如前所述,罗斯托更喜欢一种基于近海战略要点的不那么正式的同盟结构。[5] 他的助手之一罗伯特·科默(Robert Komer)1961年私下将东南亚条约组织说成是一个对付不存在的公开侵略危险的“包袱”。尽管如此,罗斯托同年晚些时候仍给肯尼迪写道:“我们肯定在越南被拖住了;我们当然要履行自己的……东南亚条约组织义务。”很简单,问题在于脱身的危险似乎在每一个阶段都超过继续推进的代价。“我们进入越南的原因……现在多半是理论上的”,麦克瑙顿在1966年写道。“在每个决断关头我们都赌过;在每个关头,为避免不履行我们的承诺将给我们的效能造成的损害,我们都提高了赌注。我们没有不履行承诺,因而现在赌注(和承诺)非常大。”[6]

　　这一切当中有个分明的自我加强趋势。行政当局越是从维护美国的可信性出发捍卫其越南政策,美国的可信性似乎就越依赖这些政策的成功。约翰逊在1965年4月宣称:“让越南听天由命将动摇……对美国承诺和美国言辞的价值……的信心。”5月间他再次宣称:“有一百个其他小国……正在注视发生的情况……如果南越可以被吞并,那么同样的事也可以降临在他们头上。”7月间他又一次声明:“如果我们从越南战场被赶出去,以后就没有任何国家能再同样地信任……美国的保护。”[7] 国际关系中的意象只部分地出自人们相信什么，它们还出自各国作何宣称。考虑到这些和其他类似的宣告的频度和强度，它们在国内和国外都被认真看待就不足为奇了。可是，讽刺的是，行政当局做这些宣告是为挡住撤军的压力，那可能导致颜面尽失。然而，它们的实际效果是加大了许诺与表现之间的鸿沟，而羞辱正是源自这鸿沟之中。

但归根结底，为何有这对蒙羞受辱的极端恐惧？也许部分地 240 是因为它可能向对手透露出软弱：慕尼黑的"教训"毕竟还历历在目。越南还变成了某种个人荣耀问题。"从1959年至今，我们还没有将一个国家丢失给共产主义"，约翰逊喜欢如此吹嘘。[8]然而足够奇怪，一种更深切的担忧或许不那么在于世界可能怎么想，而在于美国可能怎么做。肯尼迪和约翰逊两个行政当局，都令人奇怪地恐惧于美国人的非理性，即害怕倘若美国被认为"失去"越南，就可能出现难以预料和无法控制的反应。腊斯克和麦克纳马拉早在1961年就警告说，这么一种事态发展"将在美国引发激烈的国内争执，将被极端分子利用来分裂国家和攻击政府"。罗斯托在《国安基策》草案中甚至提到了一种可能，即如果它面临重大失败，"美国可能鲁莽地发动战争"。[9]约翰逊很可能怀有最强烈的恐惧："我知道，如果我们听任共产党得胜，接管南越"，他后来回忆道，

> 那么我国就会随之出现无休止的全国性争论——一场低劣的、毁灭性的争论，它将动摇我的总统职位，毁坏我的行政当局，并且损害我国的民主制。我知道，从共产主义者

接管中国的那天起，哈里·杜鲁门和迪安·艾奇逊就丧失了实现目标的能力。我确信丧失中国对乔·麦卡锡的崛起起了很大的作用。并且我知道，与我们假如丧失越南就可能发生的情况相比，所有这些问题加起来不过是小事一桩。[10]

因此，最根本的危险是美国可能对它自己做什么，如果它未能履行它自己确立的义务。

约翰逊政府离任后不久，《纽约客》杂志的一名撰稿人威廉·惠特沃思试图就越战基本的地缘政治理由采访前总统的若干幕僚。唯一愿意见他的是沃尔特·罗斯托的兄长尤金·V.罗斯托，1966—1969年间担任负责政治事务的副国务卿。随后的讨论是在兜圈子，而那暴露出问题所在。当被问到为什么美国的安全取决于保卫东南亚时，罗斯托强调有必要在世界上维持"均势"。然而，在被问到为什么有必要这样做时，罗斯托回到了典型的"灵活反应"论调：需要能处理越南这类问题而不诉诸核武器。惠特沃思觉得这困惑难解："我们要均势是为对付问题，而我们不得不对付问题是为维护均势。这种理念是自己咬自己的尾巴。""唔，在某种意义上你是对的，"罗斯托答道，"我能说的一切，是当一个潜在的敌国确立霸权时，它对人们总是非常危险。我不能具体说明这潜在的霸权会被如何行使，但我会宁可防止这危险，即使付出很大代价。"[11]

理念自咬尾巴的现象在越南问题上并非罕见：扩展手段以履行作为手段的替代而做出的承诺；按照均势理由辩护一项以其存在本身令均势摇摇欲坠的承诺；为可信性而维护毁坏可信

性的政策；最后，用毁坏国内共识的手段追求国内共识——所有这些都反映了"灵活反应"战略未能以一种有条不紊的方式行事，即依次经过分辨利益、认识威胁、选择恰当的反应等各个阶段。相反，威胁和反应本身都成了利益，结果美国恰恰是在以空前的决心立意要在越南大干一场的时候，忽视或忘记了它究竟打算在越南干什么。

二

　　应用在越南的"灵活反应"的第二个显著特征，是相信"校准"或"微调"——美国能在一系列经过精确计算的行动内上下调整，从而能遏阻有限侵略而避免极端升级或蒙羞受辱。"我们的军事力量必须……以一种经过测算、有限、受控和深思熟虑的方式得到使用，作为贯彻我们对外政策的一个工具，"麦克纳马拉的一名助手在1964年末写道，"军事行动本身绝不能变成目的。"数月后，约翰逊表述了同样的观点：他强调他不会理睬"那些敦促我们不计后果或漫不经心地使用我们巨大力量的人……我们将做必须做的事情。而且我们将只做必须做的事情"。[12]可是，由于这个战略到头来造就了升级**和**羞辱**两者**，因而它会看来与关于均势的官方思维一样有某些弊端。

　　理想地说，威慑应包含表达决心，而不必实际展示决心。约翰·福斯特·杜勒斯尝试过这种精妙的操作，办法是威胁使用核武器，以打消任何层次的侵犯意图。那是一种至少有一项好处的方略：将决心的表达与其实际显示分隔开来，只要有技巧或有好运气。肯尼迪及其幕僚缺少前任行政当局在此类问题上的自信,同时确信在有限战争形势中这一战略无效,因而排除了在东南亚之类地区施行核威胁,但没有排除在那里显示美国坚定性的必要。"我们必须马上制定一种使对方确信我们极为认真的行动方针。"罗斯托在1961年8月提醒肯尼迪。"美国干什么或未能干什么,"马克斯韦尔·泰勒在几个月后补充道,"对最终结果将是决定性的。"[13]困难在于除了采用杜勒斯的战略,决心的所有可想象的表达似乎都需要以某种形式实际展示决心。

　　这未使参谋长联席会议为难,它早在1961年5月就已提议向越南南部派遣美国部队,以便"提供一个对北越人和(或)中国共产党人可能的行动的可见威慑",并且"向所有亚洲国家显示我们意图的坚定性"。一位老越南通、陆军准将爱德华·兰斯代尔(Edward Lansdale)如此解释了个中理由:

> 　　美国**战斗**部队,即使是相对小的单位,也是我们国力的象征。如果敌人与我们的一个战斗单位交火,他就完全明白他自然而然地与美国的全部力量交上了火。这一真实国力的象征"维持了和平"。它曾明智地在德国、希腊和台湾海峡被使用过,其使用方式并非有别于所考虑的在泰国和越南使用它的方式。晚近的历史表明,当此类美国部队的使命被恰当宣布,而且立即有坚决的行动相随时,效果恰恰是"升级"的反面,而且我们的行动获得了(中苏)集团以外全世界的支持。

"事前部署象征性的美国武力的目的，"罗伯特·科默补充说，"就在于向对方表示我们的意图，因而有希望避免在出现大风波后不得不面对大量美国兵力的投入。"诚然，美国可能"到头来近似于在应付另一场朝鲜战争，但我认为避免这处境的最好办法是现在赶快行动，赶在战争发展到需要做朝鲜战争那类投入的地步之前"。[14] *快速的小规模介入可以使长期的大规模介入不再必要：这理念构成马克斯韦尔·泰勒和沃尔特·罗斯托1961年11月所提建议的基础，据此他们主张将大约8000人的美国战斗部队派入越南南部。"在我们看来，"泰勒给总统写道，"与得知美国已做好准备对付任何层次上的侵略相比……没有什么更可令敌人清醒并打消升级意图的了。"[15]

243

　　然而，肯尼迪长时间以来一直怀疑将美国部队派到东南亚作战是否明智，他在前一年7月提醒幕僚们："美国人民和许多杰出的军方领导人都不愿看到美国部队在世界的那个部分有任何直接卷入……没有什么比在该地区干涉失败更糟的。"国务院的评估加强了这一看法：

　　　　我们不认为美国部队在那里将起到遏阻渗透的作用，除非公开武装干涉。没有多少道理来设想共产党人会认为与法国部队在北越相比，我们的部队将成功得多地打击在南越

---

　　* "对在亚洲卷入另一个肮脏次要的战区，我不比任何人高兴。但是，我们无论如何迟早会最终这么做，因为我们不愿接受又一次失败。如果是这样，那么真正的问题就不在于是否会，而在于多快和多少！"科默致邦迪，1961年10月31日，肯尼迪文件，国安会档，第231盒，"东南亚－概要"卷宗。

的游击战。反游击战行动需要武力的高度选择性应用,选择
则需要辨别力,而外国部队根本缺乏辨别敌友的基础,除了
根据他们射击的方向。

如果南越人自己不愿做出"认真的民族性的努力",迪安·腊斯克
在11月警告说,那就"难以设想少量美国部队怎么能有决定性影
响"。肯尼迪被这些论辩说服,而且顾虑其他地方(特别是柏林)
的优先事项和破坏当时进展中的老挝问题谈判的风险,因而推
迟实施泰勒和罗斯托的派遣战斗部队的建议。这将"有如喝酒,"
他对阿瑟·施莱辛格解释说,"一杯下肚,酒力渐消,你就得再来
一杯。"16

　　然而,重要的是要注意到,肯尼迪不向越南派遣战斗部队的
决定并非拒绝"校准"。恰好相反,他认为,如果全部采纳泰勒和
罗斯托的建议,就将构成一次过分急剧的压力升级。相反,他宁
可采用较渐进的方式,包括增加美国对西贡的经济和军事援助,
以及派去美国"顾问"。这程序全未排除以后派遣地面部队,如果
那变得必要的话。在这些决定对美国可信性的影响上也不存在
幻想:"我们充分认识到",国务院电告西贡,"如果得到执行,这
些决定在多大程度上……将大幅增加我们在用以拯救南越的威
望斗争中的投入。"17肯尼迪的行为说明,他只是怀疑为展示美
国决心而必须做的反应在层次上是否合适,而不是怀疑做出这
展示本身是否重要。

　　"校准"在接下来的两年里采取的主要形式,是努力将西贡
当局转变为一个足够自立的反共堡垒,从而将不需直接投入美

国部队。据罗杰·希尔斯曼说，目标是设计出"一个综合和系统的军事-政治-经济反叛乱战略概念"，引导西贡政府的军队和治安部队"越来越多地采用反游击战或非常规战战术"，"扩大越南官员在政府政策的制定和执行方面的有效参与"，而且"使民众与越南政府的反'越共'（Viet Cong）斗争同心同德"。[18]这一切要求若干微妙的平衡举动：使吴庭艳总统的专制统治足够有节制，以赢得对他的政府的大众支持，同时不将它削弱到无法抵抗越共压力的地步。提供为吴庭艳生存下去必需的援助，同时不使之作为美国的傀儡而声誉扫地，同时还留心不让吴庭艳利用华盛顿对其生存的关切将美国变作傀儡。最终这条路线被证明太精细了，以致无法走下去：因为吴庭艳镇压佛教徒而大感沮丧，并且担心他的政府与河内进行秘密交易，肯尼迪于1963年8月授权进行一场精心安排的行动——它本身就是个"校准"的示例——去推翻他。[19]然而实际发生的是，华盛顿既不能控制扳倒吴庭艳的时机和方式，又未仔细考虑取代他的将是什么。结果，在接下来三年里支配西贡政治的恰恰是肯尼迪担心的混乱。

越南南方民族解放阵线（"越共"）由此获益，这到1964年底已导致约翰逊政府批准肯尼迪曾拒绝的方针，即美军在越南承担战斗任务。但即便如此，"校准"原则仍将应用；不会有武力的急剧和全面的使用。相反，用约翰逊的话说，计划是对北越的军事压力"在范围和强度上逐渐增大，以便使越南民主共和国（DRV）领导人确信，停止援助'越共'、尊重西贡当局的独立和安全符合他们自己的利益"。这种"慢速压榨"战略设想采取足够强烈的行动，以终结当前不断恶化的局势，但又不如此猛烈，以致北越人民更紧密地团结在一起,激起中国共产党人的介入,引发世界舆论的反对,或排除最终谈判解决的机会。邦迪在1965年2月对北越进行首次空中打击前夕说,目标在于"将胡萝卜和大棒始终摆在河内面前:胡萝卜就是我们住手,大棒则是继续施压……这样的政策一旦付诸实施,我们便能以愈益增强的力量和效能在越南就许多问题发声,而且以多种方式发声"。[20]*

据打算,对越南民主共和国的轰炸将成为晚近历史上最精密的作战行动。以下几点被赋予重大意义:不跨越某些地理"门槛",因为担心像在朝鲜战争中那样引发中国介入;避免平民伤亡,那可能加剧美国国内和其他地方的反战呼声;将轰炸与种种不同诱惑、特别是周期性的暂停轰炸和提供经济援助的提议结合起来,以便将河内带到谈判桌旁。轰炸目标的挑选在华盛顿进行,往往在白宫本身,总统不时亲自监控某些轰炸任务的执行结果。飞行员被要求格外精确——1966年的一项命令明确规定:只有在没有油轮停泊的情况下才可袭击海防港的码头;只有在向美国飞机开火的船只"显然属于北越"的情况下才可予以打击;在星期天不得发动任何攻击。[21]可是,即便有这样的限制,轰炸的范围和强度仍逐渐增大,从1965年的出击**2.5万次、投弹6.3万吨增至1967年的出击10.8万次、投弹22.6万吨,打击

----

* 尤金·罗斯托争辩说,约翰逊"在越南的大胆而谨慎的行动提出了两个问题:我们将冒纽约被轰炸的风险以保护西贡,并且莫斯科不会为了保护河内而轰炸纽约。这是一种竞赛,显示头等的重要性,它将大大加强我们的同盟体系和削弱敌人的同盟体系"。罗斯托备忘录,1965年4月10日,附于比尔·莫耶斯致邦迪,1965年4月13日,约翰逊文件,国家安全档-国别档:越南,第16盒,"备忘录-第32卷"。

** 一次出击是指一架飞机飞行一次。

任务从最初针对北越南部"锅柄地带"的军事基地扩大到针对北越全境的渗透线路、运输设施和石油储藏地，最后扩大到针对河内-海防地区的工厂和发电厂。[22]这一切行动全未产生朝向想要实现的目标的可见进展，即逐渐制止对南越的渗透并走向谈判。

与此同时，引入地面部队的压力越来越大。邦迪早在1964年5月就提议这一选择：他对约翰逊写道，他的想法在于，"使美国人在军、民每个层次上都同越南人联姻……以提供（西贡）反复要求的：在每个压力点上都有身材高大的美国人"。"我丝毫不认为那会重演朝鲜战争"，他在8月里补充说。"在我看来至少有可能的是，派去执行特定任务的几支旅级规模的部队……或许在每个地方都是一剂良药。"罗斯托同意这看法，指出这样的部队能有利地充当在未来任何谈判中的讨价还价的筹码。到1965年2月，腊斯克也认可了这想法，认为这与轰炸一起，可以向"河内和北平发出一个信号，即它们若不使事态大幅升级，连同承担它们将不得不面对的所有风险，它们自己就无法指望成功"。[23]

不过，最终决定性的论辩被证明是威廉·威斯特摩兰（William Westmoreland）将军的断言：需要有部队守卫岘港空军基地，某些对北方的空袭正从那里发动。差不多可以肯定，提出这个要求是为获得总统对一种战斗使命的授权，其范围此后能被扩展到远远超出向其授权的有限目的。[24]这个"打入的楔子"奏效了，到1965年4月初约翰逊已批准驻越美军承担战斗角色。增兵模式很快就超越了邦迪提议的两个旅：从起初在岘港部署3500名海军陆战队员开始，美国部队兵力到1965年底增至18.4

万人,1966年底增至38.5万人,到1967年底达到了48.6万人。[25]
而且,有如1968年初的春节攻势看来表明的,[*]没有什么令人信
服的证据证明这些部队比轰炸行动更接近完成自己的使命。

关于精确升级战略,回想起来令人吃惊的是,如同在越南经
常发生的,其产生的效果恰恰同预期相反的程度。1961年开始
应用的逐步加压战略,其目的在于避免美国大规模军事卷入:据
认为,象征性的义务承诺将展示决心,从而避免以后做出更大承
诺的必要。其中的理念与接种疫苗并无不同,即最小程度的风
险承担被指望可提供免疫力,以避免更严重的危险。当时用的
另一个类比是玻璃窗,其强度本身不足以阻挡盗贼,但如果玻璃
窗被击破,便能产生如此显著的后果,以致打消窃贼的初衷。简
言之,卷入是避免卷入的最好方式:"我深信,"罗斯托在同年8月
写道,"拯救东南亚和将美国在那里过深的军事卷入的可能性最
小化的途径,在于总统非常迅速地做出大胆的决定。"[26]

大胆的决定得以做出(诚然不如罗斯托希望的那么大胆),
但效果并非将美国的卷入最小化。到1968年,美国的人力、物力
和威望被深深投入的程度甚至远超过7年前设想的"最坏情况"
所预示的。麦克纳马拉曾在1961年11月估计,在不大可能的河
内和北京都公开参战的情况下,华盛顿可能不得不派出6个师的
兵力,即20.5万人。北京没有介入,河内则将自己的参与保持在

---

　　[*]　春节攻势实际上是河内及其"越共"盟友所遭受的一次重大军事失败,但这一
点在接下来的一些年内不会变得显而易见。然而,其对美国的直接心理影响是毁灭性的。
(*Lewis Soreley, A Better War: The Unexamined Victories and Final Tragedy of American Last
Year in Vietnam*[New York: 1999],pp.12—15.)

公开承认的层次之下,但美国的兵力投入仍达到麦克纳马拉预计的"我们军事投入的最终可能规模"的2倍以上。[27]作为威慑,经精确计算的压力显然没有奏效。

所以如此,原因之一在于威慑的对象是谁或是什么始终不清楚。对赫鲁晓夫的"民族解放战争"演说留有深刻印象,肯尼迪行政当局起先认定"越共"活动的根源在莫斯科：罗斯托甚至在1961年提出了"联系"的一种早先形态,即向克里姆林宫表明只要游击活动在东南亚持续,就不可能有走向缓和的任何进展。[28]* 不过,到1964年,北京而非莫斯科已被视为问题所在：国家安全委员会工作人员迈克尔·福莱斯特在那年年末争辩说,美国的政策目标应是"延迟中国'吞下'东南亚的时间,直到（1）她形成了较好的'吃相'；（2）食物多少变得更难消化"。然而,官方关系的缺乏排除了与北京进行外交"联系"的机会,而且约翰逊的幕僚们回想到朝鲜战争期间的误判,因而对以任何形式施加军事压力极端谨慎。"拥有7亿人的中国毗邻边界,"约翰逊指出,"如果我们试图四面扬威,我们就可能很快陷入一场在亚洲的地面战争。"[29]

替代办法似乎将是直接对河内施压,但事情不那么简单。

248

---

* 罗斯托希望肯尼迪在维也纳警告赫鲁晓夫：如果美国"更深、更直接地被拖入东南亚大陆",那就会要求大幅度增加军事开支,并且增大处理与莫斯科关系的难度,因为"对一个民主国家来说,难以一面准备从事可能的军事冲突,一面采取为缓解紧张和扩展美苏合作领域所必要的步骤"。（罗斯托致肯尼迪,1961年5月11日,肯尼迪文件,国安会档,第231盒,"东南亚-概要"卷宗。）没有证据表明肯尼迪在维也纳向赫鲁晓夫实际提出了这一点——也许他意识到这位苏联领导人可能欢迎美国将精力分散在东南亚,而不是可能对此感到遗憾。

1964年9月,约翰·麦克瑙顿辨识出除莫斯科和北京以外美国必须影响的至少四个不同"观众",那就是"共产主义者(他们必须感受到强大的压力)、南越人(他们的士气必须被鼓起来)、我们的盟友(他们必须信任我们作为'担保人')和美国公众(他们必须支持我们拿美国人的生命和美国的威望来冒险)"。当然,困难在于针对其中一个"观众"采取的行动可能以不利的方式影响其他"观众"。针对河内的一项过于急剧的升级可能会疏远美国公众舆论(特别是在选举年)和世界其他地方的公众舆论,更不用说有中国介入的危险。不仅如此,只要不稳定局面继续支配西贡,就像1963年年末吴庭艳被推翻后那样,这种行动就将收效甚微。然而另一方面,进一步克制只会加速西贡当局军事形势的恶化。而且,这还会不仅向河内和美国的亚洲盟友,而且向西贡本身显出软弱无力、犹豫不决的样子,在那里由此造成的士气低落会导致更大的不稳定。麦克瑙顿争辩说,采取行动需要"特别小心——向越南民主共和国示意我们正采取主动,向南越示意我们正劲头十足地大干……向美国公众示意我们正目的正确和相当克制地行事"。[30] 但是,"校准"意味着只有一个目标:在有几个目标以变动不息但互相关联的方式存在时,要达到意图与后果间的准确吻合殊非易事。*

---

* 在一份1965年7月致约翰逊的备忘录中,麦克纳马拉简洁地概述了同时打动多个"观众"这难题:"我们在越南的目标是向"越共"和北越表明它们的败数大于胜数,从而为取得有利结果创造条件。我们希望——如果可能——创造这些条件而不使战争扩大成与中国或苏联的战争,同时维持美国人民的支持,最好还有我们盟友们的支持。"(麦克纳马拉致约翰逊,1965年7月20日,*FRUS:1964—1968*,Ⅲ,第67号文件。)

　　第二个难题直接出自第一个。由于避开除逐步升级（与敌 　249
人的挑衅程度进行细致匹配）以外的任何方略，约翰逊政府实际
上在将主动权让给对方。当然，这是对白宫政策的一种标准的
军方批评：其论辩是只要解除对空中和地面行动的限制，战争就
能很快结束。[31]*鉴于北越和"越共"随后表现出来的、在沉重得
多的压力下仍能坚持多年的能力，这一宣称事后来看似乎不能
令人信服。即便如此，军方的论辩中仍有一个站得住脚的成分。
国际关系理论家们提出，当一个潜在侵犯者不能确信自己有能
力控制自己意中行动包含的风险时，威慑就更可能奏效。如果
有这信心，威慑大概就会无效。[32]在敌人内心培植不确定性的想
法是杜勒斯"报复"战略的关键——效果怎样很难说，因为很难
证明威慑遏阻了什么。然而，不确定性没有输入"校准"战略。毕
竟，声明只打算做为抗击侵犯必需做的事，除此之外不做更多，
就是将对自己行动的控制拱手让给那些进犯者。华盛顿的官员
们可能有个幻想，即在约翰逊执政期间，是他们在决定驻越的兵
力部署，但事实上作为行政当局自己战略的一个后果，那些选择
是在河内做出的。[33]

　　当然，替代办法是与河内的某种谈判解决，那是行政当局小
心翼翼地从未排除的一种选择。"我们应为伤害而非摧毁进行打

---

　　*　也许对这想法的最尖刻的表述来自战略空军司令托马斯·S. 鲍威尔上将，他在
1964 年对五角大楼的一群听众说："军队在战争中的任务是杀人和摧毁人造物"，而且"以
尽可能最快的方式"去进行。是那些"不想杀人的道学家"使"希特勒起初得逞，使我们
陷入在古巴和越南的困境"。"那些在制定防务政策的计算机式的家伙坐井观天，不知道自
己有多愚蠢。"（综述，鲍威尔的情况介绍会，1964 年 4 月 28 日，约翰逊文件，国家安全档–
机构档，第 11—12 盒，"国防部，第 1 卷"。）

击"，邦迪在1964年5月指出，"目的在于改变北越人干涉南方的决定。"泰勒在几个月后附和这观点："需要提醒我们自己，在这个胁迫河内的问题上，'过多'可能和'过少'一样糟。在某个时候，我们将需要在河内有个相对合作的领导，愿意按照令我们和我们的南越盟友满意的条件结束'越共'反叛。"[34]但是，约翰逊及其幕僚提防以1962年在老挝达成停战的那种很不牢靠的方式给南越问题一种"中立主义"解决——或许这提防颇有道理，因为河内很快就违背了最终于1973年在巴黎达成的协定。国务院1964年8月电告西贡：较好的选择是先在战场上取得成功，然后着手接触河内——"在我们确立了一个清楚的施压模式去伤害北越和让南越毫不怀疑我们自己的决心之后，**只是在这之后**，我们就能……接受一个经扩大将越南问题包括在内的会议"。如果这样的谈判确实出现，它们就必须使"河内（和北平）最终接受撒手撤出的想法"。[35]这种熟悉但难以捉摸的"从实力地位出发进行谈判"的立场有两个困难：它不包含预防河内加强它本身谈判地位的企图，或不包含预防"校准"战略被期望要防止的逐步加深的美国卷入。

　　最终，"校准"战略瓦解，因为它未能保证武力一旦被应用，将被用作一种精确和有区别的政策工具。它没有提供任何预防，以防战略利益从属于战略执行机构的利益。大的官僚部门太经常地形成它们自己的机构性动能："标准运作程序"可以使一个机构不受上级指示或下级反馈的影响。[36]麦克纳马拉在五角大楼进行改革的一个长处，是他在就核武器和预算问题与军方打交道时，在很大程度上克服了这个难题。然而，在越南问题上没有出现这样的成功。相反,美国部队一旦被投入,华盛顿似乎就失去了控制,让军方有很大的自主程度,那就一个自豪于减小了军方对国家安全事务操作的权威的行政当局而言,大得令人吃惊。[37]

上面的概说似乎不适用于这么一场战争:从事它的军人经常抱怨文职领导施加的限制。然而,应以怀疑态度对待军方在这方面的抱怨。的确,在美国卷入的初期,对美国军事活动的性质和范围有重大限制,但随时间的推移,没有产生所追求的来自敌方的反应,这些限制遂逐渐消退。例如,到1967年8月,在参谋长联席会议要求轰炸的北越目标中,95%获得了白宫的授权。不仅如此,空军的部门利益被听任以一些重要方式影响空战的进行。尽管显然(并且被广泛认识到)不适合于打击游击战,空军仍成功地坚持对北方进行战略轰炸,甚至成功地坚持使用B-52轰炸机打击在南方的疑似"越共"炮兵阵地,这种飞机的最初设计用途是对苏联目标投掷核武器。同样,它严重依赖高性能的喷气式飞机执行在南方的其他轰炸任务,尽管研究表明较慢的螺旋桨飞机的投弹准确性是其3倍,成本低5—13倍,但战损比大致相同。[38]事后来看,这是将目的调整至适合被偏爱的手段,而不是相反。

在地面战争方面,这倾向甚至更明显。像他的大多数陆军同行一样,威斯特摩兰将军极少支持或理解在肯尼迪政府初期流行的非常规战概念:他强调步兵的作用就是搜索、追击和剿灭敌军。因此,他从未认真考虑过坚守领土,使之安然无患,那是由大多数反游击战理论家提议的,海军陆战队于1965和1966年在

251

岘港周围大为成功地实施了的战术。[39]相反,他选择侧重大规模"搜剿"作战,旨在通过单纯的消耗战拖垮敌人。这些不仅破坏了平定努力并给敌人提供了足够脱逃的预警时间,而且经常迫使美国人摧毁村庄,为的是找到有意设置在这些村庄里的"越共"部队和武器隐藏处。针对"可疑"但未见的敌方目标任意进行"骚扰和阻截"式火力打击,那几乎完全无益于使受影响的地方居民相信支持西贡会增进自己的安全。在某些场合,威斯特摩兰的战略甚至涉及蓄意制造难民,以此作为确保乡村地带的一种手段,这就美国在越南南部的义务曾被打算促进的起初目标而言,是可想象的最彻底的背离。[40]

不过,在武器与任务大不相符方面,提供最惊人例子的当推海军,它从樟脑球堆里重新启用世界上功能最老的战列舰"新泽西号",为的是以如下方式去轰炸丛林,那最容易使人想起约瑟夫·康拉德《黑暗之心》一文中描述的以下事件:

我记得,有一次我们偶遇一艘停靠在岸边的军舰。灌木丛林里甚至连一个小棚子都没有,它却在朝那里鸣炮轰击。看起来法国人在那附近战斗过……在空旷无垠的大地、天空和海水之间,它正莫名其妙地向陆地开火。砰,一门六英寸口径的舰炮将开火,将射出一道迅即消失的小火焰和一股马上散去的白烟,一发小炮弹将发出虚弱的嘶叫声——并且一切将如故。什么事情也不可能发生。在这进程中有一丝疯狂,所见情景带着一点儿可怜的滑稽感。甲板上有人一本正经地向我保证,在某处看不见的地方藏有当地人(他称他们为敌人）的营垒,但这可怜的滑稽感没有因此消散。[41]

这非常显著地背离了美国参与越南冲突时带着的一项禁令:只干必需之事,决不更多。

"美国军事政策的中心目标是在核时代创造一个稳定的环境,"罗斯托在1966年写道,"这以史无前例的程度要求军事政策服务于政治目的,并且与民事政策彼此紧密交织。"诚然,这一直是"校准"战略的目标:它反映了对实现作为"灵活反应"特征的"管理"危机和控制官僚机构的信心,反映了对整合武力与理性、在核战争的疯狂与绥靖的耻辱之间找出某种中间地带的关心。然而,它也是一种出奇地以自我为中心的战略,其威慑目标模糊不清,对敌手决定其性质和步调的程度毫不在意,其前提假设偏颇狭隘,即那些敌手一心关注的事及其轻重缓急次序与它自己的一样,视而不见在多大程度上不分青红皂白地使用武力已经取代最初的概念,即精确量度。"尽管具有暴力性且面对着困难,但我们的保证在越南顺利完成任务的承诺在本质上是世界的一个稳定化要素",罗斯托曾如此强调,这无疑是本着完全的真诚和最好的意愿。[42]然而,当真诚和好意变得依赖目光短浅的专心致志时,代价确实可以很高。

三

关于"校准"战略破产的咄咄怪事之一,是华盛顿官方长期未能觉察到它已经失败这一事实。所求目标与所得结果之间的鸿沟不断扩大,同时却只有偶尔的尝试去注意正在发生的情况,而提出的警告几乎全未产生可见的回应。这一模式提示了应用于越南的"灵活反应"理论的另一个缺陷:长期未能监察执行情况,缺乏保证行动意图与其实际后果吻合的机制,而对一种有效的战略来说这吻合不可或缺。

253

如此的失误竟会发生实在令人费解,因为肯尼迪和约翰逊都非常重视旨在使资源精确适合目标的管理技术。"系统分析"的提倡者们解释说,他们的想法一直没被应用于越南,直到晚得无法避免卷入为止,然而一旦被付诸使用,它们便很快揭示出现行战略徒劳无用。[43]这个观点正确,但是狭隘。诚然,五角大楼系统分析办公室直到1966年才开始对战争作独立的评估。然而较广义地说,肯尼迪-约翰逊式的管理技术一直存在,其表现形式是这两个行政当局都确信自己能精确地控制官僚机构、有区别地使用武力、进行成本效益权衡,并且将短期策略与长期目标联系起来。未能达到这些标准提示了应用这些新方法的困难,而非这些新方法的缺位。

"系统分析"方法在越南破产的原因之一,是它严重依赖将容易被操纵的统计指数作为衡量战争"进展"的尺度。这主要归咎于麦克纳马拉,他坚持将同样的重在量化用于复杂的战争形势,那在他更熟悉的大商界和五角大楼是那么有效。[44]*当然,困难

---

　　* "麦克纳马拉那么长久地在思考对付这个问题(越南)的办法,已经变得有点儿疲倦了,"邦迪在1964年6月给约翰逊写道,"而且,他以一种奇怪的方式将问题机械化了,以致没有看到它的某些真正的政治意味。"邦迪致约翰逊,1964年6月6日,*FRUS:1964—1968*,Ⅰ,第204号文件。

在于,麦克纳马拉强调的大量计算无异于要求起初输入这些计算的统计数据保持准确：极少有什么措施去预防失真。"啊,少一些统计数字吧！"罗杰·希尔斯曼曾叙述一位南越将军如此喊道,"你们的国防部长喜爱统计数字,我们越南人可以给他想要的一切。如果你们想让数字升高,它们就会升高；如果你们想让数字降低,它们就会降低。"[45]或者,用后来一代计算机专家们简洁的行话说,"输入垃圾,输出垃圾"。

这个问题的显露首先与西贡官员在1961年美国顾问进入后的表现有关。据认为,美国人在场将可能使对形势的监察更为准确,[46]可是事实恰好相反。这些顾问依赖吴庭艳的官员提供信息,而后者中间有许多既想取悦他们强大的盟友,又不愿冒险在战场上掉自己的脑袋。结果,他们便蓄意夸大统计指数,夸大的程度只是在1963年11月吴庭艳倒台后才变得清楚。吴庭艳声称已建立了约8600个"战略村",结果证明其中只有约20%是以完整的形式存在。在西贡发动的军事行动中,有相当大一部分——可能多达1/3——是在明知**没有**"越共"的地区进行的。一位区长将他辖区内的所有24个战略村列为安全的,但事实上他只控制了其中3个。"形势一直在恶化……其程度已远超我们的认知,"麦克纳马拉难过地承认,"因为我们过分依赖越南人歪曲的报告。"[47]*

---

 * 难题未在1963年结束。按照"第三方诱降计划"（Third Party Inducement Program）（它给愿意投靠西贡的"变节者"授予奖金）,自首的"越共"成员1968年有17836人,1969年增至47088人,然而此时发现很多据称的"变节者"根本不是"越共"成员,而是南越人,他们与朋友达成交易告发自己,然后瓜分奖金。（Lewy, *America in Vietnam*,pp. 91—92.）

　　然而,并非所有这样的虚假报告都来自西贡的官员。渴望迎合华盛顿对成功的期盼,美国驻越顾问的指挥长官保罗·D.哈金斯(Paul D. Harkins)上将故意忽视或压制下属质疑西贡对战争的乐观评估的报告。结果,泰勒和麦克纳马拉迟至1963年10月还能满怀信心地报告说,"越南人在美国监察下运用的战术和技巧是正确的,提供了最终胜利的希望。"[48]表明局势事实上不那么美好的证据确实有时会浮现出来,不管是出自那些设法规避哈金斯包装好的情况介绍和精心引导的参观的少数官方来访者,还是出自尼尔·希恩和大卫·哈尔伯斯塔姆等持有怀疑态度的美国驻西贡记者较频繁的报道。但是,虽然肯尼迪对这些差异感到忧虑,却从来没有放弃主要依赖官方渠道作为监察战争进展的手段。如果说约翰逊有何不同,那就是更严重地依赖它们。[49]有人曾指出,信息的准确性随信息分类级别的升高而倾向于降低,原因不外乎独立查证的机会随之减少。[50]这个命题不一定普遍适用,但看来无可争议的是,白宫本应最好阅读哈尔伯斯塔姆的报道,而非哈金斯的报告。

　　这些问题未随美国开始在越南进行积极的军事介入而消失。当然,最臭名昭著的例子是将对敌人的"尸体清点"用作衡量地面战争"进展"的主要指标。据争辩,在这样一场冲突中,常规指数——夺取的领土、覆盖的距离、占领的城市——几乎全无意义,因而侧重于此类令人毛骨悚然的统计数字不可避免。[51]情况或许如此,然而看似奇怪的是,鉴于这些数字被广泛公认的不准确,行政当局居然还赋予它们那么大的重要性。当时的评估认为这些统计数字有30%—100%的错误率,这在部分上是两三次重复点数的结果,部分是因为难以区分战斗人员和非战斗人员,还有部分原因是战地司令官要求越来越高的"表现"水平的压力。[52]战争中一个较可靠的成功指标是可得的,亦即缴获的河内和"越共"方面的武器数量,但它从未被赋予尸体清点那么大的意义,大概因为这方面的数字远不那么能给人留下深刻印象。"我们对敌人损耗的估计可能显著夸大了"越共"和河内方面的实际伤亡,"麦克纳马拉在1966年承认,"例如,'越共'和北越损失的武器显然只及其人员损失的1/6,这提示许多被杀的人可能是没有武装的挑夫或旁观者。"[53]

类似的夸大统计也出现在空战方面。尽管在一个高性能喷气式飞机的时代,飞行员的观察被公认为不可靠,但它而非照相侦察一般仍被用来衡量对北方的轰炸效果,大概因为前者声称观察到的战果倾向于较高。在要求拍照确认的时候,往往不是为验证飞行员的汇报,而是为提升"出击率"。燃料和军火分配取决于这些比率,它们必不可免地成了共同承担轰炸北方任务的空军与海军之间竞争的对象。其结果可以预料:偏爱载弹量小的飞机,那必然导致出击任务更频繁。将炸弹消耗在不重要的目标上,或者轰炸已摧毁的目标。在弹药短缺的时候,甚至不带炸弹空载飞行。有如一位空军上校所言:"不管有没有炸弹,你必须有比海军飞机更多的空军飞机对着目标。"[54]

未能监察执行情况的第二个原因是始终倾向于漠视令人气馁的情报。说美国茫然不觉地跌入了越南战争乃天方夜谭。在漫长的升级过程中的每个阶段,都可以得到准确(而且悲观)地预测到结局的有根据的评估。* 例如，中情局早在1961年11月就预言，通过增进了的渗透，河内将能抗衡美国对西贡的任何增兵，轰炸北方无法有效地阻止这一进程。两年半后，有约翰逊政府若干要员参加的一系列实战模拟得出了完全相同的结论。[55]尽管马克斯韦尔·泰勒在1961年和1964年热衷于派遣地面战斗部队，但他到1965年却强烈反对这么做，理由在于一个"白人面孔的士兵，被如此武装和训练起来，不是一名适合亚洲丛林的游击战士"。1965年5月，约翰逊长期的私人朋友和后来的国防部长克拉克·克利福德（Clark Clifford）告诫说，越南"可以是个泥沼。它能变成我们的一项没有尽头的义务，那会占用越来越多的地面部队，而无取得最后胜利的现实希望"。乔治·鲍尔在一系列对官方政策的雄辩的异议中，强调"美国军队深深卷入一场在越南南部的地面战争将是个灾难性错误。如果还有个战术撤退的时机，这就是"。到1965年6月，甚至"校准"战略起初的设计者之一威廉·P.邦迪也断定，任何超过7万—10万人的部队投入都将越过"收益急剧递减和产生不利后果的起点"。[56]

　　"没有迹象表明我们掐断了流向'越共'的供给，"麦克纳马拉在为期5个月的轰炸后承认，"我们对北越的空袭也没有可见的证据，表明河内方面愿意以合理的态度走到谈判桌前。"而且，即使能取得地面军事成功，也不能保证它们并非仅仅"将'越共'赶回丛林"，从那里他们在将来某一天能再次发动进攻。这位国防部

---

* "与置身官方主流报告之外的任何人可能认识到的相比，我（在越南问题上）收到的信息更全面、更公允。"（Lyndon B. Johnson, *The Vantage Point:Perspectives of the Presidency, 1963—1969*,［New York: 1971］, p. 64）。

长承认："不清楚我们将怎么能使我们的军队从越南脱身。"可是，
尽管有这令人沮丧的评估，麦克纳马拉仍提议继续轰炸，并且将 257
部队兵力从 7.5 万人增加到 17.5 万—20 万人。1966 年初，基于地
面或空中行动没有较令人鼓舞的进展迹象，他认可了新的部队上
限——40 万人，同时承认北方和"越共"大概能抗衡这些新增兵
力。他认为，或许有可能最终以 60 万人遏制住敌人，但那将冒引
发中国介入的危险。"因此，即便有了提议的兵力部署，在 1967 年
初我们仍有一半的可能性会面对一种程度高得多的军事僵持，而
平定却几乎全未起步，同时还会有部署更多美国部队的要求。"[57]

　　面对悲观主义，麦克纳马拉仍旧坚持下去，这并非例外——
诚然这位国防部长比大多数官员更快地让悲观情绪压倒了坚执
精神。例如，威斯特摩兰在 1965 年 12 月承认："尽管在过去 9 个
月里他们（北越）的运输系统受到沉重的压力，但他们还是显示
了一种能力，即能比我们更快地将兵力部署进南越。"可尽管如
此，"我们对越南民主共和国支持越战的能力施加重大影响的唯
一希望是持续空袭……从中国边界到南越"。中情局对升级后果
的评估特别令人气馁，它在 1966 年 3 月承认轰炸迄今无效，但接
着又建议进行更多轰炸，并更少对其施加限制。同年晚些时候，
在一项以约翰逊政府官员们坚定的乐观主义为特色的评论中，
罗伯特·科默争辩"就其本身而言，我们的越南计划中没有哪一
项使人确信能取得成功的结果……然而总合起来，它们**能**在南
越人中间产生足够的**追随心理**，以便到 1967 年底或 1968 年的某
个时候带来这样的结果。无论如何，我们有更好的选择吗？"[58]

　　如科默提示，问题在于无论继续升级的前景多么不妙，别的

选择似乎更糟。撤退将构成耻辱,连同对维持世界秩序而言的全部重大涵义。在建立起"实力地位"之前进行谈判只会导致绥靖。维持现状行不通,因为现状太脆弱。直到1968年为止,公众舆论一直坚定地支持升级。实际上,约翰逊认为自己是在踩刹车,而不是在加大油门。[59]结果,形成了一种忧伤和乐观的古怪混杂:情况糟糕,很可能在好转以前变得更糟,可是现行战略的替代看来更可怕,因而除"继续下去"外似乎别无选择。

然而,尚未得到满意解释的是,约翰逊政府怎么会如此狭窄地界定自己的选择余地。事后来看,有不少选择本来优于实际遵循的战略,包括按照河内的条件谈判,将战争责任逐渐让渡给西贡当局,甚至在预料越南民主共和国和"越共"最终会胜利的情况下分阶段撤出,而现行战略造成了那些相同的结果,代价却远大于如果在20世纪60年代中期谋求它们所会付出的。正如乔治·凯南在1966年对参议院外交委员会所说,"与顽固地坚持追求过分而无希望的目标相比,坚决、勇敢地放弃错误立场能赢得世界舆论的更多尊重。"[60]可是,约翰逊及其幕僚始终没能考虑"异端"选择,尽管大量证据表明他们自己的战略没有效果。他们的犹豫不决提示了未能监察其战略在越执行情况的又一个原因:缺乏迫使其考虑虽然难以接受但是必需的替代性选择的机制。

若干解释被提出来以说明这失误。有人争辩说,在肯尼迪-约翰逊时期"强硬"天然占上风,妥协性解决的提倡者与升级的支持者相比,更需要提出证据去证明自己的观点。[61]可是,这看法未能解释约翰逊为何坚持寻求与河内谈判解决,那不仅是为了缓解国内反战情绪,也是出于真诚地希望找到一条与美国的可信性相符的脱身途径。[62]有人曾指出,约翰逊的心腹幕僚圈子随战争批评者的激增而缩小,这就限制了总统听到不同观点的机会。[63]然而,总统的确继续在听取乔治·鲍尔之类"内圈异端"的意见。更重要的是,他密切注意麦克纳马拉1966和1967年间对战争的愈益增长的疑虑,可是依旧拒绝改变战略。[64]有人提出,整个国家安全决策体系有问题:鉴于1945年以来关于遏制和均势的主流前提假定,这套体系"奏效了",因为它产生了它被"设计"来产生的结果。错误在于"设计"。[65]但是,这论辩过度简化了利益观和威胁观在多年里的种种差异:战后所有各个行政当局诚然都致力于同一个总目标——遏制,但就遏制什么和用什么可得的手段来遏制,它们大不相同。

正是设想的手段这问题,最好地解释了约翰逊政府为何未能提出在越南的替代性方略。战后年代里,最常见地迫使决策者去考虑难以接受的选择的机制是预算:当一个人知道自己只有有限的资源可用的时候,就比较容易(即使并非较少痛苦)将至关紧要的与边缘性的、可行的与不可行的区别开来。艾森豪威尔政府在1954年做了这样的区分,当时它判定共产主义者控制越南北部这"无法接受的"前景事实上比代价更大的替代性选择(美国直接军事介入)更可取。然而如前所述,预算考虑在肯尼迪和约翰逊政府时期没什么份量。"灵活反应"理论蕴含着手段无限的意思,因而没有什么动因要在种种令人不快的选择中间做出困难的抉择。

肯尼迪确实不时强调,在援助别国方面有华盛顿不能超越的限度。"美国既非无所不能,亦非无所不知,"他在1961年指出,

259

"我们只有世界人口的6%……我们无法纠正每个错误,或改变每个对手。"有人争辩说,1963年流产了的分阶段从南方撤出美国顾问的计划反映了肯尼迪的一种意识,即在该国可行的介入正临近极限。[66]但是,没有任何无可置疑的证据表明肯尼迪基于财政原因正考虑减小美国在那里的作用。约翰逊肯定未这么做。这位新总统在就职后的头几个月里,照例强调节省的必要,但这更多地是为了加强他在商界的声誉,而不是出于对世界舞台上美国权势限度的任何重大关切。[67]而且,随越南危机加剧,约翰逊及其幕僚更加确信美国负担得起为在那里得胜要负担的一切。

"让任何人都无片刻怀疑,"约翰逊在1964年8月宣告,"我们有资源、有意志沿这条路走下去,不管可能要走多久。"腊斯克在下个月的一次白宫会议上指出,20世纪40年代末为镇压希腊的叛乱,美国付出了平均花费5万美元打击一名游击队员的代价,在越南,"换取胜利,花费多少资金也在所不惜"。约翰逊同意腊斯克的看法,强调所有人都需要理解"不必节省"。罗斯托在1964年11月写道:"在我看来,我们的资产足以保证坚持到底,只要我们怀着充分的获胜决心参与角逐。在历史的这个阶段,我们就是世界上最强大的国家——如果我们的行为方式像个头号强国。"5个月后,当美国在越南的直接军事卷入开始之际,麦克纳马拉告知参谋长联席会议和各军种部长:"有无限的拨款可向对越援助提供资金。任何情况下都不会因缺钱阻碍对该国的援助。"履行"荣誉承诺"总须付出代价,腊斯克于同年8月评论道。"但是,如果我们看看过去三四十年的历史,我要说**不履行**义务的代价远高于履行义务的。"[68]

"世界上最富裕的社会肯定负担得起为其自由和安全必须花费的一切"，约翰逊在1965年初告诉国会。资源几乎无限：这前提假设很大程度上解释了为何坚持一种被承认为代价高昂、效率低下的战略。想法是只要美国不惜代价坚持到底，它就能获胜。总统当年晚些时候补充说："除了坚持走我们现在走的道路——包含危险和不确定性、耗费金钱和生命的道路，我看不到有任何选择。"这或许要用"数月、数年或数十年"时间，但不论威斯特摩兰将军要求多少部队，它们都会"按照所要求的"被派去。"尽管靡费巨大，代价高昂，但无可争议我们正赢得在南方的战争，"罗伯特·科默在1966年断定，"我们的计划——无论民政的还是军事的——极少有很高效的，但我们正在靠纯粹的重量和规模碾碎敌人。"威斯特摩兰表示赞同。"我们将继续使他们失血，直到河内醒来明白一个事实为止，那就是他们已经使自己的国家血流殆尽，到了民族灾难会持续数代之久的地步。那时，他们就会不得不重新评估自己的立场。"[69]

然而，麦克纳马拉的"系统分析"专家在1966年得出结论：可能需要几代人才能使河内就范。例如，他们的研究表明，虽然敌人的进攻往往造成敌人本身的严重伤亡，但美国和西贡方面部队发动的作战却极少如此，如果这些行动还有所斩获的话。这表明，尽管有美国在越南南部的大规模军事存在，河内和"越共"却仍掌握主动权，从而能控制他们自己的损失。其他研究显示，虽然对北方的轰炸在1965—1968年增长了4倍，但它们未能严重损伤河内供给其在南方部队的能力：同一时期里，敌人在那里的进攻平均增加了5倍，有些地方增加了8倍。据估计，轰

261

炸给北方造成了大约6亿美元的损失,然而代价巨大,仅丧失的飞机一项就达60亿美元。消耗在越南的炸弹和炮弹有65%用于打击未被观察到的目标,其费用每年约20亿美元。分析人员断定,这样的轰炸在1966年大概杀死了约100名北越人或"越共",但在此过程中提供了2.7万吨哑弹和弹壳,敌人可以用它们来制造诡雷,那在同一年里使1000名美国人丢了性命。然而最糟糕的是,系统分析人员在1968年证明,尽管有50万美军驻越,尽管耗去的炸弹比美国在整个第二次世界大战中投掷的还要多,尽管据估计敌人的伤亡在1967年高达14万人,河内却仍能无期限地每年向南方输送至少20万人。正如一位分析人员所写:"认为我们能'赢得'这场战争,办法是将'越共'和北越军队逐出这个国家,或者使他们遭受无法忍受的伤亡率,那就错了。"[70]

上述研究中仅最后一项才在国防部长办公室以外有任何可见的影响:尽管它们令人信服,但在一个自信能无限期地承受战争代价的行政当局内,极少有动因去驱使人较多地注意它们。[71]要到约翰逊本人变得确信继续升级的代价将超过可想象的裨益时,资源拮据的约束力才能够开始起作用。这种情况一直没有发生,直至1968年2月春节攻势为止。当时总统接到了威斯特摩兰的要求——再增兵20.6万人,那是个不征召预备役和不造成重大的国内外经济紊乱就无法满足的数字。*约翰逊一向将这

---

　　* 有趣的是,威斯特摩兰的要求显然受到了参谋长联席会议主席厄尔·G.惠勒(Earle G.Wheeler)的怂恿,后者将这要求作为迫使不情愿的约翰逊征召预备役的手段。(Herbert Y. Schandler, *The Unmaking of a President : Lyndon Johnson and Vietnam* [Princeton:1977], pp.116, 138.)

些当作他不会越过的极限，不是根据严格的统计分析，而是出于内在的政治本能，即倘若他越过这些极限，公众对战争的支持就会迅速跌落。[72]因此说到底，与艾森豪威尔在1961年以前或杜鲁门在1950年以前所使用的相比，在做根本的成本效益估量时，约翰逊行政当局所依据的标准并没有更精细。系统分析的初衷是避免做出如此武断的判断，但事实上它仅推迟而非消除了它们。

262

　　若干环境阻碍了对在越南的表现作客观的评估。军方的相对自主使之能在很大程度上控制用来衡量战争"进展"的统计指标。这加上另外两个因素——那种欲彰显成功的组织性冲动和文官传统上在战时不愿挑战军事权威——使人难以证实关于战略无效的指责。[73]那些确实传送上去的准确的情报倾向于被漠视，因为替代性行动方针似乎比"坚持下去"这选择更糟。而且，关于手段无限的观念导致坚持下去仍看似可行，即使面对种种没有希望的迹象。手段充裕（连同由此缺乏做出艰难决定的动因）远未拓宽，反而缩小了替代性选择。结果，战后对监察自身行事表现的需要最为敏感的一个行政当局，发觉自己无法逃脱地陷入了一场它弄不清、打不赢，但也脱不了身的战争。

四

　　然而，战略的有效性不仅要求有能力辨识利益和威胁、校准反应和监察实施情况，它还要求有把握分寸的意识，而且明白在一个领域承诺的义务与在其他领域承担的责任比较起来如何，意识到这义务如何将注意力和资源从其他领域吸引过来。约翰逊及其下属认为自己具备这一较广阔的眼界：他们反复强调，越南的重要性不仅在它自身，而且也是美国全球决心的一个象征。[*]不过，象征与事物本身之间的界线是细微的。它一旦被跨越，视野就往往不知不觉地变窄，结果所用的手段可以变得不适于甚而毁坏所想的目的。如此的视野狭窄化、分寸意识丧失和未察觉短期手段能在多大程度上败坏长期目标，是被应用在越南的"灵活反应"战略的第四个和最持久的缺陷。

263

这趋势生动地显现于西贡本身，在那里行政当局未能预见到几十万美军会给该国的社会和经济结构施加的巨大负担。虽然美国努力试图将其压低，城市生活费用在1965—1967年仍至少上涨了170%，此时威斯特摩兰的"搜剿"行动正以制造难民使其城市人口膨胀。当然，腐败在越南一向就有，但伴随美国人而来的电视机、摩托车、手表、冰箱和活钱极大地加剧了腐败。"美钞的巨量流入"，一位观察家回忆说，"对农村所产生的影响……差不多与轰炸所产生的一样大"：

> 它使西贡社会天翻地覆……在新经济中，就挣的钱而

---

[*]　"有一种想法，认为我们在这里只是因为越南人希望我们在这里……认为我们没有任何国家利益要求我们置身此处，认为倘若他们中间的某些人不希望我们留驻，我们就应该离开。这种想法在我看来是错的。"亨利·卡伯特·洛奇大使于1966年从西贡致电说。"事实上，我怀疑我们是否有道义权利将我们在这里已做的承诺仅当作对越南人的施舍，而无强烈的美国利益……有一天我们可能不得不判定拒绝河内和北京掌控越南——不管越南人会怎么想——对我们来说有多值得。"（洛奇致国务院，1966年5月23日，*Pentagon Papers*, Ⅳ, pp.99—100。）

言，一名妓女超过南越政府的一位部长，一个为美国国际开发署工作的秘书超过一位上校，一个能说几句英语的出租车司机超过一位大学教授……西贡历来有钱的人们一向反对共产党人，将其当作对他们的社会地位的威胁。然而，他们发觉美国人以一种远远更为迅速、更具决定性的方式剥夺了这地位，同时也毁坏了越南人仍具有的基本价值观。

一种类似的现象也蔓延到了农村地区："从安溪到芽庄，从古芝到朱莱，美军基地周围兴起了由包装箱和废铁皮构成的一座座小镇……整个像是在为喜立滋、可口可乐和百事可乐做广告……这些小镇只有三种行业：为美国人洗衣服，向美国兵出售美国冷饮，卖淫供美国人享受。" [74]

这过度存在有其效应，即侵蚀了西贡的自立能力，那恰恰是美国一开始试图加强的素质。诚然，华盛顿从未成功地在一切方面控制其附庸：美国在南越的挥霍无度的投资方式本身使得切断投资的偶尔威胁不那么可信。1968年初的一份报告指出："严酷的真相在于，如果出现摊牌局面，或越南政府的行事方式与美国的行事方式之间出现无法容忍的歧异，那么美国顾问就会输。"然而，不服从与独立不是一回事。同一份报告指出："越南老百姓坚信美国全面主宰了越南政府，彻底规定了必须遵循的行动方针。" [75] 而且，西贡的军政官员尽管肯定不是傀儡，尽管显然怨恨美国人支配其文化的程度，但同时对美国人可能有一天会离去的前景不寒而栗。[76] 结果是一种含糊但深切的依附，其程度只是在美国1973年确实最终退出战争以后才变得一清二楚。

　　事后来看,难以断定下述两者间的转换点原本何在:一是为支撑西贡当局对抗敌手所必需的外援水平,二是逾此就会损害自立的外援数量。或许根本不存在这样的转换点,或许西贡当局从来就没有自立能力。不过,显然华盛顿几乎完全没有努力去寻找。美国扩展其存在时几乎全然不顾这对它据称要捍卫的社会正在造成的毁坏性影响。1968年春节攻势后,湄公河三角洲的一个被"越共"占据的村庄遭到了轰炸,一位空军少校对此解释说:"要拯救这个村庄,就必须摧毁它"。[77]这项评论可被应用于概说美国在越南的全部经历,并且概说手段不相称的困境,那是"灵活反应"战略从未显得能解决的,尽管它起初强调反应要与侵害相称。

　　可是,确保西贡当局独立并非美国在该地存在的唯一理由:美国还决心向其他地方的潜在侵犯者表明侵犯无利可图。"从一个战场撤退只意味着为撤出下一个战场做准备",约翰逊争辩道。"我们必须在东南亚说——就像我们在欧洲说的一样……'迄今你进至此地,但从此不得越雷池一步。'"[78]有趣的是,行政当局官员不认为在南越取得成功为传递这音讯所必需。无论在那里事情结果怎样,约翰·麦克瑙顿1964年反思道,"美国都必须……看上去是个'好医生'。我们必须信守诺言,保持强硬,敢冒风险,不惜流血,严重损伤敌人。"麦乔治·邦迪在1965年初承认对河内方面的持续报复不一定有效——他认为成功的可能介于25%—75%之间,然而,"即使失败了,这政策也值得。至少它将减少对我们未尽全力的指责……此外,报复政策……将给未来所有的游击战冒险确定一个更高的代价"。[79]在显示决心方面,

重要的是做出一种义务承诺。虽然失败既是可能发生的也是人 265
们所不希望的，但它不会比无所作为更糟。

然而，实际传递的音讯大不一样。美国稳步增长的义务承诺
无法制止北越渗透或"越共"袭击—— 1968年的春节攻势令人痛
苦地使这一模式变得清晰——这看上去单纯表明了美国能拿来对
付这类局势的力量不适用：就这方面而言，技术在越南很可能是
个障碍而非助力。[80] 这场战争还证实了毛泽东的理论，即相对原
始的力量可以战胜更先进的敌人，只要有耐心和意志，而那是胡志
明比约翰逊更准确地察觉到在美国对越姿态中缺乏的素质。[81] 最
后到1968年，华盛顿在那个国家的投入已达到这样一种地步：如
果世界任何其他地方形成类似的危机，美国就将难以应付。[82] 因
而，在越南得到更多表明的是抵抗的代价，而不是对手所从事行为
的成本——一个与行政当局试图传递的有所不同的音讯。

在越南不成比例的投入还促成了对美国整个军事能力的侵
蚀。在古巴导弹危机中蒙羞受辱后，苏联着手从事一项稳步加
强其战略武器实力的长期计划。约翰逊政府决定不相应地扩充
美国的战略武库，一部分是因为它低估了苏联人正在做这件事
情的程度，[83] 另一部分是因为麦克纳马拉确信美国的战略计划已
开始收益递减，但还有一部分是因为越战开支迅速增长，使行政
当局不愿到国会去要求以昂贵的新武器系统抗衡苏联扩军。[84]
整个"灵活反应"战略基于继续维持对苏联人的战略优势："我成
为总统不是为了消除这优势"，约翰逊在肯尼迪去世后两周宣
告。[85] 然而，到约翰逊1969年离任时，莫斯科在陆基洲际弹道
导弹方面已接近与美国旗鼓相当，而且已开始新的扩充计划，那

到20世纪70年代中期将使它在战略武器系统的这个领域和若干其他方面取得数量优势。

决定不与苏联的军力扩充展开竞赛是否明智,针对这一点可以作详细的争辩。接受对等确实使限制战略武器谈判成为可能,而苏联人在1968年同意谈判,可是与此同时无法保证谈判会取得成功,或莫斯科在谈判没有囊括的领域会展示单方面的克制。不过,这样的考虑几乎全未影响约翰逊政府的思维。即使在20世纪60年代末提议大幅增强美国的战略能力,也会因越战造成的预算压力和反军方情绪而变得不可行(唯有多弹头洲际导弹和不成熟的反弹道导弹系统例外,前者相对便宜,后者系国会强加于不情愿的行政当局)。有如亨利·基辛格——他后来不得不忍受这些决策的后果——回忆道:"恰恰在我们的全国性辩论本应集中于这新形势的含义时,我们的**一切**防务项目正开始遭到越来越多的抨击。"[86]这令人吃惊地表明华盛顿对越南的执着所能导致的短视。

美国在越南的行动升级大概没有持久地损害与苏联缓和的前景。缓和进程与勃列日涅夫和柯西金上台掌权重合,他们二人与赫鲁晓夫不同,在达到大致的战略对等以前宁愿推迟与美国改善关系的努力。甚至有迹象显示,克里姆林宫领导人欢迎华盛顿被牵制在东南亚:它极少做什么(如果还实际做了什么的话)去劝阻河内的反升级或帮助安排谈判。1966年,一位苏联官员有一次甚至劝告约翰逊政府**增加**在越南的美军兵力。[87]也不清楚美国在那里的卷入是否起到了任何弥合中苏分裂的作用,就像战争的批评者们担心可能会发生的那样。相反,愈益深化的美国卷入引发了莫斯科与北京之间在援助河内问题上的激烈竞争,结果两大共产党巨人之间的关系恶化而非改善了。[88]然而,越战的确干扰了美国对共产主义世界的另一项主动举措,即约翰逊在1964年发起的,通过增加经济交往去"架桥",以接近东欧国家的举动。这一不那么巧妙的旨在削弱莫斯科对其卫星国控制的企图失败了,因为国会出于对苏联和东欧援助北越的愤怒,拒绝放松对共产党国家的歧视性关税壁垒。[89]

关于这些事态,让人吃惊的是约翰逊政府极少去努力评测越 267
战对它们的影响。*似乎在越南的升级发生在一个地缘政治真空当中,尽管与此相反,**不**升级的后果被认为具有全球意义。事后来看,可以论辩所有这些主动举措——逐步争取与苏联人缓和、维持中苏分裂、改善与东欧的关系——反映了更紧要的利益,超过在越南的攸关利益。然而,华盛顿当时并未这么看。越战只损害了其中最后一项的事实可以归因于运气,而不能归因于远见或细致的规划。

越战还分散了对其他问题的注意。20世纪60年代中期,戴高乐将军的顽固和关于核战略的持续辩论导致北约处于严重紧张之中,但是约翰逊政府在多边核力量概念终结之后,几乎未提出任何建议去争取缓解这紧张气氛。肯尼迪强调的与拉美的关系在约翰逊治下大多被忽视了,唯1965年多米尼加共和国危机

---

*　行政当局官员在1964年确实考虑了中苏关系的未来恶化,将它当作推迟升级的一个理由,依据的是这么一种理念:随分裂变得更加严重,无论是中国还是苏联都将更难做出回应。(见约翰逊致洛奇,1964年3月20日,*Pentagon Papers*, Ⅲ, p.511;邦迪所作约翰逊与其幕僚会商备忘录,1964年9月9日,*FRUS:1964—1968*, Ⅰ,第343号文件;又见Johnson, *The Vantage Point*, p. 67。)然而,可供利用的档案资料未包含任何证据来证明升级对中苏关系的影响得到过认真考虑。

是例外，当时总统突然派出海军陆战队，从而违背了美国由来已久的避免在世界那个地区公开干涉的政策。只是在1967年6月的阿以战争期间，中东才成了关注焦点：行政当局几乎全未试图防止那场冲突，或试图解决由于以色列对阿拉伯土地的占领和莫斯科在该地区愈益增长的影响所造成的种种困难。1968年苏联入侵捷克斯洛伐克同样使行政当局大感意外，除了推迟（而且只是暂时推迟）限制战略武器谈判外几乎完全束手无策。所有这些插曲的共同点在于一个事实：它们全都是华盛顿的官员们没有意识到的，迫使他们不得不从越南问题上抽出时间去处理。结果，它们往往在一种就事论事、危机处理的基础上被予以应付，其发生环境很少得到注意，其长远含义很少得到思考。[90]

268　　但是，最大的分心来自国内事务，那是约翰逊自己认为的最优先事项。"我不想成为一个建立帝国、追求宏伟或扩张统治的总统"，他在1965年3月告诉国会：

> 我想成为一个教育儿童，使之懂得世界之妙的总统。我想成为一个促成饥者有食，而且促使他们成为纳税人而非吃税人的总统。
>
> 我想成为一个帮助穷人找到出路，而且保护每个公民参加每次选举的权利的总统。
>
> 我想成为一个帮助消除其同胞中间的仇恨，促进所有种族、教派和党派的人们互爱的总统。
>
> 我想成为一个帮助终结这个地球上兄弟之间战争的总统。[91]

而且到那时,约翰逊的国内立法成就确实已超过富兰克林·D.罗斯福之后的任何一位总统。约翰逊事后宣称,他预料到战争将给这些计划造成的破坏性影响:"我一开始就知道,不管我走哪条路,我都注定会被钉在十字架上。如果我为了与那个娼妇即世界另一头的战争勾搭而离开我真爱的女人——'伟大社会'计划,那么我会失去在国内的一切⋯⋯但是,如果我退出那场战争,让共产党人接管南越,那么我将被视为懦夫,我的国家将被视为绥靖者,我们都将发觉不可能为全球任何地方的任何人成就任何事情。"[92]

可是当时,约翰逊以为自己能避免不得不做出那种抉择。"我决心既做一个战争领袖,**又**做一个和平领袖,"他回忆说,"我拒绝让我的批评者逼迫我二选一。我两个都要,两个都信,我相信美国拥有成就这两者的资源。"[93] 然而,为这两者提供资源需要尽可能长久地隐瞒战争的性质和代价。因此,约翰逊在1964年大选以前公开否认美国将直接卷入战争,尽管事实上他的幕僚们期望卷入,甚至在轻佻地设想如何挑起之。*甚至大选以后,当报复河内的计划在原则上得到批准时,约翰逊依然强调"这是

---

　　* "上述行动方针的概念在本质上是:通过做一些合法的事情,刺激北越做出反应,从而处于抓住这反应加以利用的有利地位,或利用并非源于我方挑衅的北越行动,开始逐步增强针对北越的南越-美国军事行动。"(约翰·麦克瑙顿起草:《南越行动计划》,1964年9月3日,*Pentagon Papers*, Ⅲ , pp.558—559。)"下一个主要问题是我们应在多大程度上为上述行动增添要素,这些行动将趋于故意挑起北越的反应,从而由我们施以报复。"(麦乔治·邦迪起草,与泰勒、腊斯克、麦克纳马拉和惠勒会商达成的共识,供总统审阅,1964年9月8日,*ibid.*, p. 562。)约翰逊的公开否认见 *JPP: 1963—1964*, pp. 1126—1127, 1164。

个极重要的事情,除非我特别指令,这一立场的要意不得公之于众"。而且,1965年4月,在授权驻越美军可承担地面战斗任务以后,他指示这些行动的采取应"以这样一种方式进行:尽可能少地显得政策突然发生改变……此等动向和变化应被理解为逐渐的,并且完全符合现行政策"。直到6月间,公众才发觉驻越美国部队被指定的任务,而且那时也仅仅是通过一次无意间据实相告的国务院新闻发布会才得知的。[94]

一旦美国卷入战争的本质变得显而易见,总统就试图隐瞒代价,怕它提供砍削"伟大社会"计划的口实。1965年7月,他指示麦克纳马拉规划以一笔仅3.3—4亿美元的当即追加拨款扮演新的、更积极的战斗角色。邦迪提出,到年底20亿美元是较为现实的数额:"鲍勃担心我们根本不能摆脱这样一种想法,即像几亿美元那么小的数额能支付被规划的那种规模的兵力征集。"1966年10月,麦克纳马拉向总统报告,不包括平时的防务系统开支,1966财政年度的实际战争支出为94亿美元,1967财政年度的该项支出估计为197亿美元,在该财年结束时,预计此后的年度支出为224亿美元。威廉·P.邦迪在1966年春告诫说:"向前展望一两年,我们将有一个需要高得多的预算成本的军事计划——连同它对税收和国内计划的全部影响——还有居高不下或大概有增无减的伤亡,因而这场战争很可能变成吊在行政当局脖子上的大磨盘,至少与1952年时朝鲜战争对杜鲁门总统一样。"[95]

约翰逊对这危险非常敏感,念念不忘,在整个1966年拒绝谋求足以抵消通货膨胀压力的增税,那是军事开支的增长正在导致的。直到1967年初,他才要求征收所得附加税,以便为战争提供资金,国会则拖到1968年6月才予以批准,而且其时的交换条件是砍削约翰逊的国内项目。[96]"灵活反应"战略的预算前提以"新经济学"为依据,后者不仅假设及时减税以刺激停滞的经济,而且同样假设为给过热的经济降温而及时增税。但是,正如约翰逊后来承认的,实现增税的难度大大超过实现减税。不过,问题不仅是国会很不乐意批准增税,而且是总统很不乐意为增税奋斗,尽管当时与1967年初相比,他的政治威望较高,他的党在国会山上的力量较强。[97]*

270

是约翰逊所持的手段几乎无限的看法,即美国能同时提供大炮和黄油两者的信念,导致他史无前例地尝试既打一场代价高昂的战争,又维持一个代价高昂的改革计划。最终,这努力被证明是徒劳的:"伟大社会"最后不得不被牺牲掉,以便为战争付账。然而,为避免做出这一抉择而进行的长时间挣扎有其后果,甚至是更经久的后果。总统决心隐瞒战争的性质和代价,从而对官方的可信性造成了损害,那在此后将长久持续下去。长远来看代价更大的是,约翰逊所作的在拖延基础上为战争提供资金的决定导致急剧加强的通货膨胀,这影响在他离任后十年仍不会消失。**

"我们决不能毁掉我们在努力捍卫的东西",德怀特·艾森豪

---

* 在1966年的选举中,民主党在众议院曾丢掉了47席。

** 罗斯托不认为越战的花费有如此决定性的影响。"由于在战争开支之外颇为独立的种种原因,生产率减缓,基本商品的价格下滑(它们自1951年以来的降低抑制了通货膨胀)到了谷底……生产率放缓,基本商品的价格经持平和缓慢上升,到1972—1973年暴涨,这是……整个工业发达世界的共同现象。"致作者,1980年9月22日。

威尔如此概述了他的国家安全政策思维中最一贯的一个要素。他反复论辩说，永远不应允许防御过程遮盖防御目的。对保持目的与手段之间平衡的必要所持有的这种敏感，恰恰为肯尼迪和约翰逊行政当局所缺乏。相反，后两者以目标为代价而专注于过程，如此着迷于做事情的办法，以致趋于遮掩究竟在做什么。具有讽刺意味的是，这竟会发生在自豪有能力以最适当的方式使手段适合于目的的行政当局身上。人们不禁要断定，在那些年里，似乎可得的手段之丰裕本身促成这弊端。与哪怕是最精细复杂的管理技术相比，资源拮据这使人清醒的制约毕竟提供了更有力的激励去争取高效。

　　战略是目的和手段之间经估算的关系，但这意味着同等地关注这定义中的所有四个要素：估算**和**关系、目的**和**手段。如果不存在这同等的关注——如果估算变得比被估算的关系更重要，如果手段比目的吸引了更大的注意——那么与其说有个糟糕的战略，不如说根本没有战略。因而，"灵活反应"有了出乎意外的遗产：不是"微调"，而是笨拙的过度反应；不是协调，而是方寸大乱；不是战略精确，而是最终战略缺失。

第九章　尼克松、基辛格与缓和战略

　1968年的总统竞选不同寻常，因为不像1952和1960年的选举，它几乎没有提供任何迹象显示新行政当局一旦上台会走向何方。理查德·尼克松责难约翰逊没有能力结束越南战争，允诺他将这么做，但未说用什么办法或在什么时候。他还提到对抗时代正在让位于谈判时代，从而暗示将继续前任行政当局缓解美苏紧张的努力。在他前一年的一篇《外交》季刊文章和有时的竞选演说中，他甚至暗示愿意考虑与中国形成一种新的关系。[1]然而总的来说，选民们在1968年大选的选举日去投票时，全未想到他们正在开启美国对外政策自20年前遏制观念首次形成以来最广泛的变化。

对采取新方略而言，新行政当局在1969年1月所面对的世界充满了可能性。约翰逊已决定对美国在东南亚的兵力投入设置一个上限，并已决定开始"越南化"（Vietnamization）进程，希望那将最终使美国能够撤军。中国从国内政治风波带来的自我孤立状态中摆脱出来，正处于沿其东北地区边境与苏联人陷入军事对抗的边缘。苏联行将取得在战略导弹数量方面与美国势均力敌的地位，但在国内面对愈益严重的经济困难，那看来很可能使之更多而非更少地依赖西方。因此，无论谁在1969年

1月20日入主白宫,这"客观"形势都很可能导致美国外交的重大
变化。

白宫的新主人是理查德·尼克松,而且他选择亨利·基辛
格博士作为他的国家安全顾问:这事实将两个新因素导入局
势。一是意识形态僵硬与政治实用主义在尼克松那里的独特结
合:前者奇特地促成后者。尼克松多年里一直是如此坚定的反
共分子,以致其灵活性现在带有治国才能而非软弱姑息的味道,
从而给了他更大的行动自由,超过与他竞争总统职位的自由派
人物能期望得到的。另一个新因素是基辛格制订国家安全政策
的思想方式。他更多地是个历史学者而非政治"科学"家,鄙视
作为肯尼迪和约翰逊政府特征的对过程的痴迷。"危机处理——
1960年代的学术热点——不再足够了,"他后来写道,"危机是深
层问题的表征,这些问题如果被允许郁积起来,就将被证明越来
越难以操控……我确信,一种关于我们的根本国家利益的概念
将提供克制的压舱石和连续性的保障。"尼克松回忆道:"政治家
与学者、来自惠蒂尔的杂货商之子与来自希特勒德国的难民:两
者的结合不大可能。但是,我们的差异有助于使伙伴关系运转
奏效。"[2]

尼克松和基辛格的这一古怪结合要追求的是一种战略,它
将使肯尼迪-约翰逊体系的战术灵活性与艾森豪威尔体系的结
构和连贯性合二为一,同时避免导致陷入越南泥沼的目光短浅
的执迷,或约翰·福斯特·杜勒斯的同样缺乏远见的意识形态
僵硬。[3]他们获得了非同寻常的成功,但只是通过将权力集中在
白宫才做到了这一点,其集中程度自富兰克林·D.罗斯福的战

时行政当局往后首屈一指。代价之一是官僚机构不知内情，怨艾愤懑，而且有时存心破坏。二是国会决心重新弘扬自己被侵蚀了的宪法权威，同时对这权威能可行地扩展到多远全无意识。三是总统辞职，否则肯定要因为滥用他自己的体系赋予他的压倒性权力而被弹劾和定罪。然而，尼克松–基辛格战略的基本要素历经动荡而犹存，基辛格作为1973年后的国务卿依旧执掌对外政策，直至四年后福特政府终结：这些证明了该战略的优良。

同样十分重要的是，在其基本前提假设方面，尼克松–基辛格战略在很大程度上回归到20多年前乔治·凯南的许多观念上来，后者曾依据这些观念构建其初始的遏制战略。遏制似乎完成了一个轮回，回到冷战最初时期激励它的那些关切和理念——但现在这些理念正被用于试图结束冷战，有如先前凯南希望的。

274

一

所有先前的战后行政当局都以这种或那种方式将美国的利益与一个多样的世界联系起来。普遍主义——试图改变世界以求它与美国相似——从未被认为符合国家能力或民族理想。因此，尽管难得承认，但仍始终有一种蕴含的决心：维持国际平衡，以便多样性得以繁荣兴盛。然而，还有一种占优势的看法，即只有美国才能保证多样性：多样性面对的威胁如此巨大，均势如此脆弱，以致华盛顿不能只在其眼前利益被危及时才有所行动。在战后连续不断的紧急事态中，所有利益都至关紧要，所有威胁都极端危险，所有承诺都必须可信。其效应，是将美国不知不觉地推入普遍主义：在一个看似危险的世界上，捍卫多样性导致了不分青红皂白的全球主义所造成的大部分代价、紧张和事与愿违的后果。

基辛格认为，之所以发生这种情况，是因为连续几届行政当局无视它们一开始就本应追求的那种国际秩序。理念的连贯性破碎无存。有太多的、在没有考虑较大目标的情况下做出的专门性决定，而且过分实用主义的领导人太倚赖过分以自身为中心的官僚机构：

> 问题被分割为各个组成因素，其中每个都由专家们在它涉及的特殊困难之中予以处理。极少重视或关注它们之间的相互关系。技术问题比政治问题享有更仔细的注意，得到了更精细的对待……做事不是因为应当做，而是因为知道怎么做。

275　对过程的这种痴迷遮掩了意图与后果之间的关系；沉溺于手段导致忽视甚而败坏目的。所需要的，基辛格在1968年强调，是美国对外政策方面的"哲理深化"（philosophical deepening）："在我们首先就一个稳定和创造性的世界形成某种概念以前，我们将永不能为其建设做出贡献。"[4]

此种"深化"的头号要求，在于认识到世界上权势的多维性质：现今不存在能据以衡量国家影响力的单一的决定性指数。在一个正接近核对等的时代，核武器的使用受到种种制约，因而它们的实际效用愈益减小：基辛格喜欢指出，自1962年以来，战略均势从未在哪次危机中决定了结局。越南已充分表明,在公众舆论和升级危险施加的制约下,被应用的常规武力有怎样的局限。意识形态正在被证明是种虚弱的力量,如果它被用来对付民族主义冲动。疆域与政治影响力关系甚微。经济实力有时似乎也与这些不相干。潜藏在所有这些复杂性背后,心理影响的重要性越来越大:权势的意象已变得和权势本身一样重要。[5]

因此,继续将均势想作"零和博弈",其中一方"所得"必然意味着他方"所失",这就太简单化了。[6]在一个领域可能显得是失的事物(例如在越南胜负不决,或者苏联取得战略力量对等),可以靠其他领域的得(例如向中国打开怀抱,或就军备控制实现谈判解决)获取补偿。重要的是总的权势方程,而不是可能发生在一个个孤立的竞争场所的胜败。肯尼迪和约翰逊政府将越南当成美国在全世界的权势和义务的一个象征,因而铸成了大错。尼克松政府得益于它的较为全面的权势界定,力求将越南的意义减小到恰如其分的地步——如基辛格所言"一个大陆上的一个小半岛"[7],同时集中关注全球性关系。

因此,只要总体均势得到维持,美国对其在世界上的利益的认知就能从僵化转向灵活。这并不意味着摆脱既存的义务——在他们决心信守先前的承诺,惧怕若非如此美国的可信性就会被毁伤方面,尼克松和基辛格与其前任没有重大区别。然而,他们的方略确实意味着自此以后不愿承担确保全球平衡的独一无二的责任。正在改变的权势性质已经使国际均势变得比过去稳定:在一个经济措施能够抗衡军事实力、民族主义能够抵消意识形态的时代,与过去可能的情况相比,已不那么需要美国独自行

276

动来维持世界秩序。[8]

对利益的更准确的概念化的第二项要求,是从对外政策中清除关于国际秩序的性质的某些错觉。基辛格认为,尽管将多样性当作世界事务中一项不可避免的状况来接受,尽管承认它与美国的安全需要并非抵牾,但仍有一种情绪在美国游荡,那就是不愿接受一个事实——冲突与不和谐现在是并将继续是国际生活的不可避免的特征。仍存在一种信念:美国或许能以某种方式超越国际秩序,而非只是不得不在其中运作。这些不切实际的希望,连同现实对它们的侵蚀作用,导致了美国对世界的态度在孤立主义与过度扩张之间来回摇摆;对外政策"在猜疑不安和兴高采烈这两极之间"幅度过大地摆动。基辛格认为,需要的是按照世界的本来面貌对其加以接受的现实主义,以及对这世界充分加以利用的机智灵活。[9]

这意味着,作为一项牵扯紧要国家利益的问题,需要放弃改变其他社会的内部性质的努力。先前几届行政当局过多地倾向将改革混同于地缘政治。新行政当局没有接受它的上两届前任坚信的一种观点,即经济发展或民主程序演进本身会增进美国在全世界的安全。这完全取决于地缘政治环境。经济变迁和政治改革可产生的不稳定与它们能防止的一样多。基辛格很懂得托克维尔的一项观察:现存秩序在形势好转时受到的威胁最大,而不是相反。同样,不能保证经济发达或拥有民主政府的国家总是会支持美国的利益。在其他条件相同的情况下,美国当然会喜欢国外的体制与它自己的国内体制相符。但是,这不能以牺牲权力平衡为代价:将国际均势的需要从属于国内改革的需

要,基辛格认为,恰恰会带来在极度活跃与气急败坏地撒手退出 277
之间的起伏摇摆,而这些摇摆在过去妨碍了对美国利益究竟何
在的清楚认识。[10]

要做到成熟老练,还需要认识到意识形态迥然不同的国家
的地缘政治利益在某些方面可以相符。一旦外交中的情绪和情
感成分被清除掉,就应该有可能辨识和扩展哪怕是先前势不两
立的敌手之间也持有的共同利益,即生存、安全和适宜的国际环
境。基辛格相信,取得这么一种成就的关键是彼此克制:不能
期望歧异一夜之间就会消失,必须愿意不仅容忍难以相容的国
内制度,而且容忍在世界某些地区彼此冲突的国际利益。如果
能做到这一点,那就很可能出现一定程度的"超越哲学和历史的
共同地缘政治利益",据此,如基辛格后来就尼克松和中国共产
党人写道,"甚至先前的乱扣红帽子者和世界革命斗士也能彼此
交友。"[11]

在对外政策上观念内在连贯的第三个先决条件是认识到限
度。基辛格从未持有20世纪60年代在防务界智囊中间盛行的
一种观点,即维持均势需要无限可扩展的手段:他认为,这样的
肆意挥霍到头来更有可能动摇而非稳定国际秩序。"没有哪个国
家,"他在1968年写道,"能每时每刻在地球上的每个地方同时
明智地行事。"困难在于目标有如手段倾向于扩展,因而不仅导
致最终精疲力竭,而且导致其他国家愈益增强的抵抗,它们会认
为,一国对绝对安全的追求意味着它们自己的绝对不安全。在
人类事务和国际事务中,保持明智的起码条件是知道何时止步:
十分重要的是,基辛格在自己作为历史学家的生涯中选择论述

的三位国务家——梅特涅、卡斯尔雷，并且特别是俾斯麦——都具有这种在晚近的美国外交中如此显著缺乏的素质。[12]

　　因此不奇怪，基辛格最初的优先事项之一是将官方防务政策思维的重心从"优势"（superiority）转向"充足"（sufficiency）。[13]这个术语本身指战略武器均衡，但它潜在的前提具有更广泛的衍生涵义：过去力图超过苏联人的努力只激起了他们在那方面类似的努力。现在双方利益依靠展示共同的克制便可得到更好的促进。经济上的必需已在一定程度上迫使约翰逊政府采取这种立场，特别是在战略武器领域，然而是尼克松和基辛格将它上升到信条地位。"充足"从不意味单方面的克制，注意到这点很重要：基辛格确信莫斯科将视其为软弱，只会试图利用之。[14]但是，"充足"确实意味着一种认识：认识到追求"优势"很可能既代价高昂，又事与愿违。而压力和诱导的双管齐下，旨在使苏联人相信"充足"符合他们自己的最佳利益，将同时也最好地促进美国的利益。

　　可是，一个认识到权势的种种新方面，将它们整合进现行国际体系而不耗尽美国资源的战略，其具体要素将是什么？基辛格从未直接回答这问题，但当尼克松1971年7月在堪萨斯城向一群新闻传媒经理人介绍情况时，却以他有时用来发表重要宣告的奇特的随意议论方式，提供了一点透露深意的暗示。他告诉他们，世界上有五大经济力量中心：美国、苏联、西欧、日本和中国。"这些是行将决定经济未来的五大力量，而由于经济力量是其他种类力量的关键，因此它们也将决定本世纪最后三分之一时间里世界在其他方面的未来。"总统后来告诉大感兴趣的周恩来：

这是个即兴演说,但它反映了一种"深思熟虑的信念"。[15]*1972年初,在接受《时代》杂志采访时,尼克松更明白地表达了他的想法。"在世界历史上,我们只能在这样一种时候享有任何长期的和平,"他摹仿基辛格《重建的世界》一书的主题指出,"那就是存在均势的时候。正是在一国变得比它的潜在竞争者无限强大时,战争的危险兴起……我认为,如果我们有较强大的和健康的美国、欧洲、苏联、中国和日本,互相制衡而非利用一个反对另一个,即构成一种均衡,那么世界就将是一个更安全更美好的世界。"[16]

　　无论尼克松意识到与否,这里都蕴含了向凯南的回归:回归到他1948年关于五大工业-军事力量中心的观念,回归到防止其中任何一个主宰其他中心的必要。**基辛格从未明确地将自己与这一地缘政治公式联系在一起,或许因为它表明了从他自己的历史著述中抽取出来的简单化类比(那是他一直小心提防的),[17]或许因为公开将世界的某些部分定为比其他部分更"紧要"包含被误解的可能(有如迪安·艾奇逊在1950年发表了"防御环带"演说后发觉的),或许因为尼克松的讲话立即遭到了学术界和战略研究界的批评(日本和西欧虽然无可争辩地是大的经济力量中心,但没有美国的帮助,他们在多年内不会具备保卫自己的能力。中国则既非军事超级强国,亦非经济超级强国)。[18]但是,如

279

---

　　*　这次讲话不同寻常,因为事先未与基辛格通气,后者当时正在对中国进行秘密访问,从周恩来那里才得知这个讲话。(Kissinger, *White House Years*, pp. 748—749.)

　　**　不同之处在于,凯南将英国和莱茵河谷地区认作两个单独的力量中心,未将中国包括在内。

果在一个广泛的背景下予以分析,那么尼克松关于一个依据均势原则运行的五角世界的想象确实显得符合基辛格——以及大约四分之一世纪以前的凯南——一直在试图做的事情。

许久以来,基辛格一直论辩正在出现的、从两极世界向多极世界的转变符合美国的最佳利益。两极,他在1968年写道,鼓励了僵硬刻板:

> 一个两极世界缺失认清细微差别的眼界。一方的得益看起来是另一方的绝对损失。每个问题似乎都涉及生死存亡。较小的国家在期盼获得保护与希望逃避大国支配之间左右为难,饱受折磨。每个超级大国都深受下列渴望的困扰:渴望维持自己在盟国中间的显赫地位,渴望增长自己在未表态国家中间的影响,渴望加强自己相对于敌手的安全。

基辛格审慎地指出,多极本身不能保证稳定。在缺乏共同危险意识的情况下,协调行动将更难以实现:"僵硬程度减小,但可操控性也是如此。"然而,一个多极体系将提供更大的机会以形成一种共同的国际秩序观念。它还内在地具备一定程度的"天然"或"有机"平衡,那是一个两极体系缺乏的,因而不那么需要均势格局中的单个组成部分独自承担维持均势的主要负担。"一个更为多元化的世界,"基辛格断定,"深切地符合我们的长远利益。"[19]

具体地说,基辛格喜欢一个联合但**独立**的西欧:不像肯尼迪和约翰逊行政当局内的大多数"大西洋主义者",他同情戴高乐将军的一贯立场,即实现联合的途径是协调欧洲各国的主权利益,而非使之从属于一个在华盛顿被设计出来的一体化主义"宏伟蓝图"。[20] 在起初的一段被公认的忽视时期过后,基辛格很快在1973年接受了一种被称为"三边主义"的概念中的中心原则:日本依凭它自己就是个世界力量中心,将来必须被给予类似赋予西欧的那种注意。[21] 到1969年,尼克松和基辛格都已独立地得出一个结论:中国应被引领摆脱孤立,这孤立的形成部分上是由于美国的政策,部分上是由于它自身:"没有这个拥有7亿多人民的国家的贡献",总统的首篇对外政策报告断定,"任何稳定和经久的国际秩序都不可想象。"[22] 至于苏联,基辛格的战略不是试图否定其合法的安全利益,而是试图说服克里姆林宫领导人在一个较为稳定的多极世界秩序的框架内界定这些利益。[23]

尽管受到批评,这个五角概念却不依赖其中的每个组成部分都有同类的权势。"只谈论一种均势那就错了,"基辛格在1973年评论道,"因为有着几种必须互相关联的均势。"

> 在军事领域,有两个超级大国。就经济而言,至少有五大主要群体。政治上,更多的势力中心已经出现……当我们提到五个或六个或七个主要的权势中心时,要点不是指其他的被排除在外,而是指在短短几年以前公认只有两大权势中心。[24]

通过强调其经济实力,日本和西欧就能在世界上发挥与它们的军事力量不成比例的作用。当时中国的重要性主要在意识形态

领域——在它对苏联的国际共产主义运动控制权提出的挑战
上。就字面的完全意义而言,只有美国和苏联才具备超级大国
资格,但是权势的愈益支离分散的性质已经使它们在许多领域
遭到来自世界其余部分的足够激烈的竞争,以致为多极创造了
条件。

因而,即使构成它的各国可使用的各类权势十分参差不齐,
仍可能有多极均衡。美国的利益是维持这均势,在必要的场合
有选择地应用杠杆,但也认识到均势本身现在比它在两极冷战
时期里更稳定。与此同时,必须试图超越均势,迈向一种新的世
界秩序,在其中稳定将不是来自互相竞争的利益间的冲突,而是
来自"共同克制、共处以及最终合作习惯"的形成。基辛格强调,
这就是"缓和"(détente)的意思。[25]

因此,在对美国的世界利益的官方认识方面,基辛格的"哲
理深化"构成一次重大改变,但这不是一次史无前例的创新。总
的观念,而非偶尔提到的五角世界,与凯南在1947—1949年提
出的见解惊人地相似。有如基辛格,凯南界定利益也依据对权
势的一种多维评估,即军事实力绝非世界事务中唯一的决定因
素。有如基辛格,凯南钟爱稳定甚于赞成改革:改变世界使之类
似美国,他争辩说,将代价高昂而且事与愿违。有如基辛格,凯
南充分了解美国力量的限度,深知必须尽可能顺应现行趋势,而
非试图与之对抗。有如基辛格,凯南将美国的利益等同于在一
个多极世界里维持均势。而且,与基辛格一样,凯南也形成了一
种利益观念,它能自行成立,独立于威胁和义务承诺两者,而那
是从他往后直到基辛格为止的种种战略未做到的。因此很有理

由，凯南在基辛格被任命为国务卿一年后能够说，"亨利比国务院曾有过的任何人都更理解我的观点。"[26]

二

正如在尼克松政府时期利益得到了较灵活的认识，威胁也开始得到较有限的设想。朝鲜战争之后的通行模式，一直是主要依靠意识形态作为预测对手行为的一个手段。基于历史、经济、族裔或地理的考虑虽然不时在共产主义国家中间引起争端，但最终共同的意识形态优先考虑会占支配地位。在对手看来，这一意识形态的胜利，不管是否步调一致，都将威胁或看似威胁世界均势，因而必须予以抵制。美国未曾做过任何努力，以将共产主义从它在第二次世界大战结束时所取得的地盘"推回去"。确实，美国甚至愿与某些共产主义国家协作，例如与铁托的南斯拉夫协作，或如果约翰逊如愿以偿的话，与其他东欧国家协作，以便反对其他国家的称霸欲望。但是，不能容忍现状发生有利于共产主义的进一步改变，不能公开认可1945年以来已发生的那些改变——在中国、古巴或越南北部。迟至1969年，在界定对总的均势的威胁，连同具体的对美国安全的威胁时，其依据仍然是存在着一个被定义为敌对的意识形态。

尼克松和基辛格大为用心地开始不让意识形态作为辨认威胁的首要标准。"我们没有永久的敌人，"基辛格在1969年12月宣布，"我们判断其他国家，包括共产党国家……将根据它们的行动，而不是根据它们的国内意识形态。"意识形态差异根深蒂

282

固,不会在一夜之间消失。但是,在一个共同面临核危险的时代,即使意识形态上最敌对的国家也能发现共同利益。"我们已挣脱了旧模式",1972年2月尼克松在北京告诉周恩来:

> 我们按照它自己的行为看待每个国家,而不是将它们不分青红皂白地囫囵并在一起,说因为它们持有这种哲学,它们就全在彻底的黑暗之中。我要老实说……由于我曾在艾森豪威尔政府任职,因而那时我的观点与杜勒斯先生的观点相似。但是自那时以来世界变了……有如(周)总理在与基辛格博士的一次会谈中所说,舵手必须顺应潮流,否则他将被潮流吞没。

"将我们带到一起的,"总统提醒表示赞同的毛泽东,"是对世界新形势的一种认识,是我们方面的一种认识,即重要的不是一国的国内政治哲学。重要的是它对世界其余部分和对我们的政策。"[27]

自从仅四年半之前腊斯克讲出下面一番话以来,世界已经发生很大变化,当时他为给美国持续在越南升级局势提供一大理由,提及受北京的"世界革命激进教条"激励的,"用核武器武装起来的……十亿中国人"的威胁。[28]当然,使尼克松有可能不再强调意识形态的原因是中苏分裂现已铁证如山,无可争议。他的首次年度对外政策报告率直地指出"国际共产主义的团结业已分崩离析"。[29]另一个促成因素是,尼克松的意识形态灵活性出自早先一贯反共的不灵活,后者的程度使批评者们现在很难指责他"软

弱"或"幼稚"。"右派能做左派只是空口谈论的事",他在1972年
向毛泽东解释。"我喜欢右派",年迈的革命者欣然承认。[30]

然而,主要因为尼克松-基辛格对利益的重新界定,才使关
于威胁的这一改变了的认识成为可能。自1950年起,美国各届
行政当局一直习惯于按照看似存在的对美国的威胁去界定利
益,而非按照某种独立推导出来的、关于如下问题的标准这么
做,那就是为使美国在世界上安全,什么是必须的。"遏制共产
主义"本身已成为一种利益,而不管共产主义作为一股统一的力
量究竟可能以什么方式在事实上挑战美国的安全。威胁已被听
任决定利益,而不是相反。尼克松和基辛格以其多极世界秩序
概念所做的,是形成一种独立于威胁的利益观念,然后根据利益
界定威胁。既然这些利益需要的是均衡而非意识形态一贯性,
既然美国独自实现均衡的手段有限,因而美国应能够与社会制
度不同甚至其厌恶的国家协作,只要它们在抗击对全球稳定的
挑战方面与美国有共同利益。"中国领导人在与我们打交道时超
越了意识形态,"基辛格回忆道,"他们面临的危险确立了地缘政
治的绝对首要地位。"[31]

但是,如果共产主义本身不再是威胁,那么什么是威胁?在
这点上,行政当局回到了塑造起初的凯南遏制战略的那种威胁
观:苏联对外政策中的敌意和能力的结合。基辛格相信,由于历
史原因加意识形态缘由,苏联不断追求扩展它在世界上的权势。
俄国的安全总是意味其邻国的不安全。列宁主义已做的全部事
情,是给"扩张主义本能提供一种放之四海而皆准的理论公式。
它安抚了俄国人的良心;它加剧了所有其他各国人民的困难"。

然而,这扩张主义不按照任何固定不变的时间表行进:克里姆林宫将利用出现在它面前的机会,但在面对抵抗时也会退却。"预先杜绝苏联的机会是西方责任的根本所在,"基辛格断定,"应当由我们界定苏联目标的限度。"[32]

不过,使形势与凯南那时不同的是,20世纪60年代苏联人在工业、技术和军事力量方面相对美国及其盟国所取得的巨大进展。第二次世界大战结束后的头二十年里,苏联领导人心里无疑相信自己是在从一个弱于西方的地位出发行事(尽管他们确实往往成功地对它们的西方对手隐瞒了这事实)。然而到尼克松政府上台时,苏联正接近于在远程导弹能力方面与美国均等,[*]而且首次发展出向远超出其国境的地区投射常规力量的手段。基辛格不得不承认,苏联的抱负"现在植根于真实的力量,而非普世主义教条的浮言虚辞,后者事实上极少具可信性或吸引力"。[33]

诚然,苏联体系仍有弱点。它缺乏领导人有序地替换交接的机制。它正在形成一套行动迟缓的官僚系统,其优先事项并非总是与党的一致。它的国内经济非常低效,特别是在农业和计算机技术这两大关键领域。它的对外政策往往笨拙并缺少技巧。它的官员们在行事时缺乏镇定和自信,那与敏锐老练的中国人形成强烈的反差。[34]尽管如此,只有苏联才集挑战的能力与动机

---

[*]　苏联人1965年年中拥有224枚洲际弹道导弹和107枚潜射弹道导弹,而美国拥有的这两种导弹分别为934和464枚。到1970年底,苏联人被预计拥有1290枚洲际弹道导弹和300枚潜射弹道导弹,而美国拥有的数量分别为1054和656枚。(《年度对外政策报告》,1970年2月18日,*NPP: 1970*, p. 173。)

于一身：挑战被尼克松和基辛格当作美国紧要利益的基础的均势。结果，像先前的凯南那样，与莫斯科的关系成了尼克松和基辛格外交的重中之重。

可是，凯南的战略面临的一个难题，始终在于如何区分真正的与表面的均势变更。由于在塑造世界事态方面，意象与现实可产生相似的影响，因而即使是现存秩序的表面上的变更，就其效应而言也接近于真实的变更。凯南从未真正解决这难题，这导致他支持保卫希腊、土耳其和李承晚当局，虽然它们完全不属于他说的五大至关紧要的工业–军事力量中心。[35] 这难题在随后的几届行政当局中不那么显眼，它们倾向于将所有利益视为同等紧要，因而所有威胁都同等重大。尼克松和基辛格返回一种有区别的利益观念，从而又一次提出了区分各种不同威胁的问题。然而，行政当局发觉在实践中难以按照一种它在原则上提倡的、淡化意识形态的方式做到这一点。

依据任何理由，一个主要关注苏联扩张主义危险、决心降低意识形态重要性的行政当局本应采取较容忍的态度去对待独立的马克思主义，不仅在中国，而且在它出现的任何地方。在某些地区，它确实这么做了：尼克松和基辛格继续保持与铁托的南斯拉夫的长期联系，而且通过总统对南斯拉夫、罗马尼亚和波兰的访问，谋求以一种不那么张扬的方式复活约翰逊"架桥"通向东欧的想法。[36] 然而在尼克松政府那里，仍有对其他地方的马克思主义的强烈不容忍：在越南，尼克松将美国代价高昂的战争努力又进行了四年，力图不让河内取胜；在智利，美国秘密谋求"动摇"经自由选举产生的萨尔瓦多·阿连德政府；在西欧，基辛格怀着明显的惊恐看待"欧洲共产主义"（Eurocommunism）的发展；在安哥拉，福特行政当局的敌意使那里信仰马克思主义的独立运动别无选择，只能站在莫斯科一边。事后来看，没有任何证据表明这些运动当中有哪个受克里姆林宫唆使，或苏联领导人在它们全都成功的情况下能指望控制它们。[37]尽管如此，尼克松和福特政府仍非常热衷于反对它们，仿佛它们当中的任何一个能在改变均势方面起决定性作用。

为何在与中国这个共产主义性质如此显著的国家打交道时愿意容忍意识形态差异，而在与其他地方的本土马克思主义打交道时不是如此？有人提出，一种"认识滞后"（perceptual lag）在此起作用：尼克松和基辛格以过时的冷战条件反射回应这些形势，没有认识到他们自己的政策已在很大程度上使那种世界观过时了。基辛格本人对智利形势的说明看来证实了这一点："即使西欧和拉美的表面上最'独立'的共产党，也无重大例外地在对外政策上追随苏联领导"，他写道。"问题也不仅与共产党有关。当今世界上的激进政治涉及一个由彼此具有共鸣的组织与团体组成的网络，它遍布全球，进行恐怖主义暴行，或为之提供资金，转送武器，渗透媒体，谋求左右政治进程。"然而，基辛格自己的战略设定并经常宣称共产主义作为一个整体业已崩解；而且像他自己承认的，也很难将共产党与愈发在世界各地表现其存在的激进组织联系在一起，后者多得多，而且更活跃。[38]

286　　　　更可能的一种解释是，倘若这些形势（越南、智利、欧洲共产主义、安哥拉）之中的每个被允许不受阻挡地发展，就将导致现状的变化,它们可能会**显得**变更了均势。*行政当局愿与中国和东欧的共产主义政权打交道,这意味着承认既有的现状,而不是要创造新现状。因此,结果也就更可预料。如同肯尼迪、约翰逊以及他们的幕僚,尼克松和基辛格害怕那些能使美国陷入窘境或受辱的事态,即使它们并非出自任何中央计划或协调图谋。有如尼克松在1970年4月入侵柬埔寨之际解释的:"如果在摊牌时刻,世界上最强大的国家——美利坚合众国像一个可怜和无助的巨人那般行事,极权主义和无政府势力就会威胁全世界的自由国家和自由制度。"伟大的国家必须维持自己的尊严,即使在减少自己的损失的时候。"我们不能撒手溜出越南,好像我们在换一个电视频道那样,"基辛格后来写道,"在我看来,对美国重要的是不被羞辱,不被摧垮,是以这么一种方式离开越南:哪怕是抗议者日后也可认为,这表明美国带着体面和自尊做出了选择。"[39]

　　因此,尼克松和基辛格并未完全成功地将意识形态从他们对威胁的估算中清除出去。与既有的共产党国家的意识形态差异不会被允许阻挡由均势考虑决定的携手合作,但行政当局不准备容忍共产主义的进一步胜利,即使它采取当地的和独立的形态。蒙羞受辱的危险、向真正的敌人表现出软弱的危险太大,以致不能默认这胜利,哪怕是表面的胜利也不行。

---

　　* 基辛格在1974年讨论战略武器竞赛时指出:"虽然决定性优势难以估算,但显得处于劣势——无论其实际意义如何——可以有严重的政治后果。"(对参议院外交委员会的陈述,1974年9月19日,载于 Henry A. Kissinger, *American Foreign Policy*, third edition〔New York:1977〕, p.160。)

三

从这利益观和威胁观中,产生了一种被过于含糊地称为"缓和"的战略。当然,这个术语既非源于尼克松,亦非出自基辛格——肯尼迪早在 1963 年时就用它描述缓解与苏联的紧张关系的过程。[40]这个词也不是在所有场合都表达出同样的意思——批评者喜欢指出它是个法语词,在英语或俄语中都没有准确的对应。*不过,尼克松和基辛格明白他们赋予"缓和"的涵义:他们将其视为"遏制"苏联权势的一系列漫长努力中的又一项尝试,但基于压力和诱导的一种新结合,它如果成功,就将使苏联人确信"被遏制"符合他们国家的利益。目标与二十年前凯南的情况一样,至少是改变苏联的国际关系观念,将它作为一个稳定因素整合进现存的世界秩序,并且基于由此而来的均势建设一种"和平结构",那将一劳永逸地结束被称为"冷战"的持久反常状态。

贯彻缓和战略的第一个要求,是与苏联人就实质性问题进行认真的谈判。谈判总是被当作遏制的**最终**目标:1950 年以来的想法一直是一旦西方取得相对于苏联人的"强势",他们就会愿意谈判,导致冷战的危机便将结束。基辛格认为由于若干原因这推理似是而非。第一,他长久以来一直强调,无法期望任何国

---

* 在法语中,"détente"意为"平静、放松、缓解",但也可以指枪的扳机。俄语中意思最近的词是"razriadka",意指"减轻""削减"或"松弛",但也有"开火"或"从枪膛退出子弹"之意。

家会心甘情愿地接受一个使之永远处于劣等地位的国际秩序。苏联人没有权利以所有其他国家的绝对不安全为代价去追求自己的绝对安全,但西方也没有权利这样做:"稳定依赖各国的相对满意,因而也依赖它们的相对不满意。"[41]*第二,事实上,面对苏联人,西方从未比在冷战初年更强大。推迟到取得某种神话般的"强势"地位才去谈判,只会让莫斯科有机会建设真正的实力,像它现在已做的。最后,谈判本身不是软弱的标志。只要加以适当操控,既注意辨识共同利益,又坦率地承认无法调和的敌对,谈判就能成为建设一个稳定的世界秩序的首要手段,而不只是有待稳定一旦实现而得以享受的一种奢侈品。[42]

　　基辛格强调,谈判应在不抱幻想的情况下进行。"我们将依据准确的理解来与共产党国家打交道:理解他们在世界上要做什么,然后懂得我们对它们和对我们自己可以持有什么合理的期望。"不应当为达成表面协议的目的而掩盖意识形态差异,但也不应当将谈判变成冷战谩骂的场所。还不应当让谈判过程被获取"成功"的压力所驱使,那在过去如此经常地先激起,而后

290

---

* "如果一国能实现它的一切愿望",基辛格在1957年写道,"它就会大力追求绝对安全,争取一个全无外部威胁感,所有问题都具有国内问题的那种可操控性的世界秩序。但是,既然一国的绝对安全意味着所有其他国家的绝对不安全,它从来就无法作为一种'合法'安排的一部分加以实现,而只能通过征服取得。

　　"由于这原因,一种被接受并且不是被强加的国际安排在其任何一个成员看来,总是会显得**多少有些**不正义。自相矛盾的是,这种不满的普遍性正是稳定的一个条件,因为任何一国若是**彻底**满意,所有其他国家就必然**彻底**不满意,一种革命性的形势就会接踵而来。一个稳定的秩序基于其成员的**相对**安全,因此也就是**相对**不安全。"(Henry A. Kissinger, *A World Restored* [New York:1957], pp. 144—145.)

又粉碎了西方对"峰会"的期望。缜密的准备至关紧要："我们不要在心理上变得依赖迅速的或过分的进展。"最重要的是,谈判及其产生的协议若要有经久的功效,就须提供扎实的互惠："我们必须足够成熟,认识到一种关系要想是稳定的,就须给双方都提供好处,并且认识到最富建设性的国际关系是那些在其中双方都觉得有所得益的国际关系……不可能每天在每个问题上都达成平衡,而只能在整个关系的范围内和在一段时期内达成平衡。" 43

然而,苏联人会愿意据此进行谈判的前景如何?基辛格争辩说,苏联已走到其本身事务的一个转折点:有种种"不明确的两可趋势"可以导致莫斯科要么与西方合作,要么与之进一步对抗。这些趋势包括:(1)国际共产主义运动内部的对立,它们加剧了在亚洲竞争"斗争衣钵"的压力,但同时也松弛了与美国打交道的禁忌,而且迫使苏联重新评估自己的安全关切;(2)苏联取得了战略对等,这无疑诱使克里姆林宫领导人进而追求战略优势,但同时也使他们摆脱了对处于劣势的惧怕,因而首次使认真的军控谈判成为可能;(3)苏联军力和经济力扩展进第三世界,这意味着莫斯科权势的增长,但同时也意味着有了一种在控制那里的危机方面的新利益;(4)苏联内部出现了成熟的工业经济,能作为大规模军备扩充的基础起作用,但同时也或许使一个消费取向的社会成为可能,该社会将与工业化的西方相互融合,而且在一定程度上依赖后者。在这些情况下美国的目标是简单的,基辛格争辩说,那就是试图加强倾向于和解方向的"趋势"和抑制那些反向"趋势"。44

与其战略中的许多其他成分一样,基辛格在此的方针类似于凯南在20世纪40年代末一直试图做的。如前所述,凯南将苏联权势比作一株成长中的树:有可能将它的活力导向一定的方向,然而必须依靠被持续不断但有选择地应用的外部压力和诱导的结合。突然的或过度的强制不会起作用。想法一直是要让苏联人确信他们自己的最佳利益在于展现克制:"如果……能创造出这样的形势,即在其中强调他们与外部世界的关系中的冲突因素显然不利于他们的权势,那么他们的行为,甚至他们对自己人民的宣传要旨都可以被修正。"[45]基辛格在苏联体系内发现"不明确的两可趋势",继而试图加强积极趋势和遏阻消极趋势的技能非常符合这传统:有如凯南的技能,那是一种修正行为的操作,基于应用适当的惩罚和酬赏,旨在同时逼迫和诱哄一个到目前为止的"革命性"国家接受现存国际秩序的"合法性"。*

同凯南一样,对基辛格来说,这努力的成功不需要改变苏联政权的内部性质。历史和意识形态的积淀过于深厚:"我们不能要求",基辛格争辩道,"苏联实际上突然逆转五十年的苏联史和几个世纪的俄国史。"努力的方向应是改变莫斯科对外部世界的

---

　　*　"这里使用的'合法性'(legitimacy)一语不应被混同于正义。它不过是指一种关于可行的安排的性质、关于可允许的对外政策目的和手段的国际共识。它意味着所有大国接受国际秩序的框架,至少没有哪个如此不满,以致像《凡尔赛条约》后的德国那样,以革命性(revolutionary)的对外政策表达自己的不满……一个革命性国家的特征不在于它感觉到被威胁——这样的感觉出于以主权国家为基础的国际关系的固有本性——**而在于没有任何东西可以使它放心**。只有绝对安全——使对手无能无害——才被认为是足够的保障,因而一国对绝对安全的渴望意味着所有其他国家的绝对不安全。"(Kissinger, *A World Restored*, pp. 1—2.)

290 态度,应是让苏联领导人确信,在与西方打交道时强调合作而非对抗符合他们自己的利益。然而与此同时,苏联免不了受到国内的要求变革的压力:"苏联社会已经发生变化,而且将发生更多变化。"基辛格指出,在缓和气氛中这样的趋势将更有可能发展,"冷战的复发几乎完全不会鼓励苏联⋯⋯对持不同政见者采取一种较为仁慈的态度"。[46]因此,内部变化不应成为谈判的一个先决条件,相反它本身是一种很可能从谈判中演化出来的状况。

缓和战略的第二个要素与此相关,那就是关于"联系"的概念。基辛格相信,如果谈判被允许在各个分开的领域分隔进行,在一个领域的进展不受在另一个领域的困难影响,那么修正苏联行为方式的尝试就不会成功。"我确信大问题在根本上是互相关联的",他在1969年2月起草的一封交尼克松签署的信件中写道:

> 我认识到前任行政当局持有一种观点,亦即当我们在一个问题上发现与苏联有共同利益时,我们就应争取达成协议,并且力图将它尽可能与其他方面的冲突变动隔绝开来。这在许多诸如文化或科学交流之类的双边实际问题上很可能正确。然而,在我们时代的种种关键问题上,我相信我们必须争取在一个广阔的战线上行进,至少广阔到足以明确我们在政治和军事问题之间看到某种关系。我相信,应使苏联领导人明白,如果他们谋求利用其他方面的紧张或冲突,他们不能指望从一个领域的合作中获益。

苏联人自己在美国的政策中看到"不明确的两可趋势",基辛格提醒尼克松:他们吃不准究竟是"通情达理的"还是"立意冒险的"力量会在新行政当局内占上风,他们正试图用谈判的前景鼓励前者和抑制后者。美国必须做的是"利用苏联的,我认为出自焦虑的这一兴趣诱导他们认真处理造成紧张局势的真正缘由,特别在中东,但也在越南"。基本问题如基辛格后来所说,在于"究竟我们将利用他们,还是他们将利用我们"。[47]

秘诀在于抓住主动权,那是尼克松和基辛格很快试图做的。他们首先估计苏联人的优先事项:一项会将西方而非苏联的武器系统冻结在现有水平的战略武器协议;贸易壁垒的松弛,那将使苏联有机会获得急需的西方食品和技术,以及用来支付这些急需品的信贷;西方对二战后东欧边界的最终彻底承认,稳定甚而尊重将由此而来;在不冒战争风险的情况下推进苏联在第三世界的利益的机会。对照这些,他们权衡了美国的优先事项:关于越南战争的一种不会造成美国受辱的谈判解决;苏联人对西方在柏林的持久权利的承认;将限制苏联继续扩充军备的战略武器协议;处理第三世界危机的某些手段,据此它们不会失控,也不会推进莫斯科的图谋。然后,他们清楚地表示各项谈判互相交织:如果在满足美国确定的优先事项方面没有全面的同等进展,就不可能有趋于满足苏联优先事项的进展。[48]

苏联人未轻易接受这程序。他们偏爱的办法是分隔化:各项问题应作为互不相干的个体予以处理,在一个领域里合作的产生应独立于其他领域可能存在的竞争。[49]为使他们接受"联系"概念,尼克松和基辛格不得不装出对达成协议不那么感兴趣的样子：他们总是力图使克里姆林宫领导人相信后者比美国更需要谈判。尼克松因此推迟了几个月才开始战略武器谈判，那是约翰逊政府已在原则上答应了的。同样与约翰逊大相径庭，尼克松不急于举行最高级会晤。相反，行政当局坚持细致和精心的准备，并要求有预先确保会晤成功的有效保障。尼克松和基辛格甚至不惜将最高级会晤当作为使其他优先考虑得到满足的"抵押品"。例如在1971年12月，基辛格公开威胁取消最高级会晤，除非苏联人说服他们的盟友印度不入侵西巴基斯坦。还有，在1972年5月，即行将首次会晤勃列日涅夫以前两周，尼克松下令在海防港布雷，以回应一场河内方面的攻势，尽管他的绝大多数幕僚、包括基辛格在内错误地预计此等举动将毁掉最高级会晤。[50]

"联系"能以几种不同方式起作用。它可被用作危机管理工具，就像在印巴战争或异常紧张多事的1970年9月那样，当时行政当局既阻止了苏联在古巴建立潜艇基地的企图，又阻止了叙利亚对约旦的入侵，办法是警告莫斯科这样的行动能毁坏缓和。"联系"还可用于在与苏联人的直接谈判中造就讨价还价筹码：基辛格明确表示，没有柏林问题的永久解决，就不会有战略武器协议或对东欧边界的承认。它还可被用来劝说第三方进行谈判："联系"的一大功能在于就结束越南战争取得苏联的合作，办法是在莫斯科压迫河内降低停火条件以前不举行限制战略武器谈判和不放松贸易壁垒。它甚至可以更微妙地用于使苏联在经济上依赖西方："随时间推移"，基辛格提出，"贸易和投资可以影响苏联体系的自给自足倾向，引发苏联经济与世界经济的

292

逐步联结,培育一定程度的互相依赖,为政治均衡添加一个稳定因素。"[51]

所有这些都与基辛格的"行为修正"战略相联:"联系"提供了可依以从正反两面加强"行为修正"的手段。然而对基辛格来说,"联系"不只是一种谈判工具。它还反映了一个现实,即无论权势在20世纪70年代比较宽松的国际环境中已变得怎样分散和多层面,它的诸种要素仍互相影响;无论对利益和威胁能作怎样的内在区分和细化,它们仍并非存在于互不相关的真空中。

> 美国在世界一个地方的软弱无能的表现……将不可避免地侵蚀我们在世界其他地方的可信性……我们在军备控制谈判中的姿态不能与作为谈判结果的军事力量对比割裂开来,也不能与我们作为一个全球联盟体系的主要军事强国所承担的责任割裂开来。同理,军备限制几乎肯定无法在一个国际紧张愈益加剧的时期里留存下去。简言之,我们将'联系'视为一种全面的战略观和地缘政治观的同义语。

官僚机构内部对此几乎全无认识,自身条块割裂的官僚系统倾向以条块割裂的方式看待世界。因此,"联系"就起了一种策略和手段作用:既作为促使苏联政策朝可取的方向演进的一个策略,也作为将概念条理加诸美国政策的一个手段。基辛格回忆说,它是"新行政当局的又一项努力,使我们的对外政策不再在过度扩展与孤立自处之间摇摆不定,使它依据一种牢固的国家利益观念"。[52]

还有另一种形式的"联系",它足够重要,值得当作尼克松－基辛格战略中的第三个饶有特色的要素去考虑,那就是努力在美国与中国之间建立联系,后者是苏联在共产主义世界的首要对手,以此作为向莫斯科进一步施压的手段。从原则上说,这种想法不新颖:凯南早在1948年就已提倡利用共产主义阵营内部的裂隙,而且自此往后美国在与南斯拉夫的关系中一直坚持这么做。但是,共产主义世界内部的主要对立——苏联与中国之间的对立公开激化已有十年以上时间,美国却未作过任何重要尝试去利用它。问题在于,美国与北京的关系甚至比与莫斯科的关系更坏:对中国在朝鲜战争中的作用依然旧恨在心,而北京同情和援助河内又添新仇。国内政治考虑使任何要停止支持国民党的想法一概轻率冒失,即使并非不可想象。不仅如此,毛泽东那种堂吉诃德式的,对体制化的革命的追求有个副产品,那就是中国在20世纪60年代中期似乎决意将自己隔绝于世。因此,在尼克松政府上台时,还几乎完全未做什么去利用中苏分裂。

20世纪60年代末期,尼克松和基辛格都得出一个结论:听任中国永久孤立将是不明智的。"长远来看",尼克松在1967年写道,"我们根本承受不起让中国永远置身于国际大家庭之外,孤处一隅地滋长它的幻想、加剧它的愤恨",并对地区形势"构成威胁"。然而,在世界能改变对中国的态度以前,中国必须改变对世界的态度:中国只能"作为一个伟大和进步的国家而非世界革命的震中"被拉回国际社会。基辛格一年前撰文论辩说,这样一种改变也许事实上是可能的:尽管中国宣扬自己的意识形态激进性,但其领导人尚未变得依赖他们自己的官僚机构,因而可能比苏联领导人有更大的灵活性去改变自己的政策。[53]在1968年竞选期间为纳尔逊·洛克菲勒撰写的一篇演说中,基辛格提倡要学会"有想象力地与几个互相竞争的共产主义权势中心打交道……在华盛顿、北京和莫斯科之间微妙的三角关系中,随着我们增大与它们两者关系的选择余地,我们增进与其中每个和解的可能性"。但即便如此,尼克松政府在上台掌权时没有与北京和解的任何具体计划,也没有倘若采取这样的主动就会得到对方回报的任何迹象。[54]*

使注意力集中到这问题上的是苏中两国部队在1969年3月沿乌苏里江爆发的冲突,连同莫斯科随后小心翼翼地询问,如果克里姆林宫授权对中国的核设施发动先发制人的进攻,美国将做什么反应。[55]仅五年前,中国首次核试验前夕,约翰逊政府就已考虑过美苏对华采取联合军事行动的可能性,[56]但现在尼克松政府采取了一种完全不同的方针。按照基辛格的理论,即在三角关系中最好是站在较弱而非较强的对手一边,尼克松8月14日告诉满腹狐疑的内阁:美国不能允许中国在一场中苏战争中被击败。"对我们来说,可能发生的最坏事情就是苏联吞掉红色中国,"几天后他解释说,"我们不能听任它发生……我们这么做不是因为我们爱中国人。我们只是必须保证美国要与双方打交道。"[57]

294

---

* 尼克松确曾在1969年2月1日授权基辛格向东欧方面人士"透露":美国正在"探索"与中国接近。"这谋略,"基辛格回忆说,"意在使苏联人感到不安,而且差不多肯定是——鉴于尼克松的压倒性关切——意在促使他们帮助我们结束越南战争。"(*White House Years*, p.169.)

这是个非同寻常的立场，其采取远早于开始与中国人进行重要的外交接触，远早于华盛顿知道中国会怎样回应。它反映了与尼克松政府经过修改的利益观和威胁观相符的一个前提假设，即美国的安全要求维持世界均势，而中国是这均势中的一个关键要素，因此中国的生存对美国至关重要，不论谁领导这个国家。关键是使莫斯科**认为**中美正在接近，这与中美实现接近一样重要：有如基辛格在与忧心忡忡的苏联大使安纳托利·多勃雷宁交谈后写给尼克松的话，"给苏联过多保证没有什么好处"。[58]

不过，事实上中国人——他们自己就是三角政治的行家里手——确实做了回应，而且两年半后尼克松发觉自己已在北京的人民大会堂背诵毛泽东的诗篇。基辛格反复强调新的中美关系绝非针对苏联：他后来承认，这是"惯用的外交宽心话，用此给谋略的对象一个正式保证，既意在使之平静，也意在使之慌乱，而且它如果实际上被相信了，那就达不到目的"。然而与此同时，他同样竭力强调必须避免让中国获得对美苏关系的否决权："我们不愿事先拒绝真正缓解与莫斯科的紧张关系这一选择，如果它届时能够实现。"这里的想法在于走钢丝：避免给任何一边留下美国正在"利用"它去反对另一边的印象，这会促使它报复或讹诈。"如果我们与中苏任何一方保持比它们彼此间更密切的关系，中苏敌对便会最好地服务于我们的目的。其余的可以听任事态发展。"[59]

很难设想尼克松政府还能做出什么举动以造成比这更急剧的世界权势关系变动，而且是以更小的代价使美国获取更大的得益。自朝鲜战争以后第一次，是苏联人而非美国人面对这样的敌手们：他们更决意遏制苏联人而非遏制彼此。结果，甚至在正式实现新的中美关系以前，尼克松和基辛格就已经能放弃自肯尼迪政府以后用来计算常规武力需求的"两个半战争"的旧标准。*"我相信，华约在欧洲发动攻击，同时中国在亚洲发动常规进攻是不大可能的，"基辛格早在1969年10月就给尼克松写道，"无论如何，我都不相信这样的同时进攻能够或应当以地面部队去对付。"因此，他建议，而且尼克松同意自此往后依靠"一个半战争"标准——常规武力能对付在欧洲或亚洲的重大侵略但不能在两大洲同时应付。[60]三角政治导致有可能朝约翰·福斯特·杜勒斯以前的目标迈进，即以最小代价实现最大威慑——但不是依靠威胁报复，而是依靠一个简单的办法，即减少要被威慑的敌人的数目，这由于地缘政治考虑战胜了意识形态而变得可行。

敌人的减少反过来使尼克松–基辛格战略中的第四个关键要素成为可能：逐步减少美国在世界上承担的义务，这在被称为"尼克松主义"的宣告中得到了正式表述。**它最初于1969年7月在关岛的一次非正式记者吹风会上被说出，按照后来白宫的精炼由三条构成：

　　第一，美国将信守其所有条约义务。

---

　　*　反过来，在使北京确信尼克松政府真心希望改善对华关系方面，"一个半战争"标准的公开宣布显然起了重大作用。(见 Kissinger, *White House Years*, pp. 221—222。)

　　**　报界起先将尼克松做的宣告称作"关岛主义"，这让尼克松很不开心，据基辛格后来写道，尼克松认为采用的术语应该纪念"人而不是地方"。(Kissinger, *White House Years*, p. 224.)

　　第二，如果一个核国家威胁一个与我们结盟的国家的自由，或者威胁一个我们认为其生存对我国安全至关紧要的国家的自由，我们就将提供保护。

　　第三，在发生其他种类侵略的场合，我们将在接到请求时根据我们的条约义务提供军事和经济援助。但是，我们将期望直接受到威胁的国家承担为其防务提供人力的首要责任。

基辛格后来将这信条进一步概说为下述断言："美国将参与盟国和友邦的防务和发展，但美国不能——也不会——为世界上各自由国家构思**一切**计划，设计**一切**方案，实施**一切**决定，承担**一切**防务。"美国将最优先地考虑自己的利益："我们的利益必须决定我们的义务，而不是相反。"[61]

　　由于规定要信守现存的义务，因而就亚洲来说尼克松主义一开始几乎完全没有改变什么，而亚洲是总统起初应用该信条的地区。但是，作为长期性全球战略转变的一个象征，尼克松主义意义非凡。它构成对约翰逊在1968年初默认的原则的首次官方承认（那时他拒绝了威斯特摩兰向越南增派20.6万名军人的请求），即美国承受不起无限期地增多对外义务，然后按照它的敌人确定的时间表和方式履行这些义务。[62]资源——经济的和人力的——并非取之不尽。有如朝鲜战争后的艾森豪威尔和杜勒斯，尼克松和基辛格现在在越南战争后宣布了他们自己的"新面貌"，其方式是决心将竞争舞台转移到对美国较有利的场所，从而重获主动权。

尼克松主义最明显的表现当然是美军逐步撤出越南南部。行政当局以一种使其批评者们吃惊（但不满意）的坚定性，从1969年年中至1973年1月巴黎和平协定签署为止，步步从越南撤走美国部队，其速度大致与它们在1965—1968年陆续进驻的速度相当。撤军的进行在很大程度上未受国内反战示威压力、河内方面的进攻、"越南化"的进展或和平前景影响。不过，它深受一种估算的影响：国会还会容忍多久美国在越南的军事存在而不去自行动手结束它。[63]

自相矛盾的是，这逐步撤军过程实际上加大了尼克松在越南问题上的灵活性，至少在战术意义上如此。示意**打算**从战争脱身的种种宣告能争取到时间，抵挡恰恰要求这么做的眼前压力。这还能驱使西贡为其自身防务承担更大责任，而只要美国人照旧包办，前者就不大可能这么做。不过最重要的是，撤军使行政当局有可能以比先前有利的条件进行战争。约翰逊及其幕僚常常考虑入侵柬埔寨、打击老挝境内的胡志明小道、在海防港布雷和轰炸河内，但他们总是因为担心激起中国介入而止步不前。[64]现在，中国即将与美国有一种新的较为友好的关系，因而周恩来谨慎地示意这旨在保护战略撤退的战术升级能不受惩罚地进行下去。[65]这样，约翰逊觉得在越南以50万兵力能做的事情，尼克松能以5万兵力做得更多：就兵力水平与行动自由之间并非总是一目了然的关系来说，这是个富有启迪的说明。

可是，美国如何能削减它在世界上的义务，同时又不会表现出软弱，以致冒尼克松和基辛格如其前任那么强烈担心的蒙羞受辱的风险？他们的回答——他们的战略的第五个主要成分——可在以战术升级掩盖战略撤退的技能中被找到：这里的想法是显示如果美国选择采取行动，它就能采取行动，从而在敌人的心里产生疑问：美国是否会采取行动？不确定性本身成了一种威慑，正如它在15年前杜勒斯的"报复"战略中那样：行政当局蓄意要显示自己能采取不可预测、不得人心甚而看来非理性的行动，以便使其力量保持可信。

298　尼克松几乎完全不需要被提醒利用不可预测性的好处。早在1953年，他就注意到并且赞同李承晚（此人设法在与每个人打交道时都不可预测）大意如此的劝告："在随后的岁月里，我旅行得越多，学到的东西越多，就越认识到这位老人多么有智慧。"他长期来一直钦佩，1969年以后更是试图模仿夏尔·戴高乐的一项见识，即领袖为保持自己的权势，必须对他周围的人投放一种神秘甚至神话气氛。"他害怕的莫过于被人认为软弱，"基辛格回忆道，"当他压抑自己的烈性反映本能时，他（总是）寻找另外某个场合来表现自己的勇气"。尼克松对自己敢在越南以约翰逊不敢的方式行事大感自豪："将我和约翰逊区分开来的"，他给基辛格写道，"是我有毫不留情的**意志**。"1973年3月，他在日记中欣喜地记下了新近被释放的一名战俘对3个月前美军轰炸河内的评论："北越真的认为总统发疯了……他们这么想绝对必要。" 66

基辛格也看到了制造不确定性的好处，然而是从较为理论性的观点出发。在他1957年的知名作品《核武器与外交政策》中，他雄辩地论说了基于模糊的威胁的战略。十年后，他指出为威慑目的，"被认真看待的虚张声势比被当作虚张声势的认真威胁更有用"。1969年初,他向尼克松提出,对美国意图的把握不定可以使苏联更愿意谈判。数年后,他说在与莫斯科打交道时,"沉默是介于使人放心和决不妥协之间的最佳中间办法,前者将自招失败,后者则可能被证明是挑衅性的"。他在事后为在1971年印巴战争期间派遣一支航母特遣编队进入孟加拉湾的决定进行辩护,认为此举传送了美国采取非理性行动的风险:它"没有使我们要立意采取最后行动,却恰好创造了为迫使新德里和莫斯科做出(不入侵西巴基斯坦的)决定所需的那么一点不确定性"。还有,关于河内:"当敌人断定风险与目标相比不值得时,冲突就结束了,为了这一结果,风险必须保持居高不下和无法估算。"[67]

当然是在越南,行政当局最经常地用不可预测性加强可信性。尼克松和基辛格都确信约翰逊使美国在越南过度投入,但他们认为一旦置身于越南,美国就承受不起显得被赶了出去。基辛格在1972年告诉一群大学校长:"我们认为……我们带着某种尊严撤出,对社会的健康和国际体系的稳定至关重要。"他后来在回忆录中说,他关心的是"以一种令已经做出的牺牲具有某种意义的方式结束战争:作为我们自己意愿的行使,而不是由于无休无止的不和导致的精疲力竭"。[68]为这目的,行政当局拒绝接受河内的如下要求:在达成最终协议之前废黜西贡当局总统阮文绍。然而,可用来对河内施加压力的手段不断减少,因为撤军的进展必须稍快于国会自行结束战争的决心的增长。结果,尼克松和基辛格诉诸在海防港布雷和此后用B-52飞机轰炸河内,以此在河内领导人心目中造成关于美国意图的足够的不确定性,从而使之接受华盛顿的立场。

可是,如同在肯尼迪和约翰逊政府期间的情况,这种决心展示被认为不只是做给河内方面看的。尼克松和基辛格认为,如果美国听任自己在东南亚受辱,那么不仅它在其他地方的承诺的可信性,而且它的自信心将遭受无法修复的伤害。威望是一种切实但不稳定的事物:"我们必须记住",基辛格后来强调说,"几十个国家和亿万人民的安全依赖我们支持盟友的意愿,而且确实依赖我们的自信……我被任命为高官,这包含一种责任,即以这样一种方式帮助结束战争,它既符合美国的自尊,又符合所有具有善意的男女在美国的力量和目的中寄托的希望。"[69]因而,不可预测性是得以从过度承诺之灾即越南战争中拯救美国"尊严"和"荣誉"的一个手段。

显然,像尼克松和基辛格的这种复杂、精细和内在成分紧密交织的战略执行起来需要精确的协调和控制。"微调"的重要性不亚于它在肯尼迪和约翰逊政府时期所具有的,但与其前任不同,尼克松和基辛格深深怀疑通过既有政府机制做到这一点的可能性。他们决心差不多完全将官僚机构隔绝在政策制定过程之外,以史无前例的程度将决策集中在他们自己手里,这是他们的缓和方针的最后一项富有特色的要素。

对他俩来说,提防官僚机构不是什么新鲜事。尼克松是带着一个长年的局外人的所有猜疑就职的:他确信国务院不值得信任,中情局里充斥着"常春藤盟校的自由派",整个政府内满是东海岸权势集团的民主党人,他们像他对新内阁说的,"要么从内部对我们暗中破坏,要么就只是回忆他们的旧日老板"。基辛格的态度没有那么粗俗,但怀疑程度不亚于尼克松。多年来,他始终在自己的著作中不时嘲讽官僚机构:"官僚机构的动机是寻求安全",他在1957年写道,"它以避免的错误而非实现的目标衡量成功;它为自己的客观性自豪,而这客观性就是对大观念的必要性的否定。"又如,他在1969年说:

> 官僚机构将最高行政首脑的精力吸引至使期望之事符合发生之事。对当前处境的分析淹没了对应有目标的考虑。为这套体系服务成了比确定其目的更吸引人的工作……注意力倾向于从做选择——那是对治国才能的根本考验——转向堆积事实……以牺牲创造性为代价换取确定性。

"大多数大国务家都陷入了与其外交部专家间的经久不息的斗争而难以解脱,"基辛格在回忆录中说,"这在我看来并非偶然,因为国务家的观念远大,对专家追求最小风险的偏好构成挑战。"[70]

尼克松-基辛格的经历也不例外。"联系"对新行政当局的战略具有核心意义,但要实现它,就需要有按照其互相关系评估各不同问题的能力,需要有时机感和轻重缓急次序意识,连同坚决贯彻决定的纪律约束。这些素质都不是官僚机构很具备的。后者被条块分明地组织成各地区和各功能单位,不可抗拒地倾向于分隔化,倾向于将问题视为互不相干,既不考虑它们在其中出现的环境,也不考虑它们对于总的政策的涵义。因此,在尼克松和基辛格有机会施加他们认为必要的压力以确保谈判成功之前,国务院便谋求推动行政当局就军备控制、贸易和中东问题与苏联人谈判。国务院的苏联问题专家起初反对向中国"开放",因为担心那将恶化与莫斯科的关系,而尼克松和基辛格的总的想法却是利用此举使苏联愿意改善与美国的关系。此后,国务院又试图推迟打"中国牌",只是因为难以向盟国、中立国家、苏联人和新闻界作解释。国会对五角大楼拨款日益减少,使后者为努力减少花费而无情地敦促从越南撤军,却几乎全未意识到在战场上美国力量的衰减会怎样影响和谈进程。而且,总是存在泄密的危险:知道一项决定的机构和个人越多,第二天早晨在《纽约时报》或《华盛顿邮报》的头版看到它的危险就越大。[71]

301

尼克松特别的个性和由此而来的他的行政风格加强了决策集中倾向。总统奇特地依靠自我隔绝,唯有一小圈幕僚除外,这部分地是为留有时间思考和自我控制,部分地是为避免与下属发生不愉快的对立(尼克松看起来比自富兰克林·罗斯福以来的任何一位总统都更害怕这一点),还有一部分原因是为对他自己突如其来的冲动有所防范,这冲动如果从表面加以理解,就可以造成尴尬的结果。*并非尼克松的幕僚班子在孤立他,基辛格后来回忆道,"尼克松坚持自我孤立"。结果是将他诱入了"一场旨在绕过他自己的下属(他从未将他们认作是自己的下属)的无休无止的游击战"。[72]

尼克松和基辛格决心将决策与官僚机构隔开,而被选来满足这决心的是著名的(或声名狼藉的)"幕后渠道"(backchannel)

---

* 例如他在 1971 年建议委派托马斯·E. 杜威去北京执行秘密使命,而此时这位国务家已经去世几个月。(Kissinger, *White House Years*, p. 715.)

系统：对同一个问题进行两场谈判，一场或多或少在公众眼皮底下由下属与其外国同行进行，另一场则独立和绝密地由基辛格本人或其直接助手与对方最高决策者的身边人物进行。越南和谈，限制战略武器谈判，关于柏林、中东、当然还有中国的外交活动，全都以这方式进行，而那些从事公开谈判的人常常对在他们背后进行的秘密谈判一无所知。这系统有时可以产生奇怪的结果：总统与苏联外长安德烈·葛罗米柯（Andrei Gromyko）密谋怎样不让尼克松的首任国务卿（现在几乎不被人记起的）威廉·P.罗杰斯得知敏感的信息。依靠个人信使甚至手写文件，以避免通过常规渠道传送信息的风险。有一次基辛格的工作班子竟被发现有一名"坐探"，系由参谋长联席会议这样的威严尊荣的机构招募。基辛格承认，这不是一个能经得起制度化的系统。然而，鉴于涉及的风险、人物和问题，在当时依靠"幕后渠道"似乎是合适的：尼克松的"行政方法怪异，它的人性代价可厌，但历史也必须记录一个基本的事实，那就是它取得了被证明靠常规程序无法取得的重大成功"。[73]

在若干方面，整个尼克松–基辛格战略是向非对称反应概念的回归。越南战争已表明，试图在敌人选定的场所反击侵略既代价高昂，又徒劳无功。意味深长的是，在力图结束战争时，尼克松行政当局以河内难以与之竞争的方式扩大了战争。但是，尼克松–基辛格对非对称的投入远超出越南。尼克松主义反映了一种以长制短，同时将不适合美国的那种军事活动留给盟国去做的决心。"联系"是延用于外交领域的不对称：它基于一个前提，即在一个领域应用的诱导和制约能影响全然不同的其他

302

一些领域内的事态发展。行政当局将谈判当作重构受苏联军力威胁的力量对比的一个手段来强调,这本身就是一种不对称:美国未进行相应的军力扩充。

　　因而,在尼克松政府的战略、杜鲁门1950年以前的战略和艾森豪威尔整个总统任内的战略之间,有一种概念连续性,如果不是战术或环境方面的连续性。他们都持有关于手段有限的认识,也都懂得因此需要使美国做出反应的场所和性质与对方的挑衅脱钩,以免对方取得主动权,从而将美国的有限资源消耗殆尽。只有在手段被认为可扩展的时期里——杜鲁门政府在国家安全委员会第68号文件出台以后,或肯尼迪和约翰逊政府时期——对称性反应才成为可行:然而在这两个时期里,实施一种在理论上看似合乎情理的战略的实际代价最终损害了这一战略,结果导致最终回归非对称战略。

四

　　无论是对称还是非对称,战略要成功就须赢得公众和国会的支持。尼克松和基辛格以一种奇特地自相矛盾的方式对待这任务。一方面,他们展示了他们战略的大轮廓,其坦率和清晰为战后任何其他行政当局无法比拟。然而,他们又以战术层次上对秘密行事的同样史无前例的依赖——有时甚至是彻底的欺骗——与此匹配。其前提似乎在于:虽然公众及其代表有权知道国家当前行进的总方向,但关于达到目的地的适当办法最好留给最高层的人作判断,来自下面的干预需减至最小程度。[74]与赢取那些对此等成就怎样得到实现须被蒙在鼓里的人的广泛热情相比,这是一种被更好地设计来便利新观念的办法。

在行政当局最初的日子里,基辛格提议以总统的名义发布年度对外政策报告,大致类似于麦克纳马拉在20世纪60年代初期首创的国防部"态势声明"。基辛格回忆道,该报告的用处将是"作为总统对外政策的观念概说,作为现状报告,作为行动议程。它能同时指导我们的官僚机构和让外国政府了解我们的想法"。[75]大体上由基辛格及其助手起草,1970—1973年间发布的4份报告(每份约200页篇幅)构成了一种认真和坦率的努力,解释行政当局对待世界的方针政策背后的地缘政治前提。第一个报告定下了基调,它坦率地声明"我们的目标首先是以一种健全的对外政策支持我们自己的长远**利益**"。然后是一番往往在哲理层次上的详细的讨论,以惊人的明确程度提出尼克松战略的大多数基本要素——运用谈判将苏联整合进现存国际秩序、"联系"的思想、与北京建立新关系的可能性、尼克松主义,而且往往是在使它们的实现成为可能的事态发生以前提出。[76]

基辛格后来承认,年度对外政策报告很可能未能使公众理解行政当局战略的观念基础。问题出在媒体,它"会只报道关于越南的部分,刺探热点新闻或查找言行不一致,同时将其余部分当作不值一提而加以漠视"。[77]在1973年9月成为国务卿之后,基辛格不再发布报告,转而依靠一系列经过精心制作、总的来说同样坦率的公开演讲传达他的战略观念。然而,就报界的报道而言,效果好不了多少。[78]然而,基辛格仍须得到肯定:他做了比他的任何前任都更持久更认真的努力,去公开解释他所在的行政当局正试图做的事情的一般梗概。

不过,这种坦率完全没有延伸到战术层次。从1969年3月起,行政当局秘密轰炸柬埔寨境内的北越庇护所,尽管它公开保证将尊重该国的中立。在智利阿连德政权问题上也出现了类似的欺骗:"这个政府的合法性没有问题",基辛格在第二个年度对外政策报告中写道,"我们不会倾覆传统的关系。"[79]还有,在印巴战争期间,行政当局奉行一种秘密的亲巴政策,而当时公众舆论差不多一致谴责该国政府在后来成为孟加拉国的那个地区的所作所为。在这个事例中,当专栏作家杰克·安德森公开了被泄露的尼克松和基辛格的内部商议情况时,他们因为幌子"被捅破"而丢了脸。[80]通过"幕后渠道"系统进行谈判是行政当局在战术层次上秘密行事的又一个例子:在诸如柏林、越南和中国之类的问题上,潜在的对手往往比美国的盟国或美国公众更了解正在进行的事。

尼克松和基辛格以必要为理由为诉诸保密辩护。他们争辩说,如果从头至尾都暴露在众目睽睽之下,就绝不可能取得他们那些非同小可的成就。有一个原因是外交本身的性质固有的:"任何成功的谈判都须基于平衡的互相让步",基辛格说。"做出让步的先后次序成了关键性的;如果每个步骤在相应的报答步骤变得清楚以前不得不单个地得到辩解,而不是作为一套举措的一部分,它就可能流产。"在关键时刻,速度也会至关重要:让官僚机构的逐级审议过程决定谈判速度就可能拖垮谈判。另一个问题涉及盟国:即使它们当中意图最良好的,也能够由于要求得到协商（并且得到保证）而破坏了微妙的谈判。"保密无疑会付出高昂的代价，那就是政府内部的思想交流不那么自由和有创造性，"尼克松后来承认，"但是我可以毫不含糊地说，没有保密就不会有对中国的开放，不会有与苏联的限制战略武器协议，不会有结束越南战争的和平协定。"基辛格更直截了当地说："维持我们对事件陈述的控制，等于维持对我们的政策及其后果的控制。"[81]

　　然而，宪法赋予国会的监控对外政策的权利何在？水门事件危机期间，尼克松关于总统拥有无限的对外政策权力的信念变得一目了然。基辛格在事后采取了一种较为微妙的观点。"国会在对外政策操作方面应当发挥重大作用这一点不容争辩"，他写道。但是，"当国会试图规定日常的策略性决定时……我们的体系就无法运作了"。

　　　国会能够并且应该详细审察外交的结果。它不能去贯彻外交……国会的首要功能是通过效力长久的法律：它处理可预料之事。外交则需要不断调整，以适应变化中的环境。它必须为意外之事留有余地。不可预料性是对外事务中的常态。细微的差别、灵活性以及有时的模糊性是外交的工具。在法律上，这些都是缺陷。确定和清晰是法律所要求的。……立法往往出自互相冲突的利益间的妥协。随机的联盟时而形成，时而解体……对外政策则需要始终如一地看待国家利益。立法者践行在单个问题上调和各种压力集团的艺术，对外政策制定者则一次又一次地与同一些国际行为

者打交道,很少了结一个问题或终止一项关系。[82] *

可是,在行政部门的灵活性与国会的责任之间找到合适的平衡并非易事。在基辛格担任首席外交官的最后四年里,这个问题将比任何其他事都更折磨他和尼克松创始的那种战略的实施。

五

　　无论是看他们对利益的界定、对威胁的认知和反应的方式,还是看他们的公开辩解,乔治·凯南在20世纪40年代末期提出的遏制方略惊人地类似于亨利·基辛格在20世纪70年代初期提出的。二人都坚信关于世界上的权势的多维观念。二人都强调手段有限,因而必须区分至关紧要的利益与边缘利益。二人都将苏联而非国际共产主义运动视为对这些利益的主要威胁。二人都试图依靠非对称的反应遏制这威胁:依靠多样性维持均势,依靠利用国际共产主义运动的内部分裂,依靠压力和诱导的双管齐下,以图促成苏联国际关系观念的长期变化。二人都相信对外政策须由专业精英操作,仅让政策大纲事先得到国会和公众认可。诚然也有不同之处。凯南在杜鲁门政府中的权威从未接近基辛格在尼克松政府中所享有的。基辛格对政策制定与政策执行两者的集中程度超过凯南本应做的。凯南当然也缺乏基辛格在官僚体制内生存的引人注目的本能。然而,这些差异首先是个人的、程序的和环境的:在政策的实质上,在美国世界

---

　　* 关于凯南做的一番类似的论辩,见 Kennan, *Memoirs: 1925—1950*, pp. 323—324。

方针的根本前提方面,他们二人观点的一致令人印象深刻。

尽管二人的确相识,而且无疑注意对方的著述,但没有证据表明在尼克松政府期间,基辛格规划政策时自觉地汲取了凯南的思想。他们相同的方略看来出自他们共同信奉美国对外政策中的"现实主义"传统[83]——一种思想倾向,牢固地扎根于对欧洲外交史的研习,扎根于对20世纪50年代和60年代学术精英和决策精英的一定程度的超脱,而且最重要的是扎根于一种强调在目的与手段之间确立一致关系至关重要的战略意识。正是在这最后一点上,甚于任何别的,凯南与基辛格之间的联系有了主要的立足基础:二人都懂得存在一种超越时间和环境的战略"逻辑",存在一种思维方式,它能使在一个环境中形成的思想与另一些大为不同的环境相互关联,能使两位富有思想的人——他们各自担任公职的时间隔开四分之一个世纪——在一定程度上成功地将类似的战略应用于大为不同的形势。

第十章　实施缓和战略

　　基辛格的战略在多大程度上取得了成功？到福特行政当局离任时，这已成为激烈辩论的话题。知识界、学术界的批评者——他们始终不大情愿宽恕基辛格与可憎的尼克松的交往——指责他在观念上自相矛盾，喜好外在表演甚于注重实质，并且倾向于从一种近视的"苏联中心"眼界观察世界。[1] 民主党的头面人物——他们急于找到一个问题去争取重返白宫——谴责基辛格听任美国军事实力衰减，同时抨击他对人权问题麻木不仁。[2] 右翼共和党人应声附和同一些抱怨，甚至不顾本党内靠微弱多数赢得候选人提名的杰拉尔德·福特的反对，设法将它们并入1976年共和党人的竞选政纲。[3] 因此，当基辛格在1977年初放弃对美国外交政策的指导时，缓和已处于严重守势。正如过去经常出现的情况，竞选期间形成的批评将多半成为新的卡特行政当局在随后几年内据以界定其世界方略的基础。

　　这些指责可归结为四大要点，虽然并非所有批评者都赋予每一点同等的分量：（1）"联系"未造就行政当局许诺的结果；（2）全球军事力量对比被听任向苏联倾斜；（3）过分集中于美苏和美中关系导致忽视或扭曲了其他紧迫问题；（4）没有做出任何努力去维持美国对外政策的道义原则基础，那是它要赢得国内支持和国外尊敬就必须依赖的。

这些批评需要逐项审议,以评判其合理性,但在这么做时应当始终记住某些指导原则。必须将尼克松和基辛格继承的局面与他们创造的局面区分开来。必须分辨他们有能力控制的事态与他们力所不及的事态。必须考虑与实际遵循的路线不同的种种替代性方针。尤其必须避免事后诸葛亮式的判断:比较公平的方法是依照战略的设计者为之确定的目标评价战略,而不是根据他们自己没有设置的某种外来参照标准。最后,还须注意到人的复杂性,即注意到一个事实:道德与非道德、理想主义与人皆自私论、坦诚与欺骗,甚至(在尼克松那里)地缘政治智慧与犯罪性腐败能共存于同一个人身上,甚而构成同一个战略的互相关联的诸成分。

一

对尼克松-基辛格遏制方针的任何事后评价都必须从它的下述核心成分即前提假设出发:通过被称为"联系"的、压力和诱导的精细结合,假以时日,苏联可被引导至接受一个稳定的世界秩序的约束。有如一位略微傲慢的评论家后来对这战略的描述,"对待熊可以像对待B.F.斯金纳的鸽子:将有办法激励好行为,表现好就予以酬赏,否则就施加惩罚"。[4] 无疑,尼克松和基辛格起初在很大程度上就是这么设想缓和战略的,想法在于,尼克松写道,"以增进苏联在国际稳定和维持现状方面的利害关系的种种方式使苏联的利益卷入其中。未曾设想此等商业、技术和科学交往能自行防止对抗或战争,但无论何时,只要苏联难以自持地投身于国际冒险,那么至少这些交往关系将不得不被纳入利弊得失的计算之中。""无论苏联的意图如何,"基辛格在1974年告诉参议院外交委员会,"我们都力求通过系统地抵抗压力与和解性地回应温和行为去促进和平。"[5]

　　然而,到三年后福特和基辛格离任时,已有理由质疑苏联的行为实际改变了多少。苏联人到那时已经(1)在没有事先告诫华盛顿的情况下,纵容埃及在1973年突袭以色列;(2)在葡萄牙1974年发生革命后,鼓励该国共产党并向其提供援助;(3)没有做任何事情阻止河内在1975年横扫西贡当局;(4)同年利用古巴部队为代理人在安哥拉扶植了一个马克思主义政府;(5)加紧对国内的犹太人和持不同政见者的控制。不仅如此,他们在接下来的三年里还将(1)通过逮捕或强制性流亡,将剩下的苏联持不同政见群体铲除殆尽;(2)先在索马里然后在埃塞俄比亚积极支持马克思主义政权;(3)大肆利用南也门和阿富汗的马克思主义者发动政变;(4)当1979年末他们在后一个国家的附庸看来正丧失控制力时,索性入侵该国。在所有这些事态发生期间,从始至终莫斯科一直在不断加强自己的军事力量,同时(并且道貌岸然地)呼吁共同遵守"和平共处"原则。从表面看,这很难说是人们本来会预期的克制模式,倘若尼克松-基辛格的行为修正战略像被规划的那般起了作用。

　　出于对缓和战略设计者的公平,应当指出他们并未指望一夜之间消除美苏竞争的所有各方面。基辛格在1974年谨慎地说:"缓和促进这么一种环境:竞争者在其中可以调整并抑制它们的分歧,并且**最终**从竞争走向合作。"[6]不过仍显而易见,尼克松和基辛格确实希望通过他们的行为修正战略成就至少两件事情:在"第三世界"的危机的"处理"方面获得苏联的帮助;将苏联缠入一个经济关系网络,那会使苏联人将来难以(如果不是不可能)采取对工业化的西方有害的行动。在这两方面,行政当局都未能达到目的:为何如此的原因十分有助于说明"联系"的局限性。

"联系"的第一个问题,在于它假设苏联人可以或将会帮助美国维持"第三世界"内的稳定。有如美国对外政策史上其他许多类似的观念,这想法基于有限的经验和一厢情愿。经验是指1970—1972年的一系列事件,它们似乎表明"联系"如何能被用来诱使莫斯科自律:1970年9月,在华盛顿反对苏联在古巴建立潜艇基地后,苏联同意放弃。同月,在基辛格对苏联人施压之后,叙利亚从约旦撤军。1971年12月,在他威胁取消翌年莫斯科最高级会晤计划后,印度决定不入侵西巴基斯坦。而且,特别令人信服的是,尼克松在最高级会晤中告诉勃列日涅夫,走向缓和的未来进展将取决于拖延已久的越南和谈能否出现重大突破,此后果然出现了这么一项事态发展。[7]所谓一厢情愿,是指这些并非孤立的事件。相反,它们显示莫斯科总的来说愿意牺牲在第三世界通过损害美国利益而获利的机会,以换取种种好处,它们可得自经济接触、军备控制以及将伴随缓和而来的紧张关系的全面缓解。

然而,事实上没有办法证明这有力但非对称的压力应用是否奏效:如同二十年前艾森豪威尔的非对称威慑战略一样,难以建立起因果联系。可能苏联人本来就从未打算挑战禁止将战略武器引进古巴的 1962 年肯尼迪–赫鲁晓夫"谅解"。叙利亚人和印度人可能从未怀有尼克松行政当局认为他们怀有的恶意图谋。苏联人总是声称自己对河内的影响力有限,基辛格肯定最终变得相信他们说的是实话。[8]奇怪的是,一个如此被国际共产主义运动内部分裂的证据打动的行政当局,竟会在它那种程度上依赖莫斯科规定后者在世界其他地方的附庸如何行事的能力。美苏合作"处理"第三世界危机的整套观念取决于两个超级大国继续拥有龙头地位,而事实上它们的权威在两边都在迅速衰减。

还产生一个问题:为何克里姆林宫领导人**应该**合作"处理"这类危机,即使它们本能够这么做? 他们从不讳言自己的看法:缓和不意味着结束美苏在"第三世界"的竞争,它只意味着美苏共同同意这样的竞争不会被允许升级到危险境地。正如勃列日涅夫 1972 年所说:

> 苏共一向认为,而且现在依然认为,资本主义与社会主义两种制度之间在经济、政治、当然还有意识形态领域的阶级斗争将继续下去。这是意料中事,因为社会主义与资本主义的世界观和阶级目的截然对立,不可调和。然而,我们将尽力使在历史进程中的这一必不可免的斗争转移到一条免于战争、危险的冲突和失控的军备竞赛之险的道路上去。[9]

311　不仅如此,而且不论任何意识形态动机,几乎完全不可能指望苏联努力将美国从它自己的短视招致的困境中解脱出来。"越南战争持续下去的唯一得益者是苏联,"尼克松在1972年对周恩来承认,"它希望我们被困住。"¹⁰尽管如此,行政当局还是坚持谋求莫斯科的帮助,以便不仅防止升级,而且防止精疲力竭和处境尴尬。克里姆林宫领导人则如尼克松已经精明地猜到的,不准备走得那么远。

剩下的选择是要么漠视有损于美国利益的"第三世界"危机,要么将它们升级到会使苏联人有足够的动因去行使克制的地步。行政当局倾向于后一选择,*正如它在古巴、约旦和印巴战争中的行为显示的,而更明显的例子,一是恰恰在1972年莫斯科最高级会晤举行前不久于海防港布雷,二是在1973年阿以战争期间尼克松授权全球美军进入戒备状态,以遏阻勃列日涅夫为实行强制停火而采取单边行动。¹¹虽然从短期看它们可能是成功的,但这样的策略造成了二十年前使艾森豪威尔的非对称反应运用搁浅的同一两难困境:依靠升级去防止升级,从而在对方不退让的情况下,冒恰恰招致一直试图避免的那种结局的风险。

"联系"作为行为修正手段的第二个问题,在于它假定对一系列要加以应用的压力和诱导有严格的控制。尽管尼克松和基辛格设法对行政部门施加程度前所未有的集中控制,但这样的控制并非易事。官僚机构依然产生它们自己的势头,其方向并非

---

* "危机期间,塑造政策的因素突然成了变动不定的。在由此而来的剧变中,国务家必定在不断的压力下行事。自相矛盾的是,这为创造性行动提供了不寻常的余地。一切突然取决于支配令人困惑和似乎杂乱无章的事件的能力,还有使之条理化的能力。理想地说,这应在不使用武力的情况下发生。然而,有时只有靠威胁使用武力才能避免使用武力。"(Kissinger, *White House Years*, p. 597.)

总是与白宫的政策一致。更严重的麻烦出现在国会，在那里立法者们坚持为经济上的让步确定他们自己的要价，超过尼克松和基辛格认为对"联系"合适的地步，同时坚持缩小总统使用军事手段迫使对手表现出克制的权力。到1974年，水门事件危机（足够讽刺的是它源自一心决意维持总统权力[12]）更进一步侵蚀了白宫的地位，"联系"起初在其下被构想出来的"帝王式总统制"已烟消云散，不再支撑"联系"的实施。

312

苏联人走向缓和的一个初始原因是渴望从西方进口食品和技术，以支持他们声名狼藉的低效经济。尼克松和基辛格充分了解莫斯科赋予这目标的重要性，力图从中发掘两项好处：使苏联经济与西方经济整合至苏联人将极少有动机倾覆国际现状的程度，而且，多少有点自相矛盾，通过只作为对良好行为的酬赏才给予的经济让步去诱取苏联的政治合作。因此，他们决心使出售谷物、给予最惠国待遇（MFN）和发放进出口银行信贷成为可能，但只是作为1972年5月最高级会晤的成功结局的交换物。如基辛格后来所说，白宫决心"使贸易跟随而非先于政治进展"。[13]

这战略几乎马上陷入困难。反映了商界一心关注对苏出口的态度，商务部反对为贸易附加任何条件，它倾向于认为贸易即是目的本身。农业部允许苏联人在1972年夏天以低价购买巨量美国小麦，从而取悦了农场主，但破坏了将这出售与政治让步挂钩的任何可能。因此，与甚至高度集权的尼克松能取得的相比，"联系"要求官僚机构系统内部有更紧密的协调。然而，最严重的问题在国会，在那里参议员亨利·杰克逊（Henry Jackson）于同年10月提出一项间接针对苏联的《贸易改革法》修正案,其中规定不将最惠国待遇和进出口银行信贷授予限制本国公民移居国外或对此移居征税的国家。[14]

杰克逊修正案是个笨拙的尝试,出自保守派和自由派的一个联盟,前者担心以任何形式援助苏联,后者决心在莫斯科对犹太人和持不同政见者的处置问题上挑起争端。他们试图将自己的"联系"强加于人,全然不顾那会怎样影响美苏关系的大模式。基辛格抱怨说,它是在与苏联人的会谈结束后被提出的,这事实肯定会导致莫斯科怀疑美国的谈判可信性。这似乎使"国内的配合度"成了缓和取得进展的一个条件,但同时缓和进程事实上旨在建设一种容忍国内差异的国际框架。"问题不在于我们是否宽容苏联在国内的作为",基辛格在1974年评论道:

> 而在于我们是否能以及在什么程度上能为这些国内变革而拿其他目标——特别是构建和平大厦——冒险。我相信我们不能,我相信那么做就将遮蔽,而且从长远来说挫败那必须依旧是我们的压倒性目标的事物,即防止核战争。[15]

然而,尽管白宫强烈反对,国会最终还是通过了经修改的杰克逊修正案,由此苏联人在1975年初断然拒绝两年前拟订的整套经济安排,理由是经修正的贸易法案构成对其内政的不可接受的侵犯。

国会这流产了的"联系"尝试从几方面损害了尼克松–基辛格战略。它索取对方认为过大的让步,大于所提出的回报的价

313

值,从而使"联系"机制载荷过重。它使人无法检验基辛格关于经济互相依赖将促使苏联人行使政治自律的理论。它还给了莫斯科一个口实,以规避严格遵守其他美苏协议,因为莫斯科能争辩说华盛顿没有遵守这项协议。1973年以后,从苏联移居国外的犹太人的比例实际下降了。到1975年,人数已被削减了一半。*一言以蔽之,杰克逊修正案最终在缓和、贸易和人权等各方面都未能起到促进作用。

尼克松和基辛格发现,军事"大棒"和经济"胡萝卜"一样难以免遭国会干预。他们决定延长从越南撤军的进程有个意外的副产品,那就是国会越来越决意限制总统的战争权。在降级过程的每个阶段上,行政当局都设法比通过立法撤军超前一步,但在1973年夏天,即在越南已停火6个月而美国仍在轰炸柬埔寨之际,国会终于推翻总统的否决,强令终止美国在印度支那的一切作战性介入。同年晚些时候,国会再次推翻总统的否决,以《战争权力法》的形式将这限制广泛化,规定未来未经国会同意的海外军事部署不得超过60天。[16] 对一种依靠可信的动武威胁为手段之一去促使苏联在"第三世界"各地区保持克制的战略,它的影响非同小可。

这些影响首先表现在越南本身,在那里尼克松曾单方面对西贡政府承诺他会保障停火,必要的话不惜动用武力。国会的限制现在使这成为不可能,河内马上开始利用这一形势。美国不会忘

---

* 发放给苏联公民的前往以色列的出境签证在1973年达到顶峰,接近3.35万份,然而在1974年降至2万份,1975年降至1.3万,1976年仅稍有增加,为1.4万份。(国务院新闻稿,1977年7月。)

记"谁将我们置于这令人不快的处境",基辛格警告苏联大使多勃雷宁。然而,这位苏联外交官的回答少有地一针见血:"在这情况下,你应追究富布赖特参议员。"[17] 1975年春,国会的限制依然如故,福特行政当局不得不以无奈的沮丧看着河内方面最终横扫西贡当局。同年,就安哥拉也出现了同样的限制,当时苏联支持的古巴部队已出现在该国,但随后国会阻绝向那里的反马克思主义势力提供秘密援助。"我们的立法机构甚至强制我们不能向谋求抵抗的非洲人提供财政帮助,"基辛格忧心忡忡地预言,"这将导致苏联和古巴依据一个错误的假定进一步施加压力,那就是美国已经丧失了抗击冒险主义,甚或帮助别人这么做的意志。"[18]

苏联在非洲和中东的"冒险主义"确实在继续,而且有某种理由认为,美国总统的权威遭受侵蚀鼓励了它。[19]可是,苏联从未排除这样的"冒险主义",只是不让它升级到可能有美苏直接对抗的危险的地步。即使基辛格会走多远去招致这么一种对抗,也是有限度的:他从不愿派遣美国部队重返东南亚或进入非洲。没有任何令人信服的证据表明,他所考虑的有限的军援和经援将足以扭转当地形势。而且,到1976年初,他已断定军备控制的进展如此重要,以致不能使之取决于苏联在这类地区的自我克制。[20]* 本来或许可应用经济强制,但它必不可免地会疏远现已成为缓和的最热烈支持者的农场主和实业家。因此,在这些形势下几乎全无讨价还价余地,即使国会允许白宫放手去做。

315

---

* 　不过,基辛格确曾告诫说,从长期看,诸如安哥拉之类事件能造成一种不利于军备控制前景的形势。

　　总统权威的衰减确实搅乱了压力与诱导的协调应用,那据想将导致苏联行为的修正。"联系"总是蕴含着中央调控之意:目的是找出胡萝卜和大棒的正确结合方式,以造就希望的结果,而除非同一个权威控制了它们两者,那就不大可能发生。事实上,有如基辛格后来所说,

　　　　我们的行政权威由于水门事件而崩溃,领导结构甚至在国会也受到侵蚀,越战的沮丧导致了孤立主义,地缘政治上的一种退位模式正在浮现:所有这些合起来,阻止确立激励和惩罚之间的平衡,那本来可以抢先防止若干危机,并且从长远看给我们一个真正的克制时期。相反,我们最终得到了最糟的结果:不断刺疼苏联熊 (例如拒绝给予最惠国待遇),却未同时准备冒险,而只有准备冒险才能令苏联谨慎从事 (例如在安哥拉)。[21]

因此在这个意义上,"联系"从未得到公正的检验——很大程度上是因为它要求有一种国会在越战和水门事件之后发觉不可接受的政治集权程度。然而后果如基辛格所言同样不幸:美国最终陷入尴尬境地,即激怒其主要敌手,却未遏阻它。

　　"联系"的第三个问题是白宫导致国会和公众对"联系"期望过高。诚然,基辛格后来否认行政当局"过度吹嘘"缓和,指出其官方声明一直审慎地强调"双方关系固有的局限性、模糊性和竞争性,保持警觉的必要,连同已取得的非常真实的进展"。严格地说这是正确的。有如尼克松在其1972年年度对外政策报告中

强调的,"我们当然不指望苏联放弃对自身利益的追求。我们也不会放弃追求我们自己的利益……在长时期里,竞争很可能是我们与苏联关系的特征"。[22]然而,并非所有这样的声明都被赋予同等的重要性,某些更为引人注目的宣告确实将期望抬高至超出谨慎可能要求的界限。

最显著的例子是关于支配美苏关系的"基本原则"的著名声明,它由尼克松和勃列日涅夫大为招摇地在1972年5月莫斯科最高级会晤中签署。该协议最初由苏联人提议,但由美国人起草,责成双方"尽全力避免军事对抗",在彼此间的关系中"行使克制",并且"承认直接或间接地以对方的损失为代价获取单方面好处的努力不符合这些目标"。尼克松后来进一步抬高了该协议的地位,强调"它们是严肃的义务……苏联领导是严肃认真的人。他们立志奉行某些为了未来的原则,其意愿必须被视为一种庄严的义务承诺"。[23]

难以理解为什么行政当局走这步棋。它对任何熟悉过去美苏关系当中类似地含糊不清的联合声明的人来说,特别是对整个战略已认定竞争仍将持续的一个行政当局来说,其不可靠本应显而易见。基辛格后来多少有些自我辩解地将这项声明解释成试图迁就苏联对"庄严宣言"的偏好,外加必不可免地迎合外交礼节。"当然,这些原则并非法律契约,它们意在确立一个行为标准,据此判断是否在取得真正的进步,而且以其名义我们能够抵制对它们的违背……如果我们履行了我们的阻止苏联侵犯的责任,共处就能是可靠的,缓和原则就能被视为标志了通往更有希望的未来的道路。"[24]

但是,"基本原则"声明有两项未被预见到的效应。它传达了一个虚假的印象,即缓和意味着全面终止美苏竞争,从而使得为抗击莫斯科的主动行动——在那些事实上竞争仍在继续的领域采取的主动行动——所必需的措施显得有挑衅性和不必要。同时,它确立了一个显著的行为标准,将缓和视为分隔化了的竞争的苏联人肯定不会遵守之。因此,并非只有国会才将美国置于惹恼但不遏阻苏联人的尴尬境地,白宫的浮言虚辞至少在这个问题上造成了同样的结果。

1975年8月的《赫尔辛基协定》产生了类似的后果,为换取西方承认战后欧洲疆界的"不可侵犯性",苏联在其中承诺担负旨在促进它本国及其卫星国境内人权事业的一揽子广泛义务。[25]基辛格起初的直觉是不试图将缓和与苏联国家内部构造的变革联系起来:目标毋宁说是修改莫斯科的对外行为。然而国内压力,其中最明显的是杰克逊修正案,使这立场难以维持,因而基辛格在1973年成为国务卿以后,转而辩说将与缓和相伴的国际紧张缓解还可以导致苏联阵营内部控制的松弛。[26]当苏联人继续敦促,并且是以不同寻常的固执去敦促西方正式承认第二次世界大战的领土解决方案时,基辛格看到了安抚国内批评者的契机,那就是作为交换,从莫斯科取得承诺,允许其公民有更大的机会旅行、移民和与西方进行思想交流。[27]

可是,在国内尊重人权的成文义务约束苏联人的程度,不大于"基本原则"迫使他们在国外显示克制的程度:尽管有赫尔辛基协议,但苏联在此后的岁月里加紧了对持不同政见者的控制。无论行政当局的希望如何,克里姆林宫领导人看来不认为缓和与压制不相容。基辛格大概从未指望苏联严格遵守《赫尔辛基协定》或"基本原则"。他太明白权势和利益的重要性,以致不会认为这两者能由一纸文书加以限制。然而,由于认可这些协议却无保证履约的手段,他就不仅在不那么老练的观察家中间造成了虚幻的期望,而且不经意地加强了一种观点,即不能信赖苏联人会信守与美国的任何协议,不管它们是否基于共同利益。这态度不会有利于为他和尼克松那么频繁地谈论的"和平大厦"赢得国内支持。

事实上这里有某种居高临下的傲慢,认为苏联像某种实验室动物那样,能被"训练"得按照可预见的方式对一连串正面和反面刺激做出反应。它既假设莫斯科有能力(并有愿望)控制其附庸,又假设总统有能力协调美国对外政策,其认定程度在事后看来似乎缺乏依据。它几乎没有给人和物的顽抗——对被"操纵"的抵抗——留有任何余地。它造成虚幻的希望,而且因此造成愈益严重的幻灭。最后,它没有包含对或可称为"反向联系"的策略的预防:预防苏联人可能一直将缓和视为他们自己的一个 318 工具,用它诱使西方自满得意,与此同时他们打造完成施压的最终手段——兴起为美国的全面军事对手。

二

对尼克松政府的讽刺之一,是它在任内由于过分依赖权势的军事成分而受到抨击的程度。非常广泛的一部分舆论——反战斗士、学界防务问题专家、国会内的批评者、约翰逊政府的前官员——谴责尼克松和基辛格正力求将越南战争产生的高水平军事开支永久化,从而使国家得不到军事行动的逐步减少据称将带来的"和平红利"。能典型地表明这一时代特征的是,参议院在1971年几乎通过了受人尊敬的多数党领袖迈克·曼斯菲尔德(Mike Mansfield)提出的一项修正案,那会将美国对北约的义务削减一半。只是靠勃列日涅夫最后一刻的提议——就共同削减驻欧部队开始进行谈判,才阻止了这项极端的措施获得通过。反映了行政当局批评者们的观点,布鲁金斯学会在20世纪70年代初定期提出"替代性"预算方案,会按照平均每年15%的比例降低国防拨款。1972年竞选期间,尼克松的对手乔治·麦戈文(George McGoven)参议员走得更远,允诺到1975财政年度将军事开支削减35%。[28]

　　然而,事实上在尼克松–福特执政时期,相对于苏联,美国的军事实力经历了整个战后年代的最大削减。华盛顿在那个时期里仅部署了两种新的战略武器系统——"民兵Ⅲ"型分导式多弹头洲际弹道导弹和"海神"潜射弹道导弹,而苏联人部署了八种新型或改进型洲际弹道导弹、两种新型潜射弹道导弹和据某些估计能攻击美国境内目标的"逆火"式轰炸机。1970—1977年间,美国可部署的地面部队被削减了20.7万人,已经差不多两倍于美国的苏联兵员却在同一时期里增加了26.2万人。苏联海军虽然在航空母舰方面仍远落后于美国,但到1977年已在其他种类的水面作战单位上接近与美国持平,并且在攻击型潜艇方面保持长期领先地位。美国的防务开支占国民生产总值的百分比从1970财政年度的8.2%缩减到1977财政年度的5.2%,同期内苏联的此类数字被估计在11%—13%之间。除去通货膨胀因素，美国防务开支在1970—1975年间实际年均降低4.5%；相应的估计表明苏联年均增长3%左右。[29]

因此，问题不在于黩武主义。未来的历史学家更可能被20世纪70年代中后期变得常见的这么一种批评打动：尼克松、福特和基辛格主持了美国军事机器的拆卸，而非增强。他们默许了如下事态的发生：自二战以来首次，一个美国的危险敌手在几乎所有军力竞争领域兴起。罗纳德·里根在1976年竞选期间疾呼："由基辛格和福特领导，美国在一个次强即使并非致命却也处境危险的世界上成了次强国家。我能看到的一切便是全世界其他国家看到的：美国意志的崩溃和美国权势的退却。"[30]

基辛格关于苏联军事实力增长的宣告有一种听天由命、接受现状的味道。"1970年代的一个无法逃避的现实，"他在尼克松首次年度对外政策报告中写道，"是苏联拥有强大而复杂的战略力量，它在数量和能力上正在接近，在某些范畴内更是在超过我们。"他强调，这个局面是尼克松政府继承的遗产之一：它出自20世纪60年代苏联人和约翰逊政府的决定，前者在古巴导弹危机之后下定决心，其决不能再次被发现只能依靠虚张声势，后者则断定紧追或超过苏联的军备扩充既不可取也不可行。"并非我们的任何政策或决定导致了这个局面，"基辛格在1976年强调，"我们过去无法做任何事情阻止它。我们现在也无法做任何事情消除它。"[31]

加剧困难的是国会内强烈的反军态度，它尽管多半是约翰逊卷入越南的结果，但在尼克松执政期间达到了顶峰。在1950—1969年，国会对政府要求的防务预算平均每年仅削减17亿美元,远不及非防务项目的削减数92亿美元。接下来6年里,情况颠倒过来,政府的防务预算要求平均每年被削减60亿美元,而非防务预算平均每年增加47亿美元。结果,防务开支在政府总支出中所占的百分比急剧下降——从1970财政年度的40.8%降至1977财政年度的24.3%,为第二次世界大战前以来的最低数字。在这政治气候下,依靠对称的手段——即试图与苏联逐项进行武器竞赛——去恢复军事平衡显然没有可能。"在越战掀起的反军狂潮中,"基辛格回忆道,"想挑战国会内压倒性的'国内优先'情绪几乎必定徒劳。"[32]

相反,行政当局选择规避与国会直接对抗,着手一种分两方面的"限制损失"操作,目的是在据它所知随后将接踵而来的不利岁月里始终保持美国军事实力的基本成分,同时为对于抗衡苏联人所必需的军事能力长期增长准备条件。这规划包括:(1)姑息国会,以便尽可能缓和国会内愈益增长的反军情绪;(2)与苏联人谈判,意在尽可能限制其军力扩充,同时不致严重限制在对越战的怒火一旦消退后美国就可能选择采取的类似的措施。

对国会的姑息战略的主要设计师是国防部长梅尔文·莱尔德(Melvin Laird),前国会众议员,负责国家安全的尼克松内阁成员之一,他一直在设法规避白宫的严格控制。莱尔德精于官僚政治游戏,这后来引起了对此留有深刻印象的基辛格的称赞。*

---

　　* "莱尔德的谋略在其拜占庭式的复杂或迂回方面酷似尼克松,但他以热情和惊人的善意成就了尼克松以冷酷的决心和内心怨愤去做的事情……他那里有一种轻松快活和粗鄙幽默的气氛,这使得与他共事令人愉快,有时也能叫人气得发疯。"(Kissinger, *White House Years*, p. 32.)

他认为自己的首要任务是迫使美国军方适应较严酷的越战后环境，同时不使其士气或能力受到重创。他相信国会对预算的削减必不可免，要为之斗争将一无所获。相反，窍门在于预见到多半会有的削减，可能的话抢在提交国会之前砍削防务预算要求以赢得先机。必要的话甚至与国会领袖合作，以便在损害将最小的地方实行进一步的削减。在相当大程度上，莱尔德设法在这个痛苦的过程中维持了职业军人的支持，并将国会的敌意最小化。"他保住了我们力量的支柱，"基辛格后来承认，"而且奠定了在日后公众情绪发生转变的情况下进行扩充的基础……这是个重大成就。"[33]

　　莱尔德的谋略使规划若干新战略武器系统——B-1轰炸机、三叉戟潜艇、巡航导弹——成为可能，但只是以大量削减常规武力为代价，那占了"可控的"国防开支的大部分。空军中队数量在1968财政年度为169个，到1974财政年度减至110个，陆军师和海军陆战队师在同一时期里从23个减至16个。海军舰船（包括潜艇）从976艘减至495艘。[34]简单的数字可以令人误解，质量的改进无疑部分地弥补了这些急剧的数量削减。而且，随越战结束，加上从"两个半战争"转为"一个半战争"标准，[*]某些这样的削减本来无论如何都会发生。即便如此，砍削的幅度和范围仍然惊人：在苏联的常规武力投射能力愈益增长之时，这些砍削无疑严重限制了美国向世界其他地区投射常规武力的能力。

　　基辛格事后怀疑对国会的姑息政策是否明智："迁就未能平

---

　　* 见本书295页（原书页码——译者）。

息批评,而且可能导致了强大国防的支持者士气沮丧……迁就行为似乎就是认可批评者们的事实上行政当局不赞同的主张,导致辩论转向如何贯彻得到共同同意的设想。"不仅如此,为促进该政策而采取的措施——国防预算削减以及从越南撤军和逐步停止征兵——一旦开始实行,通常就难以逆转,因而难以与基辛格要盟友放心或与敌手谈判达成可接受的解决的努力相协调。此外,如他所说,"总统关于国防重要性的响亮的演说……在媒体和国会遭到嘲弄和愤恨……防务的支持者们……不再冲锋陷阵"。³⁵对付越战后反军情绪的唯一办法,很可能是行政当局自己接纳反军情绪的某些方面。

322 行政当局在越战后的"限制损失"战略的第二个要素,是谋求与苏联达成军备控制协议,那将约束后者的军备扩充,同时不会严重限制美国在将来为提升自身能力而可能采取的可行措施。通过各种手段——假装漠然、联系、讨价还价和纯粹的虚声恫吓——的引人注目的结合,尼克松和基辛格到1972年设法谈判出了一项恰恰达到这目的的战略武器协议。《美苏关于限制进攻性战略武器的某些措施的临时协定》给洲际弹道导弹和潜射弹道导弹"发射器"设置了数量限额,它们是苏联近年里一直在扩充的武器范畴,但美国在这方面的能力自20世纪60年代中期往后一直保持稳定。第一阶段限制战略武器协议未限制美国占压倒性优势的远程轰炸机,未限制驻扎在欧洲的能以核武器打击苏联目标的战斗轰炸机,也未限制发展新的和更精确的战略武器系统,那是美国能被期望胜出的技术领域。从华盛顿的观点看,一个不利之处是临时协议将苏联的弹道导弹力量冻结在远大于美国的数额上（洲际弹道导弹1330枚对1054枚,潜射弹道导弹950枚对656枚）,但由于美国的导弹更精确,且多半是分导式多弹头,这不对称有其理由。[36]利弊相权,鉴于前十年里战略武器的发展趋势,第一阶段限制战略武器协议显然有利于美国。

　　然而,有一件事限制战略武器谈判无法达成,那就是保证美国利用由此而来的机会维持与苏联的战略对等。面对限制战略武器协议的数量限制,苏联人很快将他们的着重点转到质量改进上去,包括部署他们自己的分导式多弹头导弹。他们还利用临时协定中的模棱两可之处,建造新一代"重型"洲际弹道导弹,其摧毁力看来只有在被用于毁掉美国的陆基导弹（现在由于禁止部署反弹道导弹变得易受毁伤）时才有用。[37]诚然,第一阶段限制战略武器协议中没有任何规定禁止美国进一步提升其战略武器系统的质量,基辛格决定据此行事。"对我们来说,利用这一冻结的途径是迎头赶上,"他在1972年最高级会晤后不久告诉莱尔德,"如果我们不这么做,我们就不配当政。"莱尔德表示同意,并且以其特有的大胆,将国会先行批准B-1轰炸机和三叉戟潜艇当作先决条件,据此五角大楼才认可第一阶段限制战略武器协议。接下来一年里,行政当局又添上了建造机动陆基洲际导弹和亚音速掠地飞行巡航导弹的计划。基辛格后来回忆道: "我们决心避免再次处于只有苏联在开展战略项目的局面。"[38]

　　然而,到1977年10月第一阶段限制战略武器临时协定期满时,这些系统仍无一到位甚或接近部署。问题部分地在于伴随任何新武器系统研发的在所难免的耽搁,但国会和行政部门也须对此承担某些责任。尼克松和基辛格未能预见到苏联人会在相当程度上松脱限制战略武器协议的约束。相反,他们将这协议描绘成一个更大过程的一部分,据此双方已承诺在彼此打交道方面显示克制。[39]这就使第一阶段限制战略武器协议应被当作赶上苏联人的一个机会的想法难以被人接受,因为可以争辩说,既然克制将是未来的行为模式,那么为何要以增加防务开销危及之?然而,如果说行政当局估算错了,那么国会也是如此。经过试图终止越南战争的多年努力,经过较近的水门事件创伤,在国会山有许多人对"帝王式"的总统制和对外政策满怀担忧,这使之几乎完全看不到威胁既有可能来自内部,也仍有可能来自外部。迟至1975年,在苏联的军事开支增长趋势已过于明显,以致不容忽视以后许久,国会仍能将军事预算砍削70亿美元。[40] *

由于行政当局始终未能将缓和描绘成苏联人理解的那样,即缓和是一种继续下去的竞争关系,也由于国会全心关注过去的弊端而忽视未来的危险,因而美国没有充分利用第一阶段限制战略武器协议允许的机会重建其军事能力。狭义地说,限制战略武器会谈成就了基辛格想成就的事:它限制了苏联武器近来在其中得到发展的诸领域,而未不适当地限制美国在较近的将来可能合理地选择进入的那些领域。[41]然而,仅仅如此不能保证持续的战略稳定。为达到这目的,美国实际上将不得不像苏联那样建设限制战略武器协议允许的武器系统。正是在这件事上

----

* 在1974年发表的一系列文章里,阿尔伯特·沃尔斯泰特不仅显示过去十年里苏联在战略武器方面的支出超过美国,也显示美国的预测始终低估苏联的军备扩充规模。(Albert Wohlstetter, "Is There a Strategic Arms Race?", *Foreign Policy*, #15 [Summer 1974], pp.3—20; "Rivals but No Race", *ibid*., #16 [Fall, 1974], pp.48—81.)

的拖延,而非第一阶段限制战略武器协议的规定本身,使苏联人 324
到福特政府离任时已取得战略上的优势。

　　第一阶段限制战略武器协议出自技术趋势和政治趋势的一
个罕见契合,这种契合的延续在将来无法得到保障。在技术意
义上,该协议非同寻常,因为两个超级大国最想限制的武器系
统——洲际弹道导弹和反弹道导弹的部署能轻而易举地依靠卫
星和其他侦察手段加以监察。然而,双方在达成第一阶段限制
战略武器协议以后开始的质量提升(美国研发结构紧凑但高度
精确的巡航导弹,苏联将其"重型"洲际弹道导弹分导多弹头化,
而且部署"逆火"式轰炸机)难以依靠非侵入性的远程探测感应
装置得到核查,而那是第一阶段限制战略武器协议依赖的。这
事实将使该协议延伸到其他武器系统领域的任务复杂化。[42]

　　同样,限制战略武器谈判在美国依据的政治基础很不牢靠,
尽管国会在1972年以压倒多数通过了第一阶段限制战略武器协
议。*限制战略武器谈判涉及容忍不对称:以美国在洲际弹道导
弹和潜射弹道导弹方面的质量优势换取苏联的数量优势。然而,
不对称无论具有何种理由,都可能引发不安全,第一阶段限制战
略武器协议的不对称也不例外。国会批准该协议后不久,还通
过了参议员亨利·杰克逊提出的一项决议案,规定在未来的限
制战略武器谈判中要主张与苏联人数量对等的原则。杰克逊担

---

　　*　第一阶段限制战略武器协议采取的形式是一项条约和一项为期5年的临时协
定,前者限定双方各自最多可在两处地点部署反弹道导弹系统,由参议院在1972年8月
批准,后者为洲际弹道导弹和潜射弹道导弹发射器的建造设置了上限,1972年9月由国
会两院联合决议予以批准。

心,美国的质量优势将被证明为时短暂,国家需要数量对等将赋予它的追加保险。美国的技术领先确实被证明是脆弱的,部分是因为杰克逊的国会同事们吝啬小气,但要追求数量对等却只是对付这问题的一个太简单的方法。苏联人不准备在所有领域都允许对等,他们不无道理地宣称苏联和美国的防御任务本身就不对称。而且,五角大楼自己也不想在所有领域都对等——它蓄意选择不在部署巨大的、使用液体燃料的"重型"导弹上与苏联竞争,坚持较轻、更精确和使用固体燃料的导弹能一样有效。[43]这些政治难题与核查的困难一起,导致将限制战略武器谈判进程延伸到新领域的任务甚为艰巨。

　　1974年,经双方同意,第一阶段限制战略武器协议中的《反弹道导弹条约》被修改,允许每方只有一处反弹道导弹系统,而不是最初议定的两处。同年晚些时候,在符拉迪沃斯托克举行的福特-勃列日涅夫最高级会议上,双方进一步同意将各自的战略运载系统都限制为2400个,包括洲际弹道导弹、潜射弹道导弹和重型轰炸机,并且将其中配备分导式多弹头的洲际弹道导弹和潜射弹道导弹数量封顶在1320枚。这代表朝数量对等迈进了一步,但仅是**总量**而非各个种类的武器系统的对等。在接下来两年里,谈判聚焦于美国的巡航导弹和苏联的"逆火"式轰炸机是否要包括在第二阶段限制战略武器协议内,而且如果是,那么怎样核查对它们的限制。到福特行政当局1977年初卸任时,还没有达成任何协议。[44]

　　因此,限制战略武器谈判显然没有达到其发起者的希望。然而值得一问,如果没有它,美国的境况是否本来会好些? 没有限制战略武器谈判，就不会有什么办法诱使苏联人将他们的洲际弹道导弹、潜射弹道导弹和反弹道导弹系统减至他们现有的地步，国会也不大可能为美国增加类似的项目提供资金。限制战略武器会谈未使美国处于无力防御的境地：战略失衡从未接近苏联人能对美国的导弹发射装置发动抢先打击而不遭毁灭性报复的地步。没有限制战略武器谈判，对苏联战略能力的监察肯定会更难：美苏就这些高度敏感问题进行的史无前例的、持续的对话给美国提供了关于苏联战略系统的宝贵信息，那是用任何其他方式很难得到的。最后，但并非最次要，减小核战争危险这一总目标足够重要，因而有理由为朝此取得进展而接受合理的风险。

限制战略武器谈判之所以遭到批评，是因为它与苏联崛起为美国的羽翼丰满的对手在时间上重合。然而，它本身未招致这事态。限制战略武器谈判的本意既不在维持，也不在恢复美国的优势：正如基辛格在1976年评论的，"任何明智的领导人都不应鼓励一种幻想，即美国能再次夺回战后初期的战略优势"。[45]毋宁说，限制战略武器谈判有如莱尔德的预算削减，是个"限制损失"行动，旨在使优势到均势的转变对美国来说尽可能安全和无痛苦。这是对现实的适应，以某种技巧在不那么适宜的环境中从不利地位出发加以完成。

在尼克松和基辛格1969年所处的那种形势下，任何行政当局都会发觉难以维持军力对比均衡：苏联空前的军力扩展与美国空前的国内反军情绪同时存在，这不是个容易克服的问题。值得称道的是，他们从一开始就明白这些互相交错的趋势的不

326

祥含义,并且试图通过既讲求实际,又有想象力的办法抗衡之。他们所以未能充分成功,不是因为洞察力不足,而是因为权力有限,那就这样一个行政当局而言是个古怪的困难,其往往被认为是"帝王式"的。然而事实上,尼克松行政当局从未在防务问题上支配过国会。情况恰恰相反,而且在总统权威因水门事件遭到侵蚀后就更是如此。

要对20世纪70年代美国军事力量相对衰减负主要责任的是国会。问题就是不能(或不愿)将对国家安全的真实威胁与想象的威胁区分开来。到尼克松就任时,在东南亚的战争操作问题上国会山的立法者们已被蒙骗了那么多次,以致他们有理由怀疑从行政部门发出的如下警告,即他们若不能按照被期望的水平为防务预算要求拨款就可能发生什么。本来尼克松自己在国会民主党多数之中的可信度就从不见高,随时间的推移亦有理由更加走低。但是,在它对苏联军力扩充的分析中,行政当局甚至可能淡化了危险:但国会仍倾向于将这些警告当作又一次"狼来了"的呼喊而不屑一听。直到1975年,多数立法者才开始认真看待苏联军力扩充的含义,即使那时,唯一的反应不过是扭转防务预算的不断下降趋势,而不是大幅增加防务预算。[46]

从长远来看,这没有改变什么。基辛格将是认识到权势在现代世界有许多成分,军事成分只是其中之一的第一人。他的战略的整个基础在于容忍不对称,依据的前提是在一个领域的不足可以在另一个领域得到补偿。可是,这种战略也有赖于不让任何单个的不对称走得过远而与全局失调,而这就是他认为国会怀着越战后的反军情绪已造成的。只有时间能说明谁对谁错,但是到福特政府离任时有一点已确定无疑，那就是美国自1945年以来享有的总体军事优势地位（它从1961年以后一直明白这一点）已从舞台上消失。恢复它的任务将留待罗纳德·里根完成。

三

然而，在尼克松–福特时期，与苏联的关系不是美国对外政策面对的唯一问题：世界其余许多地方的事态发展或多或少独立于在华盛顿和莫斯科发生的事情，但并非对美国利益和全球稳定没有深刻影响。对基辛格外交的第三大批评就是他忽视了这些问题：他痴迷于大国政治，因而没有看到大国不再有单凭它们自己塑造整个国际秩序的能力。"最终，"一位观察家说，"对基辛格的成就最有力的批评将是……它太多地落后于潮流。"[47]这一指责带有某种讽刺意味，因为基辛格作为一名国际政治学者，自己就曾呼吁重视甚至欢迎超级大国权威的分散化。[48]然而，它也有准确之处，因为到1977年，在与苏中两国以外的世界打交道方面，人们已能指出一长串只能被称为错误的举动，它们反映了一种短视，那对一个不无理由地自豪能放眼长远的行政当局来说令人惊诧。

例如在南非，行政当局于20世纪70年代初开始实行一种悄然但蓄意的政策，即放松对那里的白人少数政权的压力，其前提有如一份国家安全委员会备忘录所说：

白人将在那里留存下去,只有通过他们才能实现建设性
变迁。黑人没有希望通过暴力获得他们追求的政治权利,暴
力只会导致混乱,给予共产主义者更多的机会。通过有选择
地缓和我们对白人政权的态势,我们能鼓励对其当前种族政
策和殖民政策的某种修改,能通过给黑人国家提供更可观的
经济援助……去促进将两个群体拉在一起,并且对它们两者
施展影响以求和平变迁。[49]

328　　这种政策完全反映了类似法国王后玛丽·安托瓦内特在1789年
的那种预见,因为五年之内,在安哥拉和莫桑比克的葡萄牙统治
土崩瓦解,在罗得西亚和南非的白人统治政府受到的压力越来
越大,黑人正表现出获取政治控制权的一切迹象——尽管极少
从美国得到帮助,或极少有理由要感谢美国。

　　类似的短视似乎也塑造了1971年间对巴基斯坦的官方态
度,其时该国爆发血腥的国内冲突,随后发生了印巴战争。危机
的起因,在于西巴基斯坦拒绝将自治权给予由印度领土与之隔
开1000多英里的东巴基斯坦公民。由官方许可的对当地随后发
生的叛乱的镇压造成大量民众伤亡。然而,尼克松政府打算用
巴基斯坦作为它对北京"开放"的中介,小心翼翼地避免批评伊
斯兰堡政府,并且尽可能久地推迟切断武器输送。当印度进行
干涉,以便在原东巴基斯坦建立一个独立的孟加拉国时,尼克松
密令基辛格将美国政策"倾向"巴基斯坦,以免开罪于中国。其结
果,是疏远了现已显然是该区域的支配力量的印度,而且由于华
盛顿显得对巴基斯坦的所作所为熟视无睹,也疏远了很大部分

世界舆论。[50]

　　1972年,尼克松政府又将自己与另一桩注定失败的事业拴在一起,当时它批准了一项向伊朗国王几乎无限制地出售常规武器的秘密计划,其前提假定在于他的政府将是美国在世界那个不稳定地区的长期可靠盟友。这慷慨未使伊朗国王次年不去追求大幅度提高油价。华盛顿也未预见到国王自己的现代化计划将在七年内导致他本人垮台,并且导致美国供应的巨量武器储藏被激烈地敌视美国的势力控制,而这计划,如基辛格以后懊恼地承认的那样,是按照经济发展造就政治稳定这一美国理论施行的。[51]

　　1973年在中东,行政当局不仅未能预见到阿以战争(有人争辩说这部分上是因为美国和以色列的情报部门过分彼此依赖),而且更重要的是也未能预见到阿拉伯产油国有能力对其主要出口国首先实施禁运,然后以空前的幅度急剧抬高油价。尽管在一段时间以来,愈益减少的储备和愈益增长的进口已导致西方在这方面的易受伤害性显而易见,但这情况还是发生了。结果,近年来世界权势关系中最根本的同时却是最可预见的变更令尼克松和基辛格大吃一惊。[52]

　　1974年,在塞浦路斯,尽管预先得到了警告,但美国仍未能制止希腊右翼政府推翻马卡里奥斯(Makarios)大主教的政权。对前者,美国一直以军售予以支持,以换取军事基地特权,后者则至此为止精明地设法使塞浦路斯岛既不受希腊支配,也不受土耳其主宰。这事件导致希腊政府垮台和土耳其入侵该岛。后一事态发展转过来引发了美国国会内的一场喧闹,在那里一个高声疾呼的希腊裔美国人游说集团克服基辛格的反对,设法使

329

国会对土耳其实施了武器禁运。结果，美国最终疏远了双方，对北约、对美国在东地中海的整个地位都有不利后果。[53]

1975年，在安哥拉，行政当局再次支持了正在失败的一方，当时它决定在一场为控制该国而进行的三方斗争中向反马克思主义派别提供秘密援助。它这么做不顾一个事实：这些集团中有一个与扎伊尔关系密切，另一个与南非甚有交结，它们在安哥拉都不很得人心。它也不顾显示外交解决仍有可能的种种迹象，而且无视国务院的警告，即秘密援助无法长时间保密，而且事实上可能引得苏联人起而效尤。关于究竟是苏联人还是美国人激使对方干涉安哥拉的争辩复杂难解，很可能争不出结果——原因之一是菲德尔·卡斯特罗自己决定向安哥拉马克思主义者输送军事援助。清楚的是，到1975年底，苏联已公开支持它在安哥拉的附庸（包括古巴部队代其作战），国会则已获悉美国的秘密介入，而且经表决将其阻断。"显而易见，"一位沮丧的国务院官员评论道，"美国犯了错误。"[54]

与此同时，与北约国家和日本的关系被任其恶化，更多地是由于漠不关心而非故意如此。1971年，尼克松行政当局在短短几个月里由于未事先通知东京，不经意地给了日本两次强烈打击，先是基辛格1971年7月出使北京，然后是下一个月里征收进口附加税和暂停美元自由兑换黄金的决定。这些冒犯行为部分出于保密需要，但在华盛顿的以自我为中心的决策过程也是一部分原因。这过程在大多数场合忽视其行为对盟国的影响。两年后，意识到自己因为专注于苏联、中国和越南而在多大程度上忽视了北约，基辛格夸张地宣布1973年为"欧洲年"，并且提出了一系列旨在将北约各国和日本较紧密地与美国联结在一起的经济和防务措施。可是,盟国的反应显然不热不冷——它们可能感到,自己被给予一个"年",这颇有恩赐意味。而当水门事件和中东危机之类的其他压力令基辛格事实上无法在它们的事务上花费许多时间时,事情就更是如此。[55]

1974和1975年,北约再次成为基辛格关切的对象,但仅是因为他担心法国、意大利和葡萄牙的共产党人可能通过合法方式进入这些国家的联合政府。葡萄牙形势发展到这一步是因为1974年4月的革命,它不仅颠覆了南部非洲的葡萄牙帝国,还在本土产生了一个有某些共产党人参加的社会主义政府。"你在允许政府内过大的共产党影响,"翌年10月基辛格生硬地对外长马里奥·索尔斯(Mario Soares)说,"你是个克伦斯基。"*在接下来几个月里,基辛格谈到从经济上孤立葡萄牙,并且将其逐出北约,好像该国已经"丢失"给共产主义。当法共和意共在1975年公开承诺遵守民主程序和独立于莫斯科时,基辛格公开表示怀疑:这些共产主义者不可被信赖会遵守诺言,他告诫说。一旦掌权,他们绝不会自愿放弃权力。对一个已围绕分裂敌手、贬低意识形态作用、依靠与共产主义国家的协议建立国际新秩序等观念构建了一种战略的人来说,这真是个奇怪的立场。像事实最终证明的,基辛格既夸大了"欧洲共产主义"的危险,也夸大了

---

　　* "我当然不想成为克伦斯基",索尔斯答道。基辛格随即反诘:"克伦斯基自己也不想。"(Tad Szulc, "Lisbon & Washington: Behind the Portuguese Revolution", Foreign Policy, #21〔Winter, 1975—1976〕, p.3.)基辛格后来承认,这不是一个"有分寸的评论"。(Kissinger, *Years of Renewal*〔New York: 1999〕, p.630.)

它的前景：共产党未在西欧上台掌权，北约也不必防范内部颠覆。然而，这种结果的发生更多地是由于未理会他的告诫，而非相反：他敲警钟的效果是令美国又一次站在它本来就阻止不了（至少靠可以明言的手段阻止不了）的某种事态的对立面。[56]

所有这些事件的共同点在于，尼克松和福特行政当局倾向于从全球而非地区角度应对它们。[57]当基辛格谈到需要美国世界方略的"哲理深化"时，他心里想的是结束对"危机处理"的迷恋，那导致前几届行政当局以牺牲全球战略为代价，沉溺于像越南那样的地区性问题。基辛格决心扭转这程序：先集中精力在超级大国间建设一个稳定的国际秩序，然后根据它们可能怎样促进或干扰这种大构想去处理在其他地方形成的危机。他认为，只有以此方式，才能恢复近来美国对外政策一直缺乏的方向意识和分寸感。

然而，获得大眼界就需牺牲小细节：过分简单化是一个人为视野广阔而付出的代价。尼克松-基辛格战略倾向于将取自超级大国全球性竞争的思想范畴强加给地区性事件，结果扼杀了对这些事件在其中得以形成的特殊环境的敏感。*例如，尼克松

---

    * 这种倾向的一个极端例子出现在 1975 年 5 月，当时柬埔寨炮艇在暹罗湾俘获了美国"马亚奎兹号"运输船及其船员。决心不容忍另一个"普韦布洛号"事件（即朝鲜在 1968 年俘获一艘美国情报船），同时急于表明尽管西贡于两周前陷落但美国仍能强有力地行动，基辛格遂劝说福特下令空袭磅逊港，并且对通岛进行两栖登陆袭击（代价是 18 名美国人阵亡，另有 23 人死于直升机坠毁），而不等待外交措施能否使船员获释——事实上，当空袭和登陆开始时，船员正被释放。是白宫摄影师戴维·肯尼迪向聚集在一起的国家安全委员会成员提出，柬埔寨人可能是在自行其是，其行动不是一个旨在侮辱美国的更大阴谋的一部分。（见 Gerald Ford, *A Time to Heal*[New York: 1979], pp. 275—284; Kissinger, *Years of Renewal*, pp. 547—575; Christopher Jon Lamb, *Belief Systems and Decising Making in the Mayaguez Crisis* [Gainesville: 1989].）

和基辛格都无法接受一个可能性,即在世界的某些地方,马克思主义可以是一种土生土长、大得人心和颇为独立的力量。相反,他们坚信,这样的政府在任何地方上台掌权都只能削弱美国的可信性。与此类似,还有一种倾向,让莫斯科或北京的预想中的反应支配华盛顿对其他地方发生的事件的回应。"我承认这不是一种充满才智的立场,"1971年末基辛格在评论美国对巴基斯坦的支持时告诉尼克松,"但如果我们现在突然放弃,苏联人会因此不尊重我们,中国人将鄙视我们,其他国家也将得出它们自己的结论。"[58]这种对美国倘若采取行动或无所作为,其他国家就可能怎么想的关切,不仅使行政当局未首先对待地区不稳定的缘由,而且有过度承担义务和丧失主动权的风险。至少在这个意义上,很难看出基辛格的"哲理深化"如何大有裨益。

一个与之相关的困难,在于尼克松-基辛格战略为确保观念的连贯性而依赖严密的中央控制——通过将官僚机构差不多完全与决策过程切断换来的控制。这意味着地区性专业知识,为避免全球眼界的局地应用所固有的扭曲而必需的那类专业知识,太经常地被忽视。在印巴危机中,在葡萄牙,在安哥拉,都有专家就行政当局战略的内在风险提出过警告,但不被理会。在伊朗问题上,显然无人征询过此类意见。同样,在阿以战争、欧佩克(OPEC)石油禁运和塞浦路斯危机问题上,假如较密切地注意专家们就这些问题在说些什么,行政当局就不会表现得那么错愕。[59]基辛格喜欢抱怨说官僚机构扼杀创新,这肯定很有道理。然而,官僚机构如果得到恰当使用,就能在不过分简单化的情况下监察各自不同、错综复杂的事态,提前就正在临近的危险

332

提出建议,从而减小缺乏准备、束手无策的可能。尼克松–基辛格行政风格的一大弊端是它实际上拒斥如此使用官僚机构。

最后,这种高度集中的战略总会有一种危险:对问题的看待变得既根据利益,也根据个人秉性。尼克松和基辛格与周恩来、伊朗国王和巴基斯坦总统叶海亚·汗交往愉快,与日本人、特别是与印度的英迪拉·甘地却合不来,这并非没有意义。[60]在将权力集中于最顶层的体制中,个人关系至关重要:它们能导致对朋友的短处和弱点视而不见,导致深深猜疑那些不管出于什么原因会试图利用这些个人关系的人。在这样的情况下,政策与任性之间区别甚微。*

333　　　　出于对基辛格的公平,应当说他经常能从错误中学到教益,迅速改正错误。因此,尽管对于1973年阿以战争大吃一惊,他仍以创造性和技巧对这场危机做出了反应,将美国的政策从它早先的亲以色列姿态转变为相对不偏不倚。他因此使美国在阿拉伯世界获得了新的支持(并且导致苏联影响相应下降),同时未经久地疏远以色列人和他们在美国国内的强有力盟友。[61]同样,在安哥拉遭受惨败后,基辛格说服福特总统,美国现在应与南部非洲的黑人解放运动站在一起,而不是反对它们。尽管正在艰难争取再获提名,福特总统还是以某种政治勇气在1976年4月

---

　　* 还有一种危险,即完全不相干的因素能影响决策。例如,有人争辩说,参议院两次否决他的最高大法官提名使尼克松备感挫折,加上他在看了几遍电影《巴顿将军》后大为亢奋,这促成了他1970年入侵柬埔寨的决定。(见 William Shawcross, *Sideshow: Kissinger, Nixon and the Destruction of Cambodia*〔New York: 1979〕, pp. 134-135; 以及 H.R.Haldeman, *The Haldeman Diaries: Inside the Nixon White House*〔New York: 1994〕, p.147。)

授权基辛格宣布"坚决反对"罗得西亚白人少数政权,并且坚持要终止南非的"已制度化的不平等"。[62]这些主动行为全都无望迅速或永久解决它们对付的问题,但确实显示出了一种从经验中获益的能力,那不是近来的美国对外政策总有的。

尽管如此,在对不直接与华盛顿-莫斯科-北京轴心相关的那些事件的处理上,基辛格总有些临时应急色彩。美国经常发觉自己以慌乱的临时措施对付可预料的危机,以短期治标之策对付长期性问题,以不情愿的、半心半意的抵抗对付不可逆转的趋势。奇怪的是事情竟会如此,因为基辛格总是强调在对外政策操作方面要有观念连贯性。然而在某种意义上,正是对观念连贯性的追求本身造成这问题。基辛格的宏大的地缘政治观要求简单化、集权化甚至个人化,如果它要战胜官僚机构体系内的分散和惰性趋势的话。然而,如此的代价是对大国关系以外的问题漠不关心,然后当这些问题变得过于严重以致不能再被忽视时,倾向于强加大国解决方案。无论基辛格做出了多大努力为遏制概念注入活力并使之合理化,在他心目中那仍旧是一种旨在限制苏联扩展势力的战略。如此,它提供的思想关注不足以应付该领域以外越来越多的问题。

四

在基辛格的批评者看来,集权化还有另一个负面影响:它侵蚀了美国对外政策如果要反映美国最根本的愿望就须依据的道义原则。有如总统候选人吉米·卡特在1976年竞选时所言:

> 我们的对外政策在秘密制定，大概只有一个人知道其全部细节和微妙之处……因为我们已让别人去为我们制订对外政策，我们便在我们对世界其他各国人民的言谈和行为方面失去了某种至关紧要的东西……总统必须负责恢复我国在对外政策操作中的道义权威。

卡特争辩说，对外政策太久地"差不多完全由谋略和操纵构成，它们依据的前提假设在于这个世界是各国互相敌对、互相竞争的丛林世界，在其中军事优势和经济实力是唯一起作用的东西，竞争的各国互相制衡以维持和平"。这种方法在1815年，甚或1945年时可能合适，但在20世纪70年代并非如此。基辛格"独行侠"式的对外政策"依其本性不能不是秘密的和非道德的，我们不能不抛弃公开性、协商和对根本原则与高道德标准的一贯奉行"。[63]

无论怎么看待卡特关于民主决策导致高尚外交的假设，到福特政府行政当局任满时已有一种广泛的意识，那就是基辛格和他为之效劳的两位总统忽视了政策与原则之间的恰当结合，那是任何国家为维持自信都必须有的。在最极端的场合，这一观点能导致与种族灭绝有牵连的指控。因此，有人提出当尼日利亚在1969—1970年用饥饿去消灭比夫拉叛乱者时，尼克松和基辛格小心翼翼地视而不见。他们在1971年坚持支持巴基斯坦，尽管该国政府在镇压其东部各省的反叛时导致大量平民伤亡。他们只是暂时中止了对布隆迪的援助，尽管证据表明该国官方在1972—1974年认可了对人口占多数但无政治权力的胡图族人进行大屠杀。而且,由于随意将越南战争扩大到柬埔寨,他们引发了一串连锁反应,那将在1975年以后引发波尔布特和红色高棉的大蹂躏,近乎导致整个民族的灭绝。"柬埔寨,"一位批评者断言,"不是一个错误,那是一桩罪行。"[64]

这里的假设是,必须根据其行动的后果评判国务家,无论他们的本意如何。[65]如果能显示采取的行为与产生的后果之间有直接关系,那么这标准足够公正,可是在上面援引的四个实例中难以显示之。华盛顿起初不清楚尼日利亚和巴基斯坦国内事态的程度,而且也没有证据表明即使它清楚,行政当局会有能力加以制止。布隆迪的情况也是如此,它在白宫的轻重缓急次序中的位置如此之低,以致基辛格采取了非同寻常的举措——将关于该国的关键性决定下放给下属去做。[66]在柬埔寨问题上,是河内方面的军队而不是美国人首先破坏了那里的中立;波尔布特的上台更多地是由于河内1975年对西贡的胜利,而非美国1970年的军事"侵入"。要将在这些形势下发生的可怕暴行归罪于华盛顿,就不仅是给复杂的因果链中的单个因素赋予过大的重要性,而且还显露出某种对沙文主义的粗暴驳斥,假定暴力和恐怖在世界上并不独立存在,它们只是作为美国行动(或不行动)的结果才出现。

"非道德"批评的一种较具说服力的版本,是尼克松和基辛格太倾向于为目的而不择手段:他们急于实现具体的目标,为此使用这样一些手段,它们不适于、有时甚至毁坏他们正争取实现的更大目标。诚然,难以找到任何不能就其作同样的指责的权力行使者。如神学家莱因霍尔德·尼布尔(Reinhold Niebuhr)所指出，"在人类行为中，普遍理想的自我中心式的败坏是远为经久不变的事实，远超过任何道德主义信条倾向于承认的"。[67] 然而，就尼克松和基辛格而言，与众不同的是在他们仍掌权的时候手段败坏目的就变得那么清晰可见。它在两个情势中特别清楚，采取的行动与产生的效应之间的关系极难被否认：行政当局推翻智利经民主选举产生的萨尔瓦多·阿连德的马克思主义政府的努力，还有它在力图结束越南战争时拯救美国可信性的尝试。

整个冷战期间，美国声称自己所以反对共产主义，不是因为它是革命的，而是因为它阻绝选择自由。如果一国人民自由选举了一个信仰共产主义的政府，这观点宣称，那么华盛顿将尊重他们的判断。因此，尼克松在1971年初承认虽然阿连德当选"不是我们欢迎的事……但那是智利人民的选择……因此我们接受这个决定……因为相较于在智利发生的事，美国的干涉——干涉一项自由选举和推翻其结果——我认为将在整个拉丁美洲引发糟得多的反响"。当年晚些时候，在行政当局年度对外政策报告的题为"多样化共同体"的一节里，基辛格写道："我们希望智利政府将向合乎宪法程序的方向发展。但是，我们的使命不是试图为其他主权国家——除了通过做出表率——提供这类问题的答案……我们准备与智利政府建立它准备与我们建立的那种关系。"[68]

可是，在1970年以前许久，白宫就授权进行隐蔽行动，意在影响选举，使之有利于阿连德的对手。它试图通过种种办法，包括考虑军事政变，去阻止阿连德掌权。而且，阿连德就职后，它立即有力地推行旨在"动摇"其政权的经济和政治施压政策。它做这一切，是基于一种模糊的恐惧，即阿连德治下的智利会像卡斯特罗的古巴，变成共产主义专制国家。"我不明白为什么只是因为其人民不负责任，我们就必须让一个国家成为马克思主义的"，据说基辛格曾以一种奥威尔式的话语如此评论道，似乎是显露愿为保存民主而颠覆民主。人们对阿连德是否真的会走上卡斯特罗的道路无从知晓：1973年，他被推翻并被杀害，对此尼克松政府不加掩饰地兴高采烈（尽管它显得没有直接卷入）。不久情况就变得明显起来：第一，尼克松和基辛格就美国在智利的隐蔽行动撒了谎；第二，它的行为证实了更激进的马克思主义阐释者的观点，即只有依靠暴力手段，只有战胜美国的反对，马克思主义意识形态才能在拉美成功；第三，行政当局未能通过它自己的考验，即容忍它厌恶但民主的政权。[69]

美国只能接受一定范围内的政治结果，即使这结果由民主方式产生：这就是基辛格关于智利的立场，也是他关于在西欧的欧洲共产主义的立场。美国之致力于多样性未延伸到接受那些可能以某种方式倾覆均势的政府。正如基辛格有一次对其助手承认的，"由我们确定多样性的极限"。[70]然而，限制多样性可以代价高昂，在关于智利问题的信息于1974年末公开后基辛格发觉了这一点，那引发了一场国会对这以及其他隐蔽行动的旷日持久（也是高度公开）的调查。[71]不仅如此，使得对原则的这一背离具有正当性的危险永不能得到证实，因为有关行动意在防止假设的威胁变成真实的。尼克松很可能比他自己知道的更有预见性，因为他在1971年对公众说，干涉智利的反响将比起初可能导致干涉的刺激性事件更糟。

337

　　对不符合目的的手段的依赖同样塑造了尼克松行政当局的越战降级政策。继续留在该国直至制定出一种可接受的和平安排的首要理由，是维持国内的自信和国外的尊重。"如果一国背叛盟国，出卖朋友，它就无法保持伟大，"1969年末，尼克松在他关于越南的第一次重要演讲中告诉全国，"我们在南越的失败和羞辱无疑将促使一些大国政府鲁莽行事，它们尚未放弃自己征服世界的目的。"十年后，基辛格在自己的回忆录中情绪激昂地表达了同样的看法：

> 我信仰我移居的这个国家的道德意含。美国是自由国家中唯一强大得足以保证全球安全免遭暴政力量危害的国家。只有美国才既有力量又有气度去鼓舞为身份认定、进步和尊严而奋斗的各国人民……如果我们现在放弃自己的国际责任，或屈从于自我厌憎，那么没有任何人前来拯救美国。

可接受的解决方案的先决条件很简单：美国战俘的交还和西贡当局作为独立国家的生存。在这有限的范围内，行政当局是成功的：河内在四年后，终于接受了华盛顿关于战俘和西贡阮文绍当局继续掌权的立场。因此，根据它自己的标准，白宫在1973年1月巴黎和平协定缔结时可以声称"体面地结束了一场漫长和代价高昂的行动"。[72]

　　然而，被选择的手段是否适合被追求的目的——国内的自信和国外的尊重？对此类无形的事物的衡量总会不精确，但仍有理由质疑尼克松和基辛格用来防止在越南失败和受辱的方法是否未招致某些他们试图要防止的后果。虽然证据表明,在约翰逊执政期间,旨在增加行动自由的官方欺骗显著侵蚀了政府的可信性,但白宫照旧诉诸这一手段,甚至变本加厉。因此,尼克松可以在1970年3月公开宣称"我们尊重柬埔寨的中立",而事实上他一年前就已下令秘密轰炸该国,并且伪造军事文件来掩盖事实。[73]那年晚些时候,他派遣美国地面部队进入柬埔寨,以便像他说的那样表明美国不是一个"可怜、无助的巨人",然而在此过程中不仅引发了空前程度的国内混乱,而且导致国会限制总统战争权的首次认真尝试。总统权力由此遭到的挑战令尼克松忧心忡忡,激使他批准安放窃听器和破门潜入,从而造成了水门事件;[*]该事件反过来又造成对总统权力的侵蚀,不仅导致难以贯彻"联系"战略,或面对苏联军力扩充重整军备,而且使福特行政当局不可能信守尼克松的保证,即如果停火协定像在1975年实际发生的那样遭到根本破坏,美国就将拯救西贡当局。

　　人们很可能疑惑,为维护一种被认为需要西贡当局生存下去的美国"荣誉"概念,所有这一切——连同在1969—1973年丧命的20553名美国人和不计其数的越南人[74]——是否值得?这个

---

　　[*]　"事后我能明白,一旦我认识到无法迅速或容易地结束越南战争,而我将要对付能以其态度和价值观支配媒体的反战运动,我有时便被带入了我如此鄙视的该运动领导人所持有的心态之中。他们愈发变得以立即强制结束战争———一场他们认为不正当和不道德的战争——为差不多所有事情找理由。我也同样受到驱使,要维持政府对外交政策的引领,而且用我觉得将最有利于招致和平的方式去这样做。我当时相信这事关国家安全。我今天仍这样认为,而且在同样的情况下我现在仍会像当时那样做。历史会对双方的行为、反应和过度举动做出最终评判。我不怕这评判。"(*RN: The Memoirs of Richard Nixon* [New York: 1978], pp. 514—515.)

政府甚至在美国多年的支持下仍不能自立。诚然,它在1975年的崩溃令人惊讶地几乎全未在美国国内引发问罪之举。1/4世纪以前"谁丢失了中国"的争论并未重演,美国的盟友中间也未出现惊恐之状。这事实被拿来在事后辩解缓慢撤军战略。[75]然而,人们还是留有这样的印象:倘若官方的"荣誉"观允许较早和代价较小地撤军,尼克松和基辛格试图通过继续留驻越南去影响的那些角色——美国公众、海外盟友,肯定还有中国人,或许甚至还有苏联人——本来会有的反应将更多是如释重负,而非气愤懊恼。因为,至少在国家间事务中,"荣誉"还须由常识淡化:以过高代价热烈追求站不住脚的目的很少有助于实现荣誉渴望,即使在持同情态度的观察家看来也是如此。

    然而,"非道德"论的另一个方面,是指责尼克松和基辛格重视国际关系中的稳定和秩序甚于重视"人权"事业。古怪的是,这一立场在美国政治光谱的左右两边都得到了支持。[76]自由派可以批评行政当局与韩国、菲律宾、巴基斯坦、伊朗、希腊、葡萄牙以及1973年后智利的专制政权的紧密联系:它争辩说,行政当局默认压制在这些国家里的民主程序,因为美国需要这些政权的帮助来维持世界均势,对抗共产主义。相反,保守派可以抱怨行政当局不愿抗议社会主义阵营的人权状况:它断言,这些国家里的持不同政见者的事业在缓和祭坛上被牺牲掉了。

    这两种论辩都有一些道理。尼克松政府像它的战后所有前任,容忍右的专制主义显然甚于容忍左的专制主义。右的专制主义政权全无成为苏联卫星的危险。不仅如此,华盛顿一直坚信右翼独裁更有可能被更改。[77]结果,白宫倾向于不将那些在其他方面站在冷战中"正确"一方的国家里的践踏人权行为当作一个问题。它也无意将莫斯科是否改善其本国人民或卫星国受到的待遇当作缓和的前提,就像它的下述行为表明的那样:基辛格敌视杰克逊修正案;1975年赫尔辛基欧洲安全与合作会议举行前夕,福特在基辛格的支持下决定不在白宫接见流亡国外的亚历山大·索尔仁尼琴;还有基辛格通过不经意地公开"索南费尔特主义"(Sonnenfeldt doctrine)*,支持一种更为"自然发展的"东欧–苏联关系。[78]这些立场符合行政当局在其外交中将利益置于意识形态之上的决心。"我们的目标,"基辛格后来回忆道,"是将一切情感情绪从我们的对外政策中清除掉。"[79]

　　但是,在基辛格的心目中,非情绪化的对外政策并不必然意味着非道德的对外政策。在他的思想中,有一种对世界政治的道德维度的强烈得惊人的关切:他作为国务卿就此问题发表多次演讲,很可能代表了自伍德罗·威尔逊以来调和权势要求与理想要求的最持续不懈的官方努力。[80]基辛格以一种经典的尼布尔式的智慧解决了这项两难(很像凯南多年前也曾做的):权势政治,他论辩说,并非与道德原则不相容,因为在无休止的战争或混乱状态中,理想几乎全无昌盛的可能。在能取得正义以前,某种依靠权势操纵来实现的最起码的秩序水平必不可少。

340

---

　　* 因国务院顾问、基辛格的亲密幕僚赫尔穆特·索南费尔特(Helmut Sonnenfeldt)而得名,他于1975年12月在伦敦秘密地告诉一群美国大使:"我们的政策必须是争取一种演变,使东欧人与苏联的关系成为一种自然发展的关系……我们的政策必须是回应在东欧的清晰可见的渴望,即在苏联拥有强大的地缘政治影响的背景下争取一种较为自主的存在。"(Summary of remarks, *New York Times*, April 6, 1976.)

"治国方略的真正任务，"他在1975年提出，"是从均势中获取一种较积极的能力去改善人类境况——将稳定转化为创造力，将紧张的缓解转化为自由的加强，将人对自卫的一心执迷转化为对人类进步的全神贯注。"或者，像他在回忆录中写的，"如果历史告诉了我们什么，那就是没有均衡就没有和平，没有约束就没有正义。但我同样相信，如果缺乏一个道德指南去确定在现实的模棱两可之中的行进路线，从而使得牺牲饶有意义，没有哪个国家能面对甚或阐明它的选择"。[81]

关于对外政策应在多大程度上反映道德原则，长期以来就有无休止的、大概无法解决的争论。一方面，有人争辩，对一国来说"代表"某种东西至关重要：一个基于共同抱负的意识形态能产生自信、动力和"历史"站在自己一边的信念。然而意识形态，如基辛格喜欢告诫的，也可以是危险的：过度沉溺于意识形态可以导致错误感知自己的或对手的力量。它还会排斥协议，而后者可能符合双方共同的利益。极少有理由怀疑尼克松和基辛格致力于"清除"对外政策中的"感情用事"是出于一种真诚的信念，即只有在这样一个基础上才能达成将消减冷战紧张的协议。然而，问题——以及基辛格外交的"非道德性"的症结——在于他是否在这过程中走得太远，以致损伤了为实行一种自信的和得到公众支持的对外政策所必需的意识形态基础？

341　　"非道德"问题到1976年底已引起如此广泛的关切，这事实本身提示答案是肯定的，不管这关切是基于逻辑分析、政治权宜还是情感冲动。尽管做了煞费苦心的努力，但基辛格从未成功地构建必需的公众共识来维持自己的战略，即通过"秩序"接近

"正义",将人权与对地缘政治稳定的要求整合在一起。基辛格本人在1968年已预见到这困难:"均衡不是一个我们可以以此回应我们世界的苦难的目的。"[82] 然而,在此前的战后历届政府——它们只得应付不那么"有秩序"的国际环境——所安排的轻重缓急次序中,"正义"要求一直没有占据突出位置。成功地(无论怎样短暂)赋予世界事务足够的"秩序",以致美国人民可以尽情享受一种不平常的奢侈——将"正义"标准应用于世界事务,这在某种意义上是基辛格与其为之效劳的两位总统的功绩。

五

亨利·基辛格大致成功地实现了他的一个目的:将思想连贯性赋予美国对外政策操作。结果,在尼克松行政当局的前四年里,美国从自毁式地陷于一场无休无止的战争,转而兴起为在极大程度上塑造当时世界事务进程的三角均势中的枢纽。很少有一个国家实现过比这更引人注目或更迅速的从失败到支配的转变。然而,这成就证明不可能持续下去,因为它需要将决策过程与这样一些人隔绝开来,后者由于法律、传统或运作必需,已变得对此过程具有影响力。明白这一问题,基辛格进行了勇敢的尝试,力图使国会、官僚机构和公众相信他的政策背后的基本理由,然而从未完全成功。说到底,他创造的体系就像他写过的梅特涅、卡斯尔雷和俾斯麦的体系(而且也像凯南的体系),依赖战略眼界与决策权威的不大可能的重合。有如基辛格会比任何其他人都更快认识到的,历史不容这样的重合维持很长时间。

第十一章 遏制的完结

福特政府在1977年下台,基辛格作为国务卿随之离任。到此时,对称的与不对称的遏制这两者的局限都已变得分明。

对称战略提供了保护以应对累积性威胁,应对均势所受到的边缘挑战可能变为重大挑战的危险。即使这些危险不是事实上的,也是心理上的,而这等于是一回事。对称战略提供多个层次的回应,给决策者较宽广的选择,甚于要么升级要么受辱。可是,它也涉及让对手选择竞争的性质和场所,而且要求防御国有几乎无穷的资源。尽管有扩张主义经济理论,但美国从未形成必要的能力或意愿,以在一个漫长的时期里始终支撑对称性遏制。如同在朝鲜和越南,这么做的尝试只导致了沮丧、幻灭和耗竭。在这样的情势中可能赢得战役——即使这也不总是有保证——但也可以在如此行事时输掉战争。

不对称战略认识到资源有限的现实,强调挑选回应方式的必要,担心赢了战役却在事实上输了战争。它更多地集中于手段的多样,而非选择的多样,强调有必要在将会产生以己之长克敌之短这一结果的处境、时机和方式下行事。它因而保持了主动,但往往付出如下代价:让出不易守卫的阵地,或扩展对抗以开拓能被守住的新阵地。结果,它要求有坚毅的神经:必须理性甚而冷血地区分边缘的与紧要的利益、可容忍的与不可容忍的威胁、可行的与不可行的回应。极少有保护措施去防范出现心理不安全感或援引道义原则，而它们两者中没有哪个能在一个民主国家被熟视无睹。要在走钢丝时保持平衡很难，就像凯南曾经提示的。[1]当批评者无论出于什么理由在两端撼动这钢丝时，就更是如此。

显而易见的解决办法是构设出某种新的遏制战略，性质上既非对称也非不对称，取每一方略之长，同时拒其之短。继福特担任总统的吉米·卡特致力于此，但失败了。卡特的继任者罗纳德·里根试图取得同样的功效，出乎所有人的意料而大获成功。结果，里根的继任者乔治·H.W.布什接过了这样一个世界，其中不再有遏制原本要遏制的威胁。到他离任时，那个历经冷战四十多年始终构成该威胁的国度也不复存在了。

一

吉米·卡特1977年进入白宫时，决心扭转对遏制的全神贯注，后者已支配了美国对外政策那么多年。他坚持认为这样的时候已经到来：超越"苏联扩张近乎必然但须予以遏制"的信念，超越"对共产主义的狂乱恐惧，它曾经导致我们拥抱任何与我们一起持有这恐惧的独裁者"，超越"采纳我们对手的多有缺陷和错误的原则和策略，有时放弃我们自己的价值观而改用他们的价值观"的倾向，超越由越战产生且"由我们某些领导人暗藏的悲观主义所加剧"的"信心危机"。"这是个新的世界，"卡特断言，

"但美国不应害怕。这是个新的世界,我们应帮助塑造它。这是个新的世界,要求有一种新的美国对外政策,它应基于美国价值观中的始终正派、基于我们的历史眼界中的乐观前瞻。"[2]

344　　然而,不足三年后,卡特在将美苏关系状况描述成"决定世界将生活在和平之中还是将被全球性冲突吞没的最关键因素",赞扬往昔的遏制努力,要求采取步骤恢复征兵制和解除对情报收集能力的"无理制约",表示决心令苏联人"为其侵略付出具体代价",甚而宣布了他自己的"卡特主义",即"任何外部势力获取波斯湾控制权的任何尝试都将被视为对美利坚合众国紧要利益的攻击,对这样一场攻击将以任何必要的手段、包括军事力量击退之"。[3]关于遏制已寿终正寝的种种报道看来多少有些言之过早。

三年里能发生许多事情。一个行政当局在这么短的时期里被迫重新思考它的根本地缘政治前提,不是第一次。然而,当杜鲁门行政当局在1950年这么做的时候,它是从一种显然不对称的(凯南的)遏制方略转变为对称的遏制方略(国安会68号文件)。与此相反,卡特行政当局难以将自己与这两个传统中的任何一个结合起来,或者说,实际上难以为自身找到任何内在连贯和清晰可辨的观念来界定美国的世界利益、对这些利益的潜在威胁和可行的回应。其原因包括卡特的幕僚们之间的意见分歧,那出自一种不寻常的国内政治互动、互相冲突的个人秉性和种种外界环境,加上总统本人无法解决它们。可是也有愈益增长的证据表明,对称和不对称都不再提供一种令人满意的遏制方法,遏制战略要生存下去就最终不得不演化为某种新事物。

　　所有刚上台的行政当局都试图使自己分明有别于前任,但卡特这么做的决心强烈得特别引人注目。他突出人权和道义,注重公开性和非集权化,注重加强与盟国和中立国的关系,强调放弃用"联系"作为修正苏联行为方式的一个手段,强调取消苏联作为美国对外政策的核心困扰而长时间占据的特殊地位:一个人不管注意到其中哪一项,都感到一种几乎不顾一切的努力,要确立一个截然分明的身份,摆脱亨利·基辛格那顽长和令人紧张的阴影的遮蔽。[4]

　　一种解释是卡特与基辛格的政策极少存在实质性差异,这很奇特。新总统没有做任何努力去恢复前一届民主党行政当局进行对称性回应的做法——没有回归到认为一切利益都紧要、一切威胁都危险、抗击它们的一切手段都可获取的观点。相反,卡特保留了共和党人的不对称性方略,即区分紧要利益与边缘利益,区分不同层次的威胁,使回应保持与手段相符。他继续基辛格的做法,与某些共产主义者协作,以遏制另一些。新行政当局也不质疑与苏联人谈判的重要性,特别是在战略军备控制方面。甚至它炫耀的对"联系"的遗弃,[5]也不像起初看似那样是对先前做法的背离:基辛格本人在1976年初断定,限制战略武器谈判太重要,以致不能被用作一个讨价还价的筹码。[6]因此,就方法而言,连续性非同小可。

　　然而,表象大为不同。卡特及其幕僚在公开场合未形成任何新战略,但他们确实将某些非常可见的创举嫁接进旧有的基本前提,意在使美国对世界的态势**看似**改变了。其中某些单纯只为胜人一筹。还有一些也是一种为"缓和"而打造国内支持的努力,那是基辛格从未设法去做的。但是,由此而来的表面创新与实质照旧的混合导致了如此的困惑,以致卡特行政当局事实上表现出来的是根本没有战略,至少在它与苏联打交道方面。

最显著的例子在人权问题上,它被卡特选来突出他自己的政策不同于尼克松、基辛格和福特。无疑,总统个人立意推进人权事业。[7]但是,仍有紧迫的政治原因要使之成为一个优先事项,像它实际做到的那样,它提供了一种方式以赢得反对基辛格对苏"绥靖"的右翼抨击者的支持,同时赢得担忧他的"非道德性"的左翼抨击者的赞许。然而,卡特选择这么做的时机,恰逢他的谈判者正在试图说服苏联人,要他们在第二阶段限制战略武器谈判(SALT II)中大幅度降低对战略武器设置的限制,这将不成比例地有利于美国。[8]若克里姆林宫领导人不认为能信任在华盛顿的新行政当局,就几乎完全不可能预计他们会接受这么一项交易。"不管卡特是否当真,"苏联老资格的驻美大使安纳托利·多勃雷宁(Anatoly Dobrynin)后来回忆说,"他的政策都是基于将缓和与苏联国内形势联系起来。这代表对前行政当局遵循的政策的急剧背离,必不可免地令他与莫斯科的关系紧张。"[9]

卡特同时实行彼此矛盾的政策,这必定部分地与他的秉性相关:令他自豪的是他既是一名道德主义者,又是一名工程师,诚然有助于自信的结合,但它也有助于对技术和终极问题的迷恋,那几乎全未在两者中间的战略领域留下余地。[10]结果,新总统未能将他对人权的道德和国内政治承诺与他实现军备控制的地缘政治和(鉴于相反抉择)人道决心联系起来。他以为自己能拥抱苏联持不同政见者的事业,连同所有这一行为所具有的干预苏联内政的含义,同时继续在其他问题上"照常办事"。为力图将这态势合理化而公开弃置"联系"毫无裨益,因为莫斯科肯定准备将军控问题与人权问题联系起来,即使华盛顿不这样做。

卡特的幕僚们也无助于澄清轻重缓急次序。他的国家安全事务助理兹比格纽·布热津斯基(Zbigniew Brzezinski)有类似基辛格那样的学术背景。然而,在观念上这两人有天壤之别。基辛格始终宣讲一套首尾一贯的国际事务观:阅读《重建的世界》一书(1957年出版)就能从中见到一个大致可靠的指南,指引约15年后他将力求贯彻的政策。布热津斯基的著作没有显示出这样的深度。相反,有如一位批评者说的,那里有一种"对时髦问题和时髦概念的不停追逐,它们按照变化着的环境被采纳或被抛弃……一种对此时此刻思想俗见的不合适的倚赖"。[11]一被安放到国家安全事务助理的位子上,布热津斯基就依据他自己的解释,开始追求互不连贯的目标:逼迫苏联在人权问题上"处于意识形态守势","促进一种更全面和更互惠的缓和",还有"离弃我认为的我们对美苏关系过分的一心关注"。[12]前提似乎是能够同时改良苏联、与苏联谈判和漠视苏联。

卡特的国务卿赛勒斯·万斯(Cyrus Vance)追求一种较直截了当的方略。万斯是一位纽约的律师,在肯尼迪和约翰逊执政期间有身处华府的广泛经验,认为自己的首要任务是与苏联人谈判,以求降低核战争风险,避免"第三世界"冲突造成的注意力分散和危险,并且建设一种稳定的超级大国间的长期关系。他不信任"全球主义者"的眼界,那将所有利益和威胁都视为互相关联。他不喜欢将一组谈判的进展与正在别处发生的事联系在一起。而且,他虽然同情人权事业,但不倾向于使之成为引导华盛顿与莫斯科之间关系的支配性标准。[13]

347 万斯和布热津斯基不久便彼此抵牾,或者说他们彼此间的紧张不久便被反映在行政当局就美苏关系作的公开宣告中。最清晰的例子发生在1978年6月7日,在卡特为美国海军学院作的一次演讲中,讲稿大致由他本人写就。有如一位历史学家所说,它"在重申缓和与表达一种对抗战略的结合上那么独特,以致总的反应是困惑不解"。[14]人们大开玩笑,说总统索性将布热津斯基和万斯各自起草的稿子钉在一起。对多勃雷宁来说,卡特的政策缺乏任何"坚实和一贯的方向",令人想起俄国文学中的一个形象,即伊凡·克雷洛寓言中的一辆货车,它由"一只天鹅、一条梭鱼和一只小龙虾"牵拉而寸步难行。[15]

试图在维持基辛格战略的同时安抚其批评者:如此行事的麻烦是这位前国务卿与其对手持有彼此排斥的对苏联的看法。基辛格一直将它视为一个可以与之达成合理和解的国家,只要美国坚定和耐心。而他的批评者却将它视为一个侵略性和不道德的强权,美国无法在除抵抗以外的任何基础上与之打交道。不能拥抱任一立场而不拒绝另一个。然而,这正是卡特希望避免做的抉择。结果,他从未形成一种轻重缓急的次序意识——关于先做什么、延宕什么和根本不试图做什么的清晰理念。"至少对我来说,"他后来承认,"同时在多个战线上行进乃自然而然。"[16]决策者必须几乎总是在值得赞扬但互不相容的诸目标之间做抉择。卡特行政当局尤其不具备这么做的能力。

可是,内部紊乱并非卡特行政当局面对的唯一困难。其不幸在于,他在这么一个时刻上台掌权:苏联正在对全球均势发动新的一系列挑战,美国却在试图抗击它们时面对不寻常的束缚。哪怕是组织得最好和最连贯的行政当局,要解决这些难题也会大费气力。卡特未特别好地处理这些挑战,然而,鉴于它们的复杂性和处理难度,令人疑惑的是别的当权者能否做得更好。

很长时期以来就有人思索,苏联兴起为美国势均力敌的军事对手,这会使它较容易对付还是较难以对付。[17]一派思想认为,势均力敌将诱发克里姆林宫领导人方面的自信、克制意识和谈判意愿。另一派却坚持势均力敌将招致傲慢、侵略性和对西方软弱的鄙视,连同在能利用这软弱而不冒战争风险的场合如此行事的决心。卡特在执政期间见到这两种理论都至少被证明部分正确。虽然有他的人权外交,但苏联人继续就限制战略武器认真谈判,在此过程中对美国人做出了多得惊人的让步。[18]然而这些年里,它们也决定在欧洲部署新一代SS-20中程导弹,向安哥拉和埃塞俄比亚的马克思主义政权提供军事援助,而且最令人不安的是在1979年12月入侵阿富汗。

在现在看来清楚的是,这些是一个衰败的帝国在临终时过度的挣扎,但当时它们未显得如此。勃列日涅夫政权看来将美国在越南的失败当作一个信号,预示着苏联可以追求在"第三世界"其他地方的机会——苏联资料现在肯定这是个足够准确的评价。[19]在很大程度上与苏联的行为没有关联,美国遭遇了重大挫折:1979年1月,它的长期附庸伊朗国王被推翻;7月在尼加拉瓜,桑迪诺政府上台掌权;11月在德黑兰,美国人质被劫持。因而对美国来说,苏联入侵阿富汗只是一系列羞辱中最引人注目的，它们正在引发关于任何遏制形态——对称的或不对称的——能否扭转一股历史潮流的问题，这潮流似乎正朝一个决然不利的方向奔涌。

　　加剧了这些困难的是战后时代史无前例的制约，对美国在世界事务中的行事能力的制约。其中包括越南战争后的一种信念对很大部分对外政策"权势集团"的影响，即相信极少有——即使有的话——美国可以正当地使用武力的场合。[20] 另一个麻烦在于通货膨胀的削弱性影响，那是越南战争的持续的侵蚀性遗产，由进一步限制美国行事能力的、对中东石油的愈益增进的依赖所加剧。

　　因此，卡特行政当局内存在分裂不一的主张并不令人惊讶：布热津斯基和国家安全委员会工作班子倾向于对苏联人采取强硬路线，即使那意味着延宕第二阶段限制战略武器谈判，国务卿、国务院和军控界则强调继续谈判，所据理念是苏联人最终将在"第三世界"伸展过度，自招失败。阿富汗事件解决了这一辩论：自二战结束以来红军部队首次在苏联和东欧以外被使用，这使行政当局别无选择，唯有从参议院撤回第二阶段限制战略武器条约，并暂停在缓和方向上采取任何进一步的举措。

　　那些在1980年1月23日聆听总统有力的"卡特主义"演说的人很可以断定，阿富汗事件令他的行政当局大为震惊，以致接受了对称性反应所特有的、关于利益和威胁的不加区分的观点。然而，就美国如何能在一个依赖国外能源供给和通货膨胀率高达两位数的时期里造就维持此类战略必需的手段，卡特没有做出任何暗示。而且，白宫在为其新的强硬路线集聚支持方面碰到的困难——对兵役登记、谷物和技术禁运，甚至抵制莫斯科奥运会的广泛的反对——不仅反映了顶层的领导力危机，也反映了来自下层的对被领导的抗拒。这即使在一个比卡特的更有规制的政府里，对贯彻一种内在连贯的大战略也非吉兆，更不用说对一种有效的大战略了。

二

事实上的卡特战略不适合纳入对称或不对称遏制的冷战范畴，因而难以宣称1980年大选的结果是核准还是拒斥其中任一方略。它确实肯定了的是一种愈益增长的惊恐感：苏联看似连连获胜，美国则显得在后撤，如果不是实际衰落的话。对现存政策的不满至少像在1952、1960、1968和1976年时那么强烈，而那意味着罗纳德·里根在选举中的大胜是他获得的对改变行进路线、重扬美国实力的授权。然而，这对遏制战略有何涵义并不完全清楚。

最大的不确定性必定与1981年1月20日入主白宫的那个人有关。里根乃是第一个——尽管不是最后一个——从电影电视明星起家的美国大政客。作为追随巴里·戈德华特（Barry Goldwater）的一名保守分子、1967—1975年的加利福尼亚州州长、1968和1976年总统大选中的一位角逐者，他获得了政治声望。他一向既批评民主党也批评共和党的遏制方略，通过谴责基辛格政策的据称的非道德性，几乎令福特在1976年得不到提名，但也在1980年指控卡特听任道德关切阻碍对美国权势的运

用。里根就职时只有一件事看似清楚：缓和夭折，入土埋葬，且在新行政当局内至少未获哀悼。正如新总统本人三年前对一批

350 广播听众承认的，"对丧失缓和的可能性，我恰未极度绝望，惊恐万端。"[21]

多年里，知识分子、新闻界人士和政治反对派嘲笑里根是个适合于广播电视的无足轻重的人物，头脑过分简单，不懂遏制一向的涵义，更谈不上有如何保证它成功的建设性理念。诚然，里根在塑造自己的立场时，更多地依靠本能而非系统的研习：这方面，他明显地异于卡特。出自他的中西部教养、好莱坞经历和间或的将电影与现实混合起来的倾向，这些本能包括不可动摇地信仰民主和资本主义，厌憎共产主义，难以忍受在他认为的善恶斗争中做妥协，还有——非常重要——深深恐惧冷战可能以核武大屠杀告终，从而证实圣经中预言的将导致人类彻底毁灭的大决战。[22]这至少是对担任总统执政的一种非正统的准备。在与里根是入主白宫的最年老的当选行政首脑（他就任之后不久就上了70岁）这一事实结合时，预期一位和蔼的老人将在大多数场合跟从他自己幕僚的指引似乎是合情合理的。

出于几个原因，这预期被证明错了。第一，它忽视了里根在任总统以前的职业生涯中所依凭的技能：在中间派共和党总统——尼克松和福特——占据白宫时，能将共和党推至右翼非同小可。[23]第二，它未能考虑到里根的大智若愚：他惯于**显得**不如他的批评者懂得多，**显得**随波逐流，即使在他悄悄地向他自己已选择的目标行进的时候也是如此。[24]第三，它忽视了1975—1980年里根本人在数百篇广播稿和演讲稿里已言明的事物：这

些几乎每天都有的,没有演说撰稿人协助而亲笔写在标准拍纸簿上的评论提供了一个记录,记载了他就国内和国际问题所持的立场,其篇幅体量大于在任何其他现代的欲参选总统者那里可获得的。[25] 它们没有提出旨在结束冷战的全面的战略。这战略将只是逐渐地浮现,回应里根入主白宫以后发生的事态。然而,这些广播和演讲确实包含这战略背后的大多数理念——而且它们证明这些理念大多来自里根本人。

当时最明显的一项是乐观主义:坚信美国有能力在国际体系内成功地参与竞争。人们需要回溯至1933年时的富兰克林·罗斯福,才能找到一位在进入白宫时面对暗淡前景怀有类似自信的总统。有如罗斯福,里根相信美国比它自己认识到的更强,时间在它一边,而且这些事实可以经浮言、风格和姿态传达给美国人民。"重要的是每一刻都提醒我们自己想起我们的成就……以防我们让什么人唆使得良莠不分,妄自菲薄,"他在1976年告诉他的广播听众,"制度从不辜负我们——我们却有时辜负了制度,因为我们只是凡人。"[26]

由于认定苏联比它从表面看上去的更弱,而且时间不在它一边,里根早在1975年就坚持说对手的意识形态是"一种暂时的反常,有一天将从地球上消失……"[27] 这就一位行将就任的总统来说,也是个不同寻常的姿态。遏制的基本前提一向是美国在**防御性地**行事,抵御一个进攻性对手,而且很可能在可预见的未来继续这条路线。现在,恰逢苏联看似在战略武器和全球影响方面大力谋求优势之际,里根拒绝这前提,展示出重获和无限期地维持美国优势的前景。

351

他通过假定美国方面的资源可以扩展以实现该目的,那是一种与国安会68号文件合拍的观点,该文件在1975年解密后不久里根就读过,并在广播节目里谈论过。像他后来回忆的,他断定"在我们对共产主义的战斗中,资本主义给了我们一件强有力的武器——**金钱**。俄国人永远不能赢得军备竞赛;我们永远能比他们支出更多资金"。[28] 与此同时,为追求军事优势,苏联在不让它的人民得到"所有各类消费品"。"我们可以有一个意外的盟友,"他1977年写道,"如果公民伊凡正在变得足够不满,以致开始顶嘴反驳。"[29] 成为总统后,依据情报报告,里根很快确信苏联经济"完全没有希望,部分是因为巨量军备支出……我想知道我们作为一个国家怎样能利用苏联制度的这些裂缝去加速其崩溃进程"。[30]

里根坚持认为,苏联还在思想领域易受伤害。虽然支持尼采在1976年建立的、呼吁警惕苏联军力建设的"当前危险委员会",但里根从未接受一个前提假设,即仅仅军备就能使苏联成为美国的有效竞争者。他坚持认为,莫斯科的人权问题是个严重的软肋,即使对一个军事超级大国来说也是如此。虽然里根反对赫尔辛基欧安会,短视地将它视为认可了苏联对东欧的控制,但到1979年他已在承认"铁幕后面进行着某种事情,给全人类(提供了)希望……少一点缓和……更多地鼓励持不同政见者,可能抵得上许多装甲师"。[31]

然而,"确保相互摧毁"必须废弃。与上溯至肯尼迪的所有前总统不同,里根拒不接受如下命题,即恐怖的核平衡迟早能带来一个稳定的国际体系:它是"我曾听说过的最疯狂的事情"。[32] 限制战略武器谈判进程事实上专门被设计得趋于强化"确保相互摧毁",这大有弊病,因为未做任何事情去逆转对核武器的依赖,或去减小它们以如此巨大数目的继续存在所包含的风险。"我反复申明,我将愿意通过谈判达成一项诚实的、可查证的核武器削减方案……它将使我们两国中任何一国都不构成对另一方的威胁,"里根在1980年的一篇演讲稿里写道,"可是,我不能同意一项实际上令核武器扩充合法化的条约——特别是第二阶段限制战略武器条约。"[33]

"缓和"的问题不是它鼓励与苏联谈判,而是它起了这作用却未谋求美国实力的帮助:想法一直是"为有协议而争取协议"。苏联人必须懂得"直到双方达成一项限制各类武器的协议为止,我们将一直……扩充我们的防卫能力"。"如果我们有意志和决心去建设一种威慑能力……我们就能有真正的和平……面对这样的决心,克里姆林宫里的人可能断定真正的军备限制有道理。"[34]因而,在里根看来,**拒不缓和**是减小核战争危险和走向谈判解决冷战歧异的途径。

然而,这样一种解决要求苏联自身的性质发生根本改变。此乃自凯南首次表达遏制战略之后它一直有的长期目标;可是,随核危险增长,美国在鼓励苏联国内改革方面的兴趣已经衰减,直到卡特行政当局将促进那里的人权当作它的首要优先事项之一为止。[35]不过,卡特力图在维持缓和的同时去这么做,结果徒劳无功,因为很难既请求一国给予国际领域内的合作,同时又挑战它的国内构造。对里根来说,改革苏联需要放弃缓和。"我们的对外政策应以示范效应显示我们制度的伟大和美国理想的力量,"他在1980年8月写道,"我们最喜欢的莫过于看到俄国人民生活在自由和尊严之中。"[36]

　　因而,里根非同小可。他入主白宫时怀有一套大多由他自己构想的清晰的想法,一套关于如何通过返回凯南1947年为之设立的目标去拯救遏制战略的想法:"要大大加剧苏联政策必须在其下运作的压力,将程度大得多的节制和审慎强加于克里姆林宫,远大于近年里它不得不遵循的,而且以此方式促进种种趋向,那最终必定释放为苏联权势的骤然崩解或逐渐软化。"[37]里根将成就这个结局,不是靠承认当前苏联政权的合法性,而是靠挑战它;不是靠谋求在军备竞赛中势均力敌,而是靠重获优势;不是靠在人权问题上妥协,而是靠利用该问题,将它当作一种比双方军事武库内任何装备都更有力的武器。"我眼中的里根可能不是细节大师,"苏联大使多勃雷宁后来说,"但他具有关于他想望什么的清晰意识。"[38]

三

　　如同早先的种种遏制战略,里根的战略在他进入白宫时还未充分形成。他决心与他认为失败的在任总统的声誉扫地的政策拉开距离,像他的若干前任试图做过的。可是,他在有个方面不同寻常,即他也拒绝早先各行政当局的遗产,包括他的共和党同伴尼克松和福特的那些。新总统还因为不依赖任何主要幕僚去帮助塑造和表达他的战略而有别于先例。尽管有重量级人物在场,诸如国务院的亚历山大·黑格(Alexander Haig)和乔治·舒尔茨(George Shultz),国防部的卡斯帕·温伯格(Caspar

Weinberger)，中央情报局内的威廉·凯西（William Casey），但里根行政当局内没有哪一个人行使过凯南、尼采、杜勒斯、罗斯托、基辛格和布热津斯基在他们效劳的诸行政当局内曾有的影响：舒尔茨最为接近，但仅是在里根第二任期里。里根先后有过六位国家安全事务助理——理查德·艾伦（Richard Allen）、威廉·克拉克（William Clark）、罗伯特·麦克法兰（Robert McFarlane）、约翰·波因德克斯特（Jonh Poindexter）、弗兰克·卡卢奇（Frank Carlucci）和科林·鲍威尔（Colin Powell），这事实提示了说到底他在多大程度上是他自己的首席战略家。很容易理解，多勃雷宁在与总统的首次长时间谈话后断定，"里根乃真正的老板"。[39]

里根的目标虽然骇人，但直截了当：将旧的苏联制度推至崩裂点，以此为一类新的苏联领袖铺平道路。凯南、尼采和其他早期的遏制战略家总是展现一种可能性，即莫斯科可能在某一天承认意识形态失败、帝国主义徒劳，而那是这一国家一直建于其上的两个基础。[40]然而，无论是对称的还是不对称的遏制都未产生任何类似的结果，而且到里根1981年初就职时，苏联的表面实力和实际行为令这前景看上去确实很遥远。当时全不清楚苏联经济在临近破产，阿富汗将成为苏联的越南，被称为团结工会的一个波兰劳工团体的出现预示共产主义在东欧的完结，或苏联本身将在十年后消逝。

里根接下来几年里形成的战略没有导致这些事发生。它们出自多年来一直在苏联及其卫星国内部累积的结构性紧张。即使卡特在1980年再度当选，它们也会在某个时候产生一场危机。

它是否会来得那么快或伴有那么决定性的结果，则是另一回事。因为，无论卡特的政策在莫斯科看来如何，在里根以前没有行政当局曾蓄意谋求利用这些紧张，以便扰乱克里姆林宫领导层，加速它运作的政权的衰败。

所有先前在对称与不对称的遏制之间的转换都是作为回应发生的，回应总统及其幕僚认为**美国的**体制能承受得起什么。因而，杜鲁门甚至在朝鲜战争以前就在转向这样一个战略方向，它基于经济能容忍防务预算大幅度增长而不触发通货膨胀这一断言。艾森豪威尔拒斥这些论辩，加上他关心有限战争的政治代价，因而他的行政当局以"新面貌"的形式返回不对称遏制。肯尼迪和约翰逊信奉一种扩张主义的经济哲学，舍此本不可能有他们的向对称战略的回归。尼克松、福特和基辛格从越战的过度行为中退缩，重归不对称。卡特虽未延续基辛格战略的表象，却继承了它的实质，其原因之一就是对称性反应的前一次应用引发的通货膨胀急速加剧仍在继续，不容进一步尝试那种方略。

然而，这些转换中没有哪一次与**苏联的**体制能承受得起什么有很大关系。即使确实就人权问题挑战莫斯科的卡特行政当局，也避而不做任何系统的努力去利用苏联的内部羸弱。1977年间起草的它关于国家战略的第一项指令要求关注美国的技术、经济和政治实力，同时说："苏联继续面对重大的内部经济和国民困难。"可是，它未能伸展这洞察，相反却提议做种种努力以确保莫斯科在处理地区性冲突和达成军备控制协议方面合作，还有"使苏联建设性地介入全球活动，例如经济社会发展及和平的非战略性贸易"。尽管1981年发生了很多事情，但至卡特离任时，追求与勃列日涅夫政权保持一种伙伴关系的战略依然如故。[41]

相反,里根关于国家战略的第一项指令在1982年5月明确要求做出种种努力,迫使"苏联承受它的经济缺陷,鼓励苏联及其盟国国内长期的自由化和民族主义趋势"。[42]三周后,在对英国国会议员的一次演讲里,里根详述了他内心的想法。卡尔·马克思是对的,他指出,因为前者预言了"在对经济秩序的要求与对政治秩序的要求直接冲突着的地方……有一场大的革命危机"。然而,里根认为这不是正发生在资本主义世界,而是正发生在苏联,一个"逆历史潮流而动的"国度。核超级大国地位没有提供任何豁免去避开这大潮流,因为"任何一种没有和平手段可使其领导人合法化的制度,都内在固有地不稳定"。因此,西方应坚持"自由不是一小撮幸运者的垄断特权,而是一切人不可让渡的……权利"。需要的是"就长期而言的一个计划,一个希望"。[43]*

没有任何美国总统先前曾像这样发言,在莫斯科的效果是引发深深的不安。多勃雷宁后来回忆道,难以想象有什么人可以比卡特更糟糕,"但不久后便清楚的是,在意识形态和宣传上,里根……的威胁性大得多"。[44]用1983年1月完成的第75号国家安全决策指令的语言来说,新行政当局力图"通过在所有国际领域持久地与苏联有效竞争,遏制和继以时日扭转苏联扩张主义"。[45]这较量将是整系列的,从扩充核武器和常规武器,到新的和被公开讨论的实战战略、经济制裁和咄咄逼人的人权宣扬,以

356

---

　　*　历史学家理查德·派普斯当时效力于国家安全委员会工作班子,在这些文件的起草方面起了重要作用。(Richard Pipes, *Vixi: Memoirs of a Non-Belonger* [New Haven: 2003], pp. 197—200.)

及公开和隐蔽地支持东欧和阿富汗的反苏抵抗运动,还有在安哥拉、埃塞俄比亚和尼加拉瓜的马克思主义政权的反对者。像里根的英国国会演讲表明的那样,这战略还包括将有力地运用高调大话作为一个心理战工具,一直趋于达到其极致,即总统在1983年3月的著名发言。[46]

　　这一切在这么一个时候到来:苏联内部长期累积发展的种种紧张已汇合起来,造成经济停滞、生态恶化、社会骚动显露和平均寿命降低(这对一个发达工业社会而言令人出乎意料)。与此同时,苏联的军事开支现在吞噬着国内生产总值的15%—20%,而美国20世纪70年代后半叶的相对应数字平均略低于5%。[47] 年迈的克里姆林宫领导人受累于意识形态和身心机能的双重老化,只能孤僻自闭地回应这些事态发展,而这趋势甚至在勃列日涅夫1982年11月去世后仍继续下去,其时政治局指定了后继者尤里·安德罗波夫和康斯坦丁·契尔年科,但他们自己也时日无多。[48] 在这意义上,里根挑了个前推的好时机。

　　可是,前推依然有风险。里根几乎不可能废弃缓和并利用苏联的易受伤害性而不重新激起核战争恐惧。这确实是在他的任期最初两年里发生了的事,那在当时看来——现在看依然如此——是古巴导弹危机以后美苏关系最危险的一个时期。这些恐惧一部分出自军备控制谈判的崩溃,尽管里根愿意遵守未经批准的第二阶段限制战略武器条约规定的数量限制。另一部分出自里根下属的言过其实,特别是有位如此使自己被人铭记的官员:此人保证只要有"足够的铁铲"去建造后院地下掩体,就应有可能在一场核攻击中生还。还有一部分出自在欧洲的抗议,抗议行将在那里设置"潘兴 II"导弹和巡航导弹——这是北约对苏联20世纪70年代末期部署SS-20导弹的回应。所有这些恐惧都反映在美国国内的一场运动之中，该运动要求"冻结"美苏两国的核武器制造、试验和部署。乔纳森·谢尔的1982年最畅销书《地球的命运》，生动地描绘了核战争的物理后果和生物后果。同样明白易懂的美国广播公司电视节目《末日之后》，在1983年秋季以描绘一场对美国的核攻击吸引了全国观众。[49]

当时几乎无人认识到，里根也害怕一场世界核末日——或许比他的大多数批评者怕得更深。他早在1976年就提醒人们注意"可怖的毁灭性导弹，那能在几分钟内⋯⋯实际毁掉我们生活在其中的文明世界"。[50]他拒绝"确保相互摧毁"，因而拒绝了限制战略武器谈判进程，这是因为长期以来他确信依靠核武器保持和平肯定迟早会招致一场核战争。缓和本身，他相信，暂时冻结了核危险，而未做任何事去减轻它。入主白宫后不久，他就开始促进减小核威胁的主动行动：它们涉及将"限制战略武器谈判"改变为"削减战略武器谈判"（START），还认可了一个当时激进的想法，即谋求与莫斯科达成协议，撤出在欧洲的一切中程核导弹。可是，由于历经过去二十年演化来的军备**控制**这概念本身假定军备**削减**是不可能的，因而里根的这些提议被广泛地认作是扼杀而非推进朝向消除核危险的进程。[51]当时里根确实震动了军控界、反核抗议者、苏联人以及他自己的大多数幕僚。

总统1983年3月23日宣布的"战略防御计划"（Strategic Defense Initiative）全面撼动了正统观念。由于认可一项保护美国抵御远程核导弹攻击的项目，里根使禁止战略防御的1972

358

年美苏条约——第一阶段限制战略武器谈判协议的一个根本支柱——成了问题。这么做时,他否定了确保相互摧毁的基本前提,即易受伤害性可以造就安全,从而将关于军备控制的一项可回溯到肯尼迪行政当局的美国立场反转过来。他引发了军备竞赛延展到外层空间的前景,那是个至此在其限制之外的天地。他利用了美国在计算机技术方面的压倒性优势,而这正是苏联将发觉极难跟上的领域。然而,他还将战略防御计划与**降低**核危险这目标联系起来:导弹防御,他坚持认为,到时候能使核武器"无力和过时"。[52]

里根未发明战略导弹防御概念。在第一阶段限制战略武器谈判协议达成以前,美国和苏联就已做出努力去发展这类系统,反弹道导弹条约甚至已允许有限的部署。[53]可是,技术困难导致五角大楼放弃这些,以致直到20世纪70年代末只有概念依然存活,特别在劳伦斯-利弗莫尔核实验室,在那里美国氢弹之父爱德华·特勒强烈认可该项目。然而,它全不接近政策主流,直到里根将它变成主流——令助手和盟国大为惊愕。"我大吃一惊",白宫首席军控谈判代表保罗·尼采后来承认。"我想不到,"国务卿舒尔茨回忆说,"有关战略防御的任何事竟在总统的日程上。"国防部长温伯格立即抢着"保证这宣告不受完全惊愕的北约重视"。[54]

从运作角度看,在1983年时,"战略防御计划"与20世纪50年代赫鲁晓夫声称苏联拥有战略导弹优势一样,与现实距离遥远。里根对这概念的兴趣更多地出自诧异,即惊诧美国竟缺乏保护自己抵御一场苏联攻击的手段——也许还出自电影和科幻小说,而非主要源于一种对何为技术上或许可行的有根据的评估。[55] 二十年后，一个有效的系统看来差不多仍像它当时那么遥不可及。然而，作为大战略，"战略防御计划"惊人地展示了它的一石多鸟。在一篇演讲中，里根同时做出如下举动：预先制止核冻结运动，提出不仅削减核武器而且消除对它的需要的前景，重新张扬美国的技术优势，并且通过在苏联无望有能力竞争的一个领域挑战它，尽可能强地刺激苏联领导人重新考虑当初为何要竞争。为加强那论辩，他后来提议——以一种如此不正统以致除他本人以外几乎别无他人认真对待的姿态——与该国**分享**将被开发出来以抵御该国武器的"战略防御计划"相关技术。[56]

里根从未排除与莫斯科谈判的可能性，只要他们能被引导走向结束冷战，而非使之永久化。他早在1981年4月——此时他正从一次近乎致命的刺杀中恢复过来——就致函勃列日涅夫，表示他希望进行一番"有意义和建设性的对话，那将帮助我们履行我们的共同责任，即找到持久和平"。[57] 他1982年5月的国家战略指令已预计，虽然接下去的几年"颇可能给我们自第二次世界大战以来的生存和幸福带来最大挑战……但我们的回应到这十年结束时将导致一种基本不同的东西方关系"。[58] 在1983年2月——发布"邪恶帝国"和"战略防御计划"演讲**之前**——与国务卿舒尔茨的一次悄然的会商中，他明确表示，他希望开始与苏联人会谈，尽管他自己的助理们有保留看法。[59] * "很可能，苏联人

---

* 里根在1983年1月批准的第75号国家安全决策指令（NSDD—75）定下美国战略一大目标："在谈判中与苏联接触，试图达成保护和强化美国利益，而且符合严格的互惠互利之原则的协议。当苏联处于政治权力交接过程中的时候，这至关重要。"（第75号国家安全决策指令，《美国对苏关系》，1983年1月17日，第1页。）

认为我是个战争疯子，"此后不久他对多勃雷宁大使承认，"然而我不想要我们之间的一场战争，因为我知道它将招致无数灾难。我们应开启新篇章。" [60] 为检测可能性，他提议苏联政府不公开地给予一群五旬节运动分子移居国外的便利，这些人五年前避难于美国驻莫斯科大使馆，一直不被准许离开。在7月，释放确实成真，公开程度最小。[61]

可是，这其中没有哪项令苏联新的——却已深患不治之症的——领导人尤里·安德罗波夫放心。他激烈谴责"战略防御计划"，宣称美国人"怀着赢得胜利的希望力图找到发动核战争的最佳途径，在这过程中，他们设计了一个又一个选项"。[62] 当苏联空军9月1日在库页岛上空将一架韩国民航客机误当作美国侦察机击落时，他坚持说这事故是一项"精心的挑衅，由美国特务部门构设" [63]。而且，在西德联邦议会11月表决同意部署"潘兴Ⅱ"导弹和巡航导弹之后，安德罗波夫命令他的谈判代表完全中止军控谈判，令苏美关系跌到多年里的最低点。

然而，与盘踞安德罗波夫内心的信念即里根行政当局在规划一场对苏联的第一次核打击相比，这些公开立场远非那么充满凶兆。1981年在他仍是克格勃首领时，安德罗波夫命令苏联情报机构在世界范围内查找该规划的证据。找不到任何证据，于是这些情报机构就编造它，而不质疑起初导致该命令下达的前提假设。[64] 这行动1983年11月间仍在进行，其时美国与其北约盟国开展了一场"重大军事演习"，代号"83优秀射手"（Able-Archer 83）。这样的演习先前有过，但这次级别更高，有顶层官员参加，使用新的通信程序，全程受到在莫斯科的严密监视。由于安德罗波夫事先指示要假设最坏情况,苏联情报部门断定"优秀射手"演习可能是个诡计,以遮掩对一场实际攻击的准备——在此情况下苏联的战争计划要求对美国发动一场先发制人的核打击。[65]

所幸"优秀射手"危机和平地结束,但它令里根深为震惊,后者在1983年夏天心里总是想着核战危险。他预览过《末日之后》,而且此后不久——经过几次延宕——五角大楼关于美国核战争计划的详尽情况介绍被首次呈送给他:"五角大楼仍有某些人宣称核战争'可以打赢'",他写道。"我想他们疯了。更糟的是,看来也有苏联将军们按照打赢一场核战去想事情。"[66]一名在莫斯科的英国间谍奥列格·戈尔迪埃夫斯基证实"优秀射手"危机多么接近引发战争之后,里根决心采取一种新方针。他选择再度发表一篇演讲,在1984年1月16日,这次不是为使克里姆林宫领导人紧张,而是要令其放心。其中最重要的一段无疑是他自己写的:

恰与我一起设想一会儿:假定,某对伊凡和安雅发觉他们自己身处一间等候室,或在一个避雨处,与某对杰姆和莎莉一起。而且,他们之间没有能使他们无法相识的语言障碍。那时他们会仔细考虑他们各自的政府之间的歧异吗?或者,他们是否会发觉他们在交换关于孩子的意见,还有他们各自如何谋生的信息?他们离别以前,交谈很可能会涉及抱负和嗜好,涉及他们对自己孩子们的希望以及他们收支相抵的难处何在。而且,当他们分道扬镳时,安雅或许会对伊

361

凡说,"难道她不可人吗? 她还教音乐呢。"或许杰姆会正在告诉莎莉,伊凡喜欢或不喜欢他的老板什么。他们甚至可能决定,他们要在不久后的某个傍晚聚在一起晚餐。最重要的是,他们将证明人们不打仗。[67]

这次演讲过后不足三周,安德罗波夫病逝。他的身体衰竭的接班人契尔年科起初维持强硬路线,但里根将此解释为赢弱:"或许他们对我们怕得很,认为我们是个威胁。"[68]

为努力缓解这些焦虑,总统1984年9月着意邀请苏联外长安德烈·葛罗米柯作一次经仔细准备的白宫会晤。与"这位冷若冰霜的老牌斯大林主义者"论辩了三个小时,令里根确信自己几乎一无所得。"如果我得了什么分,那么葛罗米柯并未对我承认这一点。他硬得像花岗岩。"[69] 然而,总统坚持自己的战略:他的国家安全事务助理罗伯特·麦克法兰在12月里向多勃雷宁保证,里根"相信他完成了他的总统任期的基本任务,即恢复美国武装力量的潜能"。现在是"逐渐改善对苏关系和就削减核武器达成协议"的时候了。[70] 当温伯格和凯西显然在试图令舒尔茨因为谋求与苏联人重开谈判而被罢免时,里根坚决站在国务卿一边:"乔治正贯彻我的政策",他在日记里写道。"我将与卡帕和比尔晤面,向他们表明这一点。这没什么乐趣,但这必须做到。"[71]

舒尔茨的政策——跟随里根的引导——还有一个维度,即等待死神完成他在莫斯科的事。"迟早,"他在1984年夏天告诉总统,"苏联人将不得不面对代际转换的难关,其时政治局的老资格成员们退休或去世,将由较年轻的人取代,后者可能有一种大为不同的见解。"这些将是成长于"第二次世界大战后的人。我猜想,意识形态对他们来说将不那么是活生生的力量,他们将更相信技术,会寻求真正有效的政策……对待他们温文而雅——不管我们可能有何分歧——和承认他们国家的重要性会带来好处"。[72] 里根不需任何推动便明白在克里姆林宫领导层输入新鲜血液的好处。在得知契尔年科于1985年3月10日去世后,他问妻子南希,"如若他们在我面前一位位接连故去,如何指望我与俄国人能取得任何进展?" [73]

362

四

可是他们没有。导致米哈伊尔·戈尔巴乔夫在3月11日被指定为苏联共产党总书记的种种环境即使现在也不完全清楚。不过,当时显而易见的是,一个重要的转折点来到了。戈尔巴乔夫本人回忆说,他在上台前夕告诉他妻子赖莎:"我们不能再像现在这样生活下去。"犹如里根和舒尔茨的回响,他后来承认"制度本身奄奄一息,它的缓慢流淌的衰老血液不再包含任何生机"。[74] 参加契尔年科葬礼的国务卿立即领略到新领导的潜能:"戈尔巴乔夫",他告诉报界,"与我曾会晤过的任何苏联领导完全不同。" [75] 尽管有往后发生的一切,但舒尔茨的评估依然正确:戈尔巴乔夫确实是里根——还有一直上溯至凯南的遏制战略家们——始终在等待的克里姆林宫领袖。

事后来看,缓和时代有三个不同的苏联。一个从外界看最可见,那就是一个野心勃勃、自信的超级大国,其全球影响似乎愈

益增长,在美国的世界权势肯定并非如此的时候。自它1968年
入侵捷克斯洛伐克之后,苏联以被人称作"勃列日涅夫主义"的
信条,声称有权利在"敌视社会主义的内外势力试图逆转一个既
定的社会主义国家的发展,使之走向资本主义制度复辟"的时候
进行干涉。[76] 然而,从内部看,苏联是个非常不同的地方。意识
形态令它背负着僵硬不化的领导阶层、臃肿腐败的官僚机构、消
磨期望的经济、严重恶化的生态环境和几乎完全不容不同政见、
新鲜思想或变革计划的政治体制。此外,还有第三个苏联,当时
几乎未显现的苏联——但其对遏制史来说,被证明是最有重大
意义的一个。

363   它存在于新一代科学家、工程师、技术员、行政管理者、外交
官、情报分析者、律师和教师的心中,他们全都受益于克里姆林
宫在20世纪50年代和60年代对大规模高等教育的巨大投入。
这投入的目的是在与资本主义的竞争中加强苏联制度:毕竟,赫
鲁晓夫已许诺在1980年时要赶上西方,不仅在军事能力上,也
在日常生活质量上。[77] 可是,不激发好奇心,就难有好教育。反
过来,好奇心将产生疑问,疑问导致批评,而批评若不得到答复,
就将招致对现状的不满。在美国和西欧,战后时代也见证了大
学教育的巨大扩展,结果是反叛青年公然攻击所有各类"权势集
团"。在苏联,这挑战必然较谨慎。它悄悄地发生在讨论班的教
室内、在公园散步时、在厨房餐桌旁的彻夜长谈中。并且更重要
的是,在一类兴起中的苏联精英的思维中,得益于苏联制度给
了他们的教育,已开始认识到这种制度无法以其现存形态生存
下去。[78]

戈尔巴乔夫在这代人中间第一个抵达克里姆林宫等级制的顶端。他在那里的存在并未立即改善苏美关系："戈尔巴乔夫将像他们的领导人中的任何一位一样强硬"，里根在1985年4月预言。"如果他不是个被证实了的意识形态分子，那么他永不会被政治局选中。"[79] 反过来，苏联资料证实，戈尔巴乔夫当时怀疑里根，而且在以后数月中依然如此。[80] 然而，这位克里姆林宫新领导与其近期的前任不同，没有那么被意识形态所封闭，以致听任它锁上自己的眼睛、耳朵和心灵。与勃列日涅夫、安德罗波夫和契尔年科交流犹如与机器人谈话，那对一位像里根那样的自豪于其沟通技能的总统来说，是个令人沮丧的经历。相反，戈尔巴乔夫极为灵活，里根迅速意识到由此提供的机会。他一向意在使他的对抗战略为说服战略铺平道路：*现在，时机已经到来。他希望令心存怀疑但注意观察的戈尔巴乔夫确信的要点可归结为三方面：

364

第一，美国真诚地谋求降低核战争危险。里根很久之前便相信，"如果我什么时候能与苏联顶层领导人中的一位单独待在一个房间里，那么我们二人就有机会能取得某种进展……我总是对人与人之间的沟通在解决问题时所具有的朴实力量寄予愿望"。[81] 这听来幼稚，但当这最终发生时——在1985年11月19日于日内瓦举行的他们二人的首次峰会上，里根确实与戈尔巴乔夫面对面坐下，只有他们的翻译在场——出现了若干趣事。

---

* 第75号国家安全决策指令已断定，"美国必须可信地显示，它的政策不是一张蓝图，规划与莫斯科的无休止和无裨益的对抗，而是一种认真的探索，为美苏关系寻求一个稳定和建设性的长期基础。"（第75号国家安全决策指令，1983年1月17日，第9页。）

一是这会谈远超过为之计划的时间。接着在那天晚些时候又有一次未经计划的会谈,其间两位领导人同意在华盛顿和莫斯科举行未来的峰会。然而,真正的大事如舒尔茨回忆,是"作为人,他们合得来"。[82] 尽管在冷战责任、人权、地区性冲突特别是"战略防御计划"问题上存在激烈分歧,里根仍发觉"戈尔巴乔夫有悦人的地方。他的面容和风格暖人心肠,不像在此之前我在大多数高级苏联领导人那里见到的近乎仇恨的冷淡"。[83] 戈尔巴乔夫也有同感:"那天我们二人各自都碰到了某种重要状况……我们都意识到必须保持接触,试图避免破裂。"[84]

在这些会谈中,里根曾向戈尔巴乔夫表示,假如没有核导弹,那就不会有防御它们的需要。[85]总统渴望使世界摆脱所有核武器——不仅是导弹——全非新事:他几年来一直在谈论这一点,令其助手们大感不解,其中极少有人认为他当真。然而,戈尔巴乔夫却认真对待此事。1986年1月,无疑仍记得里根在日内瓦的评论,他公开提议逐步消除核武器和弹道导弹,到2000年完毕。里根的大多数幕僚斥之为吸引眼球的噱头,而且它也许就是。然而如戈尔巴乔夫的顶级助手中的一位在当时所写的,这位苏联领导人"在冒'风险',因为按他理解的,这根本没有风险——因为没人会袭击我们,即使我们完全解除武装。"[86]与萦绕安德罗波夫和契尔年科的恐惧相比,这变化极大:里根的要人放心的保证终于奏效了。总统本人喜欢戈尔巴乔夫的提议,想要进一步走下去:"实现一个没有核武器的世界为何要等到世纪末?"他问舒尔茨。这是个好问题,它导致国务卿断定"虽然他的梦想可能是乌托邦式的,但里根和戈尔巴乔夫关于消除核武器的愿望的共同看法或能推动我们走向大规模削减中程和战略弹道导弹,那是里根早在1981和1982年就已提议的。"[87]

　　在接下来几个月,一种美苏间的顶层共识开始浮现,支持一个仅几年前即使不会被认作荒唐可笑,也会被视为少有可能的命题:或许确实可能走向战略武器的**急剧**削减甚或**消除**,而非仅从限制走到削减。是里根通过挑战关于缓和的通常看法、限制战略武器进程和它背后的"确保相互摧毁"概念,将美国带至这一立场。也是他——在日内瓦一座壁炉前面对面——说服戈尔巴乔夫相信他说话算数。而且,当戈尔巴乔夫宣称也持有这眼界时,又是里根投桃报李,认为这位苏联领导人诚挚无欺,尽管有相反的证据。接着,偶然性事件的发生强化了这心态:1986年4月26日发生了切尔诺贝利核灾难,乌克兰和白俄罗斯的大片地区受到污染,从而几乎再有效不过地强烈凸现了共同的核危险。到此时,里根已无需被说服。可是,戈尔巴乔夫因发生的事而大为震惊:他的可能是机会主义式的反核立场现在变得认真多了。[88]

　　下一次超级大国峰会,1986年10月在冰岛雷克雅未克举行,是战后时代最惊人的一次。[89]此次会议匆忙召开,以解决关于部署在欧洲的中程导弹的谈判僵局。然而,令里根及其幕僚吃惊的是,戈尔巴乔夫携带远为广泛的提议抵达。他现在不仅接受里根长期以来的渐次全部消除此类导弹的建议,还同意将苏联和美国的战略武器全面削减50%,而不坚持英国和法国的武器也被包括在计数内。这绝非是吸引眼球的噱头,美国人对此迅速回应,提议十年内消除一切弹道导弹,以交换针对巡航导

弹和轰炸机进行防御部署的权利。作为回报,戈尔巴乔夫提出
到1996年废除一切核武器。里根立即迫不可待地接受了。一时
间,美国和苏联的领导人看来都同意一个立场,它超过每个人的
最狂热的梦想。*

然而,这并未成真,因为戈尔巴乔夫给他的提议加了个前提
条件:禁止进一步施行"战略防御计划"。里根认为,若要安全地
转变到一个无核世界,该计划必不可少,拒绝取消它。峰会破裂,
口出气话,面容痛苦——不过戈尔巴乔夫在必不可免的记者招
待会之前仍使自己镇静下来,决心"静下心将这一切想透……毫
无怜悯、往往玩世不恭和放肆不羁的新闻记者……站在我面前,
似乎代表等待自己的命运被决定的人类。此刻我认识到雷克
雅未克峰会的真正含义,明白了我们必须遵循何种进一步的方
针"。[90]多勃雷宁回忆说,正是在雷克雅未克"戈尔巴乔夫弃置激
情,断定他能够也将会与里根共事",而且确认他是"一个能够做
出伟大决定的人"[91]。后来承认"我极为愤怒且怒形于色"的里根
也重新考虑:"尽管有人想象雷克雅未克峰会是个失败,但我认
为历史将表明,在追求一个更安全、更稳妥的世界方面,它是个
重大的转折点。"[92]

假如在雷克雅未克达成了一项逐步消除所有核武器的协议,

---

* 雷克雅未克峰会的美方记录如此记下里根的话:"总统(说)十年之后他将老
态龙钟。他和戈尔巴乔夫都会来冰岛,每人从各自的国家带来最后一枚核导弹。然后,他
们将为全世界举行一个巨大的联欢会……总统……到那时将很老了,戈尔巴乔夫将认不出
他来。总统将说,'嗨,米哈伊尔。'戈尔巴乔夫则会说,'罗纳德,是你吗?'接着,他们将
销毁那最后的导弹。"(托姆·西蒙斯笔记,里根-戈尔巴乔夫会晤,1986年10月12日,
里根图书馆藏国安会执行秘书档案,869075卷宗。关于此文件我要感谢马修·费拉罗。)

那么它大概也不会被坚守。没人透彻地想过这对北约战略的涵义，该战略仍依赖"首先使用"核武器去抗击苏联在欧洲的常规兵力优势："我觉得我脚下像是在地震"，英国首相玛格丽特·撒切尔回忆道。[93] 也不清楚这么一项协议将如何影响法国、中国、印度或以色列的核能力，它们的领导人丝毫不会比撒切尔更可能接受废核主张，哪怕只是作为一个愿望。然而，美苏两国领导人曾短暂地如此行事，这事实依然重要。它为 1987 年 12 月里根和戈尔巴乔夫在华盛顿峰会上签署的《中导条约》铺平了道路，在来自双方的仔细监督下，该条约确实导致拆除和销毁了全部该类武器。它还为大幅度削减洲际弹道导弹、潜射弹道导弹和战略轰炸机造就了基础，那到世纪末将大大减少苏联人与美国人彼此瞄准对方的核武器的数目。*而且，它还使戈尔巴乔夫在返抵莫斯科时，以承认了里根的说服力的下述话语向政治局报告：

> 在华盛顿，我们大概第一次清楚地认识到人的因素在国际政治中有多大意义。以前……我们将此类个人接触当作彼此敌对和势不两立的制度的代表之间的单纯会晤。里根对我们来说只是美国资本主义及其军事-工业复合体的最保守部分的喉舌。然而事实证明，政治家——包括政府领导人，如果他们是真正负责的人物——代表了纯粹的人的关

---

* 1985 年，苏联据估计有超过 4 万枚核武器，美国则有近 2.4 万枚。到 2002 年，这些数目已降至俄美两国各有近 1.1 万枚。(国家资源防务委员会："美国－苏／俄核武器库存，1945—2002 年"，http://www.nrdc.org/nuclear/nudb/dafig11.asp。)

切、利益和普通民众的希望,这些民众在选举中将票投给他们,认为他们的领导人的姓名和个人能力与国家的面貌和爱国主义休戚相关……在我们的时代,事实证明这对政治决定有最大影响……而且,正是在华盛顿,我们第一次这么清楚地看到这一点。[94]

当戈尔巴乔夫在这次访问中会晤凯南时,他也说了类似的话:"我们国家的人相信,一个人可以是另一国的朋友,同时又照旧是他本国的忠诚和乐于奉献的公民",这位苏联领导人告诉这位最早的遏制战略家,"这就是我们看待你的方式。"[95]

里根希望说服戈尔巴乔夫相信的第二点是:指令型经济,当它与威权主义政治搭配成双时,必然导致该国在现代世界陈旧过时。里根过去经常论辩这一点,最生动的是在1981年5月,当时他预言"西方不会遏制共产主义,它将超越共产主义……"[96]不过,他将说服克里姆林宫新领导的任务留给舒尔茨——舒尔茨在斯坦福大学教过经济学。国务卿急于这么做,确信在莫斯科的代际交替已为新鲜思想铺平道路。他认为,戈尔巴乔夫需要的是一番个别辅导,使他认识到"已在转变金融、制造业、政治、科研、外交诸领域,实际上是每件事"的趋势。结论将是"苏联在这个新时代势必无望和经久地落后于其余世界,除非它改变自己的经济和政治制度。"[97]

1985年11月,恰值首次日内瓦峰会之前,舒尔茨开始在莫斯科举办"讲习班"。"社会正开始以种种深刻的方式改组自身,"他告诉戈尔巴乔夫,"封闭的和条块割裂的社会无法得益于信息时代。人们必须自由表达自己，自由流动，如果他们希望的话就自由移居国外和旅行，无所畏惧地挑战被接受的现存方式……苏联经济将不得不经受剧烈变革，以便适应新时代。"戈尔巴乔夫对此作出了好得惊人的回应，舒尔茨对经济的观察吸引了他的兴趣，戈尔巴乔夫后来告诉多勃雷宁："就那个课题，他将来很愿意与舒尔茨交谈。"[98]

实际上，舒尔茨论辩的是在一个愈益多维的世界上，苏联权势正在变得单一。"苏联之所以是个超级大国，仅因为它是个核武器和弹道导弹超级大国"，他在1986年初告诉他自己的幕僚。[99]因此，减小苏联和美国在这特殊领域的能力——如同里根和戈尔巴乔夫看来想做的——是有道理的，因为在所有其他领域，美国及其盟国与苏联相比那么超前。然而，确定戈尔巴乔夫明白苏联制度在其他这些领域的失败，以及纠正它们的必要，也至关重要。舒尔茨相信，他能够这么做的唯一途径，将是"改变苏联制度。因而我们需要坚持尝试在这一方向上影响戈尔巴乔夫"。[100]

舒尔茨的"讲习班"在他1987年4月再访莫斯科时重新开张。这次他准备了饼状统计图表，评估未来直到2000年时的国内生产总值和国际贸易的全球分布，那都是对苏联根本不利的预计。"什么驱动这成长？"他如教授般问道。"科学和技术"，戈尔巴乔夫答道。"对，"舒尔茨认可，"然而系于一种依靠激励和市场导向的经济制度……曾经有段时期政府能控制它的科研机构，而且基本成功。现在不再如此。"舒尔茨进一步指出，马克思主义总是强调资本与劳动之间的区分，"可是这种两分法正在变 **369**

得过时,因为我们已进入一个世界,在其中真正重要的资本是人力资本,是人们懂得什么,是他们有多么自由地交流信息、知识,以及所涌现出来的在智识上具有创造性的产品。""我们应有更多的此类交谈",戈尔巴乔夫谢道。[101]

倘若声称舒尔茨的辅导将"改革"(*perestroika*)观念植入戈尔巴乔夫内心,那会言过其实:苏联经济到20世纪80年代中叶已经面对种种严重的问题,以致除了根本重构就全无真正的替代办法。舒尔茨确实做了的是解释为何如此,而且指出走向可能的解决的途径。苏联领导人自己不久便承认有必要"摆脱我们思维中的惯性力量",同时认识到"一个社会发生基本变动的世界,一个发生包罗万象的科技革命的世界……一个信息技术急剧变革的世界"。[102]他在1988年4月对舒尔茨承认,他就"你带来的关于世界在几年后将是什么样子的图表"想了很多,而且已经"咨询专家"。如果这些表预计的趋势继续下去,那么"我们两国有许多理由要合作"。[103]一个月后,里根本人经戈尔巴乔夫许可,站在莫斯科国立大学一座巨大的列宁塑像下面,对学生们发表演讲,"现正发生着的一场大为不同的革命,悄悄地横扫全球而无流血和冲突……它被称作技术革命或信息革命,而且作为其标志,人们或可拿出小小的集成硅片,不大于一个指印。"[104]

因而,正值里根就核武器造成的危险与戈尔巴乔夫确立了共同立场之际,舒尔茨在经济和技术问题上设法成就了类似的事情。在这两个场合,想法都是使这位苏联新领导人靠向美国的思维方式,而且通过这么做去改变他领导的政权的性质。

里根行政当局的第三个目标是说服戈尔巴乔夫相信,苏联历经多年,已经使它本身变成它起初力求推翻的对象——一个压迫性的帝国。在此,首要的说服工具是里根主义,即一个计划,要将民族主义力量转过来冲击苏联近年在"第三世界"获取的利益,并且最终冲击它在东欧本身的势力范围。这个想法呼应了凯南早在1947年就有的预言:斯大林控制苏联境外的共产党的决心可能在这些地区被看作一种新形式的帝国主义,在经过一段时间后将激起当地的抵抗。[105] 1948年南斯拉夫脱离苏联阵营,在20世纪50年代中苏两国间敌意兴起,因而证明他是对的。20世纪70年代初,尼克松和基辛格利用了这后一事态的发展,办法是让世界上人口最多的共产主义国家与世界上最强的共产主义国家彼此争斗,以便从中渔利。然而,他们就民族主义在拉丁美洲、非洲和东南亚是否有可能胜过马克思主义依然持悲观看法。他们迟钝于"欧洲共产主义"的兴起,很晚才觉察出证据,证明这已经开始发生在西欧各共产主义政党内。而且,他们极少见到——如果确曾有所目睹——在东欧对苏联权威的抵抗可能不久便会发展起来的迹象。基辛格本人勉强支持赫尔辛基欧洲安全与合作会议,并且相比之下偏爱稳定,而非试图倾覆世界那个部分的现状。他相信,政治困难和经济停滞最终会招致苏联帝国崩溃,但加速这进程的方式将是延宕一场与西方的对抗,而非激励之。[106]

到卡特政府结束时,形势已经改变。在非洲南部和东部扩展着的苏联势力,尼加拉瓜的马克思主义政权的出现,团结工会在波兰的兴起,还有特别是对阿富汗的入侵,提示现今存在这样一种可能性:令苏联人转入劣势,开始将**他们**描绘成新帝国主义者。卡特为这样一种努力创设了基础,因为他授权向所有这些地区的反苏抵抗运动提供公开和隐蔽的援助。可是,他从未放弃恢复缓和的希望,因而他担忧在做的事情大白于天下。[107] 里根政府甚少有这样的顾忌,遂扩展这一援助,而且一种战略的轮廓到1983年初已在浮现。第75号国家安全决策指令指出,"苏联帝国内部"存在"多个重要弱点和易受伤害处,美国应当利用之",办法是谋求"在任何可能的地方鼓励苏联的盟友在对外政策上疏远莫斯科,并且在国内迈向民主化"。[108]

在1983年3月,里根使用了"邪恶帝国"一语,此乃首次公开暗示该战略:他承认,他选这个词是"怀着恶意的预谋。我想提醒苏联人,我们知道他们在忙些什么"。[109] 是年10月,他授权美军占领加勒比海上的一个小共和国格林纳达,在那里古巴人和苏联人一直谋求建立一个支持他们的政府。[110] 到1985年1月,里根已在公开许诺支持那些"在每个大陆,从阿富汗到尼加拉瓜,正冒丧命之险的人们,他们公然反抗苏联支持的侵犯,力求保护那些一向是我们与生俱来的权利"。[111] 一个月后,舒尔茨公开详释里根主义的含义。"多年里,"他说,"我们眼见我们的对手毫无节制地采取行动,去支援世界各地的反叛者。"依据"声名狼藉的"勃列日涅夫主义,"其任何胜利都被宣称为不可逆转。"然而近年里,"苏联的活动和抱负已一头撞上了民主革命。人民在坚持他们的独立权利,坚持他们不受外来控制地选择他们的政府的权利。"美国没有创造这一景象。正在波兰、阿富汗、柬埔寨、尼加拉瓜、埃塞俄比亚、安哥拉甚而苏联自身内部发生的事,与在南非、韩国、菲律宾和智利发生着的并无二致:这些国家的公民只是在力图决定他们自己的未来。"我们的支持,无论是道义的还是更多种类的支持,其性质和程度在不同场合必然有所不同。但是,对我们支持什么不应有任何怀疑。"[112]

因而,在戈尔巴乔夫掌权以前,里根主义就已牢固确立。一旦他掌权,里根和舒尔茨就立即着手去说服他相信其逻辑:恰如历史潮流在冲击指令型经济,它们也在冲击落伍的帝国。问题是全然实用主义的,总统1986年2月给戈尔巴乔夫写道,在阿富汗的战争"不大可能给苏联带来任何好处,为何它还要持续下去?"那里的抵抗不是出自美国的行动。"虽然我们希望我们无力诱使成千上万民众拿起武器,反抗一支训练有素、装备最现代的武器的外国军队。"但与此同时,"谁能告诉另一国的人民,他们不应为他们的祖国而战,不应为他们的独立和民族尊严而战?"[113]

关于阿富汗,戈尔巴乔夫几乎不需任何说服。他在日内瓦对里根承认,他对1979年的入侵一无所知,直到它经广播电台被宣布为止。总统认为这证实了"那是一场他对之全无责任——也几乎全无热情——的战争"。[114]尽管如此,美国仍继续向阿富汗的抵抗者输送军事援助,包括攻击飞机的"毒刺"导弹,那被证明能有效阻碍苏联的空中行动。到1987年9月,戈尔巴乔夫的新外长爱德华·谢瓦尔德纳泽(Eduard Shevardnadze)已在私下向舒尔茨保证,苏联不久将撤出阿富汗,它将欢迎美国帮助促进这进程。[115]舒尔茨从这断定,"勃列日涅夫主义死了。里根主义正在为它钉上棺盖。苏联人想撤出阿富汗,而且我感到他们正从其他热点地区逐渐消逝。我越来越多地听到在至少某些华约国家里发生变化的可能性。我觉得一个深刻的、历史性的转变正在进行"。[116]

　　情况正是如此,唯有一点除外:在舒尔茨或里根行政当局内的其他任何人有所感觉以前许久,这转变就已开始。近来对苏联档案的研究提示,勃列日涅夫主义几乎从一开始就不过是虚张声势。1968年入侵捷克斯洛伐克之后,勃列日涅夫及其幕僚就已悄悄断定,对一个正在谋求改革或拒绝社会主义的东欧卫星国,苏联再也无法使用武力去重新张扬权威。莫斯科确实成功说服沃伊切赫·雅鲁泽尔斯基(Wojciech Jaruzelski)将军1981年12月在波兰宣布军管,从而——至少一段时间——压制住团结工会。然而,假如他拒绝这么做,那么苏联将几乎肯定不会干涉,它在东欧的势力范围可能会开始瓦解,比它实际如此提前将近十年。[117] 在1985年9月与华约国家领导人首次会晤时,戈尔巴乔夫本人试图释放结束勃列日涅夫主义的信号,结果仅是遭到怀疑:"我感到他们全然不(拿我说的)当真……他们大概认为他们将只等着瞧。"[118] 里根1987年6月在西柏林发表了一次戏剧性的演讲——内称"戈尔巴乔夫先生,拆掉这堵墙!"——从而公开挑战了莫斯科对东德的控制,克里姆林宫的反应令人惊异地克制。里根自己"从未梦想过不到三年这堵墙就将坍塌,而且其中一段重六千磅的墙体会被送给我,以便装饰我的总统图书馆。"[119]

　　对勃列日涅夫主义已死——还有里根主义已为其盖上棺盖——的最终承认,在里根离任后不久到来。当1989年时,一个又一个东欧国家内苏联设置的政府倒台,却没有来自莫斯科的明显反对,并且肯定未遭其抵抗。戈尔巴乔夫的新闻发言人根纳迪·格拉西莫夫宣布——带着一些对一位苏联官员来说前所未有的随心所欲——勃列日涅夫主义已被"辛纳屈主义"（Sinatra Doctrine）取代，即东欧人现正"自行其是"[120]：这是个信号，表明事情已发展至何种程度。在多米诺骨牌接连倒下的这几个月里，戈尔巴乔夫回忆说，"我们坚持新政治思维的根本原则，即自由选择和不干预别国内政，从未有哪一次考虑走回头路。"[121]讽刺在于，勃列日涅夫本人假如仍在掌权，那么也几乎别无选择，只能同样行事。

五

冷战拉开大幕之际，乔治·凯南曾告诫不要幻想美国领导人或可影响他们的苏联同行，"通过对他们讲道理，通过与之论辩，通过走近他们并说：'看这里，事情就是这样'"。他们不会转过身，并说："'的确，我先前从未想过这点。我们会马上回去，改变我们的政策。'……他们不是那种人。"[122]这对斯大林、赫鲁晓夫、勃列日涅夫、安德罗波夫和契尔年科来说足够正确：无疑，里根自己试图与这最后三位苏联领导人——迅速接连而来的死亡给他们加诸了本身的任期限制——沟通的努力成果甚微。然而，戈尔巴乔夫不同。无论是苏联，还是先于它的俄罗斯帝国，以前从未产生过一位两者兼具的领导人：对外部世界开放，同时不愿粗暴行事。*因而，他**在**准备聆听一个如是说的美国行政当局：

＊　这个事实将他与彼得大帝、叶卡捷琳娜二世、亚历山大一世、亚历山大二世和尼基塔·赫鲁晓夫之类早先的"改革型"统治者区别开来。

"看这里，事情就是这样。"而且，他**确实**改变了苏联的政策，比他或任何其他人有可能预期的更彻底。

戈尔巴乔夫为何选择这条道路？最佳解释之一出自里根本人。"当我在（1985年）秋天首次与他会晤时，"这位前总统在其回忆录中写道，"他清楚地表明，他全心全意地相信共产主义政府制度。我从他的话里推断，他认为共产主义一向被管理得不好，他意欲改变其管理方式。"可是，在某个时候，"他最终决定抛弃共产主义的许多基本信条，连同第二次世界大战后斯大林在东欧获取的帝国。"

一个原因，里根猜测，可能在于"质变开始时他仍是个年轻人，在低效和腐败的官僚体系里往上爬，目睹了斯大林政权的粗暴"。但这也有可能出自"发现百分之三的苏联农业用地由赚取利润的个体农夫经营，竟产出了他的国家的百分之四十的肉类"。或者，可能"美国和西欧经济在20世纪80年代初的衰退之后勃然复兴，与此同时共产主义各国的经济却止步不前，这使他确信中央计划和官僚控制……削弱了人们生产和创优的积极性"。无论如何，戈尔巴乔夫必定认识到苏联

不再能支撑或控制斯大林的帝国，苏联的生存对他来说更重要。他必定看到他的国家面临着的经济灾难，断定它不能照旧将它的那么多财富花费在武器和——如我在日内瓦告诉他的——我们将永不让他的国家赢得的一场军备竞赛上。我确信，切尔诺贝利的悲剧……也影响了他，令他更努力地去尝试解决苏联与西方的歧异。而且我认为，在我们的

会晤中,我可能已帮助他理解为何我们认为苏联及其扩张主义政策是对我们的一个威胁。与他所认为的相比,我可能已帮助他明白苏联不需那么害怕西方,苏联在东欧的帝国对苏联的安全来说并非必要。

最后,里根断定,"戈尔巴乔夫有为变更而战的勇气,还有,最重要的,引入初始的民主、个人自由和自由企业的明智"。[123]

相比里根的幕僚和助手中间许多人发表的言论,这番讲述中较少胜利主义。[124]确实,其中几乎没有戈尔巴乔夫本人可持异议的观点。它将这位苏联领导人置于图景中央,从而反映了凯南和其他早期的遏制战略设计师的一个信念,即只有在苏联制度产生一位愿意使变革发生的领导人的时候,这制度才会变革。它强调这制度内部的结构性欠缺,那将它带到危机点。它强调作为一个结果已经形成的反差,即在资本主义与共产主义各自的成就之间的反差。它承认偶然事件的作用。最终,里根称自己有功只是因为解释了几件事情:苏联无法希望赢得一场与美国的军备竞赛;苏联扩张主义——过去的和当今的——造就了更多的软肋而非力量;共同利益能够胜过长久歧异。戈尔巴乔夫在他自己的冗长草率的回忆录里,没有提供关于他的政治和意识形态轨迹的类似的简洁叙述。然而,他着重坚持"美国第四十届总统将以他罕见的洞察力名留青史"。[125]

因而,合乎情理的是跟随里根,不对苏联在戈尔巴乔夫治下发生的事情去追索单一的解释:内部的事态发展肯定比外部的压力和诱导更重要,虽然恰成什么比例可能在未来几十年都不清楚。现在可以说的是：里根比他的绝大多数同时代人更快地看到苏联的种种弱点；他懂得缓和在多大程度上使冷战持久化而非加速其结束；他的强硬路线在苏联制度最虚弱的时候加剧了它的创伤；他先于戈尔巴乔夫转向和解；他在与这位苏联新领导人打交道的时候将安抚、说服和压力结合起来；他维持了美国人民和美国盟友的支持。暂且不论这战略产生何种结果，将它设计出来并予以维持本身就是一项引人瞩目的成就：里根在此的作用至关紧要。

　　还可以说，在1985年时，里根——和舒尔茨——比戈尔巴乔夫更清楚地展望到一点，即苏联为生存下去将不得不做出怎样的改变。戈尔巴乔夫只知道他的国家无法沿着在其前任治下一直遵循的道路继续前进。接下来的六年半时间将见证他挽回马克思列宁主义同时维持一个超级大国的最初努力，化解为一系列愈益孤注一掷的临时举措，它最终导致苏联权威彻底崩溃，起初国外，继而国内。[126]诚然，里根丝毫不为苏联解体感到难过。然而，是戈尔巴乔夫的而非他的行动招致了这个结果。因此，谁有战略而谁没有？这问题至少易于回答。

　　较难的问题是，在对称的与非对称的两大遏制传统之内，里根战略的合适的位置何在？他假定资源无限——他相信"我们永远能比他们花费得更多"[127]，因而他十足地置身于对称遏制阵营。可是，与国安会68号文件的作者们和肯尼迪-约翰逊行政当局的战略家们不同，里根做这一估算是依据苏联经济而非他自己的经济能够支撑什么。他因而利用了美国权势的多维性质，在苏联权势正变得愈益单维的时候。这允许保持主动，同时将竞争移入对美国有利的领域：一种符合非对称遏制的遗产的方针。[128]
由此，里根避免了按照对方确定的条件开展竞争将带来的代价、风险和挫折——对称性反应的困境，那损害了对朝鲜战争和越南战争的国内支持。然而，他也未向苏联出让任何利益，不管是通过承认其势力范围，还是通过漠视那些生活在它统治下的人所受到的待遇：据此，他使他的行政当局免于多米诺骨牌倾倒的恐惧，也免于一向困扰非对称遏制的施行者的道德内疚。

因此，与其任何冷战时期的前任相比，里根在更大程度上汲取了对称与非对称两者的长处，同时规避了它们的短处。他这么做，不是因为他知道这些术语，而是因为他理解用它们去说明的两难局面：在对手选择的时间和场所去竞争令风险最小化，但提升代价；而在自己选择的时间和场所去竞争令代价最小化，但提升风险。因此，虽没有采用这种方式描述，他设计出一种补救方法：一种高风险、高代价的战略，谋求通过**改变而非遏制**一个对手去使一个风险小得多、代价也低得多的世界成为可能。[129]凭借他的做法，他解决了一个从冷战开始以后一直令遏制战略家们痛苦的矛盾。

"里根的表现令人惊叹，"亨利·基辛格写道，"而且对学术界的观察家来说近乎不可理解……归根结底，一位只有最浅陋的学术背景的总统竟然会发展出一种拥有非凡的一贯性和适切性的对外政策。"[130]里根靠利用几项简单的习惯做到这一点：集中关注结果，而非细节；懂得在政策达到目的的过程中，轻重缓急次序可以转变；拒不让正统观念吓倒自己；明白权势既寓于物质实力，也寓于思想；能够将信念与表达它的能力结合起来；

相信没有任何战略能自我持续下去,如果它未能弘扬它试图捍卫的社会所立基的原则。里根的小癖好——他有许多——也以一种方式构成力量的源泉,因为它们那么容易促使别人小看他。而且,他总是以他多有的幽默和常识去平衡这些怪癖。*是这些素质,加上戈尔巴乔夫在苏联内部招致的改革,使这**两位**领导人能够取得凯南希望遏制战略实现的结果,那是四十年前他最初提出这战略时所期盼的。[131]

　　在里根任总统期间,凯南一直不是他的赞誉者。然而,当我在1996年问他是谁或是什么结束了冷战时,他的回答反映了大幅度的重新评价。"我认为历史力量在克服冷战方面是个更大的因素,大于任何个人的行为,"他答道,"可是,如果你要找两位对此大有贡献的个人,那么我会首先提到戈尔巴乔夫……但还有罗纳德·里根,他以他自己的无法模仿的方式,或许甚至不很清楚他真正在干什么,做了极少有别人在打破这僵局上将能够做的事。"[132]当然,也有可能,里根一直**确实**知道他正在干什么。

六

　　到里根1989年1月离任时,遏制战略已大致达到它的目的:

---

　　*　大多数时候如此。里根对常识的最明显背离是伊朗门事件,那是个他授权的复杂的图谋,通过向伊朗售卖武器确保在中东的美国人质获释,然后用得到的利润去支持在尼加拉瓜的反桑地诺抵抗运动。由此而来的调查令行政当局在1986年雷克雅未克峰会之后接连好几个月顾不上其他事务,并且很可能促使它未能跟进在那里取得的、走向逐渐解脱对核武器的依赖的进展。(Peter Kornbluh and Malcolm Byrne, eds., *The Iran-Contra Scandal: The Declassified History* [New York: 1993] 一书提供了基本的相关文件资料。)

一位苏联领导人确实已承认意识形态的失败和帝国主义的徒劳。刚刚上台的乔治·H.W.布什政府发觉自己难以相信已经发生的事。"我猜疑戈尔巴乔夫的动机,怀疑他做出的展望,"布什的新任国家安全顾问布伦特·斯考克罗夫特(Brent Scowcroft)回忆道,"他在试图用善意杀死我们……我的担忧是戈尔巴乔夫能哄骗我们解除武装……在十年左右的时间里,我们可能面对一个比先前任何时候都更严重的威胁。"[133] 布什自身的怀疑稍小,1985年在契尔年科的葬礼上,布什便与戈尔巴乔夫第一次相识。然而,布什表示"我当然不想做出愚蠢或短视的行为"。[134] 结果是一番对美苏关系的广泛的重新审视,花了几个月时间,以便确定对里根和舒尔茨来说一目了然的事情:与该国在冷战大部分时间里的情况相比,戈尔巴乔夫治下的苏联是个大为不同的国度。

378

戈尔巴乔夫试图消除一切与华盛顿冲突的根源,这显示出他看来已预料到斯考克罗夫特的反应。似乎他完全照搬了一种战略,那是克里姆林宫长期以来的美国问题专家格奥尔基·阿尔巴托夫(Georgii Arbatov)一直戏谑地建议的:令美国失去一个敌人,从而"遏制"美国。[135] 1988年12月,戈尔巴乔夫在联合国宣布**单方面**从东欧和中欧撤出50万苏军。1989年夏季,他丝毫未阻止莫斯科的权威在波兰和匈牙利的崩溃。10月,在其建国四十周年的庆典上,他告诉东德人他们将不得不自我改革。当他们没有这么做而柏林墙在下个月崩塌时,他让人明白他赞成已发生的事情。他未作任何努力去保存余下的,在捷克斯洛伐克、保加利亚和罗马尼亚的卫星国政府,它们到这年底全都已经垮台。而且,12月,在戈尔巴乔夫与布什总统于马耳他举行的首次峰会上,前者特别注重承认美国在欧洲的作用合法正当,同时却未能讲明苏联在那里的作用应当如何。[136]

不过,到那时有件事已在变得一清二楚,即倘若戈尔巴乔夫有什么遏制战略,那么它也不是针对美国的。毋宁说,它旨在为本国遏制一系列事件的后果,这些事件现在无论在莫斯科还是在华盛顿没有一个人能加以控制。因为,一旦戈尔巴乔夫让人明白苏联不会武力抵抗自决要求,那这要求就不会面临任何阻碍。他别无他法,只能听任斯大林很久以前在东欧构设的势力范围在几乎一夜之间土崩瓦解。他全无手段去抵抗压力——来自德国内部的和来自布什政府的、要求该国重新统一的压力。他全无办法去防止新近统一了的德意志国家被纳入北约:传统观点一向坚持认为苏联永远不会接受这种地缘政治结果。而且当然,最终他也无法阻止苏联的非俄罗斯加盟共和国获得自决,或就此而言俄罗斯加盟共和国亦然,后者现在由他的经自由选举产生的对手鲍里斯·叶利钦(Boris Yeltsin)领导。

379　　在与戈尔巴乔夫相关的讽刺中,并非最小的一桩是这么一个事实:尽管在整个苏联和东欧全境使自决成为可能,但他从未让自己受制于一场民主选举。[137]结果,即便他在国际上的声誉得到了提高,他的国内支持基础却在萎缩:这令他在面对几乎将他赶下台的八月政变时十分脆弱,也使他易于成为无足轻重的人物,那最后在1991年圣诞节结束了他的领导,其时苏联本身终于不复存在。

在"这最后几个月里",布什总统是日晚间告诉全国,"你们和我见证了20世纪最重大的戏剧性事件之一，苏联的历史性和革命性的转变。"美国在四十余年里一直领导了斗争，"反对共产主义和它给我们的最为珍贵的价值观造成的威胁……这对抗现在结束了。"这是一篇匆忙编撰的演讲，看来几乎没有说出它在谈论的事情的重大意义：布什缺乏里根的将语言与历史联结起来的技能。不过，历史本身讲对了。美国确实避免了在战争与绥靖中二选一，在四十五年前凯南同样匆忙地编撰"长电报"时，它们似乎是西方可用的仅有选择。"我们的敌人，"布什简洁地收尾，"成了我们的伙伴。"[138]

第十二章　后记：冷战之后的遏制

　　伟大的大战略必定受限于时间和空间，但它们也超越时间和空间。如同遏制，它们全都出自特定的时期、场所和环境系统。在这个意义上，它们不可能被分离出它们源于其中的历史境况。然而，形容词"伟大的"隐然意味着超越境况的适切性。它提示，被谈论的战略在尚待来临的时期、场所和环境里能够起到指南作用。

　　在以美国驻莫斯科使馆所曾发出的最长的电报吸引住政府的注意力之后，乔治·凯南于1946年春返回华盛顿，其时他的首项工作是在国家战争学院设计一门战略和政策课程。"我们发觉自己回归至，"他回忆道，"别的时代和世代的欧洲思想家：马基雅维里、克劳塞维茨、加列尼——甚至阿拉伯的劳伦斯。"核时代的总体战将是"自杀"，或至少"违背每一项人道原则"，然而不存在有限战争的美国传统。因此，必须探究别的传统：例如塔列朗的看法，即"各国应平时互相给予最极致的善，战时互相施行尽可能小的恶"，或者如吉本所称，即18世纪"温和节制和胜负不决的冲突"是那个时代的一个长处，而非短处。[1]凯南这里是在倚赖**可转用性**（*transferabilty*）原理：在塑造未来的大战略时，出自往昔的大战略可以提示模仿什么和规避什么。

因而，看来足够公正的是将这个标准运用于凯南本人在 381
1947年初调往国务院以后设计的战略。遏制在多大程度上可
能在别的时期、场所和环境系统内奏效？全然无效，越南战争期
间他似乎提示道："我着重否认当今在这么一些情势中援引那信
条的任何努力源出于我，它们与该信条没有，也不可能有任何恰
当的关联。"[2] 能够有**多种**遏制战略的可能性——他自己的战略
有可能引发他不赞成的变种——令凯南沮丧、愧疚且往往恼怒。
那感觉，他回忆说，"有如不经意地在悬崖顶上卸下一块巨石，现
在无助地看着它在下面的峡谷里毁灭性地滚落而下，心惊胆战
于每个接连不断的灾难景象。"[3]

确有灾难，越南最甚。然而到冷战结束时，遏制的成功显然
已超过其失败。未与苏联爆发战争，而1914—1945年美国与
德国进行过两次战争，与日本进行过一次。也未有绥靖，先前两
次世界大战之间的岁月里却有。不管在对称与非对称之间有何
波动，也不管误算如何，代价如何，美国及其盟国仍维持了一种
战略，那比它们的对手能够操作的任何方略都一贯得多，有效得
多，而且在道德上也可辩解得多。确实，相较遏制，难以想到**任
何**其他和平时期的大战略，其最终产生的结果会更为贴近最初
规定的目标。

因而，未来几十甚而几百年，战略研究者将一直研究遏制。
领导人将一直运用它的教益，在任何人当今都无法预见的时期、
场所和环境里。可转用性必不可免，不管凯南可能如何强烈地
抵制这概念。可是，环境永不可能再度与冷战时的一模一样，因
而并非遏制战略的所有方面都会转用得当。

一

早在 1947 年,凯南就提示了一个可能不会如此的方面:需要被遏制的对手**也持有遏制者自己的风险意识**。他指出,针对拿破仑或希特勒,遏制很可能不会成功,因为这两人都给实现他们的目的设定了时限,即大概是他们的有生之年。对他们来说,坚守时间表比避免战争重要。他们缺乏马克思列宁主义赋予苏联领导人的审慎:"不存在驱使克里姆林宫匆忙达到其目的的意识形态冲动",凯南在"X"文章里写道。"有如教会,它经营着经久有效的意识形态观念……它没有权利为未来虚幻的华而不实而拿革命的既有成就去冒险。"[4]确信历史在他们一边,斯大林与其后继者们准备保持耐心:这给遏制提供了所需的时间去表明他们错了。

也不清楚遏制针对这么一类国家是否会奏效:这类国家的领导人,如迈克尔·霍华德爵士(Sir Michael Howard)所指出的,相信"武装冲突在人类发展上必不可免,而且有社会必要性"。[5]这样的观点常见于 19 世纪后期和 20 世纪初期,事实上有助于解释那么多大国如何能那么轻易地在 1914 年跌入一场大战。然而,那场全球冲突和在 1939 年接着再度发生的大战深刻地动摇了"好战"前提,1945 年原子弹的使用更是击碎了它们。因而,除了存在一个审慎的对手,战后时代还有一种与先前相比远为有利的心理氛围,利于形成遏制之类的"战争以外的措施"。[6]

　　这共有的风险意识从头至尾贯穿于冷战，正因为如此，这形容词才始终附着于那名词。不管是民主党人还是共和党人占据白宫，也不管是改革派还是反动派居住在克里姆林宫，都没有关系：他们全都害怕一场第三次世界大战。他们都有社会要守卫，因而都有个国家要保全。总体战不再是这些目标赖以实现的一个手段，即使有限战争仍有可能。[7]于是丝毫不令人奇怪，凯南及其国家战争学院学生阅读克劳塞维茨，因为他的大原则是使用武力决不能成为目的本身："政治目的是终点，战争是达到它的手段，手段决不能与其目的隔开而被孤立地考虑。"[8]对此，冷战期间没有任何重要的领导人会持异议。[9]

　　这事实提示了第二个限制，限制遏制在冷战环境以外的可用性，亦即它是个**基于国家的战略**。它不仅依赖对全面战争的恐惧，而且依赖可辨识的政权的存在，这政权能用战争以外的方式去处理风险。这同样符合克劳塞维茨的论断：如果制约武力的能力不是出自国家，现代拂晓之时被创建出来以垄断暴力手段的实体，它还能出自何处？[10]要脱离国家去想象克劳塞维茨，就无异于想象无水之舟。那么，可以就遏制说同样的话吗？遏制战略能否在这么一个环境中起作用：在其中，国家不再是要被遏制的首要威胁。

　　2001年9月11日的攻击以尽可能最严酷的方式给美国提出了这个问题。那天，在美国人自己的土地上，一个恐怖主义组织的19名成员使大量美国人丧生，比60年前日本帝国海军在珍珠港造成的死亡人数更多。小布什行政当局立即断定，作为回应，冷战战略——遏制和与之相伴的威慑——对"基地"组织不会有

383

效。如何遏制在发动打击之前不可见的对象？如何威慑从事打击时准备自杀的人？这些难题导致布什在2002年秋天宣布一种新的、**先发制人**的大战略*：美国从此往后将在可能的场合采取多边行动，但在必要时单独出手，在恐怖主义者能够打击他们意中的目标之前清除他们。[11]目的是捍卫国家，抵御无国家的敌人。

与乍看来相比，布什的战略创新较少。冷战期间，先发制人从未被排除掉：在核时代，没有任何美国总统会蓄意承担爆发又一场珍珠港事件的风险。该信条只是未以布什选择的那个程度被公开宣告过。[12]"基地"组织也不是个全然无国家的敌人。奥萨马·本·拉登从塔利班控制的阿富汗指挥它，在2001年秋天，布什行政当局对此迅速和成功地予以了报复。它的首次清晰的先发制人行动也是针对一个国家，即伊拉克，时为2003年3月。被援引的理由包括声称萨达姆·侯赛因支持"基地"组织，同时积聚大规模杀伤性武器，而这两项在随后的仔细审查下都站不住脚。未被援引——但无疑持有——的一项理由，在于推翻这位伊拉克统治者将恫吓任何可能正窝藏恐怖主义者或考虑这么做的别国领导人。然而，此乃威慑，为的是抗击一种被预见了的危险。因而，按照布什政府的逻辑，先发制人回归至遏制。它未取代遏制。[13]

---

* 在这样做时，布什扩展了"先发制人"（pre-emption）在冷战时的定义——针对一个行将发动攻击的国家而采取的行动，将冷战意味上的"防止"（prevention）包括在内，那是指针对一个可能在未来某个时候拥有这能力的国家采取的行动。他这么做是因为在对付不可见和可能具有自杀性的恐怖主义组织时，这区分几乎毫无意义。（对这一点的更多论说见 John Lewis Gaddis, "Grand Strategy in the Second Term", *Foreign Affairs*, LXXIV [January/February 2005], p. 3。）

可是，还有一种理解"9·11"的方式，那如果被证实，就可能确实令遏制陈旧过时。它出自这样一种论断：只是因为国际体系已变得比过去羸弱，这攻击才能够发生。经济一体化和政治碎片化的同时进行减小了**一切**国家控制其疆域内事态和跨国境事态的能力。[14] 如果"9·11"开启了一个新的不安全时代，在其中仅仅几个人的行动就能危及整个社会，那么按传统方式构想出来的遏制战略就会几乎全然无用。遏制预先假设威胁来自试图生存下去的国家。它从不是为试图殉教的运动准备的。在类似于此的情势中先发制人，这论辩认为，可能是唯一可行的选择。

遏制在冷战环境以外的适切性还受到第三个限制，那不能不关系到一个事实：贯穿那冲突始终，一直有**某种比美国霸权更糟的事**。*事后看来，整个 20 世纪后半期，在构成权势的一切范畴内，美国始终保持着权力优势（a preponderance of power）。[15]然而，有如挪威历史学家吉尔·伦德斯泰特（Geir Lundestad）指出的，这更多地是出自邀请而非强加。[16]因为，在大部分其余世界看来，只要苏联是替代者，就总是有什么比美国霸权的前景更糟。这将霸权在并非如此的情况下就可能产生的"摩擦"——用克劳塞维茨的术语——最小化了。

随着冷战结束，苏联无意中给予美国的好处消失了，结交盟国和中立国的紧迫性也是如此，这些国家如果被漠视，那就可能

---

* 我这"更糟之事"（something worse）的基本观念归功于凯南，而凯南对它的使用则取自希拉里·贝洛克《警世传说》中的诗句，讲的是被一头狮子吃掉的不幸的吉姆，他"总是紧抓住奶妈不松手，以免遇到什么更糟之事"。

投奔另一方,或至少威胁这么做。在整个老布什和克林顿行政当局期间,多边磋商始终步步减少,不是因为这原则可予反对,而是因为与冷战期间相比,这方面的实践似乎不那么必要了。小布什行政当局承继了被称作美国单边主义的姿态。它未首创之。[17]

385　　　然而,这一政府确实以若干方式加剧了单边主义:它以不讲策略的外交方式对待关于全球气候变化问题的《京都议定书》、国际刑事法庭和《反弹道导弹条约》;在入侵阿富汗的行动中,它漫不经心地撇开北约盟国的帮助;它不顾国际社会的广泛反对而决意推翻萨达姆·侯赛因;它不愿承认它在征服伊拉克之后对于要做什么缺乏明确思路。这一切导致美国史无前例地在其余整个世界丧失了对它及其对外政策目标的支持。一种看法似乎在浮现:不可能有任何事**比美国霸权更糟**,如果后者要以这种方式被使用的话。[18]

　　如果这趋势继续下去,那么美国权势的基础将确实从受邀转变为强加,一种大不同于冷战期间遏制从中兴起的情势。当凯南在1947年写道"美国只需符合它自己的最佳传统"时,[19]他假定这些传统在它境外的吸引力将大于苏联和国际共产主义运动的吸引力。就此他是对的:此类对手的存在给美国人提供了一个大为现实的理由,去尊重他们自己的理想,而且试图在他们的行为中反映出这些理想——美国在大多数情况下成功地这样做了。然而,如果在缺乏合格对手的情况下美国不再这么做——如果它造就一种强加而非受邀的新传统——那么几乎全然不应感到惊讶,从遏制战略中,找不到什么导致它本身卓越非凡的特性可加以转用。

二

　　因而，如果境况与遏制得以产生、维持并最终得胜的环境大为不同，那么遏制就不可能成功。在这个意义上，凯南反对"在与它没有也无法有恰当关联的情势中"借用这一战略就颇有道理。他从未宣称，他在国家战争学院研究的先于遏制的种种战略能被剥离它们的历史环境，不加鉴别地应用于早期冷战。可是，他仍显然相信**有选择的**可转用性：否则向他的战争学院学生讲授往昔的大战略家就将毫无意义。因而，值得从这个视角去考虑遏制的哪些方面在一个后冷战和后"9·11"的世界上可能依然适切。

386

　　必须应对一种智识地理（intelletual geography），亦即这么一个事实：凯南的遏制战略**标出了居于危险的——甚至致命危险的——不同选择之间的一条路线**。尽管多极国际体系持续存在，直到第二次世界大战结束，战略思维的支配倾向是两极极端式的：要么战争要么和平，要么胜利要么失败，要么绥靖要么歼灭。一种想法从未得到清晰的表达，亦即可以有一种处在两端之间的东西，它既非和平亦非战争，既非胜利亦非失败，既非绥靖亦非歼灭。如同凯南注意到的，它已经蕴含在早先时代的种种战略中。然而，随大众动员、致命技术和它们使之成为可能的总体战的来临，它消失了。想象力本身衰退，导致20世纪前半叶成为大国间一个史无前例的暴力时期：似乎全无中间道路可走。

　　20世纪下半叶被证明大为不同。尽管产生了两极国际体系,战略思维的支配倾向是避免极端。核武器诚然与之有关,但遏制观念也是如此,那先于美苏核对峙近乎十年。在这背景下看,遏制是个想象力上的成就,因它从中起源的恶劣环境而更引人瞩目。这里可转用的教益是一项心理教益:任何战略,倘若其中仅有的可得选择是致命的,危险的,或不受欢迎的,那就需要重新思考。此乃尼克松和基辛格在接手越南战争——未能反思的产物——之际作出的回应。这么做时,他们是在追随凯南的先例。

　　第二个可转用的原理随之而来:战略上一个可取的替代办法是令**敌人自招失败**。这个想法至少可上溯至孙子。克劳塞维茨的思想中始终贯穿这一点。马克思和列宁预期资本主义的命运将是如此,其内在矛盾据信将招致其崩溃。[20]凯南在20世纪40年代末期和里根在20世纪80年代初期都将这逻辑反转过来,坚持认为是另一种意识形态而非资本主义内含自身毁灭的种子。美国能够通过其行动增大苏联及其盟友在处理问题时面对的压力:最终,指令经济的低效,政治问责的缺乏,以及国际主义意识形态不可能无限期压制民族主义本能,将导致其灭亡。美国人及其盟友只需坚定和保持耐心,等待这事态发生。

　　在后“9·11”时代,这想法同样有道理,因为恐怖主义者的利益与支持他们——或至少容忍他们——的国家的利益并非在所有场合都一致。恐怖主义者没有经济纲领,而国家在一个愈益互相依赖的世界上却必须有。恐怖主义者以恐吓替换代议,这是一个在民主化时代未被证明可持续的交易。最后,国家试图生存下去，即使恐怖主义者并非如此；甚至"流氓国家"在维持国际体系方面也有利益，因为它们全然不知道什么可能取代这体系。与遏制的冷战实施者们成功地利用了的共产主义阵营内部的倾轧相比，这些矛盾至少一样显著。

然而，如何得知存在这样的机会？回答这问题引出遏制战略包含的第三个可转用的原理：**在塑造这战略方面，历史是个比理论更好的指南**。凯南在冷战早期的洞察远超过当时的俗见：斯大林不是又一个希特勒；威权国家不一定不受外部影响渗透；一种基于对往昔的命定论观点的意识形态能误算未来；国际共产主义不会保持为铁板一块；战争和绥靖并非美国及其盟友在对付眼前危险时仅有的选择。

完全不清楚什么**理论**可以产生这样的论断。相反，它们出自凯南对吉本的罗马帝国史著述的阅读，出自他的关于俄国历史和文化的知识，出自在国家战争学院期间他自己的论述伟大的大战略家们的速成课程——甚至出自虚构性作品，如同凯南借托马斯·曼的小说《布登勃洛克一家》描述苏联，"人类体制往往在内部衰朽……到最透彻的时刻呈现出最大的外在辉煌"。[21]正规的理论在追求普遍有效时，太经常地脱离时间的推移。它过少注意事物怎么变成当下的形态，那通常提供了它们将会变得如何的最佳线索。相反，历史——文学亦如此——以这么一种方式提炼往昔的经验，那使人准备好迎接未来的不确定性，类似于体育训练增进耐力和累积经验，而非由它本身决定未来竞赛的结局。[22]

这过程是直觉式的，甚至是凭主观印象的，涉及有能力发现一个当前局势"类似于"过去存在过的一个或更多局势,并且明白值得去了解它们曾怎样得到处理。这过程需要自信以做到精挑细选,需要自我约束以保持清晰明确,在有必要将自己的观点讲清楚的时候,还需要某种程度的自我张扬:一份8000字的长电报不正是如此?它大大得益于对人性的洞察,那是理论难以提供的。讽刺的是,凯南当今被回溯为国际关系领域内"现实主义"的缔造者之一,因为一直以来他丝毫不认为自己是个理论家。[23]然而,由于性情、训练和一生中后来的选择,他是个历史学家。而且,他本来会喜欢成为一名小说家。

遏制的或许很可以被转用于其他境况的第四个方面,在于它在实施过程中将**连贯性与问责性**结合起来的程度。就此,凯南不那么有预见:他担忧民主政治的易变性会使一个民主国家难以——即使并非不可能——维持一种连贯的大战略。[*]在一层意义上,他是对的:有在对称的与非对称的遏制之间的反复波动,而每个新行政当局都看来不得不了解这些战略的优势与劣势。然而,当浏览整个冷战期间的美国史录时,一个人不禁惊觉遏制的更大目标——在等待苏联变更自身的同时避免战争和绥靖这两种极端情况——竟在如此大的程度上保持不变,无论哪个党占据白宫,也无论每届政府选择拥抱哪一种遏制方针。

---

*   "我有时疑惑,是否……一个民主国家很像某一史前怪兽,有像这房间一样长的躯体,头脑却一丁点儿小:它躺在它舒适的远古烂泥里,几乎完全不注意它周围的环境。它缓慢地发怒——事实上你要令它明白它的利益正被侵扰,就非得实际重击它的尾巴不可。可是,一旦它了解这一点,它就会暴发如此盲目的决心,以致不仅摧毁它的敌手,而且基本上毁掉它的栖息地。"(*American Diplomacy, 1900—1950* [Chicago: 1951], p. 66.)

因而，从这个视野出发，发生了的变动可被视为方向校正，那是民主程序内在的问责义务加诸的。每四年举行一次大选的需要可以使连贯性难以维持，但它是个防护措施，防止自满得意，防止一种倾向，即面对提示实际情况的证据去坚持适得其反的战略。为明白此种问责性的裨益，请考虑苏联和东欧卫星国政权的表现，在那里取代无效战略的唯一途径是等待它们的建筑师去世或下台。这确实发生过，但并非频繁得足以提供防护以抵御威权主义自闭症的危险，亦即由于缺乏问责而加剧的坚持错误的倾向。

对称与非对称之间的彼此交替也未阻碍另一类问责，那就是将**领导**与**赞同**结合起来的需要。令人惊异，在经历了45年的冷战之后，美国与之一起开始这场较量的同盟竟大体如故，与此同时苏联几乎不剩下任何盟友。比美国霸权更糟糕的某种状态的前景有助于部分地解释这结局。然而，这也是因为遏制战略家们，无论是信仰对称还是信仰非对称的，都从未低估盟友的重要性。在进行冷战时，他们努力维持对美国领导的多边赞同，同时不允许磋商的需要令同盟瘫痪。这方面的遏制也树立了一个楷模，未来的大战略家——甚或当今的——或可期盼仿效。

来自往昔而将会在未来可用的最后一项教益主要来自艾森豪威尔，虽然凯南赞同之，那就是遏制**决不可毁坏它在试图捍卫的事物**。艾森豪威尔忧虑，在遏制一个威权主义对手时，美国本身可能变成威权主义的，无论是通过实行指令性经济，还是通过缩减民主程序。那从未发生。尽管有军事-工业复合体，美国仍维持了市场。尽管有麦卡锡主义，它仍坚持并最终加强了公民自由。尽管有越南战争和水门事件这样的过分之事,但遏制战略从未接近败坏基本的美国价值观。后者在冷战结束时,依然与冷战开始时无异。很难对其对手的基本的意识形态价值观做出相同的论断。因而,在这个意义上,遏制也符合克劳塞维茨的思想:它是战争、外交和价值观的依凭另一种手段的继续。

三

2004年2月16日,乔治·F.凯南庆贺了他的100岁生日。比苏联早13年诞生,现今在它解体后13年,他仍健在。身体衰弱,但依然心智灵敏,这位国务家在其普林斯顿家中的楼上卧室内会见一连串的访者,包括家人、朋友、他的传记作者,甚至美国国务卿科林·鲍威尔。

58年前,差不多也是同一天,凯南在另一间卧室里患病卧床,躲避莫斯科的凛冽寒冬,并且一如既往地对国务院感到气愤。他叫来他的秘书多萝西·海丝曼,口授了一份超长的电报。这项文件比任何其他文件更有理由宣称铺平了一条道路,据此国际体系从它在20世纪前半叶的自毁轨道转到了另一轨道,那到20世纪后半叶结束时,已经消除了大国间战争的危险。*

言过其实? 也许是,但在1946年2月22日,有人会认为世界能安然免于大国间战争的浩劫? 这怎么可能? 彼时第二次世界

---

* 在凯南的百岁生日时,"长电报"被展示于普林斯顿大学火石图书馆的一个足够长的陈列柜内。

大战刚结束——与第一次世界大战过后相反——各国甚至无望召开全面和会。免于威权主义危险？这怎么可能？彼时西方民主国家不得不依靠一个威权主义国家去击败另一个。无虞再度发生经济崩溃？这怎么可能？彼时无法保证全球性衰退不会重演。无虞人权遭难？这怎么可能？彼时欧洲最发达的国家之一刚犯下史无前例的种族灭绝滔天罪行。无虞这样一种恐惧，即在任何未来战争中任何人都不会安全？这怎么可能？彼时原子武器已被开发出来，而且它们几乎不可能继续仅由美国控制。

在1946年莫斯科那个阴暗之日，凯南开辟了一条出路：一种大战略，一方面拒绝那导致了第二次世界大战的绥靖和孤立主义，另一方面也拒绝以第三次世界大战为替代，因为在一个核时代，由此而来的毁坏可以大得无法想象。58年后，要庆贺的不只是一个百岁生日。*

391

---

* 2005年3月17日晚，乔治·F.凯南由家人环绕，在他普林斯顿家中的楼上卧室里平静地去世，享年101岁。

附 录

国家安全开支在政府总开支和国民生产总值中所占百分比（1945—1992 年）[①]

财政年度	政府总开支（10 亿美元）	国家安全开支（10 亿美元）	国家安全开支在政府总开支中所占百分比	国家安全开支在国民生产总值中所占百分比
1945	92.7	83.0	89.5	37.5
1946	55.3	42.7	77.3	19.2
1947	34.5	12.8	37.1	5.5
1948	29.8	9.1	30.6	3.5
1949	38.8	13.1	33.9	4.8
1950	42.6	13.7	32.2	5.0
1951	45.5	23.6	51.8	7.4
1952	67.7	46.1	68.1	13.2
1953	76.1	52.8	69.4	14.2
1954	70.9	49.3	69.5	13.1
1955	68.4	42.7	62.4	10.8

---

① 资料来源：U.S. Office of Management and Budget, *The Budget for Fiscal Year 2005, Historical Series* (Washington, 2004), pp. 45—50。

1956	70.6	42.5	60.2	10.0
1957	76.6	45.4	59.3	10.1
1958	82.4	46.8	56.8	10.2
1959	92.1	49.0	53.2	10.0
1960	92.2	48.1	52.2	9.3
1961	97.7	49.6	50.8	9.4
1962	106.8	52.3	49.0	9.2
1963	111.3	53.4	48.0	8.9
1964	118.5	54.8	46.2	8.5
1965	118.2	50.6	42.8	7.4
1966	134.5	58.1	43.2	7.7
1967	157.5	71.4	45.4	8.8
1968	178.2	81.9	46.0	9.4
1969	183.6	82.5	44.9	8.7
1970	195.6	81.7	41.8	8.1
1971	210.2	78.8	37.5	7.3
1972	230.7	79.1	34.3	6.7
1973	245.7	76.7	31.2	5.8
1974	269.4	79.3	29.5	5.5
1975	332.3	86.5	26.0	5.5
1976	371.8	89.6	24.1	5.2
转季度①	96.0	22.3	23.2	4.8
1977	409.2	97.2	23.8	4.9
1978	458.7	104.5	22.8	4.7
1979	504.0	116.3	23.1	4.6
1980	590.9	134.0	22.7	4.9

①　转季度（transitional quarter）：为使财政年度的开端可以从 7 月 1 日改成 10 月 1 日而设立的间隔期。

1981	678.2	157.5	23.2	5.1
1982	745.7	185.3	24.8	5.7
1983	808.4	209.9	26.0	6.1
1984	851.9	227.4	26.7	5.9
1985	946.4	252.7	26.7	6.1
1986	990.4	273.4	27.6	6.2
1987	1004.1	282.0	28.1	6.1
1988	1064.5	290.4	27.3	5.8
1989	1143.6	303.6	26.5	5.6
1990	1253.2	299.3	23.9	5.2
1991	1324.4	273.3	20.6	4.6
1992	1381.6	298.4	21.6	4.8

注　释

序

1　J.H. Hexter, *On Historians* (Cambridge, Mass.: 1979), pp. 241—243.

2　Alexander L. George, "The 'Operational Code' : A Neglected Approach to the Study of Political Decision-Making", *International Studies Quarterly*, XⅢ (June 1969), pp.190—222.

3　Henry A. Kissinger, *White House Years* (Boston: 1979), p. 54.

4　Alexander George, "Case Studies and Theory Development: The Method of Structured, Focused Comparison", in Paul Gordon Lauren, ed., *Diplomacy: New Approaches in History, Theory, and Policy* (New York: 1979), pp. 43—68.

增订版序

1　John Lewis Gaddis, *Strategies of Containment: A Critical Appraisal of Postwar American National Security Policy* (New York: Oxford University Press, 1982), p. 353.

第一章　序篇：乔治·凯南以前的"遏制"

1　罗斯福致丘吉尔，1942 年 11 月 19 日，载于 Francis L. Loewenheim, Harold D. Langley, and Manfred Jonas, eds., *Roosevelt and Churchill: Their Secret Wartime Correspondence* (New York: 1975), p. 282. 乔治·C. 赫林将这一谚语归于弗吉尼亚州的国会众议员克利夫顿·伍德拉姆。见 George C. Herring, *Aid to Russia, 1941—1946: Stratety, Diplomacy, the Origins of the Cold War* (New York:

1973), p. 22。

2 引自 Keith David Eagles, "Ambassador Joseph E. Davies and American-Soviet Relations, 1937—1941"（华盛顿大学博士学位论文，1966 年），p. 328。

3 "X", "The Sources of Soviet Conduct", *Foreign Affairs*, XXV (July, 1947), p.575.

4 *New York Times*, June 24, 1941.

5 *Life*, XXV (August 30 and September 6, 1948), pp.83—97, 86—103.

6 布利特致罗斯福，1943 年 1 月 29 日和 8 月 10 日，富兰克林·D. 罗斯福文件，总统秘书档，"布利特"，纽约海德公园富兰克林·D. 罗斯福图书馆。又见布利特致罗斯福，1943 年 5 月 12 日，出处同上。这些备忘录的略为删节过的版本刊载于 Orville H. Bullitt, ed., *For the President: Personal and Secret: Correspondence Between Franklin D. Roosevelt and William C. Bullitt* (Boston: 1972), pp. 575—579。

7 关于这一点，见 Robert Dallek, *Franklin D. Roosevelt and American Foreign Policy, 1932—1945* (New York: 1979), pp. 410—411, 414—415, 430, 432, 469。

8 联合参谋部与罗斯福、丘吉尔会商记录，魁北克，1943 年 8 月 23 日，*U.S. Department of State, Foreign Relations of the United States:*（此后简称 *FRUS*）*The Conferences at Washington and Quebec, 1943* (Washington: 1970), p. 942; 赴德黑兰途中联合参谋部与罗斯福会商记录，1943 年 11 月 19 日，*FRUS: The Conferences at Cairo and Tehran, 1943* (Washington: 1961), p. 255。又见 Warren F. Kimball, *Swords or Ploughshares? The Morgenthau Plan for Defeated Nazi Germany, 1943—1946* (Philadelphia: 1976), pp. 13—15, 以及 Mark A.Stoler, *Allies and Adrersaries: The Joint Chiefs of Staff, the Grand Alliance, and U. S. Strategy in World War* II (Chapel Hill: University of North Carolina Press, 2000), p. 133, 136。

9 罗斯福致丘吉尔，1945 年 4 月 6 日，载于 Loewenheim et al., eds., *Roosevelt and Churchill*, p. 705。

10 马克西姆·李维诺夫致苏联外交部，1933 年 11 月 8 日和 17 日，Ministerstvo innostrannykh del SSSR, *Dokumenty vneshnei politiki, SSSR* (Moscow: 1967—), XVI ,pp.609, 658—659。又见 Thomas R. Maddux, *Years of Estrangement: American Relations with the Soviet Union, 1933—1941*(Tallahassee: 1980), pp. 14—15; 苏联人的一项对罗斯福一心关注"均势"政治的夸张论述，见 Nikolai V. Sivachev and Nikolai N. Yakovlev, *Russian and the United States*, translated by Olga Adler Titelbaum (Chicago: 1979), pp. 124, 137, 150。

11　见 John Lewis Gaddis, *Russia, the Soviet Union, and the United States: An Interpretive History* , second edition (New York: 1990), pp. 136—143。

12　典范性的论述一直是 Raymond H. Dawson, *The Decision to Aid Russia, 1941: Foreign Policy and Domestic Politics* (Chapel Hill: 1959), 然 而 又 见 Maddux, *Years of Estrangement,* pp. 147—156。

13　第二次世界大战期间苏联 "单独媾和" 之可能性的晚近证据， 见 Vojtech Mastny, *Russia's Road to the Cold War: Diplomacy, Warfare, and the Politics of Communism, 1941—1945* (New York: 1979), pp. 73—85; 关 于 日 本, 见 Ernest R. May, "The United States, the Soviet Union, and the Far Eastern War, 1941— 1945", *Pacific Historical Review*, XXIV (May, 1955), pp. 153—174; Louis Morton, "Soviet Intervention in the War with Japan," *Foreign Affairs*, XL (July, 1962), pp. 653—662。

14　Richard M. Leighton, "The American Arsenal Policy in World War II : A Retrospective View", in Daniel R. Beaver, ed., *Some Pathways in Twentieth Century History: Essays in Honor of Charles Reginald McCrane* (Detroit: 1969), pp. 221—252. 又见 Kent Roberts Greenfield, *American Strategy in World War II : A Reconsideration* (Baltimore: 1963), p. 74。

15　Maurice Matloff, "The 90-Division Gamble", in Kent Roberts Greenfield, ed., *Command Decisions* (Washington: 1960), pp. 365—381. 又 见 Forrest C. Pogue, *George C. Marshall: Organizer of Victory* (New York: 1973), pp. 357— 358, 361, 492—494。

16　W. Averell Harriman and Elie Abel, *Special Envoy to Churchill and Stalin, 1941—1946* (New York: 1975), p. 74, 另见 Stoler, *Allies and Adversaries*, p 56。

17　Greenfield, *American Strategy in World War II*, pp. 71—73。

18　关于这一点，见 James MacGregor Burns, *Roosevelt: The Soldier of Freedom* (New York: 1970), p.546。

19　Sivachev and Yakovlev, *Russia and the United States*, p. 163. 关于斯大林对罗斯福的怀疑，见 John Lewis Gaddis, *We Now Know: Rethinking Cold War History* (New York: 1997), pp.21—23。

20　罗斯福对战争宣传委员会会议的非正式言谈，1944 年 3 月 8 日。载于 Samuel I. Rosenman, ed., *The Public Papers and Addresses of Franklin D. Roosevelt*, 13 vols. (New York: 1938—1950), XIII, p.99。

21　这一点见 Martin Weil, *A Pretty Good Club: The Founding Fathers of the U.S.*

Foreign Service (New York: 1978), pp. 67—69.

22 罗斯福致教皇庇护十二世，1941 年 9 月 3 日，Elliott Roosevelt, ed., *F.D.R., His
     Personal Letters: 1928—1945*, 2 vols. (New York: 1950), pp. 1204—1205。

23 Daniel Yergin, *Shattered Peace: The Origins of the Cold War and the National
     Security State* (Boston: 1977), pp. 10, 44.

24 Dallek, *Roosevelt and American Foreign Policy*, pp. 102—103; Maddux, *Years
     of Estrangement*, pp. 92—99.

25 罗斯福与莫洛托夫谈话备忘录，1942 年 5 月 29 日，载于 *FRUS: 1942, II*,
     pp.568—569。又见：华莱士 1942 年 11 月 30 日日记，载于 John Morton
     Blum, ed., *The Price of Vision: The Diary of Henry A. Wallace, 1942—1946*
     (Boston: 1973), p. 138; 罗斯福致乔治·诺里斯，1943 年 9 月 21 日，罗斯
     福文件，总统私档 880 号；查尔斯·波伦所作罗斯福与斯大林谈话记录，
     1943 年 11 月 29 日，载于 *FRUS: Cairo and Tehran*, pp.530—532。

26 华莱士 1942 年 12 月 16 日日记，载于 Blum, ed., *The Price of Vision*, p. 146.
     又见：波伦所作罗斯福与斯大林会晤记录，1943 年 11 月 28 日于德黑兰，
     载于 *FRUS: Cairo and Tehran*, pp. 485—486; Christopher Thorne, *Allies of A
     Kind: The United States, Britain, and the War Against Japan, 1941—1945* (New
     York: 1979), pp. 419—420。

27 Michael Schaller, *The U.S. Crusade in China, 1938—1945* (New York: 1979),
     pp. 98—99, 177—178; 又见：Dallek, *Roosevelt and American Foreign Policy*,
     pp. 390—391; Thorne, *Allies of A Kind*, pp. 307—308。

28 见 George F. Kennan, *The Decline of Bismarck's European Order: Franco-
     Russian Relations, 1875—1890* (Princeton: 1979), 特别见 pp.421—422。

29 Wm. Roger Louis, *Imperialism at Bay: The United States and the Decolonization
     of the British Empire, 1941—1945*（New York: 1978）; 又见 Thorne, *Allies of A
     Kind* 一书中恰当的各章。

30 Herring, *Aid to Russia*, pp. 38, 47—48, 86.

31 *Ibid.*, pp. 144—178; John Lewis Gaddis, *The United States and the Origins of the
     Cold War, 1941—1947* (New York: 1972), pp. 128—129, 197.

32 Martin J. Sherwin, *A World Destroyed: The Atomic Bomb and the Grand Alliance*
     (New York: 1975), pp. 67—140. 又见 Barton J. Bernstein 的两篇文章："The
     Quest for Security: American Foreign Policy and International Control of Atomic
     Energy, 1942—1946", *Journal of American History*, LX (March,1947), pp.

1003—1044; "Roosevelt, Truman, and the Atomic Bomb; 1941—1945; A Reinterpretation", *Political Science Quarterly*, XC (Spring, 1975), pp.23—69。

33 例如见 Gaddis Smith, *American Diplomacy During the Second World War, 1941—1945* (New York: 1965), pp. 11, 14—16.

34 以下书籍很好地论述了这一点：Arthur Schlesinger, Jr., "Origins of the Cold War", *Foreign Affairs*, XLVI (October 1967), pp.48—49。

35 Vladimir O. Pechatnov and C. Carl Edmondson, "The Russian Perspective", in Ralph B. Levering, Vladimir O. Pechatnov, Verena Botzenhart-Viehe, and C. Carl Edmondson, *Debating the Origins of the Cold War: American and Russian Perspectives* (New York: 2002), p. 93.

36 Mastny, *Russia's Road to the Cold War*, pp. 270—271. 又见 Bradley F. Smith and Elena Agarossi, *Operation Sunrise : The Secret Surrender* (New York: 1979)。

37 华莱士 1942 年 11 月 30 日日记，载于 Blum, ed., *The Price of Vision*, p. 138。

38 Gaddis, *The United States and the Origins of the Cold War*, pp. 23—31, 149—171.

39 Herring, *Aid to Russia*, pp. 80—142.

40 Lynn Etheridge Davis, *The Cold War Begins: Soviet-American Conflict over Eastern Europe* (Princeton: 1974), pp. 62—171. 又见：Weil, *A Pretty Good Club*, pp. 105—108; Hugh DeSantis, *The Diplomacy of Silence: The American Foreign Service, the Soviet Union, and the Cold War , 1933—1947* (Chicago:1980), pp. 106—130; Charles E. Bohlen, *Witness to History, 1929—1969* (New York: 1973), pp. 121—126。

41 哈里曼致哈里·霍普金斯，1944 年 9 月 10 日，载于 *FRUS: 1944*, IV , p. 989; 迪恩致乔治·C. 马歇尔，1944 年 12 月 2 日，载于 *FRUS: 1944*, IV , 992—998; Harriman and Abel, *Special Envoy*, pp. 335—349; John R. Deane, *The Strange Alliance: The Story of Our Efforts at Wartime Cooperation with Russia* (New York: 1947)。

42 George F. Kennan, *Memoirs, 1925—1950* (Boston: 1967), pp. 204, 220—223, 250, 253, 256.

43 哈里曼致霍普金斯， 1944 年 9 月 10 日， 载于 *FRUS: 1944*, IV , pp.989—990; 又见： Harriman and Abel, *Special Envoy*, pp. 414—415; Bohlen, *Witness*

to History, pp. 164, 175—176。

44　Gaddis, *The United States and the Origins of the Cold War*, pp. 200—206, 217—220, 230—233. 又见 Yergin, *Shattered Peace*, pp. 69—86 ; Alonzo L. Hamby, *Man of the People: A Life of Harry S. Truman* (New York: 1995), pp. 315—318。

45　John Lewis Gaddis, "Harry S. Truman and the Origins of Containment", in Frank J. Merli and Theodore A. Wilson, eds., *Makers of American Diplomacy* (New York: 1974), pp. 503—506。

46　引自 Patricia Dawson Ward, *The Threat of Peace: James F. Byrnes and the Council of Foreign Ministers, 1945—1946* (Kent, Ohio: 1979), p. 22。

47　Gaddis, *The United States and the Origins of the Cold War*, pp. 215—224, 240—241; Herring, *Aid to Russia*, pp. 180—236; Thomas G. Paterson, *Soviet-American Confrontation: Postwar Reconstruction and the Origins of the Cold War* (Baltimore: 1973), pp. 33—46.

48　Ward, *The Threat of Peace*, pp. 31, 34; Davis, *The Cold War Begins*, pp. 288—334; Geir Lundestad, *The American Non-Policy Towards Eastern Europe, 1943—1947* (Oslo: 1978), pp. 235—248, 271—278.

49　国务卿、战争部长和海军部长会议纪录，1945 年 10 月 10 日，*FRUS: 1945*, Ⅱ , p.56. 又见斯退汀纽斯 1945 年 9 月 28 日日记，载于 Thomas M. Campbell and George C. Herring, Jr., eds., *The Diaries of Edward R. Stettinius, Jr., 1943—1946* (New York: 1946), pp. 427—428.

50　Gaddis, *The United States and the Origins of the Cold War*, p. 260. 又见战略情报处 R&A 2060 号文件《俄国重建和战后对外贸易进展》，1944 年 9 月 9 日，情报研究处卷宗，国家档案馆藏国务院档案，档类 59。

51　贝尔纳斯－斯大林会晤备忘录，1945 年 12 月 23 日，*FRUS: 1945*, Ⅱ , pp.752—753. 关于埃思里奇报告，见 Davis, *The Cold War Begins*, pp. 322—326.

52　Ward, *The Threat of Peace*, pp. 48—49, 71; Gaddis, *The United States and the Origins of the Cold War*, pp. 268—273.

53　Yergin, *Shattered Peace*, pp. 147—162; Ward, *The Threat of Peace*, pp. 50—77; Gaddis, *The United States and the Origins of the Cold War*, pp. 273—296.

54　凯南致国务院，1946 年 2 月 22 日和 3 月 20 日，*FRUS: 1946*, Ⅵ , pp.699—700, 721—722. "长电报" 全文载于该卷第 696—709 页。

55　凯南致国务院，1946 年 3 月 20 日，*ibid.*, p.723。

56　Kennan, *Memoirs: 1925—1950*, pp. 294—295. 关于凯南的分析在华盛顿的反响，见：Bruce R. Kuniholm, *The Origins of the Cold War in the Near East: Great Power Conflict and Diplomacy in Iran, Turkey, and Greece* (Princeton: 1980), pp. 310—313;David Mayers, *George F.Kennan and the Dilemmas of US Foreing Policy* (New York:1998), pp. 99—102 ；以及 Wilson D. Miscamble, C.S.C., *George F. Kennan and the Making of American Foreign Policy, 1947—1950* (Princeton: 1992), pp 25—28。关于时人的反应，见：Walter Millis, ed., *The Forrestal Diaries* (New York: 1951), pp. 135—140; *The Journals of David E. Lilienthal: The Atomic Energy Years, 1945—1950* (New York, 1964), p. 26; 还有 H. 弗里曼·马修斯写的一份备忘录《对苏联政策的政治分析（供与军事研究有关的用途）》，1946 年 4 月 1 日，*FRUS: 1946*, Ⅰ, p.1167.

57　凯南致国务院，1946 年 2 月 22 日，*ibid.*, Ⅵ, pp.708—709。

58　贝尔纳斯广播演说，1946 年 5 月 20 日，*Department of State Bulletin*（以后简称 *DSB*），ⅪⅤ (June 2, 1946), p.950。

59　这些主张是从下列文献中推引出来的：贝尔纳斯对海外报业俱乐部的演说，1946 年 2 月 28 日于纽约，*DSB*, ⅪⅤ (March 10, 1946), pp.355—358; 贝尔纳斯对圣帕特里克之子联谊会的演说，1946 年 3 月 16 日于纽约，*ibid.*, ⅪⅤ (March 24, 1946), p.481—486; 福莱斯特·P. 谢尔曼海军上将起草的备忘录，1946 年（误标为 1945 年）3 月 17 日，普林斯顿大学图书馆藏詹姆斯·V. 福莱斯特文件，第 71 盒，"杂件档，1946 年"；国务院－战争部－海军部协调委员会第 202/2 号文件，《关于美国政府对外国战后武装力量提供军用物资的政策》，1946 年 3 月 21 日，*FRUS: 1946*,Ⅰ, pp.1145—1160; 国务院－战争部－海军部第 4096 号文件，《美国对外政策》，1946 年 3 月 29 日，*ibid.*, pp. 1165—1166; 马修斯备忘录，1946 年 4 月 1 日，*ibid.*, pp.1167—1171; 杜鲁门陆军节演说，1946 年 4 月 6 日，*DSB*, ⅪⅤ (April 21, 1946), pp.622—624; 詹姆斯·C. 邓恩致贝尔纳斯，1946 年 4 月 18 日，*FRUS: 1946*, Ⅱ, p.72; 克拉克·M. 克利福德致杜鲁门，《美国同苏联的关系》，1946 年 9 月 24 日，发表于 Arthur Krock, *Memoirs: Sixty Years on the Firing Line* (New York: 1968), pp. 419—482。

60　*Ibid.*, p. 482.

61　国务院－战争部－海军部第 4096 号文件，1946 年 3 月 29 日，*FRUS: 1946*,Ⅰ, p.1165。

62　Kuniholm, *The Origins of the Cold War in the Near East*, pp. 303—410.

63　Herbert Feis, *Contest over Japan* (New York: 1967), pp. 127—151; John Lewis

Gaddis, "Korea in American Politics, Strategy, and Diplomacy, 1945—1950", in Yonosuke Nagai and Akira Iriye, eds., *The Origins of the Cold War in Asia* (New York: 1977), pp. 280—281.

64 Bruce Kuklick, *American Policy and the Division of Germany: The Clash with Russia over Reparations* (Ithaca: 1972), pp. 205—225; John H. Backer, *The Decision to Divide Germany: Ameircan Foreign Policy in Transition* (Durham: 1978), pp. 141—144.

65 Ward, *The Threat of Peace*, pp. 78—171.

66 就此见 Kuniholm, *The Origins of the Cold War in the Near East*, pp. 381—382.

67 对这一论点的详细阐说见 John Lewis Gaddis, "Was the Truman Doctrine a Real Turning Point?", *Foreign Affairs*, LII (January 1974), pp.386—402。

68 James F. Schanbel, The Joint Chiefs of Staff and National Policy, 1945—1947 (Wilmington, Del.: 1979), p. 238. 又见对复员状况的综述，pp.195—238。

69 见附录。

70 Gaddis, *The United States and the Origins of the Cold War*, pp. 341—346.

第二章 乔治·凯南与遏制战略

1 Kennan, *Memoirs: 1925—1950*, p. 294.

2 *Ibid.*, pp. 307—309, 327. 另见 Miscamble, *Kennan and the Making of American Foreign Policy*, pp.3—40。

3 "The Sources of Soviet Conduct", *Foreign Affairs*, XXV (July, 1947), pp.566—582. 关于该文发表的背景，见 Kennan, *Memoirs, 1925—1950*, pp. 354—357.

4 Walter Lippmann, *The Cold War: A Study in U.S. Foreign Policy* (New York: 1947).

5 Kennan, *Memoirs: 1925—1950*, pp. 357—363. 又见 John Lewis Gaddis, "Containment: A Reassessment", *Foreign Affairs*, LV (July 1977), pp. 873—881.

6 例如见 Charles Gati, "What Containment Meant", *Foreign Policy*, #7 (Summer 1972), 22—40; Eduard M. Mark, "What Kind of Containment?", in Thomas G. Paterson, ed., *Containment and the Cold War* (Reading, Mass.: 1973), pp. 96—109; C. Ben Wright, "Mr. 'X' and Containment", *Slavic Review*, XXXV (March 1976), pp. 1—31; Gaddis, "Containment: A Reassessment", pp. 873—887; Eduard Mark, "The Question of Containment: A Reply to John

Lewis Gaddis", *Foreign Affairs*, LVI (January 1978), pp. 430—440; John W. Coogan and Michael H. Hunt, "Kennan and Containment: A Comment", Society for Historians of American Foreign Relations, *Newsletter*, IX (March 1978), pp.23—25; Frank Costigliola, "'Unceasing Pressure for Penetration': Gender, Pathology, and Emotion in George Kennan's Formation of the Cold War", *Journal of American History*, LXXXIII (March, 1997), pp.1309—1339; 还有下面三项著作内包含的对凯南思想的更广泛的论述: Mayers, *George Kennan;* Walter L. Hixson, *George F. Kennan: Cold War Iconoclast* (New York: 1989); Anders Stephanson, *Kennan and Art of Foreign Policy* (Cambridge, Mass.: 1989)。

7　Kissinger, *White House Years*, p. 135.

8　文稿《关于美国对外政策总趋势的评论》，1948 年 8 月 20 日，普林斯顿大学藏乔治·F. 凯南文件，第 23 盒。

9　政策设计办公室第 23 号文件《对美国对外政策当前趋势的评论》，1948 年 2 月 24 日，*FRUS: 1948*, I, pp.526—527。又见 George F. Kennan, *Realities of American Foreign Policy* (Princeton: 1954), pp. 3—30; Jonathan Knight, "George Frost Kennan and the Study of American Foreign Policy: Some Critical Comments", *Western Political Quarterly*, XX (March, 1967), pp.150—151。

10　在国家战争学院的讲座"什么是政策？"，1947 年 12 月 18 日，载于 Giles D. Harlow and George C. Maerz, *Measures Short of War: The Goerge F. Kennan's Lectures at the National War College, 1946—1947* (Washington: 1991), p. 298; 在国家战争学院的讲座"我们现在何处？"，1948 年 12 月 21 日，凯南文件，第 17 盒。

11　同上；在国家战争学院的讲座"对外政策规划"，1947 年 6 月 18 日，载于 Harlow and Maerz, *Measures Short of War*, pp. 213—214.

12　政策设计办公室第 23 号文件，1948 年 2 月 24 日，*FRUS: 1948*, I, p.527; 凯南致迪安·艾奇逊 1949 年 11 月 14 日，*FRUS: 1949*, II, p.19。

13　在国家战争学院的讲座，1948 年 12 月 21 日，凯南文件，第 17 盒。

14　《关于美国对外政策总趋势的评论》，同上，第 23 盒。

15　在国家战争学院的讲座"当代对外政策问题"，1948 年 9 月 17 日，同上，第 17 盒；又见：凯南在海军战争学院的讲座"美国对外政策"，1948 年 10 月 11 日，同上；凯南在国务院关于中国问题的圆桌会议上的情况介绍，1949 年 10 月 6 日，副本见于杜鲁门图书馆藏杜鲁门文件，总统秘书档第 174

盒，主题卷宗"对外事务：中国：圆桌会议讨论记录"；Kennan, *Realities of American Foreign Policy*, pp. 63—65; Kennan, *Memoirs: 1925—1950*, p. 359.

16　对政治科学院的演讲，1949 年 11 月 10 日于纽约，凯南文件，第 1 盒。

17　政策设计办公室第 39/1 号文件，《美国对华政策》，1948 年 11 月 23 日，*FRUS: 1948*, Ⅷ, p.208.

18　在国家战争学院的讲座，1948 年 9 月 17 日，凯南文件，第 17 盒《关于原子能国际管控的报告》，1950 年 1 月 20 日，*FRUS: 1950*, Ⅰ, p. 44。另见凯南在国家战争学院的讲座，"我们立于何地"，1949 年 12 月 21 日，凯南文件，第 17 盒。

19　在海军学院的演讲，1947 年 5 月 9 日，同上。又见《关于美国对外政策总趋势的评论》，1948 年 8 月 20 日，同上，第 23 盒。

20　在国家战争学院的讲座，1948 年 9 月 17 日，凯南文件，第 17 盒。又见：政策设计办公室第 13 号文件，《世界形势概略》，1947 年 11 月 6 日，*FRUS: 1947*, Ⅰ, p. 772; Kennan, *Memoirs: 1925—1950*, pp. 365—366.

21　未刊文章《苏联思想方法及其对于对外政策的影响》，1947 年 1 月 24 日，凯南文件，第 16 盒。又见：《苏联行为的根源》，pp. 561—571；在国家战争学院的讲座"美国的世界地位与问题"，1949 年 8 月 30 日，凯南文件，第 17 盒。

22　凯南致国务院，1946 年 2 月 22 日，*FRUS: 1946*, Ⅵ, pp. 700—701;《苏联行为的根源》，pp.571—573；国家安全委员会第 20/1 号文件《美国关于俄国的目标》，1948 年 8 月 18 日，载于 Thomas H. Etzold and John Lewis Gaddis, eds., *Containment: Documents on American Policy and Strategy, 1945—1950* (New York: 1978), pp. 185—186; 凯南致罗伯特·G. 胡克，1949 年 10 月 17 日，*FRUS: 1949*, Ⅰ, pp.403—404。

23　《苏联思想方法及其对于对外政策的影响》，1947 年 1 月 24 日，凯南文件，第 16 盒；《苏联行为的根源》，p. 573。

24　国家安全委员会第 20/2 号文件（政策设计办公室第 33 号文件），《影响美国防务安排性质的诸因素：按照苏联政策所作的审视》，1948 年 8 月 25 日，*FRUS: 1948*, Ⅰ, p.619；在国家战争学院的讲座，1948 年 9 月 17 日，凯南文件，第 17 盒。凯南反复强调俄国不大可能发动战争。见他对职业外交官和国务院人员的讲座，1946 年 9 月 17 日，同上，第 16 盒；在空军学院发表的意见，1947 年 4 月 10 日，同上，第 17 盒；在海军学院的演讲，1947 年 5 月 9 日，同上；政策设计办公室第 13 号文件，1947 年 11 月 6 日，

FRUS: 1947, Ⅰ, pp.770—771; 对海军部长议事会的谈话，1947 年 12 月 3 日，凯南文件，第 17 盒；对军事委员会一次会议的陈说，1948 年 1 月 8 日，同上；致沃尔特·李普曼未发信件，1948 年 4 月 6 日，援引于 *Memoirs: 1925—1950*, p. 361; 在国家战争学院的讲座，1948 年 8 月 30 日，凯南文件，第 17 盒；在国务院关于中国问题的圆桌会议上的情况介绍，1949 年 10 月 6 日，杜鲁门文件，总统秘书档第 174 盒，"中国：圆桌会议讨论记录"卷宗。

25 在国家战争学院的讲座，1947 年 6 月 18 日，引自 Kennan, *Memoirs: 1925—1950*, p.351。又见：1947 年 3 月 28 日在该学院的讲座，引自 *ibid.*, p. 318; 在外交人员学院的讲座"美国对外政策基本目标"，1949 年 1 月 19 日，凯南文件，第 17 盒。

26 在国家战争学院的讲座，1947 年 3 月 28 日，引自 Kennan, *Memoirs: 1925—1950*, p. 319; 在外交人员学院的讲座，1949 年 1 月 19 日，凯南文件，第 17 盒；在政治科学院的演讲，1949 年 11 月 10 日，同上，第 1 盒。

27 《苏联行为的根源》, p. 582; 在国家战争学院的讲座，1949 年 12 月 21 日，凯南文件，第 17 盒。又见凯南致胡克，1949 年 10 月 17 日，*FRUS: 1949*, Ⅰ, pp.404—405。

28 这是对凯南的思考的一种提炼，依据他在 1947—1949 年间的写作成果和演讲，以及 1977 年 2 月 2 日在新泽西州普林斯顿与他的一次访谈。特别见：国家安全委员会第 20/1 号文件，1948 年 8 月 18 日，载于 Etzold and Gaddis, eds., *Containment*, pp. 176—189; 在国家战争学院的讲座，1948 年 9 月 17 日，凯南文件，第 17 盒；在海军战争学院的讲座，1949 年 10 月 11 日，同上；为在普林斯顿举办的一个研习班准备的笔记，1949 年 1 月 23—26 日，以及为向众议院军事委员会讲话准备的笔记，1949 年 1 月 25 日，同上；在国家战争学院的讲授，1949 年 8 月 30 日，同上。

29 政策设计办公室第 13 号文件，1947 年 11 月 6 日，*FRUS: 1947*, Ⅰ, p.771; 对联邦储备委员会的谈话"美苏关系"，1947 年 12 月 1 日，以及对海军部长议事会的谈话，1947 年 12 月 3 日，凯南文件，第 17 盒；政策设计办公室第 1 号文件，《关于美国对西欧援助的政策》，1947 年 5 月 23 日，*FRUS: 1947*, Ⅲ, p.225.

30 关于这一点，见 Hadley Arkes, *Bureaucracy, the Marshall Plan, and the National Interest* (Princeton: 1972), p. 51。

31 政策设计办公室第 1 号文件，1947 年 5 月 23 日，*FRUS: 1947*, Ⅲ, 227。又见凯南为同马歇尔的一次谈话所作的笔记，1947 年 7 月 21 日，*ibid.*, p. 335;

政策设计办公室第 4 号文件《从美国观点看欧洲复兴计划的某些方面（初步报告）》，1947 年 78 月 23 日，载于 Etzold and Gaddis, eds., *Containment*, p. 110.

32 政策设计办公室第 23 号文件，1948 年 2 月 24 日，*FRUS: 1948*, Ⅰ, pp.515—518。又见政策设计办公室第 13 号文件，1947 年 11 月 6 日，*FRUS: 1947*, Ⅰ, pp.774—775。

33 在国家战争学院的讲授，1948 年 12 月 21 日，凯南文件，第 17 盒。又见：政策设计办公室第 10 号文件《政策设计办公室关于对日媾和所涉问题的研究结果》，1947 年 10 月 14 日，*FRUS: 1947*, Ⅵ, pp.537—543; 凯南在海军部长议事会一次会议上发表的意见，1948 年 1 月 14 日，凯南文件，第 17 盒；政策设计办公室第 28 号文件《关于美国对日政策的建议》，1948 年 3 月 25 日，*FRUS: 1948*, Ⅵ, p.694; 凯南在国务院关于中国问题的圆桌会议上的情况介绍，1949 年 10 月 6 日，杜鲁门文件，总统秘书档第 174 盒，"中国：圆桌会议讨论记录"卷宗；凯南对中央情报局会议的谈话，1949 年 10 月 14 日，凯南文件，第 17 盒。又见 Takeshi Igarashi, "George F. Kennan and the Redirection of American Occupation Policy for Japan: The Formulation of National Security Council Paper 13/2"，未刊论文，为阿默斯特学院对日占领研讨会（1980 年 8 月 20—23 日于马萨诸塞州阿默斯特）准备。

34 凯南在国家战争学院的讲授"战争以外的（外交）措施"，1946 年 9 月 16 日，凯南文件，第 16 盒；《关于美国对外政策总趋势的评论》，1948 年 8 月 20 日，同上，第 23 盒；国家安全委员会第 20/2 号文件（政策设计办公室第 33 号文件），《影响美国防务安排性质的诸因素：按照苏联政策所作的审视》，1948 年 8 月 25 日，*FRUS: 1948*, Ⅰ, pp.621—622。

35 "关于美国对外政策总趋势的评论"，1948 年 8 月 20 日，凯南文件，第 23 盒；在国家战争学院的讲座"苏联外交"，1947 年 10 月 6 日，载于 Harlow and Maerz, eds., *Measures Short of War*, p.260。

36 关于这一点，见凯南致马歇尔，1948 年 1 月 20 日，*FRUS: 1948*, Ⅲ, pp.7—8。

37 Leighton, "The American Arsenal Policy in World War Ⅱ", pp. 221—252.

38 对美国联邦储备委员会的谈话，1947 年 12 月 1 日；对海军部长议事会的谈话，1947 年 12 月 3 日。俱见凯南文件，第 17 盒。

39 凯南为国务院讨论会做的记录，1949 年 10 月 6 日，凯南文件，第 23 盒；在国家战争学院的讲座，1947 年 12 月 18 日，同上，第 17 盒；在国家战争学院的讲座，1947 年 5 月 6 日（答疑环节），同上。凯南关于希腊和土耳其问题的观点，见前面的记录。他关于"防卫环带"的想法可见于：1948 年 1 月 14 日海军部长议事会记要，同上；政策设计办公室第 23 号文件，1948 年 2 月 23 日，*FRUS: 1948*, Ⅰ , p. 525; 凯南致马歇尔，1948 年 3 月 14 日，*ibid.*, pp.533—534；在海军战争学院的讲座，1948 年 10 月 11 日，凯南文件，第 17 盒。

40　凯南在国家战争学院的讲座，1947 年 12 月 18 日，同上；凯南致麦克阿瑟，1948 年 3 月 5 日，包含在 1948 年 3 月 25 日政策设计办公室第 28 号文件之内，*FRUS: 1948*, Ⅵ , p. 699. 又见：凯南在第五次华盛顿安全问题说明会期间的评论，1948 年 7 月 9 日，*ibid.*, Ⅲ , p. 177; 政策设计办公室第 37 号文件《关于一种可能的德国问题解决办法的诸项政策问题》，1948 年 8 月 12 日，同上，Ⅱ , pp.1290, 1295—1296; 政策设计办公室第 43 号文件《影响缔结北大西洋安全公约的诸项考虑》，1948 年 11 月 23 日，*ibid.*, Ⅲ , p. 287。

41　国家安全委员会第 20/1 号文件，1948 年 8 月 18 日，载于 Etzold and Gaddis, eds., *Containment*, pp.176—178。又见：政策设计办公室 1949 年 3 月 1 日会议记录，*FRUS: 1949*, Ⅴ , pp.9—10; 凯南在国家战争学院的讲座，1949 年 8 月 30 日，凯南文件，第 17 盒。

42　国家安全委员会第 20/1 号文件，1948 年 8 月 18 日，载于 Etzold and Gaddis, eds., *Containment*, pp. 186—187。

43　*Ibid.*, p. 192; 国家安全委员会第 58/2 号文件（政策设计办公室第 59 号文件），《美国对苏联东欧卫星国的政策》，*FRUS: 1949*, Ⅴ , pp.48—49。

44　政策设计办公室 13 号文件，1947 年 11 月 6 日，*FRUS: 1947*, Ⅰ , pp.773—774。又见：在国家战争学院的讲座"当前俄国外交行动的背景"，1946 年 12 月 10 日，凯南文件，第 16 盒；在弗吉尼亚大学的演讲"美苏关系"1947 年 2 月 20 日，同上；对工业家代表的即席谈话，1948 年 1 月 14 日，同上，第 17 盒；政策设计办公室第 35 号文件，《本政府对南斯拉夫形势的态度》，1948 年 6 月 30 日，*FRUS: 1948*, Ⅳ , pp.1079—1081。

45　在海军战争学院的讲座，1948 年 10 月 11 日，凯南文件，第 17 盒；在弗吉尼亚大学的演讲，1947 年 2 月 20 日，同上，第 16 盒。凯南关于中国共产党人的胜利将威胁苏联的表述，见于 1948 年 1 月 4 日海军部长议事会会议记录，*ibid.*, 第 17 盒。又见：在国家战争学院的一次凯南答疑课记录，1947 年 5 月 6 日，*ibid.*；政策设计办公室第 13 号文件，1947 年 11 月 6 日，*FRUS: 1947*, Ⅰ , pp.775—776; 政策设计办公室第 39 号文件，《美国对华政策》，1948 年 9 月 7 日，*FRUS: 1948,* Ⅷ，pp. 147—149; 政策设计办公室第 39/1 号文件，1948 年 11 月 23 日，*ibid.*, pp. 208—209; 凯南对国务院中国问题圆桌会议讨论的情况介绍，1949 年 10 月 9 日，杜鲁门文件，总统秘书档第 174 盒："中国：圆桌会议讨论记录"；Kennan, *Memoirs: 1925—1950,* pp. 372—374。

46 在国家战争学院的讲座，1947 年 5 月 6 日，载于 Harlow and Maerz, *Measures Short of War,* p. 191; 在弗吉尼亚大学的演讲，1947 年 2 月 20 日，凯南文件，第 16 盒。

47 *Ibid.* 又见：政策设计办公室第 1 号文件，1947 年 5 月 23 日，*FRUS: 1947,* Ⅲ，pp.224—225, 229—230; 对美国联邦储备委员会的谈话，1947 年 12 月 1 日，以及对海军部长议事会的谈话，1947 年 12 月 3 日，凯南文件，第 17 盒；在国家战争学院的讲座，1947 年 12 月 18 日，载于 Harlow and Maerz, eds., *Measures Short of War*, p.306。

48 在五角大楼联席导向会议上的演讲，1948 年 11 月 8 日，凯南文件，第 17 盒。又见：凯南在空战学院的演讲，1947 年 4 月 10 日，*ibid.*；国家安全委员会第 20/2 号文件，1948 年 8 月 25 日，*FRUS: 1948,* Ⅰ，p.619。

49 政策设计办公室第 23 号文件，1948 年 2 月 24 日，*FRUS: 1948,* I, p.519。又见凯南对经过挑选的工业界领袖的谈话，1948 年 1 月 14 日，凯南文件，第 17 盒。

50 在国家战争学院的讲座，1948 年 9 月 17 日，*ibid.*；国家安全委员会第 58/2 号文件，1949 年 12 月 8 日，*FRUS: 1949,* Ⅴ，p.54。又见：罗伯特·乔伊斯在政策设计办公室 1949 年 4 月 1 日会议上的笔记，*ibid.*, p. 12; 凯南在联合政策委员会美国成员的一次会议上的评论，1949 年 9 月 13 日，*ibid.*, p.521。

51 凯南备忘录，1949 年 1 月 10 日，*FRUS: 1949,* Ⅷ，pp.26—27; 政策设计办公室 1949 年 10 月 11 日会议记录，*ibid.*, I, p.400; 致艾奇逊备忘录稿，1950 年 2 月 17 日，*FRUS: 1950,* Ⅰ，p.161。又见凯南在五角大楼联席导向会议上的演讲，1949 年 9 月 19 日，凯南文件，第 17 盒。

52 在五角大楼联席导向会议上的演讲，1948 年 11 月 8 日，*ibid.*。

53 Kennan, *Memoirs:1925—1950*, pp.129—130；五角大楼联席导向会议上的演讲，1949 年 9 月 19 日，凯南文件，第 17 盒。另见凯南对职业外交官和国务人员的演讲，1946 年 9 月 17 日，凯南文件，第 16 盒。

54 见国家安全委员会第 20/1 号文件，1948 年 8 月 18 日，载于 Etzold and

Gaddis, eds., *Containment*, pp. 178—181; Kennan, *Memoirs: 1925—1950*, p. 365。

55　"原子能国际管制"，1950 年 1 月 20 日，*FRUS: 1950*，Ⅰ，p.37；在国家战争学院的讲座，1949 年 12 月 21 日，凯南文件，第 17 盒。又见：凯南对职业外交官和国务院人员的演讲，1946 年 9 月 17 日，*ibid.*，第 16 盒；国家安全委员会第 20/1 号文件，1949 年 8 月 18 日，载于 Etzold and Gaddis, eds., *Containment*, pp. 174—175, 191—193。

56　对职业外交官和国务院人员的演讲，1946 年 9 月 17 日，引自 Kennan, *Memoirs: 1925—1950*, p. 302；政策设计办公室第 23 号文件，1948 年 2 月 24 日，*FRUS: 1948*, pp.522—523；凯南致李普曼函（未发），1948 年 4 月 6 日，凯南文件，第 17 盒。又见 George Urban, "A Conversation with George F. Kennan", *Encounter*, XⅬVII (September, 1976), p.31。

57　在弗吉尼亚大学的演讲，1947 年 2 月 20 日，凯南文件，第 16 盒；在国家战争学院的讲座，1947 年 10 月 6 日，载于 Harlow and Maerz, *Measures Short of War*, p. 258；国家安全委员会第 20/1 号文件，1948 年 8 月 18 日，载于 Etzold and Gaddis, eds., *Containment,* p. 187。又见：Kennan, *Memoirs: 1925—1950*, p.303；凯南未发表的文章《苏联思想方式及其对外交政策的影响》，1947 年 1 月 24 日，凯南文件，第 16 盒。

58　同上；在弗吉尼亚大学的演讲，1947 年 2 月 20 日，同上；在海军学院的讲座，1947 年 5 月 9 日，同上，第 17 盒；关于凯南对美国早期外交的兴趣，见他对政治科学院的演讲，1949 年 11 月 9 日，同上，第 1 盒，又见 Kennan, *Realities of American Foreign Policy*, pp. 6—14。

59　在国家战争学院的讲座，1949 年 3 月 30 日，凯南文件，第 17 盒。又见 Kennan, *Memoirs:1925—1950*, p. 405n。

60　政策设计办公室第 23 号文件，1948 年 2 月 24 日，*FRUS: 1948*, Ⅰ, p.513；为艾奇逊起草的备忘录稿，1950 年 2 月 17 日，*FRUS: 1950*, Ⅰ, pp.166—167。

61　凯南致迪安·腊斯克，1949 年 9 月 7 日，*FRUS: 1949*, Ⅰ, p.381；凯南日记，1949 年 11 月 9 日，引自 *Memoirs: 1925—1950*, p. 467；对中央情报局会议的谈话，1949 年 10 月 14 日，凯南文件，第 17 盒。又见：凯南致洛维特，1948 年 8 月 5 日，*FRUS: 1948,* Ⅰ, 599；凯南致艾奇逊和詹姆斯·E. 韦布，1949 年 4 月 14 日，*FRUS: 1949*, Ⅰ, p.282; Paul Y. Hammond, "NSC—68: Prologue to Rearmament", in Warner R. Schilling, Paul Y. Hammond, and Glenn H. Snyder,

Strategy, Politics and Defense Budgets (New York: 1962), pp. 315—318。

62 在国家战争学院讲座后的评论，1946 年 9 月 16 日，凯南文件，第 16 盒；凯南个人备忘录，1948 年 1 月 23 日，引自 *Memoirs: 1925—1950*, p. 405 n。关于凯南对杜鲁门主义的看法，见 *ibid.*, pp. 54, 322—323; 政策设计办公室第 1 号文件，1947 年 5 月 23 日，*FRUS: 1947, III*, pp.229—230。

63 凯南致艾奇逊，1949 年 11 月 14 日，*FRUS: 1949, II*, p.18; 在国家战争学院的讲座，1949 年 12 月 21 日，凯南文件，第 17 盒。

第三章 实施遏制

1 Kennan, *Memoirs: 1925—1950*, p. 403.

2 例如见 C. Ben Wright, "Mr. 'X' and Containment", pp.1—36; Mark, "What kind of Containment?", pp. 96—109; Louis Halle, *The Cold War as History* (New York: 1967), pp. 106—108。

3 Coogan and Hunt, "Kennan and Containment", p. 25.

4 Kennan, *Memoirs: 1925—1950*, pp. 343, 393.

5 特别见包含在国安会 52/3 号文件中的对凯南遏制三阶段的简明概述，该文件题为《1951 财政年度关于国家安全和国际事务的政府纲领》，国家安全委员会 1949 年 9 月 29 日批准，*FRUS:1949, I*, pp.385—387。

6 Gaddis, *The United States and the Origins of the Cold War*, pp. 1—31. 又见 Dean Acheson, *Present at the Creation: My Years in the State Department* (New York: 1969), pp. 726—727。

7 参联会 1769/1 号文件,《美国从国家安全角度对其他国家的援助》，1947 年 4 月 29 日，*FRUS : 1947, I*, p.748；波伦备忘录，1947 年 8 月 30 日，*ibid.*, p. 763; 福莱斯特日记，1947 年 11 月 7 日，载于 Millis, ed., *The Forrestal Diaries*, p. 341。(马歇尔所言出自福莱斯特转引。) 马歇尔所读凯南备忘录为政策设计办公室第 13 号文件概要，该文件题为《世界形势简报》，1947 年 11 月 6 日，*FRUS: 1947, I*, pp.770n—771n. 又见：军备调控执行委员会的一份备忘录,《将杜鲁门主义应用于联合国》，1947 年 7 月 30 日，*ibid.*, pp. 579—580; Millis, ed., *The Forrestal Diaries*, pp. 307, 349—351, 366—367。

8 关于这一点，见 Alan K. Henrikson, "America's Changing Place in the World: From 'Periphery' to 'Center'?", 载于 Jean Gottmann, ed., *Center and Periphery: Spatial Variation in Politics* (Beverly Hills, Cal.: 1980), 特别见 pp. 83—86。麦金

德对美国地缘政治思维的影响的一个早先例子，见 Nicholas John Spykman, *America's Strategy in World Politics: the United States and the Balance of Power* (New York: 1942), 特别见 pp. 194—199; 又见 Charles Kruszewski, "The Pivot of History", *Foreign Affairs*, XXXII (April, 1954), pp.388—401; G. Etzel Pearcy, "Geopolitics and Foreign Relations", *DSB*, L (March 2, 1964), pp.318—330。关于麦金德本人，见 Brian W. Blouet, *Halford Mackinder: A Biography* (College Station, Tx.: 1987)。

9   国安会 7 号文件，《美国对苏联指挥的世界共产主义的立场》，1948 年 3 月 30 日，*FRUS:1948*，I，p.546; 国安会 20/4 号文件，《美国关于抗击苏联对美安全威胁的目标》，1948 年 11 月 23 日，*ibid.*, p. 667. 又见参联会 1769/1 号文件，1947 年 4 月 29 日，*FRUS: 1947*，I，p. 739; 中情局 1 号文件，《与美国安全相关的世界形势综述》，1947 年 9 月 26 日，杜鲁门文件，总统秘书档，第 255 盒，"中央情报局报告"——ORE1948"。

10 "The Sources of Soviet Conduct", p. 581. 我对"周线"防御和"要点"防御的区分很大程度上归功于 Edward N. Luttwak, *The Grand Strategy of the Roman Empire* (Baltimore: 1976), pp. 19, 130—131, 137。

11 马歇尔致罗伯特·洛维特，1948 年 4 月 23 日，*FRUS: 1948, III*，p.103。又见 Warner R. Schilling, "The Politics of National Defense: Fiscal 1950", 载于 Schilling et al., *Strategy, Politics, and Defense Budgets*, 特别见 pp. 98—114。关于对国家偿付能力和沦为兵营国家之可能性的关切，有一种更宽广的视野，见 Michael J. Hogan, *A Cross of Iron: Harry S. Truman and the Origins of the National Security State, 1945—1954* (New York: 1998); Aaron L. Friedberg, *In the Shadow of the Garrison State: America's Anti-Statism and Its Cold War Strategy* (Princeton: 2000)。

12 就此见 U.S. Congress, House of Representatives, Committee on Foreign Affairs （此后简称 HFAC）, *Assistance to Greece and Turkey* (Washington: 1947), pp. 14—15; U.S. Congress, Senate, Committee on Foreign Relations（此后简称 SFRC）, *Assistance to Greece and Turkey* (Washington: 1947) p. 13; 执行会议听证记录，刊于 SFRC, *Legislative Origins of the Truman Doctrine*(Washington: 1973), pp.849，870，879—880，882；国务院 - 战争部 - 海军部协调委员会临时报告，《向外国提供美援的政策和原则》，1947 年 4 月 21 日，*FRUS:1947*，III，pp.208—209。

13 杜鲁门在泛美会议上的演讲，里约热内卢，1947 年 9 月 2 日，*Public Papers*

of the Presidents: Harry S. Truman（此后简称 *TPP*），*1947*, p. 430; 洛维特备忘录，与土耳其大使谈话，1949 年 7 月 21 日，*FRUS: 1947*, Ⅵ，pp.626—627; 参联会 1769/1 号文件，1947 年 4 月 29 日，*ibid.*, I. 739; 洛维特在华盛顿安全问题研讨会第一次会议上的谈话，1949 年 7 月 6 日，*FRUS: 1948*, Ⅲ，p.150。

14　例如见参联会 1769/1 号文件，1947 年 4 月 29 日，*FRUS: 1947*, Ⅰ，pp.738—746; 参联会 1725/1 号文件，《工业动员规划战略指南》，1947 年 5 月 1 日，载于 Etzold and Gaddis, eds., *Containment*, pp. 302—311; 中情局 1 号文件，1947 年 9 月 26 日，杜鲁门文件，总统秘书档，第 255 盒; 参联会 1844/13 号文件，《短期紧急战争计划"半月"（HALFMOON）简报》，1948 年 7 月 21日，载于 Etzold and Gaddis, eds., *Containment*, pp. 315—323; 参联会 1844/46号文件，《紧急战争计划"摆脱拦截"（OFFTACKLE）联合概要》，1949 年12 月 8 日，国家档案馆藏 218 档案群集 (RG 218)，参谋长联席会议档案，381 U.S.S.R. (3-2-46) 档，卷宗 40，国家档案馆藏 218 档案群集 (RG 218)。又见福莱斯特致杜鲁门函内的战争计划概述，1948 年 1 月 6 日，杜鲁门文件，总统秘书档，第 156 盒，"分题卷宗：内阁：国防部长报告"。

15　联合战争规划委员会第 476/2 号报告，《在远东的苏联威胁与所需的抗击手段——代号 MOONRISE》，参谋长联席会议档案，381 U.S.S.R. (3-2-46) 档，卷宗 6，国家档案馆藏 218 档案群集; 中情局报告 ORE 17—49，《远东对美国和苏联的战略重要性》，1949 年 5 月 4 日，杜鲁门文件，总统秘书档，第 256 盒，"中央情报局报告：ORE 1949"卷宗; 艾奇逊在参议院外交委员会行政会议上所作证词，1949 年 10 月 12 日和 1950 年 5 月 1 日，SFRC Hearings, *Review of the World Situation: 1949—1950* (Washington: 1974), pp. 87, 291—292; 查尔顿·奥格本备忘录，《国务卿和顾问人员在远东问题会议上一致达成的诸项决定》，1949 年 11 月 2 日，*FRUS: 1949*, Ⅸ，pp.160—161。对"防御环带"概念的更多谈论可见于 John Lewis Gaddis, *The Long Peace: Inquiry into the History of the Cold War* (New York: 1987), pp. 72—103。

16　政策计划办公室 23 号文件，*FRUS: 1948*, Ⅰ，p.525; 凯南致马歇尔，1948 年3 月 14 日，*ibid.*, pp. 531—538。又见《纽约时报》记者对麦克阿瑟将军的采访，*New York Times*, March 2, 1949; 艾奇逊 1950 年 1 月 12 日在全国新闻俱乐部的演讲，*DSB*, XXII (January 23, 1950), 111—118。

17　William Appleman Williams, *The Tragedy of American Diplomacy* (New York: 1962), p. 49; N. Gordon Levin, *Woodrow Wilson and World Politics: America's*

Response to War and Revolution (New York: 1968), pp. 16—28; Leighton, "The American Arsenal Policy in World War Ⅱ", pp. 221—252.

18　福莱斯特致钱·格尼，1947 年 12 月 8 日，载于 Millis, ed., *The Forrestal Diaries*, p. 350; 杜鲁门国情咨文，1948 年 1 月 7 日，*TPP: 1948*, p. 8。又见杜鲁门对美国报纸编辑协会的演讲，1948 年 4 月 17 日，*ibid.*, p. 222; 马歇尔致洛维特和福莱斯特，1948 年 11 月 8 日，*FRUS: 1948*, Ⅰ, pp.654—655; Schilling, "Fiscal 1950", pp. 31—32, 183—198。

19　福莱斯特致钱·格尼，1947 年 12 月 8 日，载于 Millis, ed., *The Forrestal Diaries*, pp. 350—351。又见 Melvyn Leffler, *A Preponderance of Power: National Security, the Truman Administration, and the Cold War* (Stanford: 1992), pp. 148—151。在苏联冒战争风险的意愿问题上，某些有代表性的情报评估为：联合情报委员会第 308/2 号文件，《关于 1948—1957 年间苏联威胁美国本土及赴美通道的意图和能力的估计》，1948 年 2 月 16 日，国家档案馆藏陆军参谋部档案，ABC 381 U.S.S.R. 2 Mar 46 档，5—B 卷宗；《苏联的意图》报告，联合情报委员会、美国驻莫斯科使馆所作，1948 年 4 月 1 日和 1948 年 4 月 5 日，*FRUS: 1948*, Ⅰ, pp.551—552, *FRUS: 1949*, Ⅴ, pp.604—609; 中情局报告 ORE 22-48，《1948 年期间苏联直接军事行动的可能性》，1948 年 4 月 2 日，杜鲁门文件，总统秘书档，第 255 盒，"中央情报局报告：ORE 1948"卷宗；中情局报告 ORE 46-49，《1949 年期间苏联直接军事行动的可能性》，1949 年 5 月 3 日，同上，第 256 盒，"中央情报局报告：ORE 1949"卷宗；参联会 1924/6 号文件，《当前对国际局势的估计》，1949 年 9 月 3 日，陆军参谋部档案，G-3 144-150 092 TS 档，Ⅲ-A 卷宗，44 分卷。

20　杜鲁门备忘录，无日期，大概于 1949 年初所作，杜鲁门文件，总统秘书档，第 150 盒，分题卷宗"预算局：预算杂件，1945—1953 年"。

21　福莱斯特致国家安全委员会，1948 年 4 月 19 日，*FRUS: 1948*, Ⅰ, p.565. 关于意大利和希腊局势的文件资料，见 *ibid.*, Ⅲ, pp.724—793; Ⅳ, pp.1—101。

22　艾奇逊在行政会议上的证词，1949 年 4 月 21 日，SFRC Hearings, *The Vandenberg Resolution and NATO* (Washington, 1973), p. 232。又见 FACC D-3，《军援计划基本政策》1949 年 2 月 8 日，*FRUS: 1949*, Ⅰ, pp.254—255。

23　David Alan Rosenberg, "American Atomic Strategy and the Hydrogen Bomb Decision", *Journal of American History*, LXVI(June, 1979), pp.62—87. 又见 Gaddis,

Long Peace, pp. 106—115。

24 就此见福莱斯特日记，1948 年 5 月 7 日，载于 Millis, ed., *The Forrestal Diaries*, pp. 431—432。

25 国安会 10/2 号文件，《关于特别项目办公室的指令》，1948 年 6 月 18 日，载于 Etzold and Gaddis, eds., *Containment*, pp. 125—128。又见 George F. Kennan, *Memoirs: 1950—1963* (Boston: 1972), pp. 202—203; Anne Karalekas, "History of Central Intelligence Agency"，载 于 U.S. Congress, Senate Select Committee to Study Government Operations with Respect to Intelligence Activities, *Final Report: Supplementary Detailed Staff Reports on Foreign and Military Intelligence*: Book Ⅳ (Washington: 1976), p. 31; Michael Warner, ed., *CIA Cold War Records: The CIA under Harry Truman* (Washington: 1994)。Vojtech Mastny, *The Cold War and Soviet Insecurity: The Stalin Years* (New York: 1996) 一书提供了极少数专门叙述之一，论述了中央情报局在东欧的行动与其可能的后果，见该书 pp. 80—85, 116—121, 128—133。

26 希克森与艾弗查帕尔勋爵谈话备忘录，1948 年 1 月 21 日，*FRUS: 1948*, Ⅲ, p.11。又见罗伯特·洛维特致威廉·L. 克莱顿和杰弗逊·卡弗里，1947 年 8 月 26 日，*FRUS: 1947*, Ⅲ, p.383; 马歇尔在芝加哥对外关系协会和芝加哥商会的演讲，1947 年 11 月 18 日，*DSB*, ⅩⅦ (November 23, 1947), 1026; 马歇尔对参议院外交委员会的证词，SFRC Hearings, *European Recovery Program* (Washington: 1948), p. 13。

27 就此见国安会 1/2 号文件，《美国关于意大利的立场》，1948 年 2 月 10 日，*FRUS: 1948*, Ⅲ, pp.765—769; 国安会 1/3 号文件，《在共产党有可能通过合法手段参加政府的情况下美国关于意大利问题的立场》，1948 年 3 月 8 日，*ibid.*, pp. 775—779; 马歇尔在加州大学伯克利分校的演说，1948 年 3 月 19 日，*DSB*, ⅩⅧ (March 28, 1948), p.424。

28 索普致马歇尔，1948 年 4 月 7 日，*FRUS: 1948*, Ⅰ, p.558; 《国务院对国安会 49 号文件的评论》，1949 年 9 月 30 日，附于国安会 49/1 号文件，1949 年 10 月 4 日，*FRUS: 1949*, Ⅶ, pp.872—873. 又见 Geir Lundestad, *America, Scandinavia, and the Cold War, 1945—1949* (New York: 1980), pp. 109—166。

29 国务院-陆军部-海军部协调委员会 FPI 30 号文件，《新闻目标和主题》，1947 年 3 月 3 日，*FRUS: 1947*, V, pp.77—78. 最后一句逐字援引自国务卿詹姆斯·F. 贝尔纳斯 1946 年 2 月 28 日在纽约海外新闻俱乐部的演讲（*DSB*, ⅩⅣ [March 10, 1946], p.357）；以稍有改变的形式，它被纳入杜鲁门

1947 年 3 月 12 日对国会的演说（*TPP: 1947*, p. 179）。又见贝尔纳斯 1947 年 1 月 11 日在克利夫兰世界事务协会的演讲，*DSB*, XVI (January 19, 1947), pp.88—89。

30 *TPP: 1947*, p. 178.

31 *Ibid.*, pp. 177—178; 杜鲁门对广播新闻分析家协会的即兴评论，1947 年 5 月 13 日，*ibid.*, p. 238; 杜鲁门在弗吉尼亚州夏洛茨维尔的演说，1947 年 7 月 4 日，*ibid.*, p.324. 又见马歇尔在联合国大会巴黎会议上的讲话，1948 年 9 月 23 日，*DSB*, XIX (October 3, 1948), p.432。

32 艾奇逊 1947 年 3 月 24 日的证词，SFRC Hearings, *Aid to Greece and Turkey*, p. 30; 艾尔斯日记，1947 年 5 月 22 和 23 日，杜鲁门图书馆藏埃本·A. 艾尔斯文件，第 26 盒; 约瑟夫·M. 琼斯致艾奇逊，1947 年 5 月 20 日，*FRUS: 1947*, III, p.233n. 又见艾奇逊与参议员克劳德·佩珀在前引参议院外交委员会听证会上的对话，p. 42; 艾奇逊对众议院外交委员会的证词，1947 年 3 月 21 日，HFAC Hearings, *Aid to Greece and Turkey*, pp. 32—33; Margaret Truman, *Harry S. Truman* (New York: 1973), p. 344。

33 关于副国务卿威廉·L. 克莱顿在国务院各司局负责人会议上所作谈话的备忘录，1947 年 3 月 28 日，*FRUS: 1947*, III, p.235。又见 Bohlen, *Witness to History*, pp. 264—265; Kennan, *Memoirs: 1925—1950*, pp. 341—342; Arkes, *Bureaucracy, the Marshall Plan, and the National Interest*, pp. 52—55。

34 国安会 1/1 号文件，《美国关于意大利的立场》，1947 年 11 月 14 日，*FRUS: 1948*, III, p.724—726; 国安会 5 号文件，《美国关于希腊的立场》，1948 年 1 月 6 日，*ibid.*, IV, pp.2—7; 国安会 1/2 号文件，1948 年 2 月 10 日，*ibid.*, III, pp.765—769; 国安会 5/2 号文，《美国关于希腊的立场》，1948 年 2 月 12 日，*ibid.*, IV, pp.46—51; 国安会 1/3 号文件，1948 年 3 月 8 日，*ibid.*, III, pp.775—779。

35 杜鲁门与商贸报纸编辑举行的保密新闻招待会，1948 年 4 月 23 日，*TPP: 1948*, p. 232; PPS 35, June 30, 1948, *FRUS: 1948*, IV, pp.1079—1081。国家安全委员会 1948 年 9 月 2 日将 PPS 35 号文件作为 NSC 18 号文件予以通过，(*ibid.*, p. 1079n)。

36 艾奇逊致美国使馆，贝尔格莱德，1949 年 2 月 25 日，*FRUS: 1949*, V, p.873; 杜鲁门新闻发布会，1949 年 12 月 22 日，*TPP: 1949*, pp. 585—586。关于钢铁初轧机的争论，见 *FRUS: 1949*, V, pp.898—921; 又见 Lorraine M. Lees, *Keeping Tito Afloat: The United States, Yugoslavia, and the Cold War*

(University Park, Pa.: 1997), pp.43—79。

37　莫斯科使馆、联合情报委员会报告,《苏联的意图》, 1949 年 4 月 5 日, *FRUS: 1949*, Ⅴ, p.605; 国安会 58/2 号文件,《美国对东欧苏联卫星国的政策》, *ibid.*, pp. 50—51; 福伊·科勒致艾奇逊, 1949 年 4 月 12 日, *ibid.*, pp.13—16; 国务院政策文件,《南斯拉夫》, *ibid.*, pp.941—944;《结论与建议》, 驻东欧各国使团团长伦敦会议, 1949 年 10 月 26 日, *ibid.*, pp. 28—35; 乔治·W. 帕金斯, 1949 年 11 月 7 日, *ibid.*, pp. 36—38。为国安会 58/2 号文件提供基础的是政策设计办公室第 59 号文件, 1949 年 8 月 25 日, *ibid.*, pp. 21—26。

38　柯克致艾奇逊, 1949 年 10 月 7 日, *FRUS: 1949*, Ⅸ, pp.107—108。又见国务院的传阅指导,《苏联远东政策的基本因素》, 1948 年 10 月 13 日, *FRUS: 1948*, Ⅰ, pp.642—643; 国安会 34/2 号文件,《美国对华政策》, 1949 年 2 月 28 日, *FRUS: 1949*, Ⅸ, pp.491—495; 科勒致艾奇逊, 1949 年 5 月 20 日, *ibid.*, Ⅴ, p.892; 柯克致艾奇逊, 1949 年 8 月 13 日, *ibid.*, p. 923。

39　例如见约翰·卡特·文森特致马歇尔, 1947 年 6 月 20 日, *FRUS: 1947*, Ⅶ, p.849; O. 埃德蒙·柯乐布致马歇尔, 1947 年 8 月 28 日, *ibid.*, pp. 264—265; W. 沃尔顿·巴特沃思在行政会议上的证词, 1948 年 3 月 20 日, SFRC Hearings, *Foreign Relief Assistance Act of 1948* (Washington: 1973), p. 438; 国务院的传阅指导,《苏联对远东和东南亚的政策模式》, 1948 年 10 月 13 日, *FRUS: 1948*, Ⅰ, p.639; 艾奇逊和巴特沃思在行政会议上的证词, 1949 年 3 月 18 日, SFRC Hearings, *Economic Assistance to China and Korea* (Washington: 1974), pp.30—36; 菲利普·C. 杰塞普在行政会议上的证词, 1949 年 10 月 12 日, SFRC Hearings, *Reviews of the World Situation*, p. 99。

40　国安会 41 号文件,《美国对华贸易政策》报告草案, 1949 年 2 月 28 日, *FRUS: 1949*, Ⅸ, pp.826—334; 艾奇逊在国家安全委员会会议上的发言, 1949 年 3 月 1 日, *ibid.*, pp. 295—296; 艾奇逊在行政会议上的证词, 1949 年 10 月 12 日, SFRC Hearings, *Review of the World Situation*, pp. 97—98; 艾奇逊与参谋长联席会议谈话备忘录, 1949 年 12 月 29 日, *FRUS: 1949*, Ⅸ, pp.465—467。

41　艾奇逊与杜鲁门谈话备忘录, 1949 年 11 月 17 日, 杜鲁门图书馆藏迪安·艾奇逊文件, 第 64 盒, "谈话备忘录, 1949 年 10—11 月"卷宗; 国安会 48/2 号文件,《美国关于亚洲的立场》, 1949 年 12 月 30 日, *FRUS: 1949*, Ⅶ, pp.1219。国务院的"顾问"们的结论见查尔顿·奥格本备忘录,《国务卿和顾问人员在远东问题会议上一致达成的诸项决定》，1949 年 11 月 2 日 , *FRUS: 1949*, IX , pp.160—162 ；以及《远东和亚洲政策概要：供总统审视》，附于杰塞普致艾奇逊，1949 年 11 月 16 日，*ibid.*, VII , p.1213。关于承认问题的辩论的更多情况，见 Nancy Bernkopf Tucker, *Patterns in the Dust: Chinese-American Relations and the Recognition Controversy, 1949—1950* (New York: 1983)。

42　例如，见：艾奇逊致驻河内总领事，1949 年 5 月 20 日，*FRUS: 1949*, VII , p.29；艾奇逊在记者招待会上的讲话，1950 年 2 月 1 日，*DSB*, XXII (February 13, 1950), p.244。

43　政策计划办公室第 53 号文件 , 1949 年 7 月 6 日，*FRUS: 1949*, IX , pp.356—359。又见 Kennan, *Memoirs: 1950—1963*, p. 54。

44　这趋向的一个例子是以笔名"Historicus"在《外交》季刊上发表的一篇文章，作者实为美国驻莫斯科使馆一等秘书乔治·艾伦·摩根："Stalin on Revolution", *Foreign Affairs*, XXVII (January, 1949), pp.175—214。行政当局反共高调的例子见：杜鲁门 1949 年 1 月 20 日总统就职演说，*TPP: 1949*, pp. 112—113; 菲利普·C. 杰塞普 1949 年 8 月 24 日在佛罗里达州迈阿米的演讲，*DSB*, XXI (September 5, 1949), 346; 约翰·E·普里福伊 1949 年 10 月 24 日在南卡罗来纳州沃尔特博罗的演讲，*ibid.*, XXI (October 31, 1949), p.673。

45　史密斯在政策设计办公室会议上的讲话，1949 年 3 月 1 日，*FRUS: 1949*, V , p.10；卡文迪许·W. 坎农致艾奇逊，1949 年 4 月 25 日，*ibid.*, p. 889（这份电函被分发给美国驻伦敦、巴黎、罗马、雅典、莫斯科、华沙、布拉格、索菲亚、布达佩斯和布加勒斯特使馆以及美国在华机构，其实际作者为驻贝尔格莱德使馆二等秘书威廉·K.K. 莱昂哈特）;《结论与建议》，驻东欧各国使团团长伦敦会议，1949 年 10 月 26 日，*ibid.*, p. 31。

46　坎农致艾奇逊，1949 年 4 月 25 日，*FRUS: 1949*, V , p.889。关于这试图分裂国际共产主义运动的战略，更多情况见 Gaddis, *The Long Peace*, pp. 147—194。

47　国安会 204 文件，1948 年 11 月 23 日，*FRUS: 1948*, I , p.668。这表述出自一篇较早的政策设计办公室研究报告——政策设计办公室第 38 号文件，1948 年 8 月 18 日，其结论可见于 *ibid.*, pp. 609—611。

48　见，例如杜鲁门 1949 年 10 月 18 日在佛罗里达州迈阿密的演说，*TPP: 1948*, pp.816—817 ；艾奇逊对报界的声明，1949 年 5 月 19 日，*DSB*, XX (May 19, 1949), pp.675—676; 艾奇逊 1950 年 3 月 16 日在加利

福尼亚州伯克利的演说，*ibid.*, XXII (March 27, 1950), pp.473—478。

49　参联会 1725/1 号文件，1947 年 5 月 1 日，载于 Etzold and Gaddis, eds., *Containment,* p. 303；中情局 1 号文件，1947 年 9 月 26 日，杜鲁门文件，总统秘书档，第 255 盒；联合情报委员会报告，1948 年 4 月 1 日，*FRUS: 1948,* Ⅰ, p.552。对苏联和西方在欧军事实力的估计出自 Thomas W. Wolfe, *Soviet Power and Europe, 1945—1970* (Baltimore: 1970), p. 11。

50　《关于安全问题的华盛顿探讨会》，1948 年 9 月 9 日，*FRUS: 1948, Ⅲ*, pp.237—248. 又见 Dary J. Hudson, "Vandenberg Reconsidered: Senate Resolution 239 and American Foreign Policy", *Diplomatic History,* Ⅰ (Winter, 1977), pp.46—63。

51　政策设计办公室第 43 号文件，《影响缔结北大西洋安全公约的诸项考虑》，1948 年 11 月 23 日，*FRUS: 1948,* Ⅲ, pp.285—287。又见凯南致李普曼，1948 年 4 月 6 日，凯南文件，第 17 盒；凯南致洛维特，1948 年 4 月 29 日，*FRUS: 1948,* Ⅲ, pp.108—109；凯南在关于安全问题的华盛顿探讨会第五次会议上的发言，1948 年 7 月 9 日，*ibid.*, p. 177；凯南 1948 年 9 月 17 日在国家战争学院的讲座，1948 年 10 月 11 日在海军战争学院的讲座，1948 年 11 月 8 日在五角大楼联合导向会议上的演讲，皆见于凯南文件第 17 盒。Miscamble, *Kennan and the Making of American Foreign Policy,* pp. 113—140 详述凯南对北约保留的异议。

52　见威拉德·索普致马歇尔，1948 年 4 月 7 日，*FRUS: 1948,* Ⅰ, p.560；洛维特致哈里曼，1948 年 12 月 3 日，*ibid.*, Ⅲ, p.305; FACC D-3,《军援计划基本政策》，1949 年 2 月 7 日，*FRUS: 1949,* Ⅰ, p.255；艾奇逊在行政会议上的证词，1949 年 2 月 18 日和 4 月 21 日，SFRC Hearings, *Vandengerg Resolution and NATO,* pp. 99, 215, 232。

53　乔治·H. 巴特勒备忘录，1948 年 3 月 19 日，*FRUS: 1948,* Ⅲ, 58; 约翰·D. 希克森在美国－英国－加拿大安全会谈第二次会议上的发言，1948 年 3 月 23 日，*ibid.*, p. 65; 马歇尔致洛维特，1948 年 4 月 23 日，*ibid.*, p. 103; 约瑟夫·C. 萨特维特致洛维特，1948 年 10 月 26 日，*ibid.*, Ⅳ, pp.173—175。关于缔结一项"太平洋公约"的建议的文件资料，见 *FRUS: 1949,* Ⅶ, pp.901—902, 1115—1192。

54　波伦致马歇尔·S. 卡特，1948 年 11 月 7 日，*FRUS: 1948,* Ⅰ, p. 654n; 马歇尔致福雷斯特尔，1948 年 11 月 8 日，*ibid.*, p. 655; 艾奇逊、哈里曼和约翰逊对执行会议的证词，1949 年 4 月 21 日，SFRC Hearings, *Vandenberg Resolution and NATO*，pp. 215—216，221，235；外援相关问题委员会文件，"军事权

利问题",1949 年 5 月 20 日,*FRUS: 1949*, I, p. 312; 艾奇逊对执行会议的证词,1949 年 8 月 2 日,SFRC Hearings,*Military Assistance Program, 1949*, p. 30。

55 凯南在海军战争学院的讲座,1948 年 10 月 11 日,凯南文件,第 17 盒;凯南在五角大楼联合导向会议上的演讲,1948 年 11 月 8 日,*ibid.*;凯南在海军战争学院的讲座,1948 年 9 月 17 日,*ibid.*。

56 伦敦会议公报,1948 年 6 月 7 日,*FRUS: 1948*, II, p.316;马歇尔致美国驻伦敦使馆,1948 年 2 月 20 日,*ibid.*, p. 72;国务院政策声明,《德国》,1948 年 8 月 26 日,*ibid.*, p.1319.

57 见凯南致詹姆斯·F. 贝尔纳斯,1946 年 3 月 6 日,*FRUS: 1946*, V, pp.516—520;凯南致卡迈尔·奥菲,1946 年 3 月 10 日,*ibid.*, pp. 555—556. 又见 Kennan, *Memoirs, 1925—1950*, pp. 257—258。

58 政策设计办公室第 37 号文件,《关于德国的可能解决办法的政策问题》,1948 年 8 月 12 日,*FRUS: 1948*, II, pp.1287—1297。又见政策设计办公室第 23 号文件,1948 年 2 月 24 日,*ibid.*, I, pp.515—518。

59 政策设计办公室第 37/1 号文件,《美国在外长会议上将采取的立场》,1948 年 11 月 15 日,*FRUS: 1948*, II, pp.1320—1338。"A 计划"题为《一项关于德国的计划》,日期为 1948 年 11 月 12 日,作为附录包括在政策设计办公室第 37/1 号文件内。

60 墨菲致雅各布·D. 比姆,1948 年 12 月 7 日,*FRUS: 1948*, II, p.1320n;墨菲备忘录,《美国关于德国的政策》,*FRUS: 1949*, III, p.125;科勒致艾奇逊,1949 年 5 月 6 日,*ibid.*, pp. 866—867;约翰逊致艾奇逊,1949 年 5 月 14 日,*ibid.*, p. 876. 又见 Kennan, *Memoirs: 1925—1950*, pp. 444—445; Miscamble, *Kennan and the Making of American Foreign Policy*, pp. 141—177。

61 墨菲备忘录,与艾奇逊谈话,1949 年 3 月 9 日,*FRUS: 1949*, III, p.103;杰塞普致艾奇逊,1949 年 4 月 19 日,*ibid.*, pp. 859—862;艾奇逊备忘录,《对待外长会议的一种方略》,附于艾奇逊致刘易斯·道格拉斯,1949 年 5 月 11 日,*ibid.*, p. 873;凯南致艾奇逊,1949 年 5 月 20 日,*ibid.*, p. 889。

62 国安会 13/2 号文件,《美国对日政策建议》,1948 年 10 月 9 日由杜鲁门批准,*FRUS: 1948*, VI, pp.858—862。关于凯南的观点,见政策设计办公室第 28 号文件,1948 年 3 月 25 日,*ibid.*, pp. 691—719;又见其 *Memoirs: 1925—1950*, pp. 391—393。

63 关于这些决定的文件资料见 *FRUS: 1949*, VII, pp.850—939, *FRUS: 1950*, VI,

pp.1109—1161。

64 艾奇逊致奥列弗·弗兰克斯爵士，1949 年 12 月 24 日，*FRUS: 1949*, Ⅶ, pp.927。

65 凯南致艾奇逊，1950 年 8 月 21 日，*FRUS: 1950*, Ⅶ, p.627。又见 Kennan, *Memoirs: 1950—1963*, pp. 40—41; Acheson, *Present at the Creation*, pp. 445—446。

66 威廉·J. 西博尔德致艾奇逊，1949 年 8 月 15 日，*FRUS: 1949*, Ⅶ, p.831。麦克阿瑟支持中立化还有其他例子，见 *ibid.*, pp. 657, 685, 806, 862, 891。又见 Kennan, *Memoirs: 1950—1963*, pp. 50—51.

67 艾奇逊与贝文和舒曼谈话备忘录，1949 年 9 月 17 日，*FRUS: 1949*, Ⅶ, p. 861; 艾奇逊致奥利弗·弗兰克斯爵士，1949 年 12 月 24 日，*ibid.*, p. 928。

68 Kennan, *Memoirs: 1925—1950*, pp. 427—428; *Memoirs: 1950—1963*, p. 53.

69 Kennan, *Memoirs: 1925—1950*, p. 472.

70 凯南备忘录,《原子能国际管制》，1950 年 1 月 20 日，*FRUS: 1950*, Ⅰ, p.39。

71 *Ibid.*, pp. 29—30; 凯南致艾奇逊备忘录草稿（未送交，但与艾奇逊讨论过），1950 年 2 月 17 日，*ibid.*, pp. 161—162, 165。

72 总顾问团声明，附于 J. 罗伯特·奥本海默致戴维·E. 利连撒尔，1949 年 10 月 30 日，*FRUS: 1949*, Ⅰ, p.571; 利连撒尔致杜鲁门，1949 年 11 月 9 日，*ibid.*, p. 580; 政策设计办公室 1949 年 11 月 3 日会议记录，*ibid.*, p. 576; 艾奇逊备忘录，1949 年 12 月 20 日，*ibid.*, p. 613。

73 麦克马洪致杜鲁门，1949 年 11 月 21 日，*FRUS: 1949*, Ⅰ, p.593; 布雷德利致约翰逊，1949 年 11 月 23 日，*ibid.*, pp. 595—596; 施特劳斯致杜鲁门，1949 年 11 月 25 日，*ibid.*, p. 597; 国家安全委员会下属专门委员会致总统报告,《热核武器的发展》，1950 年 1 月 31 日，*FRUS: 1950*, Ⅰ, p.515。又见布雷德利致约翰逊，1950 年 1 月 13 日，*ibid.*, pp. 503—511。

74 杜鲁门致艾奇逊和路易斯·约翰逊，1950 年 1 月 31 日，*ibid.*, pp. 141—142。

75 艾利斯日记，1950 年 2 月 4 日，艾利斯文件，第 27 盒。

76 就此见国家安全委员会下属专门委员会致总统报告，1950 年 1 月 31 日，*FRUS: 1950*, Ⅰ, p.522。

77 Kennan, *Memoirs: 1925—1950*, pp. 474—475.

78 国安会 68 号文件,《美国国家安全目标和计划》，1950 年 4 月 14 日，*FRUS: 1950*, I, p.264。该文件在本书第四章内被予以充分讨论。又见 Hammond,

"NSC-68: Prologue to Rearmament"，载 于 Schilling, Hammond, and Snyder, *Strategy, Politics, and Defense Budgets*, p. 312。

79 例如见艾奇逊在白宫对广告委员会一次会议的讲话，1950 年 2 月 16 日，*DSB*, XXII (March 20, 1950), pp.427—429。又见 Coral Bell, *Negotiation from Strength: A Study in the Politics of Power* (New York: 1963), pp. 3—30。

80 Kennan, *Memoirs: 1925—1950*, p. 365.

81 就此见 Arkes, *Bureaucracy, the Marshall Plan, and the National Interest*, p. 182。

82 凯南日记，1949 年 11 月 22 日，引自 *Memoirs: 1925—1950*, p. 468。

83 尼采在国务院－国防部政策审议组会议上的发言，1950 年 3 月 2 日，*FRUS: 1950*, I, p. 177。

84 凯南日记，1950 年 7 月 12 日，引自 *Memoirs: 1925—1950*, p. 499。

85 Hammond, "NSC-68", p. 309.

86 Kennan, *Memoirs: 1925—1950*, pp. 407—408.

87 见 *FRUS: 1949*, III, pp.694—751; 又见 Philip C. Jessup, "The Berlin Blockade and the Use of the United Nations", *Foreign Affairs*, L (October 1971), pp. 163—173。

88 关于时人按照这些思路进行的一项评析，见国务院欧洲司司长查尔斯·约斯特的一份备忘录《对苏基本谈判》，1950 年 2 月 15 日，*FRUS:1950*, I, pp.153—159。

89 Kennan, *Memoirs: 1925—1950*, pp. 465—466. 又见凯南致马歇尔和洛维特，1948 年 8 月 5 日，凯南致迪安·腊斯克，1949 年 9 月 7 日，*FRUS: 1949*, I, p.381。

90 Hammond, "NSC-68", pp. 317—318.

91 Acheson, *Present at the Creation*, pp. 347—348.

92 对黑人妇女全国委员会的即席讲话，1950 年 11 月 17 日，*DSB*, 23 (November 27, 1950), p.839。

第四章　国家安全委员会第 68 号文件

1 Kennan, *Memoirs, 1925—1950*, p. 408.

2 关于国安会 68 号文件的起源，见 Paul Y. Hammond 的经典叙述，载于 Schilling, Hammond, and Snyder, *Strategy, Politics, and Defense Budgets*, pp. 267—330; 又见 Samuel F. Wells, Jr., "Sounding the Tocsin: NSC 68 and the

Soviet Threat", *International Security*, Ⅳ (Fall, 1979), pp.116—138; Fred M. Kaplan, "Our Cold-War Policy, Circa'50", *New York Times Magazine*, May 18, 1980, pp. 34ff。Ernest R. May, ed., *American Cold War Strategy: Interpreting NSC 68* (Boston: 1993), 提供了历史学家以及参与起草者对国安会 68 号文件的一组有用的评论。

3　国安会 68 号文件，1950 年 4 月 14 日，*FRUS: 1950*, Ⅰ, pp.237—239。

4　*Ibid.*, pp. 238, 240.

5　尼采备忘录,《近来苏联的行动》, 1950 年 2 月 8 日, *ibid.*, p. 145; 国安会 68 号文件, 1950 年 4 月 14 日, *ibid.*, pp. 263—264。

6　布雷德利对众议院军事委员会（House Armed Services Committee[此后简称 HASC]) 所言，1949 年 10 月 19 日，HASC Hearings: *Unification and Strategy* (Washington: 1949), p. 518。又见杜鲁门致西德尼·索尔斯，1949 年 7 月 1 日，附于国安会 52 号文件,《1951 财政年度政府国家安全和国际事务计划》, 1949 年 7 月 5 日, *FRUS: 1949*, Ⅰ, pp.349—351。

7　国安会 68 号文件，1950 年 4 月 14 日，*FRUS: 1950*, Ⅰ, pp.256—258, 286。又见 pp. 246, 249。总统经济报告, 载于 *TPP: 1950*, pp. 18—31。

8　Alonzo L. Hamby, *Beyond the New Deal: Harry S. Truman and American Liberalism* (New York: 1973), pp. 297—303; Edward S. Flash, Jr., *Economic Advice and Presidential Leadership: The Council of Economic Advisers* (New York: 1965), pp. 21—39. 又见 Friedberg, *In the Shadow of the Garrison State*, pp. 106—107。

9　汉密尔顿·Q. 迪尔伯恩备忘录, 经凯塞林批准, 1950 年 5 月 8 日, *FRUS: 1950*, Ⅰ, p.311。

10　政策审议组会议记录, 1950 年 3 月 16 日, *ibid.*, p. 199。

11　国安会 68 号文件，1950 年 4 月 14 日，*FRUS: 1950*, Ⅰ, pp.243—244。

12　*Ibid.*, pp. 238, 240, 245.

13　*Ibid.*, p. 280. 又见 pp. 247—248。

14　*Ibid.*, 251, 267. 又见国家安全资源委员会的一份备忘录,《对国安会 68 号文件计划的评论》, *ibid.*, pp. 316—321。

15　凯南致艾奇逊, 1950 年 1 月 6 日, *FRUS: 1950*, Ⅰ, p.132。又见凯南致波伦, 1949 年 3 月 15 日, *FRUS: 1949*, Ⅴ, pp.593—594。

16　国安会 68 号文件，1950 年 4 月 14 日，*FRUS: 1950*, Ⅰ, p.264, 290。又见尼采备忘录,《苏联近来的行动》, 1950 年 2 月 8 日, *ibid.*, pp. 145—146。

17 国安会 68 号文件，1950 年 4 月 14 日，*FRUS: 1950*, I , p.249, 261, 264。

18 见 Kennan, *Memoirs: 1925—1950*, pp. 311—312。

19 国安会 68 号文件，1950 年 4 月 14 日，*FRUS: 1950*, I , pp.252—253。

20 *Ibid.*, pp. 253, 283.

21 Acheson, *Present at the Creation*, p. 374. 又见 Friedberg, *In the Shadow of the Garrison State*, pp. 109—111。

22 Acheson, *Present at the Creation*, p. 377; Hammond, "NSC-68", pp. 318—319, 344.

23 国安会 68 号文件，1950 年 4 月 14 日，*FRUS: 1950*, I , pp.281—282。又见国安会 68 号文件专门委员会第四次会议讨论备忘录，1950 年 5 月 12 日，*ibid.*, pp. 312—313；副国务卿顾问委员会讨论备忘录，1950 年 6 月 6 日，*ibid.*, p. 324。

24 国安会 68 号文件，1950 年 4 月 14 日，*FRUS: 1950*, I , p.244，又见 p. 267。

25 *Ibid.*, pp. 264, 267—269.

26 *Ibid.*, pp.247, 255. 又见 p. 285。

27 *Ibid.*, p. 260.

28 参谋长联席会议致国防部长，《军援计划的军事目标》，1950 年 1 月 26 日，U.S. Department of Defense, *United States-Vietnam Relations, 1945—1967* (Washington, 1971), VIII , 274；艾奇逊在行政会议上的证词，1950 年 3 月 29 日，SFRC Hearings: *Reviews of the World Situation*, p. 273；雷蒙德·A. 黑尔致詹姆斯·E. 韦伯，1950 年 4 月 5 日，*FRUS: 1950*, I , p.220。关于杜鲁门行政当局的促进共产主义世界分裂的战略，更多的论述见 Gaddis, *The Long Peace*, pp. 147—173。

29 国安会 68 号文件，1950 年 4 月 14 日，*FRUS: 1950*, I , pp.263—264。

30 杜勒斯备忘录，1950 年 5 月 18 日，*FRUS: 1950*, I , p.314。

31 就此见 ibid., VI , pp.346—351 所载文件；又见 Gaddis, *The Long Peace*, pp. 84—86。

32 国安会 68 号文件，1950 年 4 月 14 日，*FRUS: 1950*, I , pp.241—242。

33 *Ibid.*, pp. 273, 276.

34 *Ibid.*, pp. 273—274. 又见 Bell, *Negotiation From Strength*, pp. 3—30。

35 威廉·F. 肖布致詹姆斯·S. 赖伊，1950 年 5 月 8 日，*FRUS: 1950*, I , 301。

36 国安会 68 号文件，1950 年 4 月 14 日，*ibid.*, p. 248。又见威拉德·索普致艾奇逊，1950 年 4 月 5 日，*ibid.*, pp. 218—220。

37 *Ibid.*, p. 273.

38 国安会 68 号文件，1950 年 4 月 14 日，*FRUS: 1950,*I，pp.239—240。又见波伦致尼采，1950 年 4 月 5 日，*ibid.*, pp. 223—224。

39 Hammond, "NSC-68", pp. 298—326.

40 政策审议组会议记录，1950 年 3 月 16 日，*FRUS: 1950,*I，pp.197—198；巴雷特致艾奇逊，1950 年 4 月 6 日，*ibid.*, p. 226.

41 Acheson, *Present at the Creation*, p. 375. 又见波伦致尼采，1950 年 4 月 5 日，*ibid.*, p. 222。

42 对美国报纸编辑协会的演讲，1950 年 4 月 22 日，*DSB*, XXII (May 1, 1950), p.675。又见艾奇逊在得克萨斯州达拉斯的演讲，1950 年 6 月 13 日，以及他在哈佛大学的演讲，1950 年 6 月 22 日，*ibid.*, XXII (June 26, 1950), pp.1037—1041, XXIII (July 3, 1950), pp.14—17, 38；还有他在参议院外交委员会行政会议上的证词，SFRC Hearings: *Reviews of the World Situation*, 特别见 pp. 287, 310。

43 国安会 68 号文件，1950 年 4 月 14 日，*FRUS: 1950,*I，p.240。

44 政策审议组会议记录，1950 年 3 月 2 日，*ibid.*, pp. 177—179；另见肖布致赖伊，1950 年 5 月 8 日，*ibid.*, p. 301。

45 就此见：Gaddis, *We Now Know*, pp.70—75; William Stueck, *The Korean War: An International History* (Princeton: 1995), pp. 31—41; *Rethinking the Korean War: A New Diplomatic and Strategic History* (Princeton: 2002), pp. 69—77。

46 I. F. Stone, *The Hidden History of the Korean War* (New York: 1952), pp. 1—66; D. F. Fleming, *The Cold War and Its Origins, 1917—1960* (Garden City, N.Y.: 1961), pp. 592—608; Stephen E. Ambrose, *Rise to Globalism: American Foreign Policy, 1938—1970* (Baltimore: 1971), pp. 192—197; Joyce and Gabriel Kolko, *The Limits of Power: The World and United States Foreign Policy, 1945—1954* (New York: 1972), pp. 565—585; Bruce Cumings, *The Origins of the Korean War: The Roaring of the Cataract, 1947—1950* (Princeton: 1990), 特别见 pp. 410—413。

47 杜勒斯和约翰·M.艾利森致艾奇逊和腊斯克，1950 年 6 月 25 日，*FRUS: 1950*, VII, p.140；凯南致艾奇逊备忘录（未送交），1950 年 6 月 26 日，凯南文件，第 24 盒；杜鲁门广播电视演讲，1950 年 9 月 1 日，*TPP: 1950*, p. 610。又见约翰·D.希克森在纽约的演讲，1950 年 9 月 17 日，*DSB*, XXIII (October 2, 1950), p.544; Ernest R. May, *"Lessons" of the Past: The Use and*

Misuse of History in American Foreign Policy (New York: 1973), pp. 52—86。

48　艾奇逊向内阁会议的汇报，1950 年 7 月 14 日，*FRUS: 1950*, I, p.345（该项汇报基于查尔斯·E. 波伦的一份备忘录）。又见《朝鲜》（初稿），国务院情报研究科起草的一份情报评估，1950 年 6 月 25 日，*ibid.*, Ⅶ, pp.148—154;柯克致艾奇逊，1950 年 6 月 27 日，*ibid.*, p. 199; 卡斯珀·D.格林所作艾奇逊与威廉·门特·德·摩根斯蒂安纳谈话备忘录，1950 年 6 月 30 日，艾奇逊文件，第 65 盒，"谈话备忘录，1950 年 5—6 月"卷宗；凯南备忘录稿，《鉴于朝鲜形势可能的新危险点估计》，1950 年 6 月 30 日，凯南文件，第 24 盒；国安会 73 号文件，《鉴于朝鲜形势美国关于苏联可能的进一步行动的立场和举措》，1950 年 7 月 1 日，*FRUS: 1950*, I , pp.331—338。

49　艾奇逊向内阁会议的汇报，1950 年 7 月 14 日，*ibid.*,I , p.345; 艾奇逊在参议院外交委员会行政会议上的证词，1950 年 7 月 24 日，SFRC Hearings, *Reviews of World Situation*, p. 323; 艾奇逊致"吉姆"（韦伯？）手写备忘录，1950 年 8 月，艾奇逊文件，第 65 盒，"谈话备忘录，1950 年 8 月"卷宗；关于朝鲜作为有利的作战地，又见国安会 73 号文件，1950 年 7 月 1 日，*FRUS: 1950*,I , p.332 ；佩斯、马修斯和芬勒特致约翰逊，1950 年 8 月 1 日，*ibid.*, pp. 354—355。

50　卡尔顿·萨维奇致尼采，1950 年 8 月 3 日，*ibid.*, 359; 杰赛普致马修斯，1950 年 8 月 17 日，*ibid.*, pp. 370—371; *ibid.*, Ⅶ, p.187n。

51　参谋长联席会议致约翰逊，1950 年 7 月 10 日，*ibid.*, p. 346。

52　艾利森致尼采，1950 年 7 月 24 日，*ibid.*, Ⅶ, pp.460—461。又见艾利森致腊斯克，1950 年 7 月 1 日和 15 日，*ibid.*, pp. 272, 393—395。

53　凯南日记，1950 年 7 月 21 日和 31 日，引自 Kennan, *Memoirs: 1925—1950*, pp. 488—489; 凯南致艾奇逊，1950 年 8 月 8 日，*FRUS: 1950*,I , p.363; 凯南，背景新闻会纪录，1950 年 8 月 22 日，凯南文件，第 18 盒。

54　国安会 81/1 号文件，《美国关于朝鲜的行动方针》，由杜鲁门于 1950 年 9 月 11 日批准，*FRUS: 1950*, Ⅶ, pp. 12—21。关于加剧中苏之间紧张的可能性，见国防部所作该文件初稿，1950 年 7 月 31 日和 8 月 7 日，又见艾利森所作该文件初稿，1950 年 8 月 12 日，*ibid.*, pp. 506—507, 532, 569—570。又见：Stueck, *The Korean War*, pp. 88—91; James I. Matray, "Truman's Plan for Victory: National Self-Determination and the Thirty-Eight Parallel Decision in Korea", *Journal of American History*, LXVI (September, 1979), pp.314—333。

55　艾利森所作艾奇逊与肯尼思·扬格谈话备忘录，1950 年 10 月 4 日，*FRUS: 1950*, Ⅶ, p.868。

56　就此见 Acheson, *Present at the Creation*, pp. 513—515; James F. Schnabel, *Policy and Direction: The First Year* (Washington: 1972), pp. 306—326。

57　杰塞普所作艾奇逊与马歇尔和参谋长联席会议会商记录，1950 年 12 月 3 日，*FRUS: 1950*, Ⅶ, p.1324; 参谋长联席会议致麦克阿瑟，1950 年 12 月 29 日，*ibid.*, p. 1925。

58　关于这决定的详情的诸多文件载于 *ibid.*, pp. 1237—1634。

59　Acheson, *Present at the Creation*, p. 513.

60　*Ibid.*, pp.529—533; Kennan, *Memoirs: 1950—1963*, pp. 35—37.

61　1950 年 5 月 4 日记者招待会，*TPP: 1950*, p. 286。

62　艾奇逊向内阁会议的汇报，巴巴拉·伊文斯记录，1950 年 7 月 14 日，*FRUS: 1950*, Ⅰ, p.345。又见斯图尔特·赛明顿（国家安全资源委员会主席）致国家安全委员会，1950 年 7 月 6 日，*ibid.*, pp. 340—341。

63　Hammond, "NSC–68", pp. 351—359; *FRUS: 1950*, Ⅰ, pp.352—353, 420—421.

64　凯塞林备忘录，《经济政策》，附于国安会 68/3 号文件，《美国国家安全目标和纲领》，1950 年 12 月 8 日，*ibid.*, pp. 428—430.

65　佩斯、马修斯和芬勒特致约翰逊，1950 年 8 月 1 日，*FRUS: 1950*, Ⅰ, p.355; 艾奇逊在行政会议上的证词，1950 年 7 月 24 日，SFRC Hearings: *Reviews of the World Situation*, p. 327; 国安会 73/4 号文件，《鉴于朝鲜形势美国关于苏联可能的进一步行动的立场和举措》，1950 年 8 月 25 日，*FRUS: 1950*, Ⅰ, p.385。

66　艾奇逊在行政会议上的证词，1950 年 5 月 1 日，SFRC Hearings: *Reviews of the World Situation*, p. 292。

67　国安会 82 号文件，《美国关于加强欧洲防务和德国为此所做贡献的性质的立场》，由杜鲁门于 1950 年 9 月 11 日批准，以约翰逊和艾奇逊 1950 年 9 月 8 日致杜鲁门文书的形式发布，*FRUS: 1950*, Ⅲ, pp.273—278。

68　艾奇逊对贝文和舒曼的言论，纽约，1950 年 9 月 15 日，附于艾奇逊致韦伯，1950 年 9 月 17 日，*ibid.*, p. 316。

69　见佩斯、马修斯和芬勒特致约翰逊，1950 年 8 月 1 日，*ibid.*, Ⅰ, p.353。

70　Acheson, *Present at the Creation*, pp.437—445.

71　艾奇逊与参议员伯克·希肯卢珀谈话备忘录，1950 年 12 月 27 日，*FRUS:*

1950, I, pp.488—489。又见艾奇逊接受哥伦比亚广播公司电视采访时的谈话，1950 年 9 月 10 日，*DSB*, XXⅢ (September 18, 1950), p.464。

72 艾奇逊在一次国务院对外政策全国会议上的即席讲话，1950 年 11 月 15 日，*DSB*, XXⅢ (November 27, 1950), p.855。又见艾奇逊致洛伊·亨德森，1950 年 9 月 1 日，*FRUS: 1950*, Ⅵ, pp.479—480；艾奇逊通电，1950 年 11 月 5 日，*ibid.*, Ⅶ, p.1049; 柯乐布致腊斯克，1950 年 11 月 10 日，*ibid.*, pp. 1123—1124; 腊斯克与瑞典大使谈话备忘录，1950 年 11 月 13 日，*ibid.*, pp. 1141—1142。

73 利文斯顿·麦钱特致腊斯克，1950 年 11 月 27 日，*ibid.*, Ⅵ, p.581。又见杜鲁门广播电视演讲，1950 年 9 月 1 日，*TPP: 1950*, p.613; 艾奇逊接受电视采访时的谈话，1950 年 9 月 10 日，*DSB*, XXⅢ (September 18, 1950), p.463; 菲利普·C.杰塞普对费城世界事务协会的演说，1950 年 11 月 24 日，*ibid.*, XXⅢ (December 4, 1950), p.886。

74 杜鲁门关于对台政策的公开声明，1950 年 8 月 27 日，*TPP: 1950*, pp. 599—600; 杜鲁门广播电视演讲，1950 年 9 月 1 日，*ibid.*, p. 613; 艾奇逊接受哥伦比亚广播公司电视采访时的谈话，1950 年 9 月 10 日，*DSB*, XXⅢ (September 18, 1950), p.463; 艾奇逊在参议院外交委员会行政会议上的证词，1950 年 9 月 11 日，SFRC Hearings: *Review of the World Situation*, p. 354。对有关中国台湾地区的决定，中国共产党人的愤懑见洛伊·亨德森致艾奇逊，1950 年 8 月 24 日，系传送一则出自印度驻北京大使 K.M. 潘尼迦的报告，*FRUS: 1950*, Ⅵ, p.447。

75 柯克致艾奇逊，1950 年 7 月 21 日，*ibid.*, Ⅶ, pp.443—444; 杰塞普致马修斯，1950 年 8 月 17 日，*ibid.*, Ⅰ, pp.370—371。

76 就此见 Gaddis, *The Long Peace*, p. 86。

77 凯南致艾奇逊，1950 年 8 月 21 日，*FRUS: 1950*, Ⅶ, p.624。

78 杰塞普所作国安会会议记录，1950 年 11 月 28 日，*FRUS: 1950*, Ⅶ, p.1246。

79 1950 年 12 月 4 日和 5 日杜鲁门与艾德礼会谈记录，*ibid.*, pp. 1368—1369, 1397—1403。又见艾奇逊与温斯顿·丘吉尔和安东尼·艾登谈话备忘录，1952 年 1 月 6 日，艾奇逊文件，第 66 盒，"谈话备忘录，1952 年 1 月"卷宗。

80 麦克阿瑟致卡洛斯·P. 罗慕洛，1950 年 12 月 26 日，弗吉尼亚州诺福克麦克阿瑟纪念馆藏麦克阿瑟文件，文档集群 5，第 1A 盒，卷宗 5；麦克阿瑟致罗伯特·C.理查森，1951 年 3 月 20 日，同上，第 49 盒。又见麦克阿瑟致参谋长联席会议，1950 年 11 月 7 日和 29 日，12 月 3 日和 30 日，*FRUS: 1950*, Ⅶ, pp.1077n, 1253n, 1320—1322, 1630—1633; J. 劳顿·科林斯致参谋长联席会议，1950 年 12 月 7 日，概述于 *ibid.*, p. 1469n。

81   U.S. Congress, Senate, Committees on Armed Services and Foreign Relations, *Military Situation in the Far East* (Washington: 1951), pp. 144—145, 732, 1764.

82   胡佛全国广播演说，1950 年 12 月 20 日，载于 Herbert Hoover, *Addresses upon the American Road: 1950—1955* (Stanford: 1955), pp. 3—10。又见胡佛 1951 年 2 月 9 日广播演说以及他于 1951 年 2 月 27 日对参议院军事委员会和外交委员会的陈述，载于 *ibid.*, pp. 11—31。

83   Robert A. Taft, *A Foreign Policy for Americans* (Garden City, N. Y., 1951), pp. 68—70, 78, 101. 又见 James T. Patterson, *Mr. Republican: A Biography of Robert A. Taft* (Boston: 1972), pp. 474—496。

84   John Foster Dulles, "A Policy of Boldness", *Life*, XXXII (May 19, 1952), pp.146—160.

85   杜鲁门广播电视演说，1952 年 3 月 6 日，*TPP: 1952*, pp. 194—195; 杜鲁门在美国退伍军人协会总部的演说，华盛顿，1952 年 4 月 18 日，*ibid.*, pp. 279—280。总统的其他类似言论，见 *ibid.*, pp. 42—43, 56—57, 222, 407。

86   艾奇逊致尼采，1950 年 7 月 12 日，艾奇逊文件，第 65 盒，"谈话备忘录，1950 年 7 月"卷宗；尼采致艾奇逊，1950 年 11 月 22 日，*FRUS: 1950*, I, 420; Harry S. Truman, *Memoirs: Years of Trial and Hope, 1946—1952* (Garden City, N.Y.: 1956), p.388; 杰塞普备忘录，艾奇逊与马歇尔和参联会的联合会商，1950 年 12 月 3 日，*FRUS: 1950*, VII, p.1326。又见柯克大使 1950 年 12 月 19 日与杜鲁门谈话备忘录 , *ibid.*, I , p.482。

87   国安会 48/5 号文件，《美国在亚洲的目标、政策和行动方针》，1951 年 5 月 17 日，*FRUS: 1951*, VI, p.37; 艾奇逊备忘录，与温斯顿·丘吉尔和安东尼·艾登谈话备忘录，1952 年 1 月 6 日，艾奇逊文件，第 66 盒，"谈话备忘录，1952 年 1 月"卷宗。

88   艾奇逊备忘录，与杜鲁门、丘吉尔和艾登谈话，1952 年 1 月 5 日，艾奇逊文件，第 66 盒，"谈话备忘录，1952 年 1 月"卷宗。又见 McLellan, *Dean Acheson*, pp.349—356。

89   国安会 135/3 号文件，《美国国家安全目标和战略之重新评估》，1952 年 9 月 25 日，国家档案馆现代军事档案部。

90   国安会 141 号文件，《美国国家安全纲领之重新审视》，1953 年 1 月 19 日，国家档案馆现代军事档案部。

91 McLellan, *Dean Acheson*, p. 398. 艾奇逊所言引自该书第 282 页。

92 约翰·巴顿·戴维斯备忘录，1950 年 9 月 22 日，*FRUS: 1950*, Ⅶ , p.754; 艾奇逊在国家战争学院的演讲，1951 年 8 月 27 日，艾奇逊文件，第 69 盒，"保密演讲，1947—1952 年"卷宗。

93 同上；艾奇逊对陆军战争学院人员的演讲，华盛顿，1952 年 10 月 2 日，艾奇逊文件，第 69 盒，"保密演讲，1947—1952 年"卷宗。

第五章 艾森豪威尔、杜勒斯和"新面貌"战略

1 艾森豪威尔竞选总统的动机可以最好地在 C.L. 苏兹贝格的日记中找到例证，刊于 C. L. Sulzberger , *A Long Row of Candles* (New York: 1969)，特别见 pp. 617, 646, 672, 683—686, 699—705，然而又见 Herbert S. Parmet, *Eisenhower and the American Crusades* (New York: 1972), pp. 45—47; Peter Lyon, *Eisenhower: Portrait of the Hero* (Boston: 1974), pp. 425—433; Stephen E. Ambrose, *Eisenhower: Soldier, General of the Army, President-Elect, 1890—1952* (New York: 1983), pp. 500—501, 527—528; Dwight D. Eisenhower, *The White House Years: Mandate for Change, 1953—1956* (Garden City, N.Y.: 1963), pp. 13—22。

2 艾森豪威尔致杜勒斯，1952 年 6 月 20 日，普林斯顿大学藏约翰·福斯特·杜勒斯文件，第 60 盒，"艾森豪威尔"卷宗；艾森豪威尔致 T. J. 戴维斯，1952 年 4 月 17 日，艾森豪威尔图书馆藏艾森豪威尔文件，1916—1952 年，第 31 盒。关于艾森豪威尔对经济的担忧，见艾森豪威尔致路易斯·约翰逊，1949 年 8 月 26 日，同上，第 56 盒；艾森豪威尔对众议院军事委员会的陈述，1949 年 10 月 20 日，HASC Hearings, *Unification and Strategy* (Washington: 1949), p. 565。

3 艾森豪威尔致杜勒斯，1952 年 4 月 15 日，艾森豪威尔文件，1916—1952 年，第 33 盒；杜勒斯致艾森豪威尔，1952 年 4 月 25 日，同上；艾森豪威尔致杜勒斯，1952 年 6 月 20 日，杜勒斯文件，第 60 盒，"艾森豪威尔"卷宗；苏兹贝格日记，1952 年 7 月 6—10 日，载于 Sulzberger, *A Long Row of Candles*, pp.767—771。

4 Robert A. Divine, *Foreign Policy and U.S. Presidential Elections: 1952—1960* (New York: 1974), pp. 34—36, 53—56. Robert R. Bowie and Richard H. Immerman, *Waging Peace: How Eisenhower Shaped an Enduring Cold War*

Strategy (New York: 1998), pp. 73—75. 1952 年共和党竞选政纲的对外政策部分载于 *Documents on American Foreign Relations: 1952* (New York: 1953), pp.80—85。

5　就此见 Richard H. Immerman, "Eisenhower and Dulles: Who Made the Decisions?", *Political Psychology*, 1 (Autumn, 1979), pp.3—20。

6　艾森豪威尔就职演说，1953 年 1 月 20 日，*Public Papers of the Presidents: Dwight D. Eisenhower*（此后简称 *EPP*），1953, p.6; 艾森豪威尔在明尼阿波利斯的演说，1953 年 6 月 10 日，*ibid.*, p. 389。

7　杜勒斯对西雅图扶轮社的演讲，1954 年 6 月 10 日，*DSB*, XXX (June 21, 1954), p.939; 艾森豪威尔手写笔记，1954 年 2 月 7 日此后一周，艾森豪威尔文件，惠特曼档：艾森豪威尔日记，第 3 盒，"1954 年 1—11 月" 卷宗；艾森豪威尔记者招待会，1954 年 8 月 4 日，*EPP: 1954*, p. 684; 艾森豪威尔与 C.D. 杰克逊谈话录，1954 年 8 月 11 日，艾森豪威尔文件，惠特曼档：日记系列，第 3 盒，"1954 年 8 月（3）" 卷宗。

8　杜勒斯对法国国家政治科学研究所的演讲，巴黎，1952 年 5 月 4 日，*Vital Speeches*, XVIII (June 1, 1952), p.495; 詹姆斯·哈格蒂日记，1954 年 4 月 26 日，艾森豪威尔图书馆藏哈格蒂文件，第 1 盒；艾森豪威尔致丘吉尔，1955 年 3 月 29 日，艾森豪威尔文件，惠特曼档：艾森豪威尔日记，第 6 盒，"1955 年 3 月（1）" 卷宗。艾森豪威尔的 "多米诺骨牌论" 见于 *EPP: 1954*, p. 383。

9　杜勒斯对美国联合国协会的演讲，纽约，1950 年 12 月 29 日，*DSB*, XV (January 15, 1951), p.88; 杜勒斯致凯南，1952 年 10 月 29 日，杜勒斯文件第 61 盒，"凯南" 卷宗；杜勒斯在国家战争学院的演讲，1953 年 6 月 16 日，*DSB*, XXVIII (June 29, 1953), p.895。又见杜勒斯 1955 年 4 月 11 日和 10 月 10 日的演讲，*ibid.*, XXXII (April 25, 1955), p.675, XXXIII (October 24, 1955), pp.640—641。

10　艾森豪威尔记者招待会，1953 年 6 月 17 日，*EPP: 1953*, p. 440; 艾森豪威尔致杜勒斯，1952 年 6 月 20 日，杜勒斯文件，第 60 盒，"艾森豪威尔" 卷宗。又见艾森豪威尔致 T. J. 戴维斯，1952 年 4 月 17 日，艾森豪威尔文件，1916 至 1952 年，第 31 盒；艾森豪威尔对全国青年商会的演说，明尼阿波利斯，1953 年 6 月 6 日，*EPP: 1953*, pp. 389—390; 艾森豪威尔在记者招待会上的言谈，1954 年 4 月 7 日，*EPP: 1954*, p. 383; 艾森豪威尔在特兰西瓦尼亚学院的讲话，1954 年 4 月 23 日，*ibid.*, pp. 419—420。

11　艾森豪威尔致罗伯特·帕特森夫人（未发出），1953 年 6 月 15 日，艾森豪威尔文件，惠特曼档：艾森豪威尔日记，第 2 盒，"1952 年 12 月—1953 年 7 月（2）"卷宗；艾森豪威尔在全国教育协会晚宴上的演说，华盛顿，1954 年 6 月 22 日，*EPP: 1954*, p. 586。又见艾森豪威尔致杜勒斯，1958 年 3 月 26 日，艾森豪威尔文件，惠特曼档：艾森豪威尔日记，第 19 盒，"艾森豪威尔 1958 年 3 月口录"卷宗。

12 杜勒斯在普林斯顿大学全国校友午餐会上的演讲，1952 年 2 月 22 日，*Vital Speeches*, XVIII (March 15, 1952), p.333；艾森豪威尔对美国报纸编辑协会的演说，1953 年 4 月 16 日，*EPP: 1953*, p. 182; 艾森豪威尔致约瑟夫·道奇，1953 年 11 月 5 日，艾森豪威尔文件，惠特曼档：艾森豪威尔日记，第 2 盒，"53 年 11 月（2）"卷宗；艾森豪威尔对由政府赠予土地的学院和大学联合会的演说，1954 年 11 月 6 日，*EPP: 1954*, p. 1055。

13 艾森豪威尔记者招待会，1953 年 4 月 23 日和 30 日，*EPP: 1953*, pp. 209, 239; 杜勒斯对参议院外交委员会和众议院外交委员会的陈述，1953 年 5 月 5 日，*DSB*, XXVIII (May 25, 1953), p.737。又见艾森豪威尔致阿尔弗雷德·M. 格伦瑟，1953 年 5 月 4 日，致本杰明·F. 卡菲，1953 年 7 月 27 日，艾森豪威尔文件，惠特曼档：艾森豪威尔日记，第 2 盒，"1952 年 12 月—1953 年 7 月"卷宗。

14 国安会 162/2 号文件，《国家安全基本政策》，1953 年 10 月 30 日，*FRUS:1952—1954*，II，p.589；艾森豪威尔记者招待会，1955 年 3 月 2 日，*EPP: 1955*, p. 310。

15 Emmet John Hughes, *The Ordeal of Power: A Political Memoir of the Eisenhower Years* (New Year: 1963), p. 72. 肖特的评论见于 1953 年 4 月 30 日国会领导会议记录，艾森豪威尔文件，惠特曼档：艾森豪威尔日记，第 2 盒，"工作人员笔记，1953 年 1—12 月"卷宗。关于艾森豪威尔与商界的联系，见 Lyon, *Eisenhower*, pp. 373—376, 395—397, 405—410。

16 *Ibid.*, pp. 56—58. 又见 Bowie and Immerman, *Waging Peace*, pp. 48, 63; Christopher Bassford, *Clausewitz in English: The Receptiuon of Clausewitz in Britain and America, 1815—1945* (New York: 1994), pp. 157—162.

17 艾森豪威尔对美国新闻署官员的讲话，1953 年 11 月 10 日，*EPP: 1953*, p. 754；艾森豪威尔记者招待会，1955 年 1 月 12 日，*EPP: 1955*, p. 57。又见艾森豪威尔致 T.J. 戴维斯，1952 年 4 月 17 日，艾森豪威尔文件，1916—1952 年，第 31 盒；艾森豪威尔记者招待会，1956 年 3 月 7 日和 5 月 23 日，*EPP: 1956*, pp. 292—293, 525。与克劳塞维茨进行比较，Carl von Clausewitz,

On War, edited and translated by Michael Howard and Peter Paret (Princeton: 1976), pp. 87, 101, 112, 142—143, 179, 230。

18 艾森豪威尔记者招待会，1953 年 11 月 11 日，*EPP: 1953*, p. 760; 艾森豪威尔致弗兰克·阿尔舒尔，1957 年 10 月 25 日，艾森豪威尔文件，惠特曼档：艾森豪威尔日记，第 16 盒，"1957 年 10 月"卷宗；国安会 5707/8 号文件，《国家安全基本政策》，1957 年 6 月 3 日，*FRUS: 1955—1957*, XIX , p.509。（着重标记系引者所加。）

19 例如 James David Barber, *The Presidential Character: Predicting Performance in the White House* (Englewood Cliffs, N. J. : 1972), pp. 156—172; 相反的观点见 Fred I. Greenstein, "Eisenhower as an Act IV ist President: A New Look at the Evidence", *Political Science Quarterly*, XCIV (Winter, 1979—1980), pp.575—599; 更广泛的见 Greenstein, *The Hidden-Hand Presidency: Eisenhower as Leader* (New York: 1982)。

20 见 John Michael Guhin, *John Foster Dulles: A Statesman and His Times* (New York: 1972), pp. 116—128; Ronald W. Pruessen, *John Forster Dulles: The Road to Power* (New York: 1982), pp. 254—258。

21 *Ibid.*, pp.286—287, 306—307. 又见 Hughes, *Ordeal of Power*, pp. 109—110, 204—208; Townsend Hoopes, *The Devil and John Foster Dulles* (Boston: 1973), pp. 358, 488。

22 杜勒斯广播电视讲话，1953 年 1 月 27 日，*DSB*, XXVIII (February 9, 1953), pp.212—213; 1953 年 5 月 5 日，杜勒斯对参议院外交委员会和众议院外交委员会的陈述，*ibid.*, XXVIII (May 25, 1953), pp.736—737。

23 杜勒斯在科尔盖特大学的演讲，1950 年 7 月 7 日，*DSB*, XXIV (July 17, 1950), p.88; 杜勒斯在国家战争学院的演讲，1953 年 6 月 16 日，*ibid.*, XXVIII (June 29, 1953), pp.895。又见 John Foster Dulles, *War or Peace* (New York: 1950), pp. 7—16。

24 杜勒斯对产业工会联合会的演讲，克利夫兰，1953 年 11 月 18 日，*DSB*, XXIX (November 30, 1953), p.741; 杜勒斯在弗吉尼亚州威廉斯堡的演讲，1954 年 5 月 15 日，*ibid.*, XXX (May 24, 1954), p.779。

25 杜勒斯在委内瑞拉加拉加斯的演讲，1954 年 3 月 4 日，*ibid.*, XXX (March 15, 1954), p.379, 杜勒斯记者招待会，1956 年 4 月 3 日，*ibid.*, XXXIV (April 16, 1956), p.642。

26 杜勒斯就朝鲜问题在日内瓦会议上的发言，1954 年 4 月 28 日，*DSB*,

XXX (May 10, 1954), p.706; 杜勒斯记者招待会，1956 年 4 月 3 日，*ibid.*, XXIV (April 16, 1956), p.642; Andrew H. Berding, *Dulles on Diplomacy* (Princeton, 1965), pp. 7—8, 30—31。

27　苏兹贝格日记，1951 年 12 月 13 日，载于 Sulzberger, *A Long Row of Candles*, pp. 706—707。又见 Lyon, *Eisenhower*, pp. 365—366。

28　艾森豪威尔记者招待会，1953 年 6 月 17 日和 11 月 11 日，*EPP: 1953*, pp. 431—432, 760；艾森豪威尔在艾奥瓦州德斯莫瓦尼的演说，1954 年 8 月 30 日，*EPP：1954*, p. 788。

29　就此见 Glenn H. Snyder, "The 'New Look' of 1953"，载于 Schilling, Hammond; and Snyder, *Strategy, Politics and Defense Budget*, pp. 400—402。

30　杜勒斯对法国国家政治科学研究所的演讲，巴黎，1952 年 5 月 5 日，*Vital Speeches*, XVII（June 1, 1952），p.493; 艾森豪威尔广播讲话，1953 年 5 月 19 日，*EPP: 1953*, p. 307。其他怀疑战争可能性的估计可见于国安会 162/2 号文件，1953 年 10 月 30 日，*FRUS: 1952—1954*, II，p. 582，国安会 5501 号文件，1955 年 1 月 7 日，*FRUS: 1955—1957*, XIX, pp.28—29。又见 Hoopes, *Dulles*, pp. 192—193; Berding, *Dulles on Diplomacy*, pp. 136—137。

31　杜勒斯对美国国际法学会的演讲，1950 年 4 月 27 日，*DSB*, XXII (May 8, 1950), p.717; 罗伯逊对路易斯维尔商会的演说，1953 年 10 月 14 日，*ibid.*, XXIX (November 2, 1953), p.594；艾森豪威尔对美国退伍军人协会的演讲，1954 年 8 月 30 日，*EPP: 1954*, p.780；艾森豪威尔致约翰·S.D. 艾森豪威尔，1953 年 6 月 16 日，艾森豪威尔文件，惠特曼档：艾森豪威尔日记，第 2 盒，"1952 年 12 月—1953 年 7 月（2）"卷宗。又见杜勒斯对法国国家政治科学研究所的演讲，巴黎，1952 年 5 月 5 日，*Vital Speeches*, XVIII (June 1, 1952), p.493; 杜勒斯广播电视演说，1953 年 1 月 27 日，*DSB*, XXVIII (February 9, 1953), p.213。

32　艾森豪威尔记者招待会，1954 年 12 月 2 日，*EPP:1954*, pp. 1074—1075; 艾森豪威尔致弗兰克·阿尔舒尔，1957 年 10 月 25 日，艾森豪威尔文件，惠特曼档：艾森豪威尔日记，第 16 盒，"1957 年 10 月"卷宗。

33　杜勒斯在纽约州共和党晚餐会上的讲话，1953 年 5 月 7 日，*DSB*, XXVIII (May 18, 1953), p.707; 杜勒斯在委内瑞拉加拉加斯的演讲，1954 年 3 月 4 日，*ibid.*, XXX (March 15, 1954), p.379; 杜勒斯在对外政策协会的演讲，1955 年 2 月 16 日，*ibid.*, XXXII (February 28, 1955), p. 329; 杜勒斯对美国退伍军人协会的演讲，迈阿密，1955 年 10 月 10 日，*ibid.*, XXXIII (October 24,

1955), p.639; 艾伦·杜勒斯对国际警长协会的演讲，费城，1955 年 10 月 3 日，*ibid.*, XXXIII (October 17, 1955), p.603。

34 杜勒斯就朝鲜问题在日内瓦会议上的发言，1954 年 4 月 28 日，*DSB*, XXX（May 10, 1954），p.706; 1954 年 8 月 1 日，哥伦比亚广播公司对史密斯的电视访谈，*ibid.*, XXXI (August 9, 1954), p.191; 罗伯逊对大费城地区商会的演讲，1955 年 1 月 13 日，*ibid.*, XXXII (January 24, 1955), p.131; 艾伦·杜勒斯在国际警长协会的演讲，1955 年 10 月 3 日，*ibid.*, XXXIII (October 17, 1955), p.600。

35 国安会 5501 号文件，1955 年 1 月 7 日，*FRUS: 1955—1957*, XIX, p.28; 艾森豪威尔致伯纳德·蒙哥马利，1956 年 5 月 2 日，艾森豪威尔文件，惠特曼档：艾森豪威尔日记，第 9 盒，"1956 年 5 月杂项（5）"卷宗。

36 杜勒斯无题备忘录，1949 年 6 月 16 日，杜勒斯文件，第 40 盒，"外长会议"卷宗；《关于对外政策的注解》，附于杜勒斯致霍默尔·福格森，1849 年 6 月 28 日，*ibid.*, 第 41 盒，"福格森"卷宗；杜勒斯致艾森豪威尔，1952 年 6 月 25 日，同上，第 57 盒，"贝布勒"卷宗；国安会 166/1 号文件，《美国对共产主义中国的政策》，1953 年 11 月 6 日，*FRUS:1952—1954*, XIV, p.296; 艾森豪威尔－丘吉尔－皮杜尔会晤记录，1953 年 12 月 7 日，*FRUS: 1952—1954*, III, p.711; Berding, *Dulles on Diplomacy*, p.33. 又见国务院情报司研究报告 #7070,《中苏关系之重新评估》，1955 年 11 月 4 日，国家档案馆外交档案分部，国务院档案，研究和分析报告。

37 艾森豪威尔－丘吉尔－皮杜尔会晤纪录，1953 年 12 月 7 日；杜勒斯致切斯特·鲍尔，1952 年 3 月 25 日，杜勒斯文件，第 58 盒，"鲍尔"卷宗；国安会 148 号文件，《美国在远东的政策》（草案），1953 年 4 月 6 日，艾森豪威尔文件，白宫办公厅档：国家安全事务特别助理办公室，第 24 盒；国安会 166/1 号文件，1953 年 11 月 6 日，*FRUS: 1952—1954*, XIV, pp.297—298; 杜勒斯记者招待会，1955 年 4 月 26 日，1956 年 4 月 24 日，*DSB*, XXXII (May 9, 1955), p.756, XXXIV (May 7, 1956), p.752。

38 关于杜勒斯试图利用中苏潜在分歧的战略，还可见 Gaddis, *The Long Peace*, pp. 174—182; Gaddis, *The United States and the End of the Cold War: Implications, Provocations, Reconsiderations* (New York: 1992), pp. 73—79。

39 墨菲对美国犹太复国组织的演讲，纽约，1954 年 6 月 24 日，*DSB*, XXXI (July 5, 1954), 3; 杜勒斯在纽约广告俱乐部的讲话，1955 年 3 月 21 日，*ibid.*, XXXII (April 4, 1955), pp.551—552。又见杜勒斯对联合教会出版社的讲

话，1955 年 4 月 13 日，*ibid.*, XXXII (April 25, 1955), p.676; 国安会 166/1 号文件，1953 年 11 月 6 日，*FRUS, 1952—1954*, XIV，p. 294。

40 艾森豪威尔致丘吉尔，1955 年 3 月 29 日，艾森豪威尔文件，惠特曼档：艾森豪威尔日记，第 6 盒，"1955 年 3 月（1）"卷宗；Berding, *Dulles on Diplomacy*, p. 63。

41 *Ibid.*, p. 24; 杜勒斯对美联社的演讲，纽约，1956 年 4 月 23 日，*DSB*, XXXIV (April 30, 1954), p.708。

42 Dulles, *War and Peace*, p. 242.

43 Bowie and Immerman, *Waging Peace*, pp. 123—138.

44 Kennan, *Memoirs: 1950—1963*, p. 182. 又见 Snyder, "The New Look", p. 409。

45 艾森豪威尔对纽约州共和党委员会的演说，1953 年 5 月 7 日，*EPP: 1953*, p.265; 艾森豪威尔与两党立法机构领袖会晤记录，1954 年 1 月 5 日，艾森豪威尔文件，惠特曼档：艾森豪威尔日记，第 3 盒，"工作人员笔记，1954 年 1—11 月"卷宗；杜勒斯在对外关系协会的演讲，1954 年 1 月 12 日，*DSB*, XXX (January 25, 1954), p.108。

46 *Ibid.*, 又见 John Foster Dulles, "Policy for Security and Peace", *Foreign Affairs*, XXXII (April 1954), pp.357—359。

47 就此见美国空军中将 H.R. 哈尔蒙的一项报告《战略空军进攻对苏联战争努力的影响之评估》，1949 年 5 月 11 日，载于 Etzold and Gaddis, eds., *Containment*, pp. 360—364; 又见 Rosenberg, "American Atomic Strategy and the Hydrogen Bomb Decision", pp. 72—73; Gaddis, *We Now Know*, p. 89。

48 就此见艾森豪威尔在联合国的演说，1953 年 12 月 8 日，*EPP: 1953*, p. 815; Dulles, "Policy for Security and Peace", p. 358。

49 哈格蒂日记，1954 年 1 月 5 日，哈格蒂文件，第 1 盒；杜勒斯致艾森豪威尔，1953 年 9 月 6 日，艾森豪威尔文件，惠特曼档：国际系列，第 33 盒，"杜勒斯 / 朝鲜 / 安全政策"卷宗；艾森豪威尔备忘录，1953 年 11 月 11 日，*ibid.*, 惠特曼档：艾森豪威尔日记，第 2 盒，"1953 年 11 月（2）"卷宗。又见艾森豪威尔致格伦瑟，1953 年 10 月 27 日，同上，"1953 年 10 月（2）"卷宗。

50 杜勒斯备忘录，1953 年 6 月 23 日，杜勒斯文件，第 7 盒，"鲍德温"卷宗；艾森豪威尔在联合国的演说，1953 年 12 月 8 日，*EPP: 1953*, p. 815; 格伦瑟对国家安全工业协会的演讲，纽约，1954 年 9 月 29 日，*DSB*, XXXI (October 18, 1954 p.564; 杜勒斯在新闻发布会上的评论，1954 年 12 月 21 日，*ibid.*, XXXII) (January 3,1955), p.14; 艾森豪威尔记者招待会，1955 年 3 月 16

日，*EPP: 1955*, p.332。

51 国安会 162/2 号文件，1953 年 10 月 30 日，*FRUS: 1952—1954*, Ⅱ，p. 593;
哈格蒂日记，1954 年 12 月 13 日，哈格蒂文件，第 1 盒；国安会 5501 号文
件，1955 年 1 月 7 日，*FRUS: 1955—1957*, XIX，p. 32。又见艾森豪威尔与
两党立法机构领袖会晤记录，1954 年 1 月 5 日，艾森豪威尔文件，惠特曼
档：艾森豪威尔日记，第 3 盒，"工作人员笔记，1954 年 1—12 月"卷宗。
关于艾森豪威尔对使用核武器的思考，更多情况见 Gaddis, We *Now Know*,
pp. 226—234; 又见 Campbell Craig, *Destroying the Village: Eisenhower and
Thermonuclear War* (New York: Columbia University Press, 1998)。

52 艾森豪威尔记者招待会，1954 年 2 月 3 日和 3 月 17 日，*EPP: 1954*, pp.
229, 325; 艾森豪威尔－杜勒斯谈话录，1954 年 7 月 20 日，艾森豪威尔文件，
惠特曼档：日记系列，第 2 盒，"1954 年 7 月（3）"卷宗。关于艾森豪威尔
批准杜勒斯的这一演讲，见哈格蒂日记，1954 年 1 月 12 日，哈格蒂文件，第
1 盒。

53 Dulles, "Policy for Security and Peace", pp. 356, 358; 杜勒斯对四健会全
国大会的演讲，芝加哥，1954 年 11 月 29 日，*DSB*, XXXI (December 13,
1954), p.892。又见杜勒斯对众议院外交委员会的证词，1954 年 4 月 5 日，
ibid., XXX (April 19, 1954), p.579。

54 国安会 5501 号文件，1955 年 1 月 7 日，*FRUS: 1955—1957*, XIX，p. 32。国安
会 5602/1 号文件（1956 年 3 月 15 日，*ibid.*, pp. 246—247）和 5707/8 号文件
（1957 年 6 月 3 日，*ibid.*, pp. 511—512）重复了同样的话。

55 James Shepley, "How Dulles Averted War", *Life,* XL (January 16, 1956), p.78.

56 国安会 162/2 号文件，1953 年 10 月 30 日，*FRUS: 1952—1954*, Ⅱ，p. 583;
Dulles, "Policy for Security and Peace", pp. 355—357。

57 就此见 Hoopes, *Dulles*, pp. 162—166。

58 见杜勒斯 1952 年 6 月 23 日备忘录，杜勒斯文件，第 57 盒，"鲍德温"卷宗;
1954 年 12 月 1 日杜勒斯在记者招待会上的讲话，*DSB*, XXXI (December 13,
1954), p.897。

59 古德帕斯特所作艾森豪威尔与科学顾问会上备忘录，1957 年 3 月 29 日，艾
森豪威尔文件，惠特曼档：艾森豪威尔日记，第 13 盒，"1957 年 3 月工作人
员日录（1）"卷宗；艾森豪威尔与卡尔·海登电话谈话备忘录，1957 年 8
月 29 日，*ibid.*, 第 15 盒，"1957 年 8 月电话"卷宗。又见艾森豪威尔记者招
待会，1955 年 1 月 12 日，*EPP: 1955*, p. 57。

60 杜勒斯对美国退伍军人协会的演讲，迈阿密，1955 年 10 月 10 日，*DSB*，XXXⅢ（October 24, 1955），p.642; 杜勒斯在艾奥瓦州立学院的演讲，1956 年 6 月 9 日，*ibid.*, XXXⅣ（June 18, 1956），pp.999—1000。又见 Guhin, *John Foster Dulles*, pp. 252—264; H. W. Brands, *The Specter of Neutralism: The United States and the Emergence of the Third World, 1947—1960* (New York: 1989), pp. 305—307。

61 艾森豪威尔致埃德加·艾森豪威尔，1956 年 2 月 27 日，艾森豪威尔文件，惠特曼档：艾森豪威尔日记，第 7 盒，"1956 年 2 月杂项（1）"（着重标记系原有）。又见艾森豪威尔记者招待会，1956 年 6 月 6 日，*EPP: 1956*, p. 555。

62 艾森豪威尔致杜勒斯，1953 年 10 月 24 日，艾森豪威尔文件，惠特曼档：艾森豪威尔日记，第 2 盒，"1953 年 10 月（2）"卷宗。

63 国安会 162/2 号文件，1953 年 10 月 30 日，*FRUS: 1952—1954*, Ⅱ, p.580; 杜勒斯广播电视讲话，1953 年 1 月 27 日，*DSB*, XXⅧ (February 9, 1953), p.216; 杜勒斯记者招待会讲话，1953 年 6 月 30 日，*ibid.*, XXⅨ (July 13, 1953), p.40; 杜勒斯在产业工会联合会上的演讲，克利夫兰，1953 年 11 月 18 日，*ibid.*, XXⅨ (November 30, 1953), pp.741, 744。

64 杜勒斯对参议院外交委员会行政会议的证词，1953 年 2 月 26 日，SFRC Hearings: *83rd Congress, 1st Session*, pp. 172, 180。

65 杜勒斯在弗吉尼亚州威廉斯堡的演讲，1954 年 5 月 15 日，*DSB*, XXX（May 24, 1954），p.781; 杜勒斯对达拉斯世界事务协会的演讲，1956 年 10 月 27 日，*ibid.*, XXXV (November 5, 1956), p.697; 杜勒斯记者招待会讲话，1957 年 7 月 16 日，*ibid.*, XXXⅦ (August 5, 1957), p.228。

66 见前文，p. 140; 杜勒斯在国会两党领袖会晤上的评论，1957 年 1 月 1 日，艾森豪威尔文件，惠特曼档：艾森豪威尔日记，第 12 盒，"1957 年 1 月杂项（4）"卷宗; 艾森豪威尔记者招待会，1957 年 4 月 3 日和 8 月 21 日，*EPP: 1957*, pp. 247, 625。凯南当时对"解放"的批评，见其 *Realities of American Foreign Policy*, pp. 76—81。

67 国安会 162/2，杜勒斯在百慕大对艾森豪威尔、丘吉尔和皮杜尔所作情况简介，1953 年 12 月 7 日，艾森豪威尔文件，惠特曼档：国际会议系列，第 1 盒，"百慕大－国务院报告"卷宗; 杜勒斯记者招待会，1955 年 6 月 28 日，*DSB*, XXXⅢ (July 11, 1955), p.51; 杜勒斯对儿童国（Boys' Nation）的讲话，1953 年 7 月 27 日，*ibid.*, XXⅨ (August 10, 1953), p.176。关于政治避难原则，又见沃尔特·罗伯逊对巴尔的摩弗吉尼亚协会的演讲，1954 年 1 月 22 日，

ibid., (February 1, 1954), p.151。

68 尼克松广播电视讲话，1953 年 12 月 23 日，*DSB*，XXX (January 4, 1954)，p.11。关于向叛逃的米格战机飞行员颁发奖金的许诺，见 Hughes, *Ordeal of Power*, pp. 101—102。

69 关于这些插曲，见 William Taubman, *Khrushchev: The Man and His Era* (New York: 2003), pp.417—418，428—435。

70 国安会 5412 号文件，《隐蔽行动》，1954 年 3 月 15 日，艾森豪威尔文件，白宫办公厅档：国家安全事务特别助理办公室，第 7 盒；Karalekas, "History of Central Intelligence Agency"，pp. 31, 41。

71 国安会 5412 号文件，1954 年 3 月 15 日。对中情局行动的这一概述系依据：U.S. Congress, Senate(94th Cong., 2nd Session) Select Committee To Study Governmental Operations with Respect to Intelligence Activities, *Alleged Assassination Plots Involving Foreign Leaders* (Washington: 1975)；*ibid.*, *Foreign and Military Intelligence, Book 1, Final Report* (Washington: 1976); William R. Corson, *The Armies of Ignorance: The Rise of the American Intelligence Empire* (New York: 1977), pp. 331—380; Thomas Powers, *The Man Who Kept the Secrets: Richard Helms and the CIA* (New York: 1979)，pp. 39—44, 85—92, 106—118; John Ranelagh, *The Agency: The Rise and Decline of the CIA* (New York: 1986), pp. 229—348。关于艾森豪威尔政府的隐蔽行动的若干官方史现在也已出版，其中有：Nicholas Cullather, *Operation PBSUCCESS: The United States and Guatemala, 1952—1954* (Washington: 1994); Kevin C. Ruffner, ed., *CORONA: Ameirca's First Satellite Program* (Washington: 1995); R. Cargill and Clayton D. Laurie, ed., *Early Cold War Overflights, 1950—1956*, 2 volumes (Washington: 2003)。

72 *Alleged Assassination Plots*, pp. 260—269; Corson, *Armies of Ignorance*, pp. 23, 346—347.

73 例如见杜勒斯关于伊朗的公开讲话，1953 年 9 月 24 日，*DSB*，XXIX (October 5, 1953)，pp.443—444；杜勒斯与艾森豪威尔关于危地马拉的公开讲话，1954 年 6 月 30 日和 8 月 30 日，*ibid.*, XXXI (July 12, 1954), pp.43—44，*EPP: 1954*, p. 789; 艾森豪威尔关于印度尼西亚的公开讲话，1958 年 4 月 30 日，*EPP: 1958*, p. 789。

74 艾森豪威尔致刘易斯·道格拉斯，1955 年 3 月 29 日，艾森豪威尔文件，惠特曼档，艾森豪威尔日记，第 6 盒，"1955 年 3 月（1）"卷宗。着重标记系原有。

75 艾森豪威尔记者招待会，1953年3月19日和4月2日，*EPP: 1953*，pp. 106, 147; 1954年12月2日，*EPP: 1954*，p. 1076; 1955年2月2日，*EPP: 1955*，p. 235; 以及1957年1月30日，*EPP: 1957*, p. 98。

76 Hughes, *Ordeal of Power*, p. 105; 艾森豪威尔致杜勒斯，1953年9月8日，艾森豪威尔文件，惠特曼档：国际系列，第33盒，"杜勒斯/朝鲜/安全政策"卷宗；艾森豪威尔口录，1958年1月24日，同上，艾森豪威尔日记，第17盒，"1958年1月"卷宗。

77 见杜勒斯在弗吉尼亚州威廉斯堡的演讲，1954年5月15日，*DSB*, XXX (May 24, 1954), p.780; 又见Gaddis, *The United States and the End of the Cold War*, pp. 79—84。

78 国安会162/2号文件，1953年10月30日，*FRUS, 1952—1954*, II, p. 584; 国安会5501号文件，1955年1月7日，*FRUS, 1955—1957*, XIX, p. 36; 国安会5707/8号文件，1957年6月3日，*ibid.*, p. 518。

79 Nikita Khrushchev, *Khrushchev Remembers: The Last Testament*, translated and edited by Strobe Talbott (Boston, 1974), p. 363.

80 这一分析基于Hoopes, *Dulles*, 特别是其 pp. 6, 124—125, 244, 252, 350, 358, 488。

81 艾森豪威尔致E.E.哈兹勒，1954年10月23日，艾森豪威尔文件，惠特曼档：艾森豪威尔日记，第5盒，"1954年10月（1）"卷宗；艾森豪威尔日记，1956年1月10日，载于Robert H. Ferrell, ed., *The Eisenhower Diaries* (New York: 1981), p. 306。

82 就此见Hughes, *The Ordeal of Power*, pp. 346—350。

第六章 实施"新面貌"战略

1 见附录。

2 然而，初步的评估见 Zubok and Pleshakov, *Inside the Kremlin's Cold War*; Chen, *Mao's China and the Cold War*; Gaddis, *We Now Know*; Taubman, *Khrushchev*。

3 这种观点的早期表述见 Vincent P. DeSantis, "Eisenhower Revisionism", *Review of Politics*, XXXVIII (April 1976), pp.190—207; Gary W. Reichard, "Eisenhower as President: The Changing View", *South Atlantic Quarterly*, LXXVII (Summer, 1978), pp.265—281; George H. Quester, "Was Eisenhower a Genius?"

International Security, Ⅳ (Fall, 1979), pp.159—179。后来的和更充分的评估见 Greenstein, *The Hidden-Hand Presidency; *Bowie and Immerman*, Waging Peace*; Stephen E. Ambrose, *Eisenhower: The President* (New York: 1984); 还有 Chester J. Pach, Jr., and Elmo Richardson, *The Presidency of Dwight D. Eisenhower,* revised edition (Lawrence, Kansas: 1991)。对艾森豪威尔 "修正主义"（revisonism）的重新思考见 Richard H. Immerman, "Confessions of an Eisenhower Revionist: An Agonizing Reappraisal", *Diplomatic History* ⅪⅤ (Summer, 1990), pp.319—342; Stephen G. Rabe, "Eisenhower Revisionism: A Decade of Scholarship", *ibid.*, ⅩⅦ (Winter, 1993), pp.97—115。

4   Henry A. Kissinger, *Nuclear Weapons and Foreign Policy*（New York: 1957）, p. 172; Louis J. Halle, *Civilization and Foreign Policy: An Inquiry for Americans*（New York, 1955）, p. 215. 对大规模报复战略的最有影响的单独批评为 Maxwell D. Tayler, *The Uncertain Trumpet*（New York: 1959）。

5   艾森豪威尔国情咨文，1955 年 1 月 6 日，*EPP: 1955*，p. 12; 杜勒斯对达拉斯世界事务协会的演讲，1956 年 10 月 27 日，*DSB*, ⅩⅩⅩⅤ (November 5, 1956), p.695。又见艾森豪威尔 1955 年 1 月 12 日记者招待会，*EPP: 1955*, pp. 58—59; 杜勒斯对美联社的演讲，纽约市，1957 年 4 月 22 日，*DSB*, ⅩⅩⅥ（May 6, 1957）。

6   立法领袖会议记录，1954 年 1 月 13 日，艾森豪威尔文件，惠特曼档：艾森豪威尔日记，第 3 盒，"工作人员笔记，1954 年 1—12 月"卷宗。又见 Eisenhower, *Mandate for Change*, p. 452。

7   古德帕斯特备忘录，艾森豪威尔与雷德福谈话，1956 年 5 月 14 日，艾森豪威尔文件，惠特曼档：艾森豪威尔日记，第 8 盒，"1956 年 5 月古德帕斯特"卷宗。又见哈格蒂日记，1955 年 1 月 3 日和 4 日，哈格蒂文件，第 1 盒；艾森豪威尔与雷德福电话谈话，1955 年 2 月 1 日，艾森豪威尔文件，惠特曼档：艾森豪威尔日记，第 5 盒，"1955 年 1—7 月，电话（2）"卷宗。

8   古德帕斯特备忘录，艾森豪威尔与马克斯韦尔·泰勒谈话，1956 年 5 月 24 日，艾森豪威尔文件，惠特曼档：艾森豪威尔日记，第 8 盒，"1956 年 5 月古德帕斯特"卷宗；艾森豪威尔致克里斯琴·A. 赫脱，1957 年 7 月 31 日，同上，第 14 盒，"1957 年 7 月艾森豪威尔口录"卷宗。又见 Kissinger, *Nuclear Weapons and Foreign Policy*, pp. 183—189。

9   国安会 162/2 号文件，1953 年 10 月 30 日，*FRUS: 1952—1954*, Ⅱ , p. 585; 格伦瑟语引自 Richard P. Stebbins, *The United States in World Affairs: 1956* (New

York: 1957），pp. 370—371。又见格伦瑟对全国安全工业协会的演讲，纽约市，1954 年 9 月 29 日，*DSB*，XXXI（October 18,1954），p.564; George H. Quester, *Nuclear Diplomacy: The First Twenty-Five Years*, 2nd edition（New York: 1973），p. 111。

10　Eisenhower, *The White House Years: Waging Peace, 1956—1961* (Garden City, N. Y.: 1965), p. 336n.

11　见本书前述 pp.120—121 （原书页码，后同。——译者）。

12　国安会 147 号文件，《关于在朝鲜可能的行动方针的分析》，1953 年 4 月 2 日，*FRUS: 1952—1954*, XV, p. 844。

13　杜勒斯为艾森豪威尔、丘吉尔和皮杜尔所作情况简介，百慕大，1953 年 12 月 7 日，艾森豪威尔文件，惠特曼档：国际会议系列，第 1 盒，"百慕大——国务院报告"卷宗。

14　哈格蒂日记，1954 年 1 月 5 日，哈格蒂文件，第 1 盒。又见杜勒斯对美国退伍军人协会的演讲，圣路易斯，1953 年 9 月 2 日，*DSB*, XXIX (September 14, 1953), p.339; Eisenhower, *Mandate for Change*, p. 181。

15　国安会 1074-a 号行动文件，1954 年 4 月 5 日，*The Pentagon Papers (Senator Gravel Edition): The Department of Defense History of United States Decision-Making on Vietnam*, 4 vols. (Boston: 1971), I , pp.466—470。又见雷德福致威尔逊，1954 年 5 月 26 日，*ibid.*, pp. 512—514; SNIE 10-4-54,《共产党对美国关于印度支那的某些行动方针的反应》，1954 年 6 月 15 日，*ibid.*, pp. 525—531。

16　就此见《陆军关于国安会 1074-A 号行动文件的立场》，无日期，*Pentagon Papers*, I, pp.471—472。

17　杜勒斯致艾森豪威尔，1958 年 9 月 4 日，*FRUS: 1958—1960*, XIX , p.133。

18　Eisenhower, *Mandate for Change*, pp. 476—477; 杜勒斯致艾森豪威尔，1958 年 9 月 4 日，*FRUS: 1958—1960*, XIX , p.133。

19　就此见 Alexander L. George and Richard Smoke, *Deterrence in American Foreign Policy: Theory and Practice* (New York: 1974), p. 370; 又见 Gaddis, *We Now Know*, pp. 105, 250—252。

20　杜勒斯在记者招待会上的讲话，1958 年 9 月 30 日，*DSB*, XXIX（October 20, 1958），p.602。艾奇逊语引自 Richard P. Stebbins, *The United States in the World Affairs: 1958*（New York: 1959），p. 320。又见 Hoopes, *Dulles*, pp. 449—452。

21 就此见 George and Smoke, *Deterrence*, pp. 516—517。

22 Snyder, "The 'New Look' of 1953", pp. 384, 394, 396, 457; Eisenhower, *Mandate for Change*, p. 452n; *Statistical History of the United States*, pp. 718, 742E. 又见 Friedberg, *In the Shadow of the Garrison State*, pp. 127—133。

23 就此见 George and Smoke, *Deterrence in American Foreign Policy*, p. 370。

24 Kissinger, *Nuclear Weapons and Foreign Policy*, p. 185.

25 哈格蒂日记，1954 年 12 月 2 日，哈格蒂文件，第 1 盒。

26 艾森豪威尔记者招待会，1954 年 3 月 17 日，*EPP: 1954*, p. 325；艾森豪威尔在全国防务行政后备会议上的讲话，华盛顿，1957 年 11 月 14 日，*EPP: 1957*, p. 818。又见艾森豪威尔新闻发布会，1955 年 3 月 25 日，*EPP: 1955*, p. 358。

27 哈格蒂日记，1954 年 7 月 27 日，哈格蒂文件，第 1 盒；艾森豪威尔日记，1956 年 1 月 23 日，载于 Ferrell, ed., *The Eisenhower Diaries*, pp. 311—312。又见艾森豪威尔记者招待会，1955 年 2 月 9 日，*EPP: 1955*, pp. 255—256, 1956 年 3 月 7 日，*EPP: 1956*, pp. 297—298, 1957 年 6 月 26 日，*EPP: 1957*, pp. 504—505；又见艾森豪威尔致蒙哥马利，1956 年 5 月 2 日，艾森豪威尔文件，惠特曼档：艾森豪威尔日记，第 9 盒，"1956 年 5 月杂项（5）"卷宗；艾森豪威尔与斯泰尔·布里奇斯电话谈话，1957 年 5 月 21 日，同上，第 13 盒，"1957 年 5 月杂项（2）"卷宗。

28 《国家安全基本政策》(国务卿提议),1954 年 11 月 15 日，*ibid.*, II, pp.772—775。又见国家安全委员会 1954 年 8 月 5 日和 12 日会议记录，*FRUS: 1952—1954*, XV, pp.706—707, 1485。

29 就此更多的情况见 Gaddis, *The United States and the End of the Cold War*, pp. 66—73；还有 Campbell Craig, *Destroying the Village: Eisenhower and Thermonuclear War* (New York: 1998), pp. 50—52。

30 就此见 Friedberg, *In the Shadow of the Garrison State*, pp. 137—139。

31 我在以下几段里借用了 Gaddis, *We Now Know*, pp. 233—234 内的论辩。

32 国安会会议备忘录，1957 年 2 月 7 日，*FRUS: 1955—1957*, XIX, p.416。又见艾森豪威尔在 1956 年 12 月 20 日和 1957 年 4 月 11 日国安会会议上的评论，*ibid.*, pp.381, 473。关于艾森豪威尔的思维和克劳塞维茨对它很可能有的影响，尤富洞察力的讨论，见 Peter J. Roman, *Eisenhower and the Missile Gap* (Ithaca: 1995), pp.65, 83—84, 111。

33 见 Marc Trachtenberg, *History and Strategy* (Princeton: 1991), pp. 40—42。

34 Craig, *Destroying the Villiage*, pp. 55, 106—107; Roman, *Eisenhower and the Missile Gap*, pp. 86—87.

35 国安会会议备忘录，1956 年 2 月 27 日，*FRUS: 1955—1957*, XIX , p.211。又见艾森豪威尔在一次净评估分委员会情况介绍会上的评论，1956 年 1 月 23 日，*ibid.*, pp. 190—191。

36 艾森豪威尔与阿瑟·雷德福和马克斯韦尔·泰勒谈话备忘录,1956 年 5 月 24 日，*ibid.*, p. 313。又见 William Burr, "Avoiding the Slippery Slope: The Eisenhower Administration and the Berlin Crisis, November 1958—January 1959", *Diplomatic History*, XVIII (Spring, 1994), p.182。

37 艾森豪威尔与乔治·汉弗莱的电话谈话，1956 年 12 月 7 日，艾森豪威尔文件，惠特曼档：艾森豪威尔日记，第 11 盒，"1956 年 12 月电话"卷宗。就此又见 Douglas Kinnard, *President Eisenhower and Strategy Management: A Study in Defense Politics* (Lexington: 1977)，尤其是 pp. 123—136。

38 John F. Kennedy, *The Strategy of Peace*, edited by Allan Nevins (New York: 1960), p. 6; 1959 年 11 月 6 日内阁会议记录，艾森豪威尔文件，惠特曼档：艾森豪威尔日记，第 29 盒，"1959 年 11 月工作人员笔记（3）"卷宗。

39 杜勒斯在美国产业工会联合会的演讲，克利夫兰，1953 年 11 月 18 日，*DSB*, XXIX (November 30, 1953), p.742。又见沃尔特·罗伯逊在约翰·霍普金斯国际问题高级研究院的演讲，华盛顿，1955 年 8 月 8 日，*ibid.*, XXXIII (August 22, 1955), p.296。

40 Berding, *Dulles on Diplomacy*, pp.130—132; 艾森豪威尔致阿尔弗雷德尔·格伦瑟，1954 年 11 月 30 日，艾森豪威尔文件，惠特曼档：艾森豪威尔日记，第 5 盒，"1954 年 11 月（1）"卷宗；国安会 5602 号文件,《国家安全基本政策》（草案），1956 年 2 月 8 日，国家档案馆现代军事档案部。又见杜勒斯广播电视讲话，1956 年 3 月 23 日，*DSB*, XXIV (April 2, 1956), p.540; 杜勒斯记者招待会，1956 年 10 月 2 日，*ibid.*, XXXV (October 15, 1956), p.577; Stebbins, *The United States in World Affairs: 1956*, p. 5。

41 就此见 Herbert S. Dinerstein, *The Making of a Missile Crisis: October, 1962* (Baltimore: 1976)，pp.19—20。

42 艾森豪威尔致乔治·汉弗莱，1958 年 7 月 22 日，艾森豪威尔文件，惠特曼档：艾森豪威尔日记，第 21 盒，"1958 年 7 月艾森豪威尔口录"。又见古德帕斯特所作艾森豪威尔与国务卿赫脱等幕僚谈话备忘录，1959 年 12 月 29 日，*ibid.*，第 30 盒，"1959 年 12 月工作人员笔记"卷宗。

43 艾森豪威尔致温斯顿·丘吉尔，1955 年 1 月 25 日，艾森豪威尔文件，惠特曼档：艾森豪威尔日记，第 5 盒，"1955 年 1 月（1）"卷宗。

44 就此见 Stebbins, *The United States in World Affairs: 1956*，pp. 116—117; Hoopes, *Dulles*, p. 313; Taylor, *The Uncertain Trumpet*, pp. 9—10.

45 "RC"（罗伯特·卡特勒备忘录），国安会 177 号文件及特别附录（1953 年 12 月 30—31 日），1954 年 1 月 6 日，艾森豪威尔文件，白宫办公厅档案：国家安全事务特别助理办公室，第 6 盒；哈格蒂日记，1954 年 4 月 26 日，哈格蒂文件，第 1 盒。

46 艾森豪威尔致阿尔弗雷德·格伦瑟，1954 年 6 月 8 日，艾森豪威尔文件，惠特曼档：艾森豪威尔日记，第 4 盒，"1954 年 6 月日记（2）"卷宗；古德帕斯特备忘录，艾森豪威尔与阿瑟·弗莱明谈话，1956 年 10 月 30 日，*ibid.*，第 11 盒，"1956 年 10 月日记－工作人员备忘录"卷宗；杜勒斯广播电视讲话，1956 年 3 月 23 日，*DSB*, XXXIV (April 2, 1956), p.540。

47 艾森豪威尔致阿尔弗雷德·格伦瑟，1954 年 4 月 26 日，艾森豪威尔文件，惠特曼档：艾森豪威尔日记，第 3 盒，"1954 年 1—11 月日记（2）"卷宗。

48 *DSB*, XXXVI (January 21, 1957), p.86. 关于艾森豪威尔主义的更多情况，见 Salim Yaqub, *Containing Arab Nationalism: The Eisenhower Doctrine and the Middle East* (Chapel Hill: 2004)。

49 关于这总的论辩，见 George and Smoke, *Deterrence in American Foreign Policy*, pp. 6—7, 506, 547—548。

50 艾森豪威尔致汉弗莱，1957 年 3 月 27 日，艾森豪威尔文件，惠特曼档：艾森豪威尔日记，第 13 盒，"1957 年 3 月杂项（1）"卷宗；杜勒斯对美联社的演讲，纽约，1957 年 4 月 22 日，*DSB*, XXVI (May 6, 1957), p.719。

51 艾森豪威尔记者招待会，1958 年 8 月 20 日，*EPP: 1958*，pp. 630—631。

52 对赫鲁晓夫的战略的更多评论，见 Gaddis, *We Now Know*, pp. 234—244, 还有一项依然有用的较旧的说明，即 Arnold Horelick and Myron Rush, *Strategic Power and the Soviet Foreign Policy* (Chicago: 1966)。

53 Taylor, *The Uncertain Trumpet*, p. 131. 又见 Roman, *Eisenhower and the Missile Gap*, pp. 30—62。

54 艾森豪威尔广播电视讲话，1957 年 11 月 7 日，*EPP: 1957*, p. 793。

55 国安会 5602 号文件，1956 年 2 月 8 日（草案），附录，p. 32。

56 艾森豪威尔对共和党立法机构领袖所言，1959 年 1 月 8 日，艾森豪威尔文件，惠特曼档：艾森豪威尔日记，第 18 盒，"1958 年 1 月工作人员笔记"

卷宗。

57　国安会 5724 号文件,《核时代的威慑和生存》, 1957 年 11 月 7 日, *FRUS: 1955—1957*, XIX, p. 648。

58　Aliano, *American Defense Policy from Eisenhower to Kennedy*, pp.109—115, 191—194. 又见 Roman, *Eisenhower and the Missile Gap*, pp. 118—121; Eisenhower, *Waging Peace*, p. 221。

59　*Ibid.*, pp. 221—223; 国安会 5724/1 号文件,《关于国防动员办公室科学顾问委员会安全资源小组呈总统报告的评论和建议》, 1957 年 12 月 16 日, 艾森豪威尔文件, 白宫办公厅档案：国家安全事务特别助理办公室, 第 75 盒。又见 Friedberg, *In the Shadow of the Garrison State*, pp. 137—139。

60　见附录。

61　国家情报估计 11/8/1—61,《苏联远程弹道导弹部队的实力和部署》, 1961 年 9 月 21 日, 载于 Ruffner, *CORONA*, p. 130。又见 Horelick and Rush, *Strategic Power and the Soviet Foreign Policy*, pp. 35—36; John Prados, *The Soviet Estimate: U.S. Intelligence Analysis and Russian Military Strength* (New York: 1982), pp. 117—118; Fred Kaplan, *The Wizards of Armageddon* (New York: 1983), pp. 286—290。

62　内阁会议记录, 1957 年 10 月 18 日, 艾森豪威尔文件, 惠特曼档：艾森豪威尔日记, 第 16 盒, "1957 年 10 月工作人员笔记（1）"卷宗；古德帕斯特记录, 艾森豪威尔与麦克罗伊谈话, 1957 年 10 月 31 日, 同上；古德帕斯特记录, 艾森豪威尔与 T. 凯斯·格伦南谈话, 1959 年 11 月 17 日, 同上, 第 29 盒, "1959 年 11 月工作人员笔记（2）"卷宗。又见 Eisenhower, *Waging Peace*, pp. 127—138, 144—147。

63　古德帕斯特备忘录, 艾森豪威尔与唐纳德·A. 夸尔斯等人谈话, 1957 年 10 月 8 日, 艾森豪威尔文件, 惠特曼档：艾森豪威尔日记, 第 16 盒, "1957 年 10 月工作人员笔记（2）"卷宗；古德帕斯特记录, 艾森豪威尔与科学顾问的会议, 1959 年 3 月 4 日, 同上, 第 25 盒, "1959 年 3 月 1—15 日工作人员笔记（1）"卷宗；基斯提亚科夫斯基日记, 1960 年 1 月 7 日和 7 月 8 日, 载于 George B. Kistiakowsky, *A Scientist in the White House* (Cambrideg, Massachusetts: 1976), pp. 219, 367。又见 *ibid.*, p. 312; Eisenhower, *Waging Peace*, p. 547n; Powers, *The Man Who Kept the Secrets*, pp. 95—98; 关于 U-2 飞行项目的历史, 见 Michael R. Beschloss, *Mayday: Eisenhower, Khrushchev, and the U-2 Affair* (New York: 1986), pp. 67—161。

64 艾森豪威尔记者招待会，1955 年 3 月 2 日，*EPP: 1955*, p. 303; 皮尔逊备忘录，艾森豪威尔与参议员杜夫和萨尔通斯塔尔谈话，1956 年 4 月 4 日，艾森豪威尔文件，惠特曼档：艾森豪威尔日记，第 8 盒，"1956 年 4 月杂项（5）"卷宗；艾森豪威尔记者招待会，1956 年 6 月 6 日，*EPP: 1956*, p. 554; 艾森豪威尔与共和党立法领袖会谈记录，艾森豪威尔文件，惠特曼档：艾森豪威尔日记，第 20 盒，"1958 年 6 月工作人员笔记（2）"卷宗；基斯提亚科夫斯基日记，1960 年 4 月 1 日，载于 Kistiakowsky, *A Scientist at the White House*, p. 293。又见 Charles C. Alexander, *Holding the Line: The Eisenhower Era, 1952—1961* (Bloomington: 1975), pp. 226—227。

65 古德帕斯特记录，艾森豪威尔与基里安、基斯提亚科夫斯基和约克谈话，1958 年 2 月 4 日，艾森豪威尔文件，惠特曼档：艾森豪威尔日记，第 18 盒，"1958 年 2 月工作人员备忘"卷宗；古德帕斯特备忘，艾森豪威尔与艾伦·杜勒斯谈话，1958 年 6 月 17 日，同上，第 20 盒，"1958 年 6 月工作人员笔记（3）"卷宗；基斯提亚科夫斯基日记，1959 年 11 月 16 日，载于 Kistiakowsky, *A Scientist at the White House*, pp.160, 162。

66 内阁会议记录，1960 年 6 月 3 日，艾森豪威尔文件，惠特曼档：艾森豪威尔日记，第 33 盒，"1960 年 6 月工作人员笔记（2）"卷宗。

67 见本书，pp.157—159。

68 Hughes, *Ordeal of Power*, p. 342. 又见 Hoopes, *Dulles*, pp. 222, 295。

69 *Ibid*., p. 489.

70 见 Gaddis, *We Now Know*, pp. 234—253。

71 杜勒斯致艾森豪威尔，1953 年 9 月 6 日，*FRUS: 1952—1954*, Ⅱ, pp. 457—460; 艾森豪威尔致杜勒斯，1953 年 9 月 8 日，*ibid*., p. 460。

72 杜勒斯致艾森豪威尔，1953 年 9 月 6 日，*FRUS: 1952—1954*, Ⅱ, p. 458。

73 1953 年 7 月 10 日内阁会议记录，引自 Hughes, *Ordeal of Power*, p. 137; 艾森豪威尔与杜勒斯电话谈话，1953 年 12 月 2 日，艾森豪威尔文件，惠特曼档：日记系列，第 1 盒，"1953 年 11—12 月（2）"卷宗。

74 对美国报纸编辑协会的演说，1953 年 4 月 16 日，*EPP: 1953*, pp. 179—188。关于这次演说的背景，见 Hughes, *Ordeal of Power*, pp. 100—115。

75 哈格蒂日记，1955 年 2 月 8 日，哈格蒂文件，第 1 盒。又见 Eisenhower, *Mandate for Change*, pp. 504—506; Hoopes, *Dulles*, pp. 287—295。

76 见 Bell, *Negotiation from Strength*, pp. 3—136。

77 艾森豪威尔备忘录，1953 年 12 月 10 日，艾森豪威尔文件，惠特曼档：艾森豪威尔日记，第 2 盒，"1953 年 10—12 月"卷宗。又见艾森豪威尔致弥尔顿·艾森豪威尔，1953 年 12 月 11 日，同上，第 2 盒，"12 月（2）"卷宗；Eisenhower, *Mandate for Change*, p. 254。

78　艾森豪威尔致理查德·L. 西蒙，1956 年 4 月 4 日，艾森豪威尔文件，惠特曼档：艾森豪威尔日记，第 8 盒，"1956 年 4 月杂项（5）"卷宗；古德帕斯特备忘录，艾森豪威尔－杜勒斯－参谋长联席会议谈话，1956 年 3 月 1 日，同上，第 7 盒，"古德帕斯特，1956 年 3 月"卷宗；约翰·S.D. 艾森豪威尔备忘录，艾森豪威尔与刘易斯·斯特劳斯谈话，1957 年 8 月 9 日，同上，第 15 盒，"1957 年 8 月会面备忘录"卷宗；艾森豪威尔与杜勒斯电话谈话，1959 年 4 月 7 日，同上，第 25 盒，"1959 年 4 月电话"卷宗；古德帕斯特备忘录，艾森豪威尔与道格拉斯·狄龙谈话，1959 年 6 月 15 日，同上，第 26 盒，"1959 年 6 月 1—15 日工作人员笔记（2）"卷宗；古德帕斯特备忘录，艾森豪威尔与勒维林·汤普逊谈话，1959 年 10 月 16 日，同上，第 29 盒，"1959 年 10 月工作人员备忘录 (2)"卷宗。

79　对这些谈判的简要概述见 Alexander, *Holding the Line*, pp. 94—98, 201—210。又见 Eisenhower, *Waging Peace*, pp. 466—484; 关于核试验问题见 Robert A. DⅣine, *Blowing on the Wind: The Nuclear Test Ban Debate, 1954—1960* (New York: 1978); 关于研究突然袭击的会议，见 Jeremi Suri, "America's Search for a Technological Solution to the Arms Race: The Surprise Attack Conference of 1958 and a Challenge to Eisenhower Revisionists", *Diplomatic History*, XXI (Summer, 1997), pp.417—451。

80　见 Chen, *Mao's China and the Cold War*, pp. 170—171。

81　杜勒斯在旧金山的演讲，1957 年 6 月 28 日，*DSB*, XXVII (July 15, 1957), pp. 91—95。又见 John Gittings, *The World and China, 1922—1972* (New York: 1974), pp. 201—205。

82　例如见 Ulam, *The Rivals*, pp. 212—213; Gaddis, *Russia, the Soviet Union, and the United States* (1978 edition), pp. 222—223。

83　杜勒斯向艾森豪威尔、丘吉尔和皮杜尔所作情况简介的记录，百慕大，1953 年 12 月 7 日，艾森豪威尔文件，惠特曼档：国际会议系列，第 1 盒，"百慕大－国务院报告"卷宗。又见国安会 148 号文件，《美国在远东的政策》，1953 年 4 月 6 日，*ibid.*，白宫办公厅档案：国家安全事务特别助理办公室，第 24 盒；国安会 166/1 号文件，1953 年 11 月 6 日，*FRUS: 1952—1954*, XIV, pp. 278—306。

84　关于这一点的更多谈论，见 Gaddis, *The Long Peace*, pp.174—187。

85　艾森豪威尔致阿尔弗雷德·格伦瑟，1955 年 2 月 1 日，艾森豪威尔文件，惠特曼档：艾森豪威尔日记，第 6 盒，"1955 年 2 月（2）"卷宗；哈格蒂日记，1955 年 2 月 3 日和 4 月 4 日，哈格蒂文件，第 1 盒。

86　国务院新闻发布会，1958 年 8 月 11 日，*DSB*, XXXIX (September 8, 1958), p.389；戈登·格雷备忘录，与艾森豪威尔谈话，1958 年 11 月 5 日，艾森豪威尔文件，惠特曼档：艾森豪威尔日记，第 23 盒，"1958 年 11 月工作人员笔记"卷宗。

87　就此例如见 Gittings, *The World and China 1922—1972*, pp. 196—201, 217—220; Donald S. Zagoria, *The Sino-Soviet Conflict, 1956—1961* (Princeton: 1962), pp. 200—217; William E. Griffith, *The Sino-Soviet Rift* (Cambridge, Mass. : 1964), p. 21。

88　李奇微备忘录，附于特文宁致威尔逊，1954 年 8 月 11 日，艾森豪威尔文件，白宫办公厅档案：国家安全事务特别助理办公室，第 10 盒，"国安会 5429/5 号文件（1）"卷宗；艾森豪威尔致华莱士，1957 年 6 月 8 日，*ibid.*，惠特曼档：艾森豪威尔日记，第 14 盒，"1957 年 6 月杂项（2）"卷宗；约翰·S.D. 艾森豪威尔备忘录，艾森豪威尔与尼日利亚总理谈话，1960 年 10 月 8 日，*ibid.*，第 34 盒，"1960 年 10 月工作人员笔记（1）"卷宗。

89　就此见 George and Smoke, *Deterrence in American Foreign Policy*, pp. 407—411; 较详细的分析见 Jack M. Schick, *The Berlin Crisis, 1958—1962* (Philadelphia: 1971), pp. 29—68; Marc Trachtenberg, *A Constructed Peace: The Making of the European Settlement, 1945—1963* (Princeton: 1999), pp. 251—283。

90　古德帕斯特记录，艾森豪威尔与赫脱、狄龙、墨菲等人谈话，1959 年 9 月 24 日，艾森豪威尔文件，惠特曼档：艾森豪威尔日记，第 28 盒，"1959 年 7 月工作人员笔记（1）"卷宗。

91　古德帕斯特备忘录，艾森豪威尔与赫脱等人谈话，1960 年 7 月 11 日，艾森豪威尔文件，惠特曼档：艾森豪威尔日记，第 33 盒，"1960 年 7 月工作人员笔记"卷宗；Kistiakowsky, *A Scientist at the White House*, p. 375。Beschloss 的 *Mayday* 一书提供了对这危机本身的最佳论述。

第七章　肯尼迪、约翰逊和"灵活反应"战略

1　见 Kennedy, *Strategy of Peace* 所载肯尼迪 1954—1960 年演说摘录汇编。

2 Divine, *Foreign Policy and U.S. Presidential Elections: 1952—1960*, pp. 221—227; Aliano, *American Defense Policy from Eisenhower to Kennedy*, pp. 214—216, 237—245; Lawrence Freedman, *Kennedy's Wars: Berlin, Cuba, Laos, and Vietnam* (New York: 2000), pp.3—35.

3 肯尼迪就职演说，1961年1月20日，*Public Papers of the Presidents: John F. Kennedy*（以下简称 *KPP*）: *1961*, p.1; 约翰·麦克瑙顿致麦乔治·邦迪，1961年9月28日，约翰·F.肯尼迪图书馆藏约翰·F.肯尼迪文件，国安会档，第273盒，"国防部"卷宗。又见 David Halberstam, *The Best and the Brightest* (New York: 1972), p. 39。

4 麦乔治·邦迪致亨利·M.杰克逊，1961年9月4日，肯尼迪文件，国安会档，第283盒，"国安会概要"卷宗。又见 Arthur M. Schlesinger, Jr., *A Thousand Days: John F. Kennedy in the White House* (Boston: 1965), pp. 420—421; Theodore C. Sorensen, *Kennedy* (New York: 1965), pp. 281—285。

5 Schlesinger, *A Thousand Days*, pp. 406—437; Sorensen, *Kennedy*, pp. 269—271, 287—290; Freedman, *Kennedy's Wars*, pp. 35—41.

6 Halberstam, *The Best and the Brightest*, p. 158; Schlesinger, *A Thousand Days*, p. 445. 我对罗斯托的理解在很大程度上得益于 Allen C. Carlson, "Walt Rostow's World View" 一文所做的"运作编码"（"operational code"）分析，那是一篇1974年俄亥俄大学研讨班的论文。

7 罗斯托起草《国家安全基本政策》，1962年3月26日，国务院 S/P 档: Lot 69, D 121, BNSP Draft 3/26/62, 国家档案馆藏档案集群59。该草案连同肯尼迪及其幕僚们的即刻反应被概述于 *FRUS: 1961—1963*, Ⅷ, 第70号文件。又见 W. W. Rostow, *The Diffusion of Power: An Essay in Recent History* (New York: 1972), pp. 174—176。

8 肯尼迪在盐湖城的演说，1963年9月26日，*KPP: 1963*, p.736。关于这次演讲的背景见 Schlesinger, *A Thousand Days*, pp. 979—980。

9 肯尼迪在美利坚大学的演说，1963年6月10日，见 *KPP:1963*, p. 462。又见: 国情咨文，1962年1月11日，*KPP:1962*, p. 10; 肯尼迪在柏林自由大学的演说，1963年6月26日，*KPP: 1963*, p. 527; 迪安·腊斯克在参议院外交委员会所作陈述，1961年5月31日，*DSB*, XLIV (June 19, 1961), p. 948; 罗斯托,《国家安全基本政策》草案，1962年3月26日，pp. 12—13, 20—21, 30—31。

10 腊斯克记者招待会，1961年3月4日，*DSB*, XLIV (May 22, 1961), p.763。这理念的思想根源在下述著作中被令人信服地揭示出来: Frank Ninkovich,

Modernity and Power: A History of Domino Theory in the Twentieth Century (Chicago: 1994)。

11　腊斯克在加利福尼亚大学伯克利分校的演讲，1961 年 3 月 20 日，*DSB*，XLIV (April 10, 1961), p. 516; 罗斯托，《国家安全基本政策》草案，1962 年 3 月 26 日, p. 112。又见："非洲工作小组报告"，1960 年 12 月 31 日，肯尼迪文件，总统任前档，第 1073 盒；"拉丁美洲当前问题工作小组致当选总统报告"，同上，第 1074 盒；小阿瑟·M. 施莱辛格致肯尼迪，1961 年 3 月 10 日，*FRUS: 1961—1963*, XII, 第 70 号文件；又见 Schlesinger, *A Thousand Days*, p. 558。

12　罗斯托，《国家安全基本政策》草案，1962 年 3 月 26 日，pp. 8—11。

13　肯尼迪广播电视讲话，1961 年 7 月 25 日，*KPP:1961*, p. 535。又见肯尼迪致国会咨文，1961 年 3 月 28 日，*ibid.*, p. 230；肯尼迪对北约军事委员会的讲话，1961 年 4 月 10 日，*ibid.*, p. 255；肯尼迪在美利坚大学的演说，1963 年 6 月 10 日，*KPP:1963*, p. 462。

14　萨缪尔森报告，《1961 年美国经济前景和政策》，1961 年 1 月 6 日，肯尼迪文件，总统任前档，第 1071 盒，"经济－萨缪尔森报告"卷宗；Walter W. Heller, *New Dimension of Political Economy* (Cambridge, Mass.: 1966), p. 11。

15　就此见 Samual P. Huntington, *The Common Defense: Strategic Programs in National Politics* (New York: 1961), pp. 264—267; Seymour E. Harris, *The Economics of the Political Parties* (New York: 1962), 特别见 pp. 3—19, 341—349。

16　Herbert Stein, *The Fiscal Revolution in America* (Chicago: 1969), pp. 379—384; Schlesinger, *A Thousand Days*, p. 630.

17　*Ibid.*, pp.153, 155—157, 299—300, 381—384.

18　肯尼迪致国会咨文，1961 年 3 月 28 日，*KPP: 1961*, pp .230—231。

19　Heller, *New Dimension of Political Economy*, pp. 32—33; Schlesinger, *A Thousand Days*, pp. 630, 645—648; Freidberg, *In the Shadow of the Garrison State*, pp. 145—146. 又见肯尼迪在耶鲁大学的演说，1962 年 6 月 11 日，*KPP: 1962*, pp. 470—475。

20　约翰逊在五角大楼的讲话，1964 年 7 月 21 日，*Public Papers of the Presidents: Lyndon B. Johnson* (以下简称 *JPP*): *1964*, p. 875。

21　肯尼迪对美国使馆工作人员的讲话，西德，巴德戈特斯伯格，1963 年 6 月 23 日，*KPP:1963*, p. 501。

22 肯尼迪就职演说，1961 年 1 月 20 日，*KPP: 1961*, p. 1。又见 *ibid.*, pp. 340, 359, 535, 725—726；*KPP: 1963*, pp.659—660, 735。

23 例如见一份中情局国家情报估计 11-8/1-61（1961 年 8 月），《苏联远程弹道导弹部队的实力和部署》，载于 Donald P. Stuery, *Intentions and Capabilities: Estimates on Soviet Strategic Forces, 1950—1983* (Washington: 1996), pp. 121—138。Ruffner, ed., *CORONA* 一书提供了美国侦察卫星早期史的文件资料。

24 邦迪致西奥多·C. 索伦森，1961 年 13 日，肯尼迪文件，国家安全档，第 273 盒，"国防部"卷宗；肯尼迪新闻发布，1961 年 11 月 2 日，*KPP: 1961*, p. 693。又见肯尼迪记者招待会，1961 年 11 月 8 日，*ibid.*, p. 702。吉尔帕特里克的演讲在 1961 年 10 月 22 日《纽约时报》有报道；关于这次演讲的背景，见 Roger Hilsman, *To Move a Nation: The Politics of Foreign Policy in the Administration of John F. Kennedy* (New York: 1967), pp. 163—164。

25 Alain C. Enthoven and K. Wayne Smith, *How Much Is Enough? Shaping the Defense Program, 1961—1969* (New York: 1971), pp.132—142. 又见 Freedman, *Kennedy's Wars*, pp.107—108；以及 William W. Kaufman, *The McNamara Strategy* (New York: 1964), pp. 83—87.

26 Gaddis, *We Now Know*, pp. 248—266.

27 罗斯托，《国家安全基本政策》草案，1962 年 3 月 26 日，p. 8, 40。

28 肯尼迪对美国报纸发行人协会的演说，纽约，1961 年 4 月 27 日，*KPP: 1961*, p. 336；肯尼迪对联合国大会的讲话，1961 年 9 月 25 日，*ibid.*, p. 624。又见肯尼迪记者招待会，1961 年 6 月 2 日，*ibid.*, p. 431.

29 罗斯托在美国陆军特种战争学校的演讲，北卡罗来纳州，布雷格堡，*DSB*, XIV (August 7, 1961), p. 235; 罗斯托，《国家安全基本政策》草案，1962 年 3 月 26 日，pp. 25—26。又 见 Schlesinger, *A Thousand Days*, pp. 587—589; Carlson, "Rostow's World View", pp.7—10; W. W. Rostow, *The Stages of Economic Growth: A Non-Communist Manifesto* (New York: 1960)。

30 罗斯托，《国家基本安全政策》草案，1962 年 3 月 26 日，pp. 118, 174—175, 198。

31 肯尼迪广播电视讲话，1961 年 6 月 6 日，*KPP: 1961*, p. 445; 施莱辛格致麦乔治·邦迪，1961 年 5 月 27 日，肯尼迪文件，国家安全档，第 36 盒，"古巴 – 概要"卷宗；肯尼迪接受阿朱别伊采访时的谈话，1961 年 11 月 25 日，*KPP: 1961*, p.743。又见 *ibid.*, pp. 1, 10—11, 742, 746; *KPP: 1962*, p.12; *KPP: 1963*, pp. 509, 527。

32　Schlesinger, *A Thousand Days*, p. 415. 肯尼迪代表性的公开言论见 *KPP: 1961*, pp.140, 436—337, 705; *KPP: 1962*, pp. 3, 66—67, 265, 827; *KPP: 1963*, pp.17—18, 611, 725。

33　汤普逊致国务院（肯尼迪曾阅），1961 年 2 月 1 日，*FRUS: 1961—1963*，Ⅴ，第 20 号文件；中情局研究报告，《中苏争端及其意义》，1961 年 4 月 1 日，肯尼迪文件，国家安全档，第 176 盒，"苏联－概要"卷宗；雷伊·S. 克莱因备忘录，"中苏关系"，1963 年 1 月 14 日，同上，第 180 盒，"苏联－概要"卷宗；邦迪备忘录，约翰逊与腊斯克、麦克纳马拉和麦康谈话，1964 年 9 月 15 日，*FRUS: 1964—1968*，XXX，第 49 号文件。

34　约翰逊在纪念阿尔·史密斯晚宴上的讲话，纽约，1964 年 10 月 14 日，*JPP: 1963—1964*, p. 1329。

35　肯尼迪在蒙大拿州大瀑布城的讲话，1963 年 9 月 26 日，*KPP: 1963*, p. 727；约翰逊在美联社午餐会上的讲话，纽约，1964 年 4 月 20 日，*JPP: 1963—1964*, p. 494。

36　肯尼迪记者招待会，巴黎，1961 年 6 月 2 日，*KPP: 1961*, pp. 436—437; 肯尼迪在蒙大拿州比林斯的讲话，1963 年 9 月 25 日，*KPP: 1963*, p. 725; 中情局国家评估处，《世界形势趋势》，1964 年 6 月 9 日，约翰逊文件，国家安全档：机构－中情局，第 5—10 盒。

37　中情报 SNIE 13-4-63 号文件，《中国共产党人更加激进的可能性》，1963 年 7 月 31 日，肯尼迪文件，国安会档，第 314 盒，第 10 卷宗，"国安会会议，516 号，1963 年 7 月 31 日"。

38　肯尼迪与李普曼的谈话，1961 年 3 月 20 日，引自 Schlesinger, *A Thousand Days*, pp. 331—332; 约翰逊致肯尼迪，1961 年 5 月 23 日，*Pentagon Papers*，Ⅱ, 58—59。

39　肯尼迪接受广播电视采访时的谈话，1962 年 12 月 17 日，*KPP: 1962*, p. 898。

40　罗斯托《国家安全基本政策》草案，1962 年 3 月 26 日，pp. 173—174。又见 pp. 67—68。

41　肯尼迪致国会咨文，1961 年 3 月 28 日，*KPP: 1961*, p.230; 肯尼迪对北约军事委员会的讲话，1961 年 4 月 10 日，*ibid.*, p. 255。又见肯尼迪广播电视讲话，1961 年 6 月 25 日，*ibid.*, p. 535；肯尼迪在北卡罗来纳大学的讲话，1961 年 10 月 12 日，*ibid.*, p. 668。

42　《影响美国防务态势的对外政策考虑》，附于腊斯克致戴维·贝尔，1961 年

2 月 4 日, *FRUS: 1961—1963*, Ⅷ, 第 10 号文件。肯尼迪致国会咨文, 1961 年 3 月 28 日, *KPP: 1961*, p. 232; 政策规划委员会备忘录,《东南亚安全》, 1961 年 7 月 27 日, 附于麦吉致罗斯托, 1961 年 7 月 28 日, 肯尼迪文件, 国安会档, 第 231 盒,"东南亚 – 概要"卷宗。

43　麦克纳马拉致肯尼迪, 1961 年 5 月 10 日, *FRUS: 1961—1963*, Ⅷ, 文件第 27。又见 Kaufman, *The McNamara Strategy*, pp. 66—68, 79—80; Enthoven and Smith, *How Much Is Enough*, p. 214。

44　肯尼迪国情咨文, 1963 年 1 月 14 日, *KPP: 1963*, p.18。又见肯尼迪在纽约经济俱乐部的讲话, 1962 年 12 月 14 日, *KPP: 1962*, pp. 885—887; 麦克纳马拉致肯尼迪, 1963 年 4 月 17 日, 肯尼迪文件, 第 274 盒,"国防部"卷宗。

45　引自 Kaufman, *The McNamara Strategy*, p. 128。又见 *ibid.*, pp. 102—134。

46　《1961 年 1 月以来军事反叛乱成就总结报告》, 附于兰姆兹致邦迪, 1962 年 7 月 21 日, 肯尼迪文件, 国安会档, 第 319 盒,"特别小组（CI）"卷宗。又见 Hilsman, *To Move a Nation*, pp. 424—425; Arthur M. Schlesinger, Jr., *Robert Kennedy and His Times* (Boston: 1978), pp. 459—467。

47　罗斯托,《国家安全基本政策》草案, 1962 年 3 月 26 日, pp. 41, 56—58, 65—66, 72—73。又见 Schlesinger, *A Thousand Days*, p. 422。

48　麦克纳马拉对美国律师基金会成员的演讲, 芝加哥, 1962 年 2 月 17 日, *Vital Speeches*, ⅩⅩⅧ (March 1, 1962), p. 298。

49　未标明日期的备忘录,《战略报复力量》, 约翰逊文件, 国家安全档 – 机构档, 第 11—12 盒,"国防部, 第 1 卷"。又见 Jerome H. Kahan, *Security in the Nuclear Age: Developing U.S. Arms Policy* (Washington: 1975), p. 85。

50　尼采在伦敦国际战略研究所的演讲, 1961 年 12 月 11 日, 副本见于肯尼迪文件, 国安会档, 第 273 盒,"国防部"卷宗。又见《影响美国防务态势的对外政策考虑》, 附于腊斯克致戴维·贝尔, 1961 年 2 月 4 日, *FRUS: 1961—1963*, Ⅷ, 第 10 号文件; 肯尼迪致国会咨文, 1961 年 3 月 28 日, *KPP: 1961*, p.234; 肯尼迪预算咨文, 1962 年 1 月 18 日, *KPP: 1962*, pp.43—44。又见 Kahan, *Security in the Nuclear Age*, pp. 88—90; Harland B. Moulton, *From Superiority to Parity: The United States and the Strategic Arms Race, 1961—1971* (Westport, Conn.: 1973), pp.79, 122—123。

51　泰勒致贝尔, 1961 年 11 月 13 日, 肯尼迪文件, 国安会档, 第 275 盒,"国防部 1963 财年预算"卷宗; 贝尔致肯尼迪, 1961 年 11 月 13 日, *ibid.*; 凯森致邦迪, 1961 年 11 月 13 日, *ibid.*; 泰勒致贝尔, 1961 年 11 月 21 日,

ibid.；凯森致肯尼迪，1961 年 11 月 22 日和 12 月 9 日，*ibid.*；肯尼迪记者
招待会，1962 年 2 月 7 日，*KPP: 1962*, p.127。

52　邦迪致肯尼迪，1961 年 7 月 7 日，肯尼迪文件，国安会档，第 81 盒，
"德国－柏林：概要"卷宗；麦克纳马拉在密歇根州安娜堡的演讲，1962
年 6 月 16 日，*Vital Speeches*, XXⅧ (August 1, 1962), pp.626—629。又见
Kaufman, *The McNamara Strategy*, pp. 113—117; Moulton, *From Superiority
to Parity*, pp. 82—93, 100—102; Bundy, *Danger and Survival*, pp. 545—548。

53　肯尼迪致国会咨文，1961 年 3 月 28 日，*KPP: 1961*, p. 230; 罗斯托，《国家
安全基本政策》草案，1962 年 3 月 26 日，pp. 47—49。又见肯尼迪记者招
待会，1962 年 3 月 29 日，*KPP: 1962*, p. 276。

54　罗斯托，《国家安全基本政策》草案，1962 年 3 月 26 日，pp. 121—123。又见
Schlesinger, *A Thousand Days*, pp.855—856; Kaufman, *The McNamara Strategy*,
p. 124; Henry A. Kissinger, *The Troubled Partnership: A Re-appraisal of the
Atlantic Alliance* (New York: 1965), pp. 106—117。

55　肯尼迪记者招待会，1962 年 5 月 17 日，*KPP: 1962*, p. 402。又见麦克纳
马拉在密歇根州安娜堡的演讲，1962 年 6 月 16 日，*Vital Speeches*, XXⅧ
(August 1, 1962), pp.626—629; Kaufman, *The McNamara Strategy*, pp.116—
118; Kissinger, *The Troubled Partnership*, p. 143; Trachtenberg, *A Constructed
Peace*, pp. 284—285, 304—305。

56　Philip Nash, *The Other Missiles of October: Eisenhower, Kennedy, and Jupiters,
1957—1963* (Chapel Hill: 1997) 一书提供了对在欧洲部署和从那里撤出中
程弹道导弹的决策的最佳分析。多边核力量的起源见 Bundy, *Danger and
Survival*, pp. 488—489。

57　*Ibid.*, pp. 494—498, 503—505. 又见 Rostow, *The Diffusion of Power*, pp. 391—
394; Schlesinger, *A Thousand Days*, pp. 853—856.

58　罗斯托，《国家安全基本政策》草案，1962 年 3 月 26 日，pp. 25, 121, 141—
144.

59　在这些问题上，见肯尼迪的拉丁美洲工作小组报告，1961 年 1 月 4 日，肯
尼迪文件，总统任前档，第 1074 盒，"拉丁美洲"卷宗；肯尼迪就职演说，
1961 年 1 月 20 日，*KPP: 1961*, p. 1; 施莱辛格致肯尼迪，1961 年 3 月 10 日，
FRUS: 1961—1963, XⅡ, 第 7 号文件；肯尼迪致国会咨文，1961 年 3 月 22 日，
KPP: 1961, p. 205; 罗斯托致邦迪，1961 年 5 月 13 日，肯尼迪文件，国安会
档，第 2 盒，"非洲"卷宗；肯尼迪在国际经济和社会发展全国会议上的讲话，

1961 年 6 月 16 日，*KPP: 1961*, p. 463; 国务院关于非洲问题的指导方针，附于麦吉致罗斯托，1961 年 9 月 22 日，肯尼迪文件，国安会档，第 2 盒，"非洲"卷宗。

60　罗斯托，《国家安全基本政策》草案，1962 年 3 月 26 日，p. 25。

61　*Ibid.*, pp. 10, 95—97, 110—111.

62　拉丁美洲特别行动小组报告，1961 年 1 月 4 日，肯尼迪文件，总统任前档，第 1074 盒，"拉丁美洲"卷宗；施莱辛格致肯尼迪，1961 年 3 月 10 日，*FRUS: 1961—1963*, XII，文件第 7。

63　罗斯托在北卡罗来纳州布雷格堡的演讲，1961 年 6 月 28 日，*DSB*, XLV (August 7, 1961), p.235。又见 Schlesinger, *A Thousand Days*, pp. 593—594, 604—609。

64　肯尼迪国情咨文，1962 年 1 月 11 日，*KPP: 1962*, p. 12。

65　Enthoven and Smith, *How Much Is Enough*, pp. 8—30, 36; Kaufman, *The McNamara Strategy*, p. 48.

66　Enthoven and Smith, *How Much Is Enough*, pp. 33—47; Kaufman, *The McNamara Strategy*, pp. 172—199.

67　Kaufman, *The McNamara Strategy*, p.179. 又见附录。

68　Heller, *New Dimensions of Political Economy*, p. 11; 罗斯托，《国家安全基本政策》草案，1962 年 3 月 26 日，pp. 209—210。又见 Harris, *The Economics of the Political Parties*, pp. 212—213。

69　*Ibid.*, pp. 223—228. 又见保罗·萨缪尔森的工作小组关于经济问题的报告，1961 年 1 月 6 日，肯尼迪文件，总统任前档，第 1071 盒，"经济－萨缪尔森报告"。关于收支问题，见 Francis J. Garvin, *Gold, Dollars, and Power: The Politics of International Monetary Relations, 1958—1971* (Chapel Hill: 2004), pp. 33—57。

70　Heller, *New Dimensions of Political Economy*, pp. 2, 29—36, 65. 又见 Stein, *The Fiscal Revolution in America*, pp. 372—453。

71　*KPP: 1961*, p. 2.

72　罗斯托，《国家安全基本政策》草案，1962 年 3 月 26 日，pp. 171—172, 176—178, 180—181。

73　关于老挝危机，见 Freedman, *Kennedy's Wars*, pp.293—304。

74　肯尼迪致腊斯克，1961 年 8 月 21 日，*FRUS: 1961—1963*, XIV，文件第 122；肯尼迪接受阿朱别伊采访时的谈话，1961 年 11 月 25 日，*KPP: 1961*, pp.750—751。又见施莱辛格致邦迪，1961 年 7 月 18 日，肯尼迪文件，国安会档，第 81 盒，"德国－柏林：概要"卷宗；邦迪致肯尼迪，1961 年 7 月 19 日和 8 月 11 日，同上；凯森致邦迪，1961 年 8 月 22 日，同上，第 82 盒，"德国－柏林：概要"卷宗；哈里曼致肯尼迪，1961 年 9 月 1 日，同上；又见 Schlesinger, *A Thousand Days*, pp. 383—400; Freedman, *Kennedy's Wars*, pp. 66—91。

75　*Ibid.*, pp. 458—497.

76　例如见 Richard J. Walton, *Cold War and Counterrevolution: The Foreign Policy of John F. Kennedy* (New York: 1972), pp.103—142; Louise FitzSimons, *The Kennedy Doctrine* (New York: 1972), pp.126—172; Bruce Miroff, *Pragmatic Illusions: The Presidential Politics of John F. Kennedy* (New York: 1976), pp. 82—100.

77　"G/PM"备忘录，《苏联退让对未来美国政策的意义》，1962 年 10 月 29 日，肯尼迪文件，国安会档，第 36 盒，"古巴－概要"卷宗。又见施莱辛格致邦迪，1962 年 10 月 26 日，*ibid.*；哈里曼致乔治·鲍尔，1962 年 10 月 26 日，*ibid.*；罗斯托备忘录，1962 年 10 月 27 日，附于威廉·H. 布鲁贝克致邦迪，1962 年 10 月 28 日，*ibid.*；罗斯托致邦迪，1962 年 10 月 31 日，同上，第 37 盒，"古巴－概要"卷宗。

78　肯尼迪致赫鲁晓夫，1963 年 1 月 20 日，*KPP: 1963*, p. 53。又见肯尼迪接受广播电视采访时的谈话，1962 年 12 月 17 日，*KPP: 1962*, p. 898。关于肯尼迪愿意谋求谈判解决，更多情况见 Gaddis, *We Now Know*, pp. 269—272。

79　肯尼迪在美利坚大学的演说，1963 年 6 月 10 日，*KPP: 1963*, p. 462。

80　罗斯托，《国家安全基本政策》草案，pp. 198—200；希尔斯曼在旧金山的演讲，1963 年 12 月 13 日，*DSB*, L (January 6, 1974), 11—17。又见 Schlesinger, *A Thousand Days*, pp. 479—480; Hilsman, *To Move a Nation*, pp. 346—357。

81　肯尼迪在迈阿密的演说，1963 年 11 月 18 日，*KPP: 1963*, p. 876。又见 Schlesinger, *Robert Kennedy and His Times*, pp. 533—558。

82　L.J. 勒盖尔致邦迪，含附件，1963 年 2 月 18 日，肯尼迪文件，国安会档，第 37 盒，"古巴－概要"卷宗。

83　肯尼迪对美国报纸发行人协会的演说，纽约，1961 年 4 月 27 日，*KPP: 1961*, p.336; 肯尼迪在乔治·华盛顿大学的演说，1961 年 5 月 3 日，*ibid.*, p. 347；肯尼迪广播电视讲话，1961 年 6 月 6 日，*ibid.*, p. 443; 肯尼迪广播电视讲话，1962 年 10 月 22 日，*KPP: 1962*, p. 807。

84　就此见 Miroff, *Pragmatic Illusions*, pp. 66—67, 81—82。

85　肯尼迪在莱斯大学的演说，1962 年 9 月 12 日，*KPP: 1962*, p. 669。

86　肯尼迪在伯克利的演说，1962 年 3 月 23 日，*KPP: 1962*, p. 264; 凯森致邦迪，1961 年 8 月 22 日，肯尼迪文件，国安会档，第 82 盒，"德国 - 柏林：概要"卷宗；肯尼迪在北卡罗来纳大学的演说，1961 年 10 月 12 日，*KPP: 1961*, p. 668; 肯尼迪接受阿朱别伊采访时的谈话，1961 年 11 月 25 日，*ibid.*, p. 752。

87　肯尼迪在美利坚大学的演说，1963 年 6 月 10 日，*KPP: 1963*, pp. 462—462; 肯尼迪在缅因大学的演说，1963 年 10 月 19 日，*ibid.*, p. 796。

88　肯尼迪在蒙大拿州大瀑布城的讲话，1963 年 9 月 26 日，*KPP: 1963*, p. 727; 肯尼迪对沃思堡商会的讲话，1963 年 11 月 22 日，*ibid.*, p. 889。

第八章　实施"灵活反应"战略：在越南的检验

1　约翰逊在锡拉丘兹大学的讲话，1964 年 8 月 5 日，*JPP: 1963—1964*, p. 930; 约翰逊对国会委员会成员的讲话，1965 年 5 月 4 日，*JPP: 1965*, p. 487。又见：罗斯托致肯尼迪，1961 年 8 月 17 日，肯尼迪文件，国家安委员档，第 231 盒，"东南亚 - 概要"卷宗；麦克纳马拉的声明，"美国在越南的政策"，1964 年 3 月 26 日，*DSB*, XX (April 13, 1964), p. 556; 约翰逊在约翰斯·霍普金斯大学的演说，1965 年 4 月 7 日，*JPP: 1965*, p. 395; 约翰逊对全国乡村电力合作协会的讲话，1965 年 7 月 14 日，*ibid.*, p. 751；约翰逊记者招待会声明，1965 年 7 月 28 日，*ibid.*, pp. 794—795。

2　罗斯托，《国家安全基本政策》草案，1962 年 3 月 26 日，p. 9; 腊斯克备忘录，1965 年 7 月 1 日，*Pentagon Papers*, IV, 23。又见：腊斯克和麦克纳马拉致肯尼迪，1961 年 11 月 11 日，*ibid.*, II, p.111；约翰逊对国会会成员的讲话，1965 年 5 月 4 日，*JPP: 1965*, p. 486; 罗斯托致麦克纳马拉，1966 年 5 月 2 日，约翰逊文件，国家安全档 - 机构档，第 11—12 盒，"国防部第三卷"。

3　例如见：参谋长联席会议致麦克纳马拉，1962 年 1 月 13 日，*Pentagon Papers*, II, p. 664; 罗杰·希尔斯曼在佛罗里达州坦帕的演讲，1963 年 6 月 14 日，*DSB*, XIX (July 8, 1963), p.44; 约翰逊在国家大教堂学校的讲话，华盛顿，1965 年 6 月 1 日，*JPP: 1965*, p. 600。

4　麦克瑙顿备忘录，《关于越南的拟议行动方针》，1965 年 3 月 24 日，

Pentagon Papers, Ⅲ , p. 695。又见迈克尔·福莱斯特致威廉·P. 邦迪，1964 年 11 月 4 日，*ibid.*, p. 592。官方对国际共产主义运动缺乏内部协调的进一步看法，见托马斯·L. 休斯致希尔斯曼，1963 年 4 月 20 日，肯尼迪文件，国安会档，第 314 盒，第 6 卷；希尔斯曼致腊斯克，1963 年 7 月 31 日，*ibid.*, 第 10 卷；约翰逊致洛奇，1964 年 3 月 20 日，*Pentagon Papers*, Ⅲ , p.511；邦迪致约翰逊，1964 年 10 月 21 日，约翰逊文件，国家安全档－国安会工作人员档，第 2 盒，"提交总统的备忘录，第 7 卷"；罗斯托致腊斯克，1964 年 12 月 16 日，*ibid.*, 国家安全档－国别档：越南，第 11 盒，"备忘录，第 23 卷"。

5 见本书前文，p.222。

6 科默备忘录，《用于东南亚的一种威慑信条——概念框架》，1961 年 5 月 9 日，肯尼迪文件，国安会档，第 231 盒，"东南亚－概要"卷宗；罗斯托致肯尼迪，1961 年 8 月 17 日，*ibid.*；麦克瑙顿备忘录，1966 年 1 月 18 日，*Pentagon Papers*, Ⅳ , p. 47。又见罗斯托，《国家安全基本政策》草案，1962 年 3 月 26 日，pp.141—144 页；阿瑟·施莱辛格对 1961 年 6 月肯尼迪在维也纳同赫鲁晓夫谈话的叙述，载于 *A Thousand Days*, p. 368。

7 约翰逊在约翰斯·霍普金斯大学的演说，1965 年 4 月 7 日，*JPP: 1965*, p. 395；约翰逊对国会各委员会成员的讲话，1965 年 5 月 4 日，*ibid.*, p. 491 ；约翰逊记者招待会声明，1965 年 7 月 28 日，*ibid.*, p.794。

8 约翰逊在康涅狄格州哈特福德的讲话，1964 年 9 月 28 日，*JPP: 1964*, p.1148。又见约翰逊在密歇根州底特律的讲话，1964 年 9 月 7 日，*ibid.*, p. 1050; May, *"Lessons" of the Past*, 特别见 pp. 112—114; 一项更全面的分析见 Yuen Foong Khong, *Analogies at War: Korea, Munich, and the Vietnam Decision of 1965* (Princeton: 1992)。

9 腊斯克和麦克纳马拉致肯尼迪，1961 年 11 月 11 日，*Pentagon Papers*, Ⅱ , p.111; 罗斯托，《国家安全基本政策》草案，1962 年 3 月 26 日，p. 9。又见威廉·P. 邦迪致麦克瑙顿，1964 年 11 月 26 日，*Pentagon Papers*, Ⅲ , p.658。

10 引自 Doris Kearns, *Lyndon Johnson and the American Dream* (New York: 1976), pp. 252—253。又 见 Lyndon Johnson, *The Vantage Point: Perspectives of the Presidency, 1963—1969* (New York: 1971), pp.151—152。

11 William Whitworth, *Naive Questions About War and Peace* (New York: 1970), pp. 105—106, 124.

12 约瑟夫·卡利法诺起草的总统声明稿，1964 年 12 月 2 日，附于卡利法诺致邦迪，1964 年 12 月 3 日，约翰逊文件，国家安全档－机构档，第 11—12 盒，

"国防部，第 1 卷"；约翰逊就越南拨款问题致国会咨文，1965 年 5 月 4 日，*JPP: 1965*, p. 497。又见 *JPP: 1963—1964*, pp. 372, 1174; *JPP: 1965*, p. 489。

13　罗斯托致肯尼迪，1961 年 8 月 17 日，肯尼迪文件，国安会档，第 231 盒，"东南亚-概要"卷宗；泰勒致肯尼迪，1961 年 10 月 24 日，*Pentagon Papers*, Ⅱ, p.88。

14　参谋长联席会议致吉尔帕特里克，1961 年 5 月 10 日，*Pentagon Papers*, Ⅱ, p.49; 兰斯代尔致吉尔帕特里克，1961 年 5 月 10 日，肯尼迪文件，国安会档，第 231 盒，"东南亚-概要"卷宗；科默致罗斯托，1961 年 8 月 2 日，*ibid.*；科默致邦迪，1961 年 10 月 31 日，*ibid.*；又见科默备忘录，《用于东南亚的威慑信条——概念框架》，1961 年 5 月 9 日，*ibid.*。

15　泰勒致肯尼迪，1961 年 11 月 3 日，*Pentagon Papers*, Ⅱ, p.654。关于泰勒-罗斯托报告，又见 *ibid.*, Ⅱ, pp.73—120; Rostow, *The Diffusion of Power*, pp. 270—271, 274—279; Maxwell Taylor, *Swords and Ploughshares* (New York: 1972), pp. 225—248。

16　邦迪所作肯尼迪与幕僚会商备忘录，1961 年 7 月 28 日，*FRUS: 1961—1963*, I, 第 109 号文件；政策规划委员会备忘录，《东南亚安全》，1961 年 7 月 27 日，附于麦吉致罗斯托，1961 年 7 月 28 日，*ibid.*；腊斯克致国务院，1961 年 11 月 1 日，*Pentagon Papers*, Ⅱ, p. 105; Schlesinger, *A Thousand Days*, p. 547. 又见 Freedman, *Kennedy's Wars*, pp. 330—334。

17　腊斯克致瑙尔丁，1961 年 11 月 4 日，*Pentagon Papers*, Ⅱ, p.119。

18　希尔斯曼致哈里曼，1962 年 6 月 18 日，*Pentagon Papers*, Ⅱ, p.673。

19　例如见希尔斯曼为南越所作的详密的《行动计划》，未标明日期，肯尼迪文件，国安会档，第 317 盒，"关于越南的会议"卷宗；又见 *Pentagon Papers*, Ⅱ, pp.201—276; Freedman, *Kennedy's Wars*, pp. 367—397。

20　约翰逊致泰勒，1964 年 12 月 3 日，*FRUS: 1964—1968*, I, 第 435 号文件；邦迪备忘录，《持续报复政策》，1965 年 2 月 7 日，*Pentagon Papers*, Ⅲ, p.690; 邦迪致约翰逊，1965 年 2 月 7 日，*ibid.*, p. 311。又见 Kearns, *Johnson and the American Dream*, pp.264—265。关于"慢速压榨"选项的演化，见 *Pentagon Papers*, Ⅲ, pp.206—251, 587—683。

21　参谋长联席会议致太平洋美军总司令，1966 年 6 月 22 日，*Pentagon Papers*, Ⅳ, pp.105—106。

22　George C. Herring, *America's Longest War: The United States and Vietnam, 1950—1975,* second edition (New York: 1986), pp. 146—147.

23 邦迪致约翰逊，1965 年 5 月 22 日和 8 月 31 日，*FRUS: 1964—1968*, I，第 167
   和第 335 号文件；罗斯托致麦克纳马拉，1964 年 11 月 6 日，*Pentagon Papers*,
   III，p.632；腊斯克备忘录，《越南》，1965 年 2 月 23 日，*FRUS: 1964—1968*, II，
   第 157 号文件。

24 就此见 Guenter Lewy, *America in Vietnam* (New York: 1978), pp. 42—46; Robert
   L. Gallucci, *Neither Peace Nor Honor: The Politics of the American Military in
   Viet-Nam* (Baltimore: 1976), pp. 111—112; 又见 *Pentagon Papers*, III, pp.429—
   433 的分析。

25 部队兵力数取自 Herbert Y. Schandler, *The Unmaking of a President: Lyndon
   Johnson and Vietnam* (Princeton: 1977), p. 352。

26 罗斯托致罗伯特·F. 肯尼迪，1961 年 8 月 18 日，肯尼迪文件，国安会档，第
   231 盒，"东南亚－概要"卷宗。又见罗伯特·科默，《用于东南亚的一种威慑
   信条——概念框架》，1961 年 5 月 9 日，*ibid.*。

27 麦克纳马拉致肯尼迪，1961 年 11 月 8 日，*Pentagon Papers*, II，p.108。

28 罗斯托致肯尼迪，1961 年 5 月 11 日，肯尼迪文件，国安会档，第 231 盒，
   "东南亚－概要"。

29 福莱斯特致威廉·P. 邦迪，1964 年 11 月 23 日，*Pentagon Papers*, III，p.644；
   约翰逊在阿克隆大学的讲话，1964 年 10 月 21 日，*JPP: 1964*, p. 1391. 又见
   ibid., pp. 1164—1165。

30 麦克诺顿起草，《南越行动计划》，1964 年 9 月 3 日，*Pentagon Papers*, III，
   p.559。又见泰勒致腊斯克，1964 年 8 月 18 日，*ibid.*, pp.545—548；邦迪备
   忘录，与约翰逊会商，1964 年 9 月 9 日，*FRUS: 1964—1968*, I，第 343 号文
   件；威廉·H. 沙利文致威廉·P. 邦迪，1964 年 11 月 6 日，*Pentagon Papers*,
   III，p.594；罗斯托致腊斯克，1964 年 11 月 23 日，*ibid.*, pp. 645—646；泰
   勒 1964 年 11 月 27 日所作情况简介，*ibid.*, pp. 671—672；威廉·P. 邦迪
   备忘，1964 年 11 月 28 日，*ibid.*, p.676；邦迪备忘录，1964 年 12 月 28
   日，*FRUS: 1964—1968*, I，第 474 号文件；邦迪致约翰逊，1965 年 1 月 27
   日，*ibid.*, II，第 42 号文件。又见 Leslie H. Gelb and Richard Betts, *The Irony of
   Vietnam: The System Worked*（Washington, D. C., 1979），pp. 12—13。

31 例如见参谋长联席会议致麦克纳马拉，1964 年 1 月 22 日，*Pentagon
   Papers*, III，pp.497—498；又见 Gallucci, *Neither Peace Nor Honor*, pp.38—39。

32 George and Smoke, *Deterrence in American Foreign Policy*, p. 529.

33 就此见阿兰·恩索文致克拉克·克利福德，1968 年 3 月 20 日，载于

Enthoven and Smith, *How Much Is Enough*, pp. 298—299; Schandler, *The Unmaking of a President*, pp. 31—32, 46。

34　邦迪致约翰逊，1964 年 5 月 22 日，*FRUS: 1964—1968*, I，文件第 167；泰勒致国务院，1964 年 11 月 3 日，*Pentagon Papers*, III，591。又见泰勒致国务院，1964 年 8 月 18 日，*ibid.*, pp. 546—547。

35　腊斯克致洛奇，1964 年 8 月 14 日，*ibid.*, II, p. 330。又见威廉·P. 邦迪撰写的该电文第一稿，*Pentagon Papers*, III, p.526；关于行政当局对中立化的抗拒，见 Fredrik Logevall, *Choosing War: The Lost Chance of Peace and the Escalation of War in Vietnam* (Berkeley: 1999)。

36　就此见 Graham T. Allison, *Essence of Decision: Explaining the Cuban Missile Crisis* (Boston: 1971), pp. 83, 89。

37　Gelb and Betts, *The Irony of Vietnam*, pp.239—240; Lewy, *America in Vietnam*, pp.114—116.

38　Gallucci, *Neither Peace Nor Honor*, pp. 73—80; Lewy, *America in Vietnam*, p. 98.

39　Gallucci, *Neither Peace Nor Honor*, pp. 114—115, 119—120; Lewy, *America in Vietnam*, pp.43, 51, 117.

40　*Ibid.*, pp. 52, 65, 99—101, 106, 108—114, 118—119；Frances FitzGerald, *Fire in the Lake: The Vietnamese and the Americans in Vietnam* (Boston: 1972), pp. 344—345.

41　Joseph Conrad, *Heart of Darkness,* edited by Robert Kimbrough (New York: 1971), p. 14.

42　罗斯托致麦克纳马拉，1966 年 5 月 2 日，约翰逊文件，国家安全档 - 机构档，第 11—12 盒，"国防部，第 3 卷"。又见罗斯托 1962 年《国家安全基本政策》草案，p. 38。

43　Enthoven and Smith, *How Much Is Enough*, pp. 270—271.

44　见大卫·哈尔伯斯塔姆对麦克纳马拉的生动描写：David Halberstam, *The Best and the Brightest*, pp. 215—250。在他的回忆录 *In Retrospect: The Tragedy and Lessons of Vietnam* (New York: 1995), p.6，麦克纳马拉叙述了他本人对数量化的热衷。

45　Hilsman, *To Move a Nation*, p. 523.

46　就此见 *Pentagon Papers*, II, pp.410—411。

47　麦克纳马拉致约翰逊，1963 年 12 月 21 日，*ibid.*, III, p. 494。又见约翰·麦

康致麦克纳马拉，1963 年 12 月 21 日，*ibid.*, p. 32 ; Johnson, *The Vantage Point*, p. 63。南越官员的歪曲性报告的例子取自 Hilsman, *To Move a Nation*, pp. 522—523。

48　泰勒和麦克纳马拉致肯尼迪，1963 年 10 月 2 日，*Pentagon Papers*, Ⅱ , 187。又见 Halberstam, *The Best and the Brightest*, pp. 200—205。

49　邦迪所作肯尼迪与泰勒和麦克纳马拉会商备忘录，1963 年 9 月 23 日，*FRUS: 1961—1963*, Ⅳ , 第 143 号文件。又见 Hilsman, *To Move a Nation*, pp. 446—467, 502—504。

50　Gallucci, *Neither Peace Nor Honor*, pp.132—135; Gelb and Betts, *The Irony of Vietnam*, pp. 304—305. 又 见 Roberta Wohlstetter, *Pearl Harbor: Warning and Decision* (Stanford, 1962), pp.122—124.

51　Dave Richard Palmer, *Summons of the Trumpet: U.S.-Vietnam in Perspective* (San Rafael, Cal., 1978), pp. 119—120.

52　Lewy, *America in Vietnam*, pp.78—82; Enthoven and Smith, *How Much Is Enough*, pp.295—296.

53　麦克纳马拉致约翰逊，1966 年 11 月 17 日，*Pentagon Papers*, Ⅳ , p.371。

54　引自 Gallucci, *Neither Peace Nor Honor*, p.84; 又见 *ibid.*, pp. 80—85 ; Gelb and Betts, *The Irony of Vietnam*, pp.309—310。

55　国家情报特别评估 10-4-61 号，1961 年 11 月 5 日，*Pentagon Papers*, Ⅱ , p.107; 罗伯特·H. 约翰逊致威廉·P. 邦迪，1965 年 3 月 31 日，约翰逊文件，国家安全档－国别档：越南，第 16 盒，"备忘录，第 32 卷"。又见 Gelb and Betts, *The Irony of Vietnam*, pp. 25—26; Halberstam, *The Best and the Brightest*, pp. 460—462; Johnson, *The Vantage Point*, pp. 147—149。

56　泰勒致国务院，1965 年 2 月 22 日，*Pentagon Papers*, Ⅲ , p.419; 克利福德致约翰逊，1965 年 5 月 17 日，*FRUS: 1964—1968*, Ⅱ , 第 307 号文件; 鲍尔备忘录，《减少我们在南越的损失》，1965 年 6 月 28 日，*ibid.*, Ⅲ , 第 26 号文件; 威廉·P. 邦迪备忘录，《在越南坚持下去》，1965 年 6 月 20 日，约翰逊文件，国家安全档－国别档：越南，第 74 盒，"1965 年派兵决定"卷宗。又见 David L. DiLeo, *George Ball, Vietnam, and the Rethinking of Containment* (Chapel Hill: 1991)。

57　麦克纳马拉致约翰逊，1965 年 7 月 20 日，*FRUS: 1964—1968*, Ⅲ , 第 67 号文件; 麦克纳马拉致约翰逊，1966 年 1 月 24 日，*Pentagon Papers*, Ⅳ , pp.49—51。

58　威斯特摩兰电文，1965 年 12 月 27 日，*Pentagon Papers*, Ⅳ , p.39。对中情局和科默报告的讨论见 *ibid.*, pp.71—74, 389—391。(着重标记系原文所有。)

59　Gelb and Betts, *The Irony of Vietnam*, pp.159—160. 又见 Johnson, *The Vantage Point*, p.147; Kearns, *Lyndon Johnson and the American Dream*, p. 282。

60　Senate Committee on Foreign Relations, Hearings, *Supplemental Foreign Assistance Fiscal Year 1966—Vietnam* (Washington: 1966), pp. 335—336.

61　Richard J. Barnet, *Roots of War* (Baltimore: 1972), pp. 109—115.

62　Johnson, *The Vintage Point* 一书附录 A (pp. 579—589) 所载美国和平倡议与河内回应列表。

63　Gallucci, *Neither Peace Nor Honor*, pp. 132—134.

64　见约翰逊就麦克纳马拉的建议亲自起草的备忘录稿，1967 年 12 月 18 日，*FRUS: 1964—1968*, Ⅴ , 文件第 441 ; 又见 McNamara, *In Retrospect*, pp. 305—314。

65　Gelb and Betts, *The Irony of Vietnam*, pp. 2—3.

66　肯尼迪在华盛顿大学的演说，1961 年 11 月 16 日，*KPP:1961*, p. 726。又见 *ibid.*, pp. 340—341, 359 ; *KPP:1963*, pp. 659—660, 735; *Pentagon Papers*, Ⅱ , p.161。

67　*JPP: 1963—1964*, pp. 44, 89, 122, 150.

68　约翰逊对美国律师协会会议的讲话，纽约，1964 年 8 月 12 日，*ibid.*, p. 953 ; 邦迪备忘录，约翰逊与幕僚会商，1964 年 9 月 9 日，*FRUS: 1964—1968*, 第 343 号文件 ; 罗斯托致腊斯克，1964 年 11 月 23 日，*Pentagon Paper*, Ⅲ , p.647; 麦克纳马拉致参谋长联席会议和各军种部长，1965 年 3 月 1 日，*ibid.*, p. 94 ; 腊斯克接受哥伦比亚广播公司电视采访谈话，1965 年 8 月 9 日，*DSB*, LⅢ (August 30, 1965), p.344。(着重标记系原文所有。)

69　约翰逊就国防问题给国会的报告，1965 年 1 月 18 日，*JPP:1965*, p. 69 ; 约翰逊对国会代表团成员的讲话，1965 年 5 月 4 日，*ibid.*, p. 487 ; 约翰逊记者招待会，1965 年 7 月 28 日，ibid., p. 795, 799 ; 科默备忘录，未注明日期，*Pentagon Papers*, Ⅱ , p.575; 威斯特摩兰对报界的声明，1967 年 4 月 14 日，引自 Lewy, *American in Vietnam*, p. 73。

70　Enthoven and Smith, *How Much Is Enough*, pp. 290—306.

71　*Ibid.*, pp.292—293.

72　Schandler, *The Unmaking of a President*, pp. 39, 56, 100—102, 228—229, 290—

292. 又见 Johnson, *The Vantage Point*, pp. 149, 317—319, 406—407。

73 就此见 Gallucci, *Neither Peace Nor Honor*, pp. 128—130。

74 FitzGerald, *Fire in the Lake*, pp. 315—316, 349, 352—353.

75 MACCORDS 报告，关于 1967 年 12 月 31 日以前的边和省形势，*Pentagon Papers*, Ⅱ, p.406。

76 FitzGerald, *Fire in the Lake*, p. 357.

77 引自 Alexander Kendrick, *The Wound Within: America in the Vietnam Years, 1945—1974* (Boston, 1974), p. 251。

78 约翰逊在约翰斯·霍普金斯大学的演说，1965 年 4 月 7 日，*JPP: 1965*, p. 395。

79 麦克瑙顿备忘录草稿，《在东南亚的目的和选择》，1964 年 10 月 13 日，*Pentagon Papers*, Ⅲ, p.582; 邦迪备忘录，《持续报复政策》，1965 年 2 月 7 日，*ibid.*, p. 314。

80 就此见 Lewy, *America in Vietnam*, pp. 60, 96, 175, 181—182, 207, 306, 437—438。

81 特别见《论持久战》，载于 *Selected Military Writings of Mao Tse-tung* (Peking: 1967), pp. 210—219。

82 Johnson, *The Vantage Point*, p. 389. 又见 Schandler, *The Unmaking of a President*, pp. 109, 171。

83 就此见 Albert Wohlstetter, "Is There a Strategic Arms Race?", *Foreign Policy*, #15 (Summer, 1974), pp.3—20; "Rivals but No Race," *ibid.*, #16 (Fall, 1974), pp.48—81。

84 Moulton, *From Superiority to Parity*, pp. 283—292. 又见 Ernest J. Yanarella, *The Missile Defense Controversy: Strategy, Technology, and Politics, 1955—1972* (Lexington, Ky., 1977), pp. 114—115, 151。

85 约翰逊对国务院雇员的讲话，1963 年 12 月 5 日，*JPP:1963—1964*, p. 28。

86 Kissinger, *White House Years*, p.196.

87 阿瑟·巴伯备忘录，与苏联官员帕夫利琴科谈话，1966 年 7 月 28 日，约翰逊文件，国家安全档-机构档：国防部，第 11—12 盒，第 4 卷。又见 Johnson, *The Vantage Point*, pp. 475—476; Rostow, *The Diffusion of Power*, pp. 376—377; 关于苏联的总的反应，见 Ilya V. Gaiduk, *The Soviet Union and the Vietnam War* (Chicago: 1996)。

88 就此见 Qiang Zhai, *China and the Vietnam Wars, 1950—1975* (Chapel Hill:

2000), pp. 164—168。

89　Johnson, *The Vantage Point*, pp.471—473.

90　就此见 Roger Morris, *Uncertain Greatness: Henry Kissinger and American Foreign Policy* (New York: 1977) 一书中（pp.11—22）对约翰逊行政当局的政策的批评。

91　约翰逊对国会的演说，1965 年 3 月 15 日，*JPP:1965*, pp. 286—287。

92　引自 Kearns, *Johnson and the American Dream*, pp. 251—252。

93　*Ibid.*, p. 283.

94　约翰逊致腊斯克、麦克纳马拉和麦康，1964 年 12 月 7 日，*FRUS: 1964—1968*，Ⅰ，文件第 440；国家安全行动备忘录 328 号，1965 年 4 月 6 日，*Pentagon Papers*，Ⅲ，p.703。又见 *ibid.*, pp. 447, 460。

95　麦乔治·邦迪致约翰逊，1965 年 7 月 21 日，约翰逊文件，国家安全档－国别档：越南，第 74 盒，"1965 年派兵决定"卷宗；麦克纳马拉致约翰逊，1966 年 10 月 26 日，*FRUS: 1964—1968*，Ⅳ，第 285 号文件；威廉·P. 邦迪备忘录，《在越南的基本选择》，1966 年 4 月 16 日，*Pentagon Papers*，Ⅳ，p.88。

96　Johnson, *The Vantage Point*, pp. 438—460; Rostow, *The Diffusion of Power*, pp. 316—318.

97　Johnson, *The Vantage Point*, p. 440. 又见 Kearns, *Johnson and the American Dream*, pp. 300—302。

第九章　尼克松、基辛格与缓和战略

1　关于尼克松竞选演说的主要话题和他在共和党全国大会上接受提名的演说，见 *New York Times*, August 9, 1968。又见 Richard M. Nixon, "Asia After Vietnam", *Foreign Affairs*, ⅩLⅥ (October 1967), pp.121—123。

2　Kissinger, *White House Years*, p.65; *RN: The Memoirs of Richard Nixon* (New York: 1978), p. 562.

3　就此见 Kissinger, *White House Years*, pp. 41—43。

4　Henry A. Kissinger, *American Foreign Policy*, 3rd edition (New York: 1977), pp. 29, 79, 97. 该书重刊了起初作为下列两篇论文发表的文献：Kissinger, "Domestic Structure and Foreign Policy", *Daedelus*, ⅩCⅤ(Spring, 1966), pp.503—529; Kissinger, "Central Issues in American Foreign Policy", 载于 Kermit Gordon, ed. , *Agenda for the Nation* (Washington: 1968), pp. 585—614。又见 Kissinger, *White House Years*, pp. 11, 39, 41—43, 65。

5　Kissinger, "Central Issues", 载于 *American Foreign Policy*, pp. 59—64。又见基辛格在旧金山的演讲，1976 年 2 月 3 日，*ibid.*, p. 103; Kissinger, *White House Years*, pp. 66—67。

6　Kissinger, "Central Issues", 载于 *American Foreign Policy*, p. 56。

7　Kissinger, *White House Year*, p. 1049.

8　对两极向多极转变的论述见 Kissinger, "Central Issues", 载于 *American Foreign Policy*, pp. 56—57, 74;　又见 Peter W. Dickson, *Kissinger and the Meaning of History* (New York: 1978), p. 89。

9　基辛格对参议院外交委员会的陈述，1974 年 9 月 19 日，对辛辛那提商会的演讲，1975 年 9 月 16 日，在旧金山的演讲，1976 年 2 月 3 日，均载于 Kissinger, *American Foreign Policy*, pp. 146—147, 281, 302。

10　Kissinger, *White House Years*, pp.69, 662—664, 914—915, 1088—1089, 1260. 又见 Kissinger, *American Foreign Policy*, pp. 40, 82, 124—126, 172—173, 209—210, 282。

11　Kissinger, *White House Years*, p.1089. 又见尼克松年度对外政策报告，1970 年 2 月 18 日，*Public Papers of the President: Richard M. Nixon* (以下简称 *NPP*): *1970,* pp.178—179; 1971 年 2 月 24 日，*NPP: 1971*, p. 304; Dickson, *Kissinger and the Meaning of History*, pp. 90—92。

12　Kissinger, "Central Issues", *American Foreign Policy*, p.74.　又见 Dickson, *Kissinger and the Meaning of History*, pp. 92—94, 100—102。基辛格在他的博士论文 *A World Restored* (New York: 1957) 中论述了梅特涅和卡斯尔雷，他对俾斯麦的论述则见 "The White Revolutionary: Reflections on Bismarck", *Daedalus*, XCVII (Summer, 1968), pp.888—924。

13　见尼克松记者招待会，1969 年 1 月 27 日，*NPP: 1969*, p. 19; Nixon, *RN*, p. 415。

14　Kissinger, *White House Years*, p. 535.

15　堪萨斯城演说，1971 年 7 月 6 日，*NPP: 1971*, p. 806; Kissinger, *White House Years*, p. 1072。

16　*Time*, XCIX (January 3, 1972), p.15.

17　见基辛格对第三次"地球和平"会议的演讲，华盛顿，1973 年 10 月 8 日，载于 *American Foreign Policy*, pp. 128—129。

18　有代表性的批评包括：Stanley Hoffmann, "Weighing the Balance of Power",
　　Foreign Affairs, L (July 1972), pp.618—643; Alastair Buchan, "A World Restored?",
　　ibid., pp.644—659; Zbigniew Brzezinski, "The Balance of Power Delusion", *Foreign
　　Policy*, #7 (Summer, 1972), pp.54—59; James Chace, "The Five-Power World of
　　Richard Nixon", *New York Times Magazine*, February 20, 1972, p. 14 ff.

19　Kissinger, "Central Issues", *American Foreign Policy*, pp. 56—57, 74. 又见
　　Kissinger, *White House Years*, pp. 68—69。

20　就此见 Henry A. Kissinger, *The Troubled Partnership: A Re-Appraisal of the
　　Atlantic Alliance* (New York: 1965), 特别是 pp. 41—64；Kissinger, *White
　　House Years*, pp. 68—69。

21　见基辛格在美联社年度午餐会上的"欧洲年"演说, 纽约, 1973 年 4 月 23
　　日, *American Foreign Policy*, p.102; Dickson, *Kissinger and the Meaning of
　　History*, pp. 135—136。

22　年度外交政策报告, 1970 年 2 月 18 日, *NPP: 1970*, p. 181。又见 Nixon,
　　"Asia After Vietnam", pp.121—123; Kissinger, *White House Years*, pp. 163—
　　165; Kissinger, *American Foreign Policy*, pp. 38—39。

23　年度外交政策报告, 1972 年 2 月 9 日, *NPP: 1972*, pp. 204—205。

24　基辛格对第三次"地球和平"会议的演讲, 华盛顿, 1973 年 10 月 8 日, 载
　　于 *American Foreign Policy*, pp. 128—129。

25　基辛格在旧金山的演讲, 1976 年 2 月 3 日, 载于 *American Foreign Policy*,
　　p.305。

26　本书作者采访, 1974 年 10 月 31 日。

27　Kissinger, *White House Years*, p. 192; Nixon, *RN*, pp. 562, 565. 又见尼克松的年
　　度对外政策报告, 1970 年 2 月 18 日, *NPP: 1970*, pp. 116—117, 178—179。

28　腊斯克记者招待会, 1967 年 10 月 12 日, *DSB*, LVII (October 30, 1967),
　　p.563。

29　年度对外政策报告, 1970 年 2 月 18 日, *NPP: 1970*, p. 116。

30　Nixon, *RN*, p. 562. 又见 Kissinger, *White House Years*, p. 1061。

31　Kissinger, *White House Years*, p. 1063.

32　*Ibid.*, pp. 116—119, 重点标志为原文所有。

33　基辛格在旧金山的演讲, 1976 年 2 月 3 日, 载于 *American Foreign Policy*,
　　p. 304。

34　Kissinger, *White House Years*, pp. 119—120, 526—527, 542, 545, 554—557, 711,

1055—1056, 1138—1139, 1292—1293.

35 就此见本书第二章和第三章。

36 Kissinger, *White House Years*, pp. 156—158, 927—930, 1265—1268.

37 关于越南，见 Gaiduk, *The Soviet Union and the Vitenam War*, pp. 194—245;
   关于智利，见 Peter Kornbluh, ed., *The Pinochet File: A Declassified Dossier
   on Antrocity and Accountability* (New York: 2003)；关于欧洲共产主义，见
   Raymond L. Garthoff, *Détente and Confrontation: American-Soriet Relations
   from Nixon to Reagan*, revised edition (Washington: 1994) pp.537—535；关
   于安哥拉，见 Piero Gleijeses, *Conflicting Missions: Havana,Washington, and
   Africa,1959—1976* (Chapel Hill: 2002),pp.230—272。

38 Kissinger, *White House Years*, p. 659.   又 见 Morris, *Uncertain Greatness*,
   pp.232—233。

39 尼克松广播电视演说，1970 年 4 月 30 日，*NPP: 1970,* p.409; Kissinger,
   White House Years, pp. 227—229。又见 John G. Stoessinger, *Henry Kissinger:
   The Anguish of Power* (New York: 1976), p.216; Coral Bell, *The Diplomacy of
   Détente: The Kissinger Era* (New York: 1977), p.227; Tad Szulc, *The Illusion
   of Peace: Foreign Policy in the Nixon Years* (New York: 1978), pp. 352—353。

40 见肯尼迪在缅因大学的演说，1963 年 10 月 19 日，*KPP: 1963*, p. 795。

41 基辛格对第三次"地球和平"会议的演讲，华盛顿，1973 年 10 月 8 日，载
   于 *American Foreign Policy*, p. 121。又见 *ibid.*, p. 35；尼克松年度对外政策报
   告，1970 年 2 月 18 日，*NPP: 1970*, p. 122。

42 Kissinger, *White House Years*, pp. 61—62, 1302.

43 年度对外政策报告，1970 年 2 月 18 日，*NPP: 1970*, pp. 178—179; 基辛格
   对参议院外交委员会的陈述，1974 年 9 月 19 日，载于 *American Foreign
   Policy*, p. 145。

44 年度对外政策报告，1972 年 2 月 9 日，*NPP:1972*, pp. 206—207。又见基辛
   格对参议院外交委员会的陈述，1974 年 9 月 19 日，载于 *American Foreign
   Policy*, pp.88, 148—149；Kissinger, *White House Years*, p. 128。

45 国安会 20/1 号文件，1948 年 8 月 18 日，载于 Etzold and Gaddis, eds.,
   Containment, p. 187。

46 基辛格对参议院外交委员会的陈述，1974 年 9 月 19 日，载于 *American
   Foreign Policy*, pp. 172—173。又见 *ibid.*, pp. 124—126, 145, 157；尼克松年
   度对外政策报告，1970 年 2 月 18 日，*NPP: 1970*, p. 178。

47 尼克松致罗杰斯、莱尔德和赫尔姆斯（基辛格起草），1969 年 2 月 4 日，引自 Kissinger, *White House Years*, p. 136; 基辛格致尼克松，1969 年 2 月 18 日，*ibid.*, pp. 143—144。又见 *ibid.*, 1134。

48 Kissinger, *White House Years*, pp.127—130, 265—269; Nixon, *RN*, p. 346.

49 Edmonds, *Soviet Foreign Policy, 1962—1973*, p. 3; Garthoff, *Détente and Confrontation*, p. 52.

50 Kissinger, *White House Years*, pp. 130—138, 903—918, 1174—1194.

51 基辛格对参议院外交委员会的陈述，1974 年 9 月 19 日，载于 *American Foreign Policy*, pp.158—159。又见 Kissinger, *White House Years*, pp.127—130, 265—269, 619, 627—631, 639—652。

52 *Ibid.*, pp. 129—130.

53 Nixon, "Asia After Vietnam", pp.121—123; Kissinger, "Domestic Structures", *American Foreign Policy*, pp. 38—39.

54 Kissinger, *White House Years*, pp. 165—170.

55 *Ibid.*, pp.183—85。又见 p. 548。

56 见本书 pp.209—210。

57 引自 William Safire, *Before the Fall: An Inside View of the Pre-Watergate White House* (New York: 1975), p. 370。又见 Kissinger, *White House Years,* pp. 178—182, 185—186。

58 Kissinger, *White House Years*, p.187. 又见 *ibid.*, pp.764—765；又见，ibid., pp.764—765；以及，关于多勃雷宁的观点，见 Antoly Dobrynin, *In Confidence: Moscow's Abassador to Six Cold War Presidents(1962—1986)* (New York: 1995),p.202。

59 Kissinger, *White House Years*, pp.712, 836—837, 1076.

60 *Ibid.*, pp. 220—221.

61 尼克松广播电视演说，1969 年 11 月 3 日，*NPP: 1969*, pp. 905—906; 年度对外政策报告，1970 年 2 月 18 日，*NPP: 1970*, pp. 118—119。尼克松对尼克松主义的最初的非正式阐述见他在关岛的记者吹风会，1969 年 7 月 25 日，*NPP: 1969*, pp. 544—555。

62 就此见 Kissinger, *White House Years*, p. 232。

63 *Ibid.*, pp. 260—261, 271—277, 475—482, 984—986, 1329.

64 Johnson, *The Vantage Point*, pp. 368—369.

65 Kissinger, *White House Years*, p. 1304.

66 Nixon, *RN*, pp. 129, 864; Kissinger, *White House Years*, p. 1199. 又见 Safire, *Before the Fall*, p. 691; H.R. Haldeman, *The Ends of Power* (New York: 1978), p. 122。

67 Kissinger, "Central Issues", 载于 *American Foreign Policy*, p. 61; Kissinger, *White House Years*, pp. 617, 912, 1117。又见 Stephen Graubard, *Kissinger: Portrait of a Mind* (New York: 1973), p. 66。

68 Kissinger, *White House Years*, pp.1199, 1349.

69 *Ibid.*, pp. 228—229.

70 Nixon, *RN*, p. 352; Kissinger, *A World Restored*, p.210; Kissinger, "Domestic Structures", 载于 *American Foreign Policy*, p. 18; Kissinger, *White House Years*, p. 39。又见 ibid., p. 11, 14—15 ; Graudard, *Kissinger*, pp. 50—51, 101—102, 229—232。

71 Kissinger, *White House Years*, pp. 130, 136—138, 189—190, 477—483, 688, 984—985.

72 *Ibid.*, pp. 48, 822. 又见 pp. 495, 564, 606, 674。

73 *Ibid.*, p. 841. 又见 pp. 722—726, 837, 917; Stoessinger, *Kissinger*, pp. 209—211。

74 见 Jonathan Schell, *The Time of Illusion* (New York: 1976), pp.6—7。

75 Kissinger, *White House Years*, pp. 158—159.

76 *NPP: 1970*, p.119. 四份对外政策年度报告（日期分别为 1970 年 2 月 18 日、1971 年 2 月 25 日、1972 年 2 月 9 日、1973 年 5 月 3 日）可以极方便地在 *Nixon Public Papers* 的相应各卷中找到。

77 Kissinger, *White House Years*, p.159. 又见出处同上, 第 1053 页。

78 这些演讲中最重要的可见于 Kissinger, *American Foreign Policy*, pp. 116—429。

79 年度对外政策报告, 1971 年 2 月 25 日, *NPP: 1971*, p. 246。又见尼克松记者招待会, 1970 年 3 月 21 日, *NPP: 1970*, p. 292。

80 Kissinger, *White House Years*, pp. 917—918.

81 *Ibid.*, pp. 762, 803; Nixon, *RN*, p. 390.

82 Kissinger, *White House Years*, p. 940.

83 就此见 Dickson, *Kissinger and the Meaning of History*, pp. 155—157。

第十章 实施缓和战略

1 例如见 Stanley Hoffmann, "Choices", *Foreign Policy*, #12 (Fall, 1973), pp.3—

42; Zbigniew Brzezinski, "The Deceptive Structure of Peace", *ibid.*, #14 (Spring, 1974), pp.35—36; Hoffmann, "Weighing the Balance of Power", pp.618—648。

2　见卡特在与福特第二次电视辩论中的发言，1976 年 10 月 6 日，载于 U.S. Congress, House of Representatives, Committee on House Administration, *The President Campaign, 1976* (Washington: 1979), Ⅲ, pp.93—118; Bell, *The Diplomacy of Détente*, pp. 50, 52—53, 216—217。

3　Gerald R. Ford, *A Time to Heal* (New York: 1979), p. 398; Elizabeth Drew, *American Journal: The Events of 1976* (New York: 1977), pp.391—392.

4　Stanley Hoffmann, *Primacy or World Order: American Foreign Policy Since the Cold War* (New York: 1978), p. 46.

5　Nixon, *RN*, p. 618; 基辛格对参议院外交委员会的陈述，1974 年 9 月 19 日，载于 *American Foreign Policy*, p. 145。

6　*Ibid.*, p. 147.（着重标记系引者所加。）

7　这些事件见 Nixon, *RN*, pp. 483—489, 525—531, 613—614; Kissinger, *White House Years*, pp. 619, 627—631, 639—652, 903—918, 1302, 1341—1359; Szulc, *The Illusion of Peace*, p. 331。

8　Kissinger, *White House Years*, pp. 265—269, 1022, 1135, 1151—1152. 对古巴、叙利亚和印巴危机的一种事后回顾性的评价见 Garthoff, *Détente and Confrontation*, pp. 87—95, 98—99, 296—314。

9　Leonid Brezhnev, *On the Policy of the Soviet Union and the International Situation* (Garden City, N.Y. : 1973), p. 231.

10　Nixon, *RN*, p. 568.

11　关于这些事件，见 Nixon, *RN*, pp. 599—608, 938—941; Kissinger, *White House Years,* pp.1164—1185; Henry Kissinger, *Years of Upheaval* (Boston: 1982) pp.575—591。

12　Nixon, RN, p.515. 另见 Keith W. Olson, *Watergate: The Presidential Scandal That Shook America* (Lawerence, Kansas: 2003)。

13　Kissinger, *White House Years*, p.1134. 又见 Peter G. Peterson, *U.S.-Soviet Commercial Relations in a New Era* (Washington: 1972), pp.3—4; 基辛格对参议院外交委员会的陈述，1974 年 9 月 19 日，载于 *American Foreign Policy*, pp. 158—159。

14　Kissinger, *White House Years*, pp.1269—1272. 关于杰克逊修正案，见 *Congressional Record*, October 4, 1972, pp. 33658—33659。

15 基辛格对参议院财政委员会的陈述，1974 年 3 月 7 日，*DSB*, LXX (April 1, 1974), pp.323—325。又见基辛格对第三次 "地球和平" 会议的讲话，华盛顿，1973 年 10 月 8 日，还有他对参议院外交委员会的陈述 1974 年 9 月 19 日，载于 *American Foreign Policy*, pp.125，172—173；另见尼克松在海军学院的演讲，1974 年 6 月 5 日，*NPP: 1974*, pp.471—472。

16 Herring, *America's Longest War*, p. 256.

17 Nixon, *RN*, p. 889. 又见 p. 718。

18 基辛格在得克萨斯州达拉斯的演讲，1976 年 3 月 22 日，*American Foreign Policy*, p. 360；又见 Henry Kissinger, *Years of Renewal* (New York: 1999), pp.520—549，791—833。

19 见 Odd Arne Westad, "The Fall of Détente and the Turning Tides of History", in Westad, ed., *The Fall of Détente: Soviet-American Relations during the Carter Years* (Oslo: 1997), pp. 1—12。

20 基辛格记者招待会，1976 年 1 月 14 日，*DSB*, LXXIV (February 2, 1976), pp.125—126。

21 Kissinger, *White House Years*, p. 1143.

22 *Ibid.*, p. 1255; 年度对外政策报告，1972 年 2 月 9 日，*NPP: 1972*, p.211。又见基辛格记者招待会，1973 年 11 月 21 日，*DSB*, LXIX (December 10, 1973), pp.706—707。

23 年度外交政策报告，1973 年 5 月 3 日，*NPP: 1973*, p. 375. "基本原则" 协议载于 *DSB*, LXVI (June 26, 1972), pp.898—899。

24 Kissinger, *White House Years*, pp. 1132, 1250.（重点标记为原文所有。）

25 1975 年 8 月 1 日在赫尔辛基签署的欧洲安全与合作会议 "最后文件" 载于 *DSB*, LXXIII (September 1, 1975), pp.323—350。

26 见基辛格对第三次 "地球和平" 会议的讲话，华盛顿，1973 年 10 月 8 日，*American Foreign Policy*, p.125; 基辛格对参议院外交委员会的陈述，1974 年 9 月 19 日，*ibid.*, pp. 172—173；基辛格在明尼阿波利斯的演讲，1975 年 7 月 15 日，*ibid.*, pp. 208—209。

27 Kissinger, *Years of Upheaval*, pp.635—638。

28 Lawrence J. Korb, *The Fall and Rise of the Pentagon: American Defense Policies in the 1970s* (Westport, Conn.: 1979), pp. 69—73. 又见 Kissinger, *White House Years*, pp. 199—202, 938—949; Don Oberdorfer, *Senator Mansfield: The Extraordinary Life of a Great American Statesman and Diplomat* (Washington:

2003), pp. 387—391。

29　John M. Collins, *American and Soviet Military Trends Since the Cuban Missile Crisis* (Washington: 1978), pp. 44—45, 93, 101, 107, 184, 260, 265—267, 274. 又见 Korb, *The Fall and Rise of the Pentagon*, pp. 155—157, 连同附录。

30　引自 Ford, *A Time to Heal*, p. 373。

31　年度对外政策报告，1970 年 2 月 18 日，*NPP: 1970*, p. 172; 基辛格在得克萨斯州达拉斯的演讲，1976 年 3 月 22 日，*American Foreign Policy*, p. 350。又见基辛格在旧金山的演讲，1976 年 2 月 3 日，*ibid.*, pp. 301—304, 311—312 ; Kissinger, *White House Years*, pp. 196—198。

32　Korb, *The Fall and Rise of the Pentagon*, pp. 51—52; Kissinger, *White House Years*, p.215. 又见附录。

33　Kissinger, *White House Years*, pp. 32—33. 又见 Korb, *The Fall and Rise of the Pentagon*, pp. 84—96。

34　*Ibid.,* p. 42; Kissinger, *White House Years*, pp. 214—215.

35　*Ibid.,* p. 215.

36　关于第一阶段限制战略武器谈判的材料详尽的叙述，见 John Newhouse, *Cold Dawn: The Story of SALT* (New York: 1973)。

37　就此见 Strobe Talbott, *Endgame: The Inside Story of SALT II* (New York: 1979), pp. 24—27。

38　Kissinger, *White House Years*, pp. 1245—1246. 又见基辛格对参议院外交委员会的陈述，1974 年 9 月 19 日，*American Foreign Policy*, p. 166; Korb, *The Fall and Rise of the Pentagon*, p. 94。

39　年度外交政策报告，1973 年 5 月 3 日，*NPP: 1973*, p. 374。又见基辛格对参议院外交委员会的陈述，1974 年 9 月 19 日，*American Foreign Policy*, p. 164。

40　Korb, *The Fall and Rise of the Pentagon*, pp. 104, 150.

41　就此见 Kissinger, *White House Years*, pp. 1244—1245; 又见基辛格对参议院外交委员会的陈述，1974 年 9 月 19 日，*American Foreign Policy*, p. 164; 基辛格在得克萨斯州达拉斯的演讲，1976 年 3 月 22 日，ibid., pp. 357—358。

42　就此见 Kahan, *Security in the Nuclear Age: Developing U. S. Strategic Arms Policy* (Washington: 1975), pp. 286—288。

43　Talbott, *Endgame*, pp. 24—26, 220.

44　*Ibid.,* pp. 31—37.

45　基辛格在达拉斯的演说，1976 年 3 月 22 日，*American Foreign Policy*, p. 354。

46　Korb, *The Fall and Rise of the Pentagon*, pp. 151—160.

47　Morris, *Uncertain Greatness*, p. 298.

48　Kissinger, "Central Issues", 载于 *American Foreign Policy*, p. 74。

49　Mohammed A. El-Khawas and Barry Cohen, eds., *The Kissinger Study of Southern Africa: National Security Study Memorandum 39* (Westport, Conn.: 1976), pp. 105—106. 又见 Morris, *Uncertain Greatness*, pp. 107—120; Szulc, *The Illusion of Peace*, pp. 219—225; Anthony Lake, *The "Tar Baby" Option: American Policy Toward Southern Rhodesia* (New York: 1976), pp. 123—157; John A. Marcum, "Lessons of Angola", *Foreign Affairs*, L Ⅳ (April 1976), pp.407—408。基辛格自己对这备忘录的简短评论见 *Years of Renewal*, p. 903。

50　Morris, *Uncertain Greatness*, pp.212—230; Szulc, *The Illusion of Peace*, pp. 405—406, 441—444; Garthoff, *Détente and Confrontation*, pp. 295—322; Jussi Hanhimäki, *The Flawed Architect: Henry Kissinger and American Foreign Policy* (New York: 2003), pp. 172—184. 基辛格对自己的政策的辩护见 *White House Years*, pp. 842—928; 又见 Nixon, *RN*, pp. 525—531。

51　基辛格的承认，见 Kissinger, *White House Years*, pp. 1259—1260; 又见 Gary Sick, *All Fall Down: America's Tragic Encounter with Iran* (New York: 1985); James A. Bill, *The Eagle and the Lion: The Tragedy of American-Iranian Relations* (New Haven: 1988)。

52　Szulc, *The Illusion of Peace*, pp. 437—439, 749—752. 又见 1973 年 10 月以前的一项评价：James E. Akins, "The Oil Crisis: This Time the Wolf Is Here", *Foreign Affairs*, Ⅱ (April 1973), pp.462—490。基辛格的叙述见 *Years of Upheaval*, pp. 450—544, 854—895, 以及 Henry Kissinger, *Crisis: The Anatomy of Two Major Foreign Policy Crises* (New York: 2003)。

53　Lawrence Stern, "Bitter Lessons: How We Failed in Cyprus", *Foreign Policy*, #19 (Summer, 1975), pp.34—78; 又见 Bell, *The Diplomacy of Détente*, pp. 138—155;Kissinger, *Years of Renewal*, pp. 192—239; Monteagle Stearns, *Entangled Allies: U.S. Policy Toward Greece, Turkey, and Cyprus* (New York: 1992)。

54　Davis, "The Angola Decision of 1975", pp.109—124; Marcum, "Lessons of Angola", pp. 407—425. 又见 Kissinger, *Years of Renewal*, pp. 791—833; Gleijeses, *Conflicting Missions*, pp. 246—372。

55 Kissinger, *White House Years*, pp. 761—762, 955; Szulc, *The Illusion of Peace*, pp. 416—417, 457—458, 689—692; Brown, *The Crises of Power*, pp. 114—118. "欧洲年"演说 1973 年 4 月 23 日在纽约发表, 载于 Kissinger, *American Foreign Policy*, pp. 99—113。

56 Tad Szulc, "Lisbon & Washington: Behind the Portuguese Revolution", *Foreign Policy*, #21 (Winter, 1975—1976), pp.3—62; Peter Lange, "What Is To Be Done—About Italian Communism", *ibid.*, pp. 224—240. 又 见 Stoessinger, *Kissinger*, pp. 145—153; Bell, *The Diplomacy of Détente*, pp. 229—230; Kissinger, *Years of Renewal*, pp. 626—634。

57 "全球"和"地区"视角的这一区分依从 Marcum, "Lessons of Angola", p.418; Gerald J. Bender, "Angola , the Cubans, and American Anxieties", *Foreign Policy*, #31 (Summer, 1978), pp.3—30。

58 Kissinger, *White House Years*, p. 898.

59 就此见 Morris, *Uncertain Greatness*, pp. 216—223, 252—253, 272—273; Szulc, *The Illusion of Peace*, pp. 438—439, 450—452, 585; Davis, "The Angola Decision of 1975", p.113—117。

60 Kissinger, *White House Years*, pp. 743—747, 848—849, 1258—1265; Bell, *The Diplomacy of Détente*, p. 130.

61 *Ibid.*, pp. 92—97; Brown, *The Crises of Power*, pp. 101—105. 又 见 Edward R. F. Sheehan, *The Arabs, Israelis, and Kissinger: A Secret History of American Diplomacy in the Middle East* (New York: 1976), *passim*; William B. Quandt, *Decade of Decisions: American Policy Toward the Arab-Israeli Conflict, 1967—1976* (Berkeley: 1977), pp. 207—287。

62 基辛格在赞比亚卢萨卡的演说, 1976 年 4 月 27 日, 载于 *American Foreign Policy*, pp. 372, 376。又见 Ford, *A Time to Heal*, pp. 380—381; Bell, *The Diplomacy of Détente*, pp. 177—183; Kissinger, *Years of Renewal*, pp. 958—1016; John Osborne, *White House Watch: The Ford Years* (Washington: 1977), pp. 324—330。

63 卡特对芝加哥对外关系协会的演讲, 1976 年 3 月 15 日, 卡特对对外政策协会的演讲, 纽约, 1976 年 6 月 23 日, 载于 *The Presidential Campaign*, 1976, volume I, part 1, pp. 110—113, 266。

64 William Shawcross, *Sideshow: Kissinger, Nixon and the Destruction of Cambodia* (New York: 1979), p. 396. 又见 Morris, *Uncertain Greatness*, pp. 120—

130, 213—230, 265—268; Christopher Hitchens, *The Trtial of Henry Kissinger* (New York: 2001)。

65　Shawcross, *Sideshow*, p. 396.

66　Morris, *Uncertain Greatness*, p. 268.

67　Reinhold Niebuhr, "The Children of Light and the Children of Darkness", in Robert McAfee Brown, ed., *The Essencial Reinhold Niebuhr* (New Haven: 1986), p. 171.

68　尼克松广播电视访谈，1971 年 1 月 4 日，*NPP: 1971,* p. 12; 年度对外政策报告，1971 年 2 月 25 日 , *ibid.*, pp. 246—247。

69　Morris, *Uncertain Greatness*, pp. 240—241; Szulc, *The Illusion of Peace*, pp.720—725. 基辛格对自己的智利政策的辩护见 *White House Years*, pp. 653—683; *Years of Renewal*, pp. 749—760。又见 U.S. Congress, Senate, Select Committee To Study Government Operations with Respect to Intelligence Activities, *Covert Action in Chile, 1963—1973* (Washington: 1975); Peter Kornbluh, ed., *The Pinochet File: A Declassified Dossier on Atrocity and Accountability* (New York: 2003)。

70　引自 Morris, *Uncertain Greatness*, p. 241。

71　Kissinger, *Years of Renewal*, pp. 310—343.

72　尼克松广播电视讲话，1969 年 11 月 3 日，*NPP: 1969*, p. 903; Kissinger, *White House Years*, p. 229; 年度对外政策报告，1973 年 5 月 3 日，*NPP: 1973*, p. 376。又见 Nixon, *RN*, p. 348。

73　尼克松记者招待会，1970 年 3 月 21 日，*NPP: 1970*, p. 292。又见 Hanhimäki, *The Flawed Architect*, pp.43—46。

74　Herring, *America's Longest War*, p. 256.

75　Bell, *The Diplomacy of Détente*, pp. 127—129, 224; *Brown, The Crises of Power*, p. 52.

76　Elizabeth Drew, "A Reporter at Large: Human Rights", *New Yorker*, LIII (July 18,1977), p.36; Bell, *The Diplomacy of Détente*, pp. 31—32.

77　就此见 Richard H. Ullman, "Washington, Wilson, and the Democrat's Dilemma", *Foreign Policy*, #21 (Winter, 1975—1976), pp.108—109; Stoessinger, *Kissinger*, p. 218。简・柯克帕特里克后来将在她的一篇很有影响的文章里使这论辩广为传布，该文即 Jeane Kirkpatrick, "Dictatorship and Double Standards", *Commentary*, LXVIII (November, 1979), pp.34—45。

78　Ford, *A Time to Heal*, pp. 297—298 ; Kissinger, *Years of Renewal*, pp.648—652, 861—867。

79　Kissinger, *White House Years*, p.191.

80　特别见基辛格在明尼阿波利斯的演讲，1975 年 7 月 15 日，还有他在蒙特利尔的演讲，1975 年 8 月 11 日，又见他 1968 年的文章 "Central Issues of American Foreign Policy"，均载于 Kissinger, *American Foreign Policy*, pp. 91—97, 195—236。关于基辛格的 "心脏地带" 演说的背景，见 Walter Isaacson, Kissinger: A Biography (New York: 1992), pp. 658—659。对基辛格在道德与对外政策的关系上的立场，我的理解因为阅读下述文章而得到了加强：Schuyler Schouten, "Kissinger's Realist Ethics: Morality and Pragmatism in American Foreign Policy", senior essay, Department of History, Yale University, April, 2003。

81　*Ibid.*, pp. 218—219; Kissiger, *White House Years*, p. 55.

82　Kissinger, "Central Issues", *American Foreign Policy*, p. 94.

第十一章　　遏制的完结

1　见本书，p.72。

2　在圣母大学的演说，1977 年 5 月 22 日，*Public Papers of the Presidents: Jimmy Carter*（以下简称 *CPP*）: *1977*, pp. 956—957。

3　卡特所作国情咨文，1980 年 1 月 23 日，*CPP:1980,* pp. 196—198。

4　Talbott, *Endgame*, pp. 48—50; Dan Caldwell, "US Domestic Politcs and the Demise of Détente", in Odd Arne Westad, ed., *The Fall of Détente: Soviet-American Relations during the Carter Years* (Oslo: 1997), pp.105—106.

5　赛勒斯・万斯接受采访时的谈话，1977 年 2 月 3 日，*DSB*, LXXVI (February 21, 1977), p.148。另见 Zbigiew Brzezinski, *Power and Principle: Memoirs of the National Security Adriser, 1977—1981* (New York: 1983), pp.185—186。

6　见本书，p.314。

7　卡特探讨了他立意推进人权事业的缘起，见 *Keeping Faith: Memoirs of a President* (New York: 1982), pp.141—144。另见 Tony Smith, *America's Mission: The United States and the Worldwide Struggle for Democracy in the Twentieth Century* (Princeton: 1994), pp.239—265。

8　Talbott, *Endgame*, pp. 60—61.

9 Dobrynin, *In Confidence*, p. 388.

10 就此见 Hoffmann, "The Hell of Good Intentions", *Foreign Policy*, #29 (Winter, 1977—1978) pp. 12—13; 又见 Hugh Sidey, "Assessing a Presidency", *Time*, CXVI (August 18,1980), pp.10—15; Brzezinski, *Power and Principle*, pp. 14, 49, 71。

11 Simon Serfaty, "Brzezinski: Play It Again, Zbig", *Foreign Policy*, #32 (Fall, 1978), pp. 6—7.

12 Brzezinski, *Power and Principle*, pp.148—149.

13 Gaddis Smith, *Morality, Reason, and Power: American Diplomacy in the Carter Years* (New York: 1986), pp. 40—42. 又见万斯回忆录: Cyrus Vance, *Hard Choices: Critical Years in America's Foreign Policy* (New York: 1983)。

14 Garthoff, *Détente and Confrontation*, p.666. 该演讲载于 *CPP:1978*, pp. 1052—1058。

15 Dobrynin, *In Confidence*, p. 387. 又见多勃雷宁给莫斯科的报告《当今时代的苏美关系》，1978 年 7 月 11 日，载于 Westad, ed., *The Fall of Détente*, pp. 213—220。布热津斯基关于卡特 6 月 7 日演讲的起草过程的叙述见于 *Power and Principle*, p. 320。

16 Carter, *Keeping Faith*, p. 66. 又见 Brzezinski, *Power and Principle*, p. 145。

17 例如，见 Wolfe, *Soviet Power and Europe, 1945—1970*, pp. 501—506。

18 Talbott, *Endgame*, pp. 134—135, 181—183.

19 Dobrynin, *In Confidence*, pp. 402—407. 又见 Westad, "The Fall of Détente and the Turning Tides of History", pp. 11—12。

20 Smith, *Morality, Reason, and Power*, pp. 242—245. 又见当时的一项评价: Carl Gershman, "The Rise & Fall of the New Foreign Policy Establishment", *Commentary*, LXX (July, 1980), pp.13—24。

21 里根广播记录，1977 年 3 月 23 日，载于 Kiron K. Skinner, Annelise Anderson, and Martin Anderson, eds., *Reagan in His Own Hand* (New York: 2001), p. 118。

22 Lou Cannon, *President Reagan: The Role of a Lifetime* (New York: 1991), pp. 280—296, 上述文献概述了里根基于本能的诸正统观念、它们的起源和它们背离已确立的、基于资料信息的冷战正统信条的程度。

23 就此见 Lee Edwards, *The Conservative Revolution: The Movement that Remade America* (New York: 1999), 特别是 pp. 201—205。

24 关于以此方式行事的另一位总统，见 Greenstein, *The Hidden-Hand*

Presidency: Eisenhower as Leader, 特别是 pp. 34—35, 53。

25　Skinner, ed., *Reagan in His Own Hand* 一书重刊了几百篇就范围广泛的种种国内和对外政策问题手写的评论, 那是里根为他在 1975—1979 年的全国性广播联播节目准备的。关于他的演讲写作习惯, 又见 Ronald Reagan, *An Ameican Life* (New York: 1990), p. 246。

26　1976 年 12 月 22 日广播稿, *ibid.*, p. 12。又见 1977 年 5 月 25 日、1978 年 10 月 10 日、1978 年 11 月 28 日和 1979 年 6 月 29 日广播稿, *ibid.*, pp. 85—86, 94—95, 146—147, 149—150。关于罗斯福和里根之间的类比, 见 Cannon, *President Reagan*, pp. 109—111。

27　1975 年 5 月广播稿, 载于 Skinner, ed., *Reagan in His Own Hand*, p. 12。里根甚至早前就有这思路, 证据见 Paul Lettow, *Ronald Reagan and His Quest for Abolish Nuclear Weapons* (New York: 2005), pp. 16, 27。

28　Reagan, *An American Life*, p. 267. 里根对国安会 68 号文件的评论见其 1977 年 5 月 4 日广播稿, 载于 Skinner, ed., *Reagan in His Own Hand*, pp. 109—113。

29　1977 年 5 月 25 日广播稿, 载于 Skinner, ed., *Reagan in His Own Hand*, p. 147。

30　Reagan, *An American Life*, p. 238.

31　1979 年 6 月 29 日广播稿, 载于 Skinner, ed., *Reagan in His Own Hand*, pp. 149—150。又见 *ibid.*, pp. 129—134, 150—156。

32　Reagan, *An Ameerican Life*, p. 13. 又见 Lettow, *Ronald Reagan*, pp. 22—23。

33　里根 1980 年 8 月 18 日在芝加哥向海外战争退伍军人协会演讲的手写稿, 载于 Skinner, ed., *Reagan in His Own Hand*, 特别见 p. 484; 另见 Reagan, *An American Life*, pp. 257—258; 里根 1978 年 12 月 12 日电台广播, 载于 Skinner, ed., *Reagan in His Own Hand*, pp. 86—87; Cannon, *President Reagan*, pp. 292—293, 305, 320, 751。我还受益于以下一篇 2004 年在耶鲁大学历史系拟定的水平较高的文章: Matthew Ferraro, "Going M.A.D.: Morality, Strategy, and Mutual Assured Destruction, 1957—1986"。

34　里根 1980 年 8 月 18 日演讲稿, 载于 Skinner, ed., *Reagan in His Own Hand*, pp.484—485。

35　关于这一点的更多内容, 见 Gaddis, *The United States and the End of the Cold War*, pp. 39—45。

36　里根 1980 年 8 月 18 日演讲稿, 载于 Skinner, ed., *Reagan in His Own Hand*,

p. 485。我略微改编了这段，以求清晰。

37　Kennan, "The Sources of Soviet Conduct", p. 582.

38　Dobrynin, *In Confidence*, p. 477.

39　*Ibid.*, p. 521. 又见 Fareed Zakaria, "The Reagan Strategy of Containment", *Political Science Quarterly*, CV (Autumn, 1990), pp.373—374。

40　Gaddis, *The United States and the End of the Cold War*, pp. 27—29.

41　总统指令 / 国安会 18 号文件，《美国国家战略》，1977 年 8 月 24 日。http:// www.jimmycarterlibrary.org/documents/pddirect Ⅳ es/pd.18.pdf; 总统指令 / 国安会 62 号文件，《美国国家战略修正》，1981 年 1 月 15 日，http://www. jimmycarterlibrary.org/documents/pddirect Ⅳ es/pd.62.pdf。

42　第 32 号国家安全决策指令，《美国国家安全战略》，1982 年 5 月 20 日， http://www.fas.org/irp/offdocs/nsdd/nsdd-032.htm。关于该文件的背景，又见 Lettow, *Ronald Reagan*, pp. 65—72。

43　里根对英国国会议员的演讲，伦敦，1982 年 6 月 8 日，*Public Papers of the Presidents: 1982*（以下简称 *RPP*），pp. 744—747。又见里根在圣母大学的演讲，1981 年 5 月 17 日，*RPP: 1981*, 特别见 p. 434。

44　Dobrynin, *In Confidence*, p. 484.

45　第 75 号国家安全决策指令，《美国对苏关系》，1983 年 1 月 17 日，http:// www.fas.org/irp/offdocs/nsdd/nsdd-075.htm。关于该文件的更多情况，见 Richard Pipes, *Vixi: Memoirs of a Non-Belonger* (New Haven: 2003), pp. 188— 202; Lettow, *Ronald Reagan*, pp. 77—82。

46　对福音教派全国联合会的演讲，佛罗里达州奥兰多，1983 年 3 月 8 日， *RPP: 1983,* p. 364。关于里根的高调大话，更多情况见 William K. Muir, Jr., "Ronald Reagan: The Primacy of Rhetoric", in Fred I. Greenstein, ed., *Leadership in the Modern Presidency* (Cambridge, Mass.: 1988), pp. 260—295。

47　Stephen Kotkin, *Armageddon Averted: The Soviet Collapse, 1970—2000* (New York: 2001), 特别见 pp. 10—30, 这提供了一番对苏联在这时期里面对的种种困难的良好概览；然而又见 Ronald Grigor Suny, *The Soviet Experiment: Russia, the U.S.S.R., and the Successor States* (New York: 1998), pp. 436—442。苏联的军事开支数字来自 Aaron Friedberg, *In the Shadow of the Garrison State: America's Anti-Statism and Its Cold War Grand Strategy* (Princeton: 2000), pp. 82—83。又见 William E. Odom, *The Collapse of the Soviet Military* (New Haven: 1998), 特别是 pp. 49—64。美国的数字见本书附录。

48　苏联领导的孤僻自闭由多勃雷宁作了很好的叙述，见 Dobrynin, *In Confidence*, p. 472—476；就此篇幅长得多的叙述见 Georgi Arbatov, *The System: An Insider's Life in Soviet Politics* (New York: 1992), pp. 190—294。

49　见 Spencer R. Weart, *Nuclear Fear: A History of Images* (Cambridge, Mass.: 1988), pp. 375—388; Beth A. Fischer, *The Reagan Reversal: Foreign Policy and the End of the Cold War* (Columbia, Mo.: 1997), pp. 115—120; 关于行政当局的言过其实，见 Robert Sheer, *With Enough Shovels: Reagan, Bush, and Nuclear War* (New York: 1983)。

50　对 1976 年共和党全国代表大会的演讲，引自 Cannon, *President Reagan*, p. 295。该书作者在第 287—295 页提供了对里根的反核观点的一番简述。一项更晚和更全面的论述见 Lettow, *Ronald Reagan*, pp. 3—82。

51　Talbolt, *Deadly Gambits*, pp. 80—81.

52　1983 年 3 月 23 日广播电视讲话，*RPP:1983*, pp. 442—443。

53　见本书第 324 页脚注。

54　Nitze, *From Hiroshima to Glasnost*, p. 401; George P. Shultz, *Turmoil and Triumph: My Years as Secretary of State* (New York: 1993), p. 249; Caspar W. Weinberger, *Fighting for Peace: Seven Critical Years in the Pentagon* (New York: 1990), p. 306.

55　关于里根对"战略防御计划"的兴趣源于何处，见 Cannon, *President Reagan*, pp. 292—293, 319; Lettow, *Ronald Reagan*, pp. 19—42; Martin Anderson, *Revolution: The Reagan Legacy,* expanded and updated edition (Stanford: 1990), pp.80—99。

56　Lettow, *Ronald Reagan*, pp. 120—121, 214—215; Mira Duric, *The Strategic Defense Initiative: US Policy and the Soviet Union* (Aldershot, England: 2003), pp. 24—25.

57　里根致勃列日涅夫，1981 年 4 月 24 日，引自 Reagan, *An American Life*, p. 273。又见多勃雷宁对里根信函的印象和勃列日涅夫的反应：Dobrynin, *In Confidence*, pp. 492—493。

58　第 32 号国家安全决策指令，1982 年 5 月 20 日，第 3 页。

59　Shultz, *Turmoil and Triumph*, pp. 163—167. 又见 Don Oberdorfer, *From the Cold War to a New Era: The United States and Soviet Union, 1983—1991,* updated edition (Baltimore: 1998), pp. 15—21。

60　Dobrynin, *In Confidence*, pp. 517—518.

61　*Ibid.*, pp. 518—521, 529—530; Shultz, *Turmoil and Triumph*, pp. 165—171.

62　引自 Duric, *The Strategic Defense Initiative*, p. 41。

63　安德罗波夫的声明，1983 年 9 月 28 日，*Current Digest of the Soviet Press*, XXXV (October 26, 1983), p.1。

64　Dobrynin, *In Confidence*, pp. 522—524; Christopher Andrew and Oleg Gordievsky, *KGB:The Inside Story of Its Foreign Operations from Lenin to Gorbachev* (New York: 1990), pp. 583—599.

65　关于"优秀射手"危机，见 *ibid.*, pp. 599—601; 又见 Fischer, *The Reagan Reversal*, pp. 122—131; Oberdorfer, *From the Cold War to a New Era*, pp. 65—68; Robert M. Gates, *From the Shadows: The Ultimate Insider's Story of Five Presidents and How They Won the Cold War* (New York: 1996), pp. 266—273。

66　Reagan, *An American Life*, p. 586. 又见 pp. 588—589。

67　里根电视演讲，1984 年 1 月 16 日，*RPP: 1984*, p.45。关于这场演讲的准备工作，见 Jack F. Matlock, Jr., *Autopsy on an Empire: The American Ambassador's Account of the Collapse of the Soviet Union* (New York: 1995), pp. 83—86。

68　Reagan, *An American Life*, p. 602.

69　*Ibid.*, p. 605.

70　Dobrynin, *In Confidence*, pp. 563. 就此又见 Barbara Farnham, "Reagan and the Gorbachev Revolution: Perceiving the End of Threat", *Political Science Quarterly*, CXVI (Summer, 2001), p. 233。

71　Reagan, *An American Life*, pp. 602—605.

72　Shultz, *Turmoil and Triumph*, p. 478.

73　Reagan, *An American Life*, p. 611.

74　Mikhail Gorbachev, *Memoirs* (New York: 1995), pp. 165, 168. 关于戈尔巴乔夫的上台，又见 Kotkin, *Armageddon Averted*, pp. 54—57。

75　Shultz, *Turmoil and Triumph*, pp. 532—533.

76　勃列日涅夫对波兰统一工人党第五次代表大会的讲话，1968 年 12 月 12 日，引自 Matthew J. Ouimet, *The Rise and Fall of the Brezhnev Doctrine in Soviet Foreign Policy* (Chapel Hill, North Carolina: 2003), p. 67。

77　William Taubman, *Khrushchev: The Man and His Era* (New York: 2003), pp. 507—511. 苏联对教育的投入见 Suny, *The Soviet Experiment*, p. 440。

78　关于高等教育与 20 世纪 60 年代社会抗议之间关系的最佳著作，见 Jeremi Suri, *Power and Protest: Global Revolution and Rise of Détente* (Cambridge,

Mass.: 2003)。新的苏联知识分子的兴起见 Robert D. English, *Russia and the Idea of the West: Gorbachev, Intellectuals, and the End of the Cold War* (New York: 2000)。

79 Reagan, *An American Life*, p. 615.

80 William D. Jackson, "Soviet Reassessment of Ronald Reagan, 1985—1988", *Political Science Quarterly*, CXIII (Winter, 1998—1999), pp.621—622; Vladislav, M. Zubok, "Gorbachev and the End of the Cold War: Perspective on History and Personality", *Cold War History*, II (January 2002), p.63. 又见 Anatoly Chernyaev, *My Six Years with Gorbachev*, translated and edited by Robert English and Elizabeth Tucker (University Park, Pennsylvania: 2000), p. 32, 该文献提供了一个早期提示，表明里根的高调大话在多大程度上令戈尔巴乔夫及其幕僚处于守势。

81 Reagan, *An American Life*, p. 567.

82 Shultz, *Turmoil and Triumph*, pp. 600—602.

83 Reagan, *An American Life*, p. 635.

84 Gorbachev, Memoirs, p. 408. 又见 Dobrynin, *In Confidence*, pp. 592—593。

85 Shultz, *Turmoil and Triumph*, p. 700; Reagan, *An American Life*, p. 657.

86 切尔尼亚耶夫日记，1986 年 1 月 16 日，载于 Chernyaev, *My Six Years with Gorbachev*, pp. 45—46。

87 Shultz, *Turmoil and Triumph*, pp. 700—701. 又见 Matlock, *Autopsy on an Empire*, pp. 93—94; Lettow, *Ronald Reagan*, pp. 137, 199—200。

88 Gorbachev, *Memoirs*, pp. 189—193. 又见 Chernyaev, *My Six Years with Gorbachev*, pp. 66—67; Reagan, *An American Life*, pp. 676, 710。

89 我在这里的解释依循里根、舒尔茨和戈尔巴乔夫回忆录中的叙述，还依循了如下文献：Oberdorfer, *From the Cold War to a New Era*, pp. 189—209; Jackson, "Soviet Reassessment of Reagan", pp. 629—634; Lettow, *Ronald Reagan*, pp. 223—231; Raymond L. Garthoff, *The Great Transition: American-Soviet Relations at the End of the Cold War* (Washington: 1994), pp. 285—291; Jack F. Matlock, Jr., *Reagan and Gorbachev: How the Cold War Ended* (New York: 2004), pp. 215—237。

90 Gorbachev *Memoirs*, p.19.

91 Dobrynin, *In Confidence*, p. 610. 又见安纳托利·切尔尼亚耶夫的评论，载于 William C. Wohlforth, ed., *Witnesses to the End of the Cold War* (Baltimore: 1996), p. 109。

92　Reagan, *An American Life*, pp. 679, 683.

93　Margaret Thatcher, *The Downing Street Years* (New York: 1993), p. 471.

94　戈尔巴乔夫对政治局的报告，1987 年 12 月 17 日，引自 Chernyaev, *My Six Years with Gorbachev*, pp. 142—143.

95　凯南日记，1987 年 12 月 9 日，引自 George F. Kennan, *Sketches from a Life* (New York: 1989), p. 351。

96　在圣母大学的演讲，1981 年 5 月 17 日，*RPP: 1981*, p. 434。

97　Shultz, *Turmoil and Triumph*, p. 586.

98　*Ibid.*, p. 591; Dobrynin, *In Confidence*, p. 583.

99　Shultz, *Turmoil and Triumph*, pp. 700—701. 又见 *ibid.*, pp. 716—717。关于单维性的更多内容，见 John Lewis Gaddis, *We Now Know: Rethinking Cold War History* (New York: 1999), pp. 283—284。

100　Shultz, *Turmoil and Triumph*, p. 711.

101　*Ibid.*, pp. 892—893; Oberdorfer, *From the Cold War to a New Era*, pp. 223—224. 又见 Chernyaev, *My Six Years with Gorbachev*, p. 142; Fred I. Greenstein, "Ronald Reagan, Mikhail Gorbachev, and the End of the Cold War: What Difference Did They Make?", in Wohlforth, ed., *Witnesses to the End of the Cold War*, p. 217。

102　Mikhail Gorbachev, *Perestroika: New Thinking for Our Country and the World* (New York: 1987), p. 135.

103　Shultz, *Turmoil and Triumph*, p. 1098. 关于戈尔巴乔夫随后承认市场资本主义的经济优越性，又见 Mikhail Gorbachev and Zdeněk Mlynář, *Conversations with Gorbachev: On Perestroika, the Prague Spring, and the Crossroads of Socialism,* translated by George Shriver (New York: 2002), p. 160。

104　里根在莫斯科国立大学的演讲，1988 年 5 月 31 日，*RPP: 1988*, p. 684。

105　见本书，pp.41—46。

106　就此，更多情况见本书 pp.287—288, 341—342。又见 Henry A. Kissinger, *Diplomacy* (New York: 1994), p. 714; John Lewis Gaddis, "Rescuing Choice from Circumstance: The Statecraft of Henry Kissinger", 载于 Gordon A. Craig and Francis L. Lowenheim, eds., *The Diplomats: 1939—1979* (Princeton: 1994), pp. 585—587。基辛格本人对赫尔辛基欧安会的叙述见于其 *Years of Renewal* (New York: 1999), pp. 635—663。

107　Gates, *From the Shadows*, pp. 142—153, 161—169.

108　75 号国家安全决策指令,《美国对苏关系》1983 年 1 月 17 日, 第 4 页。

109　Reagan, *An American Life*, p. 569.

110　Shultz, *Turmoil and Triumph*, pp. 323—345.

111　里根国情咨文演说, 1985 年 2 月 6 日, *RPP: 1985*, p. 136。

112　对旧金山公益俱乐部的演讲, 引自 Shultz, *Turmoil and Triumph*, p. 525。切尔尼亚耶夫描述了这次演讲在莫斯科引起的 "惊恐", 见其 *My Six Years with Gorbachev*, pp. 16—17。关于里根主义的更多情况见 Smith, *America's Mission*, pp. 297—304。

113　里根致戈尔巴乔夫, 1986 年 2 月 6 日, 引自 Reagan, *An American Life*, pp. 654—655。

114　Reagan, *An American Life*, p. 639. 关于戈尔巴乔夫对阿富汗战争的意见保留, 又见 Chernyaev, *My Six Years with Gorbachev*, pp. 42—43, 89—90, 106。

115　Shultz, *Turmoil and Triumph*, p. 987.

116　*Ibid.*, p. 1003.

117　证据详见于 Ouimet, *The Rise and Fall of the Brezhnev Doctrine*。

118　Gorbachev, *Memoirs*, p. 465.

119　Reagan, *An American Life*, p. 683. 里根 1987 年 6 月 12 日在勃兰登堡门发表的演讲, 载于 *RPP: 1987*, p. 686 ; 关于戈尔巴乔夫的回应, 见 Garthoff, *The Great Transition*, pp. 316—318。

120　Bill Keller, "Gorbachev, in Finland, Disavows any Right of Regional Intervention", *New York Times*, October 26, 1989.

121　Gorbachev, *Memoirs*, p. 522.

122　见本书 p.48。

123　Reagan, *An American Life*, pp. 707—708.

124　例如见 Peter Schweizer, *Victory: The Reagan Administration's Secret Strategy That Hastened the Collapse of the Soviet Union* (New York: 1994) 和 *Reagan's War: The Epic Story of His Forty Year Struggle and Final Triumph Over Communism* (New York: 2002)。

125　Gorbachev, *Memoirs*, p. 457.

126　关于戈尔巴乔夫的演化着的观点, 还有随时间推移他的愈益孤注一掷的临时举措, 现在的证据几乎铺天盖地。见 Arbatov, *The System*, pp. 330—335 ; 特别见 Chernyaev, *My Six Years with Gorbachev*, 他在全书通篇以文件资料印证这过程。

127　Reagan, *An American Life*, p. 267.

128　就此见 Lettow, *Ronald Reagan*, pp. 125, 130。

129　我的这一论辩归功于 Zakaria, "The Reagan Strategy of Containment"，特别是 pp. 374, 387。关于代价对 (versus) 风险这两难困境，更多的情况见 John Lewis Gaddis, "Containment of the Logic of Strategy", *The National Interest*, #10 (Winter, 1987/1988), pp.27—38。

130　Kissinger, *Diplomacy*, pp. 764—765.

131　Jeremi Suri, "Explaining the End of the Cold War: A New Historical Consensus?", *Journal of Cold War Studies*, IV (Fall, 2002), p.92, 该文献强调两位领导人在导致冷战结束上的共同责任。

132　对乔治·凯南的采访，1996 年 6 月 10 日。

133　George Bush and Brent Scowcroft, *A World Transformed* (New York: 1998), pp. 13—14.

134　*Ibid.*,p 9. 关于布什的述评以及进一步考察，见 Garthoff, *The Great Transition*, pp.13—14。

135　例如见 Georgii Arbatov, "The Limited Power of an Ordinary State", *New Perspective Quarterly*, V (Summer,1988), 31；又 见 Charles Paul Freund, "Where Did All Our Villains Go?", *Washington Post*, December 11, 1988。

136　Philip Zelikow and Condoleezza Rice, *Germany Unified and Europe Transformed: A Study in Statecraft* (Cambridge, Mass.: 1995), pp. 127—131. 关于这些事件的背景，又见 Michael R. Beschloss and Strobe Talbott, *At the Highest Levels: The Inside Story of the End of the Cold War* (Boston: 1993), pp. 3—171。

137　James M. Goldgeier and Michael McFaul, *Power and Purpose: U.S. Policy toward Russia after the Cold War* (Washington: 2003), p. 20。

138　布什全国广播电视演说，1991 年 12 月 25 日，*Public Papers of the Presidents: George Bush, 1991*, pp. 1654—1655。

第十二章　后记：冷战之后的遏制

1　Kennan, *Memoirs, 1925—1950,* pp. 308—310. 又 见 Giles D. Harlow and George C. Maerz,eds., *Measures Short of War: The George F. Kennan Lectures at the National War College, 1946—1947* (Washington: 1990)。

2　Kennan, *Meomoirs: 1925—1950*, p. 367.

3　*Ibid.*, p. 356.

4　Kennan，"The Sources of Soviet Conduct"，pp. 574—575. 关于希特勒在多大程度上信奉与之相反的行为方式，见 Ian Kershaw, *Hitler: Nemesis, 1936—1945* (New York: 2000), pp. 207, 228。

5　Michael Howard, *The Lessons of History* (New Haven: 1991), p. 75. 就此 "好战" 心态，又见 Howard, *The Causes of War*, second edition, enlarged (Cambridge, Mass.: 1983), 特别见 pp. 7—22。

6　此乃凯南在国家战争学院首次授课的题目，1946 年 9 月 16 日讲授，发表于 Harlow and Maerz, eds., *Measures Short of War,* pp. 3—17。关于大国间战争到那时已变得不可行的论辩，见 John Mueller, *Retreat from Doomsday: The Obsolescence of Major War* (New York: 1989), pp. 3—92。

7　对这一点的更多论说，见 Gaddis, *The Long Peace*, pp. 215—245。

8　Carl von Clausewitz, *On War,* edigted and translated by Michael Howard and Peter Paret (Princeton: 1976), p. 87.

9　关于克劳塞维茨式的共识跨越冷战阵线的方式，见 Martin van Creveld, *The Transformation of War* (New York: 1991), pp. 34—35。

10　*Ibid.*, pp. 36—37.

11　我在 *Surprise, Security, and the American Exprience* (Cambridge, Mass.: 2004) 一书中更详细地谈论了这个战略。对布什行政当局战略的最清楚的表述为：*The National Security Strategy of the United States of America: September 2002* (Washington: 2002)。

12　就此见 Melvyn P. Leffler, "9/11 and the Past and Future of American Foreign Policy", *International Affairs*, LXXIX (2003), 1051—1054。

13　关于这一点的更多内容，见 Gaddis, *Surprise, Security, and the American Experience*, p. 99。

14　我就此在下列两处写得更多：*The United States and the End of the Cold War*, pp. 193—216; "Living in Candlestick Park", *The Atlantic*, CCLXXIII (April, 1999), pp.65—74.

15　"权力优势" 一语出自 Melvyn P. Leffler, *A Preponderance of Power: National Security, the Truman Administration, and the Cold War* (Stanford: 1992); 然而亦见 Gaddis, *We Now Know*, p. 284; 关于冷战后的美国霸权，见 Niall Ferguson, *Colossus: The Price of American Empire* (New York: 2004), pp. 14—19。

16 Geir Lundestad, "Empire by Invitation? The United States and Western Europe, 1945—1952", *Journal of Peace Research*, XXIII (September, 1986), pp.263—277.

17 见 Robert Kagan, *Of Paradise and Power: America and Europe in the New World Order* (New York: 2003), pp. 42—53; Philip H. Gordon and Jeremy Shapiro, *Allies at War: America, Europe, and the Crisis Over Iraq* (Washington: 2004), pp. 37—39。

18 Gaddis, *Surprise, Security, and the American Experience,* pp. 100—101. 关于美国对外政策所受支持的衰减，见 Pew Research Center for the People & the Press report, "Year After Iraq War: Mistrust of America in Europe Even Higher, Muslim Anger Persists", March 16, 2004, http://people-press.org/reports/print. php3?PageID=795。

19 Kennan, "The Sources of Soviet Conduct", p.582.

20 例如见 Sun Tzu, *The Art of War*, translated by Samuel B. Griffith (New York: 1963), p.77; Clausewitz, *On War,* p. 384; 关于马克思和列宁，见 Tony Smith, *Thinking Like a Communist: State and Legitimacy in the Soviet Union, China, and Cuba* (New York: 1987), pp. 24, 45, 48。凯南对这马克思列宁主义观念的讨论见 "The Sources of Soviet Conduct", pp. 566—567。

21 *Ibid.*, p. 580.

22 就此更多的谈论见 John Lewis Gaddis, *The Landscape of History: How Historians Map the Past* (New York: 2002), 特别见 p. 11。

23 将凯南当作一名理论家的最全面的尝试是 Richard L. Russell, *George F. Kennan's Strategic Thought: The Making of an American Political Realist* (Westport, Conn.: 1999)。关于凯南对理论的由来已久的反感，见其 *Around the Cragged Hill: A Personal and Political Philosophy* (New York: 1993), p. 11。

参考文献

档案与手稿集

Acheson, Dean. Papers. (Harry S. Truman Library)

Ayers, Eban A. Diary. (Harry S. Truman Library)

Dulles, John Foster. Papers. (Seeley Mudd Library, Princeton University)

Eisenhower, Dwight D. Ann Whitman File.

————. Papers, 1916–52.

————. White House Office Files: Office of the Special Assistant for National Security Affairs. (Dwight D. Eisenhower Library)

Forrestal, James V. Papers. (Seeley Mudd Library, Princeton University)

Hagerty, James. Diary. (Dwight D. Eisenhower Library)

Johnson, Lyndon B. National Security Files.

————. Vice Presidential—Security File. (Lyndon B. Johnson Library)

Kennan, George F. Papers. (Seeley Mudd Library, Princeton University)

Kennedy, John F. National Security Files.

————. Pre-Presidential Files (John F. Kennedy Library)

Naval War College. Archives. (Naval War College Library)

Reagan, Ronald. Executive Secretariat, NSC: Records. (Ronald Reagan Library)

Roosevelt, Franklin D. President's Personal File.

————. President's Secretary's File. (Franklin D. Roosevelt Library)

Truman, Harry S. President's Secretary's File. (Harry S. Truman Library)

U.S. Department of Defense, Army Staff Records. Record Group 319. (Modern Military Records Branch, National Archives)

————. Joint Chiefs of Staff Records. Record Group 218. (Modern Military Records Branch, National Archives)

U.S. Department of State. Office of Intelligence Research Files. Record Group 59 (Diplomatic Branch, National Archives)

U.S. National Security Council. File of Recently Declassified National Security Council Records (Modern Military Records Branch, National Archives)

其他未出版材料

Carlson, Allen C. "Walt Rostow's World View," Seminar Paper, Ohio University, 1974.

DeLaurier, Craig. "The Ultimate Enemy: Kennedy, Johnson and the Chinese Nuclear Threat, 1961–1964," Senior Essay, Department of History, Yale University, April, 2000.

Eagles, Keith David. "Ambassador Joseph E. Davies and American-Soviet Relations, 1937–1941," Ph.D. Dissertation, University of Washington, 1966.

Ferraro, Matthew. "Going M.A.D.: Morality, Strategy, and Mutual Assured Destruction, 1957 to 1986," Senior Essay, Department of History, Yale University, April, 2004.

Igarashi, Takeshi. "George F. Kennan and the Redirection of American Occupation Policy for Japan: The Formulation of National Security Council Paper 13/2," paper prepared for the Amherst College Conference on the Occupation of Japan, August 20–23, 1980.

Kennan, George F. Interview, Washington, D.C., October 31, 1974.

————. Interview, Princeton, N.J., June 10, 1996.

————. Letter, September 4, 1980.

Rostow, W.W. Letter, September 22, 1980.

Schouten, Schuyler. "Kissinger's Realist Ethics: Morality and Pragmatism in American Foreign Policy," Senior Essay, Department of History, Yale University, April, 2003.

已出版文献

Documents on American Foreign Relations (Boston: 1939–53; New York: 1953–).

Etzold, Thomas H., and John Lewis Gaddis, eds. *Containment: Documents on American Policy and Strategy, 1945–1950* (New York: 1978).

Harlow, Giles D., and George C. Maerz, eds. *Measures Short of War: The George F. Kennan Lectures at the National War College, 1946–47* (Washington: 1990).

Karalekas, Anne. "History of the Central Intelligence Agency," in U.S. Congress, Senate, Select Committee To Study Government Operations with Respect to Intelligence Activities, *Final Report: Supplementary Detailed Staff Reports on Foreign and Military Intelligence: Book IV* (Washington: 1976).

Kornbluh, Peter, ed. *The Pinochet File: A Declassified Dossier on Atrocity and Accountability* (New York: 2003).

————, and Malcolm Byrne, eds. *The Iran-Contra Scandal: The Declassified History* (New York: 1993).

Public Papers of the Presidents: Dwight D. Eisenhower, 1953–1961 (Washington: 1960–61).

————: *George Bush, 1989–1993* (Washington: 1990–1994).

————: *Harry S. Truman, 1945–1953* (Washington: 1961–1966).

————: *Jimmy Carter, 1977–1981* (Washington: 1978–1981).

————: *John F. Kennedy, 1961–1963* (Washington: 1962–1964).

————: *Lyndon B. Johnson, 1963–1969* (Washington: 1965–1969).

————: *Richard M. Nixon, 1969–1974* (Washington: 1970–1975).

————: *Ronald Reagan, 1981–1989* (Washington: 1982–1990).

Ruffner, Kevin C., ed. *CORONA: America's First Satellite Program* (Washington: 1995).

Skinner, Kiron K., Annelise Anderson, and Martin Anderson, eds. *Reagan In His Own Hand* (New York: 2001).

The State Department Policy Planning Staff Papers, 1947–1949 (New York: 1983). 3 volumes.

Steury, Donald P., ed. *Intentions and Capabilities: Estimates on Soviet Strategic Forces, 1950–1983* (Washington: 1996).

U.S. Bureau of the Census: *Historical Statistics of the United States, Colonial Times to 1970* (Washington: 1975).

————. *Statistical Abstract of the United States: 1979* (Washington: 1979).

U.S. Congress. House of Representatives. Committee on Armed Services. [Hearings] *Unification and Strategy* (Washington: 1949).

————. ————. Committee on Foreign Affairs. [Hearings] *Assistance to Greece and Turkey* (Washington: 1947).

————. ————. Committee on House Administration. *The Presidential Campaign, 1976* (Washington: 1979).

————. Senate. Committee on Foreign Relations. [Hearings] *Assistance to Greece and Turkey* (Washington: 1947).

————. ————. ————. [Hearings in Executive Session] Economic Assistance to China and Korea (Washington: 1974).

————. ————. ————. [Hearings in Executive Session] *83rd Congress, 1st Session* (Washington: 1977).

————. ————. ————. [Hearings] *European Recovery Program* (Washington: 1948).

————. ————. ————. [Hearings in Executive Session] *Foreign Relief Assistance Act of 1948* (Washington: 1973).

————. ————. ————. [Hearings in Executive Session] *Legislative Origins of the Truman Doctrine* (Washington: 1973).

————. ————. ————. [Hearings in Executive Session] *Reviews of the World Situation, 1949–1950* (Washington: 1974).

————. ————. ————. [Hearings] *Supplemental Foreign Assistance Fiscal Year 1966—Vietnam* (Washington: 1966).

————. ————. ————. [Hearings in Executive Session] *The Vandenberg Resolution and NATO* (Washington: 1973).

————. ————. Committees on Armed Services and Foreign Relations [Hearings] *Military Situation in the Far East* (Washington: 1951).

————. ————. Select Committee To Study Governmental Operations with Respect to Intelligence Activities. *Alleged Assassination Plots Involving Foreign Leaders* (Washington: 1975).

————. ————. ————. *Covert Action in Chile, 1963–1973* (Washington: 1975).

————. ————. ————. *Foreign and Military Intelligence, Book 1, Final Report* (Washington: 1976).

[U.S. Department of Defense]. *The Pentagon Papers (Senator Gravel Edition): The Department of Defense History of the United States Decision-Making on Vietnam* (Boston: 1971). 4 volumes.

U.S. Department of Defense. *United States-Vietnam Relations, 1945–1967.* (Washington: 1971). 12 volumes.

U.S. Department of State. American *Foreign Policy, 1950–1955: Basic Documents* (Washington: 1957).

————. *Department of State Bulletin.*

————. *Foreign Relations of the United States, 1942–1964/68* (Washington: 1961–2003).

————. ————: *The Conference of Berlin (The Potsdam Conference), 1945.* (Washington: 1960). 2 volumes.

————. ————: *The Conferences at Cairo and Tehran, 1943* (Washington: 1961).

————. ————: *The Conferences at Malta and Yalta, 1945* (Washington: 1955).

————. ————: *The Conferences at Washington and Quebec, 1943* (Washington: 1970).

U.S. Office of Management and Budget: *The Budget for Fiscal Year 2005* (Washington: 2004).

U.S.S.R. Ministerstvo innostrannykh del SSSR. *Dokumenty vneshnei plitiiki SSSR* (Moscow: 1967–).

Vital Speeches of the Day.

Warner, Michael, ed. *CIA Cold War Records: The CIA under Harry Truman* (Washington: 1994).

书籍

Acheson, Dean. *Present at the Creation: My Years in the State Department* (New York: 1969).

Alexander, Charles C. *Holding the Line: The Eisenhower Era, 1952–1961* (Bloomington: 1975).

Aliano, Richard A. *American Defense Policy from Eisenhower to Kennedy: The Politics of Changing Military Requirements, 1957–1961* (Athens, Ohio: 1975).

Allison, Graham T. *Essence of Decision: Explaining the Cuban Missile Crisis* (Boston: 1971).

Ambrose, Stephen E. *Eisenhower: Soldier, General of the Army, President-Elect, 1890–1952* (New York: 1983).

————. *Eisenhower: The President* (New York: 1984).

————. *Rise to Globalism: American Foreign Policy, 1938–1970* (Baltimore: 1970).

Anderson, Martin. *Revolution: The Reagan Legacy,* expanded and updated edition (Stanford: 1990).

Andrew, Christopher, and Oleg Gordievsky. *KGB: The Inside Story of Its Foreign Operations from Lenin to Gorbachev* (New York: 1990).

Arbatov, Georgii. *The System: An Insider's Life in Soviet Politics* (New York: 1992).

Arkes, Hadley. *Bureaucracy, the Marshall Plan, and the National Interest* (Princeton: 1974).

Backer, John H. *The Decision to Divide Germany: American Foreign Policy in Transition* (Durham: 1978).

Barber, James David. *The Presidential Character: Predicting Performance in the White House* (Englewood Cliffs, N.J.: 1972).

Barnet, Richard J. *Roots of War* (Baltimore: 1972).

Bassford, Christopher. *Clausewitz in English: The Reception of Clausewitz in Britain and America, 1815–1945* (New York: 1994).

Bell, Coral. *The Diplomacy of Détente: The Kissinger Era* (New York: 1977).

————. *Negotiation from Strength: A Study in the Politics of Power* (New York: 1963).

Berding, Andrew H. *Dulles on Diplomacy* (Princeton: 1965).

Beschloss, Michael R. *Mayday: Eisenhower, Khrushchev, and the U-2 Affair* (New York: 1986).

————, and Strobe Talbott. *At the Highest Levels: The Inside Story of the End of the Cold War* (Boston: 1993).

Bill, James A. *The Eagle and the Lion: The Tragedy of American-Iranian Relations* (New Haven: 1988).

Blouet, Brian W. *Halford Mackinder: A Biography* (College Station, Texas: 1987).

Blum, John Morton, ed. *The Price of Vision: The Diary of Henry A. Wallace, 1942–1946* (Boston: 1973).

Bohlen, Charles E. *Witness to History, 1929–1969* (New York: 1973).

Bowie, Robert R., and Richard H. Immerman. *Waging Peace: How Eisenhower Shaped an Enduring Cold War Strategy* (New York: 1998).

Brezhnev, Leonid. *On the Policy of the Soviet Union and the International Situation* (Garden City, N.Y.: 1973).

Brinkley, Douglas. *Dean Acheson: The Cold War Years, 1953–71* (New Haven: 1992).

Brown, Robert McAfee, ed. *The Essential Reinhold Niebuhr* (New Haven: 1986).

Brown, Seyom. *The Crises of Power: An Interpretation of United States Foreign Policy During the Kissinger Years* (New York: 1979).

Brzezinski, Zbigniew. *Power and Principle: Memoirs of the National Security Adviser, 1977–1981* (New York: 1983).

Bullitt, Orville H., ed. *For the President: Personal and Secret: Correspondence Between Franklin D. Roosevelt and William C. Bullitt* (Boston: 1972).

Bundy, McGeorge. *Danger and Survival: Choices About the Bomb in the First Fifty Years* (New York: 1988).

Bundy, William. *A Tangled Web: The Making of Foreign Policy in the Nixon Presidency* (New York: 1998).

Burns, James MacGregor. *Roosevelt: The Soldier of Freedom* (New York: 1970).

Bush, George, and Brent Scowcroft. *A World Transformed* (New York: 1998).

Callahan, David. *Dangerous Capabilities: Paul Nitze and the Cold War* (New York: 1990).

Campbell, Thomas M., and George C. Herring, Jr., eds. *The Diaries of Edward R. Stettinius, Jr., 1943–1946* (New York: 1975).

Cannon, Lou. *President Reagan: The Role of a Lifetime* (New York: 1991).

Carter, Jimmy. *Keeping Faith: Memoirs of a President* (New York: 1982).

Chen Jian. *Mao's China and the Cold War* (Chapel Hill: 2001).

Chernyaev, Anatoly. *My Six Years with Gorbachev*, translated and edited by Robert English and Elizabeth Tucker (University Park, Pa.: 2000).

Churchill, Winston S. *The Grand Alliance* (Boston: 1950).

Clausewitz, Carl von. *On War*, edited and translated by Michael Howard and Peter Paret (Princeton: 1976).

Collins, John M. *American and Soviet Military Trends Since the Cuban Missile Crisis* (Washington: 1978).

Conrad, Joseph. *Heart of Darkness*, edited by Robert Kimbrough (New York: 1970).

Corson, William R. *The Armies of Ignorance: The Rise of the American Intelligence Empire* (New York: 1977).

Craig, Campbell. *Destroying the Village: Eisenhower and Thermonuclear War* (New York: 1998).

Craig, Gordon A., and Francis L. Lowenheim, eds. *The Diplomats: 1939–1979* (Princeton: 1994).

Cullather, Nicholas. *Operation PBSUCCESS: The United States and Guatemala, 1952–1954* (Washington: 1994).

Cumings, Bruce. *The Origins of the Korean War: The Roaring of the Cataract, 1947–1950* (Princeton: 1990).

Dallek, Robert. *Franklin D. Roosevelt and American Foreign Policy, 1932–1945* (New York: 1979).

Davis, Lynn Etheridge. *The Cold War Begins: Soviet-American Conflict over Eastern Europe* (Princeton: 1974).

Davis, Rex Harry, and Robert Crocker Good, eds. *Reinhold Niebuhr on Politics* (New York: 1960).

Dawson, Raymond H. *The Decision to Aid Russia, 1941: Foreign Policy and Domestic Politics* (Chapel Hill: 1959).

Deane, John R. *The Strange Alliance: The Story of Our Wartime Cooperation with Russia* (New York: 1947).

DeSantis, Hugh. *The Diplomacy of Silence: The American Foreign Service, the Soviet Union, and the Cold War, 1933–1947* (Chicago: 1980).

Dickson, Peter W. *Kissinger and the Meaning of History* (New York: 1978).

DiLeo, David L. *George Ball, Vietnam, and the Rethinking of Containment* (Chapel Hill: 1991).

Dinerstein, Herbert S. *The Making of a Missile Crisis: October, 1962* (Baltimore: 1976).

Divine, Robert A. *Blowing on the Wind: The Nuclear Test Ban Debate, 1954–1960* (New York: 1978).

————. *Foreign Policy and U.S. Presidential Elections: 1960–1960* (New York: 1974). 2 volumes.

Dobrynin, Anatoly. *In Confidence: Moscow's Ambassador to Six Cold War Presidents (1962–1986)* (New York: 1995).

Dockrill, Saki. *Eisenhower's New-Look National Security Policy, 1953–61* (New York: 1996).

Donovan, Robert J. *Conflict and Crisis: The Presidency of Harry S. Truman* (New York: 1977).

Drew, Elizabeth. *American Journal: The Events of 1976* (New York: 1977).

Dulles, John Foster. *War or Peace* (New York: 1950).

Duric, Mira. *The Strategic Defense Initiative: US Policy and the Soviet Union* (Aldershot, England: 2003).

Edmonds, Robin. *Soviet Foreign Policy, 1962–1976: The Paradox of Super Power* (London: 1975).

Edwards, Lee. *The Conservative Revolution: The Movement That Remade America* (New York: 1999).

Eisenhower, Dwight D. *The White House Years: Mandate for Change, 1953–1956* (Garden City, N.Y.: 1963).

————. *The White House Years: Waging Peace, 1957–1961* (Garden City, N.Y.: 1965).

El-Khawas, Mohamed A., and Barry Cohen, eds. *The Kissinger Study of Southern Africa: National Security Study Memorandum 39* (Westport, Conn.: 1976).

English, Robert D. *Russia and the Idea of the West: Gorbachev, Intellectuals, and the End of the Cold War* (New York: 2000).

Enthoven, Alain C., and K. Wayne Smith. *How Much Is Enough: Shaping the Defense Program, 1961–1969* (New York: 1971).

Feis, Herbert. *Contest over Japan.* (New York: 1967).

Ferguson, Niall. *Colossus: The Price of America's Empire* (New York: 2004).

Ferrell, Robert H., ed. *The Eisenhower Diaries* (New York: 1981).

Fischer, Beth A. *The Reagan Reversal: Foreign Policy and the End of the Cold War* (Columbia, Mo.: 1997).

Fischer, David Hackett. *Historians' Fallacies: Toward a Logic of Historical Thought* (New York: 1970).

FitzGerald, Frances. *Fire in the Lake: The Vietnamese and the Americans in Vietnam* (Boston: 1972).

FitzSimons, Louise. *The Kennedy Doctrine.* (New York: 1972).

Flash, Edward S., Jr. *Economic Advice and Presidential Leadership: The Council of Economic Advisers* (New York: 1965).

Fleming, D. F. *The Cold War and Its Origins, 1917–1960,* 2 volumes (Garden City, N.Y.: 1961).

Ford, Gerald R. *A Time to Heal* (New York: 1979).

Freedman, Lawrence. *Kennedy's Wars: Berlin, Cuba, Laos, and Vietnam* (New York: Oxford University Press, 2000).

Friedberg, Aaron L. *In the Shadow of the Garrison State: America's Anti-Statism and Its Cold War Strategy* (Princeton: 2000).

Gaddis, John Lewis. *The Landscape of History: How Historians Map the Past* (New York: 2002).

————. *The Long Peace: Inquiries into the History of the Cold War* (New York: 1987).

————. *Russia, the Soviet Union, and the United States: An Interpretive History,* second edition (New York: 1990).

————. *Surprise, Security, and the American Experience* (Cambridge, Mass.: 2004).

————. *The United States and the End of the Cold War: Implications, Provocations, Reconsiderations* (New York: 1992).

————. *The United States and the Origins of the Cold War, 1941–1947* (New York: 1972).

————. *We Now Know: Rethinking Cold War History* (New York: 1997).

Gaiduk, Ilya V. *The Soviet Union and the Vietnam War* (Chicago: 1996).

Gallucci, Robert L. *Neither Peace Nor Honor: The Politics of the American Military in Viet-Nam* (Baltimore: 1976).

Garthoff, Raymond L., *Détente and Confrontation: American-Soviet Relations from Nixon to Reagan*, revised edition (Washington: 1994).

————. *The Great Transition: American-Soviet Relations at the End of the Cold War* (Washington: 1994).

Gates, Robert M. *From the Shadows: The Ultimate Insider's Story of Five Presidents and How They Won the Cold War* (New York: 1996).

Gavin, Francis J., *Gold, Dollars, and Power: The Politics of International Monetary Relations, 1958–1971* (Chapel Hill: 2004).

Gelb, Leslie, and Richard K. Betts. *The Irony of Vietnam: The System Worked* (Washington: 1979).

George, Alexander L., and Richard Smoke. *Deterrence in American Foreign Policy: Theory and Practice* (New York: 1974).

Gittings, John. *Survey of the Sino-Soviet Dispute, 1963–1967* (London: 1968).

————. *The World and China, 1922–1972* (New York: 1972).

Gleijeses, Piero. *Conflicting Missions: Havana, Washington, and Africa, 1959–1976* (Chapel Hill: 2002).

Goldgeier, James M., and Michael McFaul. *Power and Purpose: U.S. Policy toward Russia after the Cold War* (Washington: 2003).

Gorbachev, Mikhail. *Memoirs* (New York: 1995).

————. *Perestroika: New Thinking for Our Country and the World* (New York: 1987).

————, and Zdeněk Mlynář. *Conversations with Gorbachev: On Perestroika, the Prague Spring, and the Crossroads of Socialism*, translated by George Shriver (New York: 2002).

Gordon, Philip H., and Jeremy Shapiro. *Allies at War: America, Europe, and the Crisis Over Iraq* (Washington: 2004).

Graebner, Norman A. *The New Isolationism: A Study in Politics and Foreign Policy Since 1950* (New York: 1956).

Graubard, Stephen. *Kissinger: Portrait of a Mind* (New York: 1973).

Greenfield, Kent Roberts. *American Strategy in World War II: A Reconsideration* (Baltimore: 1963).

Greenstein, Fred I. *The Hidden-Hand Presidency: Eisenhower as Leader* (New York: 1982).

————, ed. *Leadership in the Modern Presidency* (Cambridge, Mass.: 1988).

Griffith, William E. *The Sino-Soviet Rift* (Cambridge, Mass.: 1964).

Guhin, John Michael. *John Foster Dulles: A Statesman and His Times* (New York: 1972).

Halberstam, David. *The Best and the Brightest* (New York: 1972).

Haldeman, H.R. *The Ends of Power* (New York: 1978).

————. *The Haldeman Diaries: Inside the Nixon White House* (New York: 1994).

Hall, R. Cargill, and Clayton D. Laurie, eds. *Early Cold War Overflights, 1950–1956*, 2 volumes (Washington: 2003).

Halle, Louis J. *Civilization and Foreign Policy: An Inquiry for Americans* (New York: 1955).

————. *The Cold War as History* (New York: 1967).

Hamby, Alonzo L. *Beyond the New Deal: Harry S. Truman and American Liberalism* (New York: 1973).

————. *Man of the People: A Life of Harry S. Truman* (New York: 1995).

Hanhimäki, Jussi. *The Flawed Architect: Henry Kissinger and American Foreign Policy* (New York: 2004).

Harriman, W. Averell, and Elie Abel. *Special Envoy to Churchill and Stalin, 1941–1946* (New York: 1975).

Harris, Seymour E. *The Economics of the Political Parties* (New York: 1962).

Heller, Walter W. *New Dimensions of Political Economy* (Cambridge, Mass.: 1966).

Herring, George C., Jr. *Aid to Russia, 1941–1946: Strategy, Diplomacy, the Origins of the Cold War* (New York: 1973).

————. *America's Longest War: The United States and Vietnam, 1950–1975*, second edition (New York: 1986).

Hexter, J.H. *On Historians* (Cambridge, Mass.: 1979).

Hilsman, Roger. *To Move a Nation: The Politics of Foreign Policy in the Administration of John F. Kennedy* (New York: 1967).

Hitchens, Christopher. *The Trial of Henry Kissinger* (New York: 2001).

Hixson, Walter L. *George F. Kennan: Cold War Iconoclast* (New York: 1989).

Hoffmann, Stanley. *Primacy or World Order: American Foreign Policy Since the Cold War* (New York: 1978).

Hogan, Michael J. *A Cross of Iron: Harry S. Truman and the Origins of the National Security State, 1945–1954* (New York: 1998).

————. *The Marshall Plan: America, Britain, and the Reconstruction of Western Europe, 1947–1952.* (New York: 1987).

Holloway, David. *Stalin and the Bomb: The Soviet Union and Atomic Energy, 1939–1956* (New Haven: 1994).

Hoopes, Townsend. *The Devil and John Foster Dulles* (Boston: 1973).

Hoover, Herbert. *Addresses upon the American Road: 1950–1955* (Stanford: 1955).

Horelick, Arnold, and Myron Rush. *Strategic Power and Soviet Foreign Policy* (Chicago: 1966).

Hough, Jerry F., and Merle Fainsod. *How the Soviet Union Is Governed* (Cambridge, Mass.: 1979).

Howard, Michael. *The Causes of War*, second edition, enlarged (Cambridge, Mass.: 1983).

————. *The Lessons of History* (New Haven: 1991).

Hughes, Emmet John. *The Ordeal of Power: A Political Memoir of the Eisenhower Years* (New York: 1963).

Huntington, Samuel P. *The Common Defense: Strategic Programs in National Politics* (New York: 1961).

Isaacson, Walter. *Kissinger: A Biography* (New York: 1992).

Johnson, Lyndon B. *The Vantage Point: Perspectives of the Presidency, 1963–1969* (New York: 1971).

Kahan, Jerome H. *Security in the Nuclear Age: Developing U.S. Strategic Arms Policy* (Washington: 1975).

Kagan, Robert. *Of Paradise and Power: America and Europe in the New World Order* (New York: 2003).

Kaplan, Fred. *The Wizards of Armageddon* (New York: 1983).

Kaufman, William W. *The McNamara Strategy* (Washington: 1964).

Kearns, Doris. *Lyndon Johnson and the American Dream* (New York: 1976).

Kendrick, Alexander. *The Wound Within: America in the Vietnam Years, 1945–1974* (Boston: 1974).

Kennan, George F. *American Diplomacy: 1900–1950* (Chicago: 1951).

————. *Around the Cragged Hill: A Personal and Political Philosophy* (New York: 1993).

————. *The Cloud of Danger* (Boston: 1977).

————. *The Decline of Bismarck's European Order: Franco-Russian Relations, 1875–1890* (Princeton: 1979).

————. *Memoirs: 1925–1950* (Boston: 1967).

————. *Memoirs: 1950–1963* (Boston: 1972).

————. *The Realities of American Foreign Policy* (Princeton: 1954).

————. *Sketches from a Life* (New York: 1989).

Kennedy, John F. *The Strategy of Peace*, edited by Allan Nevins (New York: 1960).

Kershaw, Ian. *Hitler: Nemesis, 1936–1945* (New York: 2000).

Khong, Yuen Foong. *Analogies at War: Korea, Munich, and the Vietnam Decisions of 1965* (Princeton: 1992).

Khrushchev, Nikita. *Khrushchev Remembers: The Last Testament*, translated and edited by Strobe Talbott (Boston: 1974).

Kimball, Warren F. *Swords or Ploughshares? The Morgenthau Plan for Defeated Nazi Germany, 1943–1946* (Philadelphia: 1976).

Kinnard, Douglas. *President Eisenhower and Strategy Management: A Study in Defense Politics* (Lexington: 1977).

Kissinger, Henry A. *American Foreign Policy*, third edition (New York: 1977).

————. *Crisis: The Anatomy of Two Major Foreign Policy Crises* (New York: 2003).

————. *Diplomacy* (New York: 1994).

————. *Nuclear Weapons and Foreign Policy* (New York: 1957).

————. *The Troubled Partnership: A Reappraisal of the Atlantic Alliance* (New York: 1965).

————. *White House Years* (Boston: 1979).

————. *A World Restored* (New York: 1957).

————. *Years of Renewal* (New York: 1999).

————. *Years of Upheaval* (Boston: 1982).

Kistiakowsky, George B. *A Scientist at the White House* (Cambridge, Mass.: 1976).

Kolko, Joyce and Gabriel. *The Limits of Power: The World and United States Foreign Policy, 1945–1954* (New York: 1972).

Korb, Lawrence J. *The Fall and Rise of the Pentagon: American Defense Policies in the 1970's* (Westport, Conn.: 1979).

Kotkin, Stephen. *Armageddon Averted: The Soviet Collapse, 1970–2000* (New York: 2001).

Krock, Arthur. *Memoirs: Sixty Years on the Firing Line* (New York: 1968).

Kuklick, Bruce. *American Policy and the Division of Germany: The Clash with Russia over Reparations* (Ithaca: 1972).

Kuniholm, Bruce R. *The Origins of the Cold War in the Near East: Great Power Conflict and Diplomacy in Iran, Turkey, and Greece* (Princeton: 1980).

Lake, Anthony. *The "Tar Baby" Option: American Policy Toward Southern Rhodesia* (New York: 1976).

Lees, Lorraine M. *Keeping Tito Afloat: The United States, Yugoslavia, and the Cold War* (University Park, Pa.: 1997).

Leffler, Melvyn P. *A Preponderance of Power: National Security, the Truman Administration, and the Cold War* (Stanford: 1992).

Lettow, Paul. *Ronald Reagan and His Quest to Abolish Nuclear Weapons* (New York: 2005).

Levering, Ralph B. *American Opinion and the Russian Alliance, 1939–1945* (Chapel Hill: 1976).

————, Vladimir O. Pechatnov, Verena Botzenhart-Viehe, and C. Carl Edmondson. *Debating the Origins of the Cold War: American and Russian Perspectives* (New York: 2002).

Levin, N. Gordon. *Woodrow Wilson and World Politics* (New York: 1968).

Lewy, Guenter. *American in Vietnam* (New York: 1978).

Lilienthal, David E. *The Journals of David E. Lilienthal: The Atomic Energy Years, 1945–1950* (New York: 1964).

Lippmann, Walter. *The Cold War: A Study in U.S. Foreign Policy* (New York: 1947).

Loewenheim, Francis L., with Harold D. Langley and Manfred Jonas, eds. *Roosevelt and Churchill: Their Secret Wartime Correspondence* (New York: 1975).

Louis, William Roger. *Imperialism at Bay: The United States and the Decolonization of the British Empire, 1941–1945* (New York: 1978).

Lundestad, Geir. *America, Scandinavia, and the Cold War 1945–1949* (New York: 1960).

————. *The American Non-Policy Towards Eastern Europe, 1943–1947* (Oslo: 1978).

Luttwak, Edward N. *The Grand Strategy of the Roman Empire* (Baltimore: 1976).

Lyon, Peter. *Eisenhower: Portrait of a Hero* (Boston: 1974).

Maddux, Thomas R. *Years of Estrangement: American Relations with the Soviet Union, 1933–1941* (Tallahassee: 1980).

Mao Tse-tung. *Selected Military Writings of Mao Tse-tung* (Peking: 1967).

Mastny, Vojtech. *The Cold War and Soviet Insecurity: The Stalin Years* (New York: 1996).

————. *Russia's Road to the Cold War: Diplomacy, Warfare, and the Politics of Communism, 1941–1945* (New York: 1979).

Matlock, Jack F., Jr. *Autopsy on an Empire: The American Ambassador's Account of the Collapse of the Soviet Union* (New York: 1995).

————. *Reagan and Gorbachev: How the Cold War Ended* (New York: 2004).

May, Ernest R. *"Lessons" of the Past: The Use and Misuse of History in American Foreign Policy* (New York: 1973).

————, ed. *American Cold War Strategy: Interpreting NSC 68* (Boston: 1993).

Mayers, David. *George F. Kennan and the Dilemmas of US Foreign Policy* (New York: 1998).

McLellan, David S. *Dean Acheson: The State Department Years* (New York: 1976).

McNamara, Robert S. *In Retrospect: The Tragedy and Lessons of Vietnam* (New York: 1995).

Millis, Walter, ed. *The Forrestal Diaries* (New York: 1951).

Miroff, Bruce. *Pragmatic Illusions: The Presidential Politics of John F. Kennedy* (New York: 1976).

Miscamble, Wilson D., C.S.C. *George F. Kennan and the Making of American Foreign Policy, 1947–1950* (Princeton: 1992).

Morris, Roger. *Uncertain Greatness: Henry Kissinger and American Foreign Policy* (New York: 1977).

Moulton, Harland B. *From Superiority to Parity: The United States and the Strategic Arms Race, 1961–1971* (Westport, Conn.: 1973).

Mueller, John. *Retreat from Doomsday: The Obsolescence of Major War* (New York: 1989).

Murphy, Robert. *Diplomat Among Warriors* (Garden City, N.Y.: 1964).

Nash, Philip. *The Other Missiles of October: Eisenhower, Kennedy, and the Jupiters, 1957–1963* (Chapel Hill: 1997).

Newhouse, John. *Cold Dawn: The Story of SALT* (New York: 1973).

Ninkovich, Frank. *Modernity and Power: A History of the Domino Theory in the Twentieth Century* (Chicago: 1994).

Nitze, Paul H., with Ann M. Smith and Steven L. Rearden. *From Hiroshima to Glasnost: At the Center of Decision: A Memoir* (New York: 1989).

Nixon, Richard M. *RN: The Memoirs of Richard Nixon* (New York: 1978).

Oberdorfer, Don. *From the Cold War to a New Era: The United States and the Soviet Union, 1983–1991*, updated edition (Baltimore: 1998).

————. *Senator Mansfield: The Extraordinary Life of a Great American Statesman and Diplomat* (Washington: 2003).

Odom, William E. *The Collapse of the Soviet Military* (New Haven: 1998).

Olson, Keith W. *Watergate: The Presidential Scandal That Shook America* (Lawrence, Kans.: 2003).

Osborne, John. *White House Watch: The Ford Years* (Washington: 1977).

Ouimet, Matthew J. *The Rise and Fall of the Brezhnev Doctrine in Soviet Foreign Policy* (Chapel Hill: 2003).

Pach, Chester J., Jr., and Elmo Richardson. *The Presidency of Dwight D. Eisenhower*, revised edition (Lawrence, Kans.: 1991).

Palmer, Dave Richard. *Summons of the Trumpet: U.S.-Vietnam in Perspective* (San Rafael, Calif.: 1978).

Parmet, Herbert S. *Eisenhower and the American Crusades* (New York: 1972).

Paterson, Thomas G. *Soviet-American Confrontation: Postwar Reconstruction and the Origins of the Cold War* (Baltimore: 1973).

Patterson, James T. *Mr. Republican: A Biography of Robert A. Taft* (Boston: 1972).

Peterson, Peter G. *U.S.-Soviet Commercial Relations in a New Era* (Washington: 1972).

Pipes, Richard. *Vixi: Memoirs of a Non-Belonger* (New Haven: 2003).

Pogue, Forrest C. *George C. Marshall: Organizer of Victory* (New York: 1973).

Powers, Thomas. *The Man Who Kept the Secrets: Richard Helms and the CIA* (New York: 1979).

Prados, John. *The Soviet Estimate: U.S. Intelligence Analysis and Russian Military Strength* (New York: 1982).

Pruessen, Ronald W. *John Foster Dulles: The Road to Power* (New York: 1982).

Quandt, William B. *Decade of Decisions: American Policy Toward the Arab-Israeli Conflict, 1967–1976* (Berkeley: 1977).

Quester, George H. *Nuclear Diplomacy: The First Twenty-Five Years*, second edition (New York: 1973).

Ranelagh, John. *The Agency: The Rise and Decline of the CIA* (New York: 1986).

Reagan, Ronald. *An American Life* (New York: 1990).

Roman, Peter J. *Eisenhower and the Missile Gap* (Ithaca: 1995).

Roosevelt, Elliott, ed. *F.D.R.: His Personal Letters: 1928–1945*, 2 volumes (New York: 1950).

Rosenman, Samuel I., ed. *The Public Papers and Addresses of Franklin D. Roosevelt*, 13 volumes (New York: 1938–1950).

Rostow, W.W. *The Diffusion of Power: An Essay in Recent History* (New York: 1972).

————. *The Stages of Economic Growth: A Non-Communist Manifesto* (New York: 1960).

Russell, Richard L. *George F. Kennan's Strategic Thought: The Making of an American Political Realist* (Westport, Conn.: 1999).

Safire, William. *Before the Fall: An Inside View of the Pre-Watergate White House* (New York: 1975).

Sanders, Jerry W. *Peddlers of Crisis: The Committee on the Present Danger and the Politics of Containment* (Boston: 1983).

Schaller, Michael. *The U.S. Crusade in China, 1938–1945* (New York: 1979).

Schandler, Herbert Y. *The Unmaking of a President: Lyndon Johnson and Vietnam* (Princeton: 1977).

Scheer, Robert. *With Enough Shovels: Reagan, Bush, and Nuclear War* (New York: 1983).

Schell, Jonathan. *The Fate of the Earth* (New York: 1982)

————. *The Time of Illusion* (New York: 1976).

Schick, Jack M. *The Berlin Crisis, 1958–1962* (Philadelphia: 1971).

Schlesinger, Arthur M., Jr. *Robert Kennedy and His Times* (Boston: 1978).

————. *A Thousand Days: John F. Kennedy in the White House* (Boston: 1965).

Schnabel, James F. *The Joint Chiefs of Staff and National Policy, 1945–1947* (Wilmington: 1979). "History of the Joint Chiefs of Staff."

————. *Policy and Direction: The First Year* (Washington: 1972). "The U.S. Army in the Korean War."

Schweizer, Peter. *Reagan's War: The Epic Story of His Forty Year Struggle and Final Triumph Over Communism* (New York: 2002).

————. *Victory: The Reagan Administration's Secret Strategy That Hastened the Collapse of the Soviet Union* (New York: 1994).

Shawcross, William. *Sideshow: Kissinger, Nixon, and the Destruction of Cambodia* (New York: 1979).

Sheehan, Edward R.F. *The Arabs, Israelis, and Kissinger: A Secret History of American Diplomacy in the Middle East* (New York: 1976).

Sherwin, Martin J. *A World Destroyed: The Atomic Bomb and the Grand Alliance* (New York: 1975).

Shultz, George P. *Turmoil and Triumph: My Years as Secretary of State* (New York: 1993).

Sick, Gary. *All Fall Down: America's Tragic Encounter with Iran* (New York: 1985).

Sivachev, Nikolai V., and Nikolai N. Yakovlev. *Russia and the United States*, translated by Olga Adler Titelbaum (Chicago: 1979).

Smith, Bradley F., and Elena Agarossi. *Operation Sunrise: The Secret Surrender* (New York: 1979).

Smith, Gaddis. *American Diplomacy During the Second World War, 1941–1945* (New York: 1965).

————. *Morality, Reason, and Power: American Diplomacy in the Carter Years* (New York: 1986).

Smith, Tony, *America's Mission: The United States and the Worldwide Struggle for Democracy in the Twentieth Century* (Princeton: 1994).

————. *Thinking Like a Communist: State and Legitimacy in the Soviet Union, China, and Cuba* (New York: 1987).

Sorensen, Theodore C. *Kennedy* (New York: 1965).

Sorley, Lewis. *A Better War: The Unexamined Victories and Final Tragedy of America's Last Years in Vietnam* (New York: 1999).

Spykman, Nicholas John. *America's Strategy in World Politics: The United States and the Balance of Power* (New York: 1942).

Stearns, Monteagle. *Entangled Allies: U.S. Policy Toward Greece, Turkey, and Cyprus* (New York: 1992).

Stebbins, Richard P. *The United States in World Affairs: 1956* (New York: 1957).

————. *The United States in World Affairs: 1958* (New York: 1959).

Stein, Herbert. *The Fiscal Revolution in America* (Chicago: 1969).

Steiner, Zara S. *The Foreign Office and Foreign Policy, 1898–1914* (London: 1969).

Stephanson, Anders. *Kennan and the Art of Foreign Policy* (Cambridge, Mass.: 1989).

Stoessinger, John G. *Henry Kissinger: The Anguish of Power* (New York: 1976).

Stoler, Mark A. *Allies and Adversaries: The Joint Chiefs of Staff, the Grand Alliance, and U.S. Strategy in World War II* (Chapel Hill: 2000).

Stone, I.F. *The Hidden History of the Korean War* (New York: 1952).

Stueck, William. *The Korean War: An International History* (Princeton: 1995).

————. *Rethinking the Korean War: A New Diplomatic and Strategic History* (Princeton: 2002).

Sulzberger, C.L. *A Long Row of Candles: Memoirs and Diaries, 1934–1954* (New York: 1969).

Sun Tzu. *The Art of War*, translated by Samuel B. Griffith (New York: 1963).

Suny, Ronald Grigor. *The Soviet Experiment: Russia, the U.S.S.R., and the Successor States* (New York: 1998).

Suri, Jeremi. *Power and Protest: Global Revolution and the Rise of Détente* (Cambridge, Mass.: 2003).

Szulc, Tad. *The Illusion of Peace: Foreign Policy in the Nixon Years* (New York: 1978).

Taft, Robert A. *A Foreign Policy for Americans* (Garden City, N.Y.: 1951)

Talbott, Strobe. *Endgame: The Inside Story of SALT II* (New York: 1979).

Taubman, William. *Khrushchev: The Man and His Era* (New York: 2003).

Taylor, Maxwell. *Swords and Ploughshares* (New York: 1972).

————. *The Uncertain Trumpet* (New York: 1959).

Thatcher, Margaret. *The Downing Street Years* (New York: 1993).

Thorne, Christopher. *Allies of a Kind: The United States, Britain, and the War Against Japan, 1941–1945* (New York: 1979).

Trachtenberg, Marc. *A Constructed Peace: The Making of the European Settlement, 1945–1963* (Princeton: 1999).

————. *History and Strategy* (Princeton: 1991).

Truman, Harry S. *Memoirs: Year of Decisions* (Garden City, N.Y.: 1955).

————. *Memoirs: Years of Trial and Hope* (Garden City, N.Y.: 1956).

Truman, Margaret. *Harry S. Truman* (New York: 1973).

Tucker, Nancy Bernkopf. *Patterns in the Dust: Chinese-American Relations and the Recognition Controversy, 1949–1950* (New York: 1983).

Ulam, Adam B. *The Rivals: America and Russia Since World War II* (New York: 1971).

Van Creveld, Martin. *The Transformation of War* (New York: 1991).

Vance, Cyrus. *Hard Choices: Critical Years in America's Foreign Policy* (New York: 1983).

Walton, Richard J. *Cold War and Counterrevolution: The Foreign Policy of John F. Kennedy* (New York: 1972).

Ward, Patricia Dawson. *The Threat of Peace: James F. Byrnes and the Council of Foreign Ministers, 1945–1946* (Kent, Ohio: 1979).

Weart, Spencer R. *Nuclear Fear: A History of Images* (Cambridge, Mass.: 1988).

Weil, Martin. *A Pretty Good Club: The Founding Fathers of the U.S. Foreign Service* (New York: 1978).

Weinberg, Gerhard L. *A World at Arms: A Global History of World War II* (New York: 1994).

Weinberger, Caspar W. *Fighting for Peace: Seven Critical Years in the Pentagon* (New York: 1990).

Wenger, Andreas. *Living With Peril: Eisenhower, Kennedy, and Nuclear Weapons* (Lanham, Md.: 1997).

Whitworth, William. *Naive Questions About War and Peace* (New York: 1970).

Williams, William Appleman. *The Tragedy of American Diplomacy* (New York: 1962).

Wohlforth, William C., ed. *Witnesses to the End of the Cold War* (Baltimore: 1996).

Wohlstetter, Roberta. *Pearl Harbor: Warning and Decision* (Stanford: 1962).

Wolfe, Thomas W. *Soviet Power and Europe, 1945–1970* (Baltimore: 1970).

Wright, Gordon. *The Ordeal of Total War: 1939–1945* (New York: 1968).

Yaqub, Salim. *Containing Arab Nationalism: The Eisenhower Doctrine and the Middle East* (Chapel Hill: 2004).

Yergin, Daniel. *Shattered Peace: The Origins of the Cold War and the National Security State* (Boston: 1977).

Zagoria, Donald S. *The Sino-Soviet Conflict, 1956–1961* (Princeton: 1962).

Zelikow, Philip, and Condoleezza Rice. *Germany Unified and Europe Transformed: A Study in Statecraft* (Cambridge, Mass.: 1995).

Zhai, Qiang. *China and the Vietnam Wars, 1950–1975* (Chapel Hill: 2000).

文章

Akins, James E. "The Oil Crisis: This Time the Wolf Is Here," *Foreign Affairs*, LI (April 1973), 462–90.

Arbatov, Georgii. "The Limited Power of an Ordinary State," *New Perspectives Quarterly*, V (Summer, 1988), 31.

Bender, Gerald J. "Angola, the Cubans, and American Anxieties," *Foreign Policy*, #31 (Summer, 1978), 3–30.

Bernstein, Barton J. "The Quest for Security: American Foreign Policy and International Control of Atomic Energy, 1942–1946," *Journal of American History*, LX (March 1974), 1003–44.

——————. "Roosevelt, Truman, and the Atomic Bomb, 1941–1945: A Reinterpretation," *Political Science Quarterly*, XC (Spring, 1975), 23–69.

Brown, Seyom. "An End to Grand Strategy," *Foreign Policy*, #32 (Fall, 1978), 22–47.

Brzezinski, Zbigniew. "The Balance of Power Delusion," *Foreign Policy*, #7 (Summer, 1972), 54–59.

——————. "The Deceptive Power of Peace," *Foreign Policy*, #14 (Spring, 1974), 35–56.

Buchan, Alastair. "A World Restored?" *Foreign Affairs*, L (July 1972), 644–59.

Bull, Hedley. "A View from Abroad: Consistency Under Pressure," *Foreign Affairs*, LVII ("America and the World: 1978"), 441–62.

Burr, William. "Avoiding the Slippery Slope: The Eisenhower Administration and the Berlin Crisis, November 1958–January 1959," *Diplomatic History*, XVIII (Spring, 1994), 177–205.

Caldwell, Dan. "US Domestic Politics and the Demise of Détente," in Odd Arne Westad, ed., *The Fall of Détente: Soviet-American Relations during the Carter Years* (Oslo: 1997), pp. 95–117.

Chace, James. "The Five-Power World of Richard Nixon," *New York Times Magazine*, February 20, 1972, pp. 14ff.

Chang, Gordon H. "JFK, China, and the Bomb," *Journal of American History*, LXXIV (March, 1988), 1287–1310.

Coogan, John W., and Michael H. Hunt. "Kennan and Containment: A Comment," Society for Historians of American Foreign Relations *Newsletter*, IX (March 1978), 23–25.

Costigliola, Frank. "'Unceasing Pressure for Penetration': Gender, Pathology, and Emotion in George Kennan's Formation of the Cold War," *Journal of American History*, LXXXIII (March, 1997), 1309–39.

Davis, Nathaniel. "The Angola Decision of 1975: A Personal Memoir," *Foreign Affairs*, LVII (Fall, 1978), 109–24.

DeSantis, Vincent P. "Eisenhower Revisionism," *Review of Politics*, XXXVIII (April 1976), 190–207.

Divine, Robert A. "War, Peace, and Political Parties in 20th Century America," Society for Historians of American Foreign Relations *Newsletter*, VIII (March 1977), 1–6.

Drew, Elizabeth. "A Reporter at Large: Brzezinski," *New Yorker*, LIV (May 1, 1978), 90–130.

——————. "A Reporter at Large: Human Rights," *New Yorker*, LII (July 18, 1977), 36–62.

Dulles, John Foster. "A Policy of Boldness," *Life*, XXXII (May 19, 1952), 146–60.

——————. "Policy for Security and Peace," *Foreign Affairs*, XXXII (April 1954), 353–364.

Farnham, Barbara. "Reagan and the Gorbachev Revolution: Perceiving the End of Threat," *Political Science Quarterly*, CXVI (Summer, 2001), 225–52.

Freund, Charles Paul. "Where Did All Our Villains Go?" *Washington Post*, December 11, 1988.

Fromkin, David. "The Great Game in Asia," *Foreign Affairs*, LVII (Spring, 1980), 936–951.

Gaddis, John Lewis. "Containment: A Reassessment," *Foreign Affairs*, LV (July 1977), 873–87.

——————. "Containment and the Logic of Strategy," *The National Interest*, #10 (Winter, 1987/88), 27–38.

——————. "Grand Strategy in the Second Term," *Foreign Affairs* LXXIV (January/ February, 2005), 1–15.

参考文献 613

————. "Harry S. Truman and the Origins of Containment," in Frank J. Merli and Theodore A. Wilson, eds., *Makers of American Diplomacy* (New York: 1974), pp. 189–218.

————. "Korea in American Politics, Strategy, and Diplomacy, 1945–50," in Yonosuke Nagai and Akira Iriye, eds., *The Origins of the Cold War in Asia* (New York: 1977), pp. 277–98.

————. "Living in Candlestick Park," *The Atlantic*, CCLXXXIII (April, 1999), 65–74.

————. "Rescuing Choice from Circumstance: The Statecraft of Henry Kissinger," in Gordon A. Craig and Francis L. Lowenheim, eds., *The Diplomats: 1939–1979* (Princeton: 1994), pp. 564–92.

————. "Was the Truman Doctrine a Real Turning Point?" *Foreign Affairs*, LII (January 1974), 386–402.

Gati, Charles. "What Containment Meant," *Foreign Policy*, #7 (Summer, 1972), 22–40.

George, Alexander L. "Case Studies and Theory Development: The Method of Structured, Focused Comparison," in Paul Gordon Lauren, ed., *Diplomacy: New Approaches in History, Theory, and Policy* (New York: 1979), pp. 43–68.

————. "The 'Operational Code': A Neglected Approach to the Study of Political Decision-Making," *International Studies Quarterly*, XII (June 1969), 190–222.

Gershman, Carl. "The Rise & Fall of the New Foreign Policy Establishment," *Commentary*, LXX (July 1980), 13–24.

Greenstein, Fred I. "Eisenhower as an Activist President: A New Look at the Evidence," *Political Science Quarterly*, XCIV (Winter, 1979–80), 575–99.

————. "Ronald Reagan, Mikhail Gorbachev, and the End of the Cold War: What Difference Did They Make?" in William H. Wohlforth, ed., *Witnesses to the End of the Cold War* (Baltimore: 1996), pp. 199–219.

Hammond, Paul Y. "NSC-68: Prologue to Rearmament," in Warner R. Schilling, Paul Y. Hammond, and Glenn H. Snyder, *Strategy, Politics and Defense Budgets* (New York: 1962), pp. 267–378.

Henrikson, Alan K. "America's Changing Place in the World: From 'Periphery' to 'Centre'?" in Jean Gottmann, ed., *Centre and Periphery: Spatial Variation in Politics* (Beverly Hills, Cal.: 1980), pp. 73–100.

Hoffmann, Stanley. "Choices," *Foreign Policy*, #12 (Fall, 1973), 3–42.

————. "The Hell of Good Intentions," *Foreign Policy* #29 (Winter, 1977–78), 3–26.

————. "Muscle and Brains," *Foreign Policy* #37 (Winter, 1979–80), pp. 3–27.

————. "The View from at Home: The Perils of Incoherence," *Foreign Affairs*, LVII ("America and the World: 1978"), 463–91.

————. "Weighing the Balance of Power," *Foreign Affairs*, L (July 1972), 618–48.

Holloway, David. "Research Note: Soviet Thermonuclear Development." *International Security*, IV (Winter, 1979–80), 192–97.

Hudson, Daryl J. "Vandenberg Reconsidered: Senate Resolution 239 and American Foreign Policy," *Diplomatic History*, I (Winter, 1977), 46–63.

Immerman, Richard H. "Confessions of an Eisenhower Revisionist: An Agonizing Reappraisal," *Diplomatic History*, XIV (Summer, 1990), 319–42.

————. "Eisenhower and Dulles: Who Made the Decisions?" *Political Psychology*, I (Autumn, 1979), 3–20.

Jackson, William D. "Soviet Reassessment of Ronald Reagan, 1985–1988," *Political Science Quarterly*, CXIII (Winter, 1998–99), 617–44.

Jessup, Philip C. "The Berlin Blockade and the Use of the United Nations," *Foreign Affairs*, L (October 1971), 163–73.

Kaplan, Fred M. "Our Cold-War Policy, Circa '50," *New York Times Magazine*, May 18, 1980, pp. 34ff.

Keller, Bill. "Gorbachev, in Finland, Disavows any Right of Regional Intervention," *New York Times*, October 26, 1989.

[Kennan, George F.] "X." "The Sources of Soviet Conduct," *Foreign Affairs*, XXV (July 1947), 566–82.

Kirkpatrick, Jeane. "Dictatorships and Double Standards," *Commentary*, LXVIII (November, 1979), 34–45.

Kissinger, Henry A. "Central Issues in American Foreign Policy," in Kermit Gordon, ed., *Agenda for the Nation* (Washington: 1968), pp. 585–614.

————. "Domestic Structures and Foreign Policy," *Daedalus*, XCV (Spring, 1966), 503–29.

————. "The White Revolutionary: Reflections on Bismarck," *Daedalus*, XCVII (Summer, 1968), 888–924.

Knight, Jonathan. "George Frost Kennan and the Study of American Foreign Policy: Some Critical Comments," *Western Political Quarterly*, XX (March 1967), 149–160.

Kruszewski, Charles. "The Pivot of History," *Foreign Affairs*, XXXII (April 1954), 388–401.

Lange, Peter. "What Is To Be Done—About Italian Communism," *Foreign Policy*, #21 (Winter, 1975–76), 224–40.

Lees, Lorraine. "The American Decision To Assist Tito, 1948–1949," *Diplomatic History*, II (Fall, 1978), 407–22.

Leffler, Melvyn P. "9/11 and the Past and Future of American Foreign Policy," *International Affairs*, LXXIX (2003), 1051–54.

Leighton, Richard M. "The American Arsenal Policy in World War II: A Retrospective View," in Daniel R. Beaver, ed., *Some Pathways in Twentieth Century History: Essays in Honor of Charles Reginald McGrane* (Detroit: 1969), pp. 221–52.

Lundestad, Geir. "Empire by Invitation? The United States and Western Europe, 1945–1952," *Journal of Peace Research*, XXIII (September, 1986), 263–77.

Mandelbaum, Michael. "Coup de Grace: The End of the Soviet Union," *Foreign Affairs*, LXXI ("America and the World, 1991/1992"), 164–83.

Marcum, John A. "Lessons of Angola," *Foreign Affairs*, LIV (April 1976), 407–425.

Mark, Eduard. "The Question of Containment: A Reply to John Lewis Gaddis," *Foreign Affairs*, LVI (January 1978), 430–40.

————. "What Kind of Containment?" in Thomas G. Paterson, ed., *Containment and the Cold War* (Reading, Mass.: 1973), 96–109.

Matloff, Maurice. "The 90-Division Gamble," in Kent Roberts Greenfield, ed., *Command Decisions* (Washington: 1960), pp. 365–81.

Matray, James I. "Truman's Plan for Victory: National Self-Determination and the Thirty-Eighth Parallel Decision in Korea," *Journal of American History*, LXVI (September 1979), 314–33.

May, Ernest R. "The United States, the Soviet Union, and the Far Eastern War, 1941–1945," *Pacific Historical Review*, XXIV (May 1955), 153–74.

[Morgan, George Allan] "Historicus." "Stalin on Revolution," *Foreign Affairs*, XXVII (January 1949), 175–214.

Morton, Louis. "Soviet Intervention in the War with Japan," *Foreign Affairs*, XL (July 1962), 653–62.

Muir, William K., Jr. "Ronald Reagan: The Primacy of Rhetoric," in Fred I. Greenstein, ed., *Leadership in the Modern Presidency* (Cambridge, Mass.: 1988), pp. 260–95.

Nitze, Paul. "The Development of NSC 68," *International Security*, IV (Spring, 1980), 170–76.

Nixon, Richard M. "Asia After Vietnam," *Foreign Affairs*, XLVI (October, 1967), 111–125.

Pearcy, G. Etzel. "Geopolitics and Foreign Relations," *Department of State Bulletin*, L (March 1964), 318–30.

Pechatnov, Vladimir O., and C. Carl Edmondson. "The Russian Perspective," in Ralph B. Levering, Vladimir O. Pechatnov, Verena Botzenhart-Viehe, and C. Carl Edmondson, *Debating the Origins of the Cold War: American and Russian Perspectives* (New York: 2002), pp. 85–151.

Quester, George H. "Was Eisenhower a Genius?" *International Security*, IV (Fall, 1979), 159–79.

Rabe, Stephen G. "Eisenhower Revisionism: A Decade of Scholarship," *Diplomatic History*, XVII (Winter, 1993), 97–115.

Reichard, Gary W. "Eisenhower as President: The Changing View," *South Atlantic Quarterly*, LXXVII (Summer, 1978), 265–81.

Rosenberg, David Alan. "American Atomic Strategy and the Hydrogen Bomb Decision," *Journal of American History*, LXVI (June 1979), 62–87.

Szalontai, Balázs. " 'You Have No Political Line of Your Own': Kim Il Sung and the Soviets, 1953–1964," Cold War International History Project *Bulletin*, #14/15 (Winter, 2003–Spring, 2004), 87–137.

Schilling, Warner R. "The Politics of National Defense: Fiscal 1950," in Warner R. Schilling, Paul Y. Hammond, and Glenn H. Snyder, *Strategy, Politics, and Defense Budgets* (New York: 1962), pp. 1–266.

Schlesinger, Arthur M., Jr. "Origins of the Cold War," *Foreign Affairs*, XLVI (October 1967), 22–52.

Serfaty, Simon. "Brzezinski: Play It Again, Zbig," *Foreign Policy*, #32 (Fall, 1978), pp. 3–21.

Shepley, James. "How Dulles Avoided War," *Life*, XL (January 16, 1956), 70–80.

Sidey, Hugh. "Assessing a Presidency," *Time*, CXI (August 18, 1980), 10–15.

Snyder, Glenn H. "The 'New Look' of 1953," in Warner R. Schilling, Paul Y. Hammond, and Glenn H. Snyder, *Strategy, Politics, and Defense Budgets* (New York: 1962), pp. 379–524.

Stern, Laurence. "Bitter Lessons: How We Failed in Cyprus," *Foreign Policy*, #19 (Summer, 1975), 34–78.

Suri, Jeremi. "America's Search for a Technological Solution to the Arms Race: The Surprise Attack Conference of 1958 and a Challenge to Eisenhower Revisionists," *Diplomatic History*, XXI (Summer, 1997), 417–51.

————. "Explaining the End of the Cold War: A New Historical Consensus?" *Journal of Cold War Studies*, IV (Fall, 2002), 60–92.

Szulc, Tad. "Lisbon & Washington: Behind the Portuguese Revolution," *Foreign Policy*, #21 (Winter, 1975–76), 3–62.

Ullman, Richard H. "Washington, Wilson, and the Democrat's Dilemma," *Foreign Policy*, #21 (Winter, 1975–76), 97–124.

Urban, George. "A Conversation with George F. Kennan," *Encounter*, XLVII (September 1976), 10–43.

Wells, Samuel F., Jr. "Sounding the Tocsin: NSC 68 and the Soviet Threat," *International Security*, IV (Fall, 1979), 116–38.

Westad, Odd Arne. "The Fall of Détente and the Turning Tides of History," in Westad, ed., *The Fall of Détente: Soviet-American Relations during the Carter Years* (Oslo: 1997), pp. 3–33.

Wohlstetter, Albert. "Is There a Strategic Arms Race?" *Foreign Policy*, #15 (Summer, 1974), 3–20.

————. "Rivals But No Race," *Foreign Policy*, #16 (Fall, 1974), 48–81.

Wright, C. Ben. "Mr. 'X' and Containment," *Slavic Review* XXXV (March 1976), 1–31.

Zakaria, Fareed. "The Reagan Strategy of Containment," *Political Science Quarterly*, CV (Autumn, 1990), 373–95.

Zubok, Vladislav M. "Gorbachev and the End of the Cold War: Perspectives on History and Personality," *Cold War History*, II (January, 2002), 61–100.

索 引

（索引页码为原书页码，即本书边码）

译后记

本次由商务印书馆推出的《遏制战略》增订版中译本，较第一版（世界知识出版社，2005年）内容有大幅增订，并在初版译文基础上进行了全面修订。在此向第一版合译者李庆四和樊吉社致谢。

时殷弘

图书在版编目（CIP）数据

遏制战略：冷战时期美国国家安全政策评析 /（美）约翰·刘易斯·加迪斯著；时殷弘译 . —增订本 . —北京：商务印书馆，2023（2024.6 重印）
（汉译世界学术名著丛书）
ISBN 978-7-100-20120-9

Ⅰ . ①遏… Ⅱ . ①约… ②时… Ⅲ . ①国家安全—研究—美国 Ⅳ . ① D771.235

中国国家版本馆 CIP 数据核字（2023）第 079445 号

汉译世界学术名著丛书
遏制战略
冷战时期美国国家安全政策评析
（增订本）
〔美〕约翰·刘易斯·加迪斯 著
时殷弘 译

商 务 印 书 馆 出 版
（北京王府井大街36号 邮政编码100710）
商 务 印 书 馆 发 行
北京市艺辉印刷有限公司印刷
ISBN 978 - 7 - 100 - 20120 - 9

2023 年 6 月第 1 版　　开本 850×1168　1/32
2024 年 6 月北京第 2 次印刷　印张 20 5/8
定价：95.00 元